MEYER-THIEL-FROHBERG

Enteignung von Grundeigentum

SAMMLUNG GUTTENTAG

248

Enteignung von Grundeigentum

Kommentar

von

Otto Meyer †

Oberlandesgerichtspräsident

5. Auflage neubearbeitet von

Dr. Fritz Thiel

Präsident des Landesverwaltungsgerichts Aachen

Dr. Günther Frohberg

Rechtsanwalt in Düsseldorf

BERLIN 1959

WALTER DE GRUYTER & CO.

vormals G. J. Göschen'sche Verlagshandlung / J. Guttentag, Verlagsbuchhandlung / Georg Reimer / Karl J. Trübner / Veit & Comp.

Archiv-Nr. 21 1 248/59
Satz: Walter de Gruyter & Co., Berlin W 35
Druck: Berliner Buchdruckerei Union GmbH., Berlin SW 61

Vorwort zur 5. Auflage

Im Jahre 1935 erschien die 4. Auflage dieses Werkes, die inhaltlich der 3. Auflage vom Jahre 1927 glich. Seitdem ist das Buch vergriffen. Das vorbildliche preußische Gesetz über die Enteignung von Grundeigentum gilt seit mehr als 80 Jahren. Die Verfasser haben deshalb bei der Neubearbeitung die schon in den früheren Auflagen angeführte höchstrichterliche Rechtsprechung, deren Erkenntnisse man auch in Zukunft beachten sollte, im wesentlichen wiederholt. Wir meinen, Gewachsenes verpflichte auch dann, wenn veränderte Verhältnisse heute gebieten, die rechtlich-begriffliche Ordnung des Enteignungsrechts von Grund auf neu zu durchdenken, neu auszurichten und auch in Sondergesetzen zu regeln. Beim Erlaß des Gesetzes galt die preußische Verfassungsurkunde vom 31. Januar 1850. Dieser folgten als dem Gesetze gleichermaßen übergeordnete Normen die Weimarer Reichsverfassung vom 11. August 1919 und das Bonner Grundgesetz vom 23. Mai 1949. In der dem Buch vorangestellten Einleitung wird versucht, unter Berücksichtigung des Einflusses der genannten Verfassungen von der Vergangenheit her in die gegenwärtige Problematik des Enteignungsrechts einzuführen und gleichzeitig dessen begriffliche Entwicklung darzustellen. Mit dieser Einleitung und den im Anhang auszugsweise abgedruckten Gesetzen, deren Anwendung entweder ein Heranziehen des erläuterten Gesetzes gebietet oder die dieses auch nur mittelbar beeinflussen, meinen wir, zur weiteren Klärung von Streitfragen durch Lehre und Rechtsprechung beizutragen. Das Manuskript wurde am 15. Mai 1958 abgeschlossen.

Die Verfasser

Aachen/Düsseldorf, im Herbst 1958

Inhaltsverzeichnis

Inhaltsverzeichnis

Abkürzungsverzeichnis

aA	=	anderer Ansicht
AAnw.	=	Ausführungsanweisung
a. a. O.	=	am angeführten Ort
AB	=	Ausführungsbestimmungen
ABl.	=	Amtsblatt
aE	=	am Ende
AG	=	Ausführungsgesetz zum
AGJ	=	Jahrbuch für endgültige Entscheidungen der pr. Appellationsgerichte Bd., Seite
angeg.	=	angegebenen
Anh.	=	Anhang
Anm.	=	Anmerkung
AöR	=	Archiv des öffentlichen Rechts
AufbauG	=	Aufbaugesetz
BauO	=	Bauordnung
BayVBl.	=	Bayerisches Verwaltungsblatt
BB	=	Betriebsberater
Betrieb	=	Zeitschrift „Der Betrieb“
BGBl.	=	Bundesgesetzblatt
BGH	=	Bundesgerichtshof
BGHZ	=	Entscheidungen des Bundesgerichtshofes in Zivilsachen Band, Seite
BlBG	=	Baulandbeschaffungsgesetz
BlGBW	=	Blätter für Grundstücks-, Bau- und Wohnungsrecht
brem.	=	bremisch
BRS	=	Thiel, Baurechtssammlung Bd., Seite
BVerfG	=	Bundesverfassungsgericht
BVerfGE	=	Entscheidungen des Bundesverfassungsgerichts
BVerwG	=	Bundesverwaltungsgericht
BVerwGE	=	Entscheidungen des Bundesverwaltungsgerichts
DÖD	=	Der öffentliche Dienst
DÖV	=	Die öffentliche Verwaltung
DVBl.	=	Deutsches Verwaltungsblatt
DVO	=	Durchführungsverordnung
DWW	=	Deutsche Wohnungswirtschaft
cc	=	Code Civil
EB	=	Enteignungsbehörde
E, e	=	Enteignung, enteignungs-
EG	=	Einführungsgesetz zum
Einl.	=	Einleitung

Abkürzungsverzeichnis

Erl.	=	Erlaß
erl.	=	erläutert
EVereinfachungs-G NW	=	Erstes G zur Neuordnung und Vereinfachung der Verwaltung v. 23. 7. 1957 (GVBl. NW S. 189)
FranzR	=	Französisches Recht, Geltungsbereich des code civil
G	=	Gesetz
GBl.	=	Gesetzblatt
GemR	=	Gemeines Recht
GG	=	Bonner Grundgestz v. 23. 5. 1949
Gruch.	=	Gruchots Beiträge zur Erläuterung des Deutschen Rechts Band, Seite
GVBl.	=	Gesetz- und Verordnungsblatt
GVOBl.	=	Gesetz- und Verordnungsblatt
hamb.	=	hamburgisch
HdStR	=	Handbuch des deutschen Staatsrechts, 2 Bde.
Hinw.	=	Hinweis, -sen
hM	=	herrschende Meinung
HRR	=	Höchstrichterliche Rechtsprechung, Beilage zur Juristischen Rundschau, Jahrgang, Nr.
idF	=	in der Fassung
JFG	=	Jahrbuch für Entscheidungen in Angelegenheiten der freiwilligen Gerichtsbarkeit
JW	=	Juristische Wochenschrift, Jahrgang, Seite
KG	=	Kammergericht
KGJ	=	Jahrbuch für Entscheidungen des Kammergerichts in Sachen der Freiwilligen Gerichtsbarkeit
KRG	=	Kontrollratsgesetz
LM	=	Lindenmaier-Möhring, Nachschlagewerk der Entscheidungen des BGH
MBl.	=	Ministerialblatt
MBliV	=	Ministerialblatt der pr. gesamten inneren Verwaltung
MilReg.	=	Militärregierung
Min.	=	Minister
Nds.	=	Niedersachsen
NJW	=	Neue Juristische Wochenschrift, Jahrgang, Seite
NW	=	Nordrhein-Westfalen
OLG	=	Oberlandesgericht
OVG	=	Oberverwaltungsgericht
PrAlR	=	Allgemeines Landrecht für die preuß. Staaten v. 5. 2. 1794
PrEG	=	G über die Enteignung von Grundeigentum v. 11. 6. 1874 (PrGS S. 221)
PrEisenbahnG	=	G über Eisenbahnunternehmungen v. 3. 11. 1838 (PrGS S. 505)

PrFluchtlG = G, betreffend die Anlegung und Veränderung von Straßen und Plätzen in Städten und ländlichen Ortschaften v. 2. 7. 1875 (PrGS S. 561)
PrFM = Preuß. Finanzminister
PrGS = Preußische Gesetzsammlung
PrHM = Preuß. Minister für Handel und Gewerbe
PrMdI = Preuß. Minister des Innern
PrMdöA = Preuß. Minister der öffentlichen Arbeiten
PrMinZustRG = G, betreffend anderweite Regelung der auf Gesetz beruhenden Zuständigkeit des MindöA v. 15. 8. 1921 (PrGS S. 487)
PrOT = Preuß. Obertribunal
PrOVG = Preuß. Oberverwaltungsgericht, Entscheidungen des PrOVG Band, Seite
PrVWM = Preuß. Minister für Volkswohlfahrt
PrVBl. = Preuß. Verwaltungsblatt Band, Seite
PrVereinfEG = G über ein vereinfachtes Enteignungsverfahren v. 26. 7. 1922 (PrGS S. 211)
PrVerfUrk. = Preuß. Verfassungsurkunde v. 31. 1. 1850
PrZustG = G über die Zuständigkeit der Verwaltungs- und Verwaltungsgerichtsbehörden v. 1. 8. 1883 (PrGS S. 237)

RdErl. = Runderlaß
Rdn. = Randnote
Recht = Zeitschrift „Das Recht“ Jahrgang, Nr.
RG = Reichsgericht
RGBl. = Reichsgesetzblatt
RGZ = Entscheidungen des Reichsgerichts in Zivilsachen Band, Seite
RheinlPf. = Rheinland-Pfalz
Rspr. = Rechtsprechung
RuPrVBl. = Reichs- und Preußisches Verwaltungsblatt
RVBl. = Reichsverwaltungsblatt

Schl-H = Schleswig-Holstein
SeuffA = Seuferts Archiv für die Entscheidungen der obersten Gerichte, Band, Nr.
str. = streitig
stRspr. = ständige Rechtsprechung

ua. = unter anderem
Urt. = Urteil

VA = Verwaltungsakt
VerwRspr. = Verwaltungsrechtsprechung in Deutschland Band, Seite
VG = Verwaltungsgericht
VGH = Verwaltungsgerichtshof
VL = Carl Schmitt, Verfassungslehre, 1928
VO = Verordnung
VollzBek. = Vollzugsbekanntmachung

Warn.	=	Warneyers Jahrbuch der Entscheidungen, Ergänzungsband, Die Rechtsprechung des Reichsgerichts, Jahrgang, Seite
WeimVerf.	=	Weimarer Verfassung v. 11. 8. 1919
ZAG	=	Bayer. G v. 17. 11. 1837, die Zwangsabtretung von Grundeigentum für öffentliche Zwecke betr. (GBl. S. 109)
zahlr.	=	zahlreich, -en
ZBlFG	=	Lobe, Zentralblatt für freiwillige Gerichtsbarkeit und Notariat, Band, Seite
Ziff.	=	Ziffer

Literaturverzeichnis

Anschütz — Kommentar zur Weimarer Reichsverfassung 12. Aufl. 1930

Bertram — Die städtebauliche Umlegung als Enteignungstatbestand, DÖV 57 S. 135

Bowensiepen — Eigentum und Enteignung, Mieterzeitung 53 S. 5

Daube — Zur Frage der Rechtsmittelbelehrung des Entschädigungsfeststellungsbeschlusses nach § 29 PrEG, DVBl. 57 S. 519

Deputation des D. Jur. Tages — Neuordnung des öffentlich-rechtlichen Entschädigungsrechtes, Verlag J. C. B. Mohr, Tübingen, 1955

Diester — Enteignung und Entschädigung nach altem und neuen Recht, 1953

ders. — Neue Wege zur Lösung des Problems des Enteignungsrechts, NJW 54 S. 1140

Dittus-Zinkahn — Baulandbeschaffungsgesetz, 1954

Dürig — Zurück zum klassischen Enteignungsbegriff, JZ 54 S. 4

ders. — Grundfragen des öffentlich-rechtlichen Entschädigungssystems, JZ 55 S. 521

Eger — Das Gesetz über die Enteignung von Grundeigentum v. 11. 6. 1874, 2 Bde., 2. Aufl. 1902, 3. Aufl. 1911 (die Zahl bedeutet die Nummer der Anmerkung)

Ernst-Friede — Kommentar zum Aufbaugesetz von Nordrhein-Westfalen, 4. Aufl. 1958

Foag — Entschädigungslose Grundabtretung für den Ortsstraßenbau, RdL 57 S. 169

Forsthoff — Eigentumsschutz öffentlich-rechtlicher Rechtsstellungen, NJW 55 S. 1249

ders. — Lehrbuch des Verwaltungsrechts Band I, 6. Aufl. 1956

Fritzen — Enteignungs- und Entschädigungsmaßstab, RdL 53 S. 5

Frohberg — Zum Begriff der städtebaulichen Umlegung, BlGBW 55 S. 65

ders. — Entschädigungspflicht bei Änderungen des Straßenniveaus, BlGBW 58 S. 145

Ganschezian-Finck — Abbruch und Ausschlachtung von Ruinen, NJW 55 S. 934

v. Germar — Städtebau und Enteignung — zum künftigen Bundesbaugesetz, DVBl. 56 S. 805

Giese — Enteignung ohne Ende, DRZ 53 S. 61

Grauvogel-Schwamberger

Nochmals Enteignung und Umlegung, DÖV 56 S. 229

Greiner — Wiederbelebung des klassischen Enteignungsbegriffes, DÖV 54, S. 583

Grünhut — Das Enteignungsrecht, 1873

Haas — Wiederum: Eigentum und Enteignung, MDR 1952 S. 648

Hamann — Kommentar zum Grundgesetz 1957

Jansen — Sonderopfer und Begünstigter, NJW 50 S. 1821

Jellinek — Verwaltungsrecht, 3. Aufl., unveränd. Neudruck 1948

Knoll — Eingriffe in das Eigentum im Zuge der Umgestaltung gesellschaftlicher Verhältnisse (Zur Lehre von Eigentum, der Enteignung und Entschädigung), AöR 81 S. 157

Lechner — Zur Fortbildung des allgemeinen Grundenteignungsrechts, DÖV 50 S. 298

Marschall — Das Planfeststellungsrecht der Bundesbahn unter Berücksichtigung des GG, DÖV 50 S. 678

Maunz — Deutsches Staatsrecht, 4. Aufl. 1954, § 17 S. 119ff.

Neufang — Grundstücksenteignungsrecht, Bd. 39 der Reihe B: Verfassungs- und Verwaltungsrecht, herausgeg. von Ambrosius

ders. — Fragen des Enteignungsrechts, DÖV 50 S. 219

ders. — Die Anfechtbarkeit der Enteignunganordnung, DVBl. 51 S. 108

ders. — Die Klärung des Enteignungsbegriffes durch das Baulandbeschaffungsgesetz, DÖD 53 S. 181

Rasner — Vorbereitende Bauleitplanung und Enteignung, DVBl. 56 S. 813

Reinhardt-Scheuner

Verfassungsschutz des Eigentums, 1954

Reuss — Betätigung der Staatshoheit und Entschädigungsansprüche, JR 55 S. 321

ders. — Die öffentlich-rechtliche Rechtsprechung des Bundesgerichtshofes unter besonderer Berücksichtigung des Enteignungsrechts und des Aufopferungsanspruchs, DÖV 57 S. 653ff.

Savigny — System des heutigen römischen Rechts, 8 Bde., 1840–1849

Sellschopp — Zur Frage der Entschädigung in der Bodenreform, DÖV 52 S. 242

Seufert — Bayerisches Enteignungsrecht, Kommentar, 1957

Siegel — Baulandumlegung und Enteignung, DVBl. 56 S. 285

Stoedter — Öffentlich-rechtliche Entschädigung, Abhandlungen und Mitteilungen aus dem Seminar für öffentliches Recht der Universität Hamburg, Heft 28, 1933

ders. — Über den Enteignungsbegriff, DÖV 53 S. 97

Schack — Generelle Eigentumsentziehungen als Enteignungen, NJW 54 S. 577

ders. — Der Aufopferungsanspruch, BB 56 S. 409

Schack	Der für Aufopferungsanspruch neben der Enteignungsentschädigung verbleibende Raum, JZ 56 S. 425
ders.	Das Entschädigungsmaß des § 70 PrPVG und der entsprechenden Bestimmungen der neuen Polizeigesetze, DVBl. 56 S. 669
Scheuner	Die Abgrenzung der Enteignung, DÖV 54 S. 587
Schmidt	Gemeinsame Grundsätze im öffentlichen Leistungsrecht und im Enteignungsrecht, DÖV 57 S. 489
Schoene	Öffentliche Gewalt und Eigentum, DÖV 54 S. 552
Schütz	Die Zulässigkeit der Enteignung, DWW 53 S. 170
ders.	Enteignung und soziale Bindung des Eigentums, BlGBW 56 S. 337
ders.	Vorteilsausgleichung und Enteignungsentschädigung, BlGBW 57 S. 225
Schuler	Keine Vorteilsausgleichung bei Zwangsabtretung, BayVBl. 57 S. 172
Schwamberger	Enteignung und Umlegung, DÖV 54 S. 396
Thiel	BRS, Rechtsprechung zur „Enteignung“
Tischbein	Zur Interessenabwägung bei der Enteignungsentschädigung, RdL 56 S. 261
Ule	Enteignungsrecht in der britischen Zone, DV 48 S. 13
ders.	Enteignung und Sozialisierung, DVBl. 51 S. 688
Weber	Zur Problematik von Enteignung und Sozialisierung nach neuem Verfassungsrecht, NJW 50 S. 401
ders.	Eigentum und Enteignung, in Neumann-Nipperdey-Scheuner, Die Grundrechte II 1954 S. 331 ff.

Gesetz über die
Enteignung von Grundeigentum
vom 11. Juni 1874 (PrGS S. 221ff.)

Titel I
Zulässigkeit der Enteignung

§ 1

Das Grundeigentum kann nur aus Gründen des öffentlichen Wohles für ein Unternehmen, dessen Ausführung die Ausübung des Enteignungsrechtes erfordert, gegen vollständige Entschädigung entzogen oder beschränkt werden.

§ 2

(1) Die Entziehung und dauernde Beschränkung des Grundeigentums erfolgt auf Grund eines Beschlusses des Staatsministeriums, welcher den Unternehmer und das Unternehmen, zu dem das Grundeigentum in Anspruch genommen wird, bezeichnet.
(2) Der Beschluß des Staatsministeriums wird durch das Amtsblatt derjenigen Regierung bekanntgemacht, in deren Bezirk das Unternehmen ausgeführt werden soll.

§ 3

Ausnahmsweise bedarf es zu Enteignungen der in § 2 gedachten Art eines Beschlusses des Staatsministeriums nicht für Geradelegung oder Erweiterung öffentlicher Wege, sowie zur Umwandlung von Privatwegen in öffentliche Wege, vorausgesetzt, daß das dafür in Anspruch genommene Grundeigentum außerhalb der Städte und Dörfer belegen und nicht mit Gebäuden besetzt ist. In diesem Falle wird die Zulässigkeit der Enteignung von *der Bezirksregierung* ausgesprochen.

§ 4

(1) Vorübergehende Beschränkungen werden von *der Bezirksregierung* angeordnet.
(2) Dieselben dürfen wider den Willen des Grundeigentümers die Dauer von drei Jahren nicht überschreiten. Auch darf dadurch die Beschaffenheit des Grundstücks nicht wesentlich oder dauernd verändert werden. Zur Überschreitung dieser Grenzen bedarf es eines nach § 2 eingeleiteten und durchgeführten Enteignungsverfahrens.
(3) Gegen den Beschluß *der Bezirksregierung* in den Fällen der §§ 3 und 4 steht innerhalb *zwei Wochen* nach der Zustellung jedem Beteiligten *die Beschwerde* an die vorgesetzte Ministerialinstanz offen.

§ 5

(1) Handlungen, welche zur Vorbereitung eines die Enteignung rechtfertigenden Unternehmens erforderlich sind, muß auf Anordnung *der Bezirksregierung* der Besitzer auf seinem Grund und Boden geschehen lassen. Es ist ihm jedoch der hierdurch etwa erwachsende, nötigenfalls im Rechtswege festzustellende Schaden zu

vergüten. Zur Sicherstellung der Entschädigung darf *die Bezirksregierung* vor Beginn der Handlungen vom Unternehmer eine Kaution bestellen lassen und deren Höhe bestimmen. Sie ist hierzu verpflichtet, wenn ein Beteiligter die Kautionsstellung verlangt.

(2) Die Gestattung der Vorarbeiten wird von *der Bezirksregierung* im Regierungsamtsblatte generell bekanntgemacht. Von jeder Vorarbeit hat der Unternehmer unter Bezeichnung der Zeit und der Stelle, wo sie stattfinden soll, mindestens *zwei Tage* zuvor *den Vorstand des betreffenden Guts- oder Gemeindebezirks* in Kenntnis zu setzen, welcher davon die beteiligten Grundbesitzer speziell *oder in ortsüblicher Weise generell* benachrichtigt. *Dieser Vorstand* ist ermächtigt, dem Unternehmer auf dessen Kosten einen beeidigten Taxator zu dem Zwecke zur Seite zu stellen, um vorkommende Beschädigungen sogleich festzustellen und abzuschätzen. Der abgeschätzte Schaden ist, vorbehaltlich dessen anderweiter Feststellung im Rechtswege, den Beteiligten (Eigentümer, Nutznießer, Pächter, Verwalter) sofort auszuzahlen, widrigenfalls *der Ortsvorstand* auf den Antrag des Beteiligten die Fortsetzung der Vorarbeiten zu hindern verpflichtet ist.

(3) Zum Betreten von Gebäuden und eingefriedigten Hof- oder Gartenräumen bedarf der Unternehmer, insoweit dazu der Grundbesitzer seine Einwilligung nicht ausdrücklich erteilt, in jedem einzelnen Falle einer besonderen Erlaubnis der Ortspolizeibehörde, welche die Besitzer zu benachrichtigen und zur Offenstellung der Räume zu veranlassen hat.

(4) Eine Zerstörung von Baulichkeiten jeder Art, sowie ein Fällen von Bäumen ist nur mit besonderer Gestattung *der Bezirksregierung* zulässig.

§ 6

Dasjenige, was dieses Gesetz über die Entziehung und Beschränkung des Grundeigentums bestimmt, gilt auch von der Entziehung und Beschränkung der Rechte am Grundeigentum.

Titel II
Von der Entschädigung

§ 7

Die Pflicht der Entschädigung liegt dem Unternehmer ob. Die Entschädigung wird in Geld gewährt. Ist in Spezialgesetzen eine Entschädigung in Grund und Boden vorgeschrieben, so behält es dabei sein Bewenden.

§ 8

(1) Die Entschädigung für die Abtretung des Grundeigentums besteht in dem vollen Werte des abzutretenden Grundstücks, einschließlich der enteigneten Zubehörungen und Früchte.

(2) Wird nur ein Teil des Grundbesitzes desselben Eigentümers in Anspruch genommen, so umfaßt die Entschädigung zugleich den Mehrwert, welchen der abzutretende Teil durch seinen örtlichen oder wirtschaftlichen Zusammenhang mit dem Ganzen hat, sowie den Minderwert, welcher für den übrigen Grundbesitz durch die Abtretung entsteht.

§ 9

(1) Wird nur ein Teil von einem Grundstück in Anspruch genommen, so kann der Eigentümer verlangen, daß der Unternehmer das Ganze gegen Entschädigung übernimmt, wenn das Grundstück durch die Abtretung so zerstückelt werden würde, daß das Restgrundstück nach seiner bisherigen Bestimmung nicht mehr zweckmäßig benutzt werden kann.

(2) Trifft die geminderte Benutzbarkeit nur bestimmte Teile des Restgrundstücks, so beschränkt sich die Pflicht zur Mitübernahme auf diese Teile.

(3) Bei Gebäuden, welche teilweise in Anspruch genommen werden, umfaßt diese Pflicht jedenfalls das gesamte Gebäude.

(4) Bei den Vorschriften dieses Paragraphen ist unter der Bezeichnung Grundstück jeder in Zusammenhang stehende Grundbesitz des nämlichen Eigentümers begriffen.

§ 10

(1) Die bisherige Benutzungsart kann bei der Abschätzung nur bis zu demjenigen Geldbetrage Berücksichtigung finden, welcher erforderlich ist, damit der Eigentümer ein anderes Grundstück in derselben Weise und mit gleichem Ertrage benutzen kann.

(2) Eine Werterhöhung, welche das abzutretende Grundstück erst infolge der neuen Anlage erhält, kommt bei der Bemessung der Entschädigung nicht in Anschlag.

§ 11

Der Betrag des Schadens, welchen Nutzungs-, Gebrauchs- und Servitutberechtigte, Pächter und Mieter durch die Enteignung erleiden, ist, soweit derselbe nicht in der nach § 8 für das enteignete Grundeigentum bestimmten Entschädigung oder in der an derselben zu gewährenden Nutzung begriffen ist, besonders zu ersetzen.

§ 12

(1) Für Beschränkungen (§§ 2, 4) ist die Entschädigung nach denselben Grundsätzen zu bestimmen wie für die Entziehung des Grundeigentums.

(2) Tritt durch eine Beschränkung eine Benachteiligung des Eigentümers ein, welche bei Anordnung der Beschränkung sich nicht im voraus abschätzen läßt, so kann der Eigentümer die Bestellung einer angemessenen Kaution, sowie die Festsetzung der Entschädigung nach Ablauf jeden halben Jahres der Beschränkung verlangen.

§ 13

Für Neubauten, Anpflanzungen, sonstige neue Anlagen und Verbesserungen wird beim Widerspruch des Unternehmers eine Vergütung nicht gewährt, vielmehr nur dem Eigentümer die Wiederwegnahme auf seine Kosten bis zur Enteignung des Grundstückes vorbehalten, wenn aus der Art der Anlage, dem Zeitpunkte ihrer Errichtung oder den sonst obwaltenden Umständen erhellt, daß dieselben nur in der Absicht vorgenommen sind, eine höhere Entschädigung zu erzielen.

§ 14

(1) Der Unternehmer ist zugleich zur Einrichtung derjenigen Anlagen an Wegen, Überfahrten, Triften, Einfriedigungen, Bewässerungs- und Vorflutsanstalten usw. verpflichtet, welche für die benachbarten Grundstücke oder im öffentlichen Interesse zur Sicherung gegen Gefahren und Nachteile notwendig werden. Auch die Unterhaltung dieser Anlagen liegt ihm ob, insoweit dieselbe über den Umfang der bestehenden Verpflichtungen zur Unterhaltung vorhandener, demselben Zwecke dienender Anlagen hinausgeht.

(2) Über diese Obliegenheiten des Unternehmers entscheidet *die Bezirksregierung* (§ 21).

Titel III

Enteignungsverfahren

1. Feststellung des Planes

§ 15

(1) Vor Ausführung des Unternehmens ist für dasselbe, unter Berücksichtigung der nach § 14 den Unternehmer treffenden Obliegenheiten, ein Plan, welchem geeignetenfalls die erforderlichen Querprofile beizufügen sind, in einem zweckentsprechenden Maßstabe aufzustellen und von derjenigen Behörde zu prüfen und vorläufig festzustellen, welche dazu nach den für die verschiedenen Arten der Unternehmungen bestehenden Gesetzen berufen ist.

(2) Ist eine besondere Behörde durch das Gesetz nicht berufen, so liegt diese Prüfung und Feststellung *der Bezirksregierung* ob.

§ 16

Eine Einigung zwischen den Beteiligten über den Gegenstand der Abtretung, soweit er nach dem Befinden der zuständigen Behörde zu dem Unternehmen erforderlich ist, kann zum Zwecke sowohl der Überlassung des Besitzes, als der sofortigen Abtretung des Eigentums stattfinden. Es kann dabei die Entschädigung nachträglicher Feststellung vorbehalten werden, welche alsdann nach den Vorschriften dieses Gesetzes oder auch, je nach Verabredung der Beteiligten, sofort im Rechtswege erfolgt. Es kann ferner dabei behufs Regelung der Rechte Dritter die Durchführung des förmlichen Enteignungsverfahrens, nach Befinden ohne Berührung der Entschädigungsfrage, vorbehalten werden.

§ 17

(1) Für die freiwillige Abtretung in Gemäßheit des § 16 sind die nach den bestehenden Gesetzen für die Veräußerung von Grundeigentum vorgeschriebenen Formen zu wahren.

(2) *Handelt es sich um Grundstücke oder Gerechtigkeiten bevormundeter, in Konkurs geratener, unter Kuratel stehender oder anderer handlungsunfähiger Personen, so genügt der Abschluß des Vertrages durch deren Vertreter unter Genehmigung des vormundschaftlichen Gerichts oder desjenigen Gerichts, welches die Veräußerung der Grundstücke und Gerechtigkeiten solcher Personen aus freier Hand zu genehmigen befugt ist.*

(3) veraltet.

(4) veraltet.

(5) Veräußerungsbeschränkungen, welche zur Verhütung der Trennung von Gutsverbänden oder der Zerstückelung von Ländereien bestehen, finden keine Anwendung.

§ 18

(1) Auf Antrag des Unternehmers erfolgt das Verfahren behufs Feststellung des Planes.

(2) Zu diesem Behufe hat derselbe *der Bezirksregierung* für jeden Gemeinde- oder Gutsbezirk einen Auszug aus dem vorläufig festgestellten Plane nebst Beilagen vorzulegen, welche die zu enteignenden Grundstücke nach ihrer grundbuchmäßigen, katastermäßigen oder sonst üblichen Bezeichnung und Größe, deren Eigentümer nach Namen und Wohnort, ferner die nach § 14 herzustellenden Anlagen, sowie, wo nur eine Belastung von Grundeigentum in Frage steht, die Art und den Umfang dieser Belastung enthalten müssen.

§ 19

(1) Plan nebst Beilagen sind in dem betreffenden Gemeinde- oder Gutsbezirke während vierzehn Tagen zu jedermanns Einsicht offenzulegen.

(2) Die Zeit der Offenlegung ist ortsüblich bekanntzumachen.

(3) Während dieser Zeit kann jeder Beteiligte im Umfange seines Interesses Einwendungen gegen den Plan erheben. Auch *der Vorstand des Gemeinde- oder Gutsbezirks* hat das Recht, Einwendungen zu erheben, welche sich auf die Richtung des Unternehmens oder auf Anlagen der in § 14 gedachten Art beziehen.

(4) *Die Regierung* hat diejenige Stelle zu bezeichnen, bei welcher solche Einwendungen schriftlich einzureichen oder mündlich zu Protokoll zu geben sind.

§ 20

(1) Nach Ablauf der Frist (§ 19) werden die Einwendungen gegen den Plan in einem nötigenfalls an Ort und Stelle abzuhaltenden Termin vor einem von *der Bezirksregierung* zu ernennenden Kommissar erörtert.

(2) Zu dem Termine werden die Unternehmer, die Reklamanten und die durch die Reklamation betroffenen Grundbesitzer, sowie *der Vorstand des Gemeinde- oder Gutsbezirks* vorgeladen und mit ihrer Erklärung gehört. Dem Kommissar bleibt es überlassen, Sachverständige, deren Gutachten erforderlich ist, zuzuziehen.

(3) Die Verhandlungen haben sich nicht auf die Entschädigungsfrage zu erstrecken.

§ 21

(1) Der Kommissar hat nach Beendigung der Verhandlungen letztere *der Bezirksregierung* vorzulegen, welche prüft, ob die vorgeschriebenen Förmlichkeiten beobachtet sind, mittels motivierten Beschlusses über die erhobenen Einwendungen entscheidet und danach

1. den Gegenstand der Enteignung, die Größe und die Grenzen des abzutretenden Grundbesitzes, die Art und den Umfang der aufzulegenden Beschrän-

kungen, sowie auch die Zeit, innerhalb deren längstens vom Enteignungsrechte Gebrauch zu machen ist — soweit der Beschluß des Staatsministeriums (§ 2) über diese Punkte keine Bestimmungen enthält —,

2. die Anlagen, zu deren Errichtung wie Unterhaltung der Unternehmer verpflichtet ist (§ 14),

feststellt.

(2) Die Entscheidung wird dem Unternehmer, den Reklamanten und sonstigen Personen, welche an der Streiterörterung teilgenommen, sowie *dem Vorstande des Gemeinde- oder Gutsbezirks* zugestellt.

§ 22

(1) Gegen die Entscheidung *der Bezirksregierung* steht den Beteiligten *die Beschwerde* an die vorgesetzte Ministerialinstanz offen.

(2) *Die Beschwerde* muß bei Verlust derselben innerhalb *zwei Wochen* nach Zustellung des Beschlusses bei *der Bezirksregierung* eingelegt und gerechtfertigt werden. *Die Regierung* hat *die Beschwerdeschrift* dem Gegner zur Beantwortung innerhalb einer Frist von *sieben bis vierzehn Tagen* mitzuteilen und nach Eingang der Schrift oder nach Ablauf der Frist die Akten an den zuständigen Minister zur Entscheidung einzusenden.

§ 23

(1) Das Enteignungsrecht bei der Anlage von Eisenbahnen erstreckt sich unter Berücksichtigung der Vorschriften dieses Gesetzes insbesondere:

1. auf den Grund und Boden, welcher zur Bahn, zu den Bahnhöfen und zu den an der Bahn und an den Bahnhöfen behufs des Eisenbahnbetriebes zu errichtenden Gebäude erforderlich ist;
2. auf den zur Unterbringung der Erde und des Schuttes usw. bei Abtragungen, Einschnitten und Tunnels erforderlichen Grund und Boden;
3. überhaupt auf den Grund und Boden für alle sonstigen Anlagen, welche zu dem Behufe, damit die Bahn als eine öffentliche Straße zur allgemeinen Benutzung dienen könne, nötig oder infolge der Bahnanlage im öffentlichen Interesse erforderlich sind;
4. auf das für die Herstellung von Aufträgen erforderliche Schüttungsmaterial.

(2) Dagegen ist das Enteignungsrecht auf den Grund und Boden für solche Anlagen nicht auszudehnen, welche, wie Warenmagazine und dergleichen, nicht den unter Nr. 3 gedachten allgemeinen Zweck, sondern nur das Privatinteresse des Eisenbahnunternehmers angehen.

(3) Die vorübergehende Benutzung fremder Grundstücke soll bei der Anlage von Eisenbahnen, insbesondere zur Einrichtung von Interimswegen, Werkplätzen und Arbeiterhütten zulässig sein.

2. Feststellung der Entschädigung

§ 24

(1) Der Antrag auf Feststellung der Entschädigung ist von dem Unternehmer schriftlich bei *der Bezirksregierung* einzubringen.

(2) Der Antrag muß das zu enteignende Grundstück, dessen Eigentümer, sowie, wo nur eine Belastung in Frage steht, die Art und den Umfang derselben genau bezeichnen (§ 18).

(3) Dem Antrage ist zum Nachweis der Rechte am Grundstück ein beglaubigter Auszug aus dem Grundbuch (*Hypothekenbuch, Währschaftsbuch, Stockbuch*), wo aber ein solches nicht vorhanden ist oder nicht ausreicht, eine Bescheinigung *des Ortsvorstandes* oder der sonst zur Ausstellung solcher Bescheinigungen berufenen Behörde über den Eigentumsbesitz und die bekannten Realrechte beizufügen. Diese Urkunden haben die betreffenden Behörden dem Unternehmer auf Grund der Feststellung (§ 21) oder einer sonstigen Bescheinigung *der Regierung* gegen Erstattung der Kopialien, zu erteilen, auch demselben Einsicht des Grundbuchs usw. zu gestatten.

(4) Gleichzeitig mit der Erteilung des Auszugs hat die Grundbuchbehörde, soweit die betreffenden Grundbücher dazu geeignet sind, und zwar ohne weiteren Antrag, eine Vormerkung über das eingeleitete Enteignungsverfahren im Grundbuche einzutragen, deren Löschung mit vollzogener Enteignung (§ 33) oder auf besonderes Ersuchen *der Regierung* erfolgt. Auch hat dieselbe während der Dauer des Enteignungsverfahrens von jeder an dem Grundstücke eintretenden Rechtsänderung, welche für die Vertretung des Grundstücks oder die Auszahlung der Entschädigung von Bedeutung ist, von Amts wegen der Enteignungsbehörde Nachricht zu geben.

§ 25

(1) Der Entscheidung *der Bezirksregierung* muß eine kommissarische Verhandlung mit den Beteiligten unter Vorlegung des definitiv festgestellten Planes vorangehen.

(2) Der Kommissar hat auf Grund der nach § 24 beizubringenden Urkunden darauf zu achten, daß das Verfahren gegen den wirklichen Eigentümer gerichtet wird.

(3) Er hat den Unternehmer, den Eigentümer, sowie auch Nebenberechtigte, welche sich zur Teilnahme an dem Verfahren gemeldet haben, zu einem nötigenfalls an Ort und Stelle abzuhaltenden Termine vorzuladen.

(4) Alle übrigen Beteiligten werden durch eine in dem Regierungsamtsblatt und in dem betreffenden Kreisblatt, sowie geeignetenfalls in sonstigen Blättern bekanntzumachenden Vorladung aufgefordert, ihre Rechte im Termine wahrzunehmen.

(5) Die Ladungen erfolgen unter der Verwarnung, daß beim Ausbleiben der Geladenen ohne deren Zutun die Entschädigung festgestellt und wegen Auszahlung oder Hinterlegung der letzteren werde verfügt werden.

(6) In dem Termine ist jeder an dem zu enteignenden Grundstücke Berechtigte befugt, zu erscheinen und sein Interesse an der Feststellung der Entschädigung, sowie bezüglich der Auszahlung und Hinterlegung derselben wahrzunehmen.

(7) In dem Termine hat der Grundeigentümer seine Anträge auf vollständige Übernahme eines teilweise in Anspruch genommenen Grundstücks (§ 9) anzubringen. Spätere Anträge dieser Art sind unzulässig.

§ 26

(1) Der Kommissar hat eine Vereinbarung der Beteiligten zu Protokoll zu nehmen und ihnen eine Ausfertigung auf Verlangen zu erteilen.

(2) Das Protokoll hat die Kraft einer gerichtlichen oder notariellen Urkunde. In bezug auf die Rechtsverbindlichkeit der vor dem Kommissar abgeschlossenen Verträge kommen die Bestimmungen des § 17 Abs. 2 und 5 zur Anwendung.

§ 27

(1) Zu der kommissarischen Verhandlung sind ein bis drei Sachverständige zuzuziehen, welche von *der Bezirksregierung* entweder für das ganze Unternehmen oder einzelne Teile desselben zu ernennen sind. Doch steht auch den Beteiligten zu, sich vor dem Abschätzungstermine über Sachverständige zu einigen, und dieselben dem Kommissar zu bezeichnen.

(2) Die ernannten Sachverständigen müssen die in den betreffenden Prozeßgesetzen vorgeschriebenen Eigenschaften eines völlig glaubwürdigen Zeugen besitzen; dieselben dürfen insbesondere nicht zu denjenigen Personen gehören, die selbst als Entschädigungsberechtigte von der Enteignung betroffen sind.

§ 28

(1) Das Gutachten wird von den Sachverständigen entweder mündlich zu Protokoll erklärt oder schriftlich eingereicht. Dasselbe muß mit Gründen unterstützt und beeidet werden. Sind die Sachverständigen ein- für allemal als solche vereidet, so genügt die Versicherung der Richtigkeit des Gutachtens auf den geleisteten Eid im Protokoll oder unter dem schriftlich eingereichten Gutachten.

(2) Den Beteiligten ist vor der Entscheidung *der Bezirksregierung* (§ 29) Gelegenheit zu geben, über das Gutachten sich auszusprechen.

§ 29

(1) Die Entscheidung *der Bezirksregierung* über die Entschädigung, die zu bestellende Kaution und die sonstigen aus §§ 7—13 sich ergebenden Verpflichtungen erfolgt mittels motivierten Beschlusses.

(2) Die Entschädigungssumme ist für jeden Eigentümer, sowie für jeden der im § 11 bezeichneten Nebenberechtigten, soweit ihm eine nicht schon im Werte des enteigneten Grundeigentums begriffene Entschädigung zuzusprechen ist, besonders festzustellen. Auch ist da, wo die den Nebenberechtigten gebührende Entschädigung in dem Werte des enteigneten Grundeigentums begriffen ist, auf Antrag des Eigentümers oder des betreffenden Nebenberechtigten das Anteilsverhältnis festzustellen, nach welchem dem letzteren innerhalb seiner vom Eigentümer anerkannten Berechtigung aus der für das Eigentum festgestellten Entschädigungssumme oder deren Nutzungen Entschädigung gebührt.

(3) In dem Beschlusse ist zugleich zu bestimmen, daß die Enteignung des Grundstücks nur nach erfolgter Zahlung oder Hinterlegung der Entschädigungs- oder Kautionssumme auszusprechen sei.

§ 30

(1) Gegen die Entscheidung *der Regierung* steht sowohl dem Unternehmer als den übrigen Beteiligten innerhalb sechs Monaten nach Zustellung *des Regierungsbeschlusses* die Beschreitung des Rechtsweges zu. Ein Streit über das Anteilsverhältnis eines Nebenberechtigten an der für das Eigentum festgestellten Entschädigungssumme ist lediglich zwischen dem Nebenberechtigten und dem Eigentümer auszutragen.

(2) Eines vorgängigen Sühneversuchs bedarf es nicht.

(3) Zuständig ist das Gericht, in dessen Bezirk das betreffende Grundstück belegen ist.

(4) Sind die Parteien über die Sachverständigen nicht einig, so ernennt das Gericht dieselben.

(5) Wird von dem Unternehmer auf richterliche Entscheidung angetragen, so fallen ihm jedenfalls die Kosten der ersten Instanz zur Last.

§ 31

Wegen solcher nachteiligen Folgen der Enteignung, welche erst nach dem im § 25 gedachten Termine erkennbar werden, bleibt dem Entschädigungsberechtigten bis zum Ablauf von drei Jahren nach der Ausführung des Teiles der Anlage, durch welche er benachteiligt wird, ein im Rechtswege verfolgbarer persönlicher Anspruch gegen den Unternehmer.

3. Vollziehung der Enteignung

§ 32

(1) Die Enteignung des Grundstücks wird auf Antrag des Unternehmers von *der Bezirksregierung* ausgesprochen, wenn der nach § 30 vorbehaltene Rechtsweg dem Unternehmer gegenüber durch Ablauf der sechsmonatlichen Frist, Verzicht oder rechtskräftiges Urteil erledigt, und wenn nachgewiesen ist, daß die vereinbarte (§§ 16, 26) oder endgültig festgestellte Entschädigungs- oder Kautionssumme rechtsgültig gezahlt oder hinterlegt ist.

(2) Die Enteignungserklärung schließt, insofern nicht ein anderes dabei vorbehalten wird, die Einweisung in den Besitz in sich.

§ 33

Gleichzeitig mit der Enteignungserklärung hat *die Regierung* da, wo nach den bestehenden Gesetzen von dem Eigentumsübergange Nachricht zu den Gerichtsakten zu nehmen ist, oder wo zur Eintragung des Eigentumsüberganges bestimmte öffentliche Bücher bestehen, der zuständigen Gerichts- oder sonstigen Behörde von der Enteignung Nachricht zu geben, beziehungsweise dieselbe um Bewirkung der Eintragung zu ersuchen. Der Enteignungsbeschluß *der Regierung* steht hierbei dem Erkenntnisse eines Gerichts gleich.

§ 34

(1) In dringlichen Fällen kann *die Regierung* auf Antrag des Unternehmers anordnen, daß noch vor Erledigung des Rechtsweges die Enteignung erfolgen solle, sobald die durch *Regierungsbeschluß* (§ 29) festgestellte Entschädigungs- oder Kautionssumme gezahlt oder hinterlegt worden.

(2) Diese Anordnung kann unter Umständen auch von vorgängiger Leistung einer besonderen Kaution abhängig gemacht werden.

(3) Gegen die Anordnung *der Regierung* in diesen Fällen steht innerhalb dreier Tage nach der Zustellung jedem Beteiligten *die Beschwerde* an die vorgesetzte Ministerialinstanz offen.

§ 35

(1) Jeder Beteiligte kann binnen sieben Tagen nach dem ihm bekanntgemachten, die Dringlichkeit aussprechenden Beschlusse verlangen, daß der Enteignung eine Feststellung des Zustandes von Gebäuden oder künstlichen Anlagen voraufgehe.

(2) Dieselbe ist bei dem Gerichte der belegenen Sache (Amtsgerichte) mündlich zu Protokoll oder schriftlich zu beantragen.

(3) Das Gericht hat den Termin schleunigst und nicht über sieben Tage hinaus anzuberaumen und hiervon die Beteiligten und *die Regierung* zeitig zu benachrichtigen.

(4) Die Zuziehung eines oder mehrerer Sachverständigen kann auch von Amts wegen angeordnet werden. Sind die Parteien über die Sachverständigen nicht einig, so ernennt das Gericht dieselben.

(5) Die Enteignung kann nicht vor Beendigung dieses Verfahrens erfolgen, von welcher das Gericht *die Regierung* zu benachrichtigen hat.

§ 36

(1) Die Entschädigungssumme wird an denjenigen bezahlt, für welchen die Feststellung stattgefunden hat.

(2) Dieselbe wird in Ermangelung abweichender Vertragsbestimmungen von dem Unternehmer mit *fünf* Prozent vom Tage der Enteignung verzinst, soweit sie zu dieser Zeit nicht bezahlt oder in Gemäßheit des § 37 hinterlegt ist.

(3) Wird die durch Beschluß *der Regierung* festgesetzte Entschädigungssumme durch die gerichtliche Entscheidung herabgesetzt, so erhält der Unternehmer den gezahlten Mehrbetrag ohne Zinsen, den hinterlegten Mehrbetrag aber mit den davon in der Zwischenzeit etwa aufgesammelten Zinsen zurück.

§ 37

(1) Der Unternehmer ist verpflichtet, die Entschädigungssumme zu hinterlegen:

1. wenn neben dem Eigentümer Entschädigungsberechtigte vorhanden sind, deren Ansprüche an die Entschädigungssumme zur Zeit nicht feststehen;
2. *wenn das betreffende Grundstück Fideikommiß oder Stammgut ist, oder im Lehn- oder Leiheverbande steht:*
3. wenn Reallasten, Hypotheken oder Grundschulden auf dem betreffenden Grundstück haften.

(2) Die Hinterlegung erfolgt bei derjenigen Stelle, welche für den Bezirk der belegenen Sache zur Annahme von Hinterlegungen der betreffenden Art, beziehungsweise von gerichtlichen Hinterlegungen bestimmt ist.

(3) Über die Rechtmäßigkeit der Hinterlegung findet ein gerichtliches Verfahren nicht statt. Jeder Beteiligte kann sein Recht an der hinterlegten Summe gegen den dasselbe bestreitenden Mitbeteiligten im Rechtswege geltend machen. *Soweit nach dem Rechte einzelner Landesteile ein gerichtliches Verteilungsverfahren in derartigen Fällen stattfindet, behält es dabei sein Bewenden.*

§ 38

(1) Ist nur ein Teil eines Grundbesitzes enteignet, so stehen der Auszahlung der für den enteigneten Teil bestimmten Entschädigungssumme die auf dem gesamten Grundbesitz haftenden Hypotheken, Grundschulden und Rentenschulden nicht

entgegen, wenn dieselben den fünfzehnfachen Betrag des Grundsteuer-Reinertrages des Restgrundbesitzes nicht übersteigen. Reallasten, welche der Eintragung in das Grundbuch bedürfen, werden hierbei den Hypotheken gleichgeachtet und in entsprechender Anwendung der bei notwendigen Subhastationen geltenden Grundsätze zu Kapital veranschlagt.

(2) Auch wird bei einer solchen teilweisen Enteignung die Auszahlung der für den enteigneten Teil bestimmten Entschädigungssumme durch nicht eingetragene Reallasten, *Fideikommiß-*, *Stammgut-*, *Lehn- oder Leiheverband* des gesamten Grundbesitzes nicht gehindert, wenn die gedachte Entschädigungssumme den fünffachen Betrag des Grundsteuer-Reinertrages des gesamten Grundbesitzes und auch die Summe von dreihundert *Mark* nicht übersteigt.

(3) Die Auszahlung laufender Nutzungen der Entschädigungssumme kann ohne Rücksicht auf die vorgedachten Realverhältnisse erfolgen.

4. Allgemeine Bestimmungen

§ 39

Alle Vorladungen und Zustellungen im Enteignungsverfahren sind gültig, wenn sie nach den für gerichtliche Behändigungen bestehenden Vorschriften erfolgt sind. Die vereideten Verwaltungsbeamten haben dabei den Glauben der zur Zustellung gerichtlicher Verfügungen bestellten Beamten.

§ 40

Verwaltungsbehörden und Gerichte haben die Beweisfrage unter Berücksichtigung aller Umstände nach freier Überzeugung zu beurteilen.

§ 41

Wo dieses Gesetz die Anordnung einer Kaution vorschreibt oder zuläßt, ist gleichwohl der Fiskus von der Kautionsleistung frei.

§ 42

(1) Wenn der Unternehmer von dem ihm verliehenen Enteignungsrechte nicht binnen der in § 21 gedachten Zeit Gebrauch macht, oder von dem Unternehmen zurücktritt, bevor die Festsetzung der Entschädigung durch Beschluß *der Regierung* erfolgt ist, so erlischt jenes Recht. Der Unternehmer haftet in diesem Falle den Entschädigungsberechtigten im Rechtswege für die Nachteile, welche denselben durch das Enteignungsverfahren erwachsen sind.

(2) Tritt der Unternehmer zurück, nachdem bereits die Feststellung der Entschädigung durch Beschluß *der Regierung* erfolgt ist, so hat der Eigentümer die Wahl, ob er lediglich Ersatz für die Nachteile, welche ihm durch das Enteignungsverfahren erwachsen sind, oder Zahlung der festgestellten Entschädigung gegen Abtretung des Grundstücks, geeignetenfalls nach vorgängiger Durchführung des in § 30 gedachten Prozeßverfahrens, im Rechtswege beanspruchen will.

§ 43

(1) Die Kosten des administrativen Verfahrens trägt der Unternehmer. Bei demselben kommen nur Auslagen, nicht aber Stempel und Sporteln zur Anwendung,

und können die Entschädigungsberechtigten Ersatz für Wege und Versäumnisse nicht fordern.

(2) Im prozessualischen Verfahren werden die Kosten und Stempel taxmäßig berechnet.

(3) Die Kosten des in § 35 erwähnten Verfahrens sind vom Antragsteller vorzuschießen. Über die Verbindlichkeit zur endlichen Übernahme dieser Kosten ist im nachfolgenden Rechtsstreit zu entscheiden. *Im Bezirke des Appellationsgerichtshofes zu Köln werden die Gebühren für die betreffenden Verrichtungen des Friedensgerichts nach der Taxe für die Friedensgerichte vom 23. Mai 1859 (Gesetzsamml. S. 309) berechnet.*

(4) Sämtliche übrigen Verhandlungen vor den Gerichten, Grundbuch- und Auseinandersetzungsbehörden, einschließlich der nach § 17 eintretenden freiwilligen Veräußerungsgeschäfte über Grundeigentum innerhalb des vorgelegten Planes, sowie einschließlich der Quittungen und Konsense der Hypothekengläubiger und sonstigen Beteiligten, sind gebühren- und stempelfrei. *Auch werden keine Depositalgebühren angesetzt.*

(5) Soweit diese Verhandlungen vor den Notaren vorgenommen werden, sind sie stempelfrei.

Titel IV
Wirkungen der Enteignung

§ 44

(1) Mit Zustellung des Enteignungsbeschlusses (§ 32) an Eigentümer und Unternehmer geht das Eigentum des enteigneten Grundstücks auf den Unternehmer über.

(2) Erfolgt die Zustellung an den Eigentümer und Unternehmer nicht an demselben Tage, so bestimmt die zuletzt erfolgte Zustellung den Zeitpunkt des Überganges des Eigentums.

(3) *Diese Vorschrift gilt auch in den Landesteilen, in denen nach den allgemeinen Gesetzen der Übergang des Eigentums von der Einschreibung in die Grundbücher oder von der Einreichung des Vertrages bei dem Realrichter abhängig gemacht ist.*

§ 45

(1) Das enteignete Grundstück wird mit dem in § 44 bestimmten Zeitpunkt von allen darauf haftenden privatrechtlichen Verpflichtungen frei, soweit der Unternehmer dieselben nicht vertragsmäßig übernommen hat.

(2) Die Entschädigung tritt rücksichtlich aller Eigentums-, Nutzungs- und sonstigen Realansprüche, insbesondere der Reallasten, Hypotheken und Grundschulden an die Stelle des enteigneten Gegenstandes.

§ 46

Ist die Abtretung des Grundstücks durch Vereinbarung zwischen Unternehmer und Eigentümer erfolgt, und zwar in Gemäßheit des § 16 unter Durchführung des Enteignungsverfahrens oder in Gemäßheit des § 26, so treten die rechtlichen Wirkungen des § 45 auch in diesem Falle ein. Hypotheken-, Grundschuld- und Rentenschuldgläubiger, sowie Realberechtigte können jedoch, soweit ihre Forderungen durch die zwischen Unternehmer und Eigentümer vereinbarte Entschädigungssumme nicht gedeckt werden, deren Festsetzung im Rechtswege gegen den Unternehmer fordern, wobei die Beweisvorschriften der §§ 30 und 40 zur Anwendung kommen.

§ 47

War das enteignete Grundstück Fideikommiß- oder Stammgut, oder stand dasselbe im Lehn- oder Leiheverbande, so ist — mit Ausnahme des § 38 vorgesehenen Falles — der Besitzer über die Entschädigungssumme nur nach den Vorschriften zu verfügen berechtigt, welche in den verschiedenen Landesteilen für die Verfügungen über derartige Güter und die an deren Stelle tretenden Kapitalien maßgebend sind.

§ 48

War das enteignete Grundstück mit Reallasten, Hypotheken oder Grundschulden behaftet, so kann — mit Ausnahme des § 38 vorgesehenen Falles — der Eigentümer über die Entschädigungssumme nur verfügen, wenn die Realberechtigten einwilligen.

§ 49

(1) *Der Eigentümer des Grundstücks ist jedoch in den Fällen der §§ 47 und 48 befugt, wegen Auszahlung oder Verwendung der hinterlegten Entschädigungssumme die Vermittlung der Auseinandersetzungsbehörden für Regulierung gutsherrlicher und bäuerlicher Verhältnisse, Ablösungen und Gemeinheitsteilungen in Anspruch zu nehmen.*

(2) *Die Auseinandersetzungsbehörde hat die bei ihr eingehenden Anträge nach den Bestimmungen zu beurteilen und zu erledigen, welche wegen Wahrnehmung der Rechte dritter Personen bei Verwendung der Ablösungskapitalien in den §§ 110 bis 112 des Gesetzes vom 2. März 1850, betreffend die Ablösung der Reallasten und Regulierung der gutsherrlichen und bäuerlichen Verhältnisse, erteilt worden sind.*

(3) *Diese Vorschrift kommt in den Landesteilen des linken Rheinufers, in der Provinz Hannover und den Teilen des Regierungsbezirks Wiesbaden, in welchen die Verordnungen vom 13. Mai 1867 (Gesetzsamml. S. 716) und 2. September 1876 (Gesetzsamml. S. 1463) nicht eingeführt sind, nicht zur Anwendung, vielmehr bleibt es hier bei den bisher bestehenden Vorschriften.*

Titel V
Besondere Bestimmungen über Entnahme von Wegebaumaterialien

§ 50

Die zum Bau und zur Unterhaltung öffentlicher Wege (mit Ausschluß der Eisenbahnen) erforderlichen Feld- und Bruchsteine, Kies, Rasen, Sand, Lehm und andere Erde ist, soweit der Wegebaupflichtige nicht diese Materialien in brauchbarer Beschaffenheit und angemessener Nähe auf eigenen Grundstücken fördern kann, und der Eigentümer sie nicht selbst gebraucht, ein jeder verpflichtet, nach Anordnung der Behörde von seinen landwirtschaftlichen und Forstgrundstücken, seinem Unlande oder aus seinen Gewässern entnehmen und das Aufsuchen derselben durch Schürfen, Bohren usw. daselbst unter Kontrolle des Eigentümers sich gefallen zu lassen.

§ 51

(1) Der Wegebaupflichtige hat dem Eigentümer den Wert der entnommenen Materialien ohne Berücksichtigung des Mehrwerts, welchen sie durch den Wegebau erhalten, zu ersetzen.

(2) Wo durch den Wert der Materialien der dem Grundstück durch die Entnahme zugefügte Schaden, einschließlich der entzogenen Nutzungen, sowie die etwa bereits wirtschaftlich aufgewendeten Werbungs-, Sammlungs- und Bereitungskosten nicht gedeckt werden, hat der Wegebaupflichtige, statt Ersatz jenes Wertes, hierfür Ersatz zu leisten.

§ 52

Wenn ein Grundstück zur Gewinnung der Materialien hauptsächlich bestimmt ist und letztere für den Wegebau in solchem Maße in Anspruch genommen werden, daß das Grundstück deshalb dieser Bestimmung gemäß nicht ergiebig benutzt werden kann, oder wenn die Eigentumsbeschränkung länger als drei Jahre dauert, so kann der Eigentümer gegen Abtretung des Grundstückes selbst an den Wegebaupflichtigen den Ersatz des Wertes desselben verlangen.

§ 53

(1) In Ermangelung gütlicher Einigung hat der *Landrat (in Hannover die betreffende Obrigkeit)* auf Grund vollständiger Erörterung zwischen den Beteiligten eine Entscheidung zu treffen, in welcher

1. die dem Wegebaupflichtigen gegen den Grundbesitzer einzuräumenden Rechte nach Gegenstand und Umfang speziell zu bezeichnen sind, und
2. die dafür zu gewährende Entschädigung auf Grund sachverständiger Abschätzung oder geeignetenfalls (§ 12) die dafür zu bestellende Sicherheit vorläufig festzusetzen ist.

(2) Gegen die Entscheidung unter 1. steht beiden Teilen binnen einer Präklusivfrist von *zehn Tagen* nach deren Zustellung *der Rekurs an die Regierung* mit aufschiebender Wirkung zu.

(3) Gegen die Feststellung der Entschädigung unter 2. ist innerhalb neunzig Tagen der Rechtsweg, jedoch ohne aufschiebende Wirkung zulässig. Ist gegen *die landrätliche Entscheidung Rekurs* erfolgt, so läuft diese Frist erst vom Tage der Zustellung *der Entscheidung der Regierung* an. Eines vorgängigen Sühneversuchs bedarf es nicht.

(4) Die dem Wegebaupflichtigen zuständigen Rechte dürfen erst ausgeübt werden, wenn derselbe in das Grundstück, beziehungsweise die daran auszuübenden Rechte eingewiesen ist. Dieser Einweisung muß die Zahlung oder Sicherstellung der Entschädigung auf Grund mindestens vorläufiger Festsetzung vorausgehen.

(5) Wegen Auszahlung der Entschädigungssumme findet die in § 36 gegebene Bestimmung Anwendung.

Titel VI

Schluß- und Übergangsbestimmungen

§ 54

Dieses Gesetz findet keine Anwendung:

1. *auf die in besonderen Gesetzen oder im Gewohnheitsrechte begründete Entziehung oder Beschränkung des Grundeigentums im Interesse der Landeskultur, als: bei Regulie-*

rung gutsherrlicher und bäuerlicher Verhältnisse, bei Ablösung von Reallasten, Gemeinheitsteilungen, Vorflutsangelegenheiten, Entwässerungs- und Bewässerungsangelegenheiten, Benutzung von Privatflüssen, Deichangelegenheiten, Wiesen- und Waldgenossenschaftsangelegenheiten;

2. auf die Entziehung und Beschränkung des Grundeigentums im Interesse des Bergbaues und der Landestriangulation.

§ 55

Bereits eingeleitete Enteignungsverfahren werden nach den bisherigen Vorschriften zu Ende geführt. Wird in einem solchen Verfahren der Rechtsweg beschritten, so findet der § 40 auch hier Anwendung.

§ 56

aufgehoben.

§ 57

(1) Alle den Vorschriften dieses Gesetzes entgegenstehenden Bestimmungen, sowie die Bestimmungen über das Wiederkaufsrecht bezüglich des enteigneten Grundstücks werden aufgehoben.

(2) Ein gesetzliches Vorkaufsrecht findet wegen aller Teile von Grundstücken statt, welche infolge des verliehenen Enteignungsrechts zwangsweise oder durch freien Vertrag an den Unternehmer abgetreten sind, wenn in der Folge das abgetretene Grundstück ganz oder teilweise zu dem bestimmten Zweck nicht weiter notwendig ist und veräußert werden soll.

(3) Das Vorkaufsrecht steht dem zeitigen Eigentümer des durch den ursprünglichen Erwerb verkleinerten Grundstücks zu. Wer das Enteignungsrecht ausgeübt hat, muß die Absicht der Veräußerung und den angebotenen Kaufpreis dem berechtigten Eigentümer anzeigen, welcher sein Vorkaufsrecht verliert, wenn er sich nicht binnen zwei Monaten darüber erklärt. Wird die Anzeige unterlassen, so kann der Berechtigte seinen Anspruch gegen jeden Besitzer geltend machen.

§ 58

Insoweit in anderen Gesetzen auf die Vorschriften der aufgehobenen Gesetze Bezug genommen ist, treten an die Stelle der letzteren die entsprechenden Vorschriften dieses Gesetzes.

Gesetz über ein vereinfachtes Enteignungsverfahren

vom 26. Juli 1922 (PrGS S. 211)

Der Landtag hat folgendes Gesetz beschlossen:

§ 1

(1) Für Unternehmen, bei denen das Enteignungsverfahren aus Gründen des öffentlichen Wohls, insbesondere zur Beseitigung oder Abwendung größerer Arbeitslosigkeit oder eines sonstigen Notstandes, einer besonderen Beschleunigung bedarf,

kann das *Staatsministerium* durch einen im Amtsblatt bekanntzumachenden Erlaß anordnen, daß ein vereinfachtes Enteignungsverfahren stattfindet.

(2) Soweit eine solche Anordnung ergeht, sind die Vorschriften des Gesetzes über die Enteignung von Grundeigentum vom 11. Juni 1874 (Gesetzsamml. S. 221) in Verbindung mit dem XXII. Titel des Gesetzes über die Zuständigkeit der Verwaltungs- und Verwaltungsgerichtsbehörden vom 1. August 1883 (Gesetzsamml. S. 237) mit den nachstehenden Änderungen anzuwenden.

§ 2

An die Stelle des Bezirksausschusses tritt der Regierungspräsident.

§ 3

Die im § 19 des Enteignungsgesetzes vorgesehene Frist von 2 Wochen wird auf 1 Woche verkürzt.

§ 4

(1) Der Beschluß über die Feststellung der Entschädigung (§ 29 des Enteignungsgesetzes) und der Enteignungsbeschluß (§ 32 des Enteignungsgesetzes) werden verbunden. In geeigneten Fällen können diese Beschlüsse auch mit dem Beschluß über die Feststellung des Planes (§ 21 des Enteignungsgesetzes) verbunden werden.

(2) Für jeden Teil des Beschlusses verbleibt es bei den gesetzlich verordneten Rechtsbehelfen.

§ 5

Das Eigentum des enteigneten Grundstücks geht auf den Unternehmer erst nach Zahlung oder Hinterlegung der Entschädigungssumme über.

§ 6

(1) Der Regierungspräsident kann den Unternehmer auf Antrag vorläufig in den Besitz der im Plan bezeichneten Grundstücke einweisen, sobald der Beschluß über die Feststellung des Planes ergangen ist (§ 21 des Enteignungsgesetzes). Auf Antrag eines Beteiligten ist der Zustand des Grundstückes, soweit er für die spätere Feststellung des Grundstückswertes und der Nebenentschädigungen von Bedeutung ist, im Besitzeinweisungstermin oder, wenn das nicht sofort möglich ist, in einem mit kurzer Frist anzuberaumenden neuen Termin, nötigenfalls unter Zuziehung eines oder mehrerer Sachverständiger, schriftlich niederzulegen. Dem Besitzer des Grundstücks ist der durch die Einweisung entstandene, nötigenfalls im Rechtswege festzustellende Schaden zu vergüten. Ist der Eigentümer im Besitz des Grundstücks, so ist ihm die für die Enteignung zu gewährende Entschädigung vom Tage der Besitzeinweisung an zu verzinsen. Erleidet er einen weiteren Schaden, so ist ihm auch dieser zu ersetzen.

(2) Die Entschädigung (Abs. 1) ist tunlichst bereits in dem Beschluß durch den der Unternehmer in den Besitz eingewiesen wird, festzustellen. Sie ist dem Besitzer alsbald zu zahlen; wird die Zahlung schuldhaft verzögert, so ist auf den Antrag des Besitzers der Beschluß aufzuheben.

(3) Der Beschluß ist dem Eigentümer und dem Besitzer zuzustellen oder zu Protokoll zu verkünden. Ihnen steht binnen 1 Woche nach der Zustellung oder Verkün-

dung die Beschwerde an den *Minister für Handel und Gewerbe* zu. Die Beschwerde hat keine aufschiebende Wirkung. Gegen die Entscheidung über eine Entschädigung ist der Rechtsweg gemäß § 30 des Enteignungsgesetzes zulässig.

§ 7

Ergeht eine Anordnung nach § 1 Abs. 1 für einen Fall, in dem ein Enteignungsverfahren nach den Bestimmungen der §§ 135ff. des Allgemeinen Berggesetzes für die Preußischen Staaten vom 24. Juni 1865 (Gesetzsamml. S. 705) in Verbindung mit § 150 Abs. 2 des Gesetzes über die Zuständigkeit der Verwaltungs- und Verwaltungsgerichtsbehörden vom 1. August 1883 (Gesetzsamml. S. 237) stattfindet, so finden die §§ 2 und 6 Anwendung, und zwar § 6 mit folgenden Maßgaben:

1. im § 6 Abs. 1 treten an die Stelle des Regierungspräsidenten das Oberbergamt und der Regierungspräsident;
2. die Besitzeinweisung (§ 6 Abs. 1) kann durch die Kommissare des Oberbergamts und des Regierungspräsidenten in gegenseitigem Einvernehmen bereits in dem nach § 143 Abs. 1 des Allgemeinen Berggesetzes an Ort und Stelle abzuhaltenden Termin erfolgen;
3. in § 6 Abs. 3 Satz 2 treten an die Stelle *des Ministers für Handel und Gewerbe* dieser Minister und *der Minister für Landwirtschaft, Domänen und Forsten.*

§ 8

Die zur Ausführung dieses Gesetzes notwendigen Bestimmungen erläßt der *Minister für Handel und Gewerbe.*

§ 9

(1) Das Gesetz tritt mit dem 1. Juli 1922 in Kraft.
(2) Soweit in Gesetzen und Verordnungen auf die Bestimmungen der Verordnung vom 11. September 1914 (Gesetzsamml. S. 159) Bezug genommen ist, treten die Bestimmungen dieses Gesetzes an deren Stelle.
(3) Das vorstehende, vom Landtage beschlossene Gesetz wird hiermit verkündet. Die verfassungsmäßigen Rechte des Staatsrats sind gewahrt.

Berlin, den 26. Juli 1922.

Das Preußische Staatsministerium

Braun Siering

Einleitung

A.

I. Die Entwicklung bis 1850.

1. In den Grundrechtskatalogen der zu Beginn des 19. Jahrhunderts entstandenen konstituionellen Länderverfassungen ist neben anderen Freiheitsrechten des Staatsbürgers auch das Eigentum genannt. Aus dem Zusammenhang der individuellen Grundrechte untereinander und der Besonderheit ihrer jeweils zugunsten des einzelnen verbürgten und geschützten Bereiche (es sind vorwiegend Betätigungsbereiche, Bereiche des rechtlichen Könnens — vgl. z. B. Meinungsfreiheit, Glaubensfreiheit) mit dem doppelten Ziel, einmal dem Individuum eine ureigene Sphäre zu sichern und zum anderen, Individuum und Staat in ein polares Spannungsverhältnis zu setzen, muß geschlossen werden, daß schon diese Verfassungen mit dem Begriff „Eigentum" dem Individuum eine vermögenswerte Position zuordnen. Sie gewährleisten damit die Freiheit, daß jemand etwas haben dürfe und dieses auch gebrauchen könne.

Richtig bemerken Dittus-Zinkahn S. 52 in anderem Zusammenhang, daß die „Aufnahme der Eigentumsgarantie in die Grundrechte der Verfassungen über den Schutz des Individuums hinaus die Garantie der Eigentumsordnung als solcher bedeute". Eigentumsordnung heißt **Privateigentumsordnung** in dem damals schon historisch gewachsenen Sinne, zu der vornehmlich das „Eigentum als Recht an einer Sache in seiner reinsten und vollständigsten Gestalt" und die — in Geld wandelbar gesehene, Eigentumserwerb oder -genuß bezweckende — Obligation als dem Eigentum ähnlich, aber doch von ihm verschieden, gehörte. Gleichfalls war das Eigentum als privatrechtliches Rechtsinstitut bekannt (vgl. Savigny, Bd. I § 5 S. 9, § 53 S. 334, 338ff., 367).

Die Freiheit des Eigentum-Haben- und Gebrauchenkönnens überschneidet sich mit der ebenfalls von den Verfassungen gesicherten persönlichen Freiheit.

2. Der weitere verfassungsrechtliche Eigentumsbegriff deckt auch und gerade den engeren privatrechtlichen Eigentumsbegriff. Eigentum in diesem Sinne ist prinzipiell unbeschränkt gedachte rechtliche und tatsächliche Herrschaftsmacht über bewegliche und unbewegliche, abgegrenzte oder abgrenzbare, verkehrsfähige Sachen. Dieses Sacheigentum darf der einzelne haben und gebrauchen (nutzen, benutzen). Dazu Seufert Einl. Rdn. 1, 2 a. E., 4.

3. Von diesem prinzipiellen Ausgangspunkt her bestimmt sich der **Inhalt des Eigentums** als das Maß der dem Eigentümer zustehenden Befugnisse, nach seinem gewählten Willen („Will-kür") mit dem Gegenstand seiner Herrschaftsmacht zu verfahren.

Die jeweilige positive Rechtsordnung begrenzt jedoch Maß und Umfang der Befugnisse; sie wirkt gleichzeitig inhaltsbestimmend und bezüglich der prinzipiell unbeschränkt gedachten Herrschaftsmacht — dieser entgegenwirkend — beschränkend. Die bestimmende und begrenzende Rechtsordnung unterliegt dem Wandel der Zeiten.

Es war auch schon für das gemeinrechtliche Dogma, das im Prinzip das Eigentum und folglich die aus ihm fließenden Befugnisse als „begrifflich schrankenloses Recht" unterstrich, selbstverständlich, daß Gesetze und die Rechte anderer vornehmste Schranken der Ausübung und Betätigung individueller Herrschaftsgewalt bilden. Savigny S. 331 schreibt: „. . . Sollen nun freie Wesen nebeneinander bestehen, sich gegenseitig fördernd, nicht hemmend, . . . , so ist dieses nur möglich durch Anerkennung einer unsichtbaren Grenze, innerhalb welcher das Dasein und die Wirksamkeit jedes einzelnen einen sicheren, freien Raum gewinne. Die Regel, wodurch jene Grenze und durch sie dieser freie Raum bestimmt wird, ist das Recht". Freiheit und Schranke des Eigentums offenbaren sich in dem hier erörterten Zeitraum den damaligen Bedürfnissen des Zusammenlebens entsprechend und genügend besonders deutlich in den seit altersher gewachsenen Nachbarrechten, deren Duldungs- und Unterlassungspflichten „Modifikationen des Eigentumsgebrauchs" darstellen (Pagenkopf NJW 1952 S. 1193; Diester S. 29). Bemerkenswert i. a. Zusammenhang Sellmann DVBl. 58 S. 170ff. (172) i. d. Anm. z. Urt. d. BVerwG v. 4. 7. 1957 — I C 24/55 — DVBl. 58 S. 168: „. . . , daß grundsätzlich von dem Primat der Einzelpersönlichkeit und seiner Freiheit auszugehen ist . . . , daß die dem Eigentümer aus seinem Eigentum erwachsenden Befugnisse und Rechte originärer Natur sind, und ihm etwa nicht nur insoweit zustehen, als sie ihm von der Gemeinschaft aller Staatsbürger zuerkannt werden". Vgl. ferner z. B. §§ 1, 2, 9 I 8 PrALR; Art. 537 Abs. 1, Art. 544 cc.

4. Darüber hinaus ist seit altersher anerkannt, daß hinsichtlich der Auswirkung auf das Eigentum unterschiedlich tief eingreifende Beschränkungen öffentlichrechtlicher Art zulässig seien, wenn und soweit das dem Individualinteresse übergeordnete Wohl des Gemeinwesens dies gebietet. Grundlage des Eingriffs bildete das aus absolutistischer Zeit übernommene jus eminens (hierzu Forsthoff I § 17 Ziff. 1 S. 271 mit zahlr. Hinw.); später das entsprechend der eudämonistisch-utilitaristischen Staatszwecktheorie, der klassischen Theorie des Staatsabsolutismus' und des Polizeistaats (Jellinek, Staatslehre S. 242ff.), ausgeübte Recht der Polizei. Der Betroffene ist dann gehalten, sein Eigentum und gegebenenfalls auch seine Rechte insoweit einem übergeordneten Zwecke darzubringen — er wird „genötigt, es aufzuopfern" (dazu Scheuner in Reinhardt-Scheuner S. 80ff.). Für das dargebrachte Opfer erhält er seine Entschädigung. Eingriff einerseits und Entschädigung andererseits sind in denkbar engstem Zusammenhang gesehen worden, wenn auch die rechtliche Begründung für letztere differierte. Wenn der Gesetzgeber Anfang des 19. Jahrhunderts einen Güterbeschaffungsvorgang zur Befriedigung von dem Einzelinteresse übergeordneten Bedürfnissen als „Zwangskauf" oder „Zwangsabtretung" bezeichnete, so entsprach dies zeitgerechter Auffassung (vgl. dazu auch Eger zu § 1 Anm. 12 S. 27ff.).

5. Aufschlußreich für Terminologie und Bildung der Begriffe ist die Rechtsentwicklung in Preußen bis zum Jahre 1850. In der Einleitung zum **PrALR** vom 5. 2. 1794 bestimmte:

§ 74 Einzelne Rechte und Vorteile der Mitglieder des Staates müssen den Rechten und Pflichten zur Beförderung des gemeinschaftlichen Wohles, wenn zwischen beiden ein wirklicher Widerspruch (Kollision) eintritt, nachstehen.

§ 75 Dagegen ist der Staat demjenigen, welcher seine besonderen Rechte und Vorteile dem Wohle des gemeinsamen Wesens aufzuopfern genötigt wird, zu entschädigen gehalten.

Von Bedeutung sind ferner die §§ 29 bis 32 I 8 PrALR:

§ 29 Der Staat kann das Privateigentum seiner Bürger nur alsdann einschränken, wenn dadurch ein erheblicher Schade von anderen oder von dem Staate selbst abgewendet, oder ihnen ein beträchtlicher Vorteil verschafft werden, beides aber ohne allen Nachteil des Eigentümers geschehen kann.

§ 30 Ferner alsdann, wenn der abzuwendende Schade, oder der zu verschaffende Vorteil des Staates selbst, oder anderer Bürger desselben, den aus der Einschränkung für den Eigentümer entstehenden Nachteil beträchtlich überwiegt.

§ 31 Doch muß in diesem letzteren Falle der Staat zugleich dafür sorgen, daß der einzuschränkende Eigentümer für den dadurch erleidenden Verlust vollständig schadlos gehalten werde.

§ 32 In allen Fällen aber können Einschränkungen des Eigentums, welche nicht aus besonderen wohlerworbenen Rechten eines anderen entspringen, nur durch Gesetze begründet werden.

Während §§ 74, 75 EinlPrALR allgemein Voraussetzungen und Folge einer zulässigen „Nötigung zum Aufopfern" festlegen, stellen die §§ 29–32 I 8 PrALR die Grenze einer Einschränkung des Privateigentums von Staats wegen klar (so richtig Diester S. 34). Die sich anschließenden – hier nicht angeführten §§ 33–82 I 8 PrALR enthalten das Eigentum betreffende „Gesetzliche Einschränkungen zum Besten des gemeinen Wesens" und „Einschränkungen des Eigentums bei dem Bauen" (§ 65–69, 71–82 I 8 PrALR).

Die **Allerhöchste Kabinettsordre,** betreffend die genaue Beobachtung der Grenzen zwischen landeshoheitlichen und fiskalischen Rechtsverhältnissen v. **4. 12. 1831** (GS S. 255) – abgedr. auch bei Grotefend, Die Gesetze und Verordnungen nebst den sonstigen Erlassen für den preußischen Staat und das Deutsche Reich I S. 398 bestimmte:

> „. . . daß, wenn das Interesse der Gesamtheit der Einwohner des Staates eine Einrichtung in der Verwaltung erfordert, die das Privateigentum des einzelnen gefährdet, die Entschädigung des einzelnen aus dem Gesamtvermögen zu leisten sei. Dieser allgemeine Grundsatz wird an mehreren Stellen des Landrechts auf spezielle Rechtsverhältnisse angewendet, wie beispielsweise §§ 29–32 Tit. 8 p. I §§ 4–11 Tit. 11 p. I. Jederzeit dagegen, wenn der Landesherr erforderlich gefunden hat, eine Maßregel der inneren Verwaltung unmittelbar durch einen Akt der Gesetzgebung anzuordnen, und wenn hierbei ein Bedürfnis vorhanden gewesen ist, dem Privatinteresse vorzusehen, ist die Verpflichtung zum Schadensersatze aus dem Staatsvermögen besonders festgesetzt worden . . . In allen dergleichen Fällen findet daher entweder aus dem allgemeinen Grundsatz § 75 der Einleitung zum Landrechte, oder aus speziellen Vorschriften des Gesetzgebers, ein Entschädigungsanspruch an das Staatsvermögen im fiskalischen Zivilprozesse wider die betreffende Verwaltungsbehörde statt . . .".

Die Allerhöchste Kabinettsordre stellte bezüglich der zu leistenden Entschädigung für staatliche Eingriffe in erster Linie darauf ab, ob der Eingriff durch Gesetz oder mittels Einzelaktes erfolgt (so **Forsthoff** I S. 276). Dieser Gedanke war neu (Scheuner, in Reinhardt-Scheuner S. 83). Niemals sollte aber eine Entschädigung ausgeschlossen werden, denn es heißt ausdrücklich: „. . . in allen dergleichen Fällen findet daher . . . ein Entschädigungsanspruch an das Staatsvermögen . . . statt".

In der sich abzeichnenden neuen Entwicklung, die in engem Zusammenhang mit der Ausprägung der Begriffswelt des bürgerlichen Rechtsstaates, insbesondere dem rechtsstaatlichen Gesetzesbegriff (dazu Carl Schmitt, Verfassungslehre S. 138ff., 151f.; vgl. auch Forsthoff DVBl. 1957 S. 113) und zugleich mit einer Vermehrung der wirtschaftlichen Bedürfnisse der Allgemeinheit gesehen werden muß, ist das **PrG über Eisenbahnunternehmungen v. 3. 11. 1838** (GS S. 505) bedeutsam. Die hier interessierenden Vorschriften dieses Gesetzes lauten:

§ 8 Für den Fall, daß über den Erwerb der für die Bahn-Anlage notwendigen Grundstücke eine Einigung mit dem Grundbesitzern nicht zu Stande kommt, wird der Gesellschaft das Recht der Expropriation, welchem auch die Nutzungsberechtigten unterworfen sind, verliehen.
Dasselbe erstreckt sich in Sonderheit:
1. auf den zu der Bahn selbst erforderlichen Grund und Boden;
2. . . ., 3. . . ., 4. . . .;
5. überhaupt auf den Grund und Boden für alle sonstigen Anlagen, welche zu dem Behufe, damit die Bahn als eine öffentliche Straße zur allgemeinen Benutzung dienen könnte, nötig oder infolge der Bahn-Anlage im öffentlichen Interesse erforderlich sind . . .
Dagegen ist das Expropriationsrecht auf solche Anlagen nicht auszudehnen, welche . . . nicht dem . . . gedachten allgemeinen Zweck, sondern nur das Privat-Interesse der Gesellschaft angehen.

§ 9 Außer dem Expropriationsrecht wird der Gesellschaft auch das Recht zur vorübergehenden Benutzung fremder Grundstücke behufs der Einrichtung von Interims-Wegen, der Materialgewinnung etc. . . ., eingeräumt.

§ 11 Die Expropriation erfolgt in denjenigen Landesteilen, wo das Allgemeine Landrecht in Kraft ist, nach Vorschrift der §§ 8–11 I 11 . . .
Der Eigentümer kann, wenn er mit der Schätzung der Taxatoren nicht zufrieden ist, auf richterliche Entscheidung über den Wert antragen . . .

§ 13 Für die vorübergehende Benutzung von Grundstücken (§ 9) ist die Entschädigung in gleicher Art, wie bei der Expropriation (§ 11) zu bestimmen.

§ 20 Für alle Entschädigungsansprüche, welche infolge der Bahn-Anlage an den Staat gemacht . . . ., ist die Gesellschaft verpflichtet.

§ 11 dieses Gesetzes verweist auf die §§ 4ff. I 11 PrALR und damit auf die Anwendung der Vorschriften des Zwangskaufes (§ 4: „Auch der Staat ist jemanden zum Verkaufe seiner Sache zu zwingen nur alsdann berechtigt, wenn es zum Wohle des gemeinen Wesens notwendig ist". § 9: „Bei dieser Bestimmung" — Preisbestimmung — „ist nicht bloß auf den gemeinen, sondern auch auf den außerordentlichen Wert Rücksicht zu nehmen").

Kennzeichnende Merkmale dieses Gesetzes sind das Recht der Expropriation = Enteignung durch Einzeleingriff auf Grund dieses Gesetzes zwecks Erlangung von Grund und Boden für ein Eisenbahnunternehmen gegen Entschädigung zum mindestens gemeinen, höchstens aber dem außerordentlichen Wert.

Dieses Gesetz steht gewissermaßen an einer Nahtstelle der Entwicklung. Wenn es auch hinsichtlich der Durchführung der Expropriation auf die Regeln des bislang gebräuchlichen Zwangskaufes verweist, so ist jedoch schon aus dem Begriff Expropriation (Aus-dem-Eigen-setzen; ent-eignen) erkennbar, daß insoweit ein andersartiger, vom Zwangskauf zu unterscheidender Vorgang erfaßt und gesetzgeberisch geregelt werden soll, der sich speziell auf den Erwerb von Grund und Boden erstreckt.

6. Diesen neuen Vorgang zu präzisieren und gleichzeitig das Eigentum als Institut der Rechtsordnung und die Ausübung der aus dem Eigentum fließenden Befugnisse des Eigentümers zu sichern, war auch der Sinn der von der **Frankfurter Nationalversammlung** am 28. 4. 1849 verkündeten Reichsverfassung (RGBl. 1848 16. Stück — vgl. dazu auch Weber S. 322f.):

§ 164 Das Eigentum ist unverletzlich.
Eine Enteignung kann nur aus Rücksichten des gemeinen Besten, nur auf Grund eines Gesetzes und gegen gerechte Entschädigung vorgenommen werden.
Das geistige Eigentum soll durch die Reichsgesetzgebung geschützt werden.

Die in dieser Reichsverfassung niedergeschriebenen Grundrechte stellten eine Wiederholung der bereits im „Gesetz, betreffend die Grundrechte des deutschen Volkes" v. 28. 12. 1848 (RGBl. 8. Stück) enthaltenen Grundrechte dar. Ihnen blieb für das Reich eine langdauernde, unmittelbar bindende Wirkung versagt, da der Bundesbeschluß v. 23. 8. 1851 (abgedr. bei v. Meyer, Corpus Juris Confoederationis Germanicae, 3. Aufl. 1858, II. S. 561) bestimmte, „die sog. Grundrechte . . . können . . . nicht für rechtsgültig gehalten werden. Sie sind deshalb insoweit in allen Bundesstaaten als aufgehoben zu erklären." Obwohl dies vereinzelt geschah, siegte die Idee in der Praxis.

II. Die Entwicklung in Preußen seit 1850

1. Die **PrVerfUrk v. 31. 1. 1850** bestimmte in Art. 9:

Das Eigentum ist unverletzlich. Es kann nur aus Gründen des öffentlichen Wohles gegen vorgängige, in dringenden Fällen, wenigstens vorläufig festzustellende Entschädigung nach Maßgabe des Gesetzes entzogen oder beschränkt werden.

Der Begriff der Enteignung i. S. dieser Vorschrift stellt sich — anlehnend an Systematik und Terminologie des PrG über Eisenbahnunternehmungen v. 3.11.1838, beide aber gleichzeitig fortbildend — dar als „Übereignungsvorgang, durch den das Eigentum an Sachgütern an bestimmte Unternehmen des öffentlichen Wohls, die dieser Sachgüter zur Durchführung ihrer Aufgaben zwingend bedurften, überführt wird" (so Weber S. 338). Kennzeichnend sind die Entziehung oder Belastung von Grundeigentum durch einen Verwaltungsakt auf Grund eines Gesetzes unter Übertragung auf ein dem öffentlichen Wohl dienendes Unternehmen gegen vollständige und vorherige Entschädigung (vgl. u. a. Weber S. 338; Seufert Einl. Rdn. 9; Forsthoff S. 276 mit Hinw. auf Kliçkoviç, Die Enteignung, ein dem Grundeigentum und der Bodenbeschaffung zugeordnetes Rechtsinstitut, in DRWiss. Bd. 5 S. 137; Diester S. 36; Scheuner, in Reinhardt-Scheuner S. 84ff.). Spätestens Mitte des 19. Jahrhunderts stand der Begriff der Expropriation = Enteignung fest: Es handelte sich um ein Rechtsinstitut, das begrifflich in engstem Zusammenhang mit dem Eigentum, und zwar dem Grundeigentum gesehen wurde und diesem sachzweckbezogen zugeordnet war, dessen klar durchgebildetes, für den Vollzug des Eingriffs maßgebendes Verfahren sicherstellte, daß die in übergeordnetem Interesse gebotene Entziehung oder Beschränkung des Grundeigentums im Einzelfalle gleichzeitig das Einzeleigentum und auch die Eigentumsordnung als solche anerkennend bestätigte — nämlich auch durch Auswerfen einer vollen, die Unbill des Zwangseingriffs ausgleichenden Entschädigung.

2. Wurde die vermögenswerte Eigentümerposition durch hoheitliche Maßnahmen anderer Art beeinträchtigt, so konnte der Betroffene unter Berufung auf den Aufopferungsanspruch gem. §§ 74, 75 EinlPrALR Entschädigung zum Ausgleich der erlittenen Einbuße begehren. Geht man davon aus, daß der verfassungsrechtliche Eigentumsbegriff seit Anfang des 19. Jahrhunderts mehr als nur das Sacheigentum umschließt (s. Einl. A I 1), so kann Art. 9 Satz 1 der PrVerfUrk: „Das Eigentum ist unverletzlich" als Eigentumsgarantie dahin aufgefaßt werden, daß er auch den in §§ 74, 75 EinlPrALR enthaltenen Aufopferungsanspruch mitumschließt (übereinstimmend: Weber S. 338, 368, Scheuner, in Reinhardt-Scheuner S. 84; Forsthoff S. 276). Mit Recht hebt Forsthoff a. a. O. hervor, daß „der Schutz vermögenswerter Rechte gegenüber dem Staat grundsätzlich ein absoluter war". Wenn auch das Grundeigentum deshalb einen — nur scheinbar — geringeren Schutz genoß, weil es mangels vorgängiger gütlicher Einigung der Beteiligten (vgl. § 8 des PrG über Eisenbahnunternehmen — s. Einl. A I 5) in einem geordneten Verfahren entzogen werden konnte, so ist das im Prinzip ohne Belang. Jede derartige Entziehung oder Beschränkung von Eigentum im Einzelfall bestätigte nur die allgemeine Unantastbarkeit des Eigentums als solchem. Der Begriff des Eigentums, seine Funktion und Bedeutung wurden dadurch nicht geschmälert.

Die Enteignung stellte — wie Weber, S. 338 unter Beachtung der historischen Entwicklung richtig bemerkt — ein hoheitliches Ersatzgeschäft dar insofern, als sie angewendet wurde, wenn die im übergeordneten öffentlichen Wohl benötigten Sachgüter nicht mittels gütlicher Einigung zu beschaffen waren. Es handelte sich stets um einen Güterbeschaffungsvorgang (so Weber S. 338, 349f. und NJW 50 S. 204; Diester S. 36).

Bei Streit über die Höhe der Entschädigung stand dem Betroffenen der Rechtsweg offen. Dieser Grundsatz bedurfte als selbstverständlich keiner besonderen Hervorhebung.

3. Das Gesetz über die Enteignung von Grundeigentum v. 17. 6. 1874 brachte endlich die gesetzliche Regelung, die im Art. 9 der PrVerfUrk. vorgesehen war. Außer im Gebiet des rheinischen Rechts gab es bis dahin keine zusammenfassenden Vorschriften über die E (s. dazu: G v. 8. 3. 1810 über die Entziehung des Eigentums des öffentlichen Nutzens wegen — Bulletin des Lois 4. Serie Stück 113; G v. 25. 5. 1857 betreffend die Abänderung bzw. Ergänzung des im Bezirk des Appellationsgerichtshofes zu Köln geltenden Expropriationsgesetzes v. 8. 3. 1810 — PrGS S. 473 — s. Eger 346). Im Bereich des PrALR stützte man sich auf die §§ 74, 75 EinlPrALR, §§ 4 bis 11 I 11 PrALR und — soweit der Bau von Eisenbahnen infrage kam — auf das PrG über Eisenbahnunternehmen vom 3. 11. 1838 (s. Einl. A I 5).

4. Das heute noch geltende PrEG ist nach Maßgabe des geltenden Verfassungsrechts auszulegen und anzuwenden. Für die Erkenntnis bedeutsam sind Art. 153 WeimVerf. und Art. 14 GG. Diese höchstrangigen Verfassungsnormen haben wesentliche Vorschriften des genannten Gesetzes durchdrungen, Bedeutung und Tragweite der ursprünglichen Begriffe gewandelt oder auch mit geändertem Sinngehalt ausgestattet. Deshalb ist die weitere historische Entwicklung zu kennzeichnen (so — für Bayern — auch Seufert Einl. Rdn. 7ff.).

III. Die Entwicklung von 1918 bis 1945.

1. Während der Geltung der Weimarer Reichsverfassung v. 11. 8. 1919, deren Art. 153 lautete:

> „Das Eigentum wird von der Verfassung gewährleistet. Sein Inhalt und seine Schranken ergeben sich aus den Gesetzen.
> Eine Enteignung kann nur zum Wohle der Allgemeinheit und auf gesetzlicher Grundlage vorgenommen werden. Sie erfolgt gegen angemessene Entschädigung, soweit nicht ein Reichsgesetz etwas anderes bestimmt. Wegen der Höhe der Entschädigung ist im Streitfall der Rechtsweg bei den ordentlichen Gerichten offen zu halten, soweit Reichsgesetze nichts anderes bestimmen. Enteignung durch das Reich gegenüber Ländern, Gemeinden und gemeinnützigen Verbänden kann nur gegen Entschädigung erfolgen.
> Eigentum verpflichtet. Sein Gebrauch soll zugleich Dienst sein für das gemeine Beste"

erweiterten Lehre und Rechtsprechung den Begriff des geschützten Eigentums und den bis dahin ebenfalls enger verstandenen, vielfach als „klassisch" bezeichneten E-begriff. Diese schon frühzeitig einsetzende Entwicklung „dehnte zunächst den Kreis möglicher Objekte der Entziehung auf alle Vermögensrechte aus, sah von der Forderung der Wegnahme für ein bestimmtes öffentliches Unternehmen, damit von der Notwendigkeit einer Überführung des Eigentums in andere Hand ab, ließ auch Beschränkungen des Eigentums als enteignende Maßnahmen gelten und erkannte schließlich an, daß auch durch gesetzliche Anordnungen E vor sich gegen könnten, sofern sie sich auf Einzelfälle oder einen eng begrenzten Kreis von Personen oder Gütern beschränkten" (so Scheuner S. 87; vgl. ferner Carl Schmitt, Die Auflösung des Enteignungsbegriffs JW 1929 S. 495ff. (495) und jetzt Weber S. 339f., beide mit zahlr. Hinw. auf die Rspr. des RG; Diester S. 37ff.; Forsthoff I S. 277ff., 278 Fußn. 1). Gem. Art. 153 Abs. 2 Satz 2 WeimVerf. konnte durch Reichsgesetz entschädigungslos enteignet werden (vgl. auch BGHZ 12 S. 189 (193)).

Ursache dieser Entwicklung war nicht nur eine sich seit Jahrzehnten, wenn auch zunächst nur latent, anbahnende Wandlung der Sozialstruktur, die infolge des Ausgangs des 1. Weltkrieges unverkennbar hervorbrach, sondern auch die mit als Folge dieser Wandlung gebotene verstärkte Einflußnahme des Staates auf private Vermögensverhältnisse im weitesten Sinne (vgl. Anschütz zu Art. 153 WeimVerf. Anm. 8; Scheuner S. 88—90; Diester S. 37, 38; Forsthoff I S. 278, insoweit auch bedeutsam der Gesichtspunkt der „Daseinsvorsorge" S. 304ff.; Seufert Einl. Rdn. 10). Darüber hinaus wandelt sich nicht nur im deutschen, sondern auch in ausländischen Rechtskreisen der Begriff des Eigentums „vom bloßen Rechtsbegriff zu einem sozialen Funktionsbegriff" (so Stödter S. 172f.). Rechtsprechung und Lehre — befruchtet von der wissenschaftlichen Vertiefung der Lehre von den Grundrechten — begegneten dieser unaufhaltsamen und wohl auch wesensmäßig bedingten Entwicklung, indem sie den Schutz des individuellen Eigentums als einer vermögenswerten Position des einzelnen erweiterten, ohne den Umbruch als solchen zu negieren. Vgl. dazu auch Ernst-Friede zu § 44 AufbauG NRW Anm. 2 § 247. Ob es, um den Schutzzweck zu erreichen, zwangsläufig geboten war, den E-begriff zu erweitern, erscheint fraglich. Geht man davon aus, daß unter dem Begriff der E ein ganz bestimmtes, auf das Grundeigentum bezogenes Rechtsinstitut verstanden wurde — vgl. Einl. A II 1 —, so hätte es nahegelegen, den Schutzzweck durch Ausprägung anderer Rechtsinstitute gegebenenfalls in Fortentwicklung des in § 75 EinlPrALR enthaltenen Gedankens zu finden, wenn und solange der Gesetzgeber untätig blieb (dazu Carl Schmitt Verfassungsrechtliche Aufsätze (1958 S. 118 ff., 123).

2. Die Verfassungsnorm des Art. 153 Abs. 1 S. 1 WeimVerf. umschloß

a) die Sicherung des Eigentums als Institut (sog. Institutsgarantie);

b) die Gewährleistung eines Grundrechts i. S. eines dem Eigentümer zustehenden subjektiven öffentlichen Rechts (s. u. a. Stödter S. 208).

Carl Schmitt (Verfassungslehre S. 170ff.) prägte – wohl im Anschluß an Martin Wolff – im Jahre 1928 den Begriff der institutionellen Garantie: „Durch verfassungsgesetzliche Regelung kann bestimmten Einrichtungen ein besonderer Schutz gewährt werden. Die verfassungsgesetzliche Regelung hat dann den Zweck, eine Beseitigung im Wege der einfachen Gesetzgebung unmöglich zu machen. In ungenauer Ausdrucksweise spricht man hier ebenfalls von Grundrechten, obwohl die Struktur solcher Garantien logisch und rechtlich von der eines Freiheitsrechts ganz verschieden ist . . . die institutionelle Garantie ist ihrem Wesen nach begrenzt. Sie . . . betrifft eine rechtlich anerkannte Institution, die als solche immer etwas Umschriebenes und Umgrenztes, bestimmten Aufgaben und bestimmten Zwecken Dienendes ist . . . Später hat Schmitt seine Lehre verfeinert und in institutionelle Garantien und **Institutsgarantien** (Eigentum, Erbrecht, Ehe)- „verfassungsrechtliche Gewährleistungen von Rechtsinstituten im Sinne von typischen, traditionell feststehenden Normenkomplexen und Rechtsbeziehungen" unterschieden (HDStR II § 101 Ziff. 6 S. 596; dazu Klein, Institutionelle Garantien und Rechtsinstitutsgarantien 1934; richtig der Hinw. bei Weber S. 355 Fußn. 36).

Die Institutsgarantie des Art. 153 Abs. 1 S. 1 WeimVerf. schützte mit Verfassungskraft des Eigentum als vermögenswerte Rechtsposition des einzelnen gegenüber dem Gesetzgeber, und zwar in dem Umfang, den Rechtsprechung und Lehre in dem verfassungsrechtlichen Eigentumsbegriff fanden und mit der Wirkung, daß „kein Gesetz das Eigentum als solches und allgemein, als Rechtsinstitut, abschaffen kann" (Anschütz zu Art. 153 Anm. 5 S. 608).

Gleichzeitig gewährleistete Art. 153 Abs. 1 S. 1 WeimVerf. das Eigentum als **Grundrecht.** Der Begriff eines Grund- oder Freiheitsrechts ist von dem der Institutsgarantie wesensverschieden. „Der Gedanke der Grundrechte enthält das fundamentale Verteilungsprinzip, auf welchem der konsequent durchgeführte bürgerlich-freiheitliche Rechtsstaat beruht. Das bedeutet, daß die Freiheitssphäre des einzelnen prinzipiell unbegrenzt, die Befugnisse des Staates prinzipiell begrenzt sind" (Carl Schmitt, Verfassungslehre S. 158). Eigentumsfreiheit in diesem Sinne bedeutet nicht nur die Gewährleistung einer Eigentumsfreiheitssphäre, aus der Abwehrrechte gegenüber dem Gesetzgeber und der Verwaltung fließen (vgl. auch Thoma, Grundrechte und Polizeigewalt in der Festgabe zur Feier des 50jährigen Bestehens des PrOVG S. 204), sondern auch und vornehmlich die Gewährleistung, sich mit dem Eigentum ungehindert von staatlichen Eingriffen betätigen zu können; Eigentumsfreiheit ist also auch **Betätigungsfreiheit,** Freiheit des Gebrauchenkönnens (Nutzungs-, Verfügungsfreiheit) bis zu der von der Rechtsordnung und damit auch den gleichen Rechten anderer aufgerichteten Schranke (Art. 153 Abs. 1 S. 2 WeimVerf.).

In dieser Doppelbedeutung sicherte Art. 153 Abs. 1 S. 1 WeimVerf. das Wesen des Eigentums.

Die Eigentumsgarantie des Art. 153 WeimVerf. wurde richtig in engstem Zusammenhang mit der Freiheitsgarantie (Art. 114 WeimVerf.) gesehen. „Die erstere bildet das dogmatisch notwendige Seitenstück zu der anderen. Beide sich gleichheitlich auszulegen . . ." (Anschütz zu Art. 153 WeimVerf. Anm. 4).

3. Der **verfassungsrechtliche Eigentumsbegriff** des Art. 153 WeimVerf. beschränkte sich nicht mehr nur auf das Grundeigentum, sondern umfaßte auch dingliche Rechte und Forderungsrechte — schlechthin private Vermögensrechte aller Art, z. B. GmbH-Anteile, Aktien, Urheberrechte und Patente RGZ 79 S. 430, das subjektive Recht an einem schon lange ausgeübten Heilgewerbebetrieb RGZ 129 S. 148, den eingerichteten und ausgeübten Gewerbebetrieb RGZ 139 S. 186 (dazu grundlegend Martin Wolff in Reichsverfassung und Eigentum [Berliner Festgabe für Wilhelm Kahl, 1923 S. 20ff.]; Carl Schmitt JW 1929 S. 495; Anschütz zu Art. 153 Anm. 2; Weber S. 339f. mit Hinw. auf RGZ 116 S. 272; 129 S. 251; 132 S. 71f.; Forsthoff I S. 277).

Der verfassungsrechtliche Eigentumsbegriff umschloß aber nicht Familienrechte (Anschütz zu Art. 153 WeimVerf. Anm. 2 a. E.; RGZ 121 S. 199) und auch nicht subjektiv-öffentliche Berechtigungen (Weber S. 343). Streng genommen enthielt — wie Anschütz zu Art. 153 Anm. 8 S. 613 betont — Art. 153 nunmehr „keine Eigentums-, sondern eine **Vermögensgarantie**".

In dieser Erweiterung kann man eine Rückbesinnung auf den verfassungsrechtlichen Eigentumsbegriff der älteren Verfassungen sehen (s. Einl. A I 1).

4. Die gleichzeitige Erweiterung des **Enteignungsbegriffes** (Art. 153 Abs. 2 Satz 1) hatte tiefgreifende Folgen.

Von dem bisher als wesensnotwendig angesehenen Merkmal: Überführung des entzogenen Rechts auf ein konkretes begünstigtes Unternehmen wurde abgesehen RGZ 116 S. 268— sog. Hamburger Denkmalsfall), das Vorliegen einer E auch bejaht, „wenn das Recht des Eigentümers, mit der Sache gem. § 903 BGB nach seinem Belieben zu verfahren, zugunsten eines Dritten beeinträchtigt wird" RGZ 116 S. 268; weit. Hinw. Weber S. 339 Ziff. 2a Anf..

Im Einklang mit historisch gegründeter Anschauung hieß es zwar „Eine Enteignung kann nur . . . auf gesetzlicher Grundlage vorgenommen werden", so daß der Wortlaut zu einer Trennung zwischen E-gesetz und vollziehendem VA auf Grund dieses Gesetzes und zwecks Ausführung dieses Gesetzes im Einzelfall zwang. Jedoch hat das RG beginnend mit RGZ 103 S. 200 wiederholt die Zulässigkeit einer E unmittelbar durch Gesetz bejaht (Anschütz zu Art. 153 Anm. 7 a. E. S. 612; Weber S. 339 mit zahlr. Hinw.; Forsthoff I S. 278 Fußn. 1; u. a. m.).

Damit war eine klare begriffliche Trennung in „Enteignung durch Gesetz" (erweiterte Auslegung des Art. 153 Abs. 2 Satz 1) und „Inhalts- und Schrankenbestimmung des Eigentums durch Gesetz" (Art. 153 Abs. 1 Satz 2) äußerst problematisch, wenn nicht sogar unmöglich geworden, sofern nicht ein für Theorie und Praxis befriedigendes unterscheidendes Kriterium gefunden wurde (zum Problem: Weber S. 341; Diester S. 40; Forsthoff I S. 279).

Dieses Kriterium sah das RG im — formalen — **Einzeleingriff (Einzelakttheorie).**
Im Ergebnis bejahten Rechtsprechung und Lehre eine E

a) bei Vollzug derselben mittels Verwaltungsaktes auf Grund eines Enteignungsgesetzes,

b) unmittelbar durch Gesetz, also ohne Einschiebung eines Verwaltungsaktes, in den Fällen, „in denen der Gesetzgeber selbst in die Privatrechtssphäre eingreift, indem er aus höheren Rücksichten des Staatswohls subjektive Rechte zerstört oder schmälert, überall vorausgesetzt, daß ein solches Recht nicht alle gleichmäßig, sondern nur einzelne (oder doch einen verhältnismäßig engen Kreis von einzelnen) trifft, daß ihm also der Charakter eines Einzeleingriffs, der Auferlegung besonderer Opfer innewohnt“ (so zusammenfassend Anschütz zu Art. 153 Anm. 7 a. E., 8, S. 612f. — vor allem wohl in Anlehnung an die Entscheidung des Staatsgerichtshofs in RGZ 124 Anh. S. 19ff. ...; ferner Weber S. 344; weit. Hinw. u. a. bei Diester S. 40).

Dagegen handelte es sich um eine **Inhalts- und Schrankenbestimmung** (durch Gesetz) i. S. Art. 153 Abs. 1 Satz 2, „wenn ein Gesetz ganz allgemein den Inhalt und die Schranken von Rechten und rechtlichen Befugnissen bestimmt und damit zwar auch in bestehende Berechtigungen eingreift, aber zugleich das betreffende Rechtsgebiet als Ganzes für die Zukunft regelt und Schranken für neu zu erwerbende Rechte aufstellt“ (RGZ 129 S. 149; Weber S. 341), also z. B. auch die Steuergesetzgebung.

5. Entgegen der Auffassung des RG sah Jellinek — anknüpfend an einen Gedanken Otto Maiers: Das Eigentum leide in seinem Verhältnis zur öffentlichen Gewalt an einer gewissen Schwäche (Deutsches Verwaltungsrecht, 3. Aufl., 1924, II S. 118ff.) — das Kriterium darin:

> „Das Eigentum hat eine gewisse Schwäche dem Gesetze gegenüber in dem Sinne, daß nicht alle Eingriffe des Gesetzgebers als E empfunden werden. Geschichte, allgemeine Anschauungen, Sprachgebrauch, Änderungen der Gesetze ermöglichen die Abgrenzung des Schutzwürdigen vom Schutzunwürdigen **(Schutzwürdigkeitstheorie)**“ — Jellinek VerwR S. 413.

Gleichzeitig lehnte Jellinek die **Substanzminderungstheorie** Schelchers (AöR 57 S. 350) ab, wonach bei allgemeinen Eingriffen des Gesetzgebers eine E vorliegen soll, wenn Eigentum durch ein allgemeines Gesetz völlig entzogen oder sein Gegenstand in der Substanz vermindert oder wenn gegen bestimmte Einzelpersonen oder einen örtlich oder sachlich begrenzten Personenkreis durch Gesetz oder durch nichtgebundenen VA auf Grund eines Gesetzes die aus dem Eigentum fließenden Rechte zugunsten der Allgemeinheit beschränkt werden (vgl. auch Diester S. 44).

Beide Theorien fanden die Abgrenzung praktisch in der Auswirkung des Eingriffs, in der Schwere der im Verhältnis zu anderen ungleichen Belastung des Betroffenen. Auf diesen Gesichtspunkt stellte auch die **Zumutbarkeitslehre (Aufopferungstheorie)** Stödters ab, welche die begriffliche Unterscheidung im Ergebnis von der ungleichen Belastung her bestimmte (Stödter S. 190ff., S. 196ff. eingehende — in sich stichhaltige — Begründung S. 197, 204, 210, 213f.).

Stödter findet als Ergebnis (S. 214f.):

> „E ist jeder ungleich belastende Hoheitseingriff in ein vermögenswertes subjektives Recht. Ungleiche Belastung (besonders Opfer) ist gegeben, wenn der Eingriff als nach Maß und Tiefe wesentlicher in die Substanz des getroffenen Rechts eingreift. Ob solcher substantielle Eingriff vorliegt, beurteilt sich namentlich nach seiner wirtschaftlichen Tragweite, nach allgemeinen Zeitanschauungen und Wertauffassungen der Volksgemeinschaft und nach den in der Rechtsordnung zum Ausdruck gebrachten allgemeingültigen Wertungen“.

6. Dem von Carl Schmitt JW 1929 S. 495ff. gegen die „Auflösung des Enteignungsbegriffs“ vorgetragenen Angriff, dessen Begründung zwar auf Rechtsprechung und Lehre befruchtend wirkte, ist im Ergebnis jedoch der Erfolg versagt geblieben. Schmitt ging vom rechtsstaatlichen Gesetzesbegriff aus; danach ist es gerade das Wesen des Gesetzes, „der persönlichen Freiheit im allgemeinen, dem Eigentum im besonderen, Schranken zu ziehen“ (vgl. den Hinweis auf Anschütz, Stichwort ‚Gesetz‘ in Stengel-Fleischmanns Wörterbuch des Staats- und Verwaltungsrechts II S. 215, in Verfassungslehre S. 148 und JW 1929 S. 495 und dort Fußn. 4). Ferner hebt Schmitt (Verfassungslehre S. 152, JW 1929 S. 498) hervor, das der enteignende Eingriff im Einzelfall nur mittels Verwaltungsaktes auf Grund eines Gesetzes erfolgen könne und daß die „eigenartige Konstruktion des rechtsstaatlichen Schutzes“ überhaupt verbiete, die Funktionen des Gesetzes und des Verwaltungsaktes zu vertauschen. Bemerkenswert erscheint der erstmals von Schmitt in diesem Zusammenhang gebrachte Hinweis: „Die Formel ‚auf Grund eines Gesetzes‘ ist für das deutsche Verfassungsrecht der technische Ausdruck für das, was im angelsächsischen Verfassungsrecht als "due process of law" bezeichnet wird“ (JW 1929 S. 497, s. dazu auch Stödter S. 189, der allerdings S. 220f. meint, dieser Hinweis Schmitts stützte die Auffassung nicht), d. h. beim Vollzug der E „muß ein Mindestmaß von rechtlicher Form und rechtlichem Verfahren beachtet werden“ (so Carl Schmitt, in Rechtsstaatlicher Verfassungsvollzug — Rechtsgutachten 1952 S. 39).

Weit. Nachw. s. bei Weber S. 342 und in dem genannten Aufsatz von Schmitt; neuerdings Carl Schmitt in Verfassungsrechtliche Aufsätze 1958 S. 120.

7. Bezüglich des Begriffs **Wohl der Allgemeinheit** s. Einl. A V 6 und zu § 1 Anm. 2.

8. Zum Begriff der **angemessenen Entschädigung** s. zu § 1 Anm. 5; eingehend Vorbem. vor § 7 Anm. I und II sowie die dort angeg. Verweisungen.

9. Die Erweiterung des Eigentumsschutzes — das Schwergewicht lag dabei auf der ausdehnenden Auslegung des E-begriffs (Art. 153 Abs. 2 Satz 1 und 2) führte — wie Weber S. 344 unter Hinweis auf die eingehende Untersuchung von Stödter S. 123ff., 237ff. richtig bemerkt — „nur zu dem Ergebnis, daß der **Aufopferungsanspruch in den Enteignungstatbestand** hineingenommen wurde. Art. 153 Abs. 2 WeimVerf. deckte sowohl die klassische E als auch den Aufopferungsanspruch gem. § 75 PrALR“. Dieser Auffassung ist in Anbetracht der historischen Entwicklung des gemeinsamen Ursprungs beider Institute, die auf dem Gedanken aufbauen, daß ein besonderes ungleiches den einzelnen treffendes Opfer des Ausgleichs bedürfe, beizupflichten — dazu Scheuner in Reinhard-Scheuner S. 104ff. Vgl. aber die neuere Rspr.: Ansprüche auf Aufopferung i. S. § 75 Einl. PrALR können bei Eingriff in vermögenswerte Rechte nicht in Frage kommen. Soweit ein hoheitsrechtlicher Eingriff in vermögenswerte Rechte im weitesten Sinne vorliegt, wird der allgemeine Aufopferungsgrundsatz durch die Sonderregelung verdrängt, die die E gefunden hat; BGHZ 8 S. 273; 13 S. 88 (91); 23 S. 157 (161).

10. Über die Geltungsdauer des Art. 153 WeimVerf. s. eingehende Nachw. bei Seufert Einl. S. 11 Rdn. 13; insbes. BVerfGE 2 S. 249ff. (weitere Fundst.! Nach dieser Entscheidung galt Art. 153 WeimVerf. seit Erlaß der VO des Reichspräsidenten zum Schutze von Volk und Staat v. 28. 2. 1933 (RGBl. I S. 83) nicht mehr mit Verfassungsrang, sondern als einfaches Reichsgesetz fort — auch über den

8. 5. 1945 hinaus. Nach Forsthoff I S. 280 blieb Art. 153 aber für die Landesgesetzgebung grundsätzlich verbindlich. A. A. Seufert a. a. O., der meint, die Länder hätten nach dem 8. 5. 1945 den als einfaches Reichsgesetz fortgeltenden Art. 153 WeimVerf. aufheben, abändern oder durchbrechen können. Beachte: BGHZ 6 S. 270: Art. 153 galt mit dem Rang einer Verfassungsnorm fort — dazu Forsthoff I S. 280 Fußn. 2 a. E.

Beginnend mit dem Jahre 1946 sind die in Art. 153 WeimVerf. enthaltenen Grundsätze in den damals entstandenen Länderverfassungen wieder mit verfassungsgesetzlicher Kraft ausgestattet worden, so daß die vorstehend angedeutete Problematik für die Praxis im wesentlichen als überholt angesehen werden kann.

IV. Die Rechtslage seit der Geltung des Art. 14 des Bonner Grundgesetzes v. 23. 5. 1949.

1. Art. 14 GG:

> „Das Eigentum . . . werden gewährleistet. Inhalt und Schranken werden durch die Gesetze bestimmt.
> Eigentum verpflichtet. Sein Gebrauch soll zugleich dem Wohle der Allgemeinheit dienen.
> Eine Enteignung ist nur zum Wohle der Allgemeinheit zulässig. Sie darf nur durch Gesetz oder auf Grund eines Gesetzes erfolgen, das Art und Ausmaß der Entschädigung regelt. Die Entschädigung ist unter gerechter Abwägung der Interessen der Allgemeinheit und der Beteiligten zu bestimmen. Wegen der Höhe der Entschädigung steht im Streitfalle der Rechtsweg offen"

ist in engerem Zusammenhang zu lesen mit Art. 19 Abs. 1 und 2 GG:

> „Derweil nach diesem Grundgesetz ein Grundrecht durch Gesetz oder auf Grund eines Gesetzes eingeschränkt werden kann, muß das Gesetz allgemein und nicht nur für den Einzelfall gelten. Außerdem muß das Gesetz das Grundrecht unter Angabe des Artikels nennen.
> In keinem Falle darf ein Grundrecht in seinem Wesensgehalt angetastet werden".

sowie mit Art. 2 Abs. 1 (freie Persönlichkeitsentfaltung), Art. 12 (Berufs- und Arbeitsfreiheit), Art. 20 Abs. 1 (Sozialstaatserklärung) und Art. 20 Abs. 3 (Rechtsstaatsprinzip). S. dazu Scheuner, in Reinhardt-Scheuner S. 157 Leitsatz 2a.

2. Art. 14 Abs. 1 Satz 1 GG enthält genau so wie Art. 153 Abs. 1 Satz 1 WeimVerf. (s. Einl. A III 2) sowohl eine Institutsgarantie, auf Grund deren individuelles Sacheigentum und vermögenswerte Rechte gewährleistet, d. h. gegen Abschaffung durch den einfachen Gesetzgeber gesichert sind, als auch die Verbürgung des Eigentums als Grundrecht.

Diese Auffassung kann heute als gesichert angesehen werden (vgl. Weber S. 355, 356ff., 361ff.; Reinhardt, in Reinhardt-Scheuner S. 1; Scheuner, daselbst S. 68; Maunz S. 119; Klein, in v. Mangoldt-Klein Vorbem. A VI 3 d. S. 86: „denknotwendig dem Grundrecht zugehörige Einrichtungsgarantie" und zu Art. 14 Anm. III 1a; Hamann zu Art. 14 Anm. B 1).

Der **verfassungsrechtliche Eigentumsbegriff** des Art. 14 GG deckt sich im wesentlichen mit dem des Art. 153 WeimVerf. (s. Einl. A III 3). Er umfaßt „Sacheigentum, sonstige dingliche Rechte, Besitz, Immaterialgüterrechte, Forderungen, Renten, Aktien und andere Gesellschafterrechte, das Recht am eingerichteten und ausgeübten Gewerbebetrieb und Berufsstellungen, jedenfalls die der freien (gebundenen) Berufe, auch Urheberrechte und Patente" (so Weber S. 353 mit Hinw. auf BVerfGE 1 S. 277; Diester S. 127f.; Scheuner, in Reinhardt-Scheuner S. 95; Hamann zu Art. 14 Anm. C 1; v. Mangoldt-Klein zu Art. 14 Anm. III 1b S. 424; BGHZ 6 S. 270 (278); 23 S. 157 (160); summarischer: Forsthoff I S. 284; Seufert S. 17 Rdn. 32). Auch Art. 14 GG enthält demnach eine Vermögensgarantie. Dabei sollte der Begriff Vermögen nicht nur rein materiell i. S. eines mehr oder weniger angehäuften Sachbesitzes, sondern im Wortsinne: „auch das, was jemand" — durch Betätigung seiner persönlichen (geistigen) Freiheit — „vermag" verstanden werden.

Streitig ist, ob und inwieweit **Vermögensrechte öffentlich-rechtlicher Art** unter den verfassungsrechtlichen Eigentumsbegriff fallen. Die überwiegende Meinung bejaht (BGHZ 6 S. 278; Weber S. 354; Diester S. 129; Forsthoff I S. 284f.; Scheuner, in Reinhardt-Scheuner S. 97 mit weit. Nachw.; Haas MDR 1952 S. 650; Rinck MDR 1952 S. 524ff.; Hamann zu Art. 14 Anm. C 1; v. Mangoldt-Klein zu Art. 14 Anm. III 1c S. 425). Die Rspr. des BVerfG ist schwankend, bejaht dann, wenn Rechtsposition des Betroffenen dem Eigentum i. S. Art. 14 GG sehr nahe kommt (BVerfGE 4 S. 240f. — vgl. Forsthoff I S. 285 Fußn. 1; Hamann a. a. O.). Mit Recht verneint von BGHZ in AöR 78 S. 102ff. für widerrufliche Ausnahmebewilligungen. Der bejahenden Auffassung ist mit den Gründen Forsthoffs I S. 285 beizutreten; derjenige, der aus einer gewährten Rechtsposition wesentlich „durch Einsatz von Kapital und Arbeit" und geistige Betätigung einen Vermögenswert schafft, ist geschützt (s. auch Seufert Einl. S. 19 Rdn. 33).

Über vermögensrechtliche Ansprüche der Beamten s. Hamann a. a. O. mit weit. Nachw.

3. Soweit Art. 14 Abs. 1 Satz 1 GG das Eigentum (s. vorst. Einl. A IV 2) als **Institutsgarantie** gewährleistet, ist es gegenüber Eingriffen des Gesetzgebers i. weit. Sinne (Bundes-, Landesgesetzgeber, Normsetzung durch Selbstverwaltungskörperschaften, abgeleitete Gesetzgebung, auch Polizeiverordnung) gesichert. Die Eigentumsgarantie ist überpositives vorstaatliches Recht (Art. 1 Abs. 2 GG; überwieg. M. — s. Hamann zu Art. 14 Anm. B 2 mit weit. Nachw.); sie umschließt bestandswahrend diejenigen typischen, traditionell feststehenden Normenkomplexe und Rechtsbeziehungen, die heute als zum verfassungsrechtlichen Eigentumsbegriff gehörig angesehen werden.

Darüber hinaus und gleichzeitig verbürgt Art. 14 Abs. 1 Satz 1 GG das Eigentum i. S. des verfassungsrechtlichen Eigentumsbegriffs als **Grundrecht;** insoweit wendet sich dieser Verfassungsrechtssatz nicht nur an den Gesetzgeber, sondern auch an die Exekutive und die rechtsprechende Gewalt (Einl. A III 2; einhell. M. — s. die Zitate Einl. A IV 2;; BVerfG Urt. v. 15. 1. 1958 — 1 BvR 400/51 — JZ 58 S. 208 Leitsatz 1. Die Bezeichnung „Rechtsstellungsgarantie (so z. B. Weber S. 363) erscheint überflüssig, da sie in der Sache nichts Neues bringt und der Sprachgebrauch mit den synonymen, seit dem 18. Jahrhundert gebräuchlichen Worten „Grund-, Freiheits- und Menschenrecht" die überstaatliche, verfassungskräftig verbürgte individuelle Rechtsstellung gewichtiger ausdrückt. Sie kennzeichnen im übrigen sprachlich am deutlichsten den unantastbaren Individualbereich im Spannungsverhältnis gegenüber Parlamentsabsolutismus und Massenstaatsverwaltung. Als Grundrecht verbürgt Art. 14 Abs. 1 Satz 1 GG vornehmlich die dem einzelnen zustehende **Freiheit, sich mit seinem Eigentum zu betätigen,** also z. B. Eigentum zu veräußern, zu belasten, zu nutzen, Grundeigentum zu bebauen, auch

Eigentum zu erwerben, da dies begrifflich voraussetzt, daß ein anderer veräußern könne.

Die **Baufreiheit** ist daher nach richtiger Auffassung begrifflich aus der Verfassung abzuleiten, und zwar stellt sie ein Element der dem Grundeigentümer gewährten Nutzungsfreiheit dar, ohne daß es noch einer zusätzlichen gesetzlichen Gewährleistung (vgl. §§ 65 I 8 PrALR) bedürfe, die – wenn vorhanden – nur einen Grundsatz wiederholt, den ohnehin die Verfassung ausspricht. Vgl. dazu BVerwG Urt. v. 28. 6. 1955 – I 146/53 – NJW 55 S. 1647ff. (1649): das Recht bauliche Anlagen zu errichten und zu verändern, gehört nach den Grundsätzen des Baurechts zum Inhalt des Eigentums; ferner Einl. A I 3; s. auch Frohberg DWW 54 S. 168ff. Vgl. dazu Ernst BBBl. 53 S. 206; Ernst-Friede zu § 44 AufbauG NRW Anm. 3a dd.

Die Doppelbedeutung des Art. 14 Abs. 1 Satz 1 GG läßt sich begrifflich nicht scharf in vorstehend erörterte Elemente aufspalten (vgl. Klein, in v. Mangoldt-Klein Vorbem. A VI 3d S. 86, der bezügl. Art. 14 GG von einer denknotwendig zu einem Grundrecht gehörigen Einrichtungsgarantie spricht). Dennoch ist der erstmals von Hamann zu Art. 14 Anm. B 1, 2, 7 gesehene Unterschied zwischen „Haben-dürfen" und „Gebrauchen-können" fruchtbar. Haben-dürfen, ein mehr die Ruhelage meinender Begriff, kennzeichnet die rechtlichen Beziehungen i. S. eines Bestandes und dürfte mehr der Institutsgarantie zuzuordnen sein. Demgegenüber bezeichnet das Gebrauchen-können i. S. eines rechtlichen Könnens auf Grund des Bestandes treffend die dem einzelnen eingeräumten Betätigungsmöglichkeiten, die das Eigentum als Grundrecht verbürgen will.

Auf dieses Gebrauchen-können, also das Betätigen-können mit Eigentum oder auf Grund einer vermögenswerten Rechtsposition bezieht sich Art. 14 Abs. 2 Satz 2 GG: „Sein Gebrauch soll zugleich dem Wohle der Allgemeinheit dienen". Dieser Rechtssatz bezieht sich nicht auf das Haben-dürfen, sondern betrifft das „Wie" des Handelns (Hamann zu Art. 14 Anm. C 7).

Aus Art. 14 Abs. 2 Satz 1 GG: „Eigentum verpflichtet" ist die **Sozialbindung** des Eigentums zu entnehmen. Art. 14 Abs. 2 Satz 1 und 2 GG stehen in engstem Zusammenhang mit Art. 20 Abs. 1 GG (Sozialstaatsprinzip) und Art. 28 Abs. 1 GG (dazu Hamann Einf. I D 2 S. 31 und zu Art. 20 Anm. 3 mit zahlr. Nachw.). Bedeutung und Tragweite dieser Rechtssätze im Zusammenhang mit Art. 14 GG sind noch nicht in einem der Praxis genügenden Maße geklärt. Insbesondere ist noch zweifelhaft, ob Abs. 2 aktuell geltendes Recht sei (v. Mangoldt-Klein zu Art. 14 Anm. II 5 S. 414f.). Nach Forsthoff S. 287 bedeutet „die Sozialgebundenheit des Eigentums, daß sich der Eigentümer Beschränkungen seiner Dispositionsbefugnis aus Gründen des allgemeinen Wohls ohne Entschädigung gefallen lassen muß. Die „Sozialgebundenheit" (ihre Grenze hat sich mit der allgemeinen Staatsstruktur verändert – so Diester S. 44f., 132ff.) „ist in der mit dem Grundgesetz aufgerichteten Rechtsordnung eine immanente Schranke des Eigentums". Forsthoff mißt dem Grundsatz der Sozialgebundenheit neben der in Art. 14 Abs. 1 Satz 2 GG niedergelegten Inhalts- und Schrankenbestimmung durch Gesetz (s. unten Einl. A IV 5) selbständige Bedeutung bei für sog. „lenkende Gesetze", deren Sinn es ist, die Erreichung von Ordnungs- und Lenkungszielen zu sichern (S. 288). Doch läßt sich nicht leugnen, daß die insoweit entstehenden Probleme nahezu unlösbar sind, zumal der Begriff „sozial" mit nicht justiziablen Wertungselementen ausgefüllt ist, die nur politischer Entscheidung zugänglich sind. Diese Schwierigkeiten bestehen auch dann, wenn man mit v. Mangoldt-Klein zu Art. 14 Anm. V 2 S. 433 den Art. 14 Abs. 2 GG als „sozialethische Eigentumsbindung" ansieht und diese Vorschrift „als Grundpflicht mit nur sittlicher Verpflichtung" auffaßt, die ein gewisses Bekenntnis zum Sozialstaat (Art. 20 Abs. 1 und Art. 28 Abs. 1 Satz 1 GG) enthält (vgl. dazu auch Diester S. 134, der meint, Art. 14 Abs. 2 GG enthalte außer moralischen auch unmittelbare Rechtspflichten). Die Wertvorstellung des Art. 14 Abs. 2 Satz 1 und 2 GG erschließt sich genauer nur in engstem Zusammenhang mit Art. 14 Abs. 1 Satz 2 GG (s. Einl. A IV 5). BGHZ 23 S. 30 = DVBl. 57 S. 356: die Aufnahme von Grundstücken eines bisher ausschließlich landwirtschaftlich genutzten Geländes in ein vom Siedlungsverband Ruhrkohlenbezirk rechtskräftig aufgestelltes Grünflächenverzeichnis bewirkt ein Bauverbot (so schon PrOVG Bd. 105 S. 252), das in der Regel keine entschädigungspflichtige E darstellt, sondern eine konkrete Ausgestaltung der Sozialgebundenheit des Grundeigentums (vgl. dazu Dittus DVBl. 57 S. 329ff. – andererseits treffend Schack JZ 58 S. 209ff. (210 r. Sp., 211 li. Sp.) und die entscheidende Fragestellung von Reuß DÖV 57 S. 653ff. 659 r. Sp., ob sich „in dieser Rechtsprechung nicht eine grundlegende Korrektur unserer gesamten Vorstellungen über Eigentum und Enteignung anbahnt", etwa „der Vorstellung von einer Art subsidiärem Obereigentum der Allgemeinheit".

In jedem Fall wenden sich Art. 14 Abs. 2 Satz 1 und 2 GG auch an Bund, Länder, Gemeinden und sonstige öffentlich-rechtliche Körperschaften, die Eigentum haben und gebrauchen; sie stehen insoweit dem einzelnen Privateigentümer gleich und genießen keinerlei Vorzugsstellung.

4. Im Hinblick auf Art. 19 Abs. 2 GG, wonach in keinem Falle ein Grundrecht in seinem Wesensgehalt angetastet werden darf, (Wesensgehaltsgarantie) ist die Frage aufzuwerfen, was der **Wesensgehalt des Eigentums** sei. Der Rechtsprechung und Rechtslehre können drei Theorien zum Begriff des Wesensgehaltes entnommen werden (s. v. Mangoldt-Klein zu Art. 19 Anm. V 4a–d S. 557ff.). Zuzustimmen ist der Auffassung Kleins a. a. O. Anm. V 4 d S. 559, daß „der Wesensgehalt eines Grundrechts ein unumstößlich feststehender, absoluter, substantieller Wesenskern ist", andere Meinungen bergen die Gefahr, daß die in der Verfassungswirklichkeit kraft Rechtssatzes ausgeprägte geistes-geschichtliche Idee der Grund- und Menschenrechte einer zunehmenden Verwässerung anheimfällt. Über die Bindung des Gesetzgebers insoweit auch an die gesamte verfassungsmäßige Ordnung, s. richtig BVerwGE 3 S. 335 (337) und Schack JZ 58 S. 211 li. Sp. Zum Begriff des Wesensgehaltes s. BGHSt 4 S. 377; ferner Köhler DVBl. 58 S. 191ff. (193f.).

Über die – noch nicht vollständig geklärte – Bedeutung und Funktion des Art. 19 Abs. 1 und 2 GG vgl. Maunz S. 85f.; v. Mangoldt-Klein Vorbem. B XV 3b und c S. 130ff., 133, der Art. 19 Abs. GG „nur als Ausrufungszeichen" angesehen wissen will, „weil der dort gegen Einschränkung gesicherte Wesensgehalt jedes Grundrechts schon kraft Gewährleistung des Grundrechts überhaupt verfassungsrechtlich garantiert ist" (vgl. dazu auch v. Mangoldt-Klein zu Art. 14 Anm. V 1 d S. 433). Auch Weber S. 357: Der Gesetzgeber „ist also an die Wahrung des Eigentumsinstituts gebunden" und Forsthoff S. 285: „Art. 19 Abs. 2 betrifft den Art. 14 GG im Sinne der verfassungsmäßigen Garantie des Eigentums als eines Rechtsinstituts" stimmen wohl mit der Auffassung Kleins überein. Die **Wesensgehaltsgarantie** des Art. 19 Abs. 2 GG (Scheuner, in Reinhard-Scheuner S. 80: **Substanz-**

garantie) hat also mit der Institutsgarantie des Art. 14 Abs. 1 Satz 1 GG gemein, daß sie den Gesetzgeber anspricht (s. Einl. A IV 3). Während letztere jedoch mehr eine Bestandsgarantie der das Eigentum als Institut ausfüllenden Normenkomplexe und Rechtsbeziehungen darstellt, und gleichzeitig die Frage offen läßt, was rechtens sei, wenn der Gesetzgeber dennoch das Institut auch nur auszuhöhlen beginnt, so liegt die Bedeutung der Wesensgehaltsgarantie darin, daß sie dem Gesetzgeber schon antastende Eingriffe in das Institut, also in die wesenmäßige Substanz der Normenkomplexe und Rechtsbeziehungen, schlechthin verbietet, so daß den Wesensgehalt antastende Gesetze nichtig sind (Rechtsfolge der Nichtigkeit ausdrücklich bejaht von Forsthoff S. 285; vgl. auch v. Mangoldt-Klein Vorbem. B XV 3 c S. 133 a. E.). Antasten ist begrifflich die erste Phase des Aushöhlens, das im Ergebnis zur Denaturierung des Instituts — und des Grundrechts! – führt. Über die beiden denkbaren Arten der Antastung s. v. Mangoldt-Klein zu Art. 19 Anm. V 6a und b S. 561ff.

Sachlich deckt sich der Wesensgehalt des Eigentums mit dem Haben-Dürfen und Gebrauchen-Können (s. Einl. A IV 3), obgleich denkbar ist, das gewisse generelle Beschränkungen des Gebrauchen-Könnens (z. B. Nutzen-Könnens) noch nicht Antastungen i. S. des Art. 19 Abs. 2 GG zu sein brauchen. Insofern ist der Auffassung Scheuners, in Reinhardt-Scheuner S. 79 beizupflichten, „jede **Institutsgarantie** im Grundrechtsteil biete an sich schon die Gewähr, daß der **Kernbestand** des aufgeführten Rechts oder Instituts nicht verletzt oder gar zerstört werden dürfe. Art. 19 Abs. 2 GG schütze aber bei jedem Grundrecht den **Wesensgehalt, die eigentliche Substanz**" (vgl. dazu auch Diester S. 143ff.). Die Meinung Hamanns zu Art. 14 Anm. B 2: „Wesensgehalt des Eigentums ist das durch die Rechtsordnung gewährte Haben-Dürfen, dagegen nicht die Freiheit des Gebrauchmachens" ist in dieser Angemeinheit abzulehnen. Richtig weist Scheuner, in Reinhardt-Scheuner S. 111 Fußn. 123 darauf hin, daß eine langdauernde Entziehung der Nutzung oder die Beseitigung der Dispostitionsbefugnis Enteignungen darstelle. Untersagte z. B. der Gesetzgeber generell, über Aktien zu verfügen, beließe aber deren Besitzen-Dürfen und die Berechtigung, Dividende zu erhalten, so dürfte eine unzulässige Antastung des Eigentums vorliegen. Diese ist auch zu bejahen, wenn der Gesetzgeber unter Umkehrung des grundrechtlichen Prinzips generell verböte, Grundstücke zu bebauen und das Bauen von der Verleihung eines „Bebauungsrechtes" im Einzelfall abhängig machte – vgl. Einl. A I 3, IV 3. Auf jeden Fall verbietet Art. 19 Abs. 2 GG, durch einen staatichen Eingriff die wesensmäßige Geltung und Entfaltung eines Grundrechts stärker einzuschränken, als dies der sachliche Anlaß und Grund, der zu dem Eingriff geführt hat, unbedingt und zwingend gebietet BGHZ 22 S. 167 (175f.).

Art. 14 Abs. 1 GG in seiner Doppelbedeutung als Institutsgarantie und Grundrecht in Verbindung mit Art. 19 Abs. 2 GG schützt den einzelnen insbesondere auch gegenwärtig und zukünftig gegen Maßnahmen der **sozialen Umschichtung** und gegen **Konfiskationen** (außer den traditionellen Konfiskationen im Straf- und Verwaltungsstrafrecht – dazu u. a. Weber S. 348, 365; Forsthoff S. 281f.; Scheuner, in Reinhardt-Scheuner S. 114; Hamann zu Art. 14 Anm. C 3 S. 149f.).

5. Art. 14 Abs. 1 GG gewährleistet das Eigentum in dem vorstehend erörterten Sinne (Einl. A IV 2). Demgegenüber überläßt Satz 2 dieser Vorschrift die **Bestimmung von Inhalt und Schranken** des Eigentums dem einfachen Gesetzgeber.

Folglich kann der Gesetzgeber feststellen, „was konkret den Inhalt des Eigentums ausmacht“ (Weber S. 369; Forsthoff S. 287; Hamann zu Art. 14 Anm. 4, 5; Scheuner S. 79; Diester S. 132ff.) und was als Schranken des Eigentums zu gelten habe, ohne daß hierbei jedoch der Wesensgehalt (Einl. A IV 4) auch nur angetastet oder gar ausgehöhlt werden dürfte. In BGHZ 6 S. 278f. heißt es:

> „Gleichwohl können Inhalt und Schranken des Eigentums in einer allgemeinverbindlichen Weise durch Gesetz bestimmt werden. Diese inhaltliche Bestimmung und Begrenzung des Eigentums muß ihrem Wesen nach allgemeiner Natur sein. Man kann auf diese Weise nicht Einzelmaßnahmen gegen bestimmte einzelne Eigentümer oder gegen ein bestimmtes einzelnes Eigentum treffen. Ebensowenig kann man auf diese Weise Eigentum entziehen oder übertragen oder es anders als durch verstärkte, alle gleich treffende Pflichtbindung belasten. Dagegen kann man so inhaltliche Begrenzungen der vermögenswerten Rechte vornehmen, die von nun an den betroffenen Gattungen von Rechten allgemein eigentümlich sein können, die allgemein bestimmte zusätzliche Pflichten, beispielsweise Duldungspflichten, auferlegen und die Rechtsträger unterschiedslos und einheitlich bei der Ausübung ihrer Rechte sozial binden .... Das Grundrecht des Eigentums darf auch durch eine allgemein angeordnete gesetzliche Begrenzung seines Inhalts in seiner wesensmäßigen Geltung und Entfaltung nicht stärker und nicht in weiterem Umfang eingeschränkt werden, als dies der sachliche Grund, der zu der Begrenzung führt, zwingend erfordert. Allerdings bestimmt sich das Maß des Erforderlichen jeweils nach der geschichtlichen Lage ....“.

Darüber, daß obenstehender vorletzter Satz dann nicht im Einklang mit Art. 19 Abs. 2 GG steht, wenn man der Theorie vom absoluten Wesensgehalt beitritt, s. v. Mangoldt-Klein zu Art. 19 Anm. V 4b und d mit zahlreichen weit. Hinw.; ferner oben Einl. A IV 4. Zum Schrifttum, das sich mit der Entscheidung BGHZ 6 S. 270ff. auseinandersetzt, s. ausführl. bei Diester S. 89ff. mit zahlr. Hinw. Vorschriften, welche die Ausgestaltung des Rechts, bauliche Anlagen zu errichten oder zu verändern, regeln, bestimmen grundsätzlich Inhalt und Schranken des Eigentums und sind durch Art. 14 Abs. 1 Satz 2 gedeckt BVerwG Urt. v. 28. 6. 1955 — I C 146/53 — NJW 55 S. 1647ff. (1649) = BVerwGE 2 S. 172 = DVBl. 55 S. 640 = = MDR 55 S. 694 = BBBl. 55 S. 583. In BVerwG Urt. v. 4. 7. 1957 — I C 24/55 — DVBl. 58 S. 168 — wiederholt das Gericht die bereits im vorst. Urt. vertretene Ansicht: Inhaltsbestimmungen des Eigentums können nicht beliebig erfolgen, sondern müssen der Abgrenzung des Eigentums zu übergeordneten oder gleichgeordneten Werten dienen und hierdurch gerechtfertigt sein. Sellmann DVBl. 58 S. 171 weist mit Recht darauf hin, daß es ungenau sei, auch gleichgeordnete kollidierende Werte als mögliche Rechtfertigung einer Inhaltsbestimmung gem. Art. 14 Abs. 1 Satz 2 GG anzusehen, denn gleichgeordnete bzw. gleichwertige Interessen geben bei einer Kollision weder dem Individuum noch der Gemeinschaft das Recht, sich einseitig und eigenmächtig über die Belange des anderen Partners hinwegzusetzen. Diese Auffassung steht im Einklang mit dem rechtsstaatlichen Gesetzesbegriff (Einl. A III 6).

Über die Rspr. des BVerwG zur Abgrenzung von E und Inhaltsbestimmung des Eigentums s. Einl. A V 5 a. E. Die Belastung von Grundeigentümern mit Straßenbaukosten stellt keinen unzulässigen Eingriff in das nach Art. 14 GG gewährleistete Eigentum dar, vielmehr hält sie sich im Rahmen der allgemeinen sozialen Gebundenheit BVerwG Urt. v. 14. 6. 1955 — V C 174/55 — DWW 55 S. 267.

Zum Begriff des Gesetzes bzw. Gesetzgebers i. S. Art. 14 Abs. 1 Satz 2 GG s. zunächst Einl. A IV 3; ferner die Aufzählung bei v. Mangoldt-Klein zu Art. 14 Anm. V 1 c S. 432.

Gesetze, die sich unter ausdrücklicher Bezugnahme auf Art. 14 Abs. 1 Satz 2 GG als inhalts- und schrankenbestimmende Gesetze bezeichnen, sind selten. Der Rechtssatz „bestätigt" — also schafft nicht neu — „die überkommene Befugnis des Gesetzgebers, den Inhalt des Eigentums und der eigentumsähnlichen Vermögensrechte zu bestimmen" und „die vermögensrechtlichen Herrschafts- und Aktionsmöglichkeiten" des Einzelnen festzulegen (übereinstimmend: Weber S. 347f.; Huber, Wirtschaftsverwaltungsrecht II S. 17; Hamann zu Art. 14 Anm. C 4—7; v. Mangoldt-Klein zu Art. 14 Anm. V 1a und b S. 431f.). Diese Auffassung steht gerade im Einklang mit dem rechtsstaatlichen Gesetzesbegriff (s. Einl. III 6).

Über **Einzelfälle** der Abgrenzung zwischen Inhalts- und Schrankenbestimmung (Sozialbindung, Eigentumsbindung) einerseits und E andererseits s. z. B. Ernst-Friede zu § 44 AufbauG NW Anm. 3a S. 252ff.

V. Art. 14 Abs. 3 GG. Die Enteignung.

1. Art. 14 Abs. 3 Satz 1 GG: „Die Enteignung ist nur zum Wohle der Allgemeinheit zulässig" anerkennt im Einklang mit der historischen Entwicklung, daß es immer „Situationen gibt, in denen übergeordnete Gründe das gemeinen Wohls Eingriffe in die vermögensrechtliche Rechtsstellung des einzelnen" erheischen (Weber S. 370), und zwar Eingriffe, die nicht nur allgemeine und allgemein gleich belastende Inhalts- und Schrankenbestimmungen (s. Einl. A IV 5) des Eigentums sind, sondern die einzelnen — im Verhältnis zu anderen ungleich — Eigentum entziehen oder dieses belasten. Hierin liegt insofern „ein Gedanke" — echter — „sozialer Prägung" (so v. Mangoldt-Klein Vorbem. B VI 1 und zu Art. 14 Anm. VII S. 439), als die berechtigten und prinzipiell unbeschränkt — aber beschränkbar — gesehenen Interessen des einzelnen dann weichen müssen, wenn höher berechtigte Belange der Allgemeinheit, in die der einzelne eingefügt ist, ein solches Vorgehen zwingend gebieten (dazu Weber S. 383).

Eine derartige Lösung kollidierender Interessenlagen stellt aber nicht etwa die Eigentumsordnung und das einzelne Eigentum in Frage, sondern **bestätigt** diese. Mit Recht bemerkt Weber S. 389: „Die E ist als ein Institut der unangefochtenen Ruhelage der Eigentümerposition, als ein Moment der Bewährung und Bestätigung der Eigentumsgarantie erkannt" (s. auch Weber S. 350, 368; v. Mangoldt-Klein zu Art. 14 Anm. VII 3 S. 441).

2. Gem. Art. 14 Abs. 3 Satz 2 wird neben einer E „auf Grund eines Gesetzes", also durch Zwischenschaltung eines VA, auch die E durch Gesetz, die **Legalenteignung** zugelassen. Damit wird die während der Geltung der WeimVerf. begonnene Entwicklung bestätigt (s. Einl. A III 4). Die E auf Grund eines Gesetzes herrscht vor (vgl. dazu Weber S. 379f.; v. Mangoldt-Klein zu Art. 14 Anm. VII 7, 7c). Es sollte nicht übersehen werden, daß mit der Zulässigkeit einer E durch Legislativakt rechtsstaatliche Grundsätze gerade noch gewahrt sein dürften, obwohl nicht zu verkennen ist, daß die Gefahr der Vertauschung der wesensmäßig nicht tauschbaren Funktionen von Gesetz und vollziehendem VA besonders dann droht, wenn Gesetze immer mehr den Charakter sog. Maßnahmegesetze annehmen, wenn Gesetze schnelle — und nicht immer gute — „Reaktionen auf zu beseitigende Mißstände oder Notsituationen“ sind (zu diesem Problem besonders Carl Schmitt, Rechtsstaatlicher Verfassungsvollzug, Rechtsgutachten 1952 S. 44f.; Weber S. 379; Forsthoff I S. 286).

Gesetz i. S. Art. 14 Abs. 3 Satz 2 GG ist **nur** das **förmliche Gesetz.** Nur dieses – und nicht etwa z. B. eine Rechtsverordnung – sichert, wenn schon E durch Gesetz zulässig sind, das erforderliche Mindestmaß eines geordneten Verfahrens und rechtlicher Form (s. dazu Einl. A III 6). Vgl. wie hier v. Mangoldt-Klein zu Art. 14 Anm. VII 7b mit weit. Hinw.; richtig auch Dürig JZ 1954 S. 7; ferner die Begr. von Seufert Einl. S. 16 Rdn. 26 und Fußn. 1.

Über das **Junktim** zwischen E und Entschädigung s. Einl. V 7.

3. Objekt der E ist alles das, was vom verfassungsrechtlichen Eigentumsbegriff (Einl. A IV 2) gedeckt ist, und zwar jeweils sowohl das Haben-Dürfen als auch das Gebrauchen-Können. Nicht Gegenstand der E sind, weil nicht dem Eigentumsbegriff unterfallend, „bloße Interessen und Chancen“ (Forsthoff I S. 290). Auf das Fortbestehen von Vorteilen, die sich aus einer bestimmten Verkehrs- oder Wohnlage auf Grund von Bebauungsplänen ergeben, hat der Grundstückseigentümer im allgemeinen kein Recht BGHZ 7 S. 273; 23 S. 235 (239). Über den Sonderfall einer Entschädigungspflicht bei Veränderungen des Niveaus einer Straße s. Frohberg BlGBW 58 S. 145ff. Objekt der E in dem hier erläuterten G ist nur das Grundeigentum (s. zu § 1 PrEG Anm. 1).

4. E i. S. des Art. 14 Abs. 3 GG ist entsprechend des vom RG gebildeten und vom BGH übernommenen Begriffs – Oberbegriffs – (BGHZ 6 S. 270ff. [276]) **Enteignung im technischen Sinne,** zu der gehören

a) Enteignung im klassischen Sinne;
b) sonstige Enteignungstatbestände (so v. Mangoldt-Klein zu Art. 14 Anm. VII S. 439, während Weber S. 350, 371 und auch Forsthoff I S. 284 diese Gruppe im Einklang mit der historischen Entwicklung wohl richtiger mit „Aufopferungsenteignung“ bezeichnen).

Diese Trennung ist ganz überwiegende Meinung; gleichfalls ist anerkannt, daß Art. 14 Abs. 3 GG sich auf beide Gruppen erstreckt (vgl. v. Mangoldt-Klein zu Art. 14 Anm. VII 3 c S. 443). Eine andere Auffassung stünde mit der Rechtsentwicklung seit 1919 in Widerspruch, die sich ja gerade in einer korrespondierenden Erweiterung des Eigentums- und des E-begriffes kennzeichnete (s. Einl. A III 1, III 3, III 4).

Im einzelnen kann in diesem Zusammenhang heute als gesicherte Erkenntnis gelten (in Anbetracht des fast unübersehbaren Schrifttums und der breitgestreuten Rechtsprechung wird vornehmlich v. Mangoldt-Klein zu Art. 14 Anm. VII S. 439ff. gefolgt, der auf der Untersuchung Webers S. 350ff., 371ff. aufbaut und im wesentlichen mit der Systematik Forsthoffs I S. 284ff. übereinstimmt, ohne die Monographien Reinhardts und Scheuners in „Verfassungsschutz des Eigentums“ und die Ausführungen Hubers II S. 23ff. außer Acht lassen):

E im technischen Sinne ist **„Rechtsentziehung unter Zweckänderung“,** wobei „der rechtfertigende Zweck stets eine im Vergleich zum bisherigen Verwendungszweck höherrangige öffentliche Aufgabe sein muß“ (so v. Mangoldt-Klein zu Art. 14. Anm. VII 2 a und b S. 440f. mit weit. Hinw.). „Rechtsentziehung unter Zweckänderung“ ersetzt das nach früherer Regelung wesensnotwendige Begriffsmerkmal der „Überführung“ (Einl. A II 1; auch III 1). Wenn auch der Richtpunkt der

Zweckänderung eine — höherrangige — öffentliche Aufgabe ist, so schließt das nicht aus, daß „Träger einer solchen Aufgabe sowohl die öffentliche Verwaltung als auch ein Privater sein kann" (u. a. Weber S. 374f.; v. Mangoldt-Klein zu Art. 14 Anm. VII 2 a S. 440 unten; auch Forsthoff S. 288). Der Zweck muß konkret — zeitlich und örtlich genau bestimmbar sein — VerfGH München Entschl. v. 23. 1. 1953 — Vf. 162 — VII 51 — VGHE 6 II 10 — VerwRspr. 5 S. 713 = DÖV 54 S.

Die **E im klassischen Sinne** (oben a) stellt nach wie vor einen Güterbeschaffungsvorgang im Wege eines hoheitlichen Ersatzgeschäftes dar; sie ist — als ultima ratio — zulässig, wenn bestimmte vom verfassungsrechtlichen Eigentumsbegriff umfaßte Güter zwingend für ein konkretes Vorhaben des öffentlichen Wohls benötigt werden, aber nicht oder nur unter erheblichen Schwierigkeiten hierfür zu erlangen sind (vgl. Weber S. 370f.; v. Mangoldt-Klein zu Art. 14 Anm. VII 3 a mit weit. Hinw.). In jedem Fall betrifft der entziehende Eingriff das Haben-Dürfen; indem der Betroffene gerechtfertigterweise aus dem Haben-Dürfen entsetzt wird, verliert er notwendig und gleichzeitig auch das Gebrauchen-Können. Der nur belastende Eingriff vermindert das Gebrauchen-Können.

Bei den **sonstigen E-tatbeständen** (oben b) „wird dagegen die vermögensrechtliche Rechtsstellung des Eigentümers oder sonst vermögensrechtlich Berechtigten in anderer Weise beeinträchtigt" (v. Mangoldt-Klein zu Art. 14 Anm. VII 3 b). Beeinträchtigende Eingriffe dieser Art stellen nicht etwa nur eine allgemeine Behinderung vieler im Gebrauchen-Können dar, sondern sind in jedem Falle Entziehungen des Gebrauchen-Könnens gegebenenfalls bis auf das Formalrecht (nudum jus) unter Wahrung des Haben-Dürfens; sie können jedoch — müssen aber nicht — auch gleichzeitig das Haben-Dürfen betreffen (s. z. B. die Beispiele bei v. Mangoldt-Klein a. a. O. S. 442 Zeile 5—7 von unten). Hierzu sind auch diejenigen Fälle zu zählen, in denen das RG eine E bejahte, weil der Eigentümer mit seiner Sache nicht mehr nach Belieben verfahren konnte (vgl. RGZ 102 S. 165; S. 253; 111 S. 224; 116 S. 268; 150 S. 180 — s. Weber S. 339, 343; Forsthoff I S. 279).

Streitig kann sein, ob der in Anlehnung an die Rechtsprechung des RG (RGZ 140 S. 276, 283) vom BGH in BGHZ 6 S. 270 (290f.) geprägte Begriff des **enteignungsgleichen Eingriffs** (besser: enteignungsgleich wirkenden Eingriffs, da in besonderem Maße auf die Auswirkung abgestellt wird!) der E im klassischen Sinne oder den sonstigen E-tatbeständen zuzuordnen ist. Berücksichtigt man vornehmlich, ob das Haben-Dürfen oder „nur" das Gebrauchen-Können betroffen ist, so mag die eine oder die andere Gruppe in Betracht kommen. Doch erscheint dies im Ergebnis ohne Belang, weil der Grundgedanke der Lehre vom enteignungsgleichen Eingriff dahin geht, eine „Entschädigung auch dann zuzuerkennen, wenn der Eingriff auf einer unwirksamen Norm oder auch rechtsfehlerhaften Anwendung einer gültigen Norm oder schließlich auch auf rechtsfehlerhafter Anwendung einer unwirksamen Norm beruht" (so Forsthoff I S. 295; Weber S. 385f.), im Ergebnis also ein Opferausgleich geschaffen wird. Fälle des e-gleichen Eingriffs sind daher mindestens in der Regel richtigerweise den sonstigen E-tatbeständen zuzurechnen (so Weber S. 385). In einem Rechtsstreit über die Höhe einer E-entschädigung entscheidet das ordentliche Gericht über die Vorfrage, ob eine E oder ein e-gleicher Eingriff in das Eigentum vorliegt — BGHZ 15 S. 268 = NJW = DWW 55 S. 18. Bei schuldhaft rechtswidrigem e-gleichen Eingriff kann neben einem etwaigen Schadenersatzanspruch aus § 839 BGB i. Vbdg. mit Art. 131 WeimVerf. oder Art. 34 GG ein nach E-recht zu beurteilender Entschädigungsanspruch geltend gemacht werden BGHZ 13 S. 89. Beachte auch BGHZ 13 S. 395: der durch rechtswidrigen e-gleichen Eingriff Betroffene ist weder hinsichtlich der Person des Entschädigungspflichtigen, noch hinsichtlich der Art und des Umfangs der Entschädigung auf die Geltendmachung der Ansprüche beschränkt, die ihm bei rechtmäßigem Vorgehen ein Sondergesetz geben würde. Er kann vielmehr Entschädigungsansprüche gegen jeden Begünstigten geltend machen, die nach Art und Umfang über das hinausgehen können, was ihm bei rechtsmäßigem Vorgehen auf Grund eines Sondergesetzes zukommen würde. In solchem Falle stellt die Entschädigung nach dem Sondergesetz nur die Mindestentschädigung dar. Vgl. auch BGHZ 11 S. 248, 26 S. 10. In der Versagung einer Bauerlaubnis mit Rücksicht auf die beabsichtigte Neufestsetzung der Baufluchtlinie kann ein entschädigungspflichtiger e-gleicher Eingriff liegen BGHZ 19 S. 1; beachte auch BGHZ 23 S. 157ff. – vgl. Vorbem. vor §§ 7ff. I 1.

Für die Entschädigung aus e-gleichem Eingriff haftet die öffentliche Hand, nicht der etwa auch begünstigte Private BGHZ 10 S. 255 (263); 11 S. 248 (251); 23 S. 157 (169).

Vorstehender Abriß über das Wesen der sonstigen E-tatbestände zeigt besonders deutlich die Schwierigkeiten einer Abgrenzung von Inhalts- und Schrankenbestimmungen durch Gesetz einerseits und E andererseits (vgl. den Hinw. bei Weber S. 371 unten); im weiteren, daß die Frage, ob eine E zu bejahen oder zu verneinen ist, nicht allein mit überwiegend formalen Kriterien beantwortet werden kann.

5. Der Bundesgerichtshof hat in BGHZ 6 S. 270 (279f.) den Begriff der E wie folgt umschrieben (ebenso BGHZ 15 S. 268 [271]); später sinngemäß BGHZ 23 S. 30 [32]):

> „. . . . Bei der Enteignung handelt es sich nicht um eine allgemeine und gleichwirkende, mit dem Wesen des betroffenen Rechts vereinbare inhaltliche Bestimmung und Begrenzung des Eigentumsrechts, sondern um einen gesetzlich zulässigen zwangsweisen staatlichen Eingriff in das Eigentum, sei es in der Gestalt der Entziehung oder der Belastung, der die betroffenen einzelnen oder Gruppen im Vergleich zu anderen ungleich, besonders trifft und sie zu einem besonderen, den übrigen nicht zugemuteten Opfer für die Allgemeinheit zwingt, und zwar zu einem Opfer, das gerade nicht den Inhalt und die Grenzen der betroffenen Rechtsgattung allgemein und einheitlich festlegt, sondern das aus dem Kreise der Rechtsträger einzelne oder Gruppen von ihnen unter Verletzung des Gleichheitssatzes besonders trifft. Der Verstoß gegen den Gleichheitssatz kennzeichnet die Enteignung . . . “.

Unter Ablehnung der Schutzwürdigkeits- und Zumutbarkeitstheorie (s. Einl. A III 5) bekennt sich der BGH zu einer **modifizierten Einzelaktstheorie** (so die übliche Bezeichnung; Seufert Einl. Rdn. 34 S. 19: verbesserte Einzeleingriffstheorie). Die Modifikation liegt darin, daß überhaupt der Gleichheitssatz berücksichtigt und nachdrücklich auf dessen Verletzung abgestellt wird. Ausschlaggebend ist also nicht mehr allein ein formales Kriterium, sondern ein auch „substanzhaftes“ (so Weber S. 372; v. Mangoldt-Klein zu Art. 14 Anm. VII 4 S. 443: „mehr material und qualitativ“; Seufert Einl. Rdn. 35 S. 20: „materielle Ausrichtung am Gleichheitssatz“). Vgl. ferner BGH Urt. v. 10. 12. 1957 – III ZR 160/56 – BlGBW 58 S. 110: Eine entschädigungspflichtige E kann vorliegen, wenn ein Grundstückseigentümer, der auf seinem Grundbesitz entsprechend dessen früherer zweifacher Baulandqualität Wohnhäuser und gewerbliche Anlagen errichtet hatte, infolge der Umklassifizierung des betreffenden Gebietes in ein reines Wohngebiet die im Kriege zerstörten gewerblichen Anlagen nicht wieder aufbauen darf.

Das „mehr Substanzhafte", „mehr Qualitative" folgt zwingend aus dem Einbeziehen des Gleichheitssatzes, da ein in seiner Wirkung ungleicher Eingriff unterschiedliche Belastungen erzeugt, die der Gleichheitssatz an sich gerade verhindern will. Im Hinblick auf diese Entwicklung bemerkt Scheuner DÖV S. 591 richtig, daß sich der Abgrenzungsstreit zwischen Einzelakts- und Schutzwürdigkeitstheorie abschwäche (s. auch den Hinw. bei v. Mangoldt-Klein zu Art. 14 Anm. VII 4 a a. E. S. 444; ferner Reinhardt, in Reinhardt-Scheuner S. 10 mit weit. Hinw.).

Die modifizierte Einzelakttheorie bedeutet Klarstellung und Ansatzpunkt für notwendige weitere Präsizierung zugleich. Ein Kriterium, mit dessen Hilfe schärfer abgegrenzt werden kann, bietet der Begriff der „funktionsgerechten Verwendung" des Eigentums, der in Reinhardts **„Privatnützigkeitstheorie"** differenziert und differenzierend ausgeführt ist (Reinhardt, in Reinhardt-Scheuner S. 13ff., 21ff. 24–26, 33; Weber S. 374ff., insbes. S. 375 Fußn. 70 mit Hinw. auf Hamann NJW 1952 402ff., derselbe in Rechtsstaat und Wirtschaftslenkung S. 80ff.; Dürig JZ 1954 S. 4f.; Forsthoff I S. 288; v. Mangoldt-Klein zu Art. 14 Anm. VII 4 a E. S. 444; vgl. ferner Schütz BlGBW 56 S. 337f., 338 li. Sp.).

Findet die heute überwiegende Lehre – wohl fußend auf den Ausführungen Kutschers, Die Enteignung 1938 S. 123ff. – ein wesentliches Begriffsmerkmal der E im technischen Sinne in der „Rechtsentziehung unter Zweckänderung" (s. Einl. A V 4), so läßt sich in allen denjenigen Fällen eine E bejahen, in denen als Folge eines Eingriffs eine, wenn auch noch so geringe Entziehung des Eigentums als Haben-Dürfen und Gebrauchen-Können feststellbar ist. Schwieriger dürfte die Entscheidung sein, wenn ein Eingriff nicht das Haben-Dürfen, sondern nur das Gebrauchen-Können, das Betätigen, betrifft. Schreibt man dem „Betätigen-Können mit dem Eigentum", dem „Privatinteresse und der privaten Initiative" die geschichtlich überkommene und vom Grundgesetz auch anerkannte Funktion zu, den „Wirtschaftsprozeß in Gang zu setzen und seine allgemeine Richtung zu bestimmen", also denkgesetzlich notwendige prinzipielle Freiheit im Rahmen der insoweit gegenwirkenden Rechtsordnung, so sind Zwangseingriffe, die diese Funktion nicht ausschalten oder nicht wesentlich hemmen, keine E im technischen Sinne, sondern Inhalts- und Schrankenbestimmungen. Andererseits müssen „Eingriffe", die diesen Rahmen überschreiten, also das Prinzip der Privatnützigkeit beseitigen oder auch nur wesentlich hemmen und beeinträchtigen, als den „sonstigen E-tatbeständen" oder der „Aufopferungsenteignung" unterfallend angesehen werden (zur Kritik an der Privatnützigkeitsstheorie s. Ernst-Friede zu § 44 AufbauG NW Anm. 2 S. 250f., dagegen aber die These von der Privatnützigkeit billigend: Enneccerus-Kipp-Wolff III Sachenrecht, 10. Bearb. (Wolff-Raisser) S. 224 Fußn. 19).

Je tiefer man versucht, in die Problematik einzudringen, desto mehr wird offenbar, daß der Fragenkreis jedenfalls nicht mit formalen Kriterien allein zu lösen ist, sondern daß im Einzelfall nur ausgehend von formalen Kriterien, aber unter Einbeziehung materieller, substanzhafter, also auch die Schwere des Eingriffs berücksichtigender Wertungen entschieden werden kann.

Das BVerwG betont in std. Rspr., daß nicht das formale Kriterium des gleichen oder ungleichen Eingriffs, sondern das der materiellen Natur und der Schwere des Eingriffs für den Charakter als Inhaltsbestimmung des Eigentums oder als E maßgebend sei (Beschluß v. 15. 6. 1954 – I B 260.53; DÖV 55 S. 185; DÖV 55 S. 214; Beschluß v. 28. 1. 1955 – I B 246.53; BVerwGE 2 S. 172; 3 S. 28; 4 S. 120; Urt. v. 27. 6. 1957 – I C 3.56 = JZ 58 S. 208 [209] = BlGBW 57 S. 318 mit Anm. von Dittus). Dieser Auffassung kann nur beigetreten werden, wenn die Formulierung nicht dahin verstanden wird, es komme in jedem Fall ausschließlich auf die materielle Natur und die Schwere des Eingriffs an. Richtig erscheint vielmehr, mit Schack JZ 58 S. 209 (210 li. Sp.) im Grundsatz festzuhalten, die Schweretheorie bilde eine bedeutsame und notwendige **Ergänzung** der – modifizierten – Sonderaktslehre, indem sie dort, wo die Sonderaktslehre nicht ausreicht, **neben** ihr einen selbständigen Rechtsgrund für die Entschädigungspflicht liefert. Stödter S. 196ff. (199), auf den das letztgenannte Urteil des BVerwG ausdrücklich verweist, führt selbst Beispiele an, in denen das RG ,,unter **Zuhilfenahme**" materieller Gesichtspunkte eine befriedigende Lösung gefunden hat. In ähnlicher Weise tastet sich die Rspr. des BGH vor, um den schier unüberwindlichen Schwierigkeiten zu begegnen, welche die Erweiterung des E-begriffes insoweit zwangsläufig verursachte (s. Einl. A III 4; für die Ansicht des BVerwG: Ernst-Friede zu § 44 AufbauG NW Anm. 2 S. 248).

6. Gemäß Art. 14 Abs. 3 Satz 1 GG ist die E **nur zum Wohle der Allgemeinheit** zulässig. Dies gilt für die E im technischen Sinne, also sowohl für die klassische E als auch für die sonstigen E-tatbestände (= Aufopferungsenteignung). Die Frage, ob die E zulässig ist und welche Rechtsgüter der Enteignete zum Wohl der Allgemeinheit aufgeben muß, kann durch Anrufen der übergeordneten Verwaltungsbehörden oder Verwaltungsgerichte nachgeprüft werden BGHZ 9 S. 242 (249). E ist ultima ratio (s. Einl. A V 4), deshalb unzulässig, solange und soweit der Zweck in einer weniger schwer eingreifenden Weise erreicht werden kann BVerwGE 2 S. 36 = DÖV 56 S. 735 = BBBl. 55 S. 357 = NJW 55 S. 1247; BVerwG Beschl. v. 17. 10. 1955 – I B 132.55 –; s. auch Ernst-Friede zu § 44 AufbauG NW Anm. 4. Ob der Begriff des allgemeinen Wohls unbestimmter Rechtsbegriff oder Ermessensbegriff ist, richtig Ernst-Friede a. a. O. mit Hinw. auf BVerwGE 3 S. 332 = DVBl. 56 S. 831 = DÖV 57 S. 61 = BBBl. 56 S. 533; unbestimmter Rechtsbegriff sind die Fragen, ,,ob ein Vorhaben, für das enteignet werden kann, überhaupt vorliegt, ob das für die E in Aussicht genommene Gelände für den E-zweck geeignet ist und ob die E hierfür ein notwendiges Mittel", also das gebotene Mittel ist. Wird hiernach die Zulässigkeit bejaht, so ist ,,das Abwägen des Für und Wider der sich gegenüberstehenden Belange bei Beurteilung der Frage, ob die E tatsächlich vorgenommen werden soll oder nicht", eine Ermessensentscheidung.

Zum Begriff des Wohles der Allgemeinheit s. Anm. 2 zu § 1.

7. Gemäß Art. 14 Abs. 3 Satz 2 GG darf eine E nur durch Gesetz oder auf Grund eines Gesetzes erfolgen (s. Einl. A V 2), das Art und Ausmaß der Entschädigung regelt.

Nach einhell. M. schafft dieser Verfassungsrechtssatz ein unauflösliches **Junktim** zwischen E durch Gesetz oder auf Grund eines Gesetzes mittels VA einerseits und der Entschädigungsregelung andererseits, und zwar in der Weise, daß beide bei Vermeidung der Nichtigkeit der gesetzl. Grundlage, der Anfechtbarkeit des darauf gestützten VA und Unzulässigkeit der E ,,gleichzeitig und in ein und demselben Gesetz ausgesprochen sein müssen" (v. Mangoldt-Klein zu Art. 14 Anm. VII 8a und b S. 448f.; Weber S. 334, 384f., beide mit weit. Hinw.; Scheuner, in Reinhardt-Scheuner S. 147ff.; Forsthoff I S. 291; Seufert Einl. S. 17 Rdn. 31; BVerfGE

S. 219 [228ff.]). Ungeachtet der dogmatischen Schwierigkeiten, welche die Junktim-Klausel auslöst, bedeutet dieses Verfassungsgebot eine Korrektur der in den letzten Jahrzehnten eingetretenen Entwicklung zugunsten des Betroffenen und damit der allgemeinen Rechtssicherheit. Im Bereich der klassischen E (vgl. Art. 9 der PrVerfUrk. v. 31. 1. 1850: „. . . vorgängige, in dringenden Fällen, wenigstens vorläufig festzustellende Entschädigung . . ." — Einl. A II 1; s. auch § 32 Abs. 1 PrEG; Art. I A b des bayerischen „Gesetzes v. 17. 11. 1837, die Zwangsabtretung von Grundeigentum für öffentliche Zwecke betr." — dazu Seufert zu Art. I Anm. VII Rdn. 47 S. 51) war ein Entschädigungs-Junktim unausgesprochene Selbstverständlichkeit (vgl. den Hinw. bei Weber S. 334f.). Doch wurde dieser Grundsatz — wie Scheuner, in Reinhardt-Scheuner S. 149 Fußn. 246 richtig bemerkt — mit Erlaß des § 4 der VO zur Behebung der dringendsten Wohnungsnot v. 9. 12. 1919 (RGBl. I S. 1928) zum Nachteil der Betroffenen aufgeweicht. Dieser Entwicklung ist nunmehr Einhalt geboten.

Über **Art und Ausmaß der Entschädigung** s. insbes. Vorbem. vor §§ 7ff. I, Erl. zu §§ 7, 8 PrEG.

Über **Vorteilsausgleichung** s. Vorbem. vor §§ 7ff. I 5, zu § 8 II 3.

8. Nach Art. 14 Abs. 3 Satz 4 GG steht in jedem Streitfalle über die Höhe der Entschädigung der **Rechtsweg** vor den ordentlichen Gerichten offen und zwar sowohl dem durch die E Betroffenen als auch dem Begünstigten (BGHZ 9 S. 242ff. = NJW 1953 S. 983f.; für viele v. Mangoldt-Klein zu Art. 14 Anm. 10 mit zahlr. Hinw.).

Der Rechtsweg steht auch offen, wenn ein E-Gesetz über ihn schweigt, auch dann, wenn es ihn unzulässigerweise ausschließen sollte (so v. Mangoldt-Klein zu Art. 14 Anm. VII 10a).

In einem Rechtsstreit über die Höhe der Entschädigung entscheidet das ordentliche Gericht auch über die Vorfrage, ob eine E oder ein e-gleicher Eingriff in das Eigentum vorliegt (so BGH im sog. Bausperrenurteil v. 26. 11. 1954 — BGHZ 15 S. 268; DWW 1955 S. 18ff. (18) = NJW 1955 S. 179).

9. Von der E begrifflich scharf zu trennen ist die **Umlegung**, die ein besonders geregeltes Grundstücksneuordnungsverfahren landwirtschaftlich genutzter Grundstücke (Flurbereinigung) oder solcher Grundstücke, die in Baugebieten liegen (Baulandumlegung, städtebauliche Umlegung), darstellt. Während E im technischen Sinne Rechtsentziehung unter Zweckänderung ist (Einl. A V 4), und zwar Rechtsentziehung oder -beschränkung zugunsten eines gegenüber dem Betroffenen fremden selbständigen, seinem Interesse übergeordneten Zweckes, gehört es wesensmäßig zum Begriff der Umlegung, daß diese — vorwiegend — im Interesse der Betroffenen liegt und damit deren Zwecken dient BVerwG Beschl. v. 9. 11. 1954 — I B 1 145. 53 — DÖV 55 S. 184; NJW 55 S. 155f.; BVerwGE 1 S. 225; das Gebot wertgleicher Abfindung ist oberster Grundsatz BVerwG Beschl. v. 25. 4. 1956 — I B 201. 55 — NJW 56 S. 1892. Die städtebauliche Umlegung ist keine E — deutlich schon Württ. VGH Urt. v. 4. 12. 1930 — RuPrVBl. 52 S. 371; BVerwG Beschl. v. 6. 8. 1955 — I B 73. 55 — und Beschl. v. 14. 1. 56 — I B 183. 55 — Urteil v. 19. 12. 1957 — I C 76. 57 — DWW 58 S. 41 — str.; so schon mit eingehender Begründung Frohberg in BlGBW 55 S. 65ff. (68). Vgl. ferner Huber, Wirtschaftsverwaltungsrecht II S. 46ff.; Forsthoff S. 283; Schwamberger DÖV 54 S. 396ff., Grauvogel DÖV 56 S. 229ff.; Schwamberger DÖV 56 S. 233ff.; Siegl DVBl. 56 S. 285ff.; Bertram DÖV 57 S. 135ff.; alle mit zahlr. weit. Hinw.; Enneccerus-

Kipp-Wolff, Sachenrecht 10. Bearb. (Wolff-Raiser), 1957, § 64 Ziff. IV, V; Ernst-Friede zu § 44 AufbauG NW Anm. 3a ee; neuestens Dittus Das Grundeigentum 58 S. 148. Die Auffassung, eine städtebauliche Umlegung sei keine E, ist im Regelfall richtig, auch dann, wenn im Umlegungsverfahren Landabzüge gemacht werden, die sich wertmäßig mit der Anliegerbeitragspflicht decken BVerwG Urt. v. 19. 12. 1957 – I C 76. 57 – DWW 58 S. 41, und wenn es sich um Landabzüge für Erschließungsanlagen handelt, die im Interesse der Grundeigentümer liegen, denn auch die Auferlegung derartiger Beiträge ist im Regelfall keine E – BVerwGE 4 S. 154.

Die städtebauliche Umlegung ist ein Rechtsinstitut eigener Art – Frohberg BlGBW 55 S. 68, das größere als die vorerwähnten Landabzüge nicht erlaubt, insoweit ist ein ordnungsgemäßes E-Verfahren einzuleiten, anderenfalls ein enteignungsgleicher Eingriff (Einl. A V 4) vorliegt.

Das Ausscheiden von sog. Kleinstücken gegen Geldabfindung ist ebenfalls nicht mehr von der Umlegung gedeckt; insoweit liegt eine E vor Württ. VGH Urt. v. 4. 12. 1930 – RuPrVBl. 52 S. 371f.; Frohberg a. a. O. S. 68 r. Sp.; OLG Köln BBBl. 56 S. 539 und Bertram DÖV 57 S. 135ff. für Nur-Geldabfindung (zustimmend Ernst-Friede zu § 44 AufbauG NW Anm. 3a ee S. 259f.), und zwar ein enteignungsgleicher Eingriff mit den sich daraus ergebenden Folgen. Dasselbe muß gelten, wenn die Landabzüge das vorbezeichnete Maß übersteigen. Andererseits ist eine Barabfindung, mit welcher der Betroffene dem Grunde nach einverstanden ist, keine E-entschädigung BVerwG Urt. v. 19. 12. 1957 – I C 76. 57 – DWW 58 S. 41. Die Abfindung eines Grundstückseigentümers in einem Umlegungsverfahren mit Geld statt mit Grund und Boden verwirklicht — jedenfalls wenn er auf Ausgleich in Land besteht — den Tatbestand der E. der Streit über die Höhe der Abfindung gehört — dann — zur ausschließlichen Zuständigkeit der Zivilgerichte — so BGHZ 27 S. 15ff. (23, 24, 25).

Rechtspr. zur Umlegung s. BRS 2 S. 1ff., 12ff.; 3 S. 13ff.; 4 S. 42ff.; 5 S. 11–12 107–109; 6 S. 48ff., 70ff.

B.

I. Das Gesetz über die Enteignung von Grundeigentum v. 11. 6. 1874 bringt die gesetzliche Regelung, die im Art. 9 der früheren PrVerfUrk. – inhaltlich übergegangen in den Art. 153 WeimVerf. und jetzt Art. 14 GG – vorgesehen war. Außer im Gebiet des rheinischen Rechts gab es bis dahin zusammenfassende Vorschriften über die E nicht (vgl. Einl. A II 3). Das PrALR hatte nur dürftige Vorschriften (Einl. zum PrALR §§ 73 bis 75, §§ 4 bis 11, I, 11; vgl. KGJ 39 A 186 – s. auch Einl. A I 5). Ausführlichere Vorschriften über das Verfahren bei E für Eisenbahnen enthielt das PrEisenbahnG v. 3. 11. 1938 (Einl. A I 5).

Ein erster Entwurf zum PrEG ist im JMBl. 1864 S. 337ff. veröffentlicht. Dem Landtage sind dann 1868, 1869, 1871 und 1872 Entwürfe vorgelegt worden, die aber nicht zur Verabschiedung gelangt sind. Erst der im Jahre 1873 vorgelegte Entwurf (AbgH 1873/74 Drucks. I Nr. 18) wurde Gesetz. Das PrEG hat in der Folgezeit, abgesehen von dem noch zu erwähnenden Gesetz über ein vereinfachtes Enteignungsverfahren v. 26. 7. 1922 (s. S. 15 d. W.), nennenswerte Änderungen nicht erfahren. Mehr äußerlicher Natur ist, daß die Verwaltungsorganisation eine Neuordnung der Zuständigkeit und des Verfahrens der Verwaltungsbehörden in E-Sachen nach mehrfachen Änderungen der Gesetzgebung gebracht hat. Die Gesetzgebung des Reichs auf dem Gebiete des Prozeßrechts (§ 15 Nr. 2 EG ZPO v. 30. 1. 1877) und des bürgerlichen Rechts (Art. 109 EG BGB v. 18. 6. 1896) hat das Gebiet des E-Rechts von seiner Regelung ausdrücklich ausgeschlossen. Hervorzuheben ist, daß Art. 109 Satz 2 EG BGB keine unmittelbare Bedeutung hat, weil das PrEG besondere Vorschriften wegen der Behandlung der Entschädigung gibt. Auf der Grundlage des zit. Art. 109 ist indes durch das PrAusführungsgesetz zum Reichsgesetz über die Zwangsversteigerung v. 23. 9. 1899 (Art. 35 bis 41) ein gerichtliches Verteilungsverfahren für den Fall der E von Grundstücken eingeführt und insofern das E-Recht ergänzt. Während das frühere Reichsrecht, wie erwähnt, das E-Recht ganz unberührt ließ, enthält das spätere Reichsrecht und das jetzige Bundesrecht und das Recht derjenigen Länder, die an die Stelle des früheren pr. Staates getreten sind, bedeutsame Vorschriften.

Auf den bundesrechtlich geordneten Gebieten sind die Vorschriften des PrEG meistens für anwendbar erklärt. Die Aufbaugesetze der Länder enthalten für die von ihnen geregelte Materie besondere E-Vorschriften; verweisen aber im wesentlichen auf die bestehenden E-Gesetze. Anderes gilt in den Fällen, in denen das Baulandbeschaffungsgesetz v. 3. 8. 1953 eingreift, welches das erste umfassende Bundesenteignungsgesetz mit eigener Verfahrens- und Entschädigungsregelung ist.

II. In späteren pr. Gesetzen, die e-rechtliche Vorschriften enthalten, sind die materiellen Vorschriften des PrEG meist für anwendbar erklärt; auch das Verfahren demjenigen des PrEG nachgebildet — vgl. z. B.: G über Kleinbahnen v. 28. 7. 1892; G betr. die Umlegung von Grundstücken in Frankfurt a. M., v. 28. 7. 1902; G betr. erweiterten Grunderwerb am Rhein-Weser-Kanal und am Großschiffahrtsweg Berlin-Steglitz v. 17. 7. 1097; G betr. Erweiterung des Kaiser-Wilhelm-Kanals v. 17. 11. 1907; QuellenschutzG v. 14. 5. 1908. In umfassender Weise ist das E-Gesetz für anwendbar erklärt im FluchtlG v. 2. 7. 1875 in der Fass. des Art. II WohnungsG v. 28. 3. 1918. Zahlreiche e-rechtliche Vorschriften enthalten die verschiedenen provinziellen Wegegesetze (vgl. Hue de Grais, Handbuch der Verfassung usw. 23. Aufl. S. 762).

III. Das PrEG gilt — in Lauenburg eingeführt durch das lauenburg. G v. 28. 4. 1875, Offiz. Wochenbl. 1875 S. 291 — seit der VO v. 15. 12. 1915, PrGS S. 191, wodurch seine Geltung auf Helgoland ausgedehnt wurde, im gesamten Bereich des ehemals pr. Staates.

IV. Im Sinne des G ist E die Entziehung oder Beschränkung des Eigentums oder anderer Rechte an Grundstücken gegen Entschädigung zur Ausführung eines im öffentlichen Interesse liegenden Unternehmens. Die E hat nicht die Natur eines Kaufs, ist auch nicht als solcher zu behandeln, vielmehr ein öffentlich-rechtlicher Akt der Staatsgewalt. E ist kein rechtsgeschäftlicher, sondern ein öffentlich-rechtlicher Hoheitsakt (RGZ 144 S. 369 = HRR 34, 1615; RGZ 137 S. 194 = JW 33 S. 1322), der den Formen des Privatrechts nicht untersteht. § 812 BGB ist auch nicht entsprechend anwendbar (RGZ 117 S. 43 = JR 27, 1389 = JW 27 S. 1928 = Recht 27, 2188. Das Eigentum wird nicht übertragen, so in Übereinstimmung mit der jetzt herrschenden Theorie RGZ 61 S. 102 = JW 05 S. 509 (vgl. auch RGZ 69 S. 68; JW 08 S. 355; 14 S. 844). Früher war die Praxis schwankend, ohne indes, abgesehen von der Frage der Verpflichtung zur Verzinsung der Entschädigung, aus der einen oder anderen Meinung Konsequenzen zu ziehen. Vgl. Gruch. 25 S. 971; 45 S. 961; RGZ 12 S. 405/406; 18 S. 345/346; 24 S. 323; 31 S. 280; 35 S. 308; JW 85 S. 75; 91 S. 217; SeuffA 34 Nr. 305 (Dresden); 36 Nr. 202 (Celle).

V. Titel I §§ 1—6 handelt von der Zulässigkeit der E. Das Recht zur E wird im Regelfalle durch Beschluß des Staatsministeriums verliehen (§ 2). Für die ehemals pr. Gebiete des Landes Hessen bestimmt der Erlaß des Hess. MindI v. 16. 5. 1950 — IIb-79-2563/50 —, daß die E-Anordnung durch den für das Unternehmen oder den E-Zweck zuständigen Fachminister ergeht. Für Fälle geringerer Bedeutung (§§ 3, 4) s. die Zuständigkeit in Vorbem. vor §§ 15 II und III. Das gilt auch für vorbereitende Handlungen (§ 5). Titel II (§§ 7—14) handelt von der Entschädigung, die grundsätzlich in Geld vollen Ersatz gewähren soll. Außerdem hat der Unternehmer solche Anlagen herzustellen, die das öffentliche Interesse oder der Schutz der benachbarten Grundstücke fordert (§ 14).

Titel III regelt das Verfahren (§§ 15 bis 43). Ein Verfahren vor den Verwaltungsbehörden ist durch Anträge des Unternehmers bedingt. Abschnitt 1 des Titels III (§§ 15—23) behandelt die Feststellung des Plans. Es findet zunächst eine Vorprüfung, sog. vorläufige Planfeststellung, durch die zuständige Behörde statt, dann folgt die endgültige, sog. definitive Planfeststellung. Zu dem Zweck wird der geprüfte Plan in den betreffenden Ortschaften ausgelegt und den Beteiligten Gelegenheit zu Einwendungen gegeben, die nötigenfalls in einem Termin vor einem Kommissar zu erörtern sind. Auf dieser Grundlage stellt dann die EB den Gegenstand der E, aber auch die Anlagen gemäß § 14 fest (§ 21). Über Rechtsmittel s. Vorbem. vor §§ 15 III.

Im Abschnitt 2 des Titels III (§ 24—31) ist die Feststellung der Entschädigung geregelt. Die Beteiligten werden zu einem Termin vor einem Kommissar des Regierungs- bzw. Polizeipräsidenten geladen, wo unter Zuziehung von Sachverständigen mit ihnen verhandelt wird. Auf dieser Grundlage entscheidet dann (§ 29) die EB unter Feststellung der Person des empfangsberechtigten Eigentümers über die Höhe der an diesen zu zahlenden Entschädigung, über die Pflicht des Unternehmers zur Übernahme ganzer Grundstücke (§ 9), über besondere Entschädigungen für einzelne Nebenberechtigte (§ 11) und das Anteilsverhältnis der Nebenberechtigten an der Hauptentschädigung. Diese Entscheidung, der Entschädigungsfeststellungsbeschluß, ist Vorbedingung für die Feststellung der Entschädigung im Rechtsweg, den jeder Beteiligte binnen sechs Monaten nach Zustellung beschreiten kann (§ 30). Später erkennbar werdende Nachteile der E sind ohne weiteres im Rechtsweg zu verfolgen, unterliegen aber der dreijährigen Verjährung nach Ausführung der Anlage (§ 31).

Erst nach Abschluß dieser vier Stadien des Verfahrens:

1. der vorläufigen Planfeststellung,
2. der definitiven Planfeststellung,
3. der Entschädigungsfeststellung im Verwaltungsverfahren,
4. der Entschädigungsfeststellung im Rechtswege

erfolgt nun auf Antrag des Unternehmers die Vollziehung der E (§ 32) — näher Abschnitt 3 des Titels III (§§ 31—38). Eine Änderung tritt nur im Falle der Dringlichkeit (§ 34) ein. Es wird dann die Dringlichkeit ausgesprochen, d. h. die Vollziehung der E vor Erledigung des Rechtswegs zugelassen. Ist die Dringlichkeit ausgesprochen und die Entschädigung im Verwaltungsverfahren festgestellt, so erfolgt auf Antrag des Unternehmers die E nach § 32 ohne Rücksicht auf den noch offenstehenden Rechtsweg. Auch in diesem Falle bedarf es ebenso, wie im gewöhnlichen, nicht dringlichen Verfahren, vor dem Ausspruch der E der vorgängigen Zahlung oder Hinterlegung der Entschädigung (§ 32). Der Vollziehung der E folgt die Grundbuchberichtigung (§ 33). Für Fälle der Dringlichkeit ist ein Verfahren zur Sicherung des Beweises vorgesehen (§ 35), das übrigens in ähnlicher Weise im vereinfachten Verfahren für den Fall vorläufiger Besitzeinweisung geordnet ist. Über die Zahlung, Verzinsung und Hinterlegung s. §§ 36, 37. Die Verfügung des Eigentümers über die Entschädigung erleichtert § 38. Die Verteilung der Entschädigung zwischen dem Eigentümer und anderen Berechtigten erfolgt, wenn nicht die Vermittlung der Auseinandersetzungsbehörde nachgesucht wird (§ 49), für Reallast-, Hypotheken- und Grundschuldgläubiger durch das in Art. 35—41 des PrAusführungsG zum Reichsgesetz über die Zwangsversteigerung vorgesehene Verteilungsverfahren, im übrigen mangels Einigung der Beteiligten im Wege des Prozesses (§ 37).

Titel III Abschnitt 4 (§§ 39—43) bringt allgemeine Bestimmungen über die Zustellungen (§ 39), Beweiswürdigung (§ 40), Kautionsfreiheit des Fiskus (§ 41), Erlöschen der durch das Verfahren begründeten Rechte des Unternehmers für den Fall des Rücktritts oder des Fristablaufs sowie die in diesen Fällen begründeten Schadensforderungen des Eigentümers (§ 42), endlich über die Kosten (§ 43).

Titel IV (§§ 44—49) von den „Wirkungen der Enteignung“ knüpft den Eigentumsübergang und den Untergang der privatrechtlichen Belastungen des Grundstücks an die Zustellung des E-Beschlusses und verweist den Eigentümer und die Realberechtigten auf die Entschädigung (§§ 44, 45). Die Rechte der Realberechtigten an der Entschädigung sind außer durch § 37 noch besonders nach §§ 47, 48 gewahrt. § 49, der praktisch bedeutungslos geworden ist, ordnet die Vermittlung der Auseinandersetzungsbehörde.

Das Verfahren (Titel III) kann eine Änderung erleiden, wenn Unternehmer und Eigentümer sich über die Abtretung einigen (§§ 16, 26). Es bedarf dann unter Umständen keiner E nach § 32, wobei der Untergang der privatrechtlichen Belastungen unter Verweisung der betreffenden Gläubiger auf die Entschädigung und auf eine Forderung an den Unternehmer mit dem Übergange des Eigentums auf den Unternehmer eintritt (§ 46).

Sinngemäß gelten diese Vorschriften, materielle und formelle, wenn die E nicht das Eigentum, sondern andere Rechte an Grundstücken entzieht oder beschränkt (§ 6).

„Besondere Bestimmungen über Entnahme von Wegebaumaterialien“ bringt Titel V (§§ 50—53), die ein Recht des Wegebaupflichtigen auf Beschränkung des Eigentums zur Entnahme solcher Materialien feststellen (§ 50), materielle Entschädigungsvorschriften (§§ 51, 52) und eine wesentliche Vereinfachung und Abkürzung des Verfahrens (§ 53) enthalten.

Titel VI (§§ 54—58) „Schluß- und Übergangsbestimmungen“ wahrt die Geltung der Spezialgesetze auf dem Gebiet der E (§ 54), hebt ausdrücklich das ältere Recht und die Bestimmungen über den Wiederkauf auf, setzt das PrEG an die Stelle der E-Vorschriften der aufgehobenen Gesetze und ordnet ein gesetzliches Vorkaufsrecht zugunsten desjenigen, dem nur ein Teil seines Grundstücks enteignet ist (§§ 57, 58). Die Übergangsvorschrift (§ 55) ist bedeutungslos, § 56 aufgehoben und ersetzt durch das Zuständigkeits- bzw. das Landesverwaltungsgesetz.

VI. Reformbestrebungen, hauptsächlich auf eine Beschleunigung des E-Verfahrens gerichtet, bestanden seit längerer Zeit. Eine Übersicht derselben ist dem Kommissionsbericht zum Antrag Eckels – AbgH 20 LP 1904/05 Drucks. Nr. 721 – zu entnehmen. Die vom PrMdöA geleitete Verwaltungspraxis suchte möglichst durch Einigungen nach §§ 16, 26 das endgültige Planfeststellungsverfahren auszuschalten. Eine Lösung haben jene Bestrebungen in dem G über ein vereinfachtes Enteignungsverfahren v. 26. 7. 1922 gefunden. Dieses Gesetz ist dem Landtage mit der Drucks. Nr. 3252, 1. Wahlper. 1. Tag 1921/22 vorgelegt, der den Entwurf unverändert angenommen hat. Es läßt erleichterte Verfahrensformen unter der Voraussetzung zu, daß das Staatsministerium eine dahingehende Anordnung getroffen hat. Die Folge ist abgesehen von der Zuständigkeit des Regierungspräsidenten und einer Abkürzung der Auslegungsfrist des § 19 die grundsätzliche Verbindung des Beschlusses über die Feststellung der Entschädigung mit dem E-Beschluß, ausnahmsweise einer Verbindung dieser beiden Beschlüsse mit der Planfeststellung; aber auch im vereinfachten Verfahren geht das Eigentum erst nach Zahlung oder Hinterlegung der Entschädigung über. Dagegen kann abweichend vom gewöhnlichen und vom dringlichen Verfahren im vereinfachten Verfahren der Besitz des zu enteignenden Grundeigentums schon vor Feststellung der Entschädigung durch den Regierungspräsidenten vorläufig auf den Unternehmer übertragen werden, wenn nur die Planfeststellung stattgefunden hat. Die Entschädigung für den vorzeitigen Besitzverlust soll alsbald festgestellt und vergütet werden.

Gesetz über die
Enteignung von Grundeigentum
vom 11. Juni 1874 (PrGS S. 221)

Titel I
Zulässigkeit der Enteignung

Vorbem. vor § 1

§ 1 fällt jetzt in den weiteren Rahmen des Art. 14 GG (s. Einl. A IV) und regelt Fälle der E im klassischen Sinne, die einen Güterbeschaffungsvorgang im Wege eines hoheitlichen Ersatzgeschäftes darstellen (s. Einl. A V 4a und dort angeg. Lit.). In diesem Sinne ist E auch heute noch Abnötigung (RGZ 107 S. 261 = JW 24 S. 1964) nicht nur des Eigentums, sondern auch sonstiger subjektiver Berechtigungen dinglicher oder persönlicher Art (RGZ 111 S. 123 u. dort angeg.).

Ob eine E zulässig ist, entscheidet – wenn sie durch VA vollzogen wird – das VG (so Weber S. 395; v. Mangoldt-Klein zu Art. 14 Anm. VII 10c; Hamann zu Art. 14 GG Anm. 14; BGHZ 9 S. 242 (249). Unzulässig ist eine E, wenn der E-Zweck auf andere, weniger schwer in die Rechte des einzelnen eingreifende Weise erreicht werden kann und dadurch das Unternehmen nicht unvertretbar erschwert wird (BVerwG Urt. v. 26. 3. 1955 – I C 149/53 – NJW 55 S. 1245 = BBBl. 55 S. 357 = BVerwGE 2 S. 36 = BRS 5 S. 72). Bei Teil-E muß sich die Prüfung der Rechtmäßigkeit auch auf die Auswirkungen auf den Restbesitz erstrecken BVerwG Beschl. v. 16. 4. 1957 – I B 4. 57 – BlGBW 57 S. 238. Hat die gesetzgebende Körperschaft über die Anordnung einer E durch nicht im Gesetzblatt zu verkündenden Entschluß zu entscheiden, so handelt es sich um einen vor dem VG anfechtbaren VA (OLG Hamburg Beschl. v. 27. 2. 1952 – 4 U 21/52 – MDR 52 S. 619 = BBBl. 53 S. 224 = BRS 2 VII; s. auch OVG Hamburg Urt. v. 30. 1. 1953 – 320/52 – MDR 53 S. 316 = BBBl. 53 S. 258). Vor dem VG kann nicht auf Feststellung der Nichtigkeit eines E-Aktes geklagt werden (OVG Münster Urt. v. 13. 5. 1953 – IV A 389/52 – MDR 53 S. 696 = BBBl. 53 S. 14 = BRS 5 S. 69); s. näher zu § 2 Anm. 5.

Art. 14 GG wirkt nicht zurück und ist demnach nicht auf bereits vollzogene E anwendbar (für Art. 153 WeimVerf. vgl. RGZ 101 S. 11; für Art. 14 GG: BVerfGE 2 S. 237 [246]). Art. 14 Abs. 3 Satz 2 GG gilt nicht für sog. vorkonstitutionelles Recht, wenn die E vor Inkrafttreten des GG vorgenommen ist (BVerwG Urt. v. 26. 3. 1955 – I C 101/53 – BVerwGE 2 S. 35 = BRS 5 S. 72). S. auch BGH Urt. v. 4. 6. 1954 – V ZR 10/54 – VerwRspr. 7 S. 89 = BRS 5 S. 71; zu dieser Frage weiter von Mangoldt-Klein zu Art. 14 Anm. VII 8 c mit zahlr. Hinw.; Seufert Einl. A Rdn. 38.

Das PrEG kennt nur E „auf Grund eines Gesetzes" durch VA (dazu für viele Weber S. 379; v. Mangoldt-Klein zu Art. 14 GG Anm. VII 7 c). Ein Grundstücksenteignungsbescheid bedarf zu seiner Rechtsgültigkeit der genauen Bezeichnung der zu enteignenden Fläche nach Lage und Größe (OVG Münster Urt. v. 20. 5. 1950

– IV A 239/50 – EOVG M-L 2 S. 115 = BRS 1 A VII. Zutreffend immer noch RGZ 61 S. 102: Im Mittelpunkt des E-Verfahrens steht ein öffentlich-rechtlicher Akt der Staatsgewalt, nämlich die Verleihung des Eigentums an den Unternehmer als originäres Eigentum (h. M.; vgl. Neufang 9; Seufert Einl. A IV Rdn. 43 zu Art. I ZAG Anm. IV Rdn. 20).

§ 1

Das Grundeigentum[1]) kann nur aus Gründen des öffentlichen Wohles[2]) für ein Unternehmen[3]), dessen Ausführung die Ausübung des Enteignungsrechtes erfordert[4]), gegen vollständige Entschädigung[5]) entzogen oder beschränkt werden[6]).

1. Grundeigentum. – Das bayer. ZAG spricht begrifflich etwas anders von unbeweglichem Eigentum – und notwendigerweise dessen wesentliche Bestandteile (§ 93 BGB), z. B. Gebäude, Aufwuchs. Ferner die gem. § 96 BGB gleichgestellten Rechte – wie z. B. Grunddienstbarkeiten nach § 1018 BGB und bestimmte landesrechtl. Gewerbegerechtigkeiten (dazu Neufang Anm. 2b; vgl. die Beispiele bei Palandt zu § 96 Anm. 2), der Anteil eines Bruchteilseigentümers (Gruch. 51 S. 1156), Ufer und Gebiete der Flüsse und Seen (Eger 6), Privatgewässer (VGHE 13 S. 75) und andere Rechte an einem Grundstück (§ 6), ohne Rücksicht auf gesetzliche oder vertragliche Veräußerungsverbote.

In Betracht kommen Grundstücke jeder Art, gleichviel ob Eigentümer eine natürliche oder juristische Person ist, auch solche des Staates (dazu Erl. d. PrHM 4. 1931 I Nr. V b 1831 I a 402 – zit. b. Neufang Anm. 4; Jellinek VerwR S. 404); auch eines Unternehmens, dem das E-Recht früher verliehen ist, wenn nicht das frühere das stärkere, was von der berufenen Staatsbehörde zu entscheiden ist. Maßgebend, ob das öffentliche Wohl eine abermalige E erfordert (Neufang 4). E-fähig auch gewerbepolizeilich genehmigte Anlagen (Landeswasseramt in PrVBl. 40 S. 472).

Nicht e-fähig bewegliche Sachen und Rechte an anderen Sachen; nicht Wohnungseigentum; auch nicht wesentliche Bestandteile und diesen gleichgestellte Rechte – diese können nur mitsamt dem Grundeigentum entzogen werden (richtig Neufang 2 a. E.). Die Entziehung oder Beschränkung sonstiger (sog. wohlerworbener) Rechte fällt nicht unter das G (vgl. dazu Einl. A III 3, IV 2, V 4).

2. Nur aus **Gründen des öffentlichen Wohls** ist die E zulässig. Art. 14 Abs. 3 Satz 1 GG: nur zum Wohle der Allgemeinheit. Die Gründe des öffentlichen Wohls lassen sich nicht fest umschreiben, da der Gesetzgeber bewußt von einer Präzisierung absah (Eger 9). Ausschlaggebend für die Ausfüllung des Begriffs ist letztlich die geltende Staatszwecktheorie. Zulässig, wenn ein konkretes Unternehmen oder Vorhaben dem Wohle der Allgemeinheit, dem gemeinen Besten dient, das Gemeinwohl dieses erfordert und deshalb auch ein erhebliches sachliches Bedürfnis der Allgemeinheit an der Durchführung gerade dieses Unternehmens oder Vorhabens besteht (dazu Weber S. 381 ff; Seufert zu Art. I ZAG Anm. V 2 Rdn. 30; v. Mangoldt-Klein zu Art. 14 GG Anm. VII 6). Treffend Weber S. 383: „Der E-Akt muß im Dienste einer Aufgabe stehen, die außerhalb der vollzogenen Änderung der Rechtsstellung des Betroffenen und des Begünstigten und über diese hinaus durch einen Sachzweck des öffentlichen Wohls legitimiert ist" (vgl. ferner Hamann zu Art. 14 GG Anm. C 9). Zulässig, auch wenn sich bestimmte Individualinteressen mit denjenigen der Allgemeinheit decken (BVerwGE 1 S. 43; Hamann a. a. O.). „Gründe des öffentlichen Wohls" ist nicht jedes öffentliches Interesse (Jellinek VerwR S. 404; BdStGH Urt.

v. 3. 7. 1950, VerwRspr. 2 S. 411ff. (416); Weber S. 382; v. Mangoldt-Klein zu Art. 14 GG Anm. VII 6), erst recht nicht das Privatinteresse, nicht der Bau einer Eisenbahn für den Werksverkehr, nicht der vielleicht berechtigte staatliche oder kommunale Wunsch, Grundstücke vorrätig zu haben (Jellinek a. a. O. S. 405; Seufert zu Art. I ZAG Anm. V 2 c Rdn. 33ff. mit Beisp.). S. auch Sellmann DVBl. 58 S. 170 (171). Die Anlage eines öffentlichen Parkplatzes dient der Entlastung des Straßenverkehrs und damit dem Wohle der Allgemeinheit; sie rechtfertigt daher die E – VGH Bremen Urt. v. 24. 1. 1956 – S. 15/55 – BlGBW 57 S. 175. Zulässig eine E zum Zweck, Baulücken zu schließen, BVerwG Urt. v. 29. 11. 1956 – I C 40/56 – DÖV 57 S. 185 = DVBl. 57 S. 247.

Der Erl. des PrHM v. 14. 6. 1923 bemerkt wegen der Prüfung dieser Voraussetzungen: Die Angabe, daß sonst Arbeiter entlassen werden müßten, kann für sich allein nicht genügen. Bei einem an sich Privatzwecken dienenden Unternehmen ist Förderung des Allgemeinwohles in erheblichem Umfang nötig. Besonders eingehend ist zu prüfen, ob das Unternehmen in der geplanten Form ausführbar und finanziell gesichert ist. Genehmigungspflichtigen Anlagen, z. B. Kleinbahnen, muß zuvor die Genehmigung erteilt sein. In jedem Fall ist eine Übersichtskarte beizufügen, die beim Bau von Überlandleitungen das Stromversorgungsgebiet und die Führung der Leitung ergeben muß. Berührt die Leitung das Stromversorgungsgebiet anderer Elektrizitätsgesellschaften, muß feststehen, ob deren Interessen berührt sind. Meinungsverschiedenheiten sind mündlich mit allen Beteiligten zu klären.

Ob eine E dem Wohl der Allgemeinheit dient, ist richterlich nachprüfbar; dagegen unterliegt die Zweckmäßigkeit nicht, aber die Verhältnismäßigkeit zwischen dem angewandten Mittel und dem erstrebten Ziel der verwaltungsgerichtlichen Nachprüfung. Auch städtebauliche, denkmalspflegerische und ortsplanerische Interessen dienen dem Wohl der Allgemeinheit – OVG Lüneburg Urt. v. 9. 10. 1952 – I A 72/52 – DVBl. 53 S. 317 = BRS 5 S. 68. Die verwaltungsgerichtliche Nachprüfung erstreckt sich auch auf die Frage, ob der Grundsatz der Verhältnismäßigkeit des Mittels verletzt ist – BVerwGE 1 S. 143; 2 S. 38f.; Hamann zu Art. 14 GG Anm. C 9 a. E. Vgl. dazu auch Einl. A V 6.

3. Das – allerdings notwendigerweise konkrete – **Unternehmen** oder Vorhaben braucht kein öffentliches zu sein; es genügt ein privates, wenn nur die E dem Wohl der Allgemeinheit dient – JW 26 S. 1476.

4. Die Ausführung des Unternehmens muß die Ausübung des E-Rechts erfordern, also zwingend gebieten, jedoch genügt insoweit die Feststellung, daß das Unternehmen ohne E in wirtschaftlicher Weise überhaupt nicht durchgeführt werden könnte (Neufang 6). Der Unternehmer bzw. Träger des Vorhabens ist Subjekt des E-Rechts; er hat die Entschädigung zu leisten (Eger 8 mit Hinw. auf die st. Rspr. des PrOT und des RG). Nach RGZ 112 S. 95 (98), 135 S. 308 (311), BGHZ 7 S. 296 (299) ist entschädigungspflichtig regelmäßig der Begünstigte, derjenige, in dessen Interesse die E vorgenommen wird, nicht der Eingreifende. Bei E nach diesem G dürften Begünstigter und Unternehmer immer identisch sein.

Zur Prüfung dieser Voraussetzungen bemerkt der Erl. d. PrHM v. 14. 6. 1922:

Unternehmen, denen das E-Recht in allgemeiner Form verliehen zu werden pflegt, insbes. solche, bei denen wegen ihrer räumlichen Ausdehnung die genaue Bezeichnung der Grundstücke schwierig, z. B. elektrischen Überlandleitungen, kann überlassen werden, die nötigen Verhandlungen mit den Eigentümern nach der Verleihung des E-Rechts, aber vor Einleitung des Planfeststellungsverfahrens zu führen. In allen anderen Fällen, in denen die E auf bestimmte Grundstücke beschränkt wird oder ohne Schwierigkeiten beschränkt werden kann, muß den Eigentümern Gelegenheit gegeben werden, Einwendungen gegen das Unternehmen als solches und gegen die Inanspruchnahme gerade ihrer Grundstücke geltend zu machen, nötigenfalls in einem Ortstermin. Zum Nachweis, daß freihändiger Erwerb ausgeschlossen, muß der Unternehmer neben der Ablehnung der Geldentschädigung auch dartun, daß diese angemessen ist, daß etwaige weitergehende Forderungen ihn unbillig belasten und das Unternehmen undurchführbar machen, gegebenenfalls, daß er auch die Wünsche nach Tauschland nicht befriedigen kann. Zur Nachprüfung der Billigkeit der Forderung des Eigentümers und des Angebots des Unternehmers sind die wirtschaftlichen Verhältnisse beider Parteien, insbes. der beiderseitige Grundbesitz, die bisherige Nutzungsart, die etwaige Bedrohung der Existenz des Eigentümers durch den Verlust seines Grundbesitzes klarzulegen und gegebenenfalls eine Äußerung des Gemeindevorstehers einzuholen.

Beachte das in Vorbem. vor § 1 zit. Urt. BVerwG v. 26. 3. 1955. Ferner richtig Seufert zu Art. I ZAG Anm. V 5 Rdn. 41: Wird der Zweck des Unternehmens durch Heranziehung eines anderen Grundstücks als gerade des mit dem E-Antrag beanspruchten besser erreicht, so ist die E wie beantragt unzulässig. Ergibt die Nachprüfung, daß eine Verkleinerung, Verschiebung oder Umgestaltung des Projektes möglich ist, so darf eine E nach dem ursprünglichen Plan nicht erfolgen.

5. Die **vollständige Entschädigung** ist angemessen i. S. Art. 153 WeimVerf. Wenn Art. 14 Abs. 3 Satz 3 GG besagt: Die Entschädigung ist unter gerechter Abwägung der Interessen der Allgemeinheit und der Beteiligten zu bestimmen, so hat das GG den bereits von der WeimVerf. benutzten Begriff hinsichtlich des Ausmaßes der Entschädigung lediglich mit anderen Worten ausgesprochen (so die überw. M. – vgl. für viele v. Mangoldt-Klein zu Art. 14 GG Anm. VII 9 b mit zahlr. Hinw.; auch Hamann zu Art. 14 GG Anm. C 13 mit weit. Nachw.). In der Sache hat der Enteignete vollen Ausgleich der erlittenen Vermögenseinbußen zu erhalten, allerdings mit der Einschränkung, daß „die Entschädigung als ‚sozialgerechte' nicht mehr allein auf das Interesse des Enteigneten bezogen wird, sondern auch auf das der Gesamtheit, nötigenfalls im Sinne eines Ausgleiches" (v. Mangoldt-Klein a. a. O.) – dies mit der Begrenzung, daß „eine erhebliche Minderung der Entschädigung gegenüber der eingetretenen Vermögenseinbuße unstatthaft ist" (v. Mangoldt-Klein a. a. O., mit Hinw. auf Weber S. 392). Die angemessene Entschädigung für E-Akte kann vom Gericht nicht „nach billigem Ermessen" frei festgesetzt werden, sondern muß unter Berücksichtigung der Art und des Ausmaßes der Einbußen so bemessen werden, daß der Betroffene einen diesen Einbußen entsprechenden Ersatz erhält – BGH Urt. v. 24. 4. 1956 – III ZR 259/54 – MDR 56 S. 544 = Betrieb 56 S. 568.

Näheres regelt Titel II „Von der Entschädigung" – s. dort, insbes. Vorbem. vor §§ 7 ff.

6. Das G kennt nur zwei Arten des E-Eingriffs: Die **Entziehung** und die **Beschränkung des Grundeigentums,** die nur in dem gebotenen notwendigen Umfange zulässig sind – sie stehen sich im Sinne des G gleich (vgl. §§ 6, 12, 21, 50 ff.); § 6 regelt die Entziehung und Beschränkung von Rechten am Grundeigentum. Bei der Frage, ob zugunsten des Unternehmers eine E „erforderlich" ist oder ob eine dauernde Beschränkung genügt, handelt es sich nicht um eine Ermessensfrage, sondern um die Auslegung eines unbestimmten Rechtsbegriffs. Der Bescheid unterliegt daher in vollem Umfange der Nachprüfung durch das VG — LVG Düsseldorf Urt. v. 2. 4. 1952 — 4 K 135/51 — DÖV 53 S. 570 = BBBl. 53 S. 367 = BRS 2 S. 387 ff.

Entziehung ist die vollständige Aufhebung des Eigentums an Grund und Boden (§ 1) oder des Innehabens von dinglichen Rechten (§ 6). Beschränkung ist nur die Behinderung des Eigentümers in der uneingeschränkten Rechtsausübung (Eger 12). In Betracht kommt Belastung mit Grunddienstbarkeiten oder beschränkten persönlichen Dienstbarkeiten, auch Erbbaurecht, aber wohl kaum mit Nießbrauch (dazu Seufert zu Art. I ZAG Anm. IV Rdn. 19—23). Eine Belastung mit Hypotheken, Grund- oder Rentenschulden oder mit Reallasten rechtfertigt sich nicht, da es insoweit an der Notwendigkeit für das Unternehmen fehlt (Jellinek VerwR S. 403). Die Beschränkung (Belastung) muß im Grundbuch eintragungsfähig sein. Gemeint sind dauernde Beschränkungen — über vorübergehende s. zu § 4 Anm. 1. Die Eintragung einer Grunddienstbarkeit, die das Recht zur Aufstellung von Leitungsmasten auf Grundstücken dinglich sichert; bedarf keiner Genehmigung nach §§ 4, 11 WSG — LG Hagen Beschl. v. 22. 8. 1957 — 3 T 210/57 — BlGBW 1957 S. 334.

Der Betroffene ist grundsätzlich nur verpflichtet zu dulden und zu unterlassen; ein Handeln kann nicht verlangt werden. §§ 1018ff. BGB finden sinngem. Anw. Dies folgt auch aus RG Urt. v. 1. 6. 1934 — 7. 39/34 — zit. bei Neufang 8: „Eine Dienstbarkeit für eine Starkstromleitung belastet zwar dem Rechte nach das ganze Grundstück, ergreift aber der Ausübung nach nur den überquerten Streifen. Bei Veränderung des Leitungszuges innerhalb des Grundstückes auf Wunsch des Eigentümers ist dieser somit nach § 1023 BGB zur Tragung der Kosten verpflichtet". Unklarheiten vermeidet die genaue Beachtung des § 7 GBO.

Über Beschränkungen zugunsten von Fernstromleitungen s. näher zu § 12 Anm. 1.

Gesetzliche Beschränkungen des Grundeigentums — wie z. B. das Duldenmüssen von Einwirkungen gem. § 906 BGB, von gefährlichen Anlagen gem. § 907 BGB, des Überbaues oder Notweges nach §§ 912, 917 BGB — weit. Beisp. s. Neufang 8 — gehören nicht hierher; auch nicht solche infolge polizeilicher Verfügungen.

Keine Entziehung oder Beschränkung ist nötig für ein die Anlegung öffentlicher Verkehrsanstalten bezweckendes Unternehmen gegenüber dem Bergwerksbesitzer. Dieser hat dem öffentlichen Verkehr zu weichen — RGZ 58 S. 147; 84 S. 254.

Wegen der Wirkung der E s. § 44ff.

Vorbem. vor §§ 2ff. I

Übersicht über geltende e-rechtliche Vorschriften, unterteilt nach Bundesrecht, Recht des ehemaligen preußischen Staates und E-Recht der Länder.

I. Bundesrecht.

Die Zuständigkeit des Bundes — konkurrierende Gesetzgebung — folgt aus Art. 74 Ziff. 14 GG.

1. BundesbahnG v. 13. 12. 1951 (BGBl. I S. 955) — s. Anh. 1;

2. BundesfernstraßenG v. 6. 8. 1953 (BGBl. I S. 903) — s. Anh. 2. Anwendung des FStrG auf Berlin s. G v. 16. 10. 1953 — GVBl. Berlin S. 1289.

3. Wasserstraßen. Entsprechend dem für die frühere Reichsbahn geltendem Rechtszustand wurde das E-Recht für die ehemaligen Reichswasserstraßen, das bisher in den Reichshaushaltsgesetzen – letztmalig im ReichshaushaltsG v. 30. 3. 1931 – geordnet war, endgültig geregelt in der

Verordnung des Reichspräsidenten über Maßnahmen auf dem Gebiete der Finanzen, Wirtschaft und der Rechtspflege v. 18. 3. 1933 (RGBl. I S. 92) – s. Anh. 3.

Für die Zuständigkeit des Bundes s. Art. 74 Ziff. 21 mit Ziff. 14, Art. 89 GG (vgl. auch G über die vermögensrechtlichen Verhältnisse der Bundeswasserstraßen v. 21. 5. 1951 (BGBl. I S. 352). Statt Reichspräsident jetzt Bundesregierung s. Art. 129 Abs. 1 Satz 1 GG. Ferner Bekanntm. v. 23. 1. 1953 (BGBl. II S. 25) und 10. 11. 1954 (BGBl. II S. 1050).

Die 3. ArbeitsbeschaffVO v. 16. 5. 1933 (RGBl. I S. 282), die für Zwecke der Arbeitsbeschaffung der früheren Reichswasserstraßenverwaltung ein beschleunigtes Besitznahmerecht einräumte, ist gegenstandslos.

Im weiteren gelten in diesem Zusammenhang:

WasserverbandsG v. 10. 2. 1937 (RGBl. I S. 188) – s. Anh. 4

sowie die – mehrfach geänderte –

Erste Wasserverbandsverordnung v. 3. 9. 1937 (RGBl. I S. 933) – s. Anh. 5.

Vgl. ferner: G zur Einschränkung der Rechte am Wasser v. 19. 3. 1935 (PrGS S. 43); VO über die Vereinfachung der wasserrechtlichen Verwaltungsverfahren v. 28. 8. 1942 (RGBl. I S. 542); VO über vordringliche Aufgaben der Wasser- und der Energiewirtschaft v. 30. 3. 1944 (RGBl. I S. 75) sowie DVO vom gleichen Tage (RGBl. I S. 77); VO zur Regelung der Wasserversorgung v. 30. 9. 1944 (RGBl. I S. 241); VO über Vereinfachung im Wasser- und Wasserverbandsrecht v. 10. 2. 1945 (RGBl. I S. 29).

Ab 1. März 1959 gilt das **G zur Ordnung des Wasserhaushaltes (Wasserhaushaltsgesetz)** v. 27. 7. 1957 (BGBl. I S. 1110), das im Interesse einer geregelten Wasserwirtschaft auch gewisse Beschränkungen des Grundeigentums vorsieht (§§ 19ff., 28ff.) – s. Anh. 6.

4. PostverwaltungsG v. 24. 7. 1953 (BGBl. I S. 676); dazu: Anwendung für Berlin G v. 29. 9. 1953 – GVBl. Berlin S. 1183, im Saarland EingliederungsG § 15 m v. 23. 12. 1956 – BGBl. I S. 1011, und für Eigentumsbeschränkungen **TelegrafenwegeG** v. 18. 12. 1899 (RGBl. I S. 705), ergänzt durch G v. 24. 9. 1935 (RGBl. I S. 1177) – beide s. Anh. 7. S. dazu auch DVO v. 10. 10. 1935 (RGBl. I S. 1236).

5. EnergiewirtschaftsG v. 13. 12. 1935 (RGBl. I S. 1451) – s. Anh. 8.

An Stelle des Reichswirtschaftsministers jetzt Wirtschaftsminister der Länder bzw. die einschläg. Ressortminister – vgl. Art. 30, 84 GG. § 11 Abs. 3 EnergiewirtschaftsG gegenstandslos. Beachte auch die gutachtliche Stellungnahme des BGH in BGHZ 9 S. 390 (vgl. zu § 12 Anm. 1).

6. LuftverkehrsG v. 1. 8. 1922 i. d. Fass. d. G v. 21. 8. 1936 (RGBl. I S. 653) und G v. 27. 9. 1938 (RGBl. I S. 1246) und G v. 26. 1. 1943 (RGBl. I S. 49) und G v. 16. 7. 1957 (BGBl. I S. 710) – s. Anh. 9. Beachte auch dazu 4. VO v. 26. 1. 1943 (RGBl. I S. 69), VO v. 5. 11. 1954 (BGBl. I S. 302, 372), 21. 6. 1955 (BGBl. I S. 321).

An Stelle des Führers und Reichskanzlers – ursprüngl. der Reichspräsident – jetzt die Bundesregierung; statt Reichsminister der Luftfahrt jetzt der Bundesverkehrsminister. Beachte auch die Länder-Durchführungsvorschriften.

7. BundesleistungsG v. 19. 10. 1956 (BGBl. I S. 815) – s. Anh. 10.

Vgl. dazu ferner RechtsVO über Anforderungsbehörden nach dem BundesleistungsG v. 16. 11. 1956 (BGBl. I S. 858) und RechtsVO über die Bestimmung von Gegenständen, die als bewegliche Sachen im Sinne des § 2 Abs. 1 Nr. 1, 5 und 6 des Bundesleistungsgesetzes gelten v. 16. 11. 1956 (BGBl. I S. 859) sowie RechtsVO über Bedarfsträger nach dem Bundesleistungsgesetz v. 16. 11. 1956 (BGBl. I S. 860). S. auch Richtlinien für die Bemessung der Entschädigung v. 23. 1. 1958 – FinMinBl. 58 S. 193, erl. in BlGBW 58 S. 113ff. Beachte ferner die DVO-en der Länder.

Wenn § 10 Abs. 2 BLG vorsieht, daß „der Eigentümer eines Geländes oder Grundstücks die Entziehung des Eigentums nach den hierfür geltenden besonderen gesetzlichen Vorschriften verlangen kann", sofern die aufgezählten Voraussetzungen vorliegen, so ist die Folge dieses Begehrens, daß ein E-verfahren nach Maßgabe des Landbeschaffungsgesetzes – s. Anh. 12 – einzuleiten ist – so § 70 LandbeschffG. Abgesehen davon dürften einzelne nach dem BLG mögliche Maßnahmen derart tiefgreifende Eingriffe darstellen, daß es geboten erscheint, ohne Anspruch auf Vollständigkeit bereits jetzt im Anh. 10 die insoweit wichtigsten Vorschriften des Gesetzes abzudrucken.

8. Gesetz über die Beschränkung von Grundeigentum für die militärische Verteidigung (**SchutzbereichsG**) v. 7. 12. 1956 (BGBl. I S. 899) – s. Anh. 11. Wird ein Begehren nach § 15 Abs. 1 oder Abs. 2 erhoben, so finden die Vorschriften des LandbeschaffungsG über die E und Entschädigung Anwendung (§ 70 LandbeschaffungsG).

9. G über die Landbeschaffung für Aufgaben der Verteidigung (**LandbeschaffungsG**) v. 23. 2. 1957 (BGBl. I S. 134) – s. Anh. 12.

10. G über Leistungen zur Unterbringung von Deutschen aus der sowjetischen Besatzungszone oder dem sowjetisch besetzten Sektor von Berlin (**Flüchtlings-NotleistungsG**) v. 9. 3. 1953 i. d. Fass. d. 2. ÄndG v. 14. 5. 1957 (BGBl. I S. 498) – s. Anh. 13. Anwendung für Berlin G v. 26. 3. 1953 – GVBl. Berlin S. 205.

Dieses G löste in sachlicher Hinsicht das frühere G über Sachleistungen für Reichsaufgaben (ReichsleistungsG) v. 1. 9. 1939 (RGBl. I S. 1645) – aufgehoben gem. § 83 BundesleistungsG – ab zwecks Bewältigung einer besonderen Aufgabe. Der hier interessierende Hauptfall ist die Inanspruchnahme von Grundstücken zur Errichtung von Behelfsbauten (§ 8).

11. Gesetz über die Angelegenheiten der Vertriebenen und Flüchtlinge (**BundesvertriebenenG**) v. 19. 5. 1953 (BGBl. I S. 201), erg. d. G v. 3. 8. 1954 (BGBl. I S. 231), Anwendung in Berlin G v. 9. 8. 1954 (GVBl. Berlin S. 485) – s. Anh. 14. Zu § 59 beachte G über das gerichtliche Verfahren in Landwirtschaftssachen v. 21. 7. 1953 (BGBl. I S. 667).

12. Verordnung zur Behebung der dringendsten Wohnungsnot (**BehebungsVO**) v. 9. 12. 1919 (RGBl. I S. 1968) – s. Anh. 15.

Diese VO ist weitgehend überholt, jedoch gültig – so OVG Münster Urt. v. 17. 1. 1950 – IV A 239/50. §§ 3, 4, 5 und 11 durch BaulandbeschaffungsG ausdrücklich aufgehoben. Damit entfällt auch die im noch gültigen § 6 Abs. 2 Halbsatz 1 stehende Verweisung auf den aufgehobenen § 4. Für ehemals pr. Gebiete beachte – soweit die BehebungsVO noch gilt – PrAusfBest. v. 22. 1. 1930 (MBliV S. 65), PrVO v. 14. 2. 1921 (PrGS S. 315), Erl. v. 17. 3. 1923 (VMBl. S. 212), PrAusfVO v. 2. 5. 1925 – s. Anh. 15 (VMBl. S. 183). Soweit Entscheidungen des Bezirkswohnungskommissars VA sind, können die VG nach Maßgabe der geltenden Vorschriften angerufen werden.

13. G über die Enteignung von Grundeigentum und über die Beitragsleistung bei der Kanalisierung des Neckars von Mannheim bis Plochingen und des Mains von Aschaffenburg bis Bamberg sowie zum Ausbau der Donau von Passau bis Kelheim v. 3. 8. 1920 (RGBl. I S. 1613) war für Preußen ohne Bedeutung.

14. ReichssiedlungsG v. 11. 8. 1919 (RGBl. I S. 1429, abgeänd. u. erg. durch G vom 7. Juni 1923 – RGBl. I S. 364 – i. d. Fass. d. G v. 18. 8. 1923 – RGBl. I S. 805 – und d. G v. 8. 7. 1926 – RGBl. I S. 398) – s. Anh. 16.

Beachte: § 3 Abs. 1 Satz 2 dieses Gesetzes ist aufgehoben durch § 66 Abs. 1 BVFG. § 3 Abs. 2 Satz 3 des Gesetzes, der den Rechtsweg ausschließt, ist wegen Verstoßes gegen Art. 14 GG unwirksam. Vgl. ferner für das Gebeit des ehem. Preußen bzgl. Enteignung und Verfahren PrAusfG v. 15. 12. 1919 (PrGS 1920 S. 31) und Art. II d. PrG v. 31. 7. 1931 (PrGS S. 148) sowie prAB zum RSiedlG.

15. Zweite VO des Reichspräsidenten zur Sicherung von Wirtschaft und Finanzen v. 5. 6. 1931 (RGBl. I S. 279, 309) i. d. Fass. d. G z. Änd. d. NotVO über Enteignungen auf dem Gebiete des Städtebaues v. 31. 3. 1939 (RGBl. I S. 649) – Sechster Teil, Kap. III: Enteignungen auf dem Gebiete des Städtebaues – s. Anh. 17.

Die Geltungsdauer der Zweiten VO wurde nach ihrem Erlaß alle zwei Jahre verlängert, zuletzt durch vorstehend erw. G v. 31. 3. 1939 bis auf weiteres. Daher ist es richtig, § 1 Satz 1 der Zweiten VO zu fassen: „Für Enteignungen, die nach dem 13. 8. 1919 auf dem Gebiete des Städtebaues . . . " (vgl. diese richtige Fassung auch bei Zinkahn, Baurechtliche Vorschriften, Nr. 69). § 6 letzter Teilsatz, der bei Streit über die Höhe der Entschädigung in gewissen Fällen den Rechtsweg bei den ordentlichen Gerichten ausschließt, ist wegen Verstoßes gegen Art. 14 Abs. 3 GG unwirksam. Zu der im § 7 Abs. 2 Satz 1 enthaltenen Ermächtigung vgl. für die ehem. pr. Gebiete: PrVO v. 17. 2. 1932 (PrGS S. 102) – s. Anh. 17. Für Bayern s. BayVollzBek. v. 17. 7. 1931 (BayGVBl. 181).

16. Dritte VO des Reichspräsidenten zur Sicherung von Wirtschaft und Finanzen und zur Bekämpfung politischer Ausschreitungen v. 6. 10. 1931 (RGBl. I S. 537, 551) i. d. Fass. d. VO v. 26. 2. 1938 (RGBl. I S. 233) u. d. Zweiten WohnungsbauG v. 27. 6. 1956 (BGBl. I S. 523) – Vierter Teil (Wohnungs- und Siedlungswesen), Kap. II (Landwirtschaftliche Siedlung, Kleinsiedlung, Bereitstellung von Kleingärten) – s. Anh. 18.

Diese VO ist von der neueren Gesetzgebung (BaulandbeschaffungsG, Zweites WohnungsbauG) stark geändert worden. Im Anh. 18 ist deshalb nach der Dritten VO abgedruckt der § 123 des Zweiten WohnungsbauG. Bezüglich des hier zu beachtenden § 55 BaulandbeschaffungsG wird auf unten Ziff. 18 und Anh. 20 verwiesen. Im Ergebnis gilt – mit Zinkahn, Baurechtliche Vorschriften, Fußn. 1–4 zu Nr. 70 – : § 123 Abs. 2 des Zweiten WohnungsbauG änderte den Wortlaut der §§ 1 und 2 der Dritten VO, § 123 Abs. 1 hebt die §§ 9 bis 19 auf, jedoch nur insoweit, als sich nicht aus § 123 etwas anderes ergibt. Demnach gelten §§ 11, 12 der Dritten

VO i. Vbdg. mit § 55 BaulandbeschaffungsG für die E von Gelände für Kleingärten fort. Ebenso gilt § 14 Satz 1 der Dritten VO noch für die Aufhebung von Pacht- und sonstigen Nutzungsrechten, wenn Grundstücke für Kleingärten enteignet werden. Schließlich hält § 123 Abs. 6 Verweisungen in Rechts- und Verwaltungsvorschriften auf die durch § 123 aufgehobenen Vorschriften aufrecht, ordnet aber an, daß derartige Verweisungen sich auf die entsprechenden Vorschriften des Zweiten WohnungsbauG beziehen. Soweit § 11 der Dritten VO eine E von Gelände für Kleinsiedlungszwecke vorsieht, findet dieser keine Anwendung mehr (§ 55 BaulandbeschaffungsG). Bei der E von Gelände für Kleingärten gelten hinsichtlich Verfahren und Entschädigung die Vorschriften des BaulandbeschaffungsG. Das Amt des in § 11 Abs. 1 Satz 1 der Dritten VO erwähnten Reichskommissars erlosch am 31. 7. 1932; an seine Stelle trat der Reichsarbeitsminister, später übte dessen Befugnisse die höhere Verwaltungsbehörde aus (vgl. Bestimmungen über die Förderung von Kleinsiedlungen — KSB — v. 14. 9. 1937, 23. 12. 1938 (RArbBl. 1937 I S. 252; 1939 I S. 13) Ziff. 28 Abs. 2. Gem. § 123 Abs. 5 des Zweiten WohnungsbauG sind die KSB am 1. 7. 1957 außer Kraft getreten. Die in § 11 Abs. 2 Buchst. b der Dritten VO vorgeschriebene endgültige Festsetzung der Entschädigung ist unwirksam, soweit der Rechtsweg bei den ordentlichen Gerichten verschlossen ist (Art. 14 Abs. 3 GG). Die in § 21 Satz 2 der Dritten VO enthaltene Ermächtigung ist gem. Art. 129 Abs. 3 GG erloschen. Vgl. dazu **VO zur Änderung von Vorschriften über Kleinsiedlungen und Kleingärten** v. 26. 2. 1938 (RGBl. I S. 233) für Land NW vgl. auch RdErl. d. WiederaufbauMin. NW betr. Förderung des Siedlungswesens; Landbeschaffung für Kleinsiedlungs- und Kleingartenzwecke v. 28. 8. 1948 (MinBl. NW S. 434), bei dessen Anwendung jedoch zu beachten ist, daß die Rechtsauffassungen durch § 55 BaulandbeschaffungsG und § 123 des Zweiten WohnungsbauG modifiziert worden sind. Die VO über die weitere Förderung der Kleinsiedlung, insbesondere durch Übernahme von Reichsbürgschaften v. 19. 2. 1935 (RGBl. I S. 341) wurde aufgehoben durch Art. VII Abs. 2 des G zur Änderung und Ergänzung des Ersten WohnungsbauG v. 25. 8. 1953 (BGBl. I S. 1037); ebenfalls gem. § 123 Abs. 4 des Zweiten WohnungsbauG mit Wirkung v. 1. 7. 1956 (§ 126) die VO über die Landbeschaffung für Kleinsiedlungen v. 17. 10. 1936 (RGBl. I S. 896).

17. G über die **Aufschließung von Wohnsiedlungsgebieten** v. 22. 9. 1933 (RGBl. I S. 659) i. d. F. d. G v. 27. 9. 1938 (RGBl. I S. 1246) — s. Anh. 19. Hierzu die VO zur Ausführung des Gesetzes über die Aufschließung von Wohnsiedlungsgebieten v. 25. 2. 1935 (RGBl. I S. 292) — s. Anh. 19. Ferner Erl. des RAM v. 26. 2. 1935 (RArbBl. I S. 99); weitere Hinweise bei Zinkahn, Baurechtliche Vorschriften, zu Nr. 10 Fußn. 1.

§ 1 Abs. 1 Satz 2 WSG gegenstandslos, ebenso § 1 Abs. 1 Satz 3 und § 5 Ziff. 3, soweit das Gesetz über die Neubildung deutschen Bauerntums v. 14. 7. 1933 angezogen ist. Die in § 4 Abs. 2 WSG und in § 8 VO v. 25. 2. 1935 erwähnte Grundstücksverkehrsbekanntmachung v. 26. 1. 1937 (RGBl. I S. 35) ist aufgehoben und ersetzt durch KRG 45 v. 20. 2. 1947 nebst einschlägigen Durchführungsvorschriften der Länder. Bezüglich § 8 Abs. 2 gelten auch die Vorschriften über die Verwaltungsgerichtsbarkeit. § 12 verstößt in dieser Allgemeinheit gegen Art. 14 GG — unentgeltliche Geländeabtretungen können nicht auferlegt werden.

18. BaulandbeschaffungsG v. 3. 8. 1953 (BGBl. I S. 720) — s. Anh. 20. Erstes umfassendes Bundesenteignungsgesetz mit eigener Verfahrens- und

Entschädigungsregelung, soweit E zu den in § 1 Abs. 1 und § 2 des G genannten Zwecken erforderlich sind. Aus den Zusatz-, Übergangs- und Schlußbestimmungen des Gesetzes sind bedeutsam § 53, wonach Fluchtlinienpläne, Bebauungspläne oder andere förmlich festzusetzende städtebauliche Pläne auch für Flächen festgesetzt werden können, die Anordnungen zum Schutze von Landschaftsteilen nach § 19 des RNatG v. 26. 6. 1953 (RGBl. I S. 821) nebst dem einschlägigen Landesrecht unterliegen. Ferner gelten gem. § 55 Abs. 1 die Entschädigungs- und Verfahrensvorschriften auch für die E von Kleingartengelände nach § 11 der Dritten VO v. 6. 10. 1931 (vgl. oben Ziff. 16 und Anh. 18). Gem. § 55 Abs. 2 gilt das Gesetz für die E zur Bereitstellung von Gelände für Kleinsiedlungszwecke (vgl. oben Ziff. 16). § 58 Abs. 2 faßt den § 28 des RHeimstättenG neu (vgl. unten Ziff. 20 und Anh. 22). Für die Bemessung der Entschädigung (§ 10 BaulandbeschaffungsG) ist bemerkenswert Rdschr. d. Bundesmin. f. Wohnungsbau betr. Auslegung des § 10 Abs. 1 BaulandbeschaffungsG v. 14. 6. 1954 (BBBl. S. 346) — s. Anh. 20.

19. ReichsheimstättenG v. 10. 5. 1920 i. d. Fass. d. Bek. v. 25. 11. 1937 (RGBl. I S. 1291), § 28, i. d. Fass. d. § 58 BaulandbeschaffungsG — s. Anh. 21. Für die E von Grundstücken, die zur Begründung oder Vergrößerung von Heimstätten erforderlich sind, gelten demnach nur die Vorschriften des BaulandbeschaffungsG (vgl. oben Ziff. 18 und Anh. 20).

20. ReichsnaturschutzG v. 26. 6. 1935 (RGBl. I S. 821), geänd. d. G v. 29. 9. 1935 (RGBl. I S. 1191) und v. 1. 12. 1936 (RGBl. I S. 986, 1001) und v. 20. 1. 1938 (RGBl. I S. 36) — s. Anh. 22. Da der Bund gem. Art. 75 Ziff. 3 GG unter den Voraussetzungen des Art. 72 GG für das Naturschutzrecht nur Rahmenvorschriften geben kann, ist das RNatG jetzt Landesrecht. Die einschlägige Landesgesetzgebung s. Zinkahn, Baurechtliche Vorschriften, in den Fußn. zu Nr. 251. Beachte ferner: VO zur Durchführung des Reichsnaturschutzgesetzes v. 31. 10. 1935 (RGBl. I S. 1275), mehrfach geänd., reichsrechtlich zuletzt durch VO v. 6. 8. 1943 (RGBl. I S. 481). § 18 Abs. 4 RNatG ist in der Verweisung auf die Vorschriften des G über die Landbeschaffung für Zwecke der Wehrmacht v. 29. 3. 1935 (RGBl. I S. 467) gegenstandslos; es gelten insoweit die allgemeinen Enteignungsgesetze. Zu § 20 RNatG beachte § 14 der DVO; der Ausschluß der Entschädigung in § 24 in dieser Allgemeinheit gegenstandlos.

21. FlurbereinigungsG v. 14. 7. 1953 (BGBl. I S. 591) — s. Anh. 23.

Flurbereinigung — und städtebauliche Umlegung — sind Rechtsinstitute, die von der E zu unterscheiden sind. Ungeachtet der begrifflichen Trennung zeigt jedoch die gesetzgeberische Entwicklung, daß gewissen Maßnahmen der Flurbereinigung und der städtebaulichen Umlegung insoweit enteignungsrechtliche Bedeutung zuzumessen ist, als sie mindestens enteignungsgleich wirken können. Obwohl das FlurbG keine E-vorschriften enthält, erscheint es deshalb im Einklang mit Seufert S. 30ff. geboten, die §§ 1, 39 bis 43, 86 bis 90 FlurbG im Anh. 23 abzudrucken, um eine wissenschaftliche Klärung der Streitfragen zu fördern.

22. Zu erwähnen sind noch folgende — im Anh. nicht abgedruckte — Gesetze:

G über einstweilige Maßnahmen zur Ordnung des deutschen Siedlungswesens v. 3. 7. 1934 (RGBl. I S. 568). Dieses G, ein sog. Regierungsgesetz, ist heute noch als gültig anzusehen. Auf Grund der in § 1 enthaltenen Ermächtigung — zuständig gem. der nach § 6 Abs. 2 zulässigen Übertragung seit Erl. d. RWM über das Siedlungs- und Wohnungswesen v 4. 12. 1934 (RGBl. I S. 1225) der RAM — sind eine

Reihe bedeutsamer VOen ergangen: VO über die Regelung der Bebauung v. 15. 2. 1936 (RGBl. I S. 104), VO über die Zulässigkeit befristeter Bausperren v. 29. 10. 1936 (RGBl. I S. 933), VO über die Baugestaltung v. 10. 11. 1936 (RGBl. I S. 938), VO zur Änderung von Vorschriften über Kleinsiedlungen und Kleingärten v. 26. 2. 1938 (RGBl. I S. 233 – s. oben Ziff. 16 und Anh. 18), VO über die baupolizeiliche Zulassung neuer Baustoffe v. 8. 11. 1937 (RGBl. I S. 1177), VO über Baubeschränkungen zur Sicherung der Gewinnung von Bodenschätzen v. 28. 2. 1939 (RGBl. I S. 568), VO über Garagen und Einstellplätze (Reichsgaragenordnung) v. 17. 2. 1939 (RGBl. I S. 219) i. d. Fass. d. Erl. v. 13. 9. 1944 (RABl. I S. 325), VO zur Hebung der baulichen Feuersicherheit v. 20. 8. 1943 (RGBl. I S. 497). § 4 des G, der für etwa entstandene Schäden eine Entschädigung versagte, ist insoweit wegen Verstoßes gegen Art. 14 GG unwirksam. Ungeachtet dieses Umstandes wird man den § 2 des G mindestens seit dem 25. 8. 1953 als rechtsstaatlichen Grundsätzen widersprechend und in dieser Weite für unwirksam ansprechen müssen, nachdem die das G ergänzende und den § 2 auf ein gerade noch hinsichtlich der Bestimmtheit tragbares Maß beschränkende DVO v. 5. 7. 1934 (RGBl. I S. 582) i. d. Fass. d. VO v. 23. 10. 1935 (RGBl. I S. 1253) durch Art. VII des G zur Änderung und Ergänzung des Ersten WohnungsbauG v. 25. 8. 1953 (BGBl. I S. 1037) aufgehoben worden ist.

Das **BodenschätzungsG** v. 16. 10. 1934 (RGBl. I S. 1050) – § 15 – und das **LagerstättenG** v. 4. 12. 1934 (RGBl. I S. 1223) – § 2 – ordnen das Betreten fremder Grundstücke und die Vornahme der erforderlichen Arbeiten. Das letztere G sieht eine Entschädigung nach allgemeinen Grundsätzen vor. Gleiches muß heute auch ohne ausdrückliche Regelung für das erstere gelten.

Das Turawa-StaubeckenG v. 4. 12. 1934 (RGBl. I S. 1201), betreffend eine Region im heute polnisch verwalteten Gebiet, gestattete eine E-entschädigung ganz oder teilweise auch in Land, gebot sie, wenn sog. Erbhöfe betroffen waren und ließ den Rechtsweg nur über die Geldabfindung zu, wobei die Gerichte in der Bewertung der Landabfindung frei waren (so § 9).

Vorbem. vor §§ 2ff. II

II. Inwieweit das **Recht des ehemaligen preußischen Staates,** das e-rechtliche Vorschriften enthält, heute noch in der bis 1945 maßgebenden Fassung gilt, ist schwer übersehbar. Die nachfolgende Aufstellung ist deshalb mit der Einschränkung zu benutzen, daß jeweils zu prüfen ist, ob und inwieweit die Gesetzgebung der neuen, im ehemals pr. Staatsgebiet gelegenen Länder das übernommene pr. Recht unmittelbar oder mittelbar ergänzt oder abgeändert hat.

1. PrG zur Erhaltung des Baumbestandes und Erhaltung und Freigabe von Uferwegen im Interesse der Volksgesundheit v. 29. 7. 1922 (PrGS S. 213) i. d. Fass. d. G. v. 25. 7. 1923 (PrGS S. 358), 30. 6. 1925 (PrGS S. 85), 7. 4. 1933 (PrGS S. 99), 9. 10. 1934 (PrGS S. 400), 21. 9. 1937 (PrGS S. 89), 25. 7. 1940 (PrGS S. 39), 18. 7. 1942 (PrGS S. 27). Ursprünglich konnte zweifelhaft sein, ob die in diesem G vorgesehenen Beschränkungen E seien (vgl. Anweisung PrVWM v. 14. 12. 1922 – VMBl. 23, S. 28); diese Zweifelsfrage jedoch bejahend klargestellt durch § 1 der Zweiten VO des Reichspräsidenten v. 5. 6. 1931 (s. Vorbem. vor §§ 2ff. I 15 u. Anh. 17). Zu § 3 Abs. 9 ist zu beachten, daß nunmehr die einschlägigen Vorschriften über die Verwaltungsgerichtsbarkeit gelten. Im übrigen vgl. die Fußn. zu Nr. 29 in Zinkahn, Baurechtliche Vorschriften und bei Weber, Verwaltungsgesetze Nr. 35.

PrG zur Bildung von Bodenverbesserungsgenossenschaften v. 5. 5. 1920 (PrGS S. 351); dazu AB d. PrLM v. 23. 10. 1920 – LMBl. S. 350. Das **G über die Regelung verschiedener Punkte des Gemeindeverfassungsrechts** v. 12. 12. 1927 (PrGS S. 211) sah die E von dem Gemeingebrauch dienenden Grundstücken des Gutsbesitzers eines früher selbständigen Gutsbezirks zugunsten der Gemeinden vor. Ferner sind zu erwähnen: **WestharztalsperrenG** v. 28. 3. 1928 (PrGS S. 39); das **Ottmachau-staubeckenG** v. 15. 6. 1929 (PrGS S. 71), das die Entschädigung grundsätzlich nur in Land und im Wege der Umlegung zuließ; die **Tier- und PflanzenschutzVO** v. 16. 12. 1929 (PrGS S. 189) nebst VO v. 20. 6. 1930, 8. 12. 1931 und 30. 7. 1932 (PrGS 1930 S. 199, 1931 S. 253, 1932 S. 275); das **WupperG** v. 8. 1. 1930 (PrGS S. 5) gibt dem Verband das E-recht und sieht für gewisse Fälle jährliche Schadensfeststellung vor. Nach dem **G zur Änderung von G über Wasser- und Bodenkulturangelegenheiten** v. 25. 7. 1933 (PrGS S. 274) können auf Grund des § 8 des **MittellandkanalG** Ansprüche auf schadenverhütende Einrichtungen oder Entschädigungen gegebenenfalls auch nach der Planfeststellung geltend gemacht werden. Das **Erbpachtzins- und Erbpacht-RegelungsG** v. 24. 1. 1934 (PrGS S. 49) gab dem Oberpräsidenten der ehemaligen Provinz Hannover mit gewissen Maßgaben das E-recht für Land, das zu Fehnzwecken geeignet ist, und erklärt das Reichs- und PrSiedlungsG insoweit für anwendbar. Das **G zur Erschließung von Erdöl und anderen Bodenschätzen** (ErdölG) v. 12. 5. 1934 (PrGS S. 257) i. d. Fass. d. G. v. 24. 9. 1937 (PrGS S. 93) und das **PhosphoritG** v. 16. 10. 1934 (PrGS S. 404) i. d. Fass. d. G v. 24. 9. 1937 (PrGS S. 93) verweisen bezüglich der Entschädigung auf die einschlägigen Vorschriften des Allgemeinen Berggesetzes für die Preußischen Staaten v. 24. 6. 1865 (PrGS S. 705), vielfach geänd. zuletzt durch G v. 29. 12. 1942 (PrGS 1943 S. 1). Darüber hinaus gewährt § 6 des letzteren G für Schäden nach § 5 einen angemessenen Förderzins, wobei über die Höhe der Entschädigung vorbehaltlich des ordentlichen Rechtsweges das Oberbergamt entscheidet. Beachte BGHZ 19 S. 209: Landesgesetze, die nach Inkrafttreten des G über den Neuaufbau des Reiches und der Ersten Verordnung hierzu v. 2. 2. 1934 erlassen wurden, sind Reichsgesetze mit örtlich begrenztem Geltungsbereich; dies gilt jedenfalls für die im Jahre 1934 und in den nächstfolgenden Jahren erlassenen G. Als solches örtlich begrenztes Reichsgesetz durfte des PrPhosphoritG v. 16. 10. 1934 die Ermächtigung erteilen (§ 8), den Staatsvorbehalt für einzelne Grundeigentümermineralien zu begründen und dabei eine Entschädigung ausschließen. Die auf Grund dieser Ermächtigung erlassene ErdölVO (PrGS S. 463) des PrMi. f. W u. A v. 13. 12. 1934 hat einen Anspruch auf Entschädigung wegen Entziehung des Gewinnungsrechts oder Erdöl gem. Art. 153 Abs. 2 WeimVerf. selbst dann wirksam ausgeschlossen, wenn die Einführung des Staatsvorbehalts einer E gleichkommen oder die Schranken einer Sozialbindung des Grundeigentums überschreiten sollte. Der Staatsvorbehalt hinsichtlich des Erdöls und der ihm gleichgestellten Stoffe gem. der PrErdölVO hat im Gegensatz zur Regelung des PrAllgBergG in Ansehung der dem Staate vorbehaltenen bergbaufreien Mineralien das Aneignungsrecht des Staates unmittelbar durch Gesetz begründet (vgl. zum Problem schon RGZ 152 S. 86; 153 S. 244 [247f.]; 167 S. 373 [378]). – Ob der Entschädigungsausschluß in § 7 des **G zur Einschränkung der Rechte am Wasser** v. 19. 3. 1935 (PrGS S. 43) in dieser Allgemeinheit mit Art. 14 GG vereinbar ist, bleibt am Einzelfall zu entscheiden. Das Gleiche gilt, soweit etwa noch die Aufhebung privater Bergregale und Regalitätsrechte in Frage stehen – **G zur Überführung der privaten Bergregale und Regali-**

tätsrechte an den Staat v. 29. 12. 1942 (PrGS 1943 S. 1) § 1 Abs. 3. In Zweifelsfällen beachte BGHZ a. a. O.

Vorbem. vor §§ 2ff. III

III. Zum Enteignungsrecht der Länder im ehemalig preußischen Staatsgebiet gehören — in im wesentlichen historischer Reihenfolge — die nachstehend aufgezählten und im Anh. abgedruckten Vorschriften:

1. Erlaß des Ministers der öffentlichen Arbeiten, betr. Enteignungsverfahren v. 4. 6. 1894 (EVBl. 133) — s. Anh. 24.

2. Allgemeine Verfügung der Minister der öffentlichen Arbeiten und des Innern, betreffend das Verfahren bei Enteignungen v. 20. 5. 1899 (MBliV S. 89, EVBl. S. 162) — s. Anh. 25.

3. Ausführungsbestimmungen des PrHM v. 28. 8. 1923 — V a 10725 I a 2086 — (zum VereinfEG) — s. Anh. 26.

4. G, betreffend die Anlegung und Veränderung von Straßen und Plätzen in Städten und ländlichen Ortschaften v. 2. 7. 1875 (PrGS S. 561) i. d. Fass. d. Art. I des WohnungsG v. 28. 3. 1918 (PrGS S. 23), der VO v. 3. 9. 1932 (PrGS S. 283) und VO v. 30. 1. 1939 (RGBl. I S. 106) — s. Anh. 27. Für das Gebiet des Siedlungsverbandes Ruhrkohlenbezirk beachte: G, betreffend Verbandsordnung für den Siedlungsverband Ruhrkohlenbezirk v. 5. 5. 1920 (PrGS S. 286) i. d. Fass. d. G v. 29. 12. 1929 (PrGS S. 91) und dazu Änderungen und Ergänzungen durch Land NW mit G v. 28. 11. 1947 (GVBl. NW S. 95) und — bezüglich Beschlußverfahren — G v. 2. 12. 1949 (GVBl. NRW S. 309). Für Berlin: Ortsgesetz v. 11. 8. 1955 (GVBl. Berlin S. 731, 850). Zu § 13 s. Zweite VO des Reichspräsidenten . . . v. 5. 6. 1931 — Vorbem. vor §§ 2ff. I 15 und Anh. 17. § 14a aufgehoben z. B. durch § 51 AufbauG NW, § 58 AufbauG Hess., § 54 BaulandG Württ-Ho. Die praktische Bedeutung des PrFluchtlG ist infolge der Aufbaugesetze z. Teil erheblich eingeschränkt.

5. G über die Zuständigkeit der Verwaltungs- und Verwaltungsgerichtsbehörden v. 1. 8. 1883 (PrGS S. 237) — s. Anh. 28. Die im Anh. 28 abgedruckten §§ 150–152 des XXII. Titels. Enteignungssachen haben, da das gesamte G infolge der späteren Gesetzgebung stark ausgehöhlt worden ist, praktisch nur die Bedeutung, die historische Verbindung zwischen der im ehem. Preußen geltenden Rechtslage und dem jetzt in den Nachfolgeländern geltenden Recht herzustellen. Für NW beachte Erstes G zur Neuordnung und Vereinfachung der Verwaltung v. 23. 7. 1957 (GVBl. NW S. 189.

6. PrVO zur Durchführung der Zweiten VO des Reichspräsidenten zur Sicherung von Wirtschaft und Finanzen v. 5. 6. 1931, Sechster Teil, Kap. III, betreffend Enteignung auf dem Gebiete des Städtebaues v. 17. 2. 1932 (PrGS S. 102) — s. Anh. 17.

7. Nordrhein-Westfalen. G über Maßnahmen zum Aufbau in den Gemeinden (AufbauG) v. 29. 4. 1950 (GVBl. NW S. 78) i. d. Fass. d. G v. 29. 4. 1952 (GVBl. NW S. 75) — s. Anh. 29. Dazu Erste DVO v. 13. 6. 1950 (GVBl. NW S. 95), insbes. deren Art. 14, 35, 36, 37, ferner Zweite DVO v. 9. 10. 1951 (GVBl. NW S. 131) Art. 6 Ziff. 4: Von der Grunderwerbsteuerpflicht ist ausgenommen der Grunderwerb zur Vermeidung von E-verfahren, die zur Durchführung des Durchführungsplanes erforderlich sind, wenn der Erwerb im E-verfahren grunderwerbsteuerfrei wäre. Vgl. auch Dritte DVO v. 14. 5. 1952 (GVBl. NW S. 87) und Vierte DVO v. 9. 8. 1952 (GVBl. NW S. 166) sowie RdErl. d. Wiederaufbau Min. NW betr. Richtlinien zum AufbauG v. 25. 9. 1952 (MBl. NW S. 1307). Zweite VO zur Angleichung des Lippeschen Rechts an das im Lande NW geltende Recht v. 1. 12. 1950 (GVBl. NW S. 203).

8. Niedersachsen. G zur Durchführung der Ortsplanung und des Aufbaues in den Gemeinden (AufbauG) v. 9. 3. 1949 (GVBl. Nds. S. 107) i. d. Fass. v. 17. 5. 1955 (GVBl. Nds. S. 195) — s. Anh. 30. § 58 Abs. 1 ist in dieser Allgemeinheit bedenklich, es bleibt im Einzelfall zu prüfen, ob und inwieweit ein Verstoß gegen Art. 44 GG vorliegt. Zum G s. Erste DVO v. 17. 6. 1949 (GVBl. Nds. S. 126), insbes. deren §§ 30, 31, 32, ferner: Zweite DVO v. 26. 6. 1950 (GVBl. Nds. S. 33), Dritte DVO v. 26. 6. 1950 (GVBl. Nds. S. 33), Dritte DVO (= VO über Grunderwerbsteuerleistungen) v. 25. 9. 1950 (GVBl. Nds. S. 60), Vierte DVO v. 11. 7. 1951 (GVBl. Nds. S. 145) sowie Erl. Nds. Min. f. Arbeit, Aufbau und Gesundheit betr. AufbauG — Begleiterlaß — v. 20. 6. 1949 (Nds. ABl. S. 301), Erl. des Min. — Delegierungserlaß — v. 27. 9. 1949, Erl. des Min. — Richtlinienerl. — v. 27. 9. 1949 (Nds. ABl. S. 404), Rd. Erl. d. Nds. Sozialmin. v. 13. 8. 1954 (MBl. S. 402).

9. Hessen. G über den Aufbau der Städte und Dörfer des Landes Hessen (AufbauG) v. 25. 10. 1948 (GVBl. Hess. S. 139), geänd. d. G v. 15. 1. 1949 (GVBl. Hess. S. 9) und G v. 23. 11. 1949 (GVBl. Hess. S.164) — s.Anh. 31; dazu Erste DVO v. 16. 3. 1950 (GVBl. Hess. S. 56), insbes. deren §§ 4, 5, 6, 7, 10—20, ferner RdErl. Nr. 1/52 des MdI zur Durchführung des AufbauG v. 25. 10. 1948 betr. Erforderlichkeit von Baufluchtlinien für die Bebaubarkeit eines Grundstückes v. 29. 7. 1952 (StAnz. S. 654) und Erl. des MdI betr. Enteignungsrecht; hier: Verhältnis der enteignungsrechtlichen Bestimmungen des AufbauG v. 25. 10. 1948 zu den allgemeinen Enteignungsgesetzen v. 28. 10. 1952 (StAnz. S. 829). In diesem Erlaß wird klargestellt, daß insoweit das AufbauG und das PrEG nebst dem VereinfEG — Reg. Bez. Kassel und Wiesbaden — bzw. des HessEnteignungsG v. 26. 7. 1884 i. d. Fass. d. Bek. v. 30. 9. 1899 (RgBl. S. 735) und des G v. 10. 4. 1941 (RegBl. S. 21) nebst Gesetz über ein vereinfachtes Enteignungsverfahren v. 4. 10. 1935 (RegBl. S. 193) — Reg. Bez. Darmstadt — alternativ anwendbar seien.

10. Schleswig-Holstein. G über den Aufbau in den schleswig-holsteinischen Gemeinden (AufbauG) v. 21. 5. 1949 (GVOBl. SchlH S. 93) — s. Anh. 32. Vgl. dazu Zweite DVO v. 31. 8. 1951 (GVBl. SchlH S. 159), Erl. d. SchlH SozialMin. v. 26. 9. 1949 (ABl. SchlH S. 362) und Bautechnischer Erl. Nr. 98 v. 3. 12. 1949 (ABl. SchlH 1950 S. 23).

11. Rheinland-Pfalz. LandesG über den Aufbau in den Gemeinden (AufbauG) v. 1. 8. 1949 (GVBl. RhlPf. S. 317) — s. Anh. 33. Dazu LandesDVO v. 21. 3. 1950 (GVBl. RhlPf. S. 129), insbes. deren §§ 28—31, 57—68, 70.

§ 2

(1) Die Entziehung und dauernde Beschränkung[1]) des Grundeigentums[2]) erfolgt auf Grund[3]) eines Beschlusses des Staatsministeriums[4]), welcher den Unternehmer und das Unternehmen, zu dem das Grundeigentum in Anspruch genommen wird, bezeichnet[5])[6]).

(2) Der Beschluß des Staatsministeriums wird durch das Amtsblatt derjenigen Regierung bekannt gemacht, in deren Bezirk das Unternehmen ausgeführt werden soll[7]**).**

1. **Dauernde** Beschränkungen s. zu § 1 Anm. 6. Wegen vorübergehender – vgl. §§ 4, 5.

2. Grundeigentum s. zu § 1 Anm. 1.

3. Die Worte „auf Grund" kennzeichnen den Unterschied zwischen dem E-hoheitsrecht des Staates (= Recht der Staatsgewalt, das E-recht zugunsten des Unternehmers anzuordnen – Eger S. 4 und Eger 14, 43) einerseits und dem Recht des Unternehmers, der im gesamten E-verfahren nur den E-behörden, nicht aber dem betroffenen Eigentümer gegenübersteht (RGZ 60 S. 102ff.; Neufang 9 a. E.; Ernst-Friede zu § 46 AufbauG NW Anm. 4 S. 288), zur bzw. auf Durchführung der E (= E-recht oder subjektives E-recht – Eger S. 4 und Eger 14, 43; vgl. auch Seufert Einl. III 2a, b; Ernst-Friede zu § 44 AufbauG NW Anm. 5 S. 266). Vgl. ferner unten Anm. 5.

4. An Stelle der ursprünglich genannten Königlichen Verordnung ist der Beschluß des Staatsministeriums bzw .der Landesregierung getreten. – In Hessen: Beschluß des zuständigen Fachministers (vgl. z. B. Erl. d. Hess. Innenmin. v. 16. 5. 1950 – II b – 79 – 256 3/50). Die Übertragung der Entscheidungsbefugnis über die Zulässigkeit der E auf die obersten Staatsorgane hat ihren Grund nicht darin, daß diese Aufgabe als Teil der Gesetzgebungsfunktion angesehen wurde, sondern allein in dem Bestreben, eine größtmögliche Sicherheit für eine gerechte Handhabung des E-Rechts zu schaffen (BVerwG Urt. v. 26. 3. 1955 – I C 149/53 – NJW 55 S. 1245 r. Sp. mit Hinweis auf Eger 9, 13 und § 1 II 11 PrALR).

Der Erlaß der E-Anordnung erfolgt in der Regel auf **Antrag** des Unternehmers; dieser ist aber nicht gesetzliche Voraussetzung; er kann auch von einem Dritten gestellt werden (Neufang 13). Ist der Antrag gestellt, so verfaßt die zuständige Behörde einen **Bericht,** dem Vorverhandlungen mit den voraussichtlich Betroffenen vorauszugehen haben und der sich auch über diese Vorverhandlungen verhalten muß. Zweckmäßigerweise werden berufene Behörden zu den Vorverhandlungen eingeladen (E ist ultima ratio!). Der nicht veröffentlichte – heute sinngemäß zu befolgende – Erl. d. PrHM v. 14. 6. 1923 – Va. 5007, II Ang., betreffend Verleihung des E-Rechts und Zulassung des vereinfachten E-verfahrens regelt das Nähere, im wesentlichen, wie folgt (vgl. dazu Einl A V 6, zu § 1 Anm. 2): Das E-recht wird dem Unternehmer durch Beschluß des Staatsministeriums entweder allgemein oder, wenn die in Anspruch zu nehmenden Grundstücke von vornherein genau feststehen, für die einzelnen Grundstücke verliehen (§§ 2, 21, Abs. 1 Ziff. 1). In beiden Fällen ist eine Abänderung des Beschlusses im Wege der Beschwerde weder vor noch nach Einleitung des der Durchführung des E-rechts dienenden Planfeststellungsverfahrens möglich. Die am Verfahren Beteiligten können daher nicht mit der Behauptung gehört werden, das Unternehmen diene nicht dem öffentlichen Wohle und sei unnötig oder die zu enteignenden Grundstücke hätten auch durch freihändigen Kauf erworben werden können. Die Begrenzung der E-befugnis auf bestimmte Grundstücke hat außerdem zur Folge, daß auch Einwendungen der Grundstückseigentümer oder der sonstigen Beteiligten gegen die Notwendigkeit der Inanspruchnahme gerade dieser Grundstücke unzulässig sind. Im Planfeststellungsverfahren kann nur noch darüber Entscheidung getroffen werden, ob die Grundstücke in ihrem gesamten Umfange oder nur zu einem Teil für das Unternehmen erforderlich sind. In Anbetracht dieser Rechtslage ist es Pflicht aller mit der Vorbereitung der Entscheidung des Staatsministeriums betrauten Behörden, eingehend zu prüfen, ob die Voraussetzungen für die Zulässigkeit der E auch tatsächlich gegeben sind. Wenn das E-recht beschleunigt durchgeführt werden soll, kann der Antrag auf Verleihung des E-rechts mit dem Antrag auf Zulassung des vereinfachten E-verfahrens gemäß § 1 VereinfEG verbunden werden. Die Voraussetzung für die Anwendung dieses Gesetzes ist die gleiche wie im § 1 des PrEG für die Zulässigkeit der E. Das Verfahren muß „aus Gründen des öffentlichen Wohles" einer besonderen Beschleunigung bedürfen. Als Beispiele sind genannt: die Beseitigung oder Abwendung größerer Arbeitslosigkeit oder eines sonstigen Notstandes. Das Vorhandensein derartiger oder ähnlicher Gründe ist in den Anträgen auf Zulassung des vereinfachten E-verfahrens nachzuweisen.

Nach Abschluß des Prüfungsverfahrens sind die gesamten Vorgänge dem die Verleihung des E-rechts vorbereitenden Ressortminister vorzulegen . . . Die Prüfung der **Anträge** auf Verleihung des E-rechts und auf Zulassung des vereinfachten E-verfahrens und die **Berichterstattung** hat sich also auf folgende Punkte zu erstrecken: 1. Bezeichnung des Unternehmers (Träger des Unternehmens), 2. Bezeichnung des Unternehmens; genaue Beschreibung der Anlagen unter Beifügung einer einfachen Handzeichnung in Aktenformat, bei Kleinbahnen tunlichst unter Benutzung von Generalstabskarten; 3. Finanzierung des Unternehmens und deren Sicherstellung; 4. bei genehmigungspflichtigen Anlagen Feststellung, daß die Genehmigung erteilt ist, unter Beifügung einer Abschrift der Genehmigungsurkunde; 5. Bezeichnung des in Anspruch zu nehmenden Grundeigentums: a) bei Beschränkung des E-antrages auf einzelne Grundstücke grundbuch- oder katastermäßige Bezeichnung der Parzellen, b) bei generellen E-anträgen Angabe der Gemarkung oder Kreise; 6 Angabe der für das Zustandekommen des Unternehmens sprechenden Gründe des öffentlichen Wohles; 7 Nachweis der Notwendigkeit der E: a) Angabe, ob der Verkauf der Grundstücke von dem Eigentümer überhaupt abgelehnt wird, b) Angabe der Forderungen des Eigentümers, aa) Höhe der Geldforderung, bb) Angabe sonstiger Forderungen, insbesondere auf Tauschland, c) Stellungnahme zu der Angemessenheit der geltend gemachten Forderungen; 8 Angabe der Gründe für die beschleunigte Durchführung des E-verfahrens (§ 1 des Gesetzes v. 26. 7. 1922). Beizufügen ist der Entwurf der Urkunde über Verleihung des E-rechts entsprechend den Anträgen des Unternehmers nach folgendem Muster: „Dem . . . . . wird hierdurch auf Grund des Gesetzes vom 11. 6. 1874 (PrGS S. 221) das Recht verliehen, das zum . . . . . erforderliche Grundeigentum im Wege der E zu erwerben oder, soweit dies ausreicht, mit einer dauernden Beschränkung zu belasten. Auf staatliche Grundstücke und staatliche Rechte an fremden Grundstücken findet dieses Recht keine Anwendung. (Dieser Satz fällt fort bei Beschränkung auf bestimmte Grundstücke.) Gleichzeitig wird auf Grund des § 1 des VereinfEG E v. 26. 7. 1922 (PrGS S. 211) bestimmt, daß die Vorschriften dieses Gesetzes bei der Ausübung des vorstehend verliehenen E-rechtes anzuwenden sind." Dazu bestimmt die Verf. des VWM v. 21. verliehenen E-rechtes anzuwenden sind." Dazu bestimmt die Verf. des VWM v. 21. 12. 1923, MBliV 24 S. 5: Soll nach § 11 FluchtlG eine E erfolgen, so muß der Plan nach § 8 FluchtlG festgestellt sein. Diese Feststellung ersetzt die in den §§ 15 bis 23 geordnete Feststellung des E-plans, so daß bei diesen E nur noch die Entschädigung festgestellt und die E ausgesprochen werden muß. Wird das einer Gemeinde nach § 11 FlG zustehende E-recht in den Formen des VereinfEG durchgeführt, so kommt außerdem noch die Entscheidung nach § 1 dieses G in Frage. Mit dem Antrage auf Zulassung des vereinfachten E-verfahrens ist neben den in dem Erl. des PrHM v. 14. 6. 1923 (oben) geforderten Unterlagen eine Abzeichnung des Planes mit den beglaubigten Vermerken über die vorschriftsmäßige Durchführung des Fluchtlinienverfahrens beim PrVWM vorzulegen.

Wegen Vorbereitung durch Vorarbeiten § 5. Ein Beschluß des Staatsministeriums ist unnötig in Fällen der §§ 3 — Geradelegung oder Erweiterung öffentlicher Wege und Umwandlung von Privatwegen in öffentliche —, 4, 5 — vorübergehende Beschränkungen —, 50—53 — Entnahme von Wegebaumaterialien, ferner wo Bundes- oder Landesgesetz allgemein zur E von Grundeigentum ermächtigt (vgl. dazu Vorbem. vor §§ 2ff.).

5. Die **Enteignungsanordnung** — historisch bedingt und heute in Rspr. und Lit. vielfach „Verleihung" genannt — klar aber z. B. schon Grünhut S. 82ff., 96, 201ff.: Feststellung des Enteignungsfalles — ist nach richtiger Ansicht (so Neufang 12) die Feststellung der obersten Verwaltungsbehörde, daß die E zulässig und geboten ist, und die Anweisung an die zuständige E-behörde, das E-verfahren durchzuführen. Damit erwirbt der Unternehmer einen öffentlich-rechtlichen Anspruch gegen die mit dem E-akt betrauten Behörden, daß sie zu seinen Gunsten die E aussprechen, d. h. ihm unter Vernichtung des Rechts des bisherigen Eigentümers Eigentum verleihen (RGZ 69 S. 68 = JW 08 S. 35). Der Anspruch ist nicht übertragbar. Rechte und Pflichten aus der E bleiben dem Unternehmer, auch wenn er das Unternehmen durch einen Dritten für dessen Rechnung ausführen läßt (RGZ 9 S. 276; Warn. 17 S. 237 = Recht 11 Nr. 307), anders wenn Dritter durch G ermächtigt, das in der E-anordnung genannte Unternehmen an Stelle des früheren Unternehmers auszuführen (JW 89 S. 80; RGZ 65 S. 94 = JW 07 S. 158 — vgl. § 7 Anm. 1). Ansonsten ist neue E-anordnung und Wiederholung des Verfahrens zugunsten des neuen Unternehmers nötig (Neufang 17).

Über Antrag s. o. Anm. 4.

Die Rechtsnatur der E-anordnung (= Verleihung) ist streitig. Gegen die Ansicht, es handele sich um einen Regierungs- und damit gerichtsfreien Hoheitsakt spricht, daß die Feststellung, „ob ein das E-recht begründendes Unternehmen vorliegt" (Grünhut S. 202), ob die E und mithin die Verleihung des E-rechts zulässig und geboten ist, keine politische, sondern eine fachliche, sachzweckbezogene und -gebundene Entscheidung der Exekutive ist, wenn auch wirtschaftspolitische Erwägungen und Wertungen die Entscheidung immer mitbestimmen und mittragen werden. Die Auffassung, es liege keine Regierungs- und kein gerichtsfreier Hoheitsakt vor, vertreten auch Ernst-Friede zu § 44 AufbauG NW Anm. 5 S. 266. Andererseits ist es auch fraglich, ob die E-anordnung einen VA darstellt. Seufert Einl. III 2 b und zu Art. XIV ZAG Anm. I 1—3 bejaht dies mit guten Gründen, da auch der Wortlaut der Art. V und XIV ZAG diese Auslegung stützen. Für das pr. Recht dürfte eine eingeschränkte Meinung zutreffen. Richtig ist, daß die E-anordnung gem. § 2 PrEG, wenn sie ergangen ist, auch die Anweisung an die zuständige Behörde enthält, das E-verfahren durchzuführen (RGZ 69 S. 68; s. o.), womit der Unternehmer einen öffentlich-rechtlichen Anspruch gegen die EB gewinnt. Demgemäß erscheint es richtig, die E-anordnung im Verhältnis zum Unternehmer als einen VA, nach seinem Erlaß als einen begünstigenden VA anzusehen, der auch im Verwaltungsstreitverfahren durchsetzbar ist (Neufang 19). Genau so richtig ist ferner, daß die E-anordnung nach pr. Recht nicht ein Betroffensein des einzelnen Eigentümers erzeugt, so daß dieser in diesem Zeitpunkt noch nicht, sondern erst vom Planfeststellungsbeschluß ab klagebefugt ist. Da — und solange — die E-anordnung von der obersten Verwaltungsbehörde ausgesprochen wird, der Gesetzgeber also schon in gewissem Sinne eine größtmögliche Objektivität der Entscheidung unterstellte, besteht kein Bedürfnis, einem betroffenen oder möglicherweise betroffenen Eigentümer schon in diesem Stadium für klagebefugt zu halten.

Eine andere Auffassung kann allerdings geboten sein in den Fällen, in denen der Ortsgesetzgeber mit Leit- und Durchführungsplänen der AufbauG die Grundlage für nachfolgende E zu schaffen befugt ist. Immerhin bleibt zu beachten, daß der Gesetzgeber des PrEG nicht ohne Grund schon die Entscheidung über den Anfang des Verfahrens, das auch bei gesetzmäßiger Durchführung zwangsläufig zu schwerwiegenden Eingriffen führt, in die Spitze der Exekutive verlegt hat (s. o. Anm. 4).

Das BVerwG Urt. v. 26. 3. 1955 — I C 149/53 — NJW 55 S. 1245 = BBBl. 55 S. 357 = BVerwGE 2 S. 36 läßt ausdrücklich unentschieden, ob eine E-anordnung nach § 2 PrEG ein — vom Eigentümer — anfechtbarer VA ist (s. NJW 55 S. 1245 li. Sp.). Die Frage ist zu verneinen. Vor dem VG kann nicht auf Feststellung der Nichtigkeit eines E-aktes geklagt werden (OVG Münster Urt. v. 13. 5. 1953 — IV A 389/52 — MDR 53 S. 696 = BBBl. 54 S. 14). Anders dagegen für den Beschluß über die Verleihung des E-rechts nach dem brem. EG; dieser Beschluß enthält gem. § 8 Abs. 3 mit § 3 brem. EG zugleich die Feststellung des E-planes (BVerwG Urt. v. 26. 3. 1955, a. a. O.; VGH Bremen Urt. v. 28. 5. 1953 — A 106/52 — DVBl. 53 S. 697). Für das systematisch ähnliche hamb. E-recht: OVG Hamburg Urt. v. 30. 1. 1953 — 320/52 — MDR 53 S. 316 = BBBl. 53 S. 258).

Die E-anordnung betrifft **nicht** den Eigentümer; dieser ist also nicht anfechtungsberechtigt (vgl. das oben erw. Urteil OVG Münster); sein Betroffensein i. S. einer Rechtsbeeinträchtigung beginnt erst mit der Planfeststellung — §§ 15ff. (Neufang 16 und DVBl. 51 S. 108 [109]; Seufert Vorbem. vor D III Rdn. 10; Ernst-Friede zu § 44 AufbauG NW Anm. 5 S. 266; h.M.).

Keiner E-anordnung durch Beschluß des Staatsministeriums bedarf es, wenn die Zulässigkeit der E bereits durch G ausgesprochen ist; dann hat aber — soweit dies nicht ebenfalls gesetzlich bestimmt — das Staatsministerium über die Zulässigkeit des vereinfachten Verfahrens zu beschließen (dazu Neufang 14).

6. Der Umfang des verliehenen Enteignungsrechts richtet sich nach dem Inhalt des Beschlusses des Staatsministeriums. Wird darin ohne spezielle Bezeichnung der zu enteigenenden Grundstücke die E allgemein für ein Unternehmen angeordnet, entscheiden über den Umfang die nach diesem G zuständigen Verwaltungsbehörden. Ausnahmsweise Rechtsweg über den Umfang vgl. § 9 Anm. 5, 6, § 30 Anm. 1. Die ohne spezielle Bezeichnung angeordnete E umfaßt, wenn der Beschluß nicht anders bestimmt, räumlich und zeitlich unbegrenzt auch später nötig werdende Ergänzungen und Erweiterungen nach Maßgabe des jeweiligen Bedürfnisses, auch des Betriebes der Anlage, z. B. infolge Entwicklung des Verkehrs oder erst später sich zeigender Gefährdung des Betriebs; aber nur Ergänzungen und Erweiterungen, nicht Anlagen, die ein neues, selbständiges Unternehmen bedeuten. Der mit dem E-recht Beliehene hat nur im Umfang seines Bedürfnisses Anspruch auf Durchführung der E – LVG Düsseldorf Urt. v. 2. 4. 1952 – 4 K 135/51 – BBBl. 53 S. 367 = DÖV 52 S. 370.

Ist ein Grundstück tatsächlich auf Grund des öffentlichen Rechts zu einem dem öffentlichen Interesse dienenden Zweck verwendet, so können Privatrechte an demselben, solange die Verwendung dauert, nicht geltend gemacht werden PrOT 75 S. 154; Braun und Blum, Annalen 5, 214. Vgl. auch § 12 Anm. 1.

7. Gem. § 5 PrG betr. die Bekanntmachung landesherrlicher Erlasse v. 10. 4. 1872 (PrSG S. 357) war durch eine Anzeige im Gesetzblatt des Landes auf die Bekanntmachung hinzuweisen. Dies gilt heute sinngem. Der Unternehmer hat die Kosten zu tragen. Die Frage der gehörigen Bekanntmachung prüfen die Behörden (vgl. auch Staatsmin.-Beschl. v. 21. 2. 1876; Verf. PrHM v. 5. 3. 1876, MBliV 76 S. 43).

§ 3

Ausnahmsweise bedarf es zu Enteignungen der in § 2 gedachten Art eines Beschlusses des Staatsministeriums nicht für Geradelegung oder Erweiterung öffentlicher Wege[1]), sowie zur Umwandlung von Privatwegen[2]) in öffentliche Wege, vorausgesetzt, daß das dafür in Anspruch genommene Grundeigentum außerhalb der Städte und Dörfer belegen[3]) und nicht mit Gebäuden besetzt ist. In diesem Falle wird die Zulässigkeit der Enteignung von *der Bezirksregierung* **ausgesprochen[4]).**

1. Öffentliche Wege sind die zum Gemeingebrauch bestimmten (vgl. dazu im einzelnen Germershausen-Seydel S. 1ff.; ferner BRS 5 S. 115ff. „Wegerecht"). Vgl. dazu auch OVG Münster Urt. v. 26. 3. 1953 – IV A 887/51 – (= BRS 3 S. 321ff.); Urt. v. 29. 10. 1953 – IV A 1159/52 (= BRS 3 S. 324ff.); Urt. v. 29. 10. 1953 – IV A 1386/52 (= BRS 3 S. 329ff.).

2. Ein offenkundiger Privatweg kann zwangsweise nur im Wege der E in einen öffentlichen Weg verwandelt werden. Ein öffentlicher Weg ist nicht vorhanden, wenn die Wegeanlage nur den Gebrauch eines bestimmten Personenkreises oder der Benutzung bestimmter Grundstücke dient (VGH Stuttgart Urt. v. 18. 6. 1954 – 3 K 56/54 – VerwRspr. 8 S. 70) – Interessentenweg (Germershausen-Seydel S. 22f.). Ist streitig, ob ein Weg öffentlich oder ein Privatweg ist, so kann das VG auf Klage des Betroffenen den Weg für einen öffentlichen erklären (vgl. OVG Münster Urt. v. 29. 10. 1953 – IV A 1386/52 – Leitsatz 2 – BRS 3 S. 329). Dem Berechtigten bleibt nur der Anspruch auf Entschädigung im Rechtsweg (§ 56 Abs. 4 ZustG; PrOVG 9 S. 223). Für eine E ist insoweit kein Raum. Das VG entscheidet in einem derartigen Streitfall selbst dann, wenn nach früheren landesrechtlichen Regelungen der Zivilrechtsweg eröffnet war (LVG Oldenburg Urt. v. 31. 8. 1954 – 197/54 – DVBl. 55 S. 99).

Die Ausnahme des § 3 umfaßt nur zwei Fälle: a) Geradelegung (= Begradigung) und Erweiterung (= nur Verbreiterung, nicht aber Verlängerung des öffentlichen Weges über den bisherigen Endpunkt hinaus), b) Umwandlung von Privat- in öffentliche Wege (nicht Geradelegung und Erweiterung von Privatwegen – dies fällt unter § 2) – so Eger 22.

3. Innerhalb des Bebauungsgebietes der Städte und Dörfer und soweit das Grundeigentum mit Gebäuden besetzt ist ist das PrFluchtlG oder das AufbauG anzuwenden.

4. Die Entscheidung ergeht durch **Beschluß** (§ 4 Abs. 3), in dem der Unternehmer und das Unternehmen – wie im Beschluß nach § 2 – zu bezeichnen sind. Zustellung nach § 39 an die Beteiligten: Unternehmer und die durch den Beschluß in ihrem Recht Betroffenen. Der Eigentümer ist noch nicht klageberechtigt (s. zu § 2 Anm. 5); anschließend Planfeststellungsverfahren nach §§ 15ff.

Über Zuständigkeit und Rechtsmittel s. Vorbem. vor §§ 15ff. Anm. II, III.

§ 4

(1) Vorübergehende Beschränkungen[1]) werden von *der Bezirksregierung*[5]) **angeordnet.**

(2) Dieselben dürfen wider den Willen des Grundeigentümers die Dauer von drei Jahren nicht überschreiten. Auch darf dadurch die Beschaffenheit des Grundstücks nicht wesentlich oder dauernd verändert werden[2]). Zur Überschreitung dieser Grenzen bedarf es eines nach § 2 eingeleiteten und durchgeführten Enteignungsverfahrens[3]).

(3) Gegen den Beschluß *der Bezirksregierung*[5]) **in den Fällen der §§ 3 und 4 steht innerhalb** *zwei Wochen* **nach der Zustellung jedem Beteiligten[4])** *die Beschwerde* **an die vorgesetzte Ministerialinstanz offen.**

1. Begriff der **vorübergehenden Beschränkungen** s. Abs. 2 Satz 1 und 2, z. B. Lagerung von Baumaterial, zeitweises Überfahren, Aufstellen von Baugerüsten, Interimswege, Werkplätze, Baubuden, Ableiten von Wasser, auch unwesentliche Substanzentnahmen (Eger 26). Ungeschriebene Bedingung für die Zulässigkeit derartiger Beschränkungen ist, daß sie für ein mit E-recht versehenes Unternehmen und in den Grenzen dieses Rechts erfolgen.

Gem. § 12 ist für derartige Beschränkungen die Entschädigung nach denselben Grundsätzen zu bestimmen wie für die Entziehung des Grundeigentums. § 4 bezweckt nur, für die genannten geringfügigen Fälle an Stelle der Anordnung des Staatsministeriums den Beschluß der Bezirksregierung (s. Anm. 5) zu setzen, nicht aber das formelle und materielle E-verfahren abweichend zu gestalten (Eger 27). Deshalb findet auch hier das in §§ 15ff., 24ff. geregelte Verfahren wegen des Umfanges der Beschränkung und der Entschädigung statt.

2. Beschränkungen, welche die Wiederherstellung des früheren Zustandes unmöglich machen, sind unzulässig; dasselbe gilt, wenn sie nur Vorläufer der E darstellen, insbesondere Änderungen auf dem Grundstück vorbeugen sollen. S. auch zu § 13 Anm. 3. Wesentlich ist die Veränderung, wenn der Eigentümer das Grundstück nach Wegfall der Beschränkung nicht wieder in ursprünglicher Gestalt und Beschaffenheit erlangen, es nicht mehr seinem bestimmungsmäßigen Zweck dienen kann (Eger 28). Ob eine Beschränkung dauernd ist, entscheidet allein das Zeitmaß (Eger 28).

3. **Zur Überschreitung dieser Grenzen** bedarf es einer E-anordnung nach § 2. Aus dem Wortlaut folgt, daß eine solche ergehen muß, wenn anfangs zu übersehen ist, daß es sich nicht nur um vorübergehende Beschränkungen handeln werde. Ist der Beschluß ergangen, die in Abs. 3 genannte Rechtsmittelfrist verstrichen und stellt sich z. B. nach einem Jahr heraus, daß doch eine wesentliche oder dauernde Beschränkung des Grundstücks eintreten wird, so ist gem. Abs. 2 Satz 4 ein E-ver-

fahren nach § 2 einzuleiten und durchzuführen. Geschieht dies nicht, steht dem Eigentümer gegen den Begünstigten der Rechtsweg offen (enteignungsgleicher Eingriff – s. Einl. A V 4). Die Auffassung, daß Beschränkungen, welche die gezogene Grenze überschreiten, nur nach Abs. 3, nicht aber im Rechtsweg anfechtbar seien, trifft nur den Regelfall.

Fraglich, ob Eigentümer, dem der Beschluß auch zugestellt wird, nach erfolgloser Einlegung eines Rechtsmittels mit der Behauptung, er sei in seinen Rechten betroffen, das VG anrufen kann. Dies ist hier zu bejahen, da einmal das PrEG hier die Zustellung des Beschlusses an alle Beteiligten anordnet und zum anderen die überwiegende Meinung auch den Eigentümer als materiellrechtlich Beteiligten (s. unten Anm. 4) ansieht, mithin die Zuerkennung der Klagebefugnis schon in diesem Stadium gerade im Falle des § 4 dem Sinn eines möglichst lückenlosen und frühzeitig wirksamen Rechtsschutzes entspricht (Art. 19 Abs. 4 GG).

4. Wer **Beteiligter** ist, sagt G nicht. RG Urt. v. 25. 4. 1891 – EisenbEntsch. VI S. 329 – zit. bei Eger 29 –: die materiell-rechtlich Beteiligten. Die überwiegende Meinung versteht unter Beteiligten mindestens den Unternehmer und den Eigentümer.

5. Über Zuständigkeit und Rechtsmittel s. Vorbem. vor §§ 15ff. Anm. II, III.

§ 5

(1) Handlungen, welche zur Vorbereitung eines die Enteignung rechtfertigenden Unternehmens erforderlich sind[1]), muß auf Anordnung *der Bezirksregierung*[2]) **der Besitzer auf seinem Grund und Boden geschehen lassen[3]). Es ist ihm jedoch der hierdurch etwa erwachsende, nötigenfalls im Rechtswege festzustellende Schaden[4]) zu vergüten. Zur Sicherstellung der Entschädigung darf** *die Bezirksregierung* **vor Beginn der Handlungen vom Unternehmer eine Kaution[5]) bestellen lassen und deren Höhe bestimmen. Sie ist hierzu verpflichtet, wenn ein Beteiligter die Kautionsstellung verlangt.**

(2) Die Gestattung der Vorarbeiten[6]) wird von *der Bezirksregierung* **im Regierungsamtblatt generell bekanntgemacht. Von jeder Vorarbeit hat der Unternehmer unter Bezeichnung der Zeit und der Stelle, wo sie stattfinden soll, mindestens** *zwei Tage* **zuvor** *den Vorstand des betreffenden Guts- oder Gemeindebezirks* **in Kenntnis zu setzen, welcher davon die beteiligten Grundbesitzer speziell** *oder in ortsüblicher Weise generell* **benachrichtigt.** *Dieser Vorstand* **ist ermächtigt, dem Unternehmer auf dessen Kosten einen beeidigten Taxator zu dem Zwecke zur Seite zu stellen, um vorkommende Beschädigungen sogleich festzustellen und abzuschätzen. Der abgeschätzte Schaden ist, vorbehaltlich dessen anderweiter Feststellung im Rechtswege, den Beteiligten (Eigentümer, Nutznießer, Pächter, Verwalter) sofort auszuzahlen, widrigenfalls** *der Ortsvorstand* **auf den Antrag des Beteiligten die Fortsetzung der Vorarbeiten zu hindern verpflichtet ist.**

(3) Zum Betreten von Gebäuden und eingefriedeten Hof- oder Gartenräumen bedarf der Unternehmer, insoweit dazu der Grundbesitzer seine Einwilligung nicht ausdrücklich erteilt, in jedem einzelnen Falle einer besonderen Erlaubnis

der Ortspolizeibehörde, welche die Besitzer zu benachrichtigen und zur Offenstellung der Räume zu veranlassen hat.

(4) Eine Zerstörung von Baulichkeiten jeder Art[6]) sowie ein Fällen von Bäumen ist nur mit besonderer Gestattung *der Bezirksregierung* **zulässig.**

1. § 5 regelt das E-recht für die **vorbereitenden Handlungen** zu einem Unternehmen der im § 1 gedachten Art. Nur solche Handlungen, die zur Vorbereitung des projektierten Unternehmens unbedingt geboten sind; sie dürfen über dieses Maß nicht hinausgehen (Eger 32), andere sind unzulässig.

Eine E-anordnung gem. § 2 braucht nicht noch ergangen zu sein (Eger 32, Neufang 33); eine Anordnung nach § 5 präjudiziert nicht die E-anordnung gem. § 2. Für die in eigener Zuständigkeit zu treffende Entscheidung genügt es, wenn die nach § 5 zuständige Behörde der Auffassung ist, daß das Unternehmen der in § 1 gedachten Art eine E rechtfertigt (dazu Neufang 33).

Als vorbereitende Handlungen kommen in Betracht: Vermessen, Begehen der geeignet erscheinenden Flächen, Probebohrungen, Durchschlagen von Holzungen, Abtragen von Erderhöhungen, Fällen von Bäumen, Zerstörung von Baulichkeiten (arg. Abs. 4), usw. (s. auch Eger 31, 32); s. aber Anm. 6.

Vorschriften, die aus anderen Gründen derartige Vorarbeiten genehmigungspflichtig machen, bleiben unberührt. Vgl. dazu Erl. d. PrHM J Nr. VI 5. 16. 3507 v. 3. 7. 1929 (abgedr. bei Neufang 33): „Nach § 5 des PrEG . . . bedarf es zu Handlungen auf fremden Grund und Boden, die zur Vorbereitung eines die E rechtfertigenden Unternehmens erforderlich sind, einer Anordnung des Bezirksausschusses, an dessen Stelle bei Zulassung des vereinfachten E-verfahrens . . . der Regierungspräsident . . . tritt . . . Voraussetzung für die Anordnung ist, daß die Genehmigung zur Vornahme der Vorarbeiten von der dafür zuständigen Staatsbehörde erteilt ist, sofern eine solche staatliche Genehmigung zur Vornahme von Vorarbeiten für das Unternehmen vorgeschrieben ist (vgl. Seydel, Enteignungsgesetz, 4. Auflage S. 38 Nr. 1). Zuständig ist in Preußen, soweit nicht etwas Abweichendes bestimmt ist, das Staatsministerium, dem auch die Verleihung des E-rechts, also die Entscheidung darüber zusteht, ob es sich um ein die E rechtfertigendes Unternehmen handelt. Für Reichsbahnen entscheidet über die Zulässigkeit der Inanspruchnahme fremder Grundstücke zur Ausführung von Vorarbeiten nach § 38 des Reichsbahngesetzes v. 30. 8. 1934 (RGBl. II S. 272) endgültig der Reichsverkehrsminister. Er hat sich zur Erleichterung des Geschäftsganges damit einverstanden erklärt, daß die Genehmigung zur Zulassung von Vorarbeiten als erteilt anzusehen ist, wenn für das betreffende Unternehmen bereits ein E-recht verliehen oder die Zulässigkeit der E gemäß § 38 des Reichsbahngesetzes festgestellt und damit bestätigt worden ist, daß es sich um ein die E rechtfertigendes Unternehmen handelt. Es genügt in diesen Fällen, wenn die Reichsbahndirektionen bei ihren Anträgen auf Zulassung von Vorarbeiten gemäß § 5 des PrEG auf die allgemeine Genehmigung des Reichsverkehrsministers Bezug nehmen.

Nach diesen Grundsätzen ist in Zukunft auch bei Vorarbeiten für alle sonstigen Unternehmungen (Privateisenbahnen, Kleinbahnen, elektrische Hochspannungsleitungen, Straßenbauten usw.), für die die Landesbehörden zuständig sind, zu verfahren. Dementsprechend ist die Genehmigung zur Zulassung von Vorarbeiten bei dem auch für die Verleihung des E-rechts zuständigen Ressortminister dann einzuholen, wenn das E-recht noch nicht verliehen ist."

Zu diesem Erl. beachte jetzt § 37 Satz 3 BundesbahnG: Bundesverkehrsmin. nach Anhörung der höheren Verwaltungsbehörde (s. Anh. 1). Für Eisenbahnen s. ferner Erl. d. PrHM v. 22. 10. 1874 (MBliV S. 241), für Kleinbahnen Erl. d. PrMdöA v. 13. 1. 1896 (MBliV S. 14).

Zu § 11 EnergiewirtschaftsG (s. Anh. 8) vgl. den Erl. d. früh. Reichswirtschaftsmin. v. 1. 2. 1936 – Z. 6259/36 Qu (abgedr. bei Neufang 33): „Zu den Vorschriften des § 11 Abs. 2 EnergieG bemerke ich vorbehaltlich etwaiger Ergänzungen durch die noch zu erlassenden Durchführungsbestimmungen folgendes: Meiner Zuständigkeit unterliegt die endgültige Entscheidung über die Art der Durchführung und den Umfang der E. Die Entscheidung über die Art der Durchführung betrifft im wesentlichen die Zulassung eines nach den Landesgesetzen zulässigen vereinfachten oder dringlichen Verfahrens. Die Entscheidung über den Umfang betrifft die Plangestaltung, also die Feststellung des Gegenstandes der E durch Festlegung der Art und des Umfanges der Inanspruchnahme fremden Grundeigentums. Soweit diese Entscheidung nach Maßgabe der landesgesetzlichen Vorschriften mit der Beschwerde anfechtbar ist, habe ich über die Beschwerde zu entscheiden ... Das gleiche gilt für die Entscheidung über die Zulässigkeit der Inanspruchnahme der Grundstücke zur Ausführung von Vorarbeiten. Da durch die Zulassung von Vorarbeiten der endgültigen Entscheidung über die Zulassung der E vorgegriffen werden kann, ersuche ich ergebenst sicherzustellen, daß Vorarbeiten, soweit die Entscheidung hierüber mir nicht unmittelbar obliegt, nur gestattet werden, wenn entweder bereits die Zulässigkeit der E ausgesprochen oder vorher mein Einverständnis eingeholt ist."

2. Die Anordnung ist VA und ergeht durch Beschluß, der persönlicher Bekanntmachung (Zustellung oder Eröffnung) bedarf; diese kann mit Benachrichtigung nach Abs. 2 Satz 2 verbunden werden. Rechtsmittelbelehrung nötig. Die Kosten der Bekanntmachung trägt der Staat (Erl. v. 10. 1. 1910 [MBliV S. 12]).

Über Zuständigkeit und Rechtsmittel s. Vorbem. vor §§ 15ff. Anm. II, III.

3. Vollstreckung durch Zwang nach Rechtskraft des Beschlusses oder der Entscheidung über den Aussetzungsantrag nach Maßgabe der einschlägigen Gesetze zulässig.

4. Schadensermittlung und -feststellung durch vereidigten Schätzer (Abs. 2). Für die Berechnung des Schadens gelten §§ 7ff. entsprechend; im Streitfall entscheidet über die Höhe das ordentliche Gericht (Abs. 2 Satz 4).

Der Schadensbetrag ist sofort auszuzahlen (Abs. 2 Satz 4). Art. 52, 53 EGBGB sind unanwendbar (Art. 109 Satz 2 EGBGB).

5. Der Fiskus ist kautionsfrei – § 41.

6. Dem Wortlaut, daß anläßlich gestatteter Vorarbeiten eine Zerstörung von Baulichkeiten jeder Art erlaubt sei, kann nicht entnommen werden, daß in allen Fällen der Abbruch von Gebäuden eine Handlung sei, die zur Vorbereitung eines die E rechtfertigenden Unternehmens erforderlich ist. BGHZ 21 S. 137: Vorarbeiten zur Vorbereitung städtebaulicher Maßnahmen sind Arbeiten, die vorgenommen werden müssen, bevor die eigentlichen Arbeiten beginnen. Das Niederreißen der gesamten, auf einem oder mehreren Grundstücken stehenden Gebäude gehört regelmäßig nicht zu den Vorarbeiten, namentlich dann nicht, wenn – im Gebiet des pr. E-rechts – der Unternehmer gem. § 6 des VereinfEG bereits in den Besitz des zu enteignenden Grundstücks eingewiesen worden war. Wegen anderer als der zugelassenen Handlungen steht den Beteiligten der Rechtsweg offen; auch Selbsthilfe nach § 859 BGB.

§ 6

Dasjenige, was dieses Gesetz über die Entziehung und Beschränkung des Grundeigentums bestimmt, gilt auch von der Entziehung und Beschränkung der Rechte am Grundeigentum[1]).

1. In Betracht kommen nach § 6 nur Rechte an solchem Grundeigentum, das nicht selbst vom Unternehmer im Wege der E in Anspruch genommen wird RGZ 86 S. 184 = JW 15 S. 412; im übrigen dingliche Rechte jeder Art an Grundstücken. Vgl. Recht 11 Nr. 630: Rechte Dritter an Grundstücken, die im Eigentum des Unternehmers stehen; Warn. 12 S. 203: Fährgerechtigkeit an einem Grundstück des Unternehmers; JW 16 S. 913 = Recht 16 Nr. 478: Belastung, wonach der Eigentümer sich die Hebung seines Hauses und Aufschüttung des anschließenden Landes gefallen lassen soll; Gruch. 43 S. 1104: Hypothek; 46 S. 1163; Recht 15 Nr. 308: Wegerecht; RGZ 94 S. 71: Servitut der Unbebaubarkeit; RGZ 44 S. 325: Recht des Anliegers an städtischer Straße auf Erhaltung ungeschmälerter Verbindung mit dieser, Recht auf Stehenlassen eines Walles bei Erniedrigung des Nachbargrundstücks gemäß § 187 I 8 ALR; im übrigen über Straßenanliegerrecht § 11 Anm. 4.

Titel II
Von der Entschädigung

Vorbem. vor §§ 7ff. I

I. Allgemeines

1. Nach wohl einhell. M löst die E einen **öffentlich-rechtlichen Entschädigungsanspruch** aus, der begrifflich eine Wirkung des E-aktes ist (vgl. für viele: Weber S. 387; Seufert Einl. IV 2 Rdn. 44; v. Mangoldt-Klein zu Art. 14 Anm. VII 9); er verjährt in 30 Jahren; inhaltlich ähnelt er einem bürgerlich-rechtlichen Schadensersatzanspruch (vgl. Seufert zu Art. V ZAG Anm. II 1 Rdn. 12 mit Hinw. auf BGHZ 11 S. 156), jedoch besteht der Unterschied darin, daß die E-entschädigung nicht in erster Linie auf Wiederherstellung, sondern auf Ausgleich des dem Betroffenen auferlegten Sonderopfers zielt (Hamann zu Art. 14 GG Anm. 12). Zwar erlaubt § 16, daß sich die Parteien entweder in vollem Umfange über die Entschädigung einigen oder die Festsetzung den Bestimmungen des PrEG gemäß vornehmen lassen. Die Elemente der Entstehung des Entschädigungsanspruchs sind jedoch wegen ihrer öffentlich-rechtlichen Natur der Verfügung der Parteien entzogen BGHZ 12 S. 357 (375). Der Entschädigungsanspruch ist ein einheitlicher Anspruch RGZ 74 S. 287; 119 S. 362; BGHZ 12 S. 377. Enteignungs- (entschädigungs) und Aufopferungsansprüche bestehen nicht nur bei rechtlicher, sondern auch bei nur tatsächlicher Einwirkung RGZ 167 S. 14 (25); BGHZ 17 S. 96 (101), aber nicht schon bei der Aufstellung von „vorbereitenden“ Plänen BGHZ 17 S. 96 (102); dazu Reinhardt in Reinhardt-Scheuner S. 51f. In der Versagung einer Bauerlaubnis mit Rücksicht auf die beabsichtigte Neufestsetzung der Baufluchtlinie kann ein entschädigungspflichtiger e-gleicher Eingriff liegen BGHZ 19 S. 1.

2. Über die Art der Entschädigung sagt das GG nichts. Ungeachtet dessen gilt für Entschädigungen nach PrEG folgendes: Sie erfolgt grundsätzlich in **Geld**, und zwar in einer einmaligen **Kapitalzahlung.** Dies folgt — wie auch Neufang 44 richtig bemerkt — aus der Systematik des G, wonach die Entschädigung in Geld (§ 7 Satz 2) und vor Ausspruch der E (§ 32 Abs. 1) zu entrichten ist (so auch RGZ 45 S. 203; RG in JW 18 S. 713; RGZ 130 S. 185 u. a. m., auch Erl. d. RWM II 1—2/ 946/44 v. 31. 3. 1944). Eine Volkswirtschaft ohne einschneidende Krisen, wie sie z. Z. des Erlasses der älteren E-gesetze und noch Jahrzehnte danach herrschte, rechtfertigte diese Auffassung (Weber S. 388 mit Hinw. auf Kutscher S. 47).

Der Wortlaut des § 7 Satz 2 schließt eine Geldentschädigung in Form einer **Rente** nicht aus (unter besonderen Voraussetzungen bejaht schon von Eger 44 a. E). Zahlung einer Rente möglich, „wenn sicher feststeht, daß Beeinträchtigungen nur vorübergehend sind" — so OLG Hamm, unveröfftl. Urt. v. 3. 12. 1930 — 5 U 228/28 —, „wenn Beschränkungen nur vorübergehend sind" — so LG Schweidnitz, unveröfftl. Urt. v. 13. 7. 1932 — 2 b 0 474/30 —, „wenn durch diese Art der Entschädigung bei der besonderen Lagerung des Falles nur auf diese Weise ein gerechter Ausgleich zwischen den Parteien möglich ist, z. B. wenn Belastung des Grundstücks in absehbarer Zeit wegfällt" — so OLG Stettin, unveröfftl. Urt. v. 15. 10. 1937 — 1 U 114/37 — mit Hinw. auf RG in SeuffA 87 S. 7 — sämtliche unveröfftl. Urteile auszugsweise abgedr. bei Neufang 44. An dieser Auffassung ist festzuhalten. obwohl die neuere Gesetzgebung in zunehmendem Maße eine Entschädigung in Land vorsieht (Forsthoff I S. 292).

Abweichend von vorgenanntem Grundsatz kann jedoch Zahlung einer Rente oder Entschädigung in natura **vereinbart** werden (vgl. RGZ 86 S. 17; unten zu § 7 Anm. 3; Neufang 44).

3. Für die **Höhe der Entschädigung** schreibt Art. 14 Abs. 3 Satz 3 GG vor, daß „die Entschädigung unter gerechter Abwägung der Interessen der Allgemeinheit und der Beteiligten zu bestimmen ist". Eine bloß nominelle Entschädigung ist abzulehnen, ebenso das Auswerfen einer möglichst niedrigen Entschädigung, weil mit der E ein gemeinnütziger Zweck verfolgt werde oder weil der allgemeine Wiederaufbau nach den Kriegszerstörungen einen außerordentlichen Finanzaufwand erfordere (bedenklich z. B. KG Urt. v. 3. 4. 1956 — U 2425/55 Baul. — BBBl. 1956 S. 281, treffend BGHZ 19 S. 139 [151]). Aus der fast unübersehbaren Literatur vgl. Diester S. 170ff.; Dittus-Zinkahn Vorbem. vor § 9 S. 174ff.; Scheuner in Reinhardt-Scheuner S. 128ff.; Forsthoff I S. 292f.; Seufert zu Art. V ZAG I S. 76ff.

Die Höhe der Entschädigung ist mindestens mit der angemessenen Entschädigung des Art. 153 WeimVerf. identisch BGHZ 6 S. 294; 11 S. 156 (163); BGH NJW 56 S. 178; BGHZ 19 S. 139 (145); v. Mangoldt-Klein zu Art. 14 GG Anm. VII 9 b; Hamann zu Art. 14 GG Anm. C 13, da es sich um einen wirklichen Wertausgleich handeln muß.

Während der Geltung des Art. 153 WeimVerf. hat das RG die Ansicht vertreten, daß Landesgesetze, die eine volle Entschädigung gewähren, sich im Rahmen des Art. 153 WeimVerf. halten (Dittus-Zinkahn S. 176). Auch Art. 14 GG schließt eine volle Entschädigung nicht aus (r. Seufert zu Art. V ZAG Anm. I Rdn. 1). Demgemäß gilt für §§ 7ff. PrEG uneingeschränkt die Ansicht von Weber S. 390: „Die Entschädigung umschließt ein Doppeltes: einmal die öffentlich-rechtliche Vergütung für das entzogene Gut, die an Stelle des bei freihändigem Erwerb zu vereinbarenden privatrechtlichen Entgelts zu leisten ist, zum anderen den Ausgleich von Nachteilen, die sonst noch im Zusammenhang mit dem E-vorgang, etwa durch die Wertminderung des Restbesitzes, zeitweiligen Verdienstausfall, anderweitige Familienunterbringung u. dgl. entstehen. Die E-entschädigung der alten Grunsdtücksenteignungsgesetze hat von jeher beide Elemente in sich aufgenommen (vor allem in diesem Sinne war sie als volle Entschädigung gemeint)." Der gemeine Wert, d. h. der Preis, der im Zeitpunkt der E im gewöhnlichen Geschäftsverkehr zu erzielen ist, stellt das Minimum der nach Art. 14 Abs. 3 Satz 3 GG zu gewährenden Entschädigung dar; im Ergebnis ist die „zu leistende Vergütung für das in Anspruch genommene Recht nichts weiter als das öffentlich-rechtliche Surrogat für das bei freihändigem Erwerb zu entrichtende privatrechtliche Entgelt" (Weber S. 391).

Folglich haben die nachstehend II 1—13 schon in der Vorauflage unter Berücksichtigung einer viele Jahrzehnte alten tiefgründigen Rechtsprechung gewonnenen Grundsätze auch heute noch unangefochten Bestand — was nicht ausschließt, daß die nach Art. 14 Abs. 3 Satz 3 GG gebotene Abwägung im Einzelfall verhältnismäßig geringfügige Abweichung erlaubt (dazu Maunz, Das Verhältnis der Baulandentschädigung zum Grundgesetz S. 12ff., S. 43 Ziff. 2: Die gerechte Interessenabwägung führt zum Ersatz der vollen Vermögenseinbuße mit Ausnahme besonders gelagerter Fälle). Vgl. auch nachfolgend Anm. 4.

4. Streitfragen betreffend den Einfluß der **Währungsumstellung** können als ausgetragen angesehen werden. Grundlegend: BGHZ 11 S. 156; 12 S. 357ff. Leitsatz 3 des letztgenannten Urteils lautet: Der Anspruch auf Entschädigung für eine vor dem 21. 6. 1948 durchgeführte E ist dann keine der Umstellung unterliegende RM-Forderung, wenn die Entschädigung entweder vor dem Währungsstichtag noch nicht festgesetzt ist oder auf die Klage bzw. einen sonst zulässigen Rechtsbehelf des Enteigneten nach diesem Zeitpunkt vom Gericht erhöht wird. Die entgegenstehende Rspr. des Senats (BGHZ 6 S. 91) wird im Anschluß an die Auffassung des großen Senats für Zivilsachen (BGHZ 11 S. 156) aufgegeben. Ein solcher Anspruch ist von vornherein in DM festzustellen. Über Nachforderung BGHZ 25 S. 390: Haben die Unternehmer und der Enteignete durch Feststellungsvertrag die Entschädigung für ein vor der Währungsreform enteignetes Grundstück vereinbart und sind sie dabei entsprechend der damaligen höchstrichterlichen Rechtsprechung (BGHZ 6 S. 91) beide irrtümlich von einem Umstellungssatz 10:1 ausgegangen, so steht ein im Vertrag enthaltenes Anerkenntnis voller Befriedigung der Ansprüche aus der E einer Nachforderung des Enteigneten wegen Umstellung 1:1 nicht entgegen. Bemerkenswert neuerdings für die **Wertbemessung in Zeiten schwankender Preise** BGHZ 25 S. 225, eine Entscheidung, die zwar zu Braunschweigischem Landesrecht (BraunschwG betr. die Ausmittelung der Entschädigung für Expropriationen v. 13. 9. 1867 — GV S. 573 — i. d. Fass. d. G. v. 20. 4. 1927 — GV S. 97) ergangen ist, aber auch für den Bereich des PrEG entsprechend gelten muß, da sie sich auch über Grundsätze des allgemeinen E-rechts verhält: Die Bestimmung des Braunschweigischen Landesrechts, daß für die E-entschädigung der Wert im Zeitpunkt des Antrages auf Abschätzung maßgebend ist, gilt dann nicht, wenn in Zeiten schwankender Preise die Festsetzung der Entschädigung durch die Verwaltungsbehörde objektiv zu niedrig und der Betroffene deshalb gezwungen ist, das gerichtliche Verfahren einzuleiten; dann ist der Wert im Augenblick der letzten mündlichen Tatsachenverhandlung maßgebend. Der BGH griff in diesem Fall auf den allgemeinen Grundsatz der „angemessenen, d. i. regelmäßig eine volle Entschädigung" zurück (a. a. O. S. 230). S. auch BGH Urt. v. 10. 2. 1958 — III ZR 153/56 — Betrieb 58 S. 365. Eine bemerkenswerte Ergänzung zu BGHZ 25 S. 225 = NJW 58 S. 59 enthält das Urteil BGH v. 24. 2. 1958 – III ZR 181/56 = NJW 58 S. 749, ergangen für den Geltungsbereich des Hess.AufbauG.

5. Vorteile, die ein von der E Betroffener tatsächlich und nachweisbar durch die E in adäquatem Zusammenhang = Zusammenhang von ausreichender Nähe BGHZ 21 S. 388 (398) erhält, sind bei der Bemessung der Entschädigung, und zwar diese mindernd, gesondert zu bewerten und anzusetzen. Der Grundsatz der **Vorteilsausgleichung** ist danach eine Präzisierung des allgemeineren Prinzips, die auszuwerfende Entschädigung habe einen wirklichen Wertausgleich für den erlittenen Rechtsverlust darzustellen (s. vorst. Anm. 3; dazu Bluntschli, Allg. Staatsrecht, 1868 I S. 235f.; treffend Grünhut S. 124ff.; beachte auch Jellinek VerwR S. 405 unten: „für das enteignete Gelände ist auf alle Fälle der gemeine Verkaufswert zu ersetzen, hier kann der Unternehmer keine Gegenrechnung aufmachen, da sonst entschädigungslose E möglich wären, die das Gesetz nicht will"; Eger 69; Weber S. 391; v. Mangoldt-Klein zu Art. 14 GG Anm. VII 9 b a. E. S. 452; BGHZ 6 S. 270 (295); Seufert zu Art. V ZAG Anm. III 8 Rdn. 59; allgemein ferner Ernst-Friede zu § 16 Anm. 4b, zu § 46 Anm. 1b. Maßgebend ist eine einheitliche Betrachtungsweise BGHZ 21 S. 388 (395) mit weit. Nachw.; so z. B. abzustellen auf den einheitlichen Vorgang der Durchführung des Planes BGH a. a. O. S. 398 mit Hinw. auf BGHZ 15 S. 268 (275/278), also Projekt und Ausführung des Unternehmens sind als einheitlich anzusehen RGZ 28 S. 271 (274f.); 53 S. 133 (137), eine abstrakte E gibt es nicht, sondern immer nur eine solche zugunsten eines konkreten Unternehmens RGZ 57 S. 242 (246) – wiederholt von BGHZ 21 S. 395. Im BGHZ 21 S. 388 (399) bleibt die Frage ausdrücklich offen, ob für das allgemeine E-recht an dem Grundsatz festzuhalten ist, daß eine Vorteilsausgleichung dann nicht eintreten darf, wenn auch andere, von der E nicht betroffene Grundeigentümer den gleichen oder einen entsprechenden Vorteil erlangen (ablehnend Scheuner in Reinhardt-Scheuner S. 135: „Wertsteigerungen allgemeiner Art, die auch Nachbargrundstücke genießen, werden nicht berücksichtigt werden können"; ebenso Neufang 53 a. Anf.). Für den Geltungsbereich des Rheinl.-Pfälz. AufbauG stellt der BGH jedenfalls fest, daß § 24 dieses G den Art. 14 GG nicht verletzt und auch der Gleichheitsgrundsatz nicht verletzt werde, wenn der Plan auch zu Vorteilen für andere Anlieger führt, ohne ihnen Grundstücksflächen zu entziehen. Vgl. auch § 9 Abs. 2 Satz 2 BlBG und Dittus-Zinkahn zu § 9 BlBG Anm. V 15 mit Hinw. auf BVerfGE Bd. 1 S. 276 und S. 427; a. A. Simon-Halstenberg, BaulandbeschaffG mit Erl. zu § 9 Anm. 6. Es erscheint bemerkenswert, daß nach der Regierungsvorlage zum BlBG Vorteilsausgleichung lediglich bei der Ermittlung der Entschädigung für andere Vermögensnachteile i. S. § 11 BlBG zulässig sein sollte! Über Vorteilsausgleich gegenüber einem Ersatzanspruch wegen Bergschadens RGZ 146 S. 275; beachte aber die Besonderheit dieses Falles, die BGHZ 21 S. 400 hervorhebt.

Ein Sonderproblem der Vorteilsausgleichung ist der Begriff des sog. vorgeschobenen Hinterlandes. Wird eine Straße unter gleichzeitiger Verschiebung der hinteren Baulinie der bebaubaren Fläche des Grundstücks verbreitert und dadurch bisheriges Vorderland zu Straßenland, so geht an bebaubarer Fläche nichts verloren; allerdings wird die unbebaure Fläche (Hofraum) und damit das gesamte Grundstück kleiner. Seufert zu Art. V ZAG Anm. II 8c S. 101 meint, insoweit handele es sich gar nicht um einen Fall der Vorteilsausgleichung gegenüber dem gemeinen Wert, da die Verschiebung der Baulinien nicht eine Folge der E sei, sondern vorher liege.

In Anbetracht der angeg. Rspr. des RG und des BGH erscheint eine derartige Trennung von Plan und E wenigstens für das PrEG nicht angängig. Im Ergebnis ist allerdings der Auffassung von Seufert a. a. O. Rdn. 61 a. E. beizutreten: Die Wertminderung besteht nicht nur im Wert des infolge Rückverlegung weggefallenen Hinterlandes, sondern zu entschädigen ist auch die Werteinbuße infolge Kleinerwerdens der nutzbaren Fläche überhaupt. In der Regel bemißt sich die Entschädigung nach dem Durchschnittspreis pro Flächeneinheit. Mit Scheuner a. a. O. S. 135 Fußn. 204 sind aber „feste Prozentsätze einer solche Vorteile ausgleichenden Landabgabe" unzulässig, weil mit der gerechten Abwägung gem. Art. 14 Abs. 3 GG unvereinbar. Zum Problem unentschieden BGHZ 21 S. 388 (396); s. auch Vorbem. vor §§ 7 Anm. II 8.

6. Die Entschädigung für enteignetes Grundeigentum ist auch nach Inkrafttreten des GG dann unter Berücksichtigung der **Preisstopbestimmungen** festzusetzen, wenn die E während ihrer Geltung vollzogen worden ist BGHZ 13 S. 378; für die Zeit vor dem Inkrafttreten des GG ebenso s. BGHZ 6 S. 91 (99); 12 S. 357 (376). Die Entschädigung für Grundeigentum, das nach Aufhebung des Preisstops für diese Grundstücke enteignet wird, ist ohne Berücksichtigung der früheren Preisbestimmungen festzusetzen BGHZ 19 S. 139. S. auch BGH Urt. v. 10. 2. 1958 – III ZR 153/56 – Betrieb 58 S. 365: § 5 Abs. 2 VO Pr. 75/52 v. 28. 11. 1952 (BGBl. I S. 792) gilt nicht für E. Im Rechtsstreit über die Höhe der Entschädigung hat die Festsetzung eines Stoppreises durch die Preisbehörde keine bindende Wirkung; das Gericht hat von sich aus den höchstzulässigen Preis zu ermitteln, die Stellungnahme der Preisbehörde hat die Bedeutung eines Gutachtens BGHZ 13 S. 378 (393). Ebenso ohne Begründung Seufert zu Art. V ZAG Anm. III 1 e Rdn. 37 S. 93; Ernst-Friede zu § 46 Anm. 1 b S. 283. Vgl. aber die gegenteilige Auffassung des OLG Celle NJW 53 S. 547 = MDR 53 S. 371, der auch das OLG Bremen in einem nicht rkr. Urt. v. 14. 10. 1953 – 3 (1) U 55/51 gefolgt ist (vgl. auch Maunz, Das Verhältnis der Baulandentschädigung zum Grundgesetz S. 19ff., 34 und die dort angeg. Lit.). Von den Preisbehörden bei etwaigen freiwilligen Verkäufen generell genehmigte Zuschläge sind auch bei der E-entschädigung zu berücksichtigen BVerwG Urt. v. 27. 2. 1957 – I C 192. 55. Die Beachtung der Preisstopbestimmungen mag berechtigt gewesen sein; sie erscheint heute, nachdem diese Bestimmungen wesentlich durchlöchert sind, kaum noch gerechtfertigt und mit dem obersten Grundsatz, einen wirklichen Wertausgleich zu erzielen, um auch insoweit bei der E das Eigentum an sich zu bestätigen, unvereinbar, zumal inzwischen gem. § 18 Abs. 4 des LandbeschaffG v. 23. 2. 1957 (BGBl. I S. 134) die bisherigen Preisvorschriften ausdrücklich nicht mehr anwendbar sind (vgl. auch Schmidt DVBl. 57 S. 154 r. Sp. Ziff. 2). Bemerkenswert auch die Ansicht des BGH in BGHZ 25 S. 225 – oben Anm. I 4. BGH Urt. v. 16. 5. 1956 – V ZR 146/54 – LM Nr. 4 zu PrEG und Nr. 7 zuPreisstopVO: Sind nach dem 17. 10. 1936 auf landwirtschaftlich genutztem Boden von einem Dritten Wohnungsbauten errichtet worden, deren Beseitigung der Grundstückseigentümer nicht verlangen kann, so ist dies Grundstück auch im Sinne der Preisstopbestimmungen ein bebautes. Die Entschädigung für eine spätere E – auch vor Aufhebung des Preisstops für bebaute Grundstücke – ist daher nicht nach dem Werte für landwirtschaftlich genutzten Boden, sondern nach dem für bebauten Grund und Boden festzusetzen, soweit nicht die Voraussetzungen des § 10 Abs. 2 PrEG vorliegen. Vgl. auch BGH Urt. v. 10. 2. 1958 – III ZR 225/56 – NJW 58 S. 749: „Die Bestimmungen des § 41 Abs. 2 Satz 1 und Abs. 3 Hess.Aufbau,

wonach für die E-entschädigung hinsichtlich der unbebauten Grundstücke und des Grund und Bodens bei bebauten Grundstücken der gemeine Wert v. 1. 1. 1935 maßgebend ist, widersprechen der Entschädigungsvorschrift des Art. 14 Abs. 3 GG auch insoweit, als vom Preisstop nicht befreite Grundstücke erfaßt werden, und sind deshalb auch insoweit nichtig (Ergänzung zu BGHZ 19 S. 139 = NJW 56 S. 178)."
Vorbem. vor §§ 7ff. II.

II. Übersicht über das materielle Entschädigungsrecht

1. Für die Entziehung des Eigentums ist der volle Wert des Grundstücks zu vergüten. „Voller Wert ist der reichlich bemessene, objektive Wert, der Wert, den das Grundstück nach allen seinen Eigenschaften, Beziehungen und Verhältnissen betrachtet **für jedermann** hat und haben kann: der volle Kaufwert des Grundstücks" (so Eger 78, 47ff.; s. auch zu § 8 I 1). Naturalersatz ist ausgeschlossen (§ 7). Wegen der für die Bestimmung des Wertes maßgebenden Zeit vgl. § 8 Anm. I 2. Der Wert ist zu bestimmen nach der bisherigen und, wenn eine andere Benutzungsart des Grundstücks vorteilhafter ist, nach der vorteilhaftesten Benutzungsart. Bei der Abschätzung nach der bisherigen Benutzungsart sind auch die besonderen Vorteile zu berücksichtigen, die das Grundstück gerade für den zeitigen Eigentümer wegen des von ihm darauf betriebenen Gewerbes hat, sogenannter **individueller Wert** (vgl. § 8 Anm. I 1). Für die Feststellung dieses Wertes bilden die Anschaffungskosten eines geeigneten Ersatzgrundstücks die obere Grenze, welche die Entschädigung nicht übersteigen darf. Wird der bisherige Ertrag zur Grundlage genommen, so müssen alle Momente rein persönlicher Natur (geschäftliche Tüchtigkeit des Inhabers u. dgl.) ausgeschieden werden. Weil dies außerordentlich schwierig ist, empfiehlt es sich gerade bei der Feststellung des individuellen Werts, den Verkehrswert eines geeigneten Ersatzgrundstücks zu ermitteln. Wird nach dem bisherigen Ertrage gerechnet, so muß evtl. das dem Gewerbe anhaftende Risiko berücksichtigt oder in anderer Weise den Schwankungen Rechnung getragen werden, denen Einnahmen aus gewerblichen Betrieben unterworfen sind. Mit anderen Worten darf nur der nachhaltige jährliche Reinertrag die Grundlage bilden. Das gilt bei jeder Schätzung nach dem Ertrage. Werden Gebäude nach dem nachhaltigen Mietsertrage geschätzt, so ist eine Abnutzungsquote für einen Neubau und für die über die ganze Zeit sich erstreckende Wert- und Ertragsminderung einzustellen; es kann dafür ein Durchschnittssatz angenommen werden. Ist die Vorauszahlung der Mieten üblich, so bildet sie einen werterhöhenden Faktor. Besteht ein Gewerbe im wesentlichen in der Ausbeutung der Bodenschätze eines Grundstücks (Steinbruch, Ziegelei, Torfstich), so wird der maßgebende Ertrag durch Ausscheidung der Betriebskosten gefunden.

Zu welchem Zinssatze der jährliche Reinertrag zu kapitalisieren, ist reine Tatfrage. Der örtlich und zeitlich herrschende Zinsfuß ist zu berücksichtigen. Bei Berliner Zweckgrundstücken (Gegensatz: Rentengrundstücke) waren in Berlin vor dem Kriege 4½% in guter Lage üblich.

2. Ist die bisherige Benutzungsart die günstigste, so bietet eine Schätzung des Tauschwertes (Verkehrswertes) des Grundstücks die beste Kontrolle für die Richtigkeit der Berechnung. Wie der Tauschwert zu ermitteln ist, ist Tatfrage. Vergleichskäufe bilden die geeignetste Grundlage (vgl. auch Dittus-Zinkahn zu § 10 BLBG Anm. II 4 S. 227: Um zum Verkehrswert zu gelangen, müssen in der Regel die durchschnittlichen Kaufpreise aus einem angemessenen Zeitabschnitt herangezogen werden).

3. Kann das Grundstück vorteilhafter als bisher genutzt werden, so ist diese günstigste Benutzungsfähigkeit zur Grundlage der Berechnung zu machen. Es muß sich aber um eine schon gegenwärtig vorhandene oder in sicherer Aussicht stehende Benutzungsfähigkeit handeln. Unsichere Hoffnungen, z. B. unsichere Arrondierungsmöglichkeit, die wertvolles Bauland schüfe, ist nicht zu berücksichtigen. Die Berücksichtigung günstigerer Ausnutzung eines Grundstücks ist besonders praktisch bei sogenanntem Bauland. Dabei ist baureifes Land, dessen Bebauung nach dem gewöhnlichen Lauf der Dinge in absehbarer Zeit zu erwarten steht, und sogenanntes merkantiles Bauland zu unterscheiden. Bei baureifem Land wird der Wert zweckmäßig nach dem Ertragswert eines fingierten Neubaues berechnet. Es ist ein den Verhältnissen entsprechendes, möglichst rentables Bauprojekt zugrunde zu legen. Durch Abzug des Bauwertes von dem ermittelten Ertragswert ergibt sich der Baustellenwert. Auch hier bietet der aus Vergleichskäufen ermittelte Verkehrswert eine gute Kontrolle. Sogenanntes merkantiles Bauland nennt man solches Land, bei dem der Verkehr bei der Preisbildung schon gegenwärtig mit der künftigen Bebauung rechnet. Da hier alle Faktoren, mit denen man bei einem fingierten Neubau rechnen muß, völlig ungewiß sind, muß die Grundlage der Wertermittlung der Verkehrswert sein. Als Anhalt für den Baulandcharakter dient, wenn die regional maßgebenden Bebauungspläne Baugebiete oder auch nur Reservebaugebiete ausweisen, ferner die allgemeine Tendenz der baulichen Entwicklung einer Gemeinde.

Auch bei aufstehenden Gebäuden kann sich die Berechnung des Baustellenwertes vorteilhafter stellen. Es ist dann der Mietsausfall des alten Gebäudes und der Zwischenzins zu berücksichtigen.

4. Bei Gebäudeschätzungen ist es vielfach üblich, den Ertragswert und den Wert des Grund und Bodens nebst dem Materialwert der Gebäude zusammenzuzählen und den Durchschnitt als Wert anzunehmen. Das RG erkannte die Richtigkeit dieser Berechnungsart aber nicht an, obwohl sie, wie alle derartigen Methoden, ersichtlich darauf ausgeht, der Unsicherheit der Faktoren einer Schätzung des Ertragswerts durch Vergleich mit etwas zuverlässigeren Werten gerecht zu werden.

Über die heute gebräuchlichen Methoden der Wertermittlung vgl. Albert, Die Schätzung der Grund- und Gebäudereste 1950; Graff, Methoden der Grundstücksschätzung BBBl. 54 S. 217; Krieger, Der Grundstückswert; Rothkegel, Landwirtschaftliche Schätzungslehre 1952; Runge, Grundstücksbewertung 1949; Weil, Grundstücksschätzung 1958. Derartige Wertermittlungsmethoden sind im Rahmen der von der Rspr. herausgearbeiteten Grundsätze anzuwenden.

5. Bei der Bewertung des Grundstücks kommen Grunddienstbarkeiten und andere Nutzungsrechte Dritter als wertmindernd nicht in Betracht; auch die Belastung mit Hypotheken spielt keine Rolle. Dagegen wird der Wert durch öffentlich-rechtliche Lasten, z. B. die Deichlast, gemindert. Wegen des Einflusses der Servitut der Unbebaubarkeit nach altem Recht und der Baubeschränkungen aus dem PrFluchtlG vgl. zu § 8 Anm. I 2 a E.

Beschränkungen, die der Eigentümer durch die tatsächliche Verwendung faktisch für sein Grundstück geschaffen hat, müssen aber auch als wertmindernd berücksichtigt werden (vgl. zu § 8 Anm. I 4).

6. Umgekehrt sind ebenso tatsächliche Vorteile in Rechnung zu ziehen, wenn begründete Aussicht auf eine gewisse Dauer vorhanden ist, obwohl ein Recht auf den Fortbestand oder die Gewähr der Dauer fehlt (vgl. zu § 8 Anm. I 5). In Betracht kommen z. B. die Anliegerschaft an einem Weg oder Kanal, die Nachbarschaft von Gärten oder dergleichen. Neben dem Grundstückswert ist die schon vor der Enteignung eingetretene und durch diese verursachte Minderung oder Entziehung von Nutzungen zu ersetzen, z. B. der Rückgang der Mieten oder ein Mietsausfall, der auf die erste Aufstellung und Vorlage des Plans zurückgeht. Bei der Schätzung des sogenannten individuellen Wertes können ferner die Kosten des Umzuges und einer neuen Geschäftseinrichtung in Betracht kommen. Soweit die tatsächlichen Vorteile bisher durch den Unternehmer unverbindlich gewährt waren, kann ihr Fortbestand als werterhöhend nicht in Betracht kommen. Auch bei tatsächlichen Vorteilen ist nicht nur der bestehende Zustand, sondern auch ihre sicher mögliche Ausnutzbarkeit in Rechnung zu ziehen.

Zu beachten ist schließlich, daß es sich in den Dringlichkeitsfällen um Schätzung des gegenwärtig bereits eingetretenen Schadens, in den übrigen Fällen um die Feststellung des zukünftigen Schadens handelt.

7. Von großer praktischer Bedeutung ist die **Teilenteignung** (vgl. zu § 8 Anm. II 1 ff.). Bei ihr muß die Entschädigung den Mehrwert umfassen, den der abzutretende Teil durch seinen örtlichen oder wirtschaftlichen Zusammenhang mit dem Ganzen hat, sowie den Minderwert, der für den übrigen Grundbesitz durch die Abtretung entsteht. Beide, Mehr- und Minderwert, d. i. der Nutzen, den der Teil dem Ganzen leistet, gesehen einmal vom Standpunkt des Teils, das andere Mal von dem des Restes, decken sich zwar nicht ausnahmslos, aber in der Regel.

Die Berechnung ist einfach, wenn sich der Minderwert des Restes durch Einrichtungen beseitigen läßt, die nicht unbillig umständliche Arbeiten, z. B. nur kleine bauliche Änderungen, fordern. Dann sind die dafür aufzuwendenden Kosten dem Wert des abgetretenen Teiles hinzuzuzählen. Sonst hat man die Wahl zwischen der **Differenzberechnung** und der **Durchschnittsberechnung.** Bei dieser ermittelt man den Wert einer Flächeneinheit (z. B. eines Quadratmeters) des Ganzen und danach den Wert des Restes, wobei der Minderwert nach der Rechnungsmethode in dem Wert der Flächeneinheit mitberücksichtigt ist. Bei jener werden der Wert des Ganzen und der des Restes selbständig ermittelt. Dabei ist zu schätzen der Wert des Ganzen vor der E und der Wert des Restes nach der E, letzterer unter Ausscheidung der dem Rest durch das Unternehmen zufließenden allgemeinen Vorteile. Die Differenz ergibt den zu ersetzenden Nachteil. Die Durchschnittsberechnung kann angebracht sein bei geschlossenen Baustellen und Geringfügigkeit der abzutrennenden Flächen, bei E von kleinen Grundstücksteilen, die den Wert des Ganzen kaum berühren, bei selbständiger wirtschaftlicher Nutzbarkeit der Teile. Auch ist es nicht unzulässig, für die Verkleinerung noch einen Zuschlag zu machen. In den meisten Fällen ist aber die Differenzberechnung sicherer und daher durchweg vorzuziehen. Auch bei dieser Methode muß von der höchsten Ausnutzungsfähigkeit des Grundstücks ausgegangen werden, und zwar nach einheitlichen Grundsätzen für den Wert des Ganzen und des Restes; es darf daher nicht für den Wert des Ganzen eine geringere Bebauungsmöglichkeit zugrunde gelegt werden, als für den Wert des Restes. Auch hier kommt bei der Berechnung der Werte nach einem fingierten Neubau nur der Abbruchswert, nicht der Ertragswert des alten Gebäudes in Betracht. Wird ein Minderwert des Restes in dem Verlust des Vorgartens gefunden, so darf zu dem entsprechend ermittelten Minderwert nicht noch der Baulandwert des Vorgartens zugerechnet werden. Erschöpft sich der Minderwert in Mietausfällen, so kann er durch Kapitalisierung dieser Ausfälle berechnet werden.

8. Die allgemeine Vorteile (vgl. Vorbem. vor §§ 7 Anm. I 5, zu § 8 Anm. II 3) der neuen Anlage sind niemals auf die Entschädigung anzurechnen, z. B. nicht der Vorteil, den die Schaffung der Straße, der Eisenbahn, des Kanals für alle Anlieger oder etwa die Bewohner der näheren Umgebung hat. Die besonderen Vorteile des einzelnen dürfen auch nicht auf die auf das enteignete Stück fallende Entschädigung angerechnet werden; dagegen sollen sie mit dem Minderwert des Restes kompensiert werden können. Von einer Vorteilsausgleichung ist keine Rede, wo nicht auf beiden Seiten selbständige Faktoren vorliegen, sondern die einheitliche Wirkung derselben Tatsache, z. B. das Heranrücken an die Straße und damit verbunden die polizeiliche Nötigung, das Grundstück einzuzäunen.

9. Mehr- und Minderwert sind nur zu ersetzen, wenn zwischen den Teilen ein wirtschaftlicher Zusammenhang besteht; es genügt, daß ein Teil den wirtschaftlichen Bedürfnissen des anderen zu dienen geeignet ist und tatsächlich, wenn auch nicht dauernd, gedient hat.

10. Auch die aus der Ausführung und dem Betriebe des Unternehmens erwachsenden Nachteile, z. B. Raucheinwirkungen der Bahn, Lage, Veränderung durch Aufhöhung des enteigneten Landes u. dgl. sind zu ersetzen. Die Nachteile müssen nur in ursächlichem Zusammenhang mit der E stehen. Die Ursächlichkeit wird dadurch nicht berührt, daß andere Nichtenteignete denselben Nachteil erleiden.

11. Bei der Teilenteignung kann statt der Entschädigung die Übernahme des ganzen Grundstücks verlangt werden, wenn es durch die Abtretung so zerstückelt werden würde, daß der Rest nach seiner bisherigen Bestimmung nicht mehr zweckmäßig benutzt werden kann. Die Bestimmung des Rests entscheidet; zu verstehen ist darunter der wirtschaftliche Zweck, zu dem der Eigentümer sein Grundstück tatsächlich benutzt hatte. Künftig mögliche Benutzungsarten sind belanglos. Ob der Rest weiter bestimmungsgemäß benutzt werden kann, ist nach der durch die E geschaffenen Lage zu prüfen.

Trifft die geminderte Benutzbarkeit nur bestimmte Teile, so sind nur diese zu übernehmen. Teilweise in Anspruch genommene Gebäude müssen ganz übernommen werden. Im übrigen vgl. die Anm. zu § 9.

Bereits erwähnt ist, daß bei Abschätzung des Werts nach dem bisherigen Ertrage die Kosten der Anschaffung eines Ersatzgrundstücks die obere Grenze für den zu ermittelnden Schaden bilden.

Wertsteigerungen durch die neue Anlage bleiben außer Betracht, vgl. § 10 Abs. 2.

12. Der Betrag des Schadens, den Nutzungs-, Gebrauchs- und Servitutberechtigte, Pächter und Mieter durch die E erleiden, ist, soweit er nicht in der für das Eigentum bestimmten Entschädigung oder deren Nutzung begriffen ist, besonders zu ersetzen. Mieter oder Pächter haben aber nur Anspruch auf eine Sonderentschädigung, wenn sie bereits in den Besitz des Grundstücks gelangt sind (vgl. § 11).

13. Für bloße Beschränkungen (im Gegensatz zur Entziehung) des Eigentums ist die Entschädigung nach den eben erörterten Grundsätzen zu bestimmen. Dabei

ist aber wegen der durch Festsetzung einer Fluchtlinie eintretenden Beschränkung auf § 8 Anm. I 2 a. E. zu verweisen.

§ 7

Die Pflicht der Entschädigung[1]) liegt dem Unternehmer[2]) ob. Die Entschädigung wird in Geld gewährt[3]). Ist in Spezialgesetzen[4]) eine Entschädigung in Grund und Boden vorgeschrieben, so behält es dabei sein Bewenden.

1. Durch die E werden zwischen dem Unternehmer und dem Betroffenen obligatorische Beziehungen begründet; die für alle in ihnen wurzelnden Entschädigungsansprüche ausschließlich maßgebend bleiben; dies gilt insbes. für die Benachteiligung von Restparzellen, wofür Entschädigung nicht aus allgemeinen Rechtsgrundsätzen abgeleitet werden kann Recht 11 Nr. 734; Warn. 4 S. 49; KompKonflGH im PrVBl. 42 S. 74. Vgl. auch § 24 Anm. 1.

2. Wer formell im E-verfahren Unternehmer, ist entschädigungspflichtig (vgl. Eger 43); mehre Unternehmer haften als Gesamtschuldner (Eger 43 a. E.). RGZ 44 S. 325: Berufung darauf, daß die E zugunsten oder im Interesse eines Dritten erfolgt, unzulässig. Zutreffend Neufang 43: Bei eintretender oder sich nachträglich herausstellender Zahlungsunfähigkeit des Unternehmers kommt eine Staatshaftung allenfalls nach § 839 BGB mit Art. 34 GG in Frage.

3. Der Anspruch auf Entschädigung und die Pflicht zur Entschädigung gehen nur auf Geld; Naturalrestitution ist weder zu geben noch zu nehmen. RGZ 41 S. 257; 69 S. 64; 71 S. 203; 86 S. 17; Recht 12 Nr. 532; 13 Nr. 70; 15 Nr. 140; JW 08 S. 317; 09 S. 437; 13 S. 220; 15 S. 148; PrVBl. 34 S. 527. Der Anspruch kann bei Entziehung eines andern Rechts (§ 6), z. B. einer Fährgerechtigkeit, auch nicht durch Übernahme der Last ausgeglichen werden, wenn diese Übernahme erst nach der E erfolgt. Warn. 12 S. 203. Die Zurückweisung des Naturalersatzes (Angebot eines zur Errichtung von Ökonomiegebäuden ausreichenden Landstreifens, eines Wegerechts statt des Zuganges über eigenes Land, eines den Verlust des Jagdrechts durch Besitzverkleinerung ausgleichenden Gebietes) wird nicht durch den Einwand der Arglist geschlagen JW 15 S. 798 = Recht 15 Nr. 540; RGZ 86 S. 17 = Recht 15 Nr. 140; RGZ 41 S. 257. Auch bei vorübergehenden Beschränkungen Wiederherstellungsangebot ungenügend JW 95 S. 215. Selbstverständlich können die Parteien Naturalersatz vereinbaren (so auch Eger 44); § 7 enthält nicht zwingendes Recht RGZ 86 S. 17 = JW 15 S. 148; auch liegt kein Verstoß gegen § 7 darin, daß die Geldentschädigung nach den Kosten einer den Schaden ausgleichenden neuen Einrichtung bemessen wird, Recht 16 Nr. 478 = JW 16 S. 913. In gewissem Sinne wird durch § 14 eine Ausnahme begründet. Ist der Unternehmer nach § 14 zu Anlagen verpflichtet, die einen rechtlich gesicherten Bestand haben, und wird dadurch ein dem früheren gleicher oder ähnlicher Zustand geschaffen, ist der Schaden ausgeglichen oder nicht entstanden und daher ein Anspruch auf Entschädigung nicht gegeben RGZ 71 S. 203; JW 13 S. 220 = Recht 13 Nr. 70. Abweichend doch wohl JW 96 S. 309: Verurteilung zur Herstellung eines Durchlasses, wozu Unternehmer sich erboten. Angebot des Unternehmers zur Bestellung einer Grundgerechtigkeit auf Ableitung von Wasser, auch noch im gerichtlichen Verfahren, kann nicht abgelehnt werden JW 13 S. 220 = Recht 13 Nr. 70 erklärt die Entscheidung damit, daß es sich nicht um die Entziehung eines bereits ausgeübten Rechts, sondern nur um Beschränkung der Benutzungsfähigkeit gehandelt habe. Über den Ausgleich

des Schadens durch Anlagen nach § 14: HRR 29 Nr. 1384 = Recht 29 Nr. 1791; RGZ 129 S. 394 = JW 31 S. 53 = Recht 30 Nr. 1938. Satz 2 gilt auch für § 11; auch der Nebenberechtigte kann eine anderweitige Entschädigung ablehnen HRR 28 Nr. 1499 – Recht 28 Nr. 492 = PrVBl. 49 S. 558; JW 33 S. 603 = HRR 33 Nr. 519.

4. Derartige Spezialgesetze, auch neuere, bleiben unberührt (so Löbell S. 42 Nr. 3; a. A. Eger 45 a. E.). Vgl. für das PrALR Förster-Eccius, PrPrivatR 6 Bd. 2 § 131 Anm. 36; ferner die provinziellen Wegeordnungen; §§ 8ff. des G betreffend die Umlegung von Grundstücken in Frankfurt a. M. v. 28. 7. 1902 (PrGS S. 273), § 14a PrFluchtlG (soweit nicht aufgehoben – s. Vorbem. vor §§ 2 III 3 a. E.).

§ 8

(1) Die Entschädigung für die Abtretung des Grundeigentums besteht in dem vollen Werte des abzutretenden Grundstücks, einschließlich der enteigneten Zubehörungen und Früchte [I 1–9]**.**

(2) Wird nur ein Teil des Grundbesitzes desselben Eigentümers in Anspruch genommen, so umfaßt die Entschädigung zugleich den Mehrwert, welchen der abzutretende Teil durch seinen örtlichen oder wirtschaftlichen Zusammenhang mit dem Ganzen hat, sowie den Minderwert, welcher für den übrigen Grundbesitz durch die Abtretung entsteht [II 1–6, III]**.**

Übersicht der Erläuterungen:

I. Erläuterungen zu Abs. 1; Allgemeines
1. Grundsatz
2. Zeitpunkt der Wertermittlung
3. Vorwirkungen der E
4. Belastungen des Grundstücks und Verwandtes
5. Tatsächliche Vorteile und Eigenschaften des Grundstücks
6. Baulandeigenschaft
7. Gewerbebetrieb
8. Berechnungsgrundsätze
9. Einheitlichkeit der Entschädigung

II. Teilenteignungen; Abs. 2
1. Mehrwert, Minderwert
2. Einheitlichkeit der Entschädigung
3. Vorteilsausgleichung
4. Wirtschaftlicher Zusammenhang
5. Nachteile aus dem Betrieb des Unternehmens
6. Berechnungsgrundsätze

III. Einzelfälle der Entschädigung oder Nichtentschädigung (Rspr.)

I. Vgl. zunächst Vorbem. vor §§ 7ff. I 3 und zu § 1 Anm. 5. Art. 14 Abs. 3 Satz 3 GG bedeutet nicht, daß der Begriff des „vollen Wertes" etwa dahin zu verstehen sei, das Ausmaß der E-entschädigung müsse wegen der gebotenen Abwägung niedriger sein als z. B. während der Geltung des Art. 9 PrVerfUrk. oder des Art. 153 WeimVerf. Die Jahrzehnte alte, tiefgründige und heute noch wertvolle höchstrichterliche Rechtsprechung beweist, daß von jeher zwischen den Interessen der Allgemeinheit und den Beteiligten sowie unter Berücksichtigung aller Umstände des Einzelfalles gerecht abgewogen worden ist (vgl. auch treffend Seufert zu Art. V ZAG Anm. I 5 Rdn. 8).

§ 8 enthält die materiellen Grundprinzipien für die Bemessung der Höhe der Entschädigung; §§ 9–14 sind Ergänzungen und Modifikationen (Eger 46). Voller Wert ist nicht der – vom Gesetzgeber abgelehnte – „außerordentliche Wert" (§ 9 I 11 PrALR – s. Einl. A I 5) und nicht der Affektionswert, sondern der volle

objektive Wert als Ausgangsbasis der Wertbemessung (s. Vorbem. vor §§ 7ff. II 1; Eger 46 a. Anf.; Neufang 46). Von diesem Prinzip enthalten § 8 Abs. 2 und § 9 Ausnahmen zugunsten des von der E Betroffnen.

1. Wertersatz in Geld (§ 7), kein Anspruch auf Gewährung eines gleichartigen Grundstücks oder einer Summe, die stets (s. zu § 10 Anm. 1—4) die Anschaffung eines solchen ermöglichte RGZ 58 S. 422. Voller Wert als Inbegriff der vollständigen Entschädigung ist reichlich bemessener Ersatz aller Nachteile, die der Eigentümer durch die E erleidet, einschließlich des entgangenen Gewinns, nicht Affektionswert, RGZ 5 S. 248; auch das besondere vermögensrechtliche Interesse, das gerade für diesen Eigentümer das Grundstück hatte — sog. individueller Wert — ausschließlich aller nur durch subjektive Verhältnisse zu begründenden Momente RGZ 32 S. 298; JW 1900 S. 198 u. S. 451; 01 S. 412; 05 S. 300; 08 S. 284; 11 S. 727 (s. Vorbem. vor §§ 7ff. II 1; auch Eger 47). Ein Grundstück, auf dem der Eigentümer seit langer Zeit ein Gewerbe betrieben hat, kann durch Verknüpfung mit den persönlichen Fähigkeiten und der Tätigkeit des Eigentümers und dadurch, daß es besonders geeignet ist, diesen dienstbar gemacht zu werden, in der Person des Eigentümers und für ihn einen höheren Wert haben, als für andere und als bei einem Verkaufe zu erzielen. (Individueller Wert.) Anspruch auf individuellen Wert: HRR 21 Nr. 1574. Eine Schätzung des individuellen Werts nach dem Ertrage fordert Scheidung der Erträge, die im Grundstück und seinen Eigenschaften ihren Ursprung haben von den subjektiv bedingten, was schwierig; besserer Maßstab im allgemeinen Verkehrswert eines geeigneten Ersatzgrundstücks JW 12 S. 814; Gruch. 56 S. 445; Warn. 12 S. 395; PrVBl. 33 S. 842. Unter Umständen kann nach dem Ertrage des Gewerbes, wie nach dem Reinertrage eines Grundstücks geschätzt werden, unter Kürzung des Reingewinns mit Rücksicht auf Konjunkturschwankungen und Risiko JW 11 S. 727; Recht 11 Nr. 523. Der individuelle Wert des Nachbargrundstücks kommt dem Enteigneten zustatten, wenn der Nachbar den Erwerb ins Auge fassen mußte RGZ 79 S. 296; JW 12 S. 815. Wert bedingt durch die vorhandene oder in sicherer Aussicht stehende und den Wert schon beeinflussende Benutzungsfähigkeit — vgl. unten Anm. 6 und zu § 10 Anm. 1 — des Grundstücks RGZ 17 S. 162; JW 87 S. 23; auf objektiver Grundlage JW 95 S. 107; 96 S. 91 Unsichere Hoffnungen, z. B. unsichere Arrondierungsmöglichkeit, die wertvolles Bauland schüfe, nicht zu beachten Recht 15 Nr. 141; 16 Nr. 257; Gruch. 27 S. 1045; 60 S. 873; RGZ 30 S. 295. Absicht des Eigentümers beim Erwerb gleichgültig RGZ 37 S. 305. Die vorteilhafteste Benutzungsart, also die Benutzungsfähigkeit — wegen der bisherigen Benutzungsart vgl. zu § 10 Anm. 1—4 — entscheidet RGZ 8 S. 237; 32 S. 298; 53 S. 194; JW 03 S. 55; 05 S. 508; Recht 13 Nr. 440, 530; 719; Eger 51. Nicht der höchste Wert, aber Ersatz für alle Nachteile und innerhalb der natürlichen Wertschwankungen der reichlich bemessene Wert JW 04 S. 577. Die Anwendung des § 254 BGB ist nicht grundsätzlich ausgeschlossen (vgl. dazu auch Seufert zu Art. V ZAG III 8 d Rdn. 62, s. aber auch früher JW 27 S. 2457). Ein Verschulden kann aber nicht in dem käuflichen Erwerb von Grundstücken gefunden werden, deren künftige Beeinträchtigung durch Bahnanlagen der Erwerber kennt Recht 11 Nr. 734. Verhältnis des enteigneten Bergbautreibenden zu einer öffentlichen Verkehrsanstalt, für die enteignet wird s. zu § 1 Anm. 6.

2. Die maßgebende **Zeit für die Wertermittlung** ist die Zeit der E, genauer der Zustellung des Entschädigungsfeststellungsbeschlusses, vorbehaltlich des Grundsatzes des § 10 Abs. 2 — s. zu § 10 Anm. 5—7 — RGZ 27 S. 263; 102 S. 193 (194); 130 S. 367; 155 S. 61 (63); OLG Köln Urt. v. 4. 1. 1952 — 4 U 177/57 — s. auch Neufang 44a; JW 91 S. 433; 92 S. 156; 95 S. 253; 02 S. 233 u. S. 549; 11 S. 605; Recht 13 Nr. 530; 15 Nr. 202; 23 Nr. 269 Warn. 25 S. 213; BGHZ 12 S. 357 (374); 13 S. 378)(387); 14 S. 106; NJW 56 S. 178 (180). Bei Besitzeinweisungen auf Grund des VereinfEG entscheidet die Zeit der Zustellung des Besitzeinweisungsbeschlusses: RGZ 130 S. 367 = JW 31 S. 617. Im Falle des § 16 entscheidet die Zeit der Eigentums- bzw. Besitzüberlassung RGZ 69 S. 347; JW 08 S. 726; der Tag der Zustellung des Entschädigungsfeststellungsbeschlusses soll für die Wertbestimmung spätestens in Betracht kommen BGHZ a. a. O. Beachte aber auch BGHZ 25 S. 225 (230) — s. Vorbem. vor §§ 7 I 4 —, ohne Rücksicht darauf, ob der Beschluß angefochten wird und wann er in Rechtskraft erwächst — s. auch BGH Urt. v. 10. 2. 1958 — III ZR 153/56 — Betrieb 58 S. 365 —, wonach § 5 Abs. 2 der VO Pr. 75/52 über die Aufhebung der Preisvorschriften für den Verkehr mit bebauten Grundstücken v. 28. 11. 1952 (BGBl. I S. 792) nicht für E gilt. Dieser Satz gilt in allen Fällen der früheren Besitzübertragung, die als im voraus erfolgte Erfüllung des vom Unternehmer gestellten E-begehrens in Betracht kommt. Hat bei einer Beschränkung des Grundeigentums die vorzeitige „Besitzeinweisung" noch nicht zu einer tatsächlichen Änderung der Besitz- und Nutzungsverhältnisse an dem der Beschränkung unterworfenen Grundstück geführt, dann ist für die Bemessung der Entschädigung nicht der Zeitpunkt der Besitzeinweisung, sondern derjenige Zeitpunkt maßgebend, an dem der Unternehmer von der jener Beschränkung entsprechenden Befugnis tatsächlich Gebrauch gemacht hat. Ist dies erst nach der Festsetzung der Entschädigung geschehen, dann bleibt der Zeitpunkt der Entschädigungsfestsetzung entscheidend BGH Urt. v. 15. 4. 1957 — III ZR 247/55 — LM Nr. 5 zu PrEG.

Die Zeit (Zustellung des Beschlusses, Besitzübertragung) ist maßgebend auch gegenüber wertändernden Ereignissen, die nicht in der Beschaffenheit des Grundstücks selbst ihre Grundlage haben: RGZ 31 Nr. 340; in Zeiten schwankender Preise s. BGHZ 25 S. 225 (230). Bei Besitzeinräumung nach § 16: HRR 32 Nr. 659 = DJZ 31 S. 1584. Der oben vorangestellte Satz hindert nicht, daß bei einer Schätzung nach einem fingierten Neubau höhere Mieten zugrunde gelegt werden, wenn der Verkehr sicher mit höheren Mieten rechnet Recht 15 Nr. 141. Früher bezahlter, zu hoher Kaufpreis gleichgültig JW 03 S. 56. Die Zeit der Zustellung des Entschädigungsfeststellungsbeschlusses ist maßgebend auch für die Bewertung von Land, das nach § 11 PrFluchtlG unbebaubar geworden und nach dem PrFluchtlG enteignet wird, wobei die Baubeschränkung nicht zu berücksichtigen — § 10 Abs. 2 —. Gruch. 37 S. 125; RGZ 53 S. 133 = JW 03 S. 38; RGZ 101 S. 148; JW 07 S. 118; Recht 13 Nr. 440; 16 Nr. 424, 515 und wegen des Bauverbots aus § 12 PrFluchtlG RGZ 53 S. 406; JW 03 S. 55. Baubeschränkungen einer kurz vor der E erlassenen Polizeiverordnung wirken wertmindernd, wenn ihr Erlaß nicht in tatsächlichem Zusammenhang mit dem Unternehmen steht, Recht 13 Nr. 809. Vgl. auch RGZ 74 S. 18; JW 10 S. 766; Recht 14 Nr. 114. Zu unterscheiden ist die Zeit der Entstehung des Anspruchs RGZ 70 S. 12 = JW 08 S. 757.

3. Vorwirkungen der Enteignung:

Die schon vor der E eingetretene und durch diese verursachte Minderung oder Entziehung von Nutzungen ist neben dem Grundstückswert zu ersetzen JW 03

S. 36; auch wenn das auf die E gerichtete Verfahren — RGZ 31 S. 214; JW 93 S. 211 — oder die die Fluchtlinienfestsetzung vorbereitenden Schritte — JW 99 S. 356 — die Ursache sind. Mietausfall wegen drohender E ist zu ersetzen, auch wenn die Kündigung des Eigentümers die erste Ursache; Gruch. 55 S. 1179; Recht 18 Nr. 164. Bei E nach dem PrFluchtlG kommt als der früheste Zeitpunkt die erste Aufstellung und Vorlage des Plans durch die Gemeinde in Betracht RGZ 43 S. 356 (vgl. zu § 10 Anm. 5, 6). Rückgang der Mieten wegen der bevorstehenden E bleibt bei Berechnung des Werts des Grundstücks außer Betracht JW 88 S. 174. Entschädigung eines Gastwirts (Pächters) wegen Rückgangs der Wirtschaft nach der Planfeststellung infolge der bevorstehenden E JW 07 S. 290. Auch bei nur tatsächlicher Einwirkung bestehen Enteignungs- und Aufopferungsansprüche RGZ 167 S. 14 (25), BGHZ 17 S. 96 (101), aber nicht schon bei der Aufstellung von „vorbereitenden" Plänen BGHZ 17 S. 96 (102). In der Versagung einer Baugenehmigung mit Rücksicht auf die beabsichtigte Neufestsetzung der Baufluchtlinie kann ein entschädigungspflichtiger, enteignungsgleicher Eingriff liegen BGHZ 19 S. 1 — vgl. Einl. A V 4. Zinspflicht als Teil der Entschädigung für schon vor der E erwachsene, aber mit ihr zusammenhängende Nachteile aus früherem Besitzverlust des Grundstücks: Recht 15 Nr. 202.

4. Belastungen des Grundstücks und Verwandtes:

Der Unterschied zwischen den etwaigen höheren Zinsen der Realgläubiger und den Hinterlegungszinsen trägt der Eigentümer RGZ 68 S. 116; JW 08 S 316 (vgl § 36 Anm. 5). Grunddienstbarkeiten und andere Nutzungsrechte Dritter mindern den Wert nicht. Zu berücksichtigen jedoch Beschränkungen, die der Eigentümer durch die tatsächliche Verwendung faktisch für sein Grundstück geschaffen hat RGZ 30 S. 176; RGZ 33 S. 303; JW 92 S. 435; 94 S. 492; Gruch. 43 S. 1098; JW 93 S. 51; Einfluß der Vermietung JW 10 S. 663. Vgl. § 11. Ein Kirchplatz, der nicht dem öffentlichen Verkehr dient, aber dem Fußgängerverkehr tatsächlich offengestanden hat, ist nach seiner besonderen Bedeutung zu bewerten RGZ 76 S. 256; JW 11 S. 604. E eines öffentlichen Weges JW 10 S. 813; 09 S. 236. Gruch. 53 S. 1175; PrVBl. 33 S. 455; eines mit Wegedienstbarkeit belasteten Privatweges Gruch. 56 S. 1148; PrVBl. 34 S. 318; eines nur tatsächlich als Zugang zur öffentlichen Straße dienenden Grundstücks JW 13 S. 1113; Gruch. 58 S. 500. Öffentlich-rechtliche Lasten mindern den Wert, so die Deichlast JW 96 S. 455; die schon vor Geltung des PrFluchtlG eingetretene öffentlich-rechtliche Baubeschränkung RGZ 32 S. 202; JW 02 S. 179; 03 S. 301; 11 S. 995; Recht 12 Nr. 210; RGZ 50 S. 314, 55 S. 70; auch die tatsächliche Unbebaubarkeit infolge eines früheren Bebauungsplans RGZ 17 S. 162. Vgl. aber RGZ 63 S. 298; JW 06 S. 446. Anders wegen § 10 Abs. 2 bei der Baubeschränkung infolge der Fluchtlinienfestsetzung (s. oben Anm. 2 a. E.). Berücksichtigung der Wahrscheinlichkeit eines Baudispenses Recht 12 Nr. 356; vgl. auch JW 06 S. 581. Entschädigung für eine Kirche HRR Nr. 515 = SeuffA 86 S. 334; für öffentliche Wege und Wasserläufe HRR 29 Nr. 1384 = Recht 29 Nr. 1791; für Land, auf dem nur zweigeschossige Bauweise zulässig HRR 30 Nr. 1540 = Recht 30 Nr. 1220; für Vorgärten Stark in PrVBl. 55 S. 216; für Laubengänge DÖV 51 S. 402. Ist der Unternehmer Nebenberechtigter (§ 11) und sein Schaden im Wert des Grundstücks begriffen, so mindert sich die Entschädigung des Eigentümers um den Wert dieses Rechts. Das Interesse des Nebenberechtigten am Bestehen ist aber nicht gleich dem Interesse des Eigentümers am Nichtbestehen der Last Gruch. 40 S. 1088; 61 S. 690; JW 03 S. 438; 17 S. 856; Recht 14 Nr. 753; 17 Nr. 386.

5. Tatsächliche Vorteile oder Eigenschaften des Grundstücks: z. B. aus seiner Lage erwachsende, auch wenn kein Recht auf ihren Fortbestand oder für ihre Dauer keine Gewähr, doch zu vergüten, wenn begründete Aussicht auf eine gewisse Dauer ist und die Möglichkeit ihrer Ausnnutzung vom Verkehr preissteigernd gewertet wird, Recht 13 Nr. 209; RGZ 17 S. 162; JW 86 S. 455; 88 S. 433 – Anliegerschaft am Kanal JW 89 S. 522; 1900 S. 541 – Nutzung eines Nachbargrundstücks durch Pacht; 04 S. 371 – Nachbarschaft von Gärten; 05 S. 508 – Bestehen einer Schankkonzession; Gruch. 43 S. 757; 46 S. 1167 – Anliegerschaft am öffentlichen Fluß bzw. Weg; JW 09 S. 119 – Bedürfnis zweigleisigen Ausbaus der enteigneten Bahn; Recht 12 Nr. 64: Aussicht auf Anlandungen nicht wertsteigernd, wenn der Verkehr sie nicht so wertet. Keine Entschädigung für widerruflich vom Unternehmer eingeräumte Vergünstigung RGZ 74 S. 295 = JW 11 S. 118 oder für tatsächliche Vorteile, die der Unternehmer jederzeit wieder entziehen konnte Recht 12 Nr. 532. Bei E durch die Eisenbahn (Kanal) kommt die Aussicht auf einen Bahnanschluß nicht in Betracht RGZ 84 S. 255; Gruch. 63 S. 766; JW 14 S. 598; Recht 14 Nr. 271; anders wenn die E für einen Unternehmer erfolgt, den vor höherer Entschädigung zu bewahren der Fiskus kein Interesse JW 19 S. 388; anders auch, wo es sich um den Fortgenuß des Vorteils einer bestehenden Ladestelle (an der kanalisierten Saar) handelt, die nur aus Gründen des öffentlichen Wohls entzogen werden durfte RGZ 91 S. 36. Heimliche Benutzung Recht 11 Nr. 236. Einwirkungen einer Bauordnung sind nicht gemäß Auslegung der Bauordnung durch das Gericht, sondern nach ihrer praktischen Handhabung zu werten Gruch. 56 S. 1148. Auch tatsächliche Vorteile (Ausladestelle) sind nicht bloß nach ihrer bisherigen Inanspruchnahme, sondern gegebenenfalls nach ihrer Ausnutzungsfähigkeit zu werten Recht 15 Nr. 530; Möglichkeit der Ausnutzung einer Wasserkraft JW 14 S. 318. Für Einziehung eines öffentlichen Weges im Gebiete des gemeinen Rechts keine Entschädigung, weil nach gemeinem Recht in solchen Fällen kein Entschädigungsrecht, Recht 15 Nr. 141 (diese Auffassung erscheint fraglich – s. unten Anm. II 5). Auf das Fortbestehen von Vorteilen, die sich aus einer bestimmten Verkehrs- und Wohnlage auf Grund von Bebauungsplänen ergeben, hat der Grundstückseigentümer im allgemeinen kein Recht BGHZ 8 S. 273; 23 S. 235 (239).

6. Baulandeigenschaft anzunehmen, wenn das Bebauen nach dem gewöhnlichen Lauf der Dinge in naher Zukunft bevorsteht RGZ 8 S. 214; Gruch. 31 S. 876; 45 S. 345; JW 93 S. 211; 99 S. 20 u. S. 173; 1900 S. 327 u. S. 480; 02 S. 227 u. S. 323; 03 S. 36. Vgl. auch JW 07 S. 118. (Sog. merkantiles) Bauland ist auch solches, für das der Verkehr bei der Preisbildung mit der künftigen Bebauung rechnet JW 10 S. 630; Recht 09 Nr. 486; 13 Nr. 809; 14 Nr. 114; 15 Nr. 202; 16 Nr. 174. Über Bauland und sog. merkantiles Bauland: RGZ 128 S. 18 = PrVBl. 51 S. 296 = JW 30 S. 1955 = DJZ 30 S. 699. Zu scheiden Baustellenland, das zu einer von städtischer Bebauung unmittelbar ergriffenen Gegend gehört, von der Zwischenstufe zwischen ihm und Acker oder ähnlichem Land, dem Baurohland, spekulativen, werdenden Bauland; verschiedene Bewertung der Flächen bei besonderer Tiefe des Grundstücks und der Notwendigkeit der Erschließung durch besondere Straßen JW 11 S. 726; Recht 11 Nr. 524 = Gruch. 55 S. 1176. Wieweit ein Grundstück wegen eines Bauzonentarifs baulich ausgenutzt werden kann, hat Bedeutung nur für die Bewertung, nicht für Baulandeigenschaft Recht 14 Nr. 114. Vgl. auch PrVBl. 34 S. 472; ferner zu Vorstehendem Eger 52. Beachte in diesem Zusammenhang: BVerwGE 4 S. 57, wonach die Unterstellung von Grundflächen unter den Landschafts-

schutz dann keine E ist, wenn die bisher ausgeübte Nutzung nicht wesentlich beeinträchtigt wird; andererseits nach BVerwG Urt. v. 27. 6. 57 – BVerwGE 5 S. 143 = JZ 58 S. 208 eine E darin liegen kann, wenn einem Grundstück die rechtliche Baulandqualität aus Gründen des Landschaftsschutzes entzogen wird (dazu Anm. von Schack JZ 58 S. 209ff.). Zum Begriff der Baulandqualität eines Grundstücks s. ausführl. Dittus BlGBW 58 S. 81ff., 97ff. und BVerwG Urt. v. 12. 12. 1957 – I C 87. 57 – BlGBW 58 S. 94.

Die abweichende Benutzungsart (Aufwuchs) kann Zuschlag zum Baulandwert bedingen OLG Frankfurt in PrVBl. 38 S. 74.

7. Gewerbebetrieb und andere persönliche Vor- und Nachteile:

Ein Gewerbebetrieb ist als werterhöhender Faktor für ein Grundstück anzuerkennen, wenn sich das Grundstück nach seiner Lage und Beschaffenheit für einen bestimmten Betrieb eignet und der Einfluß dieser Möglichkeit sicher erkennbar Gruch. 36 S. 1104; JW 08 S. 284. Entschädigung für die Aufgabe einer günstigen Geschäftslage und sonstige Nachteile der Geschäftsverlegung JW 97 S. 378. Entschädigung für die Kosten des Umzugs und der Geschäftseinrichtung RGZ 32 S. 298. S. auch oben Anm. 1 und 5 und Eger 53. Berücksichtigung der Vorteile einer Geschäftsverlegung RGZ 67 S. 202 = JW 08 S. 75. Über objektiven Annehmlichkeitswert s. Anm. 8 unten.

8. Berechnungsgrundsätze (vgl. unten II 6):

Im gewöhnlichen Verfahren Feststellung des künftigen Schadens, im Dringlichkeitsverfahren (§ 34) – ebenso im vereinfachten E-verfahren – des bereits eingetretenen RGZ 71 S. 203 = JW 09 S. 437. Ob nach dem Ertrage oder nach dem Verkaufswert zu schätzen, ist Tatfrage Recht 14 Nr. 753; 19 Nr. 45; 20 Nr. 2237; Gruch. 63 S. 236. Der zeitlich und örtlich herrschende (Tatfrage!) Zinsfuß ist bei der Kapitalisierung zu berücksichtigen Gruch. 28 S. 255; 37 S. 1124; Recht 13 Nr. 440; 14 Nr. 337; JW 93 S. 51; 1900 S. 541; 10 S. 847 – § 246 BGB bindet nicht. Bei Berliner Zweckgrundstücken (Gegensatz: Rentengrundstück) war in guter und gesuchter Stadtgegend eine Kapitalisierung mit 4½% üblich Gruch. 63 S. 236; Recht 19 Nr. 45. Das Operieren mit dem Verkaufswert ist hypothetisch zulässig auch für unverkäufliche Grundstücke (Kirchen, öffentliche Wege) JW 1900 S. 424; 09 S. 236; Gruch. 53 S. 1175. Burg Giebichenstein zu schätzen nach dem Wert, den sie für Reflektanten aus dem begrenzten Kreis von Kunst- und Altertumsliebhabern hat („objektiver Annehmlichkeitswert") Gruch. 59 S. 533; Recht 15 Nr. 490. Addieren des Wertes des Grund und Bodens, des Werts des Hauses und einer Summe für das Aufgeben der günstigen Geschäftslage und für die sonstigen Nachteile der Geschäftsverlegung ist eine zulässige Berechnungsart JW 97 S. 378. Der Wert eines bebauten Grundstücks darf nicht nach dem Durchschnitt des Grund- und Gebäudewerts einer-, und des allgemeinen Ertragswert andrerseits gefunden werden; ebensowenig durch Addieren des Werts der Fläche und des Gebäudes für sich, ohne Rücksicht darauf, daß es nur Abbruchswert hat; der Verkaufswert ist nach dem Ertrage, aber unter Berücksichtigung der Preise gleichartiger Grundstücke zu bemessen Gruch. 55 S. 1179; Recht 12 Nr. 325. Durchschnittziehen aus verschiedenen abweichenden Schätzungen setzt voraus, daß die Sachverständigen nur in Wertangaben abweichen, sonst aber von gleichen Grundsätzen ausgehen Recht 12 Nr. 678. Der kapitalisierte, nachhaltige Reinertrag ist mindestens der Grundstückswert RGZ 54 S. 115; 57 S. 288; JW 03 193; 04 S. 221.

Wird der Ertrag nach dem sich als Benutzungsart (vgl. zu § 10 Anm. 1) des Grundstücks darstellenden Gewerbe (Steinbruch, Ziegelei, Torfstich) berechnet, so sind die Betriebskosten auszuscheiden. Falsch, den Durchschnitt der Summe des Ertragswerts und des Werts des Grund und Bodens zu nehmen; die beim Ertragswert abzusetzenden Lasten, Abgaben und Unkosten müssen nach Lage des Falles, dürfen nicht summarisch, nach einer Schablone, berechnet werden RGZ 57 S. 288; 66 S. 311; JW 04 S. 221; 07 S. 720. Bewertung nach dem Ertrage eines fingierten Neubaus als am günstigsten gegenüber der geringeren Bewertung nach dem bisherigen Ertrage und nach Vergleichskäufen JW 11 S. 556. Vgl. auch JW 08 S. 284; 10 S. 630. Bei Schätzung nach dem Ertragswert eines Hauses kann Tilgungsbeitrag außer Ansatz bleiben, wenn die Bodenwertsteigerung die Gebäudeabnutzung ausgleicht; bei baufälligen Gebäuden ist aber anders zu verfahren Gruch. 63 S. 236; Recht 19 Nr. 45. Falsch, die Jahresverträge einer für Feldbrand geeigneten Lehmschicht, einer Ziegelei, eines Torfstichs, nach Abzug der Zwischenzinsen zu addieren. Richtiger, Preis unter Berücksichtigung der Verkehrsschwankungen u. dgl. zu ermitteln, oder den Preis, für den gleich brauchbares Grundstück zu haben gewesen wäre. SeuffA 35 Nr. 216; RGZ 8 S. 214; JW 85 S. 38. Wird eine Ziegelei als Bauland gewertet, kann ein Zuschlag für das Lehmlager begründet sein Recht 18 Nr. 164. Bauland in der Hand eines Bauunternehmers kann um den Unternehmergewinn wertvoller sein, in dem Maße, in dem es ihm durch die von ihm selbst hergestellte Bebauung gelingt, die Baukosten herunterzudrücken Recht 16 Nr. 174. Die Miete kann die Grundlage der Berechnung sein, wenn das Grundstück durch die Bebauung voll ausgenutzt und der Mietsertrag als nachhaltiger gelten kann JW 99 S. 122. Bei Gebäuden ist eine Abnutzungsquote für einen Neubau und für die sich über die ganze Zeit erstreckende Wert- und Ertragsminderung einzustellen. Annahme eines Durchschnittssatzes zulässig RGZ 54 S. 115; 56 S. 92; JW 03 S. 193 u. S. 438; JW 10 S. 630. Die Vorauszahlung der Mieten, wenn sie üblich, ein werterhöhender Faktor RGZ 56 S. 92; 63 S. 224. — Berücksichtigung bei fingiertem Neubau; dabei Belastung des Grundstücks mit Hypotheken gleichgültig; Einfluß der Belastung auf die Höhe des Baukapitals. Ein bebautes Grundstück kann, wenn dies günstiger, nach dem Baustellenwert geschätzt werden Gruch. 35 S. 697; JW 91 S. 282. Berücksichtigung des Mietsausfalls des alten Gebäudes und des Zwischenzinses RGZ 72 S. 211; JW 10 S. 76. Bewertung des auf Grund des PrFluchtlG enteigneten Landes nach fingiertem Neubau RGZ 74 S. 18 = JW 10 S. 766. Bei Bauland ergibt eine Ertragstaxe unter Zugrundelegung eines zweckmäßigen und möglichst rentablen Bauprojekts nach Abzug des Bauwerts den Baustellenwert. Eine Schätzung unter Zugrundelegung der in der maßgebenden Zeit für Baustellen gleicher oder ähnlicher Lage gezahlten Preise meist vorzuziehen Gruch. 38 S. 1096; 41 S. 1002; vgl. auch JW 03 S. 193. Bei Bewertung von Bauland nach einem Bauentwurf ist in der Regel ein Abzug für unentgeltlich abzutretendes Straßenland und für Grunderwerbskosten als Teil der nicht zu vergütenden Anliegerbeiträge zu machen; anders gegebenenfalls bei sehr großem Komplex oder bei Lage des Grundstücks am Kopfende einer Sackgasse Recht 18 Nr. 82. Ist der Ertragswert auffallend höher als der Verkaufswert, so ist dieser vorzuziehen, bei Berechnung nach Durchschnittspreis pro Quadratmeter unter Einbeziehung des Hofraums JW 06 S. 320. Verhältnis von Ertrags- zum Tauschwert JW 07 S. 719. Ist der Wert an sich richtig berechnet, so muß der Eigentümer, der mehr fordert, behaupten, daß er unter den bestehenden Verhältnissen mit der Summe eine gleich hohe und sichere Kapitalbelegung nicht erreichen oder den Betrag anders nicht gleichwertig verwenden kann RGZ 58 S. 422. Wegen Benutzungsart und Benutzungsfähigkeit s. unten Anm. II 6).

9. Die Entschädigung ist eine einheitliche (hierzu RGZ 119 S. 362 = DJZ 28 S. 735; RGZ 139 S. 72); auch da, wo die Entschädigung sich aus verschiedenen Einzelposten zusammensetzt, nicht mehrere Einzelansprüche, sondern einheitliche Forderung RGZ 65 S. 129; 74 S. 155; JW 07 S. 192; 10 S. 955; JW 12 S. 147; 08 S. 24. Auch die Zinsen, insbes. die nach § 36 Abs. 2 zu zahlenden sind nicht Verzugszinsen, sondern Nutzungsentgelt und bilden einen Teil der Entschädigung RGZ 98 S. 43 mit Nachweisen. Vgl. aber auch Gruch. 59 S. 537; JW 14 S. 844; Recht 14 Nr. 432. Vgl. JW 10 S. 1007. RGZ 74 S. 287: Wirtschaftserschwernisse nur Rechnungsposition. Gruch. 50 S. 1217: Posten der Schadensrechnung des Pächters. Vgl. auch hier Anm. II 2. Aus der Einheitlichkeit der Entschädigung folgt, daß nicht wegen einzelner Ansatzposten der Rechtsweg beschritten werden kann. Deshalb kann auch noch im Prozeß — soweit prozessual zulässig — bis zum Schluß der letzten mündlichen Verhandlung zur Bemessungsgrundlage neu vorgetragen werden RGZ 139 S. 72.

II. 1. Mehrwert, Minderwert, der Nutzen, den der Teil dem Ganzen leistet, gesehen einmal vom Standpunkt des Teils, das andere Mal von dem des Restes; Folge der Lösung des Zusammenhangs (Recht 15 Nr. 308) decken sich daher in der Regel JW 94 S. 154; 03 S. 348; RGZ 32 S. 350; dürfen nicht addiert werden. RGZ 32 S. 350; 53 S. 194; JW 03 S. 55; JW 94 S. 213; Gruch. 38 S. 1092; sind bei der Durchschnittsberechnung (bei Teilenteignungen ermittelt man den Wert, indem man vom Wert des Ganzen vor der E den des Restes nach der E, aber unter Ausscheiden der dem Rest durch das Unternehmen zufließenden allgemeinen Vorteile abzieht [Differenzberechnung] oder indem man den Wert des Ganzen, danach den Wert einer Flächeneinheit [z. B. Quadratmeter] und danach den Wert des Restes [Durchschnittsberechnung] berechnet. Vgl. dazu Samter in JW 15 S. 1217) berücksichtigt Gruch. 37 S. 1124; JW 93 S. 51; 1900 S. 899; sind nicht vorhanden, wenn sie sich nur aus der bisherigen Benutzungsart ergeben, durch eine andere, allgemein und jederzeit mögliche Verwertbarkeit aber sich ein ebenso hoher Wert des Restes ergibt JW 1900 S. 881; vgl. auch JW 96 S. 309. Wird der Zusammenhang eines im Miteigentum stehenden Grundstücks (gemeinschaftliche Einfahrt) gelöst, so ist der Nachteil besonders zu vergüten, wenn auch nicht der Fall des § 8 Abs. 2 gegeben ist Recht 13 Nr. 530. Ein zur Baumaske gewordener Rest erleidet erfahrungsgemäß keine Wertminderung Gruch. 60 S. 873 = Recht 16 Nr. 297. Anwendung des § 8 Abs. 2 auch bei E nach dem PrFluchtlG JW 03 S. 348; aber Einschränkung für den Fall des § 13 Abs. 2 PrFluchtlG JW 08 S. 756. Keine Teilenteignung, wenn dem Eigentümer der Bergbau betreibt, nur sein Grundstück entzogen, Bergbau aber verbleibt RGZ 58 S. 147; JW 04 S. 434; vgl. dazu JW 06 S. 43; auch RGZ 84 S. 254; Recht 14 Nr. 272.

2. Einheitlichkeit der Entschädigung: bei Mehrheit der Schadenspositionen RGZ 2 S. 234. Der Minderwert des Restes Teil der Entschädigung für das Trennstück RGZ 14 S. 267; vgl. oben Anm. I 9.

3. Vorteilsausgleichung: s. zunächst Vorbem. vor §§ 7ff. I 5. Die dem Restgrundstück erwachsenden allgemeinen Vorteile, welche die E allen Anliegern bringt, sind nie gegen die Entschädigung aufzurechnen; sie sind auch keine Werterhöhung des abzutretenden Grundstücks „infolge der neuen Anlage“ im Sinne des § 10 Abs. 2

Gruch. 32 S. 714; JW 88 S. 46 u. S. 171; 90 S. 212; Recht 13 Nr. 209; 15 Nr. 309; JW 93 S. 109 – Vorteil, daß das Haus an die Straße rückt –; 96 S. 162 – auch nicht auf den Minderwert des Restes –; 03 S. 55; RGZ 53 S. 194; Gruch. 43 S. 757 – Vorteil der besseren Ausnutzung von Bauland –; JW 07 S. 61; Recht 12 Nr. 170 – Vorteil näherer Bahnverbindung –. Die besonderen Vorteile dürfen auch nicht auf die für das enteignete Stück gewährte Entschädigung angerechnet werden RGZ 57 S. 242; JW 04 S. 187. Auf den Minderwert des Restes sind die besonderen Vorteile anzurechnen; Nachteil der Entziehung des Vorgartens kompensiert mit dem Vorteil, daß das Haus an die Straße rückt und deshalb höhere Miete bringt JW 04 S. 371. Vorteil, daß infolge der E ein Haus an der neuen Straße gebaut werden kann, nicht anrechnungsfähig JW 05 S. 240. Begrifflich kein Ausgleich, wo nicht auf beiden Seiten selbständige für sich bestehende Faktoren, sondern einheitliche Wirkung derselben Tatsache. Heranrücken an die Straße und nunmehr polizeiliche Nötigung zur Einzäunung; für die (künftig) nötige Errichtung eines Zauns kann daher ebensowenig Entschädigung gefordert werden, wie für künftig nötige Anliegerbeiträge JW 08 S. 82; 15 S. 931. RGZ 67 S. 173; Recht 15 Nr. 400; 16 Nr. 257; Gruch. 60 S. 873. Vgl. allgemein RGZ 57 S. 242. Vorteilsausgleich bei Bergschaden RGZ 146 S. 275; aus der neueren Rspr. BGHZ 6, S. 270 (295); 15 S. 268 (275, 278); 21 S. 388ff. Zum Begriff des sog. vorgeschobenen Hinterlandes s. Vorbem. vor §§ 7ff. I 5.

4. Wirtschaftlicher Zusammenhang: fordert nicht, daß der Teil für das Ganze nötig, wenn der Teil nur geeignet, den wirtschaftlichen Bedürfnissen des Ganzen zu dienen, und tatsächlich, wenn auch nicht dauernd und ununterbrochen gedient hat JW 85 S. 39. Teile eines Grundbesitzes können auch Rechte sein (Eger 62). Abs. 2 gilt auch, wenn die Abtretung im Wege freier Vereinbarung gem. § 16 erfolgt; Voraussetzung ist nur, daß der abgetretene Teil dem E-recht unterliegt (Eger 62 a. E.). Über wirtschaftlichen Zusammenhang s. auch HRR 34 Nr. 1140. Der Zusammenhang muß vorhanden sein zur Zeit der Zustellung des Entschädigungsfeststellungsbeschlusses JW 93 S. 319. Vgl. aber RGZ 70 S. 12; JW 08 S. 757.

5. Nachteile aus dem Betriebe des Unternehmens.

Vollständige Entschädigung auch für die Nachteile – Verlust von Vorteilen ist dasselbe –, die dem Enteigneten aus der Ausführung und dem Betriebe des Unternehmens erwachsen; kein Anspruch auf Unterlassung der störenden Handlungen HRR 34 Nr. 1140. Ursächlicher Zusammenhang, d. i. adäquater Zusammenhang = Zusammenhang von ausreichender Nähe (BGHZ 21 S. 388 [398]), der Nachteile mit der E vorausgesetzt. Dahin gehört auch Nachteil aus der Aufhöhung der Straße, selbst wenn der Eigentümer sich die Aufhöhung ohne E entschädigungslos hätte gefallen lassen müssen. Die Ursächlichkeit wird nicht dadurch ausgeschlossen, daß andere Nichtenteignete dieselben Nachteile erleiden, und daß es möglich, daß der Schaden auch ohne die E eingetreten wäre. Nur wenn letzteres gewiß, sind die Nachteile nicht zu ersetzen RGZ 13 S. 244; 44 S. 331; Gruch. 26 S. 1140; 29 S. 415; 31 S. 1057; 32 S. 717 (= JW 88 S. 47); 37 S. 1124 (= JW 93 S. 51); 40 S. 173; 43 S. 757; 46 S. 1167; 47 S. 1102; 54 S. 1192; SeuffA 40 Nr. 114; 46 Nr. 195; Warn. 12 S. 511; Recht 12 Nr. 604; PrVBl. 34 S. 244, 472. JW 88 S. 338 u. S. 433; 90 S. 421; 91 S. 227; 93 S. 149 u. S. 282; 98 S. 176; 99 S. 717; 02 S. 322; 03 S. 17 u. S. 36, S. 113 u. S. 347; 06 S. 94; 10 S. 490.

Auch mittelbare E-folgen sind zu entschädigen; — mit Eger 68 — als „Folgen des Baues: ungünstige Veränderung der Wasserverhältnisse, Versiegen von Brunnen, Hinderung der Drainage, Störung der Ab- und Zuflüsse, Erschwerung der Ab- und Zufahrt, Verlust des Lichtes, der Luft, des Windes“ und als „Folgen des Betriebes: Immission von Rauch, Funken, Staub, Erschütterung des Bodens und der Gebäude, Geräusch und Getöse usw.“ Ferner Raucheinwirkungen der Bahn und Nachteile einer kraft selbständiger Entschließung angelegten Bedürfnisanstalt, auch wenn nicht die Bahn, sondern die Gemeinde für eine Zufahrtstraße enteignet JW 20 S. 785; Recht 20 Nr. 3306. Bei Eisenbahnlinien ohne weiteres anzunehmen, daß die gewählte Linienführung die gebotene, eine andere als möglich nicht in Frage kommt JW 03 S. 113. Nachteile durch das Unternehmen sind auch dann zu ersetzen, wenn die Teilenteignung für einen Teil des Plans erfolgt, der unschädlich ist, sofern der Teil ein Stück der das ganze Unternehmen bedingenden Erfordernisse ist JW 93 S. 53 u. S. 282; 03 S. 36. Die Richtigkeit des vor der Rspr. ständig betonten Grundsatzes, daß auch mittelbare E-folgen, die im Zeitpunkt der E mit Sicherheit erkennbar oder zu erwarten sind, zu entschädigen seien (dazu klar Eger 68), meint Neufang 54 bezweifeln, mindestens aber einschränken zu müssen. Diese Auffassung ist unzutreffend, da das dem Betroffenen auferlegte Sonderopfer ausgeglichen und ein wirklicher gerechter Wertausgleich erzielt werden muß — vgl. Vorbem. vor §§ 7 I 1,3. Mit Recht bejahen deshalb auch Dittus-Zinkahn zu § 11 BlBG Anm. III 3 a. E. die Berücksichtigung zukünftiger und mittelbarer Schäden, „soweit sie mit Sicherheit zu erwarten sind und in einer entsprechenden Wertminderung des Restbesitzes ihren Ausdruck finden.“ Der Hinweis auf § 31 zieht nicht, da diese Vorschrift eine andere Interessenlage regelt.

Künftige Anliegerbeiträge, ortstatutarische Straßenanlagekosten (JW 88 S. 236; 08 S. 82; 10 S. 592; 12 S. 94; Gruch. 32 S. 717; RGZ 57 S. 249; PrVBl. 32 S. 11) sind nicht zu entschädigen; dasselbe gilt für Beiträge nach § 9 KAG Gruch. 55 S. 1179; JW 12 S. 94; Recht 12 Nr. 64; s. auch § 8 Anm. II 2 a. E., § 9 Anm. 9.

Baulandwertminderungen, die nicht durch Fluchtlinienfestsetzung, sondern durch Einbeziehung einer Chaussee in das Ortsstraßennetz entstehen, müssen berücksichtigt werden Recht 16 Nr. 174. Über ursächlichen Zusammenhang zwischen Wertänderung und Unternehmen (Anlage) vgl. im übrigen § 10 Anm. 5.

6. Berechnungsgrundsätze (vgl. oben I 8):

Kann die Wertminderung durch Einrichtungen gehoben werden, so kann sie nicht besser als nach den Kosten dieser geschätzt werden JW 92 S. 228; 16 S. 913; Recht 16 Nr. 478. Soll die Schmälerung einer Einfahrt durch den Preis der Nachbarparzelle ausgeglichen werden, so muß feststehen, daß diese dafür zu haben ist PrVBl. 34 S. 472. Die Kosten der Einrichtungen sind nur Rechnungspositionen; kein Zwang für den Eigentümer, Einrichtungen zu treffen. Unbillig umständliche Arbeiten sind ihm nicht zuzumuten; Einrichtungen, die solche nötig machen, zur Berechnung ungeeignet JW 98 S. 629. Andererseits kann ausnahmsweise verlangt werden, daß der betroffene Eigentümer in zumutbarem Umfang tätig wird (§§ 242, 254 BGB — so r. Seufert zu Art. V ZAG Anm. III 8 Rdn. 62 mit Hinw. auf Bay. ObLGZ Bd. 34 S. 250ff.). Bei Anwendung dieser Ausnahme ist aber zu beachten, daß der Betroffene grundsätzlich nur zu dulden hat (s. zu § 1 Anm. 6; Eger 70; Neufang 8 und 55). Vgl. aber auch zu § 9 Anm. 8. Erforderliche Um- und Neubauten sind zu vergüten JW 88 S. 46; Gruch. 32 S. 714. Der Unternehmer, der sich zur Einräumung einer Dienstbarkeit zwecks Ableitung von Wasser erboten hat und demgemäß zur Herstellung eines Durchlasses verurteilt wird, hat den Minderwert nur unter Berücksichtigung dieser Einrichtung zu ersetzen JW 96 S. 309 (vgl. § 7 Anm. 2). Die Differenzberechnung (s. zu § 8 Anm. II 1) ist im allgemeinen als zu sicheren Ergebnissen führend vorzuziehen; erfolgt sie bei bebauten Grundstücken auf der Grundlage eines fingierten Neubaus, dann darf nur der Abbruchwert der alten Gebäude zugerechnet werden Recht 13 Nr. 753; 14 Nr. 114; Gruch. 58 S. 497; Warn. 12 S. 206; JW 12 S. 94.

Ergibt die Differenzberechnung — siehe auch Gruch. 55 S. 1179 — verhältnismäßig höheren Wert des Restes, so ist die Durchschnittsberechnung falsch RGZ 53 S. 194; JW 03 S. 55. Differenzberechnung ist nicht geboten. Ist nach dem örtlichen und wirtschaftlichen Zusammenhang des Trennstücks mit dem Ganzen dessen Gleichwertigkeit auch mit anders genutzten (bebauten) Teilen des Ganzen anzunehmen, Durchschnittsberechnung am Platze Recht 14 Nr. 114; JW 1900 S. 899; 03 S. 193. Auch Bewertung nach dem wirklichen Ertrage des Teils kann angebracht sein, wenn der Teil und der Rest für sich selbständig wirtschaftlich nutzbar sind und der Fortfall des Teils keine Wertminderung bedeutet Recht 16 Nr. 515; zulässige Nichtanwendung der Differenzberechnung, wenn nur kleine Teile enteignet, ohne daß dadurch der Wert des Restes gemindert Recht 13 Nr. 809. Berücksichtigung eines baupolizeilichen Dispenses (dazu auch Recht 12 Nr. 356). Durchschnittsberechnung angebracht bei geschlossenen Baustellen und Geringfügigkeit der abzutrennenden Flächen, evtl. mit Zuschlag für Verkleinerung. Sicherer Differenzberechnung. Bewertung des Restes nach der Zeit nach der E meist zulässig, soweit nicht § 10 Abs. 2 eingreift RGZ 62 S. 268; JW 06 S. 151. Durchschnittsberechnung als in concreto zu mechanisch abgelehnt JW 03 S. 113. Bei der Differenzberechnung muß die Ermittlung des Werts des Ganzen und des Restes nach einheitlichen Grundsätzen erfolgen, man darf nicht mehrere in ihren Grundlagen verschiedene Bewertungsmethoden nebeneinander gebrauchen Recht 16 Nr. 515; unzulässig für den Wert des Restes die tatsächlich vorhandene, für den des Ganzen eine geringere Bebauung zugrunde zu legen JW 03 S. 193.

Neben dem höheren Wert der Benutzungsart ist kein Betrag für die Benutzungsfähigkeit zuzusprechen, neben dem aus den tatsächlichen Verhältnissen abgeleiteten höheren Wert nicht der geringere Baulandwert; höherer Wert aus Aufwuchs ist aber hinzuzurechnen JW 12 S. 94; Warn. 12 S. 206. Bei Bewertung des Teils nach der von der Benutzungsart abweichenden Benutzungsfähigkeit darf aus dem Zusammenhang mit dem Rest Mehrwert nur hergeleitet werden, wenn dieser Zusammenhang die Benutzungsfähigkeit erhöht, daher nicht für Bauland aus Zusammenhang mit Ackerwirtschaft Recht 15 Nr. 141. Die möglichste Ausnutzungsfähigkeit des Ganzen und des Restes ist zu unterstellen; doch kommt nur eine der wirtschaftlichen Lage entsprechende Benutzungsfähigkeit, die über die Benutzungsart hinausgeht, in Betracht, z. B. bei Bauland, ob die Bauausführung wirtschaftlich zweckmäßig ist. Die unsichere Möglichkeit, bei Zukauf eines Grundstückes die bauliche Ausnutzung zu verbessern, muß außer Betracht bleiben: RGZ 32 S. 350; 53 S. 194; Recht 14 Nr. 668; 15 Nr. 141; 16 Nr. 257; JW 06 S. 581; 03 S. 55. Auch ein z. Z. unausführbarer Bauentwurf kann die Grundlage der Berechnung bilden, indes nicht zu empfehlen, wenn die Verhältnisse noch zu unsicher Recht 18 Nr. 82. Dem Minderwert des Restes für den Verlust des Vorgartens darf der Wert des Vorgartens als solchen nicht hinzugerechnet werden. Der Vorgarten darf dann nur als

Trennstück, abgesehen von seiner werterhöhenden Eigenschaft, geschätzt werden JW 94 S. 213; Gruch. 38 S. 1092. Schätzung eines Vorgartens, der allen Mietren gemeinsam dient und keine andere Bedeutung hat, nur nach den Mietausfällen RGZ 67 S. 271; JW 08 S. 82; Recht 17 Nr. 537. Sind die Wirtschaftsgebäude eines Landguts für den Rest verhältnismäßig zu groß, so ist der Minderwert mitgeschätzt, wenn das Enteignete ohne Rücksicht auf seine Verbindung mit dem Gut geschätzt ist JW 96 S. 455. Ersatz für gleich hoch bleibende Löhne, Gespannkräfte, Versicherungsbeiträge, Gebäudeunterhaltungskosten Recht 12 Nr. 170. Der Minderwert von Bauland wegen Nähe der Bahn kann durch Kapitalisierung des Mietausfalls ermittelt werden RGZ 7 S. 258. Der Nutzen eines zu Zechenzwecken verpachteten Baches ist nach dem Ertrage, gegebenenfalls mit einem Zuschlage für anderweite dauernde Nutzung zu werten Recht 16 Nr. 648. Werden abgeschnittene Teile nach der E veräußert, so sind die Wirtschaftserschwernisse nur für die Dauer der Zusammengehörigkeit des Restes zu ersetzen RGZ 3 S. 239. Vgl. dagegen Anm. I 2. Der Grundsatz des § 10 Abs. 1 gilt auch im Falle des § 8 Abs. 2: JW 96 S. 294.

III. Einzelne Fälle der Entschädigung oder Nichtentschädigung für: die Entziehung der Anliegerschaft am öffentlichen Weg bzw. Kanal Gruch. 46 S. 1167; JW 88 S. 433; Anliegerrecht an öffentlichem Fluß und Uferlinie JW 21 S. 127; die Vermehrung der Arbeitskräfte JW 88 S. 352; Bauland JW 06 S. 151 (= RGZ 62 S. 268) u. S. 320; 07 S. 719 u. S. 720 (RGZ 66 S. 311); 08 S. 284; 10 S. 76 (= RGZ 72 S. 211); S. 630 u. S. 766 (= RGZ 74 S. 18); RGZ 63 S. 224; Anliegerbeiträge s. oben Anm. II 5; Anlandungen Recht 12 Nr. 64; Aufhöhung der Straße Warn. 12 S. 511; Recht 12 Nr. 604; PrVBl. 34 S. 244; des Bergbautreibenden gegenüber öffentlichen Verkehrsanstalten RGZ 58 S. 147; 84 S. 254; JW 04 S. 434; die E einer Brandstätte JW 03 S. 36; die Last des Anlegens, Erhaltens, Reinigen des Bürgersteiges JW 94 S. 198; eines Teiles einer Eisenbahnanlage JW 09 S. 119; die Verstärkung des Forst- und Jagdschutzes JW 93 S. 50; Gruch. 37 S. 1130; die Einbeziehung in den Feuerrayon RGZ 2 S. 234; 7 S. 265; Gruch. 36 S. 459; JMBl. 83 S. 324; JW 99 S. 20; die Kosten der Geschäftseinrichtung RGZ 32 S. 298; die Aufgabe der günstigen Geschäftslage, die Kosten der Geschäftsverlegung JW 97 S. 378; für eine Fährgerechtigkeit Warn. 12 S. 203; einen Kirchplatz RGZ 76 S. 256; JW 11 S. 604; Burg Giebichenstein Gruch. 59 S. 553; Recht 15 Nr. 490; die Immission von Rauch, Ruß, Funken RGZ 7 S. 265; Gruch. 36 S. 459; 40 S. 173; von Staub von Anmarschwegen zum Exerzierplatz JW 10 S. 490; Kundenverlust JMBl. 81 S. 27; Kosten, Stempel, Umsatzsteuer und Provision für den Kauf eines Ersatzgrundstücks RGZ 58 S. 422; Umsatzsteuer, Zuwachssteuer Recht 17 Nr. 47; JW 13 S. 150; 17 S. 167; RGZ 80 S. 328; Kosten der Vertretung durch einen Anwalt im Entschädigungsfeststellungsverfahren RGZ 58 S. 422; die Entziehung von Licht und Wärme Gruch. 40 S. 173; die Abgeschlossenheit und Ruhe des ländlichen Aufenthalts Gruch. 26 S. 1140; für eine Ladestelle Recht 15 Nr. 530; den Mietausfall wegen Nähe der Bahn RGZ 7 S. 258; die Entziehung des Mahlwassers Gruch. 47 S. 1002; den Nutzen eines Baches Recht 16 Nr. 648; den Verlust benachbarten Pachtlandes JW 1900 S. 541; Nachbargärten JW 04 S. 371; Verlust der Schankkonzession JW 05 S. 508; die Erhöhung der Pflastersteuer und Straßenreinigungskosten Gruch. 37 S. 1124; JW 93 S. 51; Straßenanlagekosten Gruch. 32 S. 717; JW 88 S. 47; die Tieferlegung einer Straße RGZ 44 S. 325; PrVBl. 34 S. 472; Schmälerung einer Einfahrt PrVBl. 34 S. 472; SeuffA 46 Nr. 195; einen Steinbruch, Torfstich, Ziegelei,

Tonlager RGZ 57 S. 288 = JW 04 S. 221; Gruch. 29 S. 969; JW 85 S. 38; SeuffA 35 Nr. 216 = JMBl. 80 S. 161; Um- und Neubauten Gruch. 32 S. 714; JW 88 S. 46; JMBl. 88 S. 230; Umzugskosten RGZ 32 S. 298; Zugroßwerden der Wirtschaftsgebäude JW 96 S. 455; Vorgärten JW 08 S. 82 (= RGZ 67 S. 271); 94 S. 213 (= Gruch. 38 S. 1092); Wegeerschwerungen (Umweg, Bahnübergang, Fähre, zeitweise Wegsperrung) RGZ 3 S. 239; Gruch. 30 S. 1036; 46 S. 1163 (= JW 01 S. 357); JW 93 S. 53, S. 282; eines öffentlichen Weges JW 09 S. 236 (= Gruch. 53 S. 1175); 10 S. 813; Wasserkraft JW 14 S. 318; Ziegelei Recht 18 Nr. 164; bezüglich neuerer Rspr. s. Vorbem. vor §§ 7ff.

§ 9

(1) Wird[1]) nur ein Teil[2]) von einem Grundstück in Anspruch genommen[3]), so kann der Eigentümer verlangen[4]), daß der Unternehmer das Ganze gegen Entschädigung übernimmt[5]), wenn das Grundstück durch die Abtretung so zerstückelt werden würde[6]), daß das Restgrundstück nach seiner bisherigen Bestimmung[7]) nicht mehr zweckmäßig benutzt werden kann[8]).

(2) Trifft die geminderte Benutzbarkeit nur bestimmte Teile des Restgrundstücks, so beschränkt sich die Pflicht zur Mitübernahme auf diese Teile.

(3) Bei Gebäuden, welche teilweise in Anspruch genommen werden, umfaßt diese Pflicht jedenfalls das gesamte Gebäude[9]).

(4) Bei den Vorschriften dieses Paragraphen ist unter der Bezeichnung Grundstück jeder in Zusammenhang stehende Grundbesitz des nämlichen Eigentümers begriffen.

1. § 9 enthält — wie schon Eger 70 a. Anf. zutreffend bemerkt — im Anschluß an § 8 Abs. 2 für den Fall der E eines Teils eines Grundstücks eine weitere Ausnahme von dem Prinzip, daß die Entschädigung nach dem objektiven Werte des enteigneten Teils zu leisten sei (s. zu § 8 Anm. I). Die Regelung des § 9 entspricht einem in fast allen damaligen E-gesetzen anerkannten Grundsatz und der damals h. M. in der Lit. Sie berechtigt den Betroffenen, im Falle einer Zerstückelung seines Grundstücks vom Unternehmer, die E des Ganzen zu verlangen, „wenn der übrig bleibende Teil für die Erfüllung der wirtschaftlichen Bestimmung, der er im Vermögen des Enteigneten bisher zu dienen hatte, ungeeignet wird“ (Eger 70; vgl. jetzt § 4 Abs. 3 BlBG!). § 9 enthält aber auch zugunsten des Unternehmers eine Erleichterung: Verlangt der Betroffene nicht die Übernahme des Restes, sondern besteht er auf der Vergütung des Minderwertes, so „beschränkt sich sein Entschädigungsanspruch auf die Differenz der objektiven Werte, die das Reststück vor und nach der E in der allgemeinen Verkehrsanschauung hat“ (so klar Eger 70).

§ 9 gilt unbeschränkt auch bei E nach dem PrFluchtlG RGZ 2 S. 279; 31 S. 273; JW 93 S. 319, für die daneben noch die besonderen Vorschriften des § 13 Abs. 3 u. 4 PrFluchtlG gelten.

Das VG muß bei der Prüfung der Rechtmäßigkeit einer Teilenteignung nach Art. 14 GG auch ihre Auswirkung auf den Restbesitz des Enteigneten prüfen BVerwG Beschl. v. 16. 4. 1957 — I B 4. 57 — NJW 57 S. 1043 = BBBl. 57 S. 492 = BRS 7 VII.

2. Der hier vorausgesetzte Zusammenhang muß zur Zeit der Zustellung des Entschädigungsfeststellungsbeschlusses vorhanden sein JW 93 S. 319. Aus § 9 kann eine Pflicht zur Übernahme des Zubehörs, z. B. des Gastwirtschaftsinventars, nicht abgeleitet werden; ein Anspruch auf Übernahme des Inventars wäre nur anzuerkennen, wenn der Eigentümer nicht mehr in der Lage wäre, es sachgemäß zu verwerten Recht 14 Nr. 668.

3. Inanspruchnahme eines Teils liegt vor auch bei Beschränkungen im Sinne des § 12 Gruch. 48 S. 1075.

4. Nur der Eigentümer hat das Recht. Der Unternehmer darf nicht das Ganze verlangen, wenn das Trennstück für das Unternehmen genügt JW 1900 S. 198. Ist von der E irrtümlich angenommen, daß die Voraussetzungen des § 9 gegeben seien oder übersehen, daß der Antrag des Eigentümers fehlt, so kann im Verwaltungsstreitverfahren Abhilfe nicht erfolgen PrOVG 72 S. 428. Ist die Übernahme im Verwaltungsverfahren abgelehnt oder vom Gericht zugebilligt, so muß das Gericht zugleich die Entschädigung festsetzen. Für ein ferneres Verwaltungsverfahren ist kein Raum JW 96 S. 278. Der Übernahmeantrag ist im Verwaltungsverfahren zu stellen: § 25 Abs. 7 (RGZ 92 S. 279); wurde er gem. § 25 Abs. 7 gestellt, aber abgelehnt, so kann er im Prozeß auch noch in der Berufungsinstanz gestellt werden (RGZ 139 S. 69; Neufang 57).

5. Die Übernahmepflicht des Unternehmers ist ein Teil seiner Entschädigungspflicht, der das Recht des Eigentümers, Übernahme zu verlangen, entspricht. Der Übernahmeanspruch ist nur eine Form und ein Bestandteil des Entschädigungsanspruches HRR 32 Nr. 1156. Das Recht des Eigentümers und die Pflicht des Unternehmers zugleich unterliegen der Entscheidung der Verwaltungsbehörde; dashalb hat der Eigentümer den Rechtsweg gegen die ohne Grund zugelassene Übernahme RGZ 42 S. 225; Recht 23 Nr. 269.

Durch Anwendung des § 9 wird der Gegenstand der E erweitert JW 95 S. 401. S. zu § 45 Anm. 2.

6. Nur wenn die fernere bestimmungsmäßige Benutzbarkeit gerade durch die Zerstückelung oder Verkleinerung des Grundstücks vereitelt wird, nicht wegen bloß mittelbarer Folgen der E, z. B. Zuführung von Rauch, Ruß, Geräusch usw., kann Übernahme verlangt werden JW 91 S. 402; 01 S. 46; s. auch unten Anm. 8.

7. Die erkennbare Bestimmung des Restes entscheidet, nicht aber, ob der Rest allein nach der Bestimmung des Ganzen benutzt werden kann Gruch. 28 S. 461.

Die Bestimmung ist keine dem Grundstück innewohnende Eigenschaft, sondern nur der wirtschaftliche Zweck, zu dem der Eigentümer sein Grundstück tatsächlich benutzt hatte. Künftig mögliche Benutzungsarten sind ohne Belang Gruch. 35 S. 1102; JW 91 S. 403; Recht 13 Nr. 378.

8. Ob der Rest nach seiner bisherigen Bestimmung zweckmäßig benutzt werden kann, ist nach der durch die E geschaffenen tatsächlichen Lage zu prüfen. Zwar kann vom Betroffenen ein Handeln regelmäßig nicht verlangt werden (s. zu § 1 Anm. 6; zu § 8 Anm. II 6), jedoch darf der Betroffene einen Ausgleich nicht ablehnen und auf Übernahme bestehen, wenn er sich die Benutzung des Restgrundstückes durch eine geringfügige, leicht herzustellende Anlage, deren Kosten der Unternehmer zahlen muß, ermöglichen kann Recht 17 Nr. 140. Die Vorteile der neuen Anlage dürfen berücksichtigt werden, anders als im Falle des § 8 Abs. 2. Der Eigentümer darf nicht grundsätzlich ablehnen, durch Neubauten den Rest, wie bisher, nutzbar zu erhalten, muß tun, was ihm billigerweise zuzumuten, braucht jedoch unverhältnismäßige Kosten nicht aufzuwenden JW 91 S. 403 (= Gruch. 35 S. 1102); 99 S. 65; RGZ 42 S. 394. Das Grundstück ist auch dann nicht mehr zweckmäßig benutzbar, wenn das Bauen deshalb unwirtschaftlich wird, weil die aufzuwendenden Anliegerbeiträge es unrentabel machen; auch dann kann Übernahme verlangt werden, obgleich Anliegerbeiträge nicht zu entschädigen sind RGZ 99 S. 104; JW 20 S. 785; Recht 20 Nr. 3306. Vgl. auch RGZ 39 S. 273.

9. Übernahme des Gebäudes heißt Übernahme des Grund und Bodens bzw. mit dem Grund und Boden, nicht auf Abbruch RGZ 2 S. 279. Nicht jede Beschädigung (Beseitigung der Kellerbrüstung) ist teilweise Inanspruchnahme des Gebäudes. Es wird eine erhebliche Beeinträchtigung der bisherigen Benutzung, bei direkter Anwendung (s. oben Anm. 3 und § 12) ein erheblicher Eingriff in die körperliche Unversehrtheit des Gebäudes vorausgesetzt RGZ 39 S. 273; ferner Eger 75 a—e. Erfolgt die Freilegung von Gebäuden nur deshalb, um nach § 13 Abs. 1 Nr. 2 PrFluchtlG den Entschädigungsanspruch gegen die Gemeinde zur Entstehung zu bringen, so sind die Voraussetzungen des § 9 Abs. 3 nicht gegeben RGZ 79 S. 337; JW 12 S. 816.

§ 10

(1) Die bisherige Benutzungsart[1]) kann bei der Abschätzung nur bis zu demjenigen Geldbetrage Berücksichtigung finden[2]), welcher erforderlich ist, damit der Eigentümer ein anderes Grundstück in derselben Weise und mit gleichem Ertrage benutzen kann[3])[4]).

(2) Eine Werterhöhung[5]), welche das abzutretende Grundstück erst infolge der neuen Anlage[6]) erhält, kommt bei der Bemessung der Entschädigung nicht in Anschlag.

1. § 10 Abs. 1 und 2 sind zur einschränkenden Erläuterung dessen bestimmt, was der Gesetzgeber unter dem vollen Wert (s. Vorbem. vor §§ 7ff. II 1; zu § 8 Anm. I 1) verstanden wissen will (Eger 77, 78), auch um mögliche übertriebene Schätzungen zu unterbinden (Eger 80). In diesem Sinne zeigt § 10 Abs. 1 die Obergrenze des vollen objektiven Wertes (Eger 80; Neufang 61).

Die jeweilige Benutzungsart ist nur Beweismittel für die Benutzungsfähigkeit (so schon die std. Rspr. des PrOT, dann des RG). Die vorteilhafteste ist zu schätzen; ist diese die bisherige, gilt die Einschränkung des Abs. 1 für die Abschätzung RGZ 8 S. 237; 32 S. 298; JW 09 S. 287. Es kann aber nach Abs. 1 auch die Benutzungsfähigkeit berücksichtigt werden, wenn sie nur als eine schon gegenwärtige in Betracht kommt und ihre Ausbeutung schon zur maßgebenden Zeit ernstlich erwogen wurde Warn. 25 S. 213. Kapitalisierter Ertragswert eines Torfstiches ist nicht maßgebend, wenn für billigeren Preis gleich nutzbare Grundstücke zu haben Gruch. 29 S. 969. Beim Vorhandensein eines Ersatzgrundstücks gilt Abs. 1 auch zugunsten von Grundstücken, die nicht Ertragszwecken dienen (Schule, Krankenhaus) Gruch. 28 S. 1114. Er bildet eine Schranke auch für die Feststellung des individuellen Werts (s. zu § 8 Anm. I 1) Recht 19 Nr. 46. Zufällige oder vorübergehende Unterbrechungen in der bisherigen Benutzung, wenn anzunehmen, daß sie ohne E wiederhergestellt, schließen Abs. 1 nicht aus JW 92 S. 156. Benutzungsart des Grundstücks ist auch ein im wesentlichen in der Ausbeutung oder Verarbeitung von im Boden vorhandenem Rohstoff bestehender Gewerbebetrieb (Steinbruch, Ziegelei, Torfstich) RGZ 45 S. 253 (= JW 00 S. 143); 57 S. 288. Benutzungsart und Betriebsart sind nicht dasselbe; Grundstück gleicher Benutzungs-, aber anderer Betriebsart kann Maßstab sein HRR 28 Nr. 1498 = Recht 28 Nr. 743.

§ 10 Abs. 1 ist keine Ausnahme von § 7 JW 33 S. 603 = HRR Nr. 519; § 11 ist dabei auch nicht entsprechend anwendbar HRR 31 Nr. 1574.

2. Die Einschränkung des Abs. 1 ist zugunsten des Unternehmers von Amts wegen zu beachten, auch bei der Instruktion der Sachverständigen RGZ 45 S. 253; Recht 11 Nr. 307; JW 00 S. 143, 05 S. 300; wegen der Beweislast des Unternehmers vgl. jedoch JW 04 S. 158. Der Eigentümer kann aus Abs. 1 keinen Anspruch darauf ableiten, daß die Entschädigung so bemessen wird, daß er sich ein gleichwertiges Grundstück kaufen könne Recht 14 Nr. 668.

3. Nur Rechnungsmethode unabhängig von der Anschaffung des Ersatzgrundstücks; obere Grenze des den gemeinen Wert übersteigenden (individuellen) Nutzungswerts JW 92 S. 228 (= Gruch. 36 S. 1104); 09 S. 287. Es ist Tatfrage, ob ein Ersatzgrundstück zu haben ist. Das Ersatzgrundstück braucht nicht buchstäblich gleich zu sein, auch nicht gegenwärtig alle Einrichtungen fertig zu tragen. Es genügt, wenn es in annähernd gleichem Umfang und mit entsprechendem Ertrage nutzbar zu machen ist. Die erforderlichen Arbeiten und Einrichtungen und die Zeitdauer ihrer Herstellung dürfen ein billiges Maß nicht überschreiten. Einrichtungskosten sind daneben zu vergüten Gruch. 36 S. 1104; 40 S. 173; JW 92 S. 228; 95 S. 533; 04 S. 300. Nach RGZ 5 S. 248 genügt es, wenn der Eigentümer statt seines eigenen ein ebenso brauchbares fremdes Grundstück auch nur pachten kann; ähnlich Eger 80 a. E. Diese Auffassung, die auf den ersten Blick bedenklich erscheint, stellt aber klar, daß der Enteignete, der nur Anspruch auf einen **Geld**betrag hat, nicht etwa ein Ersatzgrundstück verlangen kann.

4. Abs. 1 gilt auch für Teilenteignungen, örtlicher oder wirtschaftlicher Zusammenhang des Ersatzgrundstücks vorausgesetzt Gruch. 36 S. 1104 (= JW 92 S. 228); 40 S. 173; JW 96 S. 294.

5. Im Gegensatz zu § 8 Abs. 2, in dem es sich um die Berücksichtigung der Werterhöhung des bei Teilenteignungen dem Enteigneten verbleibenden Restgrundstücks handelt, regelt § 10 Abs. 2 umgekehrt den Fall der Werterhöhung des abzutretenden Grundstücks oder -teils als eine Folge der neuen Anlage (Eger 81). Werterhöhungen, aber auch Wertminderungen, die das abzutretende Grundstück erst infolge der neuen Anlage erhält, bleiben außer Betracht (Eger 81 a. E. mit Hinw. auf die std. Rspr.; Neufang 63 a. E.). Jede Wertänderung durch die Anlage ist gleichgültig RGZ 8 S. 237; Gruch. 53 S. 1175. Der ursächliche Zusammenhang zwischen der Werterhöhung und der Anlage kann vorhanden sein, wenn die wertsteigernde Bedeutung des Unternehmens darauf beruht, daß es mit einem andern verknüpft ist, rein tatsächlich, nicht notwendig rechtlich oder wirtschaftlich zusammenhängt. Bei einem nur zeitlichen Zusammentreffen des andern Unternehmens mit der E ist die durch das Unternehmen eintretende Werterhöhung zu berücksichtigen Recht 12 Nr. 324. Entsprechend gilt die Wertminderung durch ein Unternehmen, das durch die tatsächliche Verknüpfung mit einem andern, nicht bei der E beteiligten Unternehmen diesen Erfolg gehabt hat, als durch das E-unternehmen verursacht Gruch. 60 S. 166; Recht 15 Nr. 540; desgleichen die Verhinderung der Herstellung von Bauland durch Aufhöhung, wenn die Aufhöhung wegen der durch das Unternehmen geplanten Änderungen polizeilich versagt wird Recht

16 Nr. 257; vgl. aber Recht 21 Nr. 2970, 2971: Neue Anlage ist stets eng zu begrenzen. Entscheidend ist der Wert, abgesehen von der neuen Anlage. Daher bleibt unberücksichtigt: Bei E nach vorgängiger Fluchtlinienfestsetzung die durch diese eingetretene Baubeschränkung RGZ 28 S. 271; 53 S. 133; 101 S. 148; JW 03 S. 38; das Schwinden der Aussicht auf den Genuß tatsächlicher Vorteile (Anliegerschaft an Kanal, Fluß oder Straße) infolge E JW 89 S. 522; die Wertsteigerung durch die Anlage Gruch. 28 S. 1116; JW 1900 S. 30; die durch die Straßenanlage eintretende Baureife Recht 14 Nr. 114; auch die mittelbare z. B. die durch die Linienführung bedingte Straßenanlage schafft Bauland RGZ 70 S. 304; JW 09 S. 205; Wertsteigerungen durch Spekulieren auf die E JW 1900 S. 198; nicht bloß die nach Ausführung der Anlage, sondern schon diejenige Werterhöhung, die eingetreten ist, weil die neue Anlage durch Bewilligung der E in sicherer Aussicht, so daß sich der Zeitpunkt für die Wertfeststellung (s. § 8 Anm. I 2) gewissermaßen verschiebt JW 92 S. 494; 02 S. 549; Recht 13 Nr. 141; entsprechend andrerseits der Rückgang des Mietsertrages wegen der in Aussicht stehenden E JW 88 S. 174. S. auch § 8 Anm. I 3 und II 3.

6. Anlage, das ganze Projekt, das nach dem festgestellten Plan Grundlage des Unternehmens ist. Die im Plan nicht vorgesehene Erweiterung des Unternehmens, die wiederholte E nötig macht, ist nicht Teil der (ersten) Anlage, sondern neue Anlage, auch wenn sie auf Grund derselben Anordnung (§ 2) erfolgt JMBl. 88 S. 16; RGZ 64 S. 262; JW 07 S. 30; auch wenn die Erweiterung schon vorher in Aussicht genommen war RGZ 49 S. 317; JW 01 S. 861; Recht 18 Nr. 163. Fluchtlinienfestsetzung und Straßenanlage eine Anlage JMBl. 92 S. 367; JW 03 S. 38; RGZ 53 S. 133; 74 S. 19; 101 S. 148. Ob aber mehrere Straßen desselben Bebauungsplans, ist Tatfrage, für die der zeitliche Zusammenhang des Ausführung bedeutsam ist RGZ 63 S. 1; JW 08 S. 23; Recht 11 Nr. 236; 15 Nr. 540; wird eine Fluchtlinie durch eine neue ersetzt und wegen dieser enteignet, so darf auf die alte nicht zurückgegriffen werden Recht 16 Nr. 515. Beachte auch das in Vorbem. vor §§ 7 I 6 a. E. wiedergegebene Urteil BGH LM Nr. 4 zu PrEG und Nr. 7 zu PreisstopVO.

§ 11

Der Betrag des Schadens, welchen Nutzungs-, Gebrauchs- und Servitutberechtigte, Pächter und Mieter durch die Enteignung erleiden[1]), ist, soweit derselbe nicht in der nach § 8 für das enteignete Grundeigentum bestimmten Entschädigung oder in der an derselben zu gewährenden Nutzung begriffen ist[2]), besonders zu ersetzen[3])[4]).

1. Der Grundgedanke dieser Vorschrift ist — worauf Eger 84 unter wörtlicher Zitierung aus der Entscheidung des PrOT v. 3. 5. 1872 in StriethorstA Bd. 84 S. 325, 328 treffend hinweist —: „Der über den Grundstückswert hinausgehende Wert der hier genannten Rechte beruht gewissermaßen auf noch uneingeschätzten Eigenschaften der Sache, die gerade den dinglich Berechtigten mit derselben verlorengehen und durch deren Verlust ihnen ein über den Verlust bzw. die Entschädigung des Eigentums hinausgehender Schaden erwächst“ (vgl. auch Neufang 65, 67). Besondere Entschädigung fordern können nur die in § 11 bezeichneten dinglich Berechtigten —, nicht Hypothek- und Grundschuldgläubiger RGZ 74 S. 410; Recht 11 Nr. 142; ferner Pächter und Mieter, obwohl ihr Recht nach BGB nicht dinglich RGZ 29 S. 273; 93 S. 10; JW 18 S. 514 — aber nur, wenn sie schon im

Besitz JW 11 S. 118; RGZ 74 S. 367; Recht 11 Nr. 75 — Gruch. 50 S. 1217; Bd. 54 S. 1194 (= JW 10 S. 398): bei gemischten Verträgen entscheidend, ob Mietvertrag die Hauptsache. Der Pächter, Mieter hat z. B. Anspruch auf Entschädigung wegen Verringerung seines Verdienstes, wegen Umzugs, Mehrausgaben für Wohnung, Erschwerung oder Rückgang der Wirtschaft, auf sog. individuellen Mehrwert (s. unten Anm. 3) JW 93 S. 90; 07 S. 290 u. S. 720; RGZ 43 S. 256; 101 S. 148 — s. § 8 Anm. I 3 —. Für den Ersatz der Ladeneinrichtung kann der Mieter nicht, wie der Eigentümer, den Kapitalbetrag, vielmehr nur den Zwischenzins für früheren Ersatz, bemessen nach der sicheren Mietdauer, fordern Recht 14 Nr. 338. Zugunsten des Mieters ist die bisherige Benutzungsart in sinngemäßer Anwendung des § 10 Abs. 1 zu berücksichtigen JW 95 S. 533; auch § 10 Abs. 2 findet Anwendung; es ist daher bei der Frage, ob ein werterhöhender Umbau der Mieträume zulässig war, die mit der Fluchtlinienfestsetzung eingetretene Baubeschränkung als nicht vorhanden anzusehen RGZ 101 S. 148; Recht des Mieters im Gebiete des PrALR auf ungehinderte Kommunikation mit der Straße JW 96 S. 20. Keine Pflicht des Vermieters, den Mieter wegen der Nachteile aus der E persönlich zu entschädigen, auch nicht, ihn von der Einleitung des E-verfahrens zu benachrichtigen, wenn er ohnehin Kenntnis hat RGZ 35 S. 256; 68 S. 116 = JW 08 S. 316. Der Vorkaufsberechtigte gehört nicht zu den im § 11 genannten Berechtigten; er hat gegen den Unternehmer unmittelbar keinen Anspruch; er ist gegebenenfalls durch § 45 Abs. 2 geschützt RGZ 86 S. 184; JW 15 S. 412; Recht 15 Nr. 201.

2. Der Anspruch des Eigentümers wird an sich durch den Anspruch des Mieters nicht berührt. Daß der Mieter Sonderansprüche neben der für den Eigentümer bestimmten Entschädigung erhebt, ist für die Entschädigungspflicht des Unternehmers gegenüber dem Eigentümer ohne Einfluß. Inwieweit der Unternehmer den Mieter an den Eigentümer verweisen kann, ist gegebenenfalls im Prozesse des Mieters mit dem Unternehmer, nicht in dem des Eigentümers mit dem Unternehmer zu entscheiden KG in Recht 14 Nr. 145; JW 10 S. 663. Vgl. aber auch zu § 8 Anm. I 4 für die Fälle, in denen der Unternehmer Nebenberechtigter ist.

Eine Entschädigung kommt nicht nur bei Miet- und Pachtverhältnissen, die auf bestimmte Zeit geschlossen sind, in Betracht, sondern auch bei auf unbestimmte Zeit abgeschlossenen. In beiden Fällen ist die „kontraktmäßige Fortsetzung" möglich, worauf schon die Motive des RegEntw. zu § 11 und auch RGZ 29 S. 273 (280) abstellen. Der Unterschied zwischen den auf unbestimmte Zeit und den auf feste Zeit abgeschlossenen Verträgen besteht allein darin, daß in letzteren Fällen die Dauer des Gebrauchs- und Nutzungsrechts feststeht, während sie in den ersteren Fällen geschätzt werden muß. Dieser Unterschied rechtfertigt aber keine unterschiedliche Behandlung im Entschädigungsrecht. Bei der Beurteilung, wie lange der Mieter oder Pächter mit dem Fortbestand seines Miet- oder Pachtrechts rechnen konnte, ist entscheidende Tatfrage, ob mit einer Kündigung überhaupt zu rechnen war — so BGH Urt. v. 20. 1. 1958 — III ZR 40/57 — Betrieb 58 S. 365f. = NJW 58 S. 746 = BGHZ 26 S. 248.

3. Der Schaden ist in der für das Grundstück bestimmten Entschädigung begriffen, soweit durch das Bestehen der erwähnten Rechte der Wert des Eigentums gemindert ist Warn. 12 S. 203; Recht 12 Nr. 170; so ist z. B. der Schaden des Mieters dafür, daß ihm die Mieträume überhaupt entzogen sind, besonders zu vergüten, während der Nachteil, daß er die Räume nicht bis zum Ende der Miete für ein den

Mietwert nicht erreichendes Entgelt nutzen kann, in der E-entschädigung des Eigentümers, der der höhere objektive Mietwert zugrundeliegt, begriffen ist KG in Recht 14 Nr. 145. Der sog. individuelle Mehrwert (s. zu § 8 Anm. I 1), der dem Mieter für den Verlust des Mietrechts deshalb zusteht, weil er durch seinen in dem Hause geführten Gewerbebetrieb noch einen besonderen Nutzen, nämlich aus dem Gebrauche des Hauses für diesen Zweck, ziehen konnte, ist besonders zu ersetzen RGZ 101 S. 148. Ob der Schaden in der für das Grundstück bestimmten Entschädigung einbegriffen, ist konkret zu prüfen. Ist ein Hausgrundstück als Baustelle unter, der Fiktion eines Neubaues mit höchster Ausnutzung des Grundstücks geschätzt, so bleibt für die Entschädigung des Mieters nach § 11 kein Raum. Der Mieter kann sich dann nur an den Eigentümer halten RGZ 51 S. 222 = JW 02 S. 323, Entschädigung nur für einen Verlust, nicht dafür, daß Wiederpacht nach Ablauf der Pachtzeit unmöglich wird Recht 30 Nr. 2176; Entschädigung wegen eines Durchfahrtsrechts am Nachbargrundstück trotz Nichtbeteiligung am E-verfahren; Anliegerrecht des Nachbarn kommt dem Durchfahrtberechtigten zustatten RGZ 126 S. 370 = HRR 30 Nr. 1534 = JW 30 S. 819 = Recht 30 Nr. 506. Den im § 11 vorausgesetzten Schaden können nur die Nebenberechtigten liquidieren, nicht der Eigentümer. Dem Nebenberechtigten darf nur Geldentschädigung geboten werden; er kann eine anderweitige Entschädigung ablehnen (s. § 7 Anm. 3 a. E.). Für den Teil der Entschädigung aber, der im Wert des Grundstücks begriffen ist, haftet der Eigentümer dem Nebenberechtigten RGZ 35 S. 256; 68 S. 116 = JW 08 S. 316. Die Nichtteilnahme am Verwaltungsverfahren trotz Ladung entzieht den Anspruch auf die Sonderentschädigung nicht JMBl. 89 S. 253; 91 S. 251; Warn. 12 S. 203; Recht 12 Nr. 170. S. auch § 25 Anm. 7; § 31 Anm. 2.

4. Anliegerrecht an städtischen Straßen. S. RGZ 78 S. 340; 66 S. 287 = JW 06 S. 20; Recht 14 Nr. 669 (FranzR); RGZ 66 S. 340 (= JW 07 S. 721); 70 S. 77 (= JW 09 S. 63); JW 09 S. 87; Gruch. 58 S. 502; 52 S. 701; Recht 12 Nr. 604; 14 Nr. 143 u. Nr. 754; 15 Nr. 199; 18 S. 164, 315, 427 (PrALR); nicht an Kommunikationswegen nach PrALR JW 06 S. 163. Über das Recht des Anliegers am Bürgersteig KGJ 39 C 33. Vgl. auch Eger 89 mit zahlr. Hinw. Über Entschädigungspflicht bei Änderung des Straßenniveaus vgl. Frohberg BlGBW 58 S. 145.

§ 12

(1) Für Beschränkungen (§§ 2, 4)[1]) ist die Entschädigung nach denselben Grundsätzen[2]) zu bestimmen, wie für die Entziehung des Grundeigentums.

(2) Tritt durch eine Beschränkung eine Benachteiligung des Eigentümers ein, welche bei Anordnung der Beschränkung sich nicht im voraus abschätzen läßt, so kann der Eigentümer die Bestellung einer angemessenen Kaution[3]), sowie die Festsetzung der Entschädigung nach Ablauf jeden halben Jahres der Beschränkung verlangen[4]).

1. Dauernde oder vorübergehende Beschränkungen der in den §§ 2, 4 gedachten Art. (S. zu § 1 Anm. 6; § 4 Abs. 1, 2; zu § 4 Anm. 1). Für die durch Konzessionierung einer Eisenbahn eintretende Beschränkung der Anlieger, sich die aus dem Betriebe ergebenden nachteiligen Einwirkungen auf ihr Eigentum — Immission von Funken, Rauch, Ruß, Dampf — gefallen zu lassen, besteht ein Anspruch auf Entschädigung für die wirkliche Wertminderung oder den sonstigen Schaden auch ohne E RGZ 7

S. 265; JW 91 S. 577; 01 S. 370; 05 S. 131; Gruch. 49 S. 1132 — PrALR —; RGZ 17 S. 103 — GemR —; RGZ 58 S. 130 (= JW 04 S. 360); RGZ 59 S. 70; 70 S. 150 (= JW 09 S. 110); JW 10 S. 580. Vgl. auch RGZ 62 S. 131; JW 06 S. 67; 12 S. 869. Keine Entschädigung für Anlieger eines öffentlichen Flusses wegen Entziehung des auf öffentlichem Recht beruhenden Vorteils des Gemeingebrauchs am Fluß JW 82 S. 228; vgl. auch RGZ 41 S. 142, S. 191; Gruch. 42 S. 1007; RGZ 59 S. 70. Diese ältere Auffassung gilt heute nicht mehr uneingeschränkt. Es ist Tatfrage, ob im Einzelfall nicht doch Entschädigung zu leisten ist.

Beschränkungen der hier gemeinten Art — vor allem auch vorübergehende Beschränkungen — können Beschränkungen des Eigentums in so vielfältiger Hinsicht darstellen, daß eine Einzelaufzählung nicht möglich ist (vgl. die Gruppierung bei Eger 97); sie ist auch nicht zweckmäßig, weil die Grenze zu den Arten der Beschränkungen, die der Betroffene entsprechend dem Grundsatz der Sozialpflichtigkeit des Eigentums (s. Einl. A IV 3) gegebenenfalls entschädigungslos hinnehmen muß, immer flüssig sein wird. Entschädigungspflichtig sind immer Beschränkungen zugunsten von Wasser-, Gas- und Hochspannungsfernleitungen, in deren Zuge meistens ein beiderseits der Mittelachse parallel verlaufender, unterschiedlich breiter Schutzstreifen vorhanden sein muß, dessen Fläche entweder gar nicht oder nur eingeschränkt genutzt, oft überhaupt nicht bebaut werden kann. Soweit das Grundstück — meist mit einer Grunddienstbarkeit — belastet worden ist, um Masten, Pfeiler, Armaturen, Transformatorenhäuser, Umschaltstationen u. ä. aufzustellen, ist eine angemessene Entschädigung zu zahlen. Eine solche — aber geringe — ist auch auszuwerfen, wenn das nur überspannte Grundstück beim Bau benutzt oder später zwecks Instandhaltung der Kontrolle termingemäß begangen werden muß, es sei denn, daß Flurschäden mit großer Wahrscheinlichkeit ausgeschlossen sind. In vorstehenden Fällen lassen sich Richtwerte auch aus den im süddeutschen Raum gebräuchlichen „Richtlinien für Mastenentschädigungen" — vereinbart zwischen dem Bayerischen Bauernverband und der Byernwerk AG — und den „Richtsätzen" — vereinbart zwischen denselben Parteien — gewinnen, die den örtlichen Verhältnissen anzupassen sind (s. Seufert S. 387ff.). Zur Entschädigung und Kaution für Hochspannungsleitungen vgl. RGZ 139 S. 69 = JW 33 S. 1940. Für die Überspannung oder Überbrückung von Grundstücken, die nach dem geltenden Baurecht nicht bebaut werden dürfen, wird üblicherweise keine Entschädigung, sondern nur eine einmalige Anerkennungsgebühr von 2.— DM je Ar der beschränkten Schutzstreifenfläche festgesetzt (so Neufang 70 mit Hinweis auf das unveröfftl. Urt. OLG Hamm v. 6. 10. 1950 — 9 U 134/50 — und Urt. des LG Essen v. 30. 10. 1951 — 9 O 180/50 —, abgedr. bei Neufang S. 204f.), doch birgt diese Auffassung dann Härten, wenn z. B. die bauliche Entwicklung des Gemeindegebietes durch spätere Änderungen der Bebauungspläne dem Betroffenen ermöglichen würde, zu bauen. Dann würde auf diesem Grundstück im Ergebnis eine Last der Unbebaubarkeit ruhen, für die der Betroffene früher einmal nur eine Anerkennungsgebühr erhalten hat. Ist eine derartige Entwicklung erkennbar, so ist § 12 Abs. 2 anzuwenden. Aber auch in den Fällen, in denen nur landwirtschaftlich genutzte Fläche überspannt wird, dürfte die vorerwähnte Anerkennungsgebühr kein in jedem Falle angemessener Ausgleich für den Rechtsverlust, den der Grundeigentümer dadurch erleidet, daß er nicht mehr gem. §§ 903, 905 BGB mit seiner Sache nach Belieben verfahren und auch andere ausschließen kann, sein. Beachtenswert daher der Aufsatz von Nordalm, in Landw. Wochenblatt für Westfalen und

Lippe, 1958 S. 888f. Nordalm kommt, ausgehend von Überlegungen, die für die Berechnung des Erbbauzinses maßgebend sind, in Normalfällen zu dem Ergebnis, daß der Rechtsverlust umgerechnet auf den Quadratmeter auf jährlich 0,02 DM (zur Zeit) zu beziffern sei. Erfolgt die Zahlung durch einmalige Abfindung, so ist mit 25 zu kapitalisieren, so daß die Entschädigung rd. 0,50 DM/m² beträgt. Zur Frage der Mastenentschädigung im Zwangsbelastungsverfahren vgl. auch Landt BayVBl. 56 S. 210. Unangemessene Risiken des Unternehmers sind schon deshalb ausgeschlossen, weil für zwar denkbare, aber wahrscheinlich nicht eintretende Schäden eine Kaution nicht gefordert werden kann (RGZ 139 S. 69). Fiskalische oder kalkulatorische Überlegungen (Neufang 71) erscheinen demgegenüber nicht stichhaltig. Vgl. auch Nordalm RdL 58 S. 113ff.

Vgl. zu vorstehenden Fragen auch die gutachtliche Stellungnahme des BGH gelegentlich einer Vorlage an das BVerfG gem. § 80ff. BVGG (BGHZ 9 S. 390ff.): Soweit in Nr. III 3 der Allgemeinen Bedingungen für die Versorgung mit elektrischer Arbeit aus dem Niederspannungsnetz der Elektrizitätsversorgungsunternehmen v. 27. 1. 1942 (RechtsVO) vorgeschrieben wird, daß der Stromabnehmer ohne besonderes Entgelt die Anbringung von Leitungen und dgl. auf Grundstücken zu dulden hat, die in keinem wirtschaftlichen Zusammenhang mit seiner Stromversorgung stehen, ist die Bestimmung mit Art. 14 Abs. 1, Art. 3 Abs. 1 GG nicht vereinbar. § 7 Satz 2 des EnergiewirtschftsG v. 13. 12. 1935 ist mit Art. 100 GG insoweit nicht vereinbar, als er die Bindung der Gerichte an die allgemeinen Vorschriften (RechtsVOen) des Reichswirtschaftsministers in dem Sinne vorschreibt, daß den Gerichten die Prüfung der Gesetzmäßigekit der Vorschriften entzogen wird. Verlangt ein Elektrizitätsversorgungsunternehmen auf Grund von Nr. III 2 der Allgemeinen Versorgungsbedingungen v. 27. 1. 1942, daß ein Abnehmer auf seinem Grundstück die Anbringung von Leitungen dulde, so ist für diesen Anspruch der Rechtsweg vor den ordentlichen Gerichten auch dann gegeben, wenn das Versorgungsunternehmen als öffentliche Gemeindeeinrichtung betrieben wird.

Fraglich ist, ob die Inanspruchnahme eines Grundstücks zwecks Verlegung einer unterirdischen Rohrleitung zu entschädigen ist. Soweit diese den Bau von senkrechten Schächten, Einstiegen, Pumpstationen u. ä. erfordert, ist dies genau so zu bejahen, wie für die Masten, Pfeiler usw. Für die Benutzung des Grundstücks durch Verlegung der Rohrleitung in die Erde gilt das oben für das Überspannen Gesagte entsprechend (vgl. dazu Eger 97c I 2: Leitung von Schienen mittels Anlegung von Tunnels unter der Erde, welche die Benutzbarkeit des Bodens über dem Tunnel nicht stört — Rek.-Bescheid des PrHM v. 20. 12. 1877, V 10676 B II 1771). Wird der Boden über der Leitung nur land-, forstwirtschaftlich oder gärtnerisch genutzt, käme nur — abgesehen von einer Entschädigung für die Schäden und Beschränkungen beim Bau oder bei Reparaturen — eine Anerkennungsgebühr in Frage; wirkt sich die Verlegung der Leitung und der Schutzstreifen praktisch als Last der Unbebaubarkeit aus — dies kann dann der Fall sein, wenn über der Rohrleitung oder in deren Schutzbereich jetzt und auch in Zukunft, kein Bauwerk errichtet werden darf —, so gilt das oben Gesagte entsprechend. In dem Verfahren auf Feststellung einer Entschädigung für die Nordwest-Ölleitung der Nordwest-Ölleitung GmbH hat die eingesetzte Schiedsgutachterkommission in dem am 10. 3. 1958 verkündeten Schiedsgutachten den Betroffenen eine Entschädigung von 0,30 DM/m² als einmalige Abfindung zugebilligt. Dem ist zuzustimmen.

2. §§ 7–11 gelten sinngemäß unbeschränkt RGZ 39 S. 273; Gruch. 48 S. 1075. Vgl. § 9 Anm. 9. Es gelten auch die allgemeinen Verfahrensgrundsätze §§ 24ff., insbesondere muß der Antrag auf Bestellung einer angemessenen Kaution und auf Festsetzung der Entschädigung nach Ablauf jeden halben Jahres schon vor der Verwaltungsbehörde gestellt werden. Im Prozeß, auch noch in der Berufungsinstanz, kann er nur erhoben werden, wenn er im Verwaltungszuge abgelehnt worden ist (RGZ 139 S. 69; Neufang 71). S. auch § 4 Anm. 1.

3. Der Fiskus hat keine Kautionspflicht — § 41. Die Kaution wird durch Beschluß bestimmt — § 29 Abs. 1.

4. Sonderregelung in § 51 PrWasserG — PrOVG in JW 26 S. 221. Für eine Entscheidung nach § 51 Abs. 2 Satz 2 PrWasserG beachte für NW jetzt lfde. Nr. 70 der Anlage 2 zu § 6 Abs. 2 Satz 1 des Ersten G zur Neuordnung und Vereinfachung der Verwaltung v. 23. 7. 1957 (GVBl. NW § 189).

§ 13

Für Neubauten, Anpflanzungen, sonstige neue Anlagen und Verbesserungen[1]) wird beim Widerspruch[2]) des Unternehmers eine Vergütung nicht gewährt, vielmehr nur dem Eigentümer die Wiederwegnahme auf seine Kosten bis zur Enteignung des Grundstücks vorbehalten, wenn aus der Art der Anlage, dem Zeitpunkte ihrer Errichtung oder den sonst obwaltenden Umständen erhellt, daß dieselben nur in der Absicht vorgenommen sind, eine höhere Entschädigung zu erzielen[3]).

1. Diese Schutzvorschrift zugunsten des Unternehmers, die zugleich eine Ausnahme vom Grundsatz des § 8 ist, greift auch in den Fällen ein, in denen die genannten Handlungen vor der Verleihung des E-rechts erfolgen.

2. Die formlose Geltendmachung des Widerspruchs im Verfahren nach §§ 24ff. genügt. Zwar sagt das G nichts über Form, Zeitpunkt und Begründung des Widerspruchs — es genügt die bloße Erklärung, worauf die EB von Amts wegen zu prüfen hat, ob die gesetzlichen Voraussetzungen vorliegen — (Eger 102), doch empfiehlt sich eine möglichst frühzeitige und eingehende Begründung, da den Unternehmer die Beweislast für die dolose Absicht des Eigentümers trifft. Über den Widerspruch wird im Entschädigungsfeststellungsbeschluß entschieden; auch gegen diesen Teil des Beschlusses kann der Rechtsweg beschritten werden (§ 30).

3. Die Bauaufsichtsbehörde ist durch § 13 nicht befugt, dem Unternehmer durch Versagung der Baugenehmigung oder andere polizeiliche Mittel zu Hilfe zu kommen PrOVG 23 S. 368. § 13 muß auch sinngemäß in den Fällen des § 11 gelten.

§ 14

(1) Der Unternehmer[1])[2]) ist zugleich zur Einrichtung derjenigen Anlagen an Wegen[3]), Überfahrten, Triften, Einfriedigungen, Bewässerungs- und Vorflutsanstalten usw. verpflichtet[4]), welche für die benachbarten Grundstücke oder im öffentlichen Interesse zur Sicherung gegen Gefahren und Nachteile notwendig werden. Auch die Unterhaltung dieser Anlagen liegt ihm ob, insoweit dieselbe über den Umfang der bestehenden Verpflichtungen zur Unterhaltung vorhandener, demselben Zwecke dienender Anlagen hinausgeht[5]).

(2) Über die Obliegenheiten des Unternehmers entscheidet *die Bezirksregierung* **(§ 21)**[6])[7]).

1. Das Vorbild ist der § 14 des PrEisenbahnG v. 3. 11. 1838 gewesen. Dieser lautet:

„Außer der Geldentschädigung ist die Gesellschaft auch zur Einrichtung und Unterhaltung aller Anlagen verpflichtet, welche die Regierung an Wegen, Überfahrten, Triften, Bewässerungs- und Vorflutsanlagen usw. nötig findet, damit die benachbarten Grundbesitzer gegen Gefahren und Nachteile in Benutzung ihrer Grundstücke gesichert werden.

Entsteht die Notwendigkeit solcher Anlagen erst nach Eröffnung der Bahn durch eine mit den benachbarten Grundstücken vorgehende Veränderung, so ist die Gesellschaft zwar auch zu deren Einrichtung und Unterhaltung verpflichtet, jedoch nur auf Kosten der dabei interessierten Grundbesitzer, welche deshalb auf Verlangen der Gesellschaft Kaution zu bestellen haben".

Außerhalb des E-verfahrens gilt diese Vorschrift noch jetzt, vgl. auch RGZ 32 S. 283; 37 S. 270; auch Anm. 7. Seydel, Die E von Grundeigentum, 3. Aufl. 1903, zu § 14 Anm. 2 S. 83. Über den Unterschied zwischen diesem Paragraphen und § 14 siehe PrOVG 65 S. 369; JW 15 S. 39; 18 S. 139; Warn. 14 S. 452; Recht 14 Nr. 753; 18 Nr. 82; Gruch. 62 S. 421.

Dem § 14 nachgebildet und inhaltlich gleich ist § 18 KleinbahnG.

2. Nur dem Unternehmer kann die Auflage derartiger Einrichtungen gemacht werden; es ist eine öffentlich-rechtliche Verpflichtung auf Grund und nach Maßgabe der Anordnung der Abs. 2 (Eger 107; Neufang 75, 78). Deshalb hat der Eigentümer, dessen Grundstück der Unternehmer zur Erfüllung solcher Auflagen braucht, keine Klage gegen den Unternehmer auf Einleitung und Durchführung des E-verfahrens. Die Verwaltungsbehörde muß nötigenfalls den Unternehmer anhalten, das E-verfahren einzuleiten (Neufang 79). Ohne E braucht der Eigentümer dem Unternehmer das zur Erfüllung der Auflage nötige Land nicht zu überlassen Gruch. 45 S. 954 = JW 01 S. 465. Ebensowenig ist die Landespolizeibehörde durch § 14 ermächtigt, bei Gelegenheit der Genehmigung eines Eisenbahnbaues einem anderen als dem Unternehmer, insbesondere nicht dem Wegebaupflichtigen, Auflagen zu machen PrOVG 32 S. 203.

Die Vorschrift des § 23 FernmeldeG schließt die Anwendung des § 14 PrEG nicht aus. Maßnahmen aus dieser Vorschrift brauchen sich nicht im Rahmen des § 14 PVG zu halten. § 14 PrEG ist keine polizeiliche, sondern eine spezifisch e-rechtliche Bestimmung OVG Münster Urt. v. 8. 9. 1954 — VI 1086/53 — ES OVG Münster und Lüneburg 9 S. 98.

3. Verbindungswege, die Teil der Bahnhofsanlage, im Gegensatz zu öffentlichen Zufuhrwegen — über die mögliche verschiedene rechtliche Natur von Eisenbahnzufuhrwegen vgl. RGZ 64 S. 6 = JW 06 S. 485 — hat der Unternehmer herzustellen und zu unterhalten PrOVG 17 S. 312. Werden solche Wege nachträglich in öffentliche verwandelt, geht die Unterhaltungslast auf das zur Unterhaltung öffentlicher Wege allgemein verpflichtete Rechtssubjekt über PrOVG 15 S. 285. § 14 Abs. 1 Satz 2 ist eine materielle Vorschrift des öffentlichen Wegerechts — unberührt durch die geltende Wegegesetzgebung PrOVG 39 S. 236. — An den Kosten der Unterhaltung eines vom Unternehmer verlegten oder umgebauten Weges muß dieser in dem Verhältnis teilnehmen, in dem sich die Last der Unterhaltung durch die Änderung vermehrt hat. Die landespolizeiliche Ermächtigung des Unternehmers zum Eingriff in die Verhältnisse und die Gestaltung öffentlicher Wege schließt auch ohne ausdrücklichen Anspruch die Verpflichtung in sich, die dadurch verursachte Vermehrung der Unterhaltungspflicht auf sich zu nehmen PrOVG 9 S. 199; 38 S. 245; 78 S. 295. Die Vermehrung der Unterhaltungslast aus anderen Gründen, auch wenn sie durch den infolge des Unternehmens zunehmenden Verkehr verursacht, hat der Wegeunterhaltungspflichtige zu tragen PrOVG 17 S. 312; 30 S. 184. Ist dem Unternehmer gemäß § 14 die Auflage zur Herstellung und Unterhaltung öffentlicher Wege gemacht, so kann die Ortspolizeibehörde ohne weitere landespolizeiliche Festsetzung alles von ihm verlangen, was er danach zu leisten hat PrOVG 32 S. 219. Die Ortspolizeibehörde kann den Unternehmer nicht zum Ausbau eines nach landespolizeilicher Anordnung von ihm veränderten Weges deshalb anhalten, weil die Auflage unzureichend ergangen oder ungenügend ausgeführt PrOVG 30 S. 184. Die Ortspolizeibehörde kann den Unternehmer nicht zur Beleuchtung einer umgebauten Straße anhalten PrOVG 4 S. 419. Über die Beleuchtungspflicht bezüglich eines Eisenbahnzufuhrweges vgl. auch RGZ 64 S. 6 = JW 06 S. 485. Hinsichtlich der vorstehend erwähnten Ortspolizeibehörde vgl. LVG Minden Urt. v. 22. 11. 1949 – P I 355/49 – BRS 5 S. 124: „Wegepolizeibehörde nach pr. Recht war die Ortspolizeibehörde, in Städten die städtische Polizeibehörde. Dieser Rechtszustand besteht auch heute – 1949! – noch. Lediglich die Bezeichnung hat sich in Wegeaufsichtsbehörde geändert“. Besser: „Die für Wegesachen als erste Verwaltungsinstanz zuständige Behörde (früher Wegepolizeibehörde)“ – so OVG Münster Urt. v. 29. 10. 1953 – IV A 1159/52 – BUG 1954 S. 152 = BRS 5 S. 125. Über Einziehung und Verlegung öffentlicher Wege durch Planfeststellung und über Änderung der Wegebaulast vgl. PrOVG 81 S. 307; 82 S. 297; PrVBl. 49 S. 955; 51 S. 360. S. im übrigen die Beisp. bei Eger 129–134.

4. Absatz 1 Satz 1 letzter Halbsatz begrenzt die Verpflichtung des Unternehmers einmal räumlich auf solche gebotenen Maßnahmen, die für benachbarte Grundstücke, also z. B. auch Restgrundstücke des Enteigneten bei einer Teilenteignung, zur Sicherung gegen Gefahren und Nachteile, zum anderen auf solche, die im öffentlichen Interesse zur entsprechenden Sicherung notwendig werden. Das Wort „oder“ meint eine Alternative (vgl. Eger 135 a. Anf., 136; ferner Neufang 76). Die Pflicht des Unternehmers erlischt mit Beendigung des E-verfahrens (Eger 124 a. E., 139; Neufang 74). Für die Maßnahmen zur Vorbeugung der Feuersgefahr bei Eisenbahnanlagen gibt auch heute noch einen Anhalt das Muster einer Polizeiverordnung im Erl. d. PrMdJuöA v. 23. 7. 1892 – MBliV 92 S. 351 –, die für bestehende Eisenbahnen die Anlieger in ihren Rechten beschränkt. Vgl. aber § 23 Anm. 1.

5. Die Verbesserung bestehender Zustände, insbesondere die Anlage von Zufuhrwegen zu den Stationen, kann nicht verlangt werden, vgl. auch Gruch. 26 S. 1064. Anlagen nur zum Ausgleich eines besonderen Nachteils des betroffenen Grundstücks ist keine Anlage aus § 14 RGZ 129 S. 394 = JW 31 S. 53 = Recht 30 Nr. 1938; Neufang 77 a. E.

6. Über Zuständigkeit und Rechtsmittel s. Vorbem. vor §§ 15ff. II, III.

7. Das Ob und Wie der Anlagen des § 14 unterliegt ausschließlich dem Ermessen der Verwaltungsbehörde; die aus § 14 folgende Pflicht des Unternehmers ist rein öffentlicher Natur; im Rechtsweg gibt es keine Klage auf Herstellung solcher

Anlagen oder auf Zahlung der Kosten für diese RGZ 7 S. 265; 55 S. 361 (= JW 03 S. 423); 71 S. 203; 72 S. 228; 84 S. 113; JW 94 S. 485; 06 S. 579; 15 S. 39; Gruch. 26 S. 1064; 45 S. 954 (= JW 01 S. 465); Warn. 14 S. 377 JMBl. 82 S. 353; 84 S. 269; PrOVG 74 S. 364. Eine Abbürdungsklage aus § 56 Abs. 4 ZustG kann sich auf eine nach § 14 ergangene Entscheidung stützen, aber keine der Verwaltungsbehörde vorbehaltene Entscheidung herbeiführen PrOVG 74 S. 364. Die von der Verwaltungsbehörde auferlegte Pflicht zur Herstellung gewisser Anlagen gibt keinen privatrechtlichen Anspruch auf Anordnung oder Fortbestand gewisser Anlagen HRR 31 Nr. 1140. Privatrechtliche Verpflichtung neben Auflage aus § 14: RGZ 125 S. 396. Abänderlichkeit der Auflage nachträglich durch polizeiliche Verfügung RGZ 84 S. 113; 72 S. 228; 71 S. 202 = JW 10 S. 126; 08 S. 317; 14 S. 486; 15 S. 39; Gruch. 59 S. 539; Warn. 14 S. 452; Recht 14 S. 207, 753; 15 Nr. 999; PrOVG 65 S. 369. § 14 schafft also keinen Anspruch der Eigentümer der Nachbargrundstücke gegen den Unternehmer, schließt vielmehr nur die abwehrende Eigentumsklage aus; daraus ist zu entnehmen, daß der beeinträchtigte Nachbar, wenn im übrigen die Voraussetzungen der abwehrenden Eigentumsklage gegeben sind, ohne den Nachweis eines Verschuldens auf seiten des Unternehmers Schadensersatz von dem Unternehmer verlangen kann, und nur darüber ist Streit, ob und inwieweit der Schadensersatzanspruch des Nachbareigentümers auch auf die mangelhafte Ausführung der im § 14 angeordneten Schutzanlagen oder auf deren Mangelhaftigkeit an sich gestützt werden kann RGZ 84 S. 303; JW 14 S. 648. Gemäß § 14 hergestellte Anlagen sollen ohne Entschädigung eingezogen werden können. Gegen diese Auffassung wendet sich das RG in Warn. 15 S. 44 = JW 16 S. 143, das den Satz vertritt, wo die Anlage den Ersatz für entzogene Privatrechte bilde, dürfe sie ohne Entschädigung nicht wieder eingezogen werden. Dieser Meinung ist zuzustimmen. Vgl. auch über Schadensersatzansprüche aus § 14 des PrEisenbahnG RGZ 32 S. 283; 37 S. 270; JW 08 S. 245 u. S. 334; Warn. 11 S. 125; 12 S. 320; Recht 12 Nr. 270. Für § 14 PrEisenbahnG ist angenommen, daß sich die Verpflichtung des Unternehmers nicht auf die Herstellung der von der Regierung für nötig erklärten Anlagen beschränkt, sondern darüber hinaus auch nicht angeordnete Maßnahmen umfaßt, wenn ihm ohne Verschulden nicht unbekannt bleiben konnte, daß solche Einrichtungen ausführbar und zum Schutze der Grundbesitzer erforderlich. Der gleiche Satz gilt für § 18 KleinbahnG. Anspruch auf Schadenersatz bei schuldhafter Unterlassung der Anbringung auch nicht vorgeschriebener nötiger Schutzmaßnahmen RGZ 122 S. 134 = JW 29 S. 937; RGZ 133 S. 342 = HRR 31 Nr. 2036 = JW 32 S. 2086 = DJZ 32 S. 296; Ztschr. f. Agrar- u. WasserR 18, 148.

Titel III
Enteignungsverfahren
1. Feststellung des Planes

Vorbem. vor §§ 15 ff.

I. Die E von Grundeigentum, das aus Gründen des öffentlichen Wohles für ein bestimmtes Unternehmen in Anspruch genommen werden muß, stellt einen so schweren Eingriff in die Privatrechtsphäre des einzelnen dar, daß dieser einem förmlichen, mit starken Rechtsgarantien ausgestatteten Verfahren seit jeher unterworfen ist. Dieses beginnt mit der Verleihung des E-rechts, es folgt die Aufstellung des E-planes und die Feststellung der Entschädigung; der Vollzug der E beschließt das Verfahren, das mangels besonderer Vorschriften (wie z. B. nach dem BlBG oder dem LandbeschaffungsG — s. Vorbem. vor §§ 2ff. I 9, 18 — auch in Bundesenteignungssachen Anwendung findet. In den Fällen, in denen durch einen im Amtsblatt bekanntzumachenden Erlaß angeordnet wird, daß ein vereinfachtes E-verfahren stattfindet, kommen die Vorschriften des G über ein vereinfachtes Enteignungsverfahren v. 26. 7. 1922 (VereinfEG) PrGS S. 211 — im Zusammenhang abgedruckt S. 15ff. zur Anwendung. Dazu sind ergangen AB des PrHM v. 28. 8. 1923 MBliV S. 1091 (Anh. 26) und des PrVWM v. 21. 12. 1923 MBliV 24 S. 5. Die AB sind an den in Betracht kommenden Stellen verwertet. Das vereinfachte Verfahren kann für Unternehmen, bei denen das E-verfahren aus Gründen des öffentlichen Wohles, insbesondere zur Beseitigung der Abwendung größerer Arbeitslosigkeit oder eines sonstigen Notstandes, einer besonderen Beschleunigung bedarf, angeordnet werden und ist heute wohl fast die Regel. Die sich aus dem VereinfEG ergebenden Besonderheiten sind vermerkt. Der gemäß § 2 VereinfEG allgemein zuständige Regierungspräsident ist befugt, sich beim Erlaß der nach dem Gesetz zu treffenden Entscheidungen vertreten zu lassen, insbesondere den mit der Führung der Verhandlungen betrauten Kommisar (§§ 20, 25) mit seiner Vertretung zu beauftragen (AB zu § 2). Als Besonderheiten dieses Verfahrens sind hervorzuheben, daß der Beschluß über die Feststellung der Entschädigung und der E-beschluß miteinander verbunden, beide auch mit dem Planfeststellungsbeschluß verbunden werden können (§ 4). Geschieht dies, so kann der E-vermerk bereits im Grundbuch eingetragen werden, wenn der Regierungspräsident bescheinigt, daß die Verbindung beabsichtigt sei. Für jeden Teil des Beschlusses verbleibt es bei den zulässigen Rechtsbehelfen. Das Eigentum an dem enteigneten Grundstück geht auf den Unternehmer erst nach Zahlung oder Hinterlegung der Entschädigungssumme über (§ 5). Die E ist jedoch nicht davon abhängig, daß die Entschädigungssumme rechtskräftig festgestellt ist, es genügt die Feststellung durch die EB. Diese kann den Unternehmer auf Antrag bereits nach Erlaß des Planfeststellungsbeschlusses vorläufig in den Besitz des im Plan bezeichneten Grundstücks einweisen (§ 6).

Nach § 44 AufbauG NW sind, wenn ein förmliches E-Verfahren erforderlich ist, die Vorschriften des VereinfEG anzuwenden; für die Verleihung des E-rechts ist der WiederaufbauMin. zuständig. Als vorläufiger Plan gilt der festgestellte Durchführungsplan. Vgl. im übrigen die anderen in Vorbem. vor §§ 2 III 7 — 11 genannten AufbauG.

Das förmliche E-verfahren zerfällt in vier in sich gesonderte Abschnitte:

a) Verleihung des E-rechts;
b) vorläufige Planfeststellung und endgültige Planfeststellung (§§ 15—23);
c) Entschädigungsfeststellung (§§ 24—31);
d) Vollziehung (§§ 32—38).

Die vorläufige Planfeststellung gemäß § 15 muß der Ausführung jeden Unternehmens vorhergehen; die übrigen Abschnitte setzen einen Antrag des Unternehmers voraus. Die Frist innerhalb derer vom verliehenen E-recht Gebrauch gemacht werden muß, wird bei der endgültigen Planfeststellung festgelegt (§ 21 Ziff. 1). Das gesamte E-verfahren liegt in der Hand der Verwaltungsbehörden; gegebenenfalls können die VG angerufen werden. Nur gegen die Feststellung der Entschädigung durch die Verwaltungsbehörde ist der Rechtsweg offen. Sicherheit kann oder muß geleistet werden in den Fällen des § 5 (Vorarbeiten), § 12 (Beschränkung des Grundeigentums), § 34 (Dringlichkeit) und § 53 (Wegebaustoffe). Der Fiskus ist nach § 41 von der Sicherheitsgestellung frei. Das E-verfahren kann Einschränkungen unterliegen, wenn Unternehmer und Eigentümer sich über die Abtretung einigen (§§ 16, 26). Es bedarf dann u. U. keiner E nach § 32, wobei der Untergang der privatrechtlichen Belastungen unter Verweisung der betr. Gläubiger auf die Entschädigung und auf eine Forderung an den Unternehmer mit dem Übergang des Eigentums auf den Unternehmer eintritt (§ 46).

Die Zuständigkeit des Bundes auf dem Gebiete des E-rechts s. in der Zusammenstellung in Vorbem. vor §§ 2 I und in den dort angeg. Verw.

Während zunächst in Pr. für die E im Eisenbahnbau das PrEG anzuwenden war, wurden im Reichsbahngesetz von 1924/30 und v. 5. 7. 1939 (RGBl. I S. 1213) reichsrechtliche Sondervorschriften erlassen, die nunmehr im BundesbahnG v. 13. 12. 1951 (BGBl. I S. 955) enthalten sind.

Nach § 37 dieses Gesetzes hat die **Deutsche Bundesbahn** zur Erfüllung ihrer Aufgabe das E-recht. Die Zulässigkeit der E im Einzelfall wird auf Antrag der Bundesbahn durch die Bundesregierung festgestellt. Über das Zusammenwirken mit den Ländern s. § 52 BundesbahnG. Hinsichtlich der Art der Durchführung und den Umfang der E entscheidet der Bundesverkehrsminister nach Anhörung der höheren Verwaltungsbehörde des Landes; er befindet auch über die Zulässigkeit der Inanspruchnahme fremder Grundstücke zur Ausführung von Vorarbeiten; die Landesbehörde ist in Bundesbahnsachen hiernach auf die Anhörung beschränkt. Für Kleinbahnen, d. h. für den öffentlichen Verkehr dienende Eisenbahnen, die wegen ihrer geringeren Bedeutung für den allgemeinen Eisenbahnverkehr dem BundesbahnG nicht unterliegen, gilt noch das Gesetz über Kleinbahnen und Privatanschlußbahnen v. 28. 7. 1892 (PrGS S. 225).

Die **Deutsche Bundespost** hat gemäß § 32 des PostverwaltungsG v. 24. 7. 1953 (BGBl. I S. 676) zur Erfüllung ihrer Aufgaben das E-recht. Die Zulässigkeit der E wird durch die Bundesregierung festgestellt. Im übrigen gilt das Landesenteignungsrecht.

In **Bundesfernstraßensachen** geht dem E-verfahren ein besonderes Planfeststellungsverfahren nach §§ 17, 18 FStrG voraus, in dem die Beteiligten gehört werden und Rechtsmittel einlegen können (§ 18 Abs. 6 FStrG). Diese Planfeststellung ersetzt die Entscheidung über die Zulässigkeit der E (§ 19 Abs. 1 FStrG) und ist für die EB bindend (§ 19 Abs. 2 FStrG), eine besondere Entscheidung über die Plangestaltung oder den Umfang der E steht der EB nicht mehr zu. Sie hat auf Antrag der Straßenbaubehörde das E-verfahren nach Maßgabe des festgestellten Planes durchzuführen. Das LVG Hannover hat im Urt. v. 28. 10. 1954 — A IV 204 — DVBl. 55 S. 403 ausgesprochen, daß die Planung i. S. der §§ 16, 17 FStrG der Entschließung der zuständigen Behörde im Rahmen des ihr obliegenden Ermessens zusteht. Das Anhörungs-, Offenlegungs-, Einwendungs- und Erörterungsverfahren, das vor dem Inkrafttreten des FStrG nach den Planfeststellungsrichtlinien v. 20. 11. 1934 durchgeführt wurde, ist rechtlich dem Verfahren gleichwertig, das nach § 18 FStrG dem Erlaß des Planfeststellungsbeschlusses vorauszugehen hat und ersetzt dieses Verfahren. Der Planfeststellungsbeschluß kann gegenüber dem Betroffenen nicht nach § 51 VO Nr. 165 für vollziehbar erklärt werden. Zur vorzeitigen Durchführung einer Baumaßnahme ist die vorläufige Besitzeinweisung nach § 19 Abs. 3 FStrG gegeben (OVG Münster Beschl. v. 13. 11. 1957 — IV B 1227/57).

Das **Baulandabschaffungsgesetz** v. 3. 8. 1953 (BGBl. I S. 720) ist das erste vollständige Bundesenteignungsgesetz zur Beschaffung von Bauland (s. Vorbem. vor §§ 2ff. I 18). Der Baulandenteignung nach dem Baulandbeschaffungsgesetz unterliegen nur unbebaute bzw. geringfügig bebaute baureife Grundstücke, einschließlich Trümmergrundstücke; sie setzt einen E-antrag des Bauwilligen voraus, dem der Eigentümer mit der Begründung widersprechen kann, daß er das Grundstück selbst bebauen will. Über den Antrag, der bei der Gemeinde anzubringen ist, ist von der EB (Reg.Präs.) ebenso wie über die Entschädigung unter gerechter Abwägung der Interessen der Allgemeinheit und der Beteiligten durch Beschluß zu entscheiden, der im Gegensatz zum ordentlichen E-verfahren vor den bei den Land- und Oberlandesgerichten gebildeten Baulandkammern einheitlich anfechtbar ist und durch Ausführungsanordnung vollzogen wird. Das BVerfG hat im Beschl. v. 23. 2. 1956 1 BvL 28/55/1 BvL 49/55 (BlGBW 56 S. 142) festgestellt, daß das BlBG nicht gegen das Grundgesetz verstößt und die Baulandkammern und -senate nicht verfassungswidrig sind. Des weiteren hat das KG im Urt. v. 5. 2. 1957 – 9 U 2345/56 – (NJW 1957 S. 1325) ausgesprochen, daß für die E-voraussetzung des § 5 BlBG es regelmäßig nicht genügt, daß der Antragsteller nachweist, er habe das Grundstück nicht zu einem dem § 10 entsprechenden Preis freihändig erwerben können. Der Nachweis muß sich vielmehr grundsätzlich auch auf ein anderes geeignetes Gelände erstrecken. Eine Ausnahme von dieser Regel besteht dann, wenn eine Verweisung auf Ausweichgelände wegen der Standortgebundenheit des Bauvorhabens nicht in Betracht kommt, wobei lediglich wirtschaftliche Interessen allein eine solche nicht begründen können. Endlich hat der BGH im Urt. v. 28. 2. 1957 (BGHZ 23 S. 377 = BBBl. 57 S. 301) festgestellt, daß die Einweisung des Antragstellers im E-verfahren in den Besitz des von dem Verfahren betroffenen Grundstücks nur zulässig ist, wenn ein erfolgreicher Ausgang des E-verfahrens mit hoher Wahrscheinlichkeit zu erwarten ist und daß auch eine E von Gelände für Gemeinbedarfsflächen nur zum Zwecke des Wohnungsbaues zulässig ist. Wegen der Rechtsprechung im einzelnen vgl. BRS 7 unter „Baulandbeschaffungsgesetz“.

In den **AufbauG** der Länder im ehemals pr. Gebiet ist nur teilweise das E-recht und- verfahren besonders geregelt; im wesentlichen verbleibt es bei den Vorschriften des PrEG und VereinfEG, soweit nicht im AufbauG etwas anderes bestimmt ist. So z. B. im AufbauG NW in § 16 für Geländeabtretungen des öffentlichen Bedarfs, in § 44 insofern, als die Verleihung des E-rechts nicht durch die Landesregierung, sondern durch den Wiederaufbauminister und die Vorschriften über das vereinfachte E-verfahren anzuwenden sind, in § 45 Erweiterung des E-zwecks, § 46 Entschädigung und Rückgabeanspruch sowie in § 47 für das Entschädigungsfestsetzungsverfahren. Vgl. näher Ernst-Friede AufbauG NW in den einschlägigen Erläutesrungen. Ausgestaltete E-verfahren kennen das hess. AufbauG (s. Anh. 31), daschleswig-holst. AufbauG (S. Anh. 32) und das rheinland-pfälzische AufbauG (Anh. 33).

II. Zuständigkeiten

1. Gem. § 150 Abs. 1 PrZustG v. 1. 8. 1883 (PrGS S. 237), in Titel XXII Enteignungssachen, wurden die Befugnisse und Obliegenheiten nach dem PrEG, die bis dahin bei den Bezirksregierungen lagen, in den Fällen der §§ 15, 18, 19, 20, 24, 27 von dem Regierungspräsidenten, in den Fällen der §§ 3, 4, 5, 14, 21, 29, 32, 33,

34, 35, 53 Abs. 2 von dem Bezirksausschusse im Beschlußverfahren, im Stadtkreise Berlin von der ersten Abteilung des Polizeipräsidiums wahrgenommen.

Auf Grund des LandRegG v. 17. 7. 1933 (PrGS S. 258) und § 9 des AnpassungsG v. 15. 12. 1933 (PrGS S. 479) ist an die Stelle des Bezirksausschusses der Regierungspräsident getreten. Demnach war in den Fällen der §§ 3, 4, 5, 14, 15, 18, 19, 20, 21, 24, 27, 29, 32, 33, 34, 35, 53 Abs. 2 PrEG örtliche Enteignungsbehörde der Regierungspräsident, in Berlin die erste Abteilung des Polizeipräsidenten.

In der ehem. brit. Zone ist die Zuständigkeit der Beschlußausschüsse durch Art. VIII VO Nr. 141 (ABl. MilReg. S. 719) und durch die danach ergangenen Vorschriften: Nieders. VO über die Zuständigkeiten in Beschlußsachen v. 14. 6. 1948 (GVBl. Nds. S. 32), G über die Neuregelung des Beschlußverfahrens in Schleswig-Holstein v. 15. 6. 1948 (GVBl. Schl.-H. S. 151) und nordrhein.-westf. VO über die Zuständigkeiten in Beschlußsachen v. 23. 6. 1948 (GVBl. NW S. 197) wiederhergestellt worden. Mithin gilt in der ehem. brit. Zone die durch das ZustG eingeführte, oben erwähnte Aufteilung soweit nicht wiederum landesgesetzliche Änderungen eingeführt worden sind. Zu dem eben genannten schleswig-holst. G. v. 15. 6. 1948 beachte das G. v. 27. 11. 1951 (GVBl. Schl.-H. S. 199) u. G v. 2. 1. 1956 (GVBl. Schl.-H. S. 3) sowie Bek. d. schl.-h. MdI v. 12. 12. 1951 (ABl. S. 528).

2. Hiernach und unter Berücksichtigung späterer Bestimmungen ergeben sich in den einzelnen Ländern, die im Bereich des ehem. pr. Staates liegen und soweit dort pr. Recht fortgilt, im wesentlichen folgende Zuständigkeiten nach dem PrEG:

Nordrhein-Westfalen:

Durch das Erste G zur Neuordnung und Vereinfachung der Verwaltung v. 23. 7. 1957 (GVBl. NW S. 189) — in Kraft ab 1. 1. 1958 — ist die Zuständigkeit der Beschlußausschüsse im E-verfahren fast ganz entfallen und die des Regierungspräsidenten begründet worden:

Nach § 6 Abs. 2 in Verbindung mit der Aufzählung in Anlage 2 zu § 6 Abs. 2 Satz 1 des Ersten VereinfachungsG (Nr. 114—121) und der bereits bestehenden Zuständigkeit ist die Enteignungsbehörde nunmehr in den Fällen der §§ 3, 4, 5, 14, 15, 18, 19, 20, 21, 24, 27, 29, 32, 34 PrEG: der Regierungspräsident; gemäß § 6 Abs. 1 mit Anlage 1 Nr. 49 des Ersten VereinfachungsG in den Fällen des § 53 Abs. 1 PrEG: der Beschlußausschuß. Im Verfahren nach dem PrVereinfEG: der Regierungspräsident.

Beachte: § 6 Abs. 2 Satz 2 Erstes VereinfachungsG: Soweit hiernach der Regierungspräsident zuständig ist, so kann, falls nicht der ordentliche Rechtsweg zulässig ist, gegen seine Entscheidung nur der Einspruch und anschließend die Klage vor den Verwaltungsgerichten erhoben werden. Über Rechtsbehelfe und Rechtsmittel gegen Entscheidungen des Beschlußausschusses s. §§ 14ff. Erstes VereinfachungsG. Gem. § 24 Abs. 4 Erstes VereinfachungsG sind landesrechtliche Vorschriften, nach denen gegen einen Beschluß oder einen Bescheid Beschwerde zulässig ist, nicht mehr anzuwenden. Zu PrVereinfEG § 1 Abs. 1 und § 6 Abs. 3: statt „Das Staatsministerium" bzw. „den Wirtschaftsminister" jetzt „der zuständige Fachminister" (§ 1 Nr. 8 Erstes VereinfachungsG v. 23. 7. 1957); gem. § 34 desselben G wurde das PrZustG v. 1. 8. 1883 außer Kraft gesetzt.

Niedersachsen:

Enteignungsbehörde ist in den Fällen §§ 15, 18, 19, 20, 24, 27 der Regierungspräsident, in den Fällen §§ 3, 4, 5, 14, 21, 29, 32, 33, 34, 35 und 53 Abs. 2 der Beschlußausschuß. (s. oben Ziff. II 1).

Hessen:

In den ehem. pr. Landesteilen, nämlich den Regierungsbezirken Kassel und Wiesbaden, ist Enteignungsbehörde der Regierungspräsident.

Rheinland-Pfalz:

In den Regierungsbezirken Koblenz, Trier und Montabaur ist Enteignungsbehörde die Bezirksregierung.

Schleswig-Holstein:

In den Fällen §§ 15, 18, 19, 20, 24, 27 ist Enteignungsbehörde der Innenminister, für Entscheidungen nach §§ 3, 4, 5, 14, 21, 29, 32, 34 der Innenminister, bei § 53 Abs. 1 die örtliche Beschlußbehörde. In den Fällen § 6 VereinfEG der Innenminister. Gegen die Entscheidungen des Innenministers ist nach erfolglosem Einspruch Klage zum VG gegeben, ebenso gegen die Entscheidung der örtlichen Beschlußbehörde, unbeschadet des ordentlichen Rechtsweges in den gesetzlich geordneten Fällen (§ 30 PrEG).

Berlin:

EB ist in allen Fällen der Polizeipräsident. Gegen dessen Entscheidung die Beschwerde, über die nach Wegfall der Ministerialinstanz der Senat entscheidet, gegen dessen Entscheidung der Verwaltungsrechtsweg offen ist, soweit nicht das ordentliche Gericht zuständig ist.

Saar:

Zuständig für Enteignungsmaßnahmen das Ministerium für Wirtschaft, Verkehr und Landwirtschaft. (Vgl. § 2 der VO v. 24. 5. 1935 — RGBl. I S. 692 — u. Reg. Beschl. v. 15. 11. 1949 über Zuständigkeiten. Verwaltungsgerichtliche Klagen zum OVG Saarlouis.

Reg.-Bez. Sigmaringen (Landkreise Hechingen und Sigmaringen):

Enteignungsbehörde ist das Regierungspräsidium Süd-Württemberg-Hohenzollern in Tübingen.

Für Planfeststellung, Besitzeinweisung und Vollziehung der Enteignung ist das Regierungspräsidium letzte Instanz im Verwaltungszuge (§ 26 mit § 6 LandesverwaltungsG v. 7. 11. 1955 (GBl. S. 225). Gegen dessen Entscheidungen – auch im Verfahren nach PrVereinfEG – Rechtsbeschwerde (Klage) an den Verwaltungsgerichtshof (Art. 13 WürttG über die Verwaltungsrechtspflege v. 16. 12. 1867 (RegBl. § 845) mit § 11 Württ.-Hohenzoll. Rechtsanordnung über die Verwaltungsrechtspflege v. 19. 8. 1946 (ABl. S. 224).

III. Rechtsmittel. In der ursprünglichen Fassung des PrEG war in den Fällen der §§ 3, 4, 5, 14, 21, 22, 34 vorgesehen der „Rekurs an die vorgesetzte Ministerialinstanz". Nach § 150 Abs. 3 ZustG v. 1883 fand innerhalb zweier Wochen die Beschwerde an den Minister der öffentlichen Arbeiten statt, an dessen Stelle gem. MinZustRG v. 15. 8. 1921 (PrGS S. 487) der pr. Min. für Handel und Gewerbe und später gem. 2. VereinfVO v. 29. 10. 1932 (PrGS S. 33) nebst Erl. des pr. MinPräs. v. 11. 3. 1935 (PrGS S. 41) der pr. Arbeitsminister trat; nach 1945 der in den einzelnen Ländern funktionell zuständige oder damit betraute Fachminister. Im übrigen greifen die Verwaltungsgerichtsgesetze ein; danach beträgt z. B. die Beschwerdefrist regelmäßig 1 Monat nach Zustellung des mit einer Rechtsmittelbelehrung versehenen Beschlusses; alsdann ist Klage zum VG möglich, soweit nicht vorher der Einspruch gegeben ist. Unberührt bleibt in den vom PrEG bestimmten Fällen der ordentliche Rechtsweg. Näheres s. in den einschlägigen Anm.

§ 15

(1) Vor Ausführung des Unternehmens[1]) ist für dasselbe, unter Berücksichtigung der nach § 14 den Unternehmer treffenden Obliegenheiten[2]), ein Plan, welchem geeignetenfalls die erforderlichen Querprofile[3]) beizufügen sind, in einem zweckentsprechenden Maßstabe aufzustellen und von derjenigen Behörde zu prüfen[4]) und vorläufig festzustellen, welche dazu nach den für die verschiedenen Arten der Unternehmungen bestehenden Gesetzen berufen ist[5]).

(2) Ist eine besondere Behörde durch das Gesetz nicht berufen, so liegt diese Prüfung und Feststellung *der Bezirksregierung*[6]) **ob.**

1. Die vorläufige Planfeststellung (endgültige s. § 21 Anm. 11) bedeutet den Beginn des E-verfahrens – RGZ 70 S. 45 = JW 09 S. 62 – und ist die notwendige Voraussetzung für das weitere Verfahren. Vgl. RdErl. PrMin. d. ö. A. v. 3. 12. 1896 MBliV 96 S. 237. Sie erfolgt auf Antrag des Unternehmers (§ 18). Ohne sie ist nicht festzustellen, daß ein Unternehmen im Sinne des § 1 vorliegt. Bei freiwilligen Veräußerungen bietet sie den einzigen Anhalt für die Frage, ob ein Grundstück dem Abtretungszwang unterliegt Gruch. 46 S. 364; RGZ 69 S. 68 = JW 08 S. 355; PrOVG 54 S. 121; KGJ 28 B 49; vorbehaltlich einer Übernahme gemäß § 9. Die vorläufige Planfeststellung erfolgt im allgemeinen durch den Reg.-Präs. Er hat insbesondere darüber zu befinden, wie das Unternehmen in seinen Teilen zum Schutze der Nachbarn wie im allgemeinen Interesse auszugestalten ist (Erl. v. 20. 10. 1896 MBliV S. 201). Das Ergebnis der verwaltungs- und technisch-landespolizeilichen Prüfung ist in einem Plan zusammenzufassen, der das Unternehmen nach Art und Umfang zu erläutern und die betroffenen Grundstücke sowie Sicherungsanlagen nach § 14 im einzelnen zu bezeichnen hat. Vgl. § 43 Anm. 7.

2. Im ganzen Umfange des § 14 Erl. d. PrMin. d. ö. A. v. 20. 10. 1896 EVBl. S. 307 und Erl. v. 12. 10. 1892 MBliV 93 S. 6.

3. Querprofile sind nur „geeignetenfalls“ beizufügen, d. h. es steht im Ermessen der Behörde, ob sie sie fordern will, z. B. bei Eisenbahnanlagen.

4. Wegen des Verfahrens im einzelnen vgl. Erl. v. 4. 6. 1894 (EVBl. 94 S. 133); 20. 5. 1899 (MBliV S. 89); die Zuziehung der wasser- und meliorationstechn. Beamten ist vorgeschrieben.

5. Für Bundesbahnen gilt BundesbahnG, wobei das Verhältnis des vorläufigen Planfeststellungsverfahrens nach § 36 zum E-verfahren nicht geregelt ist. Es ist im Schrifttum streitig, ob diese Planfeststellung überhaupt enteignungsrechtliche Bedeutung hat. Man wird dies mit Neufang 88 (a. M. Sarter-Kittel, zu BundesbahnG) verneinen und das Verfahren nach §§ 15ff. PrEG für notwendig erachten müssen.

6. Vgl. Vorbem. vor §§ 15ff. II, III.

§ 16

Eine Einigung[1]) zwischen den Beteiligten über den Gegenstand der Abtretung, soweit er nach dem Befinden der zuständigen Behörde zu dem Unternehmen erforderlich[2]) ist, kann zum Zwecke sowohl der Überlassung des Besitzes[3]), als

der sofortigen Abtretung des Eigentums[4]) stattfinden. Es kann dabei die Entschädigung nachträglicher Feststellung vorbehalten werden, welche alsdann nach den Vorschriften dieses Gesetzes[5]) oder auch, je nach Verabredung[6]) der Beteiligten, sofort im Rechtswege erfolgt. Es kann ferner dabei behufs Regelung der Rechte Dritter die Durchführung des förmlichen Enteignungsverfahrens, nach Befinden ohne Berührung der Entschädigungsfrage, vorbehalten werden[7])[8])[9]).

1. Hiernach soll das Zustandekommen gütlicher Einigungen nach §§ 16, 26 angestrebt werden. Als E-dezernent der Regierung soll zweckmäßig ein Verwaltungsbeamter bestimmt werden, der auf Grund einer umfassenden Verwaltungs- und Lebenserfahrung und seiner Persönlichkeit den Verhandlungen nach § 16 wie dem gesamten Verfahren das gebotene Gewicht zu geben und den Belangen aller Beteiligten Rechnung zu tragen in der Lage ist.

2. § 16 bezieht sich auf Veräußerungen von Grundstücken nur, wenn sie in den festgestellten Plan (§ 15) fallen RGZ 74 S. 191. Dann finden §§ 17, 43, ferner, mangels anderweiter Abrede, § 36 Abs. 2 — RGZ 47 S. 311 —, eventuell auch § 46 Anwendung. Die Gegenleistung des Unternehmens bestimmt sich nach den §§ 7 bis 13, falls die Einigung keinen anderen Inhalt hat. Der Eigentümer kann, je nach der Abrede, darauf klagen (§ 30) oder verlangen, daß der Unternehmer die Feststellung (§§ 24ff.) betreibe. Die Planfesttellung nach §§ 18ff. erübrigt sich RGZ 72 S. 359; JW 10 S. 195; 11 S. 406. Vgl. RdErl. des PrFM v. 1. 4. 1895 zu 2. EVBl. S. 383 und Erl. d. PrMin. d. ö. A. v. 8. 3. 1897 EVBl. S. 45. Vgl. auch zu § 18 Anm. 1 zu § 24 Anm. 1 und zu § 31 Anm. 2.

3. Nach § 854 BGB. Das Planfeststellungsverfahren ist noch nötig, wenn nur die Bauerlaubnis erteilt ist. Vgl. den Erl. PrMin. d. ö. A. v. 8. 3. 1897 EVBl. S. 45 u. S. 152.

4. Die Besitzüberlassung hat die Abtretung des Eigentums zum Ziel RG 69 S. 347 = JW 08 S. 726. Vgl. zu § 8 Anm. I 2. Wird das Eigentum ohne Vorbehalt (§ 16 Satz 2 und 3) übertragen, so bleiben die Rechte Dritter an sich unberührt Gruch. 43 S. 1102. Wegen der Rechtsfolgen s. oben Anm. 2 und § 46. Grunderwerbsverträge zur Vermeidung eines E-verfahrens sind keine Vergleiche, etwa wegen der Annahme, daß ein Weg gebaut werde Recht 12 Nr. 1778.

5. Der Vorbehalt verpflichtet den Unternehmer, das Verfahren nach §§ 24ff. zu beantragen; er sichert die Anwendung des § 46. Die Planfeststellung (§§ 18ff.) ist nicht nötig. Vgl. Anm. 2 a. E.

6. Es kann auch formlos vereinbart werden, daß der Anspruch auf Entschädigung für eine auf Grund eines verliehenen E-rechts eingetretene Entziehung oder Beschränkung unter Vermeidung des Verwaltungsverfahrens nach §§ 24ff. sofort im Rechtswege solle verfolgt werden können; solche Einigung liegt in dem angenommenen Verzicht auf die Einrede der Unzulässigkeit des Rechtswegs Recht 15 Nr. 638; die Verabredung kann auch stillschweigend erfolgen, ist z. B. zu finden in dem Nichtgeltendmachen der Unzulässigkeit des Rechtswegs in zwei Instanzen gegenüber der Klage und dem Erbieten, eine geringere als die eingeklagte Entschädigung zu zahlen JW 95 S. 365. Die Einigung nur über die Entschädigung ist formfrei RGZ 144 S. 369 = HRR 34 Nr. 1615.

7. Vgl. Anm. 5. Die Durchführung des E-verfahrens nur zur Regelung der Rechte Dritter begreift nicht die Planfeststellung nach §§ 18ff., beschränkt sich zunächst auf das Aufgebot der Realberechtigten (§ 25), dem eventuell die Klage (§ 30) und die Vollziehung der E (§ 32) mit ihrer Wirkung (§ 45) folgt RGZ 5 S. 281. Vgl. auch Anm. 2 a. E. und zu § 46 Anm. 1.

8. Die Einigung über die künftige Abtretung zu Straßenland bei E nach dem PrFluchtlG wird zweckmäßig durch Bewilligung und Eintragung einer Vormerkung zur Erhaltung des Rechts auf Auflassung gesichert – vgl. KGJ 25 A 147.

9. Die eine Dienstaufsichtsbeschwerde abweisende Entscheidung der Aufsichtsbehörde ist kein selbständig beschwerender und mit der Anfechtungsklage anfechtbarer VA; die Beurkundung eines E-vergleichs zwischen den am E-verfahren Beteiligten durch den E-kommissar ist kein anfechtbarer VA OVG Münster Urt. v. 3. 4. 1952 – IV A 612/51 – DÖV 1953 S. 91.

§ 17

(1) Für die freiwillige Abtretung in Gemäßheit des § 16 sind die nach den bestehenden Gesetzen für die Veräußerung von Grundeigentum vorgeschriebenen Formen[1]) zu wahren.

(2) *Handelt es sich um Grundstücke oder Gerechtigkeiten bevormundeter, in Konkurs geratener, unter Kuratel stehender oder anderer handlungsunfähiger Personen, so genügt der Abschluß des Vertrages durch deren Vertreter unter Genehmigung des vormundschaftlichen Gerichts oder desjenigen Gerichts, welches die Veräußerung der Grundstücke und Gerechtigkeiten solcher Personen aus freier Hand zu genehmigen befugt ist.*

(3) veraltet

(4) veraltet

(5) Veräußerungsbeschränkungen, welche zur Verhütung der Trennung von Gutsverbänden oder der Zerstückelung von Ländereien bestehen, finden keine Anwendung.

1. Für den in den §§ 16, 17 bezeichneten Vertrag über die freiwillige Abtretung von Grundeigentum genügt die schriftliche Form (Art. 12 § 1 Abs. 2 AGBGB), d. h. die Vertragsurkunde muß von den Parteien eigenhändig durch Namensunterschrift oder mittels gerichtlich oder notariell beglaubigten Handzeichens unterzeichnet werden; bei mehreren gleichlautenden Urkunden genügt es, wenn jede Partei die für die andere Partei bestimmte Urkunde unterzeichnet. Die schriftliche Form genügt auch für den Vertrag über die Entschädigung, es sei denn, daß sie in Grund und Boden gewährt wird, also ein Austausch von Grundstücken stattfindet. Dann bedarf es für die Verpflichtung des Unternehmers zur Übertragung des Grundstücks der im § 313 BGB vorgeschriebenen Form RG 96 S. 1; JW 19 S. 582; Gruch. 63 S. 740. Die gerichtliche oder notarielle Beurkundung ersetzt die schriftliche Form § 126 BGB. Die nachfolgende Auflassung heilt den Formmangel § 313 Satz 2 BGB. Für Verträge, die nicht unter §§ 16, 17 fallen, ist gerichtliche oder notarielle Beurkundung geboten § 313 BGB, vgl. auch Art. 12 §§ 2, 4 AGBGB. Zur Übertragung des Eigentums, im Gegensatz zum obligatorischen Vertrag, ist Auflassung nötig

§§ 873, 925 BGB. Die erleichterte Form (Art. 12 § 1 AGBGB) genügt nicht für einen Vertrag, den ein Dritter im eigenen Namen, aber im Interesse des Unternehmers schließt KGJ 32 B 28 = OLG 13 S. 286.

Bei bevormundeten, unter Pflegschaft stehenden oder anderen geschäftsunfähigen oder beschränkt geschäftsunfähigen Personen genügt jetzt allgemein der Abschluß durch den Vertreter unter Genehmigung des Vormundschaftsgerichts §§ 1821, 1643, 1686, 1897, 1915 BGB. Zur Konkurmasse gehörige Grundstücke kann der Konkursverwalter veräußern §§ 136, 134, 135 KO. Einigung nur über die Entschädigung ist kein Vertrag über Abtretung von Grundeigentum RGZ 144 S. 369 = HRR 34 Nr. 1615.

§ 18

(1) Auf Antrag des Unternehmers[1]) erfolgt das Verfahren behufs Feststellung[2]) des Planes.

(2) Zu diesem Behufe hat derselbe *der Bezirksregierung*[3]) **für jeden Gemeinde- oder Gutsbezirk einen Auszug aus dem vorläufig festgestellten Plane nebst Beilagen vorzulegen[4]), welche die zu enteignenden Grundstücke nach ihrer grundbuchmäßigen, katastermäßigen oder sonst üblichen Bezeichnung und Größe, deren Eigentümer[5]) nach Namen und Wohnort, ferner die nach § 14 herzustellenden Anlagen, sowie, wo nur eine Belastung von Grundeigentum in Frage steht, die Art und den Umfang dieser Belastung enthalten müssen.**

1. Diese Vorschrift behandelt die endgültige Planfeststellung. Nur der Unternehmer, kein Dritter, auch nicht, wenn er vom Unternehmer mit Ausführung der Anlage beauftragt, kann den Antrag stellen. RdErl. d. PrMin. d. ö. A. v. 3. 12. 1896, MBliV S. 237. Im E-verfahren besteht an sich kein Zwang für den Unternehmer, den Antrag zu stellen. Die Möglichkeit des Zwanges durch die Verwaltungsbehörde besteht z. B., wenn der Unternehmer zur Erfüllung von Auflagen aus § 14 oder wenn der Wegebaupflichtige zur Erfüllung von Auflagen der Wegepolizeibehörde fremdes Eigentum braucht PrOVG 40 S. 226. Der Enteignete kann, abgesehen von § 16 und den Fällen, wo das PrFluchtlG zur E verpflichtet, den Unternehmer auf Stellung des Antrages aus § 18 nur verklagen, wenn durch Gewährung des auf Verleihung oder unmittelbar auf Gesetz beruhenden E-rechts in Verbindung mit dem den ausgeführten Anlagen zustehenden staatlichen Schutz virtuell eine Entziehung von Grundeigentum aus Gründen des öffentlichen Wohls stattgefunden hat RGZ 55 S. 7; 61 S. 322; JW 10 S. 397; Recht 14 Nr. 36. Verpflichtung des Unternehmers nach der vorläufigen Planfeststellung wegen der daraus für den zu Enteignenden erwachsenden prekären Lage, den Antrag aus § 18 zu stellen RGZ 55 S. 7; vgl. auch RGZ 74 S. 191 und S. 242; Recht 11 S. 630, 734; stRspr.; über die Verpflichtung des Unternehmers zur Durchführung des Verwaltungsverfahrens nach §§ 18, 24 und darauf gerichtete Klagen. Eine Feststellungsklage ist unzulässig JW 05 S. 151; 06 S. 183. Umgekehrt kann nicht auf Nichtbestehen des E-rechts geklagt werden RGZ 62 S. 193; JW 06 S. 127; 25 S. 1117; Recht 13 Nr. 406; KompKonflGH in JW 26 S. 2652; PrVBl. 41 S. 475; 43 S. 618 RGZ 72 S. 354 = JW 10 S. 248: Erwerb eines zum Bahnbau schon verwendeten Grundstücks durch Zuschlag in der Zwangsversteigerung.

2. Sobald der Antrag des Unternehmers auf Einleitung des E-verfahrens (Feststellung des Planes) eingeht, hat der RegPräs. den Plan gemäß § 15 möglichst beschleunigt vorläufig festzustellen, soweit dazu nicht andere Behörden nach gesetzlicher Vorschrift berufen sind. Vgl. AB zum VereinfEG v. 24. 8. 1923 MBliV S. 1091, zu § 3. In Abs. 2 des § 18 sind diejenigen Unterlagen bezeichnet, deren Beibringung dem Unternehmer bei Antragstellung obliegt und zwar der vorläufig festgestellte Plan sowie Unterlagen über die betroffenen Grundstücke. Querprofile können nach § 15 „geeignetenfalls" verlangt werden.

3. Zuständig in der Regel der Reg.Präs., im übrigen s. Vorbem. vor §§ 15 II, III. Die Prüfung des Antrages auf Einleitung des E-verfahrens hat sich, abgesehen von dem Vorhandensein der notwendigen Beilagen darauf zu erstrecken, ob das Unternehmen mit dem E-recht ausgestattet ist, ob sich nach seinem Erlaß Änderungen ergeben haben sowie ob das Gelände, dessen E beantragt wird, nach dem gemäß § 15 festgestellten Plan Verwendung finden soll. Dieser bildet die Grundlage und Grenze der E. Gegen die Ablehnung des Antrages auf Planfeststellung ist die Beschwerde gegeben, über die der zuständige Minister entscheidet.

4. Größere Anforderungen dürfen nicht gestellt werden. Nach dem Erl. d. PrMin. d. ö. A. und des PrMin. d. I. v. 12. 6. 1902 – MBliV S. 111 – sollen die Beilagen in der nötigen Zahl von Abschriften beigegeben werden.

5. Ist der Eigentümer abwesend oder unbekannt, so kann der Unternehmer die Einleitung einer Pflegschaft (§§ 1911, 1913 BGB) veranlassen.

§ 19

(1) Plan nebst Beilagen sind in dem betreffenden Gemeinde- oder Gutsbezirk während vierzehn Tagen zu jedermanns Einsicht offenzulegen.

(2) Die Zeit der Offenlegung ist ortsüblich bekanntzumachen[1]).

(3) Während dieser Zeit kann jeder Beteiligte[2]) im Umfange seines Interesses Einwendungen gegen den Plan erheben[3]). Auch *der Vorstand des Gemeinde- oder Gutsbezirks* **hat das Recht, Einwendungen zu erheben, welche sich auf die Richtung des Unternehmens oder auf Anlagen der in § 14 gedachten Art beziehen.**

(4) *Die Regierung* **hat diejenige Stelle zu bezeichnen, bei welcher solche Einwendungen schriftlich einzureichen oder mündlich zu Protokoll zu geben sind.**

1. Im vereinfachten E-verfahren ist die Frist auf eine Woche verkürzt, vgl. § 3 VereinfEG. Für die Berechnung der Fristen sind §§ 187 Abs. 1, 188 BGB entsprechend anzuwenden. Der Plan muß vorläufig festgestellt sein und die herzustellenden Anlagen vollständig enthalten. Die Offenlegung hat zwar nur in der Belegenheitsgemeinde zu erfolgen; in den Fällen, in denen die Betroffenen dort nicht wohnen, ist schriftlich Mitteilung geboten; im übrigen genügt ortsübliche Bekanntmachung.

2. Beteiligte sind nicht nur Grundeigentümer und Realberechtigte, sondern auch die nach § 14 Berechtigten sowie die Gemeinde.

3. Einwendungen können nur gegen den offengelegten Plan, nicht gegen das Unternehmen als solches sowie zur Entschädigung erhoben werden. Nach Fristablauf eingehende Einwendungen brauchen nicht berücksichtigt zu werden. Die

Frist ist nur gewahrt, wenn die Einwendungen an der bezeichneten Stelle eingehen. Diese hat für den ordnungsmäßigen Nachweis des Eingangs Sorge zu tragen.

§ 20

(1) Nach Ablauf der Frist (§ 19)[1]) werden die Einwendungen gegen den Plan in einem nötigenfalls an Ort und Stelle abzuhaltenden Termin vor einem von *der Bezirksregierung* **zu ernennenden Kommissar[2]) erörtert[3]).**

(2) Zu dem Termin werden die Unternehmer, die Reklamanten[4]) und die durch die Reklamationen betroffenen Grundbesitzer sowie *der Vorstand der Gemeinde- oder Gutsbezirks* **vorgeladen[5]) und mit ihrer Erklärung gehört. Dem Kommissar bleibt es überlassen, Sachverständige, deren Gutachten erforderlich ist, zuzuziehen.**

(3) Die Verhandlungen haben sich nicht auf die Entschädigungsfrage[6]) zu erstrecken[7]).

1. Vgl. zu § 19 Anm. 1.

2. Vgl. Ziff. 1 der Allg. Verfügung v. 20. 5. 1899 – Anh. 25. Zuständig für die Ernennung des Kommissars ist in der Regel der Reg.Präs. Es sollen in der Regel die Enteignungsdezernenten der Regierung bestellt werden. Vgl. zu § 16 Anm. 1.

3. Vgl. Ziff. 5 der Allg. Verfügung v. 20. 5. 1899 – Anh. 25.

4. Die nach § 19 Einwendungen erhoben haben. Wegen Benachrichtigung der Eisenbahndirektionen bei Kleinbahnunternehmen vgl. Erl. d. PrMin. d. ö. A. v. 21. 11. 1900 EVBl. S. 591. Bei Privateisenbahnen schrieben die ZirkVerf. d. PrMin. f. Hand. u. d. F. v. 7. 11. 1877 MBliV 78 S. 10 und der RdErl. d. PrMin. d. ö. A. v. 23. 8. 1896 MBliV S. 180 die Benachrichtigung der Eisenbahndirektionen vor. Jetzt sind gegebenenfalls die Bundesbahndirektionen zu benachrichtigen.

5. Vgl. § 39. Die Ladung soll den Hinweis enthalten, daß auch beim Nichterscheinen der Geladenen über ihre Einwendungen verhandelt werde – s. oben Anm. 3.

6. Dazu gehören auch Anträge auf Übernahme von Restgrundstücken gemäß § 9, vgl. zu § 9 Anm. 6.

7. Über das Ergebnis der Verhandlungen ist eine Niederschrift zu fertigen, in der die erschienenen Personen aufzuführen und die vorgebrachten Einwendungen mit den Gegenerklärungen des Unternehmers darzulegen sind. Sie ist zu verlesen und vom Kommissar zu unterzeichnen.

§ 21

(1) Der Kommissar hat nach Beendigung der Verhandlungen letztere *der Bezirksregierung*[1]) **vorzulegen, welche prüft, ob die vorgeschriebenen Förmlichkeiten beobachtet sind, mittels motivierten Beschlusses über die erhobenen Einwendungen entscheidet[2])[3]) und danach**

1. den Gegenstand der Enteignung, die Größe[4]) und die Grenzen des abzutretenden Grundbesitzes, die Art und den Umfang der aufzulegenden Beschränkungen sowie auch die Zeit[5]), innerhalb deren längstens vom Ent-

eignungsrechte Gebrauch zu machen ist[6]) — **soweit Anordnung des Staatsministeriums (§ 2) über diese Punkte keine Bestimmungen enthält —,**

2. die Anlagen[7]), **zu deren Errichtung wie Unterhaltung der Unternehmer verpflichtet ist (§ 14), feststellt**[8]).

(2) Die Entscheidung wird dem Unternehmer, den Reklamanten und sonstigen Personen, welche an der Streiterörterung teilgenommen, sowie *dem Vorstande des Gemeinde- oder Gutsbezirks* **zugestellt**[9]).

1. Für die endgültige Planfeststellung ist in der Regel der Reg.Präs. zuständig; im übrigen s. Vorbem. vor §§ 15ff. II, III. Im vereinfachten E-verfahren s. § 3 VereinfEG.

2. Der Planfeststellungsbeschluß ist zu begründen; über die Einwendungen ist ebenfalls zu entscheiden und festzuhalten, daß die vorgeschriebenen Förmlichkeiten beachtet, insbesondere daß und in welcher Form die Verleihung erfolgt ist. Durch die endgültige Planfeststellung wird die Grundlage gegeben für das weitere E-verfahren. Insbesondere wird festgestellt, welche Grundstücke und Rechte an Grundstücken für das Unternehmen benötigt werden und ob die geplanten Sicherungsanlagen ausreichen. Die EB ist jedoch insoweit gebunden als die E-anordnung gem. § 2 über den Gegenstand der E, Größe und Grenzen des abzutretenden Grundbesitzes usw. Bestimmungen enthält.

3. Die Beobachtung der §§ 2, 15, 18–20. Bei Übernahme nach § 9 erfolgt die Feststellung nach § 25 Abs. 7.

4. Falsche Größenangaben sind belanglos, wenn die Identität des Grundstücks nicht zweifelhaft ist JW 04 S. 300. Vgl. § 30 Anm. 1.

5. Nach fruchtlosem Fristablauf findet § 42 Anwendung. Der festgestellte Plan verliert seine Geltung.

6. D. h. der Antrag auf Feststellung der Entschädigung nach §§ 24ff. zu stellen ist.

7. Die Entscheidung über streitige Anlagen kann vorbehalten werden, wenn sie die Feststellung im übrigen nicht berührt – Ziff. 4 des Erl. d. MdöA v. 4. 6. 1894, Anh. 24 –, ebenso die über die Unterhaltung von Anlagen – Ziff. 11 der Allg. Vfg. v. 20. 5. 1899, Anh. 25.

8. Dies ist die endgültige (vgl. § 25 Abs. 1 „definitiv") Planfeststellung im Gegensatz zur vorläufigen nach § 15. Der Beschluß pflegt wegen der näheren Bestimmung der Flächen auf eine beigeheftete Nachweisung zu verweisen. Vgl. darüber KGJ 50 A 174. Der endgültigen Planfeststellung des § 21 steht die förmliche Feststellung des Plans nach § 8 PrFluchtlG gleich.

9. In geeigneten Fällen kann der Beschluß über die endgültige Feststellung des Plans mit dem Beschluß über die Entschädigungsfeststellung (§ 29) und dem E-beschluß (§ 32) verbunden werden. Für jeden Teil des Beschlusses bleibt es dann doch bei den gesetzlich verordneten Rechtsbehelfen (VereinfEG § 4). Die Vereinigung der Plan- und Entschädigungsfeststellung in einem Beschluß führt keineswegs eine Beschleunigung herbei, sondern hat in vielen Fällen die unangenehme Folge, daß wegen der Kürze der Zeit die Entschädigungsfrage mangelhaft geklärt wird und die Parteien auf den ordentlichen Rechtsweg gedrängt werden, was möglichst zu vermeiden ist. Das VereinfEG trennt deshalb grundsätzlich beide Feststellungen (§§ 21, 29) und gibt der Behörde lediglich die Möglichkeit gleichzeitiger Entscheidung in einfachen Fällen. Vgl die AB des PrHM zu § 4 VereinfEG.

Mit der Planfeststellung kann im vereinfachten Verfahren die Besitzeinweisung erfolgen s. näher zu § 32 Anm. 6. Wegen der Zustellung § 39 und Anm. dazu. Um die Rechtsmittelfrist in Lauf zu setzen, ist nach Einführung der Generalklausel die Zustellung an **alle** Beteiligten geboten und richtige Rechtsmittelbelehrung erforderlich (vgl. § 22; ferner zu § 29 Anm. 10).

§ 22

(1) **Gegen die Entscheidung** *der Bezirksregierung* **steht den Beteiligten** *die Beschwerde* **an die vorgesetzte Ministerialinstanz offen**[1])[2]).

(2) *Die Beschwerde* **muß bei Verlust desselben innerhalb** *zwei Wochen* **nach Zustellung des Beschlusses bei** *der Bezirksregierung* **eingelegt und gerechtfertigt werden.** *die Regierung* **hat** *die Beschwerdeschrift* **dem Gegner zur Beantwortung innerhalb einer Frist von** *sieben bis vierzehn* **Tagen mitzuteilen und nach Eingang der Schrift oder nach Ablauf der Frist die Akten an den zuständigen Minister zur Entscheidung einzusenden**[3]).

1. Als Rechtsmittel gegen den Planfeststellungsbeschluß sah § 22 PrEG den Rekurs an die vorgesetzte Ministerialinstanz vor. Über die spätere Entwicklung s. Vorbem. vor §§ 15ff. III. Nach der überwiegend (jedenfalls in NW) gehandhabten Übung richtet sich die Zuständigkeit der Ministerialinstanz nach der Art des Unternehmens (vgl. OVG Münster Urt. v. 14. 11. 1956 – IV A 472/56 – (BRS 6 VII S. 218). Gegen den Beschwerdebescheid des Ministers ist die Klage im Verwaltungsstreitverfahren gegeben. Örtlich zuständig ist das LVG, in dessen Bezirk das Grundstück belegen ist.

2. Nach der bisher in Wissenschaft und Praxis überwiegend vertretenen Auffassung war der Kreis der Beschwerdeberechtigten auf Unternehmer ,Gemeindeverwaltung, Reklamanten und die von Reklamationen betroffenen Grundstückseigentümer (§ 20 Abs. 2) begrenzt (vgl. Neufang 113). Sonstige vom E-verfahren betroffene Grundstückseigentümer, die zwar nicht während der Offenlegungsfrist, wohl aber im Planerörterungstermin (§ 20) Einwendungen erhoben hatten, waren nach dieser Ansicht nicht beschwerdeberechtigt (Eger 107, 165).

Im Gegensatz hierzu hat das OVG Münster im Bescheid v. 23. 3. 1955 – IV A 88/54 – mit Recht die Auffassung vertreten, es entspreche dem Sinn des § 22, das Beschwerderecht jedes rechtlich Betroffenen dann anzuerkennen, wenn er überhaupt vor dem Erlaß des Planfeststellungsbeschlusses Einwendungen gegen den Plan erhoben hatte und der Beschluß sie nicht nur wegen Fristversäumnis, sondern aus sachlichen Gründen zurückgewiesen hat (Erl. d. Min. f. Wiederaufbau und Verk. v. 6. 6. 1956 – I C -070-11 – (MBl. NW 56 S. 1763).

3. Ficht der Eigentümer den Planfeststellungsbeschluß mit der Klage an, so kann in diesem Rechtsstreit nur die Rechtmäßigkeit des Planfeststellungsbeschlusses geprüft werden; diese hängt davon ab, ob die in dem Beschluß vorgesehene E-maßnahme erforderlich ist. Dagegen sind Fragen, die sich auf die wirtschaftlichen Folgen der Maßnahme beziehen, im verwaltungsgerichtlichen Anfechtungsprozeß nicht zu erörtern. Dies gilt auch von der Frage, ob die Maßnahme die Nutzung eines dem Eigentümer verbleibenden Restbesitzes mehr oder weniger stark beeinträchtigt. Die

Frage, ob die E den Restbesitz unwirtschaftlich macht, kann nur im Entschädigungsfeststellungsverfahren geprüft werden (OVG Münster Urt. v. 14. 11. 1956 – IV A 462/56 – BB 57 S. 277).

§ 23

(1) Das Enteignungsrecht bei der Anlage von Eisenbahnen erstreckt sich unter Berücksichtigung der Vorschriften dieses Gesetzes insbesondere:

1. auf den Grund und Boden, welcher zur Bahn, zu den Bahnhöfen und zu den an der Bahn und an den Bahnhöfen behufs des Eisenbahnbetriebes zu errichtenden Gebäuden erforderlich ist;

2. auf den zur Unterbringung der Erde und des Schuttes usw. bei Abtragungen, Einschnitten und Tunnels erforderlichen Grund und Boden;

3. überhaupt auf den Grund und Boden für alle sonstigen Anlagen, welche zu dem Behufe, damit die Bahn als eine öffentliche Straße zur allgemeinen Benutzung dienen könne, nötig oder infolge der Bahnanlage im öffentlichen Interesse erforderlich sind;

4. auf das für die Herstellung von Aufträgen erforderliche Schüttungsmaterial[1]).

(2) Dagegen ist das Enteignungsrecht auf den Grund und Boden für solche Anlagen nicht auszudehnen, welche, wie Warenmagazine und dergleichen, nicht den unter Nr. 3 gedachten allgemeinen Zweck, sondern nur das Privatinteresse des Eisenbahnunternehmers angehen.

(3) Die vorübergehende Benutzung freier Grundstücke soll bei der Anlage von Eisenbahnen, insbesondere zur Einrichtung von Interimswegen, Werkplätzen und Arbeiterhütten zulässig sein.

1. Soweit die Zuständigkeit des Bundes eingreift, hat § 23 keine bindende Bedeutung. Vorbild dieser Vorschrift waren die §§ 8 und 9 des PrEisenbG v. 3. 11. 1838. Auch Schutzstreifen vgl. Allg. Verf. d. Min. d. ö. A. v. 8. 6. 1899 MBliV S. 110, und wegen der Feuerschutzstreifen in Wäldern Verf. d. Min. f. Landw. u. d. Min. d. I. v. 26. 1. 1905 MBliV S. 32. Ziff. 4 meint die erstmalige Herstellung, nicht Unterhaltung JW 02 S. 323. Vgl. im einzelnen Seydel S. 157ff.

2. Feststellung der Entschädigung

Vorbem. vor §§ 24ff.

Über die dem Enteigneten zu gewährende Entschädigung wird in einem besonderen Verfahren entschieden. Es bezweckt, auf der Grundlage des endgültig festgestellten Planes die dem Enteigneten gebührende Entschädigung verwaltungsseitig festzusetzen und soll den Beteiligten die Möglichkeit geben, einen langwierigen und kostspieligen Rechtsweg, der aber vorbehalten bleibt, auszuschließen. Der Antrag ist binnen der im Planfeststellungsbeschluß festgesetzten Frist schriftlich bei der EB einzureichen und muß an Hand des festgestellten Planes den Gegenstand des Verfahrens bezeichnen. Die Eigentümer und dinglich Berechtigten sind anzugeben und die notwendigen Unterlagen, insbesondere Grundbuchauszug beizufügen. Der Grundbuchrichter hat die Einleitung des Verfahrens im Grundbuch Abtlg. II von Amts wegen zu vermerken. Ohne Antrag des Unternehmers darf das

Entschädigungsverfahren nicht eingeleitet werden; der Enteignete kann jedoch beanspruchen, daß der Unternehmer diesen Antrag stellt (RGZ 21 S. 221, 55 S. 7).

Der Entschädigungsfeststellung muß eine kommissarische Verhandlung mit den Beteiligten vorangehen (§ 25), zu der evtl. Sachverständige zuzuziehen sind (§ 27). Der zu begründende Beschluß der EB über die Entschädigung, Sicherheitsleistung und die sonstigen sich aus den §§ 7—13 ergebenden Verpflichtungen (§ 29) ist innerhalb einer Ausschlußfrist von 6 Monaten, die mit der Zustellung beginnt, seitens des Unternehmers und der übrigen Beteiligten im Rechtswege anfechtbar (§ 30). Zuständig ist das Gericht, in dessen Bezirk das betreffende Grundstück liegt. Zu Einzelfragen der Entschädigung s. Vorbem. vor §§ 7ff., Anm. zu § 7, 8.

§ 24

(1) Der Antrag auf Feststellung der Entschädigung ist von dem Unternehmer[1]) schriftlich bei *der Bezirksregierung* **einzubringen[2]).**

(2) Der Antrag muß das zu enteignende Grundstück, dessen Eigentümer, sowie, wo nur eine Belastung in Frage steht, die Art und den Umfang derselben genau bezeichnen (§ 18)[3]).

(3) Dem Antrage ist zum Nachweis der Rechte am Grundstück ein beglaubigter Auszug aus dem Grundbuch *(Hypothekenbuch, Währschaftsbuch, Stockbuch),* **wo aber ein solches nicht vorhanden ist oder nicht ausreicht, eine Bescheinigung** *des Ortsvorstandes* **oder der sonst zur Ausstellung solcher Bescheinigungen berufenen Behörde über den Eigentumsbesitz und die bekannten Realrechte beizufügen. Diese Urkunden haben die betreffenden Behörden dem Unternehmer auf Grund der Feststellung (§ 21) oder einer sonstigen Bescheinigung[4])** *der Regierung* **gegen Erstattung der Kopialien zu erteilen, auch demselben Einsicht des Grundbuchs usw. zu gestatten[5]).**

(4) Gleichzeitig mit Erteilung des Auszugs hat die Grundbuchbehörde, soweit die betreffenden Grundbücher dazu geeignet sind, und zwar ohne weiteren Antrag, eine Vormerkung über das eingeleitete Enteignungsverfahren im Grundbuche einzutragen, deren Löschung mit vollzogener Enteignung (§ 33) oder auf besonderes Ersuchen *der Regierung* **erfolgt. Auch hat dieselbe während der Dauer des Enteignungsverfahrens von jeder an dem Grundstücke eintretenden Rechtsveränderung, welche für die Vertretung des Grundstücks oder die Auszahlung der Entschädigung von Bedeutung ist, von Amts wegen der Enteignungsbehörde Nachricht zu geben[6])[7]).**

1. Nur der Unternehmer kann den Antrag stellen. Der Antrag wird der Regel nach den Planfeststellungsbeschluß zur Grundlage nehmen. Wenn die Lage so ist, als ob enteignet wäre, kann der Enteignete den Unternehmer auf Stellung des Antrages aus § 24 verklagen. Vgl. zu § 18 Anm. 1, zu § 16 Anm. 2. Der Enteignete kann aber nicht, weil sein Haus durch den Bahnbetrieb Risse bekommen habe, mit Rauch und Ruß bedeckt werde, vom Dorfe abgeschnitten sei, weil die Schäden wertmindernd seien, ohne ein Verfahren nach § 24ff. aus allgemeinen Rechtsgründen (Nachbarrecht, unerlaubte Handlung) auf Entschädigung im ordentlichen Rechtswege klagen, da die §§ 24ff. öffentlich-rechtliche, beide

Teile bindende Vorschriften enthalten und die klagbegründenden Tatsachen mit der E zusammenhängen; KompKonflGH im PrVBl. 42 S. 74.

2. In der Regel bei dem RegPräs. Über Zuständigkeiten und Rechtsmittel s. Vorbem. vor §§ 15ff. II, III.

3. Das Planfeststellungsverfahren gemäß § 18 muß dem Antrag aus § 24 vorangehen und rechtskräftig erledigt sein (KGJ 40 S. 130; 50 S. 174; Recht 11, Nr. 206). Anders im Falle der Einigung über die Abtretung gemäß § 16, nicht aber, wenn nur die Bauerlaubnis erteilt, anders auch, wenn der Planfeststellungsbeschluß mit den nach §§ 29 und 32 zu erlassenden Beschlüssen über die Entschädigung und die E verbunden werden soll, was nach § 4 Abs. 1 Satz 2 VereinfEG in geeigneten Fällen zulässig ist. Vgl. zu § 21 Anm. 9.

4. Eine Bescheinigung, wenn sich durch die Einigung nach § 16 die Planfeststellung erübrigt. Vgl. Anm. 3. Bei E nach dem PrFluchtlG ist die Bescheinigung der Gemeindebehörde nötig KGJ 10 S. 315. Nach Art. 9 AGGBO muß die Feststellung oder die Bescheinigung ordnungsmäßig unterschrieben und mit Siegel oder Stempel versehen sein.

5. Die Einsicht des Grundbuchs ist jedem gestattet, der ein berechtigtes Interesse darlegt. Insoweit auch ein Recht auf Erteilung von Abschriften. Vgl. Ziff. 5 des Erl. v. 4. 6. 1894 Anh. 24 und Ziff. 6 der Allg. Vfg. v. 20. 5. 1899 Anh. 25 über die Beschaffung der Grundbuchauszüge schon im Planfeststellungsverfahren.

6. Die Vormerkung, anders als die nach § 883 BGB – daher auch kein Widerspruch nach § 894 BGB – ist ohne materiell-rechtliche Wirkung, auch ohne direkten Einfluß auf die E, hindert nicht die Veräußerung und Belastung, bezweckt im Interesse der Realberechtigten (vgl. §§ 44, 45) nur die Kundmachung, daß das E-verfahren läuft, und die Erinnerung des Grundbuchamts an die Mitteilungen gemäß § 24 a. E., ist nur zulässig, wenn eine mit Rechtskraftzeugnis versehene Ausfertigung des Planfeststellungsbeschlusses oder eine Bescheinigung über die Einigung der Beteiligten vorgelegt wird, kann auch ohne Vorlage katasteramtlicher Nachweise erfolgen, wenn die Bezeichnung der Flächen nur § 21 entspricht, unbeschadet der Pflicht des Richters, nach der Eintragung genauere Angaben nötigenfalls nachzufordern OLG 12 S. 166; KGJ 32 A S. 208; 35 A S. 261; 40 A S. 130; 41 A S. 192; 50 A S. 174; Recht 11 Nr. 206. Im vereinfachten E-verfahren wird eine entsprechende Bescheinigung gleichfalls genügen müssen. Die Vormerkung wird in Abt. II Spalte 1–3 des Grundbuchs eingetragen (§ 11 Allg. Verf. d. JM v. 20. 11. 1899 JMBl. S. 349), und zwar des Grundbuchs, in dem die fragliche Fläche gebucht ist, wenn also die Fläche nach irrtümlicher Löschung der Vormerkung abgeschrieben ist, auf dem neuen Grundbuchblatt KGJ 41 A S. 188. Über Löschung auf Antrag trotz § 71 Abs. 2 GBO vgl. Recht 11 Nr. 206; KGJ 40 A S. 130. Die Eintragung der Vormerkung ist kostenfrei § 43. Benachrichtigt werden von ihr alle Realberechtigten § 55 GBO.

7. Wegen der Form vgl. Anm. 4 a. E. Wegen der Kosten vgl. § 43. Der Antrag des Unternehmers hat nur die Bedeutung, das Gericht zu einer Amtspflicht anzuregen, die durch die in Anm. 6 bezeichneten Nachweise ausgelöst wird KGJ 50 A S. 174. Die Verletzung der Amtspflicht kann Schadensersatzansprüche begründen § 12 GBO; Art. 8 AGGBO. Werden im vereinfachten E-verfahren Plan- und Entschädigungsfeststellungsbeschluß verbunden, Erteilung des Grundbuchauszuges und

Eintragung der Vormerkung, wenn der Reg.Präs. Einleitung des Verfahrens und beabsichtigte Verbindung bescheinigt HRR 28 Nr. 1501 = JMBl. 28 S. 304.

§ 25

(1) Der Entscheidung *der Bezirksregierung*[1]) **muß eine kommissarische Verhandlung mit den Beteiligten unter Vorlegung des definitiv festgestellten Planes vorangehen.**

(2) Der Kommissar[2]) hat auf Grund der nach § 24 beizubringenden Urkunden darauf zu achten, daß das Verfahren gegen den wirklichen Eigentümer[3]) gerichtet wird.

(3) Er hat den Unternehmer, den Eigentümer sowie auch Nebenberechtigte[4]), welche sich zur Teilnahme an dem Verfahren gemeldet haben, zu einem nötigenfalls an Ort und Stelle abzuhaltenden Termine vorzuladen[5]).

(4) Alle übrigen Beteiligten[6]) werden durch eine in dem Regierungsamtsblatt und in dem betreffenden Kreisblatt sowie geeignetenfalls in sonstigen Blättern bekanntzumachende Vorladung aufgefordert, ihre Rechte im Termine wahrzunehmen.

(5) Die Ladungen erfolgen unter der Verwarnung[7]), daß beim Ausbleiben der Geladenen ohne deren Zutun die Entschädigung festgestellt und wegen Auszahlung oder Hinterlegung der letzteren werde verfügt werden.

(6) In dem Termine ist jeder an dem zu enteignenden Grundstücke Berechtigte befugt, zu erscheinen und sein Interesse an der Feststellung der Entschädigung sowie bezüglich der Auszahlung und Hinterlegung derselben wahrzunehmen.

(7) In dem Termin hat der Grundeigentümer seine Anträge auf vollständige Übernahme[8]) eines teilweise in Anspruch genommenen Grundstücks (§ 9) anzubringen. Spätere Anträge dieser Art sind unzulässig.

1. In der Regel des Reg.-Präs.; vgl. im übrigen Vorbem. vor §§ 15ff. II.

2. S. zunächst Anm. 1. Für die landespolizeilichen und die e-rechtlichen Angelegenheiten desselben Unternehmens soll möglichst derselbe Dezernent bestimmt werden. Ziff. 1 und 2 der Allg. Vfg. v. 20. 5. 1899 Anh. 25. Vgl. auch Verf. d. Min. d. ö. A u. d. I. v. 12. 6. 1902, MBliV S. 111.

3. Er hat auf Grund der vorgelegten Urkunden die Legitimation zu prüfen.

4. Vgl zu § 11 Anm. 1; zu § 30 Anm. 2; auch Hypotheken- usw. Gläubiger RGZ 74 S. 410; JW 11 S. 162, u. 604; Recht 11 S. 142, 772. S. aber JW 11 S. 162. Wegen des Vorkaufsberechtigten siehe RGZ 86 S. 184; JW 15 S. 412; Recht 15 Nr. 201.

5. Vgl. § 39.

6. Beteiligt sind alle, deren rechtliches Interesse durch die Entscheidung der Verwaltungsbehörde berührt wird RGZ 28 S. 262. Vgl. auch Anm. 4. Wird ein Wegerecht entzogen, von dem der Unternehmer nichts wußte, wofür er daher auch nicht Festsetzung der Entschädigung beantragte, und meldet sich der Berechtigte nicht, so ist er im Sinne des Abs. 4 nicht beteiligt JW 10 S. 397. Vgl. zu § 30 Anm. 2. Nicht beteiligt sind die an der Herstellung von Anlagen gemäß § 14 Interessierten.

Über solche Anlagen wird im Entschädigungsfeststellungsverfahren nicht entschieden; OLG Hamm in SeuffA 75 S. 172.

7. Die Nichtbeteiligung am Verfahren hat weitere Nachteile nicht, schließt insbes. den Rechtsweg nicht aus RGZ 68 S. 116; 74 S. 242; 86 S. 184; JW 08 S. 316; 10 S. 397 u. 947; Recht 12 Nr. 170; 15 Nr. 201; Warn. 12 S. 203. Vgl. jedoch § 25 Abs. 7.

8. Vgl zu § 9 Anm. 4 und 5. Der Antrag muß in einem auf mehrere Termine sich erstreckenden Verfahren spätestens im letzten Termin gestellt werden. Spätere Anträge unzulässig JW 08 S. 726.

§ 26

(1) Der Kommissar hat eine Vereinbarung[1]) der Beteiligten[2]) zu Protokoll zu nehmen[3]) und ihnen eine Ausfertigung auf Verlangen zu erteilen.

(2) Das Protokoll[4]) hat die Kraft einer gerichtlichen oder notariellen Urkunde[5]). In bezug auf die Rechtsverbindlichkeit der vor dem Kommissar abgeschlossenen Verträge kommen die Bestimmungen des § 17 Abs. 2 und 5[6]) zur Anwendung.

1. Die Vereinbarung kann die Übernahme von dinglichen Verbindlichkeiten durch den Unternehmer zum Gegenstande haben. Eine anderweite Übernahme hat für das E-verfahren keine Bedeutung KGJ 41 A S. 194. Vgl. zu § 45 Anm. 4. Wird nur die Höhe der Entschädigung vereinbart, so geht das Verfahren weiter (§§ 29, 32). Wird auch die Abtretung des Eigentums vereinbart, so stellt die EB das Verfahren ein. Das Eigentum geht dann durch Auflassung und Eintragung im Grundbuch über. Nach dem Abschluß des Verfahrens und dem Übergang des Eigentums treten die Wirkungen der E mit Zahlung oder Hinterlegung (§ 37) der Entschädigung ein (§ 46) RGZ 72 S. 359 = JW 10 S. 195. Wegen der Kostenfreiheit vgl. § 43. Nicht in den Plan (§§ 15, 18) aufgenommene und nicht nach § 9 zu übernehmende Grundstücke können nicht Gegenstand der Vereinbarung sein. Die Vereinbarung (bzw. das vereinbarte Verfahren) ist ein Stück des E-verfahrens, das daher im übrigen sinngemäße Anwendung findet. Setzt die Vereinbarung die Höhe der Entschädigung nicht ziffernmäßig fest, so bleibt das Rücktrittsrecht nach § 42 RGZ 61 S. 102.

2. Auf Antrag von Nebenberechtigten, die im Termine erscheinen, der Vereinbarung aber nicht beitreten, ist das Verfahren (§§ 29, 32) durchzuführen. Im übrigen bleibt die Vereinbarung bindend JW 10 S. 947 und zu § 30 Anm. 2 a. E.

3. Auf das Zustandekommen der Vereinbarung ist tunlichst hinzuwirken Ziff. 4 der Allg. Vfg. v. 20. 5. 1899 Anh. 25.

4. Protokoll im Sinne des § 26 ist eine unter Angabe von Ort und Zeit von einer Amtsperson in hergebrachter Darstellungsform aufgenommene und durch Unterschrift vollzogene schriftliche Wiedergabe eines Vorganges, der sich vor der beurkundenden Amtsperson zugetragen hat. Die Unterschrift der Beteiligten wird nicht gefordert OLG Frankfurt im Recht 19 Nr. 267; OLG 38 S. 166. Die Form ist erst vollendet mit der Vollziehung des Protokolls durch den Kommissar. Die Parteierklärung ist daher nur bindend, wenn sie zu dieser Zeit noch bestand. Erklärt sich die Partei unbedingt, nimmt die andere an, und wandelt die erste ihre Erklärung vor Vollziehung des Protokolls in eine bedingte, so ist sie an die unbedingte nicht gebunden. § 128 BGB ist nicht anwendbar JW 08 S. 18. Die Beurkundung eines

E-vergleichs zwischen den am E-verfahren Beteiligten durch den E-kommissar ist kein anfechtbarer VA – OVG Münster Urt. v. 3. 4. 1952 – IV A 612/51 – DÖV 53 S. 91.

5. Die Zwangsvollstreckung aus der Urkunde ist zulässig wegen des Anspruchs auf eine bestimmte Geldsumme, wenn sich der Schuldner der sofortigen Zwangsvollstreckung unterworfen hat. § 794 Ziff. 5 ZPO; beachte dazu auch § 801 ZPO und die VO über die Vollstreckung landesrechtlicher Schuldtitel v. 15. 4. 1937 (RGBl. I S. 466). Andere Vorteile der Vereinbarung s. Anm. 1.

6. Sollte heißen: Abs. 2 bis 5. Im übrigen vgl. § 17 Abs. 2 bis 5.

§ 27

(1) Zu der kommissarischen Verhandlung sind ein bis drei Sachverständige zuzuziehen, welche von *der Bezirksregierung*[1]**) entweder für das ganze Unternehmen oder einzelne Teile desselben zu ernennen sind. Doch steht auch den Beteiligten zu, sich vor dem Abschätzungstermine über Sachverständige zu einigen und dieselben dem Kommissar zu bezeichnen**[2]**).**

(2) Die ernannten Sachverständigen müssen die in den betreffenden Prozeßgesetzen vorgeschriebenen Eigenschaften eines völlig glaubwürdigen Zeugen besitzen[3]**); dieselben dürfen insbesondere nicht zu denjenigen Personen gehören, die selbst als Entschädigungsberechtigte von der Enteignung betroffen sind.**

1. Über Zuständigkeiten s. Vorbem. vor §§ 15 ff. II.

2. Vgl. Ziff. 5 des Erl. v. 4. 6. 1894 Anh. 24 und Ziff. 9 der Allg. Vfg. v. 20. 5. 1899 Anh. 25.

3. Solche Vorschriften bestehen nicht mehr; es gilt die entsprechende Anwendung der Vorschriften §§ 402 ff. ZPO. Für die „bezeichneten" Sachverständigen (§ 27 Abs. 1 Satz 2) gelten die Vorschriften nicht.

§ 28

(1) Das Gutachten wird von den Sachverständigen entweder mündlich zu Protokoll erklärt oder schriftlich eingereicht[1]**). Dasselbe muß mit Gründen**[2]**) unterstützt und beeidet**[3]**) werden. Sind die Sachverständigen ein- für allemal als solche vereidet, so genügt die Versicherung der Richtigkeit des Gutachtens auf den geleisteten Eid im Protokoll oder unter dem schriftlich eingereichten Gutachten.**

(2) Den Beteiligten ist vor der Entscheidung der Bezirksregierung (§ 29) Gelegenheit zu geben, über das Gutachten sich auszusprechen.

1. Die Schätzungen sollen tunlichst am Tage ihres Beginnes zu Ende geführt, deshalb für jeden Tag nur so viel Schätzungen angesetzt werden, daß dies durchführbar; die Begutachtung soll durch Bereithalten vorbereiteter Formulare erleichtert, die Gutachten sofort zu Protokoll erklärt und den Beteiligten alsbald Gelegenheit gegeben werden, sich auszusprechen. Bei schwierigen Schätzungen ist eine Frist für die Einreichung des Gutachtens zu bestimmen, zugleich ein nur ausnahmsweise an Ort und Stelle abzuhaltender Termin zur Erklärung der Beteiligten Ziff. 5 Abs. 7 des Erl. v. 4. 6. 1894 Anh. 24 Ziff. 9 der Allg. Vfg. v. 20. 5. 1989 Anh. 25.

2. Die den gesetzlichen Vorschriften, §§ 8ff., worüber die Sachverständigen zu belehren, entsprechen müssen.

3. Dahin, daß der Sachverständige das von ihm geforderte Gutachten unparteiisch und nach bestem Willen und Gewissen erstatten werde.

§ 29

(1) Die Entscheidung *der Bezirksregierung*[1]) **über die Entschädigung**[2]) **die zu bestellende Kaution**[3]) **und die sonstigen aus §§ 7—13 sich ergebenden Verpflichtungen**[4]) **erfolgt mittels motivierten Beschlusses**[5]).

(2) Die Entschädigungssumme ist für jeden Eigentümer[6]), **sowie für jeden der im § 11 bezeichneten Nebenberechtigten**[7]), **soweit ihm eine nicht schon im Werte des enteigneten Grundeigentums begriffene Entschädigung zuzusprechen ist, besonders festzustellen. Auch ist da, wo die dem Nebenberechtigten gebührende Entschädigung in dem Werte des enteigneten Grundeigentums begriffen ist, auf Antrag des Eigentümers oder des betreffenden Nebenberechtigten das Anteilsverhältnis festzustellen, nach welchem dem letzteren innerhalb seiner vom Eigentümer anerkannten Berechtigung aus der für das Eigentum festgestellten Entschädigungssumme oder deren Nutzungen Entschädigung gebührt.**

(3) In dem Beschlusse[8]) **ist zugleich zu bestimmen, daß die Enteignung des Grundstücks nur nach erfolgter Zahlung oder Hinterlegung der Entschädigungs- oder Kautionssumme auszusprechen sei**[9])[10]).

1. Wegen der Zuständigkeit s. Vorbem. vor §§ 15ff. II. Nach VereinfEG § 4 sind im vereinfachten Verfahren der Beschluß über die Feststellung der Entschädigung (§ 29) und der E-beschluß (§ 32) zu verbinden. Es verbleibt für jeden Teil des Beschlusses bei den gesetzlich verordneten Rechtsmitteln. Die Beschlüsse sind von dem Reg.-Präs. zu erlassen (VereinfEG § 2 und Vorbem. § 15). Wegen der Verbindung dieser Beschlüsse mit dem Planfeststellungsbeschluß zu § 4 VereinfEG sollen, wenn die Verbindung der Beschlüsse mit dem Planfeststellungsbeschluß unterbleibt, die Ermittlungen über die Höhe der Entschädigung unverzüglich durchgeführt werden und sofort nach ihrem Abschluß die Entschädigungsfeststellung und der Ausspruch der E erfolgen; auch wird für diesen Fall empfohlen, vor Erlaß der Beschlüsse über die Entschädigung und die E die Rechtskraft des Planfeststellungsbeschlusses abzuwarten, wenn der Umfang der E nicht bereits in dem Staatsministerialbeschluß über die Verleihung des E-rechts näher bestimmt ist und die Möglichkeit besteht, daß die in erster Instanz getroffene Entscheidung im Rechtsmittelwege abgeändert und das Unternehmen auf andere Grundstücke verwiesen wird.

2. Die Entschädigung oder ihre Höhe darf nicht von einer nach der E eintretenden Bedingung abhängig gemacht werden RGZ 69 S. 64 = JW 08 S. 317. Über die Feststellung der Entschädigung im Dringlichkeitsverfahren und nachfolgende Prüfung von Nebenforderungen des Eigentümers siehe zu § 42 Anm. 1. Eine Vereinbarung über die Höhe der Entschädigung macht den Beschluß nicht entbehrlich. § 26 Anm. 1 und 2. Im übrigen vgl. Abs. 2.

3. Gemäß § 12 Abs. 2.

4. Z. B. über die Übernahme nach §§ 9, 25 Abs. 7 RGZ 42 S. 225. Im Falle der Verpflichtung zur Übernahme muß deutlich ausgesprochen werden, daß, von welchem Grundstück und in welcher Größe eine Restfläche zu übernehmen ist PrOVG 72 S. 428. Nach OVG Münster Urt. v. 14. 11. 1956 — IV A 462/52 — BRS 6 S. 218 hat die Regelung unausgesprochen, aber zwingend zur Voraussetzung, daß ein Plan nicht dadurch allein rechtswidrig wird, daß er zur Unwirtschaftlichkeit des Restbesitzes des Enteigneten führt. Sie verwahrt dem VG die Prüfung der Frage, ob die E eines Teils des dem Kläger gehörenden Grundbesitzes seinen Restbesitz unwirtschaftlich macht. In der gleichen Entscheidung ist ausgesprochen, daß es keine Rechtsvorschriften gibt, die eine Inanspruchnahme landswirtschaftlich genutzter Fläche auf bestimmte Prozentsätze je nach der Gesamtgröße des dem Betrieb dienenden Grundbesitzes begrenzen. S. näher Anm. zu §§ 7—13.

5. Vorher ist zu prüfen, ob nach §§ 24ff. verfahren ist, insbesondere, ob die Gutachten der Sachverständigen genügen. Nötigenfalls ist eine Ergänzung zu veranlassen. Die Gründe der nicht angefochtenen Entscheidung werden nicht rechtskräftig, daher nicht die Ansätze einer der Entscheidung angehängten tabellarischen Berechnung, wenn sie nicht zum Bestandteil der Entscheidung gemacht sind RGZ 14 S. 267.

Schreibfehler, Rechenfehler und ähnliche offenbare Unrichtigkeiten sind nach Analogie des § 319 ZPO zu berichtigen. Im übrigen kann die Entscheidung über die Entschädigung (Übernahme) nur im Rechtsweg geändert werden JW 1900 S. 198.

6. Die EB entscheiden, für wen enteignet wird. Es ist zu prüfen, wer wirklich berechtigt ist. Nur für die wirklich Berechtigten soll die Feststellung erfolgen (§§ 24, 25). Die Bezeichnung der Berechtigten im Beschluß entscheidet endgültig über die zu berücksichtigende Person auch für den Rechtsweg RGZ 7 S. 223; 43 S. 299; Gruch. 34 S. 742; Recht 13 Nr. 406. Der Eintritt des Erben, des Konkursverwalters ist gegebenenfalls selbstverständlich zulässig Recht 15 Nr. 308. Sind die Eigentümer unbekannt, so sind die unbekannten Eigentümer als Enteignete zu bezeichnen. Der später durch ursprünglichen Erwerb (§ 927 BGB) Eigentümer gewordene tritt nicht an ihre Stelle und kann nicht an Stelle des für die unbekannten Eigentümer bestellten Pflegers in den Prozeß eintreten JW 13 S. 204; Recht 13 Nr. 371. Die E wirkt stets gegenüber dem jeweiligen Eigentümer, auch wenn sie gegen einen Nichtberechtigten gerichtet war oder wenn im Falle eines während des Verfahrens vorgekommenen Eigentumswechsels der neue Eigentümer zum Verfahren nicht zugezogen ist, vgl. auch RGZ 70 S. 12 = JW 08 S. 757. Dasselbe gilt hinsichtlich der als Unternehmer genannten Person RGZ 44 S. 325. Über die Bedeutung einer Berichtigung des Beschlusses nach bayerischen Recht s. JW 29 S. 3391.

7. Vgl. zu § 11 Anm. 1 und 2. Von Amts wegen wird nur die im Grundstückswert nicht begriffene Entschädigung für die Nebenberechtigten festgestellt, die darin begriffene nur auf Antrag. Vgl. Warn. 12 S. 203; Recht 12 Nr. 170. § 29 Abs. 2 Satz 2. Nur wenn das Recht des Nebenberechtigten an sich vom Eigentümer anerkannt ist, kann das Anteilsverhältnis nach § 29 festgestellt werden. Andernfalls steht nur der Rechtsweg offen. Den Unternehmer berührt der Streit nicht. Vgl. § 30 Abs. 1 Satz 2; aber auch § 37 Abs. 1.

8. Nach Abs. 3 ist auszusprechen, was § 32 vorschreibt. Ob zu zahlen oder zu hinterlegen, ist im Beschluß nach § 29 nicht zu entscheiden.

9. Belehrung über Rechtsmittel ist geboten. Vgl. hierzu Daube in DVBl. 57 S. 519. Dieser hält eine „vollständige" Rechtsmittelbelehrung i. S. des § 35 VO Nr. 165 für notwendig und die Frist für die Erhebung der Klage gegen einen Entschädigungsfeststellungsbeschluß der Verwaltungsbehörde, dessen Rechtsmittelbelehrung sich auf den Hinweis „auf die Beschreitung des Rechtsweges innerhalb von 6 Monaten beschränkt", für nicht in Lauf gesetzt. Diese Ansicht dürfte nicht haltbar sein und zu einer Überspitzung des Rechtsschutzes führen. Zwar wird nach der ständigen Rechtsprechung des RG (RGZ 91 S. 42; 93 S. 313; JW 17 S. 231) die Frist des § 34 I nur durch Klageerhebung bei dem örtlich ausschließlich zuständigen Gericht gewahrt, es liegen aber keine Anhaltspunkte dafür vor, daß der Gesetzgeber den § 35 VO Nr. 165 auf die der ordentlichen Gerichtsbarkeit überwiesenen Verfahren angewendet wissen wollte.

10. Die Rechtmäßigkeit des Planfeststellungsbeschlusses hängt davon ab, ob die darin vorgesehene Enteignungsmaßnahme erforderlich ist. Fragen, die sich auf die wirtschaftlichen Folgen der Maßnahme und ihre Auswirkung auf den Restbesitz beziehen, sind im verwaltungsgerichtlichen Anfechtungsverfahren nicht zu erörtern. Sobald im Entschädigungsfeststellungsbeschluß die Übernahmeverpflichtung des E-unternehmers ausgesprochen ist, muß die E auch hinsichtlich des Restgrundstückes bzw. Restbesitzes bei Vorliegen der sonstigen Voraussetzungen ausgesprochen werden. Eine Anfechtung kann nur durch die Klage vor dem Zivilgericht erfolgen, welches gegebenenfalls die gesamte Entschädigung neu festzusetzen hat PrOVG 72 S. 428–443; RGZ 42 S. 225. Vgl. OVG Münster Urt. v. 14. 11. 1956 – IV A 462 – BRS 6 VII S. 218.

Das Gesetz trennt das Planfeststellungs- und Entschädigungsverfahren scharf voneinander und regelt die Rechtsbehelfe verschieden. Das erste endet mit dem Planfeststellungsbeschluß, der früher lediglich durch Beschwerde angefochten werden konnte, gegen den nunmehr das VG angerufen werden kann. Das Entschädigungsfestsetzungsverfahren als solches endet mit dem Entschädigungsfeststellungsbeschluß, gegen den der Unternehmer und die übrigen Beteiligten, darunter in erster Linie der Eigentümer, innerhalb von 6 Monaten das Zivilgericht anrufen können (§§ 29, 30) OVG Münster Urt. v. 14. 11. 1956 – IV A 462 – BRS 6 VII S. 218.

§ 30

(1) Gegen die Entscheidung *der Regierung*[1]**) steht sowohl dem Unternehmer als den übrigen Beteiligten**[2]**) innerhalb sechs Monaten**[3]**) nach Zustellung**[4]**) des** *Regierungsbeschlusses* **die Beschreitung des Rechtsweges**[5]**) zu. Ein Streit über das Anteilsverhältnis eines Nebenberechtigten an der für das Eigentum festgestellten Entschädigungssumme ist lediglich zwischen dem Nebenberechtigten und dem Eigentümer auszutragen.**

(2) Eines vorgängigen Sühneversuchs bedarf es nicht[6]**).**

(3) Zuständig[7]**) ist das Gericht, in dessen Bezirk das betreffende Grundstück belegen ist.**

(4) Sind die Parteien über die Sachverständigen nicht einig, so ernennt das Gericht dieselben[8]**).**

(5) Wird von dem Unternehmer auf richterliche Entscheidung angetragen, so fallen ihm jedenfalls die Kosten der ersten Instanz zu Last[9])[10]).

1. Vgl. zunächst § 29 nebst Anm. Für ein Grundstück, das nicht Gegenstand des Beschlusses der Verwaltungsbehörde gewesen, kann im Rechtsweg Entschädigung vom Eigentümer nicht gefordert werden. Die Identitätsbezeichnung des Grundstücks entscheidet. Die Größe bildet nur einen Rechnungsfaktor. Die im Beschluß irrtümlich angenommene Größe bindet das Gericht nicht JW 02 S. 157. Vgl. zu § 21 Anm. 4. Der Rechtsweg über die Verpflichtung zur Übernahme steht offen, wenn der Eigentümer nach § 25 Abs. 7 die Übernahme beantragt hat. Auch auf die Rückübertragung des auf Antrag des Eigentümers übernommenen Grundstücks kann geklagt werden, wenn das Grundstück nicht in den Plan fällt und der Eigentümer das Übernahmeverlangen rechtzeitig zurücknimmt. Die im Dringlichkeitsverfahren ausgesprochene E schließt die Klage auf Rückübertragung nicht aus RGZ 42 S. 225; JW 98 S. 627. Ohne vorhergegangenes Verwaltungsverfahren ist der Rechtsweg offen bei Einigung gemäß § 16 Satz 2 a. E. (vgl. zu § 16 Anm. 6), auch § 46 u. Gruch. 46 S. 1163 = JW 01 S. 357. Die in einem unzulässig bedingten Beschluß (§ 29 Anm. 2) zugesprochene Entschädigung kann auch nach Fristablauf Gegenstand eines Rechtsstreits sein RGZ 69 S. 64 = JW 08 S. 317. Nebenberechtigte, die der Einigung (§ 26) nicht beitreten, können jederzeit klagen, wenn die Verwaltungsbehörde die Fortsetzung des Verfahrens ablehnt JW 10 S. 947 = RGZ 74 S. 242; ebenso Eigentümer, wenn der Minister entschieden, daß Verleihung des E-rechts unzulässig war JW 10 S. 947 = RGZ 74 S. 191.

2. Beteiligt sind alle zur Entschädigung Berechtigten RGZ 28 S. 262 = JW 91 S. 317. Die Legitimation der im Beschlusse (§ 29) bezeichneten Personen (Unternehmer, Eigentümer, Nebenberechtigten nach § 11) kann im Rechtsweg nicht angefochten werden RGZ 44 S. 325; Gruch. 34 S. 742. Es kann also auch nicht etwa die Gemeinde verklagt werden, weil auf deren Kosten und in deren Interesse die Eisenbahn als Unternehmer die Tieferlegung einer Straße als Teil der Eisenbahnanlage betrieben oder veranlaßt hat Warn. 11 S. 237; Recht 11 Nr. 307; vgl. zu § 29 Anm. 6, § 36 Anm. 1. Nichtbeteiligung am Verwaltungsverfahren hindert den Rechtsweg nicht — zu § 25 Anm. 7. Als Gegner des klagenden Unternehmers kommen aber nur solche Berechtigte in Betracht, die im Verwaltungsverfahren mit selbständigen Anträgen gegen ihn vorgegangen sind, nicht wer z. B. als Hypothekar zwar erschienen, aber Anträge nicht gestellt hat RGZ 74, S. 10; JW 11 S. 162; Recht 11 Nr. 142. Umgekehrt müssen sich Beteiligte die Klage des Unternehmers gefallen lassen, wenn sie als Nebenberechtigte im Verwaltungsverfahren eine Forderung aus § 11 betrieben haben und sie nun neben dem Eigentümer mitverklagt werden, obwohl eine Sonderentschädigung abgesprochen ist JW 11 S. 604; Recht 11 Nr. 772.

3. Materiellrechtliche Ausschluß- nicht Verjährungsfrist; auch keine Notfrist im Sinne der ZPO, weshalb eine Wiedereinsetzung wegen Versäumung nicht in Frage kommt JW 16 S. 753; Recht 16 Nr. 478. Die Frist wird auch gewahrt durch Klageerhebung beim örtlich zuständigen, sachlich unzuständigen Gericht im Falle der Verweisung oder Vereinbarung RGZ 93 S. 312; 101 S. 211; JW 18 S. 818; Recht 19 Nr. 46; anders allgemein oder mindestens für den Fall der Angehung des örtlich unzuständigen Gerichts RGZ 3 S. 303; 92 S. 40; JW 92 S. 366; 16 S. 753; 17 S. 231. Vgl. auch RGZ 94 S. 133; Berechnung nach Kalendermonaten RGZ 7

S. 277; JW 07 S. 88. Gerichtsferien einflußlos RGZ 68 S. 58 = JW 08 S. 255. Vgl. §§ 187 Abs. 1, 188 Abs. 2 BGB.

4. Vgl. § 39. Wird der Beschluß nicht nur nach § 319 ZPO berichtigt, sondern sachlich ergänzt, so ist für den Fristlauf die Zustellung des endgültigen Entschädigungsfeststellungsbeschlusses maßgebend RGZ 65 S. 299 = JW 07 S. 264. Verzicht auf die förmliche Zustellung setzt die Frist gegen den Verzichtenden in Lauf. Die vorgängige Zustellung ist Voraussetzung nur für den Beginn der Frist, nicht für die Beschreitung des Rechtswegs JW 84 S. 99. Die Zustellung an den Eigentümer setzt, auch im Dringlichkeitsverfahren, die Frist auch gegen alle anderen Beteiligten (Nebenberechtigten) in Lauf RGZ 24 S. 205; 28 S. 262; 68 S. 116; JW 89 S. 299; 91 S. 317; 08 S. 316; Recht 14 Nr. 36. Zustellung an den im Verwaltungsverfahren zugezogenen Eigentümer, der z. Z. der Zustellung nicht mehr Eigentümer, wirkt gegen den Rechtsnachfolger im Eigentum Gruch. 34 S. 742. Vgl. zu § 36 Anm. 1. Der Einwand verspäteter Klageerhebung ist keine prozeßhindernde Einrede. Ablauf der Frist schließt Widerklage aus RGZ 97 S. 181; Recht 20 Nr. 570; JW 84 S. 99; nicht aber die Erweiterung des Klage- oder Widerklageantrages (§ 268 ZPO) hinsichtlich der Höhe der Entschädigung RGZ 12 S. 299; Recht 13 S. 70, 246; insbesondere die Nachforderung von Zinsen erst in der Berufungsinstanz JW 08 S. 24. Die Beweislast für den Ausschluß durch Fristablauf trifft den, der sich darauf beruft JW 84 S. 316.

Die Klageerhebung wegen der Hauptforderung wahrt die Frist für die spätere Klage wegen der Zinsen nicht JW 02 S. 157. Anders RGZ 1 S. 349. Zinsen können auch nicht selbständig als Verzugsfolgen gefordert werden RGZ 74 S. 155; JW 10 S. 955; PrVBl. 32 S. 250. Die Frist gilt nur für die Klage auf Entschädigung wegen der erkennbaren Nachteile. Vgl. zu § 31 u. RGZ 2 S. 234.

5. Gegenstand der Klage ist nur das, worüber die EB gemäß § 29 zu entscheiden hat, d. h. die Entschädigungspflicht, der Umfang der Entschädigung, die zu bestellende Kaution und die sonstigen Verpflichtungen aus den §§ 7–13 PrEG. Der Rechtsweg betrifft lediglich die Feststellungen in bezug auf die Entschädigung. Deshalb unterliegt die Frage der Rechtmäßigkeit des E-verfahrens, auch die Beachtung der formellen und materiellen Vorschriften des administrativen Entschädigungsfeststellungsverfahrens nicht der Prüfung der ordentlichen Gerichte, ferner nicht die im Plan- und Entschädigungsbeschluß festgesetzten Größen und Grenzen des Grundstücks (Eger 236). Diese Fragen sowie die der Zulässigkeit des Entschädigungsfeststellungsbeschlusses überhaupt, unterliegen der Entscheidung der Verwaltungsgerichte OVG Münster Urt. v. 26. 6. 1957 – IV A 474/55 – (DÖV 1958 S. 311 = NJW 58 S. 156f.). Die Zuständigkeit der ordentlichen Gerichte ist eine ausschließliche; sie umfaßt auch den Streit über den Grund des Entschädigungsanspruchs. Denn von dem Streit über die Höhe des Anspruchs ist die Frage nach seinem Grunde nicht zu trennen. Die ausschließliche Zuständigkeit der ordentlichen Gerichte ist danach auch dann gegeben, wenn die EB einen Entschädigungsanspruch gar nicht anerkannt hat und die Maßnahme aus diesem Grunde angefochten wird (Bachof SJ 50 S. 167; Jellinek DVBl. 51 S. 283; BVerwG Urt. v. 8. 12. 1953 – I C 100/53 – DWW 54 S. 171; BBBl. 54 S. 151; BRS 3 S. 312).

Beschreitung des Rechtswegs ist Klageerhebung. Die Klage muß irgendwie erkennen lassen, daß sich die Partei bei der im Verwaltungswege festgestellten Entschädigung nicht beruhigt Recht 15 Nr. 541; JW 15 S. 798. Wenn beide Teile (im nicht dringlichen Verfahren) den Rechtsweg beschreiten, verliert die Entschädigungsfeststellung im Verwaltungsverfahren jede Bedeutung, und es tritt an die Stelle des Beschlusses das künftige Urteil RGZ 86 S. 43; Recht 15 S. 142, 308. Nur der Rechtsweg, kein ergänzendes Entschädigungsfeststellungsverfahren ist zugelassen, selbst wenn gegen § 9 gefehlt JW 96 S. 278; 1900 S. 198. Auf die Klage ist nur darüber zu befinden, ob die Entschädigung den §§ 7—13 entspricht. Darüber was enteignet, für wen und zu wessen Gunsten, bestimmen die Verwaltungbehörden. Die Verteidigung gegen die Klage kann sich nur auf die Angemessenheit der Entschädigung beziehen. Andere Einwendungen sind unzulässig, z. B. die der unentgeltlichen Überlassung, und können auch nicht durch Widerklage geltend gemacht werden Warn. 13 S. 553. Nach Beschreitung des Rechtswegs ist eine besondere Klage auf Zahlung des unstreitigen Betrags erfolglos RGZ 86 S. 44; Recht 15 Nr. 142. Ist der Beklagte rechtskräftig verurteilt, die Einleitung des E-verfahrens zu beantragen, so steht damit die Entschädigungspflicht fest, und es kann nicht mehr eingewendet werden, daß der Kläger selbst die Fläche dem öffentlichen Verkehr gewidmet habe RGZ 78 S. 425; JW 12 S. 593; Gruch. 56 S. 1148; vgl. auch Recht 16 Nr. 425. Zulässig ist auch wegen künftigen Schadens nur die Klage auf Zahlung, nicht auf Feststellung; eine Feststellung ist in der Regel überhaupt ausgeschlossen Warn. 23 S. 101; RGZ 30 S. 266; 82 S. 433; Recht 13 Nr. 530; 14 Nr. 175; Gruch. 67 S. 556; JW 93 S. 109; 24 S. 815. Verbindung der Klage auf Entschädigung wegen Entziehung der Baufreiheit aus § 75 PrALR mit der Klage aus § 30 ist zulässig RGZ 50 S. 314; JW 02 S. 179 und S. 450. Die Klage auf Zahlung der Entschädigung kann beschränkt werden (§ 268 ZPO), indem auf Stellung des Antrags aus § 24 geklagt wird, und umgekehrt die letztere Klage in eine solche auf Zahlung erweitert werden JW 94 S. 249; 11 S. 406; 14 S. 599; dagegen soll der Übergang von der Klage auf Übernahme (§ 9) zur Klage auf Entschädigung des Minderwerts eine unzulässige Klageänderung sein JW 91 S. 402. Bezüglich einzelner Schadenspositionen kann ein Zwischenurteil ergehen JW 99 S. 534. Ist bei der Klage auf Erhöhung der Entschädigung die Entschädigungspflicht an sich unstreitig, so ist Urteil über den Grund auch dann unzulässig, wenn jede weitere Entschädigung bestritten wird Recht 15 Nr. 308; JW 10 S. 1007; RGZ 74 S. 287. Ausnahmsweise ist eine Vorabentscheidung zugelassen bei Streit über das Verlangen auf Übernahme des Restgrundstücks (§ 9) und über die Höhe der Entschädigung im übrigen RGZ 86 S. 402; JW 15 S. 798. Kein Schadensersatzanspruch; daher nur freies Ermessen nach § 286 ZPO; § 287 ZPO ist unmittelbar nicht anwendbar. Feste Praxis! RGZ 67 S. 202; 75 S. 16; JW 08 S. 75. Abweichung von den Gutachten der Sachverständigen auf Grund des § 286 ZPO — JW 09 S. 287. Zahlung oder Hinterlegung ohne Vorbehalt schließt für den Unternehmer den Rechtsweg nur aus, wenn in der Zahlung ein Anerkenntnis (Verzicht auf den Rechtsweg) zu finden ist. § 814 BGB. Früher RGZ 30 S. 172 (GemR); RGZ 30 S. 168; 49 S. 257 = JW 01 S. 623 (PrALR). Auch für das geltende Recht ergeben diese Entscheidungen, daß ein Anerkenntnis nicht vorliegt, wenn der Unternehmer im Falle der Dringlichkeit (§ 34) oder zur Erlangung des Besitzes ohne Vorbehalt zahlt oder hinterlegt. Vgl. aber § 37 Anm. 3. Auch wenn der Unternhmer den Beschluß nicht anficht, können zum Nachteil des Klägers einzelne Schadenspositionen geändert werden, wenn nur die Gesamtentschädigung nicht geringer wird RGZ 14 S. 267; JW 87 S. 299; 88 S. 352; 93 S. 149; 1900 S. 198.

Daher genügt das Feststehen einer bisher nicht berücksichtigten Position nicht zum Erlaß eines Urteils über den Grund, solange möglich, daß die zugebilligte Gesamtentschädigung sich nicht mindert JW 10 S. 1007 = RGZ 74 S. 287; das Gegenteil gilt, wenn bisher nichts zugebilligt Gruch. 59 S. 1217. Wegen der Einheitlichkeit der Entschädigung ist in der Regel ein Teilurteil ausgeschlossen JW 12 S. 801; 14 S. 318; Recht 14 Nr. 145; zugelassen ein solches über Mietausfälle Recht 12 Nr. 325. Die Bezahlung des Ganzen durch den Unternehmer ist nicht Anerkennen einzelner Positionen JW 1900 S. 353. Einigung der Parteien über einzelne Ansätze bewirkt, daß sie im Prozeß ausscheiden Gruch. 42 S. 1048; JW 98 S. 489. Klagt nur der Entschädigungsberechtigte, so bestimmt sich der Wert des Streitgegenstandes nach der geforderten Erhöhung der Entschädigung RGZ 4 S. 386.

Auch für den Streit über den Grund eines Anspruchs auf E-entschädigung ist der Rechtsweg vor den ordentlichen Gerichten und nicht der Verwaltungsrechtsweg gegeben BVerwG Urt. v. 8. 12. 1953 – I C 100/53 – NJW 54 S. 525; DVBl. 54 S. 295; BBBl. 54 S. 171; DÖV 54 S. 282. Wird ein E-akt selbst angegriffen und nicht bloß die Art und Höhe der Entschädigung (Art. 45 Hess. Verf.), so sind die VG zuständig VGH Kassel Urt. v. 28. 7. 1948 DÖV 49 S. 459.

6. Abs. 2 und 5 des § 30 gelten noch nach § 15 Ziff. 2 EGZPO; Abs. 2 jetzt jedoch ohne Bedeutung.

7. Ausschließlich RGZ 3 S. 303; SeuffA 38 Nr. 166.

8. Vgl. Recht 13 Nr. 309. An das Gutachten der im Verwaltungsverfahren vorgenommenen Sachverständigen ist das Gericht nicht gebunden JW 01 S. 93.

9. Die Vorschrift gilt nicht für die Kosten der Widerklage des Entschädigungsberechtigten RGZ 34 S. 194 = JW 94 S. 584.

10. Aus der neueren Rechtsprechung: Gegen einen Entschädigungsfestsetzungsbeschluß im E-verfahren steht der Verwaltungsrechtsweg offen, soweit nicht über die Höhe der Entschädigung, sondern über die Zulässigkeit der Entschädigungsfeststellung als solche gestritten wird OVG Münster Besch. v. 26. 6. 1957 – IV A 474/55 – DÖV 1958 S. 311. In dieser Entscheidung wird festgestellt, daß die EB nicht berechtigt sei, den durch einen Fluchtlinienplan bestimmten E-gegenstand nur zum Teil oder nach und nach in mehreren Verfahren zu enteignen.

§ 31

Wegen solcher nachteiligen Folgen[1]) der Enteignung[2]), welche erst nach dem im § 25 gedachten Termine erkennbar werden[3]), bleibt dem Entschädigungsberechtigten[4]) bis zum Ablauf von drei Jahren[5]) nach der Ausführung des Teiles der Anlage[6]), durch welche er benachteiligt wird, ein im Rechtswege verfolgbarer persönlicher Anspruch gegen den Unternehmer[7]).

1. Des Baues oder des Betriebes des Unternehmens RGZ 7 S. 258; 55 S. 361; 68 S. 116; JW 03 S. 423; 08 S. 316; Gruch. 31 S. 1057. Es kommt aber auf die Vorhersehbarkeit der einzelnen Anordnung (Stehenlassen eines Sicherheitspfeilers), nicht auf die Erkennbarkeit des Schadens im allgemeinen an Recht 11 Nr. 734; Warn. 4 S. 498.

2. Nur Teilenteignungen kommen in Frage RGZ 55 S. 361; JW 03 S. 423. Auf die Entschädigung der Nebenberechtigten (§ 11) ist § 31 unanwendbar RGZ 68 S. 116; JW 08 S. 316. Die freiwillige Veräußerung von Grundstücksteilen zu einem bestimmten Unternehmen schließt der Regel nach für die Person des Veräußerers, nicht ohne weiteres für Sonderrechtsnachfolger, Ansprüche wegen der aus der Anlage und dem Betrieb entstehenden Nachteile aus Gruch. 28 S. 1118; JW 05 S. 493; 07 S. 387; 09 S. 725; RGZ 29 S. 268, 66 S. 126.

3. Die Erkennbarkeit ist Tatfrage Gruch. 31 S. 1057; RGZ 69 S. 64; 72 S. 228; JW 08 S. 317; 10 S. 126. Analoge Anwendung des § 31, wenn nach der Einigung (§§ 16, 26) die Anlage anders als geplant ausgeführt wird RGZ 72 S. 359; JW 10 S. 195. Nach heutiger Auffassung dürfte dann auch Entschädigungsanspruch wegen enteignungsgleichen Eingriffs gegeben sein.

4. Nicht dem Rechtsnachfolger im Besitz des Restgrundstücks. Mit der Veräußerung des Rechts werden in der Regel Ansprüche aus § 31 für den Enteigneten ausgeschlossen sein.

5. Die Frist ist Verjährungsfrist JW 92 S. 366. Für sie gelten §§ 202ff. BGB.

6. Anlage ist die ganze Anlage, bei Eisenbahnen die Bahnanlage als eine zur allgemeinen Benutzung dienende öffentliche Straße RGZ 7 S. 258; die nachträgliche Herstellung von Schneeschutzzäunen ist nicht Ausführung des Teils der Anlage im Sinne des § 31 RGZ 43 S. 237. Eine Eisenbahnanlage ist ausgeführt mit der landespolizeilichen Abnahme: Gruch. 32 S. 723; JW 88 S. 47; mit der Betriebseröffnung: RGZ 43 S. 237; 55 S. 361; JW 03 S. 423. Die Zustellung eines gemäß §§ 29, 32 ergangenen Beschlusses ist für den Fristbeginn belanglos Gruch. 30 S. 720; JW08 S. 34.

7. Den, der die E betrieben hat. Rechtsnachfolge im Unternehmen begründet nicht ohne weiteres Schuldübernahme, §§ 414ff. BGB, § 25 HGB. Gewähren die allgemeinen Gesetze Schutz gegen die Nachteile der späteren Benutzungsart des abgetretenen Grundstücks, so unterliegen die Ansprüche hieraus nicht dem § 31 RGZ 2 S. 234.

3. Vollziehung der Enteignung

Vorbem. vor §§ 32ff.

Die E wird von der EB erst ausgesprochen, wenn der nach § 30 vorbehaltene Rechtsweg dem Unternehmer gegenüber durch Fristablauf, Verzicht oder rechtskräftiges Urteil erledigt und die Zahlung oder Hinterlegung der vereinbarten oder endgültig festgestellten Entschädigung oder Sicherheit nachgewiesen worden ist (§ 32). Die Vollziehung der E — E-erklärung — nach vorausgegangener Plan- und Entschädigungsfeststellung bildet den Schlußabschnitt des E-verfahrens. Sie ist der Eigentumsübertragungsakt (§ 44) und schließt als solcher die Besitzeinweisung in sich (§ 32 Abs. 2). Sie erfolgt nur auf Antrag des Unternehmers, also nicht von Amts wegen oder auf Antrag des Enteigneten. Jedoch kann dieser den Antrag auf E-erklärung im Rechtswege erzwingen. Diese ist für den Unternehmer und die Beteiligten unanfechtbar und wird wirksam mit der Rechtskraft.

Die EB hat das Grundbuchamt um Eintragung des Eigentumsübergangs zu ersuchen (§ 33). In dringlichen Fällen kann die EB auf Antrag des Unternehmers anordnen, daß noch vor Erledigung des Rechtsweges die E erfolgen solle, sobald die durch Beschluß festgestellte Entschädigung oder Sicherheit gezahlt oder hinterlegt wird. Der **Dringlichkeitsbeschluß** nach § 34 hat durch die **vorläufige Besitzeinweisung** gemäß § 6 VereinfEG erheblich an Bedeutung verloren, wie sie in den neueren Gesetzen allgemein anerkannt ist. Sie spielt in der Praxis zur Durchführung eiliger

Unternehmen eine größere Rolle und wird in der Rechtsprechung der VG anerkannt. Da sie die Begründung der unmittelbaren Sachherrschaft vor rechtskräftiger Regelung der Eigentumsverhältnisse zur Folge hat, ist sie unbedingt nach rechtsstaatlichen Grundsätzen zu handhaben; dies gilt insbesondere, wenn die sofortige Vollziehung (z. B. gem. § 51 VO Nr. 165) angeordnet wird. S. auch die vorbildliche Regelung in §§ 34 Abs. 3, 35 Abs. 5.

§ 32

(1) Die Enteignung des Grundstücks wird auf Antrag des Unternehmers von *der Bezirksregieruug*[1]**) ausgesprochen[2]), wenn der nach § 30 vorbehaltene Rechtsweg dem Unternehmer gegenüber durch Ablauf der sechsmonatlichen Frist, Verzicht oder rechtskräftiges Urteil erledigt[3]), und wenn nachgewiesen ist[4]), daß die vereinbarte (§§ 16, 26) oder endgültig festgestellte Entschädigungs- oder Kautionssumme rechtsgültig gezahlt oder hinterlegt[5]) ist.**

(2) Die Enteignungserklärung schließt, sofern nicht ein anderes dabei vorbehalten wird, die Einweisung in den Besitz in sich[6]).

1. Über Rechtsmittel bei Ablehnung des Antrages s. Vorbem. vor §§ 15 III. Für NW: gem. Ziff. 120 der Anl. 2 zu § 6 Satz 1 des 1. Gesetzes zur Neuordnung und Vereinfachung der Verwaltung v. 23. 7. 1957 (GVBl. NW S. 189) ist für die Vollziehung der E nach § 32 Abs. 1 der Reg.Präs. zuständig, dessen Zuständigkeit im vereinfachten E-verfahren allgemein gegeben ist.

2. Die Entscheidung ergeht als Beschluß (§ 33) und bedarf der Zustellung (§ 44) gemäß § 39. Die Wirkungen der E-erklärung sind in den § 32 Abs. 2, 34 Satz 2, 44, 45 bestimmt; sie treten gegenüber dem jeweiligen Eigentümer des enteigneten Grundstücks ein, auch wenn die Entscheidung von vornherein gegen einen Nichtberechtigten gerichtet war oder wenn im Falle eines während des Verfahrens vorgekommenen Eigentumswechsels der neue Eigentümer zum Verfahren nicht zugezogen war JFG 1 S. 388.

3. Der Ausspruch der E nach § 32 setzt also voraus, daß der Entschädigungsfeststellungsbeschluß nach § 29 ergangen und der Beschluß unanfechtbar geworden oder daß die Entschädigung durch rechtskräftiges Urteil endgültig bestimmt ist. In dringlichen Fällen (§ 34) wird die Unanfechtbarkeit des Beschlusses oder die Erledigung des Rechtswegs nicht gefordert. Das gleiche gilt für die E, die im vereinfachten E-verfahren von dem Reg.Präs. ausgesprochen werden. Es genügt also für diese Fälle, wenn nur der Beschluß nach § 29 vorliegt (§ 5 VereinfEG und dazu die AB des PrHM v. 24. 8. 1923). Das letztere muß aber stets der Fall sein, weil im vereinfachten E-verfahren der Entschädigungsfeststellungsbeschluß (§ 39) und der E-beschluß (§ 32) verbunden werden müssen (§ 29 Anm. 1).

4. Der Nachweis liegt dem Unternehmer ob. Die Vorschrift begründet die Vorleistungspflicht des Unternehmers; auch wenn im Rechtsweg die Entschädigung erhöht wird, gilt der Mehrbetrag als im Zeitpunkt der E fällig. Der Beginn der Zinspflicht muß daher spätestens in diesem Zeitpunkt eintreten RGZ 75 S. 16; JW 11 S. 162; Recht 11 Nr. 142.

Auch im vereinfachten E-verfahren soll die E nur mit der Maßgabe ausgesprochen werden, daß das Eigentum des enteigneten Grundstücks auf den Unternehmer erst nach Zahlung oder Hinterlegung der Entschädigungssumme übergeht

(§ 5 VereinfEG). Wegen der Wirkung der Leistung des Unternehmers in diesen Fällen vgl. zu § 34 Anm. 4.

5. An wen zu zahlen ist, ergibt § 36. Ist die Entschädigung nicht nach § 37 oder nach allgemeinen Rechtsvorschriften (§§ 372ff. BGB) zu hinterlegen, so muß der Unternehmer zahlen. Ob zu zahlen oder zu hinterlegen war, prüft die EB. Vgl. Ziff. 7 des Erl. v. 4. 6. 1894 Anh. 24.

Die Vollstreckung erfolgt nötigenfalls im Wege des Verwaltungszwangsverfahrens. Eine vor dem Anspruch der E, wenn auch nach Planfeststellung vorgenommene Besitzergreifung verpflichtet nach § 823 BGB zum Schadenersatz — Recht 15 Nr. 202.

6. Eine Besitzeinweisung ohne vollzogene (ausgesprochene) E kennt das Gesetz weder im gewöhnlichen noch im Dringlichkeitsverfahren. Eine **Ausnahme** macht das **vereinfachte Verfahren** — s. den Wortlaut des **§ 6 VereinfEG** (S. 15ff.).

Die AB des PrHM v. 24. 8. 1923 MBliV S. 1093 bemerken dazu:

„Die Besitzeinweisung erfolgt nur auf Antrag des Unternehmers. Sie kann frühestens bei der Feststellung des Planes angeordnet werden. ob und inwieweit sie erfolgen soll, hat der Regierungspräsident unter Berücksichtigung der Umstände des Einzelfalles zu Entscheiden."

Die Vorschrift des § 6 geht nicht dahin, daß der Regierungspräsident den Unternehmer in den Besitz einweisen muß, sondern daß er ihn einweisen kann. Er ist daher in der Lage, die Besitzeinweisung auf einzelne Grundstücke (Grundstücksteile) zu beschränken oder seiner Entscheidung Bedingungen hinzuzufügen, deren Erfüllung er im Interesse des Grundstückseigentümers oder anderer Beteiligter für erforderlich erachtet; insbesondere kann er die vorläufige Besitzeinweisung von der Hinterlegung einer ausreichenden, nötigenfalls nach Anhörung von Sachverständigen festzustellenden Sicherheit abhängig machen, die der dem Grundstückseigentümer oder sonstigen Beteiligten voraussichtlich zu gewährenden Entschädigung entspricht. Wenn die für das Unternehmen erforderlichen Grundstücksparzellen nicht bereits in dem Staatsministerialbeschluß über die Verleihung des Enteignungsrechts bezeichnet sind, wird es namentlich in zweifelhaften Fällen angezeigt sein, die Besitzeinweisung erst dann anzuordnen, wenn der Planfeststellungsbeschluß rechtskräftig geworden ist, da erst dann zweifelsfrei feststeht, ob das Unternehmen auf den im Plan angegebenen Grundstücken ausgeführt werden darf. Dadurch wird vermieden, daß der Unternehmer Anlagen herstellt, die im Falle der Aufhebung oder Änderung des Planfeststellungsbeschlusses wieder beseitigt oder geändert werden müssen.

Der Besitzeinweisung hat grundsätzlich eine örtliche Verhandlung mit den Beteiligten vorauszugehen (Besitzeinweisungstermin). Zu dem Termin sind der Unternehmer und die sonstigen Beteiligten zu laden; ihrer Anwesenheit im Termin bedarf es nicht.

Die in Satz 2 geregelte „Feststellung des Zustandes" ist der Vorschrift des § 35 des Enteignungsgesetzes nachgebildet und wird sich hauptsächlich auf „Gebäude und künstliche Anlagen" zu erstrecken haben. Bei bloß ackerwirtschaftlich bestellten Grundstücken ist eine solche Feststellung im allgemeinen entbehrlich, da ihr Zustand auch später leicht nachgewiesen werden kann. Ist die von den Beteiligten gewünschte Beweissicherung nicht sogleich im Besitzeinweisungstermin möglich, so ist die Beschlußfassung auszusetzen, sofern nicht durch geeignete Auflagen an den Unternehmer trotz der Inanspruchnahme des Grundstücks die Feststellung ermöglicht werden kann.

Durch die Einweisung in den Besitz erlangt der Unternehmer — ebenso wie im Falle der nach § 16 des Enteignungsgesetzes erfolgenden Überlassung des Besitzes — das Recht, über die Substanz des Grundstücks insoweit zu verfügen, als es zu den Zwecken des Unternehmers erforderlich ist (Bauerlaubnis).

Der Besitzeinweisung bedarf es selbstverständlich nicht, wenn der Unternehmer von der Planfeststellung nur vorbereitende Handlungen auf den zu enteignenden oder anderen Grundstücken vornehmen will. In solchen Fällen genügt ein entsprechender Antrag gemäß § 5 des Enteignungsgesetzes. Der Antrag kann schon vor Verleihung des Enteignungsrechts, natürlich auch nach Einleitung des Planfeststellungsverfahrens gestellt werden. Er ist an den Regierungspräsidenten zu richten.

Darüber, daß im § 6 VereinfEG nur der unmittelbare Besitzer gemeint ist, vgl. RGZ 102 S. 193; Recht 21 Nr. 2483. Die Anordnung alsbaldiger Zahlung in Abs. 2 Satz 2 bezieht sich nur auf die besondere Entschädigung für den Besitzverlust nach Abs. 1 Satz 3—5, nicht auf die Entschädigung für Entziehung oder Beschränkung des Grundeigentums Recht 30 Nr. 2392; RGZ 130 S. 180 = JW 31 S. 1033 = HRR 31 Nr. 785.

Die **vorläufige Besitzeinweisung** soll die Durchführung der Maßnahme vor Abschluß des E-verfahrens ermöglichen. Dieses Rechtsinstitut hat sich in der Praxis bewährt, ist in Schrifttum und Rechtsprechung anerkannt und in den neueren E-Gesetzen (AufbauG, LandbeschaffungsG, FStrG) enthalten. Nach § 6 VereinfEG kann der Reg.Präs. den Unternehmer auf Antrag vorläufig in Besitz der im Plan bezeichneten Grundstücke einweisen, sobald der Planfeststellungsbeschluß (§ 21 EG) ergangen ist. Es wird kein rechtskräftiger Planfeststellungsbeschluß gefordert, es genügt vielmehr, daß er erlassen ist OVG Münster Urt. v. 14. 11. 1956 — IV A 462/56 — BRS 6 S. 218.

Ein örtlicher Termin **muß** stattfinden; im übrigen liegt die Besitzeinweisung im pflichtgemäßen Ermessen der EB. Gegen den Beschluß ist die Beschwerde an den Fachminister, gegen dessen Entscheidung die Klage im Verwaltungsstreitverfahren gegeben. In dringenden Fällen empfiehlt es sich, die sofortige Vollziehung anzuordnen. Auf Antrag kann das VG die Vollziehung aussetzen. Hierzu sind eine Reihe Urteile des VG ergangen, z. B. OVG Koblenz Urt. v. 8. 11. 1951 — 1-130/51 — (AS Rh.-Pf. 1 S. 426) OVG Münster Beschl. v. 11. 6. 1953 — IV B 558/53 — BBBl. 54 S. 13; BRS 3 III 3). Ein Antrag auf Aussetzung der Vollziehung nach § 51 Abs. 3 VO 165 ist gegen eine Besitzeinweisungsverfügung nach tatsächlicher Besitzübernahme nicht mehr zulässig: OVG Münster Beschl. v. 12. 11. 1953 — IV B 961/53 (BRS 3 III 3), Beschl. v. 22. 9. 1954 — IV B 597/53 (BRS 4 III 3 S.59). Besitzeinweisung vor der E unzulässig, wenn der E-akt nicht alsbald folgt oder die Bautätigkeit nicht alsbald beginnt VGH Kassel Urt. v. 27. 10. 1948 (DV 49 S. 74). Hat bei einer Beschränkung des Grundeigentums die vorzeitige „Besitzeinweisung" noch nicht zu einer tatsächlichen Änderung der Besitz- und Nutzungsverhältnisse an dem der Beschränkung unterworfenen Grundstücks geführt, dann ist für die Bemessung der Entschädigung nicht der Zeitpunkt der Besitzeinweisung, sondern derjenige Zeitpunkt maßgebend, an dem der Unternehmer von der jener Beschränkung entsprechenden Befugnis tatsächlich Gebrauch macht. Ist dies erst nach der Festsetzung der Entschädigung geschehen, dann bleibt der Zeitpunkt der Entschädigungsfestsetzung entscheidend BGH Urt. v. 15. 4. 1957 – III ZR 247/55 – DWW 57 S. 183; BBBl. 57 S. 412. Vgl. auch zu § 8 Anm. 2. Vorarbeiten zur Vorbereitung städtebaulicher Maßnahmen sind Arbeiten, die vorgenommen werden müssen, bevor die eigentlichen Arbeiten beginnen. Das Niederreißen der gesamten auf einem oder mehreren Grundstücken stehenden Gebäude gehört regelmäßig nicht zu Vorarbeiten, namentlich dann nicht, wenn der Unternehmer gem. § 6 VereinfEG bereits in den Besitz des zu enteignenden Grundstücks eingewiesen war BGH Urt. v. 27. 6. 1956 – V ZR 158/54 – NJW 1956 S. 1354; vgl. zu § 5 Anm. 6.

Die Besitzeinweisung in das vom Verfahren betroffene Grundstück ist nur zulässig, wenn ein erfolgreicher Ausgang des E-verfahrens mit hoher Wahrscheinlichkeit zu erwarten ist BGHZ 23 S. 377 (388); früher OLG Hamm Urt. v. 6. 10. 1954 MDR 55 S. 496: Wenn die E mit einer an Sicherheit grenzenden Wahrscheinlichkeit durchgeführt werden kann.

§ 33

Gleichzeitig[1]) mit der Enteignungserklärung hat *die Regierung*[2]) **da, wo nach den bestehenden Gesetzen von dem Eigentumsübergang Nachricht zu den Gerichtsakten zu nehmen ist, oder wo zur Eintragung des Eigentumsübergangs bestimmte öffentliche Bücher bestehen, der zuständigen Gerichts- oder sonstigen Behörde von der Enteignung Nachricht zu geben, beziehungsweise dieselbe um Bewirkung der Eintragung zu ersuchen[3]). Der Enteignungsbeschluß** *der Regierung* **steht hierbei dem Erkenntnisse eines Gerichts gleich.**

1. Für das Gebiet der E gelten die Vorschriften der GBO nur so weit, als sich aus dem PrEG nicht ein anderes ergibt §§ 82, 83 GBO, Art. 3, 109 EGBGB. Nach Zustellung des Beschlusses; sonst würde ein Widerspruch mit § 14 vorliegen.

2. Über Zuständigkeiten s. Vorbem. vor §§ 15ff.; im vereinfachten E-verfahren der Reg.Präs. Das Ersuchen um Rechtsänderung ist aber erst dann an das Gericht abzusenden, wenn der Unternehmer die vollständige Zahlung oder Hinterlegung der festgestellten Entschädigungssumme nachgewiesen hat. Nachricht und Ersuchen zu richten an das zuständige Amtsgericht – Grundbuchamt.

3. Das Ersuchen der EB ersetzt (§ 39 GBO) den Antrag, die Eintragungsbewilligung und die sonst etwa erforderlichen Erklärungen Dritter (§§ 13, 19 GBO), muß ordnungsgemäß unterschrieben und mit Siegel oder Stempel versehen sein (Art. 9 AGGBO), ersehen lassen, daß und wann die Zustellung des Beschlusses (§ 32) nach § 39 erfolgt ist (KGJ 13 S. 115; 24 A S. 118), das Grundstück übereinstimmend mit dem Grundbuch oder durch Hinweis auf das Grundbuchblatt (§ 28 GBO) bezeichnen und den einzutragenden Vermerk enthalten oder deswegen auf den E-beschluß Bezug nehmen, falls nach diesem das Einzutragende klar ist (KGJ 4 S. 161). Trennstücke sind katastermäßig genau zu bezeichnen. Die Zuständigkeit der EB zum Ersuchen um Eintragung erstreckt sich auch auf das Ersuchen um Löschung (durch Nichtmitübertragung) der auf dem enteigneten Grundstück eingetragenen Hypotheken, wozu die Vorlegung der Briefe nicht erforderlich ist – Recht 11 Nr. 812; KG 41 A S. 194. Das Ersuchen darf nicht deshalb abgelehnt werden, weil nicht die im E-verfahren als Eigentümer zugezogenen, sondern andere Personen im Grundbuch als Eigentümer eingetragen sind, auch nicht deshalb, weil der Beschluß (§ 32) nicht dem im Grundbuch eingetragenen Eigentümer, sondern dessen im E-verfahren als Eigentümer zugezogenen Rechtsvorgänger zugestellt ist KGJ 27 A S. 255; 24 A S. 114. Vgl. zu § 32 Anm. 2 und § 36 Anm. 1. Wird nur eine Beschränkung durch die E auferlegt, so ist das Vorrecht der neuen Belastung vor den in Abt. II und III des Grundbuchs bereits eingetragenen Rechten bei diesen zu vermerken. Der Vorlegung der Hypotheken- und Grundschuldbriefe bedarf es dazu nicht KGJ 28 A S. 105; 41 S. 194; OLG 9 S. 338. Bei Entziehung des Eigentums erfolgt die Um- oder Abschreibung oder die Ausbuchung – § 90 GBO, Art. 1 der VO v. 13. 11. 1899 PrGS S. 519ff. – oder die Eintragung eines Widerspruchs (§ 899 BGB), je nach dem Inhalt des Ersuchens und den etwaigen Anträgen des neuen Eigentümers. Vermerk der E in Abt. II ist nicht mehr zulässig KGJ 32 A S. 208; 4, S. 159 und S. 164. Die nach § 24 eingetragene Vormerkung wird von Amts wegen gelöscht. Gegen die Ablehnung des Ersuches der EB steht die Beschwerde an das Landgericht und die weitere Beschwerde zu §§ 71ff., 78ff. GBO.

Der Unternehmer ist durch § 33 zur Stellung von Anträgen beim Grundbuchamt nicht befugt. KGJ 6 S. 88. Auch nach § 22 GBO kann er die Berichtigung des Grundbuchs nicht selbst betreiben; nur die EB ist dazu berechtigt, wie verpflichtet KG 41 A S. 188, 194. Vgl. aber § 45 Abs. 1 a. E. Die EB ist nach § 33 dazu verpflichtet.

Für die Eintragung des Unternehmens als neuen Eigentümer beachte die Vorschriften des GrunderwerbsteuerG v. 29. 3. 1940 – RGBl. I S. 585. Die Beibringung der erforderlichen Bescheinigung obliegt dem Unternehmer.

§ 34

(1) In dringlichen Fällen[1]) kann *die Regierung*[2]) **auf Antrag[3]) des Unternehmers anordnen[4]), daß noch vor Erledigung des Rechtsweges die Enteignung erfolgen solle, sobald die durch** *Regierungsbeschluß* **(§ 29) festgestellte Entschädigungs- oder Kautionssumme gezahlt oder hinterlegt worden[5]).**

(2) Diese Anordnung kann unter Umständen auch von vorgängiger Leistung einer besonderen Kaution abhängig gemacht werden[6]).

(3) Gegen die Anordnung *der Regierung* **in diesen Fällen steht innerhalb dreier Tage[7]) nach der Zustellung[8]) jedem Beteiligten** *die Beschwerde* **an die vorgesetzte Ministerialinstanz offen[9]).**

1. Ob ein dringlicher Fall vorliegt, haben nur die Verwaltungsbehörden zu entscheiden. Die Befugnis des Unternehmers mit befreiender Wirkung zu hinterlegen, kann im Rechtsweg nicht damit angefochten werden, daß ein Dringlichkeitsfall nicht vorgelegen habe RGZ 49 S. 257; JW 02 S. 623. Dringlich ist die E, wenn sie im öffentlichen Interesse besonderer Beschleunigung bedarf, was bei Eisenbahnbauten zu vermuten ist.

2. Der Reg.Präs. in NW gem. Ziff. 121 der Anl. 2 zu § 6 des VereinfG v. 23. 7. 1957 (GVBl. NW S. 189). Im übrigen s. Vorbem. vor §§ 15ff. II.

3. Der Antrag soll nach Ziff. 6 des Erl. v. 4. 6. 1894 Anh. 24 mit dem Antrag auf Entschädigungsfeststellung verbunden oder so zeitig gestellt werden, daß die Beschlüsse aus §§ 29 und 34 verbunden werden können. Zulässig ist er natürlich bis zur E-erklärung (§ 32). Gegen die Ablehnung des Antrags steht die Beschwerde zu.

4. Der Dringlichkeitsbeschluß kann mit dem Entschädigungsfeststellungsbeschluß verbunden werden – gegen letzteren gibt es natürlich nur den Rechtsweg

(§ 30) —; er spricht aus, daß die E-erklärung (§ 32) vor Erledigung des Rechtsweges nach Zahlung oder Hinterlegung der nach § 29 gestellten Summe zulässig ist; berechtigt den Unternehmer, die festgestellte Summe (§ 29) mit befreiender Wirkung (293, 301 BGB) zu zahlen oder zu hinterlegen und verpflichtet den Entschädigungsberechtigten zur Annahme der angebotenen Summe, selbst wenn darin wegen nachträglicher Erhöhung derselben im Rechtsweg nur eine Teilleistung zu finden ist RGZ 49 S. 257; JW 02 S. 633; Recht 13 Nr. 141. Nach Rechtskraft des Dringlichkeitsbeschlusses und bei nachgewiesener Zahlung oder Hinterlegung der festgestellten Summe (§ 29) bzw. der Kaution (§ 34 Abs. 2) erfolgt auf Antrag die E-erklärung (§ 32), ohne weiteres vorbehaltlich der Entscheidung im Rechtsweg, soweit diese die Anwendung des § 9 betrifft RGZ 42 S. 225; JW 98 S. 627. Vgl. zu § 30 Anm. 1.

5. Der Dringlichkeitsbeschluß setzt die vorgängige Zahlung oder Hinterlegung der Entschädigung oder Kaution nicht voraus. Hat der Unternehmer hinterlegt, obwohl er zahlen mußte, und ist die E ausgesprochen, so muß der Unternehmer der Auszahlung durch die Hinterlegungsstelle auf Verlangen zustimmen, auch wenn es möglich ist, daß die Entschädigung im Rechtswege herabgesetzt wird OLG 13 S. 413.

6. Der Fiskus ist von der Kautionsleistung frei — § 41. Die Wahrscheinlichkeit einer Erhöhung der Entschädigung im Rechtswege und Bedenken gegen die Zahlungsfähigkeit des Unternehmers begründen diese Anordnung. Ein dem Dringlichkeitsbeschluß von der Kautionsleistung abhängig machender Vorbeschluß ergeht nicht.

7. Die Frist gilt noch — § 150 Abs. 4 ZustG. Für NW beachte Vorbem. vor §§ 15 II 2.

8. Vgl. § 39. Zustellung an den Unternehmer und alle Beteiligten, s. zu § 30 Anm. 2.

9. Die Beschwerde an den zuständigen Minister ist anzubringen bei der in Anm. 2 bezeichneten Behörde — Anbringung beim Min. wahrt die Frist auch —, und einzureichen mit den Akten unverzüglich ohne Prüfung der Rechtzeitigkeit an den Min.

§ 35

(1) Jeder Beteiligte[1] kann binnen sieben Tagen nach dem ihm bekanntgemachten, die Dringlichkeit aussprechenden Beschlusse[2] verlangen, daß der Enteignung eine Feststellung des Zustandes von Gebäuden oder künstlichen Anlagen voraufgehe.

(2) Dieselbe ist bei dem Gericht der belegenen Sache (Amtsgerichte, *Friedensgerichte*) mündlich zu Protokoll oder schriftlich zu beantragen[3]).

(3) Das Gericht hat den Termin schleunigst und nicht über sieben Tage hinaus anzuberaumen und hiervon die Beteiligten und *die Regierung* zeitig zu benachrichtigen[4]).

(4) Die Zuziehung eines oder mehrerer Sachverständigen kann auch von Amts wegen angeordnet werden. Sind die Parteien über die Sachverständigen nicht einig, so ernennt das Gericht dieselben.

(5) Die Enteignung kann nicht vor Beendigung dieses Verfahrens erfolgen, von welcher das Gericht die Regierung zu benachrichtigen hat[5]).

1. Unternehmer und Entschädigungsberechtigte können das hier besonders geregelte Beweissicherungsverfahren einleiten.

2. Nach der Zustellung des Beschlusses an den Antragsteller, vgl. zu § 34 Abs. 3. Hat der Antragsteller gegen den Dringlichkeitsbeschluß Beschwerde (§ 34 Abs. 3) eingelegt, so ist die Zustellung dieses Bescheides maßgebend.

3. Der Antrag muß die Beteiligten und die Zugehörigkeit des Antragstellers zu diesen ergeben, die Wahrung der Frist durch Vorlegung des Beschlusses und bzw. des Beschwerdebescheides erkennen lassen und das Festzustellende (§ 35 Abs. 1) bezeichnen.

4. Ist der Antrag begründet, so bestimmt das Gericht innerhalb der Frist einen Beweisaufnahmetermin, der an Ort und Stelle abzuhalten sein wird, benachrichtigt (§ 39) die EB (§ 32) und die Beteiligten, ladet den oder die Sachverständigen und erhebt Beweise. Das Beweisergebnis kann im Prozeß (§ 30) verwertet werden. Lehnt das Gericht den Antrag ab, steht die Beschwerde gemäß §§ 567ff. ZOP zu. Ist die Frist des Abs. 1 nicht gewahrt, so kann der Antrag als ein aus §§ 485ff. ZPO gestellter behandelt werden.

5. Wegen der Kosten vgl. zu § 43 Abs. 3.

§ 36

(1) Die Entschädigungssumme wird an denjenigen bezahlt, für welchen die Feststellung stattgefunden hat[1]).

(2) Dieselbe wird in Ermangelung abweichender Vertragsbestimmungen von dem Unternehmer mit *fünf*[2]) Prozent vom Tage der Enteignung[3]) verzinst[4]), soweit sie zu dieser Zeit nicht bezahlt oder in Gemäßheit des § 37 hinterlegt ist[5]).

(3) Wird die durch Beschluß *der Regierung*[6]) festgesetzte Entschädigungssumme durch die gerichtliche Entscheidung herabgesetzt, so erhält der Unternehmer den gezahlten Mehrbetrag ohne Zinsen, den hinterlegten Mehrbetrag aber mit den davon in der Zwischenzeit etwa aufgesammelten Zinsen zurück[7]).

1. Der Unternehmer ist durch Beschluß der EB im Legitimationspunkt gedeckt, darf an den zahlen, für den die Entschädigung festgesetzt ist und kann angeblich besser Berechtigte, an die nach § 29 Abs. 2 legitimierten Empfänger verweisen RGZ 7 S. 223; 43 S. 299; JW 99 S. 250. Der vor der E in der Zwangsversteigerung Eigentümer gewordene Ersteher muß die Zahlung an den im Beschluß (§ 29) genannten Subhastaten gegen sich gelten lassen. Zahlung bedeutet Erfüllung, umfaßt auch Hinterlegung RGZ 43 S. 299. Entschädigungssumme bedeutet die gesamte Entschädigung, auch die für Minderwert RGZ 47 S. 311; JW 1900 S. 833.

2. Seit Inkrafttreten des BGB 4 v. H.

3. An die Stelle des Tages der E tritt im Fall gütlicher Einigung (§ 16) mangels anderer Abrede der Tag der Besitzeinräumung RGZ 47 S. 311; JW 1900 S. 833. Von demselben Zeitpunkt an ist aber, sofern das Gesetz überhaupt Anwendung findet, der Zinsanspruch auch sonst begründet Gruch. 25 S. 971; 59 S. 537, JW 14 S. 844; RGZ 31 S. 273; Recht 21 Nr. 2438; 23 Nr. 269; vgl. §§ 452, 446 BGB. Bei einer im

Rechtswege erstrittenen Übernahme nach § 9 Abs. 1 ist zwar der Zeitpunkt der Zustellung des Entschädigungsfeststellungsbeschlusses auch für den Wert des übernommenen Grundstücks maßgebend; mit den Zinsen der Entschädigung ist aber der Fortbezug der Nutzungen auszugleichen Recht 23 Nr. 269. Bei E nach dem PrFluchtlG beginnt die Verzinsungspflicht auch, wenn die Gemeinde das Grundstück tatsächlich in Besitz genommen hat, oder wenn im Falle der Niederlegung des Gebäudes sich der Eigentümer, dem der Besitz nicht entzogen war, zur Überlassung des Besitzes an die Gemeinde bereit gefunden hat JW 03 S. 37 u. 194; auch Gruch. 55 S. 128; JW 10 S. 126.

4. Weil stets (§§ 32, 34) vor der E gezahlt oder hinterlegt sein muß, ist die Vorschrift praktisch nur von Bedeutung für den Fall, daß sich die Hinterlegung nachträglich als ungültig erweist, oder daß im Dringlichkeitsverfahren oder im vereinfachten E-verfahren enteignet und im Rechtsweg die Entschädigung erhöht ist, für den erhöhten Betrag JW 11 S. 162. Über die Einheitlichkeit der Entschädigung einschließlich der Zinsen s. Vorbem. vor §§ 7ff. I 1; zu § 8 I 9, dennoch verjährt der Zinsanspruch gemäß § 197 BGB in vier Jahren RGZ 65 S. 129; JW 07 S. 192.

5. Der Zahlung, hier im Sinne von Erfüllung (§§ 362ff. BGB) steht u. a. auch die Hinterlegung nach §§ 372ff. BGB gleich.

Im gewöhnlichen (nicht dringlichen und nicht vereinfachten) E-verfahren hat die Hinterlegung der durch Vereinbarung, Fristablauf oder rechtskräftiges Urteil endgültig festgestellten Entschädigung befreiende Wirkung, wenn die E darauf folgt; im Dringlichkeitsverfahren und im vereinfachten E-verfahren befreit die Hinterlegung der nur vorläufig festgestellten Entschädigung. Wird im gewöhnlichen Verfahren die nur vorläufig festgestellte Entschädigung hinterlegt, so hört die weitere Zinspflicht jedenfalls mit dem Tage der Zustellung des E-beschlusses (§ 32) auf, auch mit der Zustellung des Dringlichkeitsbeschlusses (§ 34); es muß aber hinzukommen, daß der Unternehmer zur Erfüllung und nach §§ 372ff. BGB oder nach § 37 zur Hinterlegung befugt, der Entschädigungsberechtigte zur Annahme verpflichtet ist, was nicht zutrifft, wenn die vorläufig festgestellte Entschädigung im Rechtswege erhöht wird, weil eine Teilzahlung nicht angenommen zu werden braucht (§ 266 BGB) RGZ 47 S. 256; 49 S. 257; JW 1900 S. 833, 02 S. 623. Den Nachteil, daß nur Hinterlegungszinsen gezahlt werden, die Realgläubiger aber höhere Zinsen fordern können, trägt der Eigentümer RGZ 68 S. 116; JW 08 S. 316.

6. Vgl. § 29 nebst Anm.

7. Abs. 3 noch gültig nach Art. 109 EGBGB, durch § 291 BGB unberührt. Bei Verurteilung zur Zurückzahlung sind also Prozeßzinsen nicht zuzusprechen RGZ 74 S. 45; JW 10 S. 847. Hat die EB Entschädigung für eine Baubeschränkung gewährt, für die nicht nach dem PrEG, sondern nur nach PrALR eine Entschädigung zustand, findet § 36 Abs. 3 nicht Anwendung, wenn im Rechtsweg diese Entschädigung herabgesetzt wird JW 1900 S. 630. — Der in JW 1900 S. 630 ausgesprochene Satz der Unanwendbarkeit des § 36 Abs. 3 in Fällen, in denen die Verwaltungsbehörde eine Entschädigung solcher Art festgesetzt hat, für deren Festsetzung sie gar nicht zuständig war, trifft nicht zu für Fälle, in denen die Verwaltungsbehörde nur von unrichtigen Voraussetzungen über Eigenschaften des Grundstücks ausgegangen war und dafür eine Entschädigung zugebilligt hat. Für den in solchem Falle zurückzuzahlenden Betrag gilt § 36 Abs. 3. Hinterlegt der Unternehmer, was unter den Voraussetzungen des § 37 gemäß § 32, 34 und im vereinfachten E-verfahren immer nötig ist, vor der Vollziehung der E, so erhält der Entschädigungsberechtigte auch die Hinterlegungszinsen. Anspruch auf Rückzahlung der Zinsen hat der Unternehmer nicht RGZ 24 S. 233.

§ 37

(1) Der Unternehmer ist verpflichtet[1])[2]), die Entschädigungssumme zu hinterlegen[3]):

1. wenn neben dem Eigentümer Entschädigungsberechtigte[4]) vorhanden sind, deren Ansprüche an die Entschädigungssumme zur Zeit nicht feststehen;

2. *wenn das betreffende Grundstück Fideikommiß oder Stammgut ist oder im Lehn- oder Leihverbande steht;*

3. wenn Reallasten, Hypotheken oder Grundschulden auf dem betreffenden Grundstück haften[5]).

(2) Die Hinterlegung erfolgt bei derjenigen Stelle, welche für den Bezirk der belegenen Sache zur Annahme von Hinterlegungen der betreffenden Art, beziehungsweise von gerichtlichen Hinterlegungen bestimmt ist[6]).

(3) Über die Rechtmäßigkeit der Hinterlegung findet ein gerichtliches Verfahren nicht statt[7]). Jeder Beteiligte kann sein Recht an der hinterlegten Summe gegen den dasselbe bestreitenden Mitbeteiligten im Rechtswege geltend machen. *Soweit nach dem Rechte einzelner Landesteile ein gerichtliches Verteilungsverfahren in derartigen Fällen stattfindet, behält es dabei sein Bewenden[8]).*

1. Die zu § 37 Ziff. 1–3 genannten Berechtigten haben einen klagbaren Anspruch gegen den Unternehmer auf Hinterlegung, wenn ihr Recht zur Zeit der Zustellung des E-beschlusses bestand, wobei es gleichgültig ist, ob die E im Dringlichkeitsverfahren oder im vereinfachten E-verfahren erfolgt RGZ 43 S. 299. Das Recht des Enteigneten auf Hinterlegung der Entschädigung wie die Pflicht des Unternehmers dazu gelten nicht nur für die von der Verwaltungsbehörde festgestellte Entschädigung, sondern auch für den vom Gericht zuerkannten Mehrbetrag RGZ 79 S. 275; JW 12 S. 761; Recht 12 Nr. 357. Zugunsten der Realberechtigten gilt § 37 auch im Falle des § 46. Im Verhältnis zwischen dem Unternehmer und dem Eigentümer entscheidet aber gegebenenfalls der Vertrag. Soweit bereits hinterlegt ist, darf weder auf Einwilligung in die Auszahlung noch auf Einwilligung zur Hinterlegung verurteilt werden; die Urteilsformel lautet dann zweckmäßig dahin, daß die Entschädigung auf ... DM festgestellt wird und daß es bei der Hinterlegung dieser Summe bewendet; Recht 13 Nr. 406.

2. Befugt, nicht verpflichtet, zu hinterlegen, ist der Unternehmer, wenn der Gläubiger (§ 36 Abs. 1) im Verzuge der Annahme ist, oder der Unternehmer aus einem anderen in der Person des Gläubigers liegenden Grund oder infolge einer nicht auf Fahrlässigkeit beruhenden Ungewißheit über die Person des Gläubigers seine Schuld nicht oder nicht mit Sicherheit erfüllen kann (§ 372 BGB).

3. Wegen der Wirkungen der Hinterlegung vgl. zu § 36 Anm. 5 und Anm. 7, auch JW 98 S. 316. Hinterlegt der Unternehmer im Dringlichkeitsverfahren oder im vereinfachten E-verfahren, so darf er sich die Zurückforderung des Gezahlten vorbehalten, soweit auf seine Klage die Entschädigung im Rechtswege herabgesetzt werden sollte. Der Vorbehalt, daß die Auszahlung erst nach Erledigung des Rechtsweges oder nach nochmaliger Einvernahme oder Zustimmung des Hinterlegers stattfinden dürfe, ist unzulässig, und hindert die befreiende Wirkung der Hinterlegung RGZ 49 S. 259f.; JW 01 S. 623 für das Gebiet des PrALR. Der zulässige Vorbehalt empfiehlt sich noch jetzt, vgl. §§ 30 Anm. 5 und 34 Anm. 5. Sein Realrecht am enteigneten Grundstück kann der Unternehmer selbstverständlich geltend machen Gruch. 45 S. 961; JW 01 S. 431.

4. Nebenberechtigte, deren Entschädigung besonders (§ 11, 29 Abs. 2 Satz 1) oder deren Anteilsverhältnis (§ 29 Abs. 2 Satz 2) endgültig festgestellt ist, gehören nicht hierher.

5. Zur Förderung der glatten Abwicklung der Zahlungen soll der Eigentümer zeitig belehrt und zur Entlastung seines Grundstücks veranlaßt werden. Ziff. 8 des Erl. v. 4. 6. 1894 Anh. 24. Wird nach § 37 Ziff. 3 hinterlegt, muß die Hinterlegung für den Eigentümer und den Hypothekengläubiger erfolgen und das Rücknahmerecht ausgeschlossen werden; Recht 28 Nr. 3.

6. Hinterlegungsstellen sind die Amtsgerichte, an die sich der Unternehmer direkt zu wenden hat. Als Kasse dienen die Justizkassen. Im übrigen gelten die Vorschriften der Hinterlegungs-Ordnung in der jetzt geltenden Fassung — v. 10. 3. 1937 (RGBl. I S. 285), geänd. d. VO v. 27. 9. 1944 (RGBl. I S. 229), G v. 12. 9. 1950 (BGBl. I S. 455). Soweit die HO als Landesrecht anzuwenden ist, beachte die einschläg. Ländergesetze, zum Ges. in Schönfelder, Deutsche Gesetze, Nr. 121.

7. Wenn die E auf Grund der Hinterlegung erfolgt, kann die Rechtmäßigkeit der Hinterlegung nicht Gegenstand eines Rechtsstreits sein RGZ 45 S. 382 (ob der Unternehmer die Entschädigungssumme ganz oder nur in Höhe der hypothekarischen Belastungen hinterlegen darf, ist im Rechtsweg nicht nachzuprüfen) RGZ 47 S. 260. Anderer Ansicht beiläufig RGZ 49 S. 259 für die Frage, ob die Hinterlegung befreiende Wirkung habe. § 37 Abs. 3 Satz 1 bezieht sich nur auf die im Verwaltungsverfahren zugelassene Hinterlegung nicht aber auf den Fall, daß das Gericht ein Mehr zuspricht und dabei zu entscheiden ist, ob dieser Mehrbetrag zu zahlen oder zu hinterlegen ist. Mit der Frage, in welchem Umfange die zu hinterlegende Entschädigung den Realberechtigten gebührt, hat das Prozeßgericht nichts zu tun; sie regelt sich im Verteilungsverfahren RGZ 79 S. 275; JW 12 S. 761; Recht 12 Nr. 357. Zur Frage der gerichtlichen Nachprüfung der Zulässigkeit der Hinterlegung s. jetzt auch RGZ 115 S. 385 = PrVBl. 49 S. 231.

Der Antrag auf Annahme der Hinterlegung soll tunlich die Beteiligten bezeichnen. Aus ihr muß erhellen, daß der Unternehmer nicht dazu gehört, außer wenn er selbst realberechtigt — vgl. Anm. 3. Bei Hinterlegung vor Feststellung der Entschädigung außerhalb des Dringlichkeitsverfahrens unbeschränkte richterliche Nachprüfung RGZ 123 S. 301 = JW 29 S. 1971 = HRR 29 Nr. 1385; allgemein über die Zulässigkeit der Nachprüfung RGZ 115 S. 385 = JW 27 S. 986 = HRR 30 Nr. 1538.

8. Abs. 3 Satz 3 ist ersetzt durch Art. 35—42 AGZVG. Diese lauten (beachte dazu §§ 38 und 49 PrEG):

Art. 35: Ist im Falle der Enteignung eines mit Reallasten, Hypotheken, Grundschulden oder Rentenschulden belasteten Grundstücks die für den Eigentümer vereinbarte oder durch Beschluß oder Urteil endgültig festgestellte Entschädigungssumme nach § 37 Abs. 1 Nr. 3 des Gesetzes über die Enteignung von Grundeigentum v. 11. 6. 1874 (Gesetz-Sammlung S. 221) hinterlegt und sind die Wirkungen der Enteignung eingetreten, so haben die Realberechtigten an dieser Entschädigung, unbeschadet der Vorschriften der §§ 38, 49 des genannten Gesetzes, dieselben Rechte, welche ihnen im Falle des Erlöschens ihres Rechtes durch Zwangsversteigerung an dem Erlöse zustehen. Der Eigentümer und jeder der im Abs. 1 bezeichneten Realberechtigten kann die Eröffnung eines gerichtlichen Verteilungsverfahrens beantragen. Für das Verfahren gelten die Vorschriften des Art. 36—41.

Art. 36: Das Verteilungsverfahren ist auf Antrag des Eigentümers aufzuheben, wenn dieser bis zum Schlusse des ersten Termins nachweist, daß er nach § 38 des Enteignungsgesetzes über die Entschädigungssumme verfügen kann.

Art. 37: Nimmt der Eigentümer die Vermittlung der Auseinandersetzungsbehörde wegen Auszahlung oder Verwendung der Entschädigungssumme in Anspruch, so hat die Auseinandersetzungsbehörde von der Einleitung der Vermittlungsverfahrens und nach dessen Beendigung von der Art der Erledigung dem für das Verteilungsverfahren zuständigen Gerichte Mitteilung zu machen.

Solange diesen Mitteilungen zufolge ein Vermittlungsverfahren bei der Auseinandersetzungsbehörde anhängig ist, hat das Gericht Anträge auf Eröffnung des Verteilungsverfahrens abzulehnen.

Art. 38: Erlangt das Gericht in einem anhängigen Verteilungsverfahren vor dem Schlusse des ersten Termins von der Einleitung eines Vermittlungsverfahrens Kenntnis, so ist das Verteilungsverfahren bis zur Erledigung dieses Verfahrens einstweilen einzustellen.

Das gleiche gilt, wenn der Eigentümer vor dem Schlusse des ersten Termins die Bestimmung einer Frist nachsucht und vor dem Ablaufe der Frist die Einleitung des Vermittlungsverfahrens zur Kenntnis des Gerichts gelangt. Endigt das Vermittlungsverfahren mit der vollständigen Freigabe oder Verteilung der Entschädigungssumme, so ist das Verteilungsverfahren aufzuheben.

Art. 39: Erlangt das Gericht erst nach dem Schlusse des ersten Termins oder nach dem Ablaufe der im Art. 38 Abs. 2 bezeichneten Frist von der Einleitung des Vermittlungsverfahrens Kenntnis, so ist hier von der Auseinandersetzungsbehörde Mitteilung zu machen; diese hat das bei ihr anhängige Verfahren aufzuheben.

Art. 40: In den Fällen des Art. 36, des Art. 37 Abs. 2 und des Art. 38 Abs. 3 werden Gerichtskosten nicht erhoben.

Art. 41: Auf das Verteilungsverfahren finden die für die Verteilung des Erlöses im Falle der Zwangsversteigerung geltenden Vorschriften des Reichsgesetzes mit folgenden Maßgaben entsprechende Anwendung:

1. Als Beteiligte gelten die Eigentümer, diejenigen, für welche zur Zeit des Übergangs des Eigentums auf den Unternehmer ein Recht der im Art. 35 bezeichneten Art im Grundbuch eingetragen oder durch Eintragung gesichert ist, sowie diejenigen, welche ein solches Recht bei der Enteignungsbehörde angemeldet haben oder bei dem Verteilungsgericht anmelden und auf Verlangen des Gerichts oder eines Beteiligten glaubhaft machen.
2. Die Zustellung des Beschlusses, durch den das Verteilungsverfahren eröffnet wird, an den Antragsteller ist im Sinne des § 13 des Reichsgesetzes als Beschlagnahme anzusehen.
3. Das Verteilungsgericht hat bei der Eröffnung des Verfahrens das Grundbuchamt um die im § 19 Abs. 2 des Reichsgesetzes bezeichneten Mitteilungen zu ersuchen. In die beglaubigte Abschrift des Grundbuchblattes sind die zur Zeit des Übergangs des Eigentums auf den Unternehmer vorhandenen Ein-

tragungen sowie die später eingetragenen Veränderungen und Löschungen aufzunehmen.

Im Falle der Enteignung eines Grundstücksteils kann, wenn die Zwangsversteigerung des Hauptgrundstücks angeordnet ist, das Verteilungsverfahren mit dem bei der Zwangsversteigerung stattfindenden Verteilungsverfahren verbunden werden.

Art. 42: Ein vor dem Inkrafttreten dieses Gesetzes beantragtes Verfahren ist, auch wenn es der Vorschrift des § 15 des Einführungsgesetzes zum Reichsgesetz nicht unterliegt, nach den bisherigen Vorschriften zu erledigen.

§ 38

(1) Ist nur ein Teil[1]) eines Grundbesitzes enteignet, so stehen der Auszahlung[2]) der für den enteigneten Teil bestimmten Entschädigungssumme die auf dem gesamten Grundbesitz haftenden Hypotheken und Grundschulden nicht entgegen, wenn dieselben den fünfzehnfachen Betrag des Grundsteuer-Reinertrags des Restgrundbesitzes nicht übersteigen[3]). Reallasten, welche der Eintragung in das Grundbuch bedürfen[4]), werden hierbei den Hypotheken gleichgeachtet und in entsprechender Anwendung der bei notwendigen Subhastationen geltenden Grundsätze zu Kapital[5]) veranschlagt.

(2) Auch wird bei einer solchen teilweisen Enteignung die Auszahlung der für den enteigneten Teil bestimmten Entschädigungssumme durch nicht eingetragene Reallasten[6]), *Fideikommiß-, Stammgut-, Lehn- oder Leiheverband* **des gesamten Grundbesitzes nicht gehindert, wenn die gedachte Entschädigungssumme den fünffachen Betrag des Grundsteuer-Reinertrages des gesamten Grundbesitzes und auch die Summe von dreihundert Mark nicht übersteigt.**

(3) Die Auszahlung laufender Nutzungen[7]) der Entschädigungssumme kann ohne Rücksicht auf die vorgedachten Realverhältnisse[8]) erfolgen[9]).

1. Ein Teil eines gemeinsam belasteten Grundbesitzes. S. dazu auch Art. 35 und 36 AGZVG (oben zu § 37 Anm. 8).

2. Durch die Hinterlegungsstelle, vgl. § 37. Der Unternehmer bleibt nach § 37 Abs. 1 Nr. 3 verpflichtet zu hinterlegen, was bei Anwendung der §§ 32, 34 und auch im vereinfachten E-verfahren zu beachten ist.

3. Der Eigentümer muß das Vorliegen dieser Voraussetzung nachweisen.

4. Der Eintragung bedürfen z. B. nicht die Überbau- und Notwegrente (§§ 912 bis 917 BGB).

5. Die Summe der künftigen Leistungen, höchstens aber das Fünfundzwanzigfache § 121 ZVG.

6. D. h. nicht eintragungsbedürftige. Vgl. Abs. 1 und Anm. 4. Die in Art. 11 AGGBO bzw. Art. 1 und 2 AGZVG genannten Lasten sind öffentlich-rechtliche und kommen nicht in Frage. Die nachfolgenden Worte: Fideikommiß-, Stammgut-, Lehn- oder Leiheverband" sind als überholt gegenstandslos. Vgl. ferner § 45.

7. Auch Zinsen — § 100 BGB.

8. Auch bei Enteignung des gesamten Grundbesitzes.

9. § 38 gilt auch im Falle gütlicher Vereinbarung (§§ 16, 26).

4. Allgemeine Bestimmungen

§ 39

Alle Vorladungen und Zustellungen im Enteignungsverfahren sind gültig, wenn sie nach den für gerichtliche Behändigungen bestehenden Vorschriften erfolgt sind. Die vereideten Verwaltungsbeamten haben dabei den Glauben der zur Zustellung gerichtlicher Verfügungen bestellten Beamten[1]).

1. Es gelten die einschlägigen Vorschriften der §§ 166ff. ZPO. Obwohl Satz 1 ausdrücklich gebietet, die Zustellung habe „nach den für gerichtliche Behändigung bestehenden Vorschriften zu erfolgen", muß auch eine Zustellung nach Maßgabe eines Verwaltungszustellungsgesetzes eines Landes als ordnungsgemäß und genügend angesehen werden. Eine andere Auffassung wäre Förmelei. NW: Außer Kraft getreten gem. § 6 des VerwaltungszustellungsG v. 23. 7. 1957 (GVBl. NW S. 213).

§ 40

Verwaltungsbehörden und Gerichte haben die Beweisfrage unter Berücksichtigung aller Umstände nach freier Überzeugung zu beurteilen[1]).

1. Die Vorschrift ist ersetzt durch § 286 ZPO; sie gilt auch für Verwaltungsbehörden.

§ 41

Wo dieses Gesetz die Anordnung einer Kaution vorschreibt oder zuläßt, ist gleichwohl der Fiskus von der Kautionsleistung frei[1]).

1. Vgl. die Fälle der §§ 5 Abs. 1 12, Abs. 2, 34 Abs. 2, 53.

§ 42

(1) Wenn der Unternehmer von den ihm verliehenen Enteignungsrechte nicht binnen der in § 21 gedachten Zeit Gebrauch macht, oder von dem Unternehmen zurücktritt, bevor die Festsetzung der Entschädigung durch Beschluß *der Regierung*[1]) **erfolgt ist, so erlischt jenes Recht[2]). Der Unternehmer haftet in diesem Falle den Entschädigungsberechtigten im Rechtswege für die Nachteile, welche denselben durch das Enteignungsverfahren erwachsen sind.**

(2) Tritt der Unternehmer zurück, nachdem bereits die Feststellung der Entschädigung durch Beschluß *der Regierung*[3]) **erfolgt ist, so hat der Eigentümer die Wahl, ob er lediglich Ersatz für die Nachteile, welche ihm durch das Enteignungsverfahren erwachsen sind, oder Zahlung der festgestellten Entschädigung gegen Abtretung des Grundstücks, geeignetenfalls nach vorgängiger Durchführung des in § 30 gedachten Prozeßverfahrens, im Rechtswege beanspruchen will[4]).**

1. § 29, insbes. Anm. 1. Die Anwendung des Abs. 2 wird durch Beschluß begründet, der die Entschädigung feststellt, auch wenn nach Erlaß des Beschlusses noch in eine Prüfung der vom Eigentümer erhobenen Nebenforderungen eingetreten ist RGZ 81 S. 162; Recht 13 Nr. 102. Vgl. zu 29 Anm. 2. Für den Fall einer Einigung (§ 26) vgl. zu § 26 Anm. 1 a. E.

2. Nicht das nach § 2 verliehene Recht. Nur das eingeleitete Verfahren verliert seine Bedeutung. — Vgl. zu § 21 Anm. 5.

3. Die EB hat nach § 24 Abs. 4 um Löschung der aus § 24 Abs. 4 eingetragenen Vormerkung zu ersuchen.

4. Es ist zweifelhaft, ob entsprechende Anwendung des § 42 in E-fällen, die nicht durch dies Gesetz geordnet sind, möglich ist; dazu s. KompKonfl.GH in JW 26 S. 2652. Gegen entsprechende Anwendung RGZ 117 S. 43 = JW 27 S. 1928 = PrVBl. 50 S. 22. Abs. 2 bleibt anwendbar auch bei Einigung nach § 16 RGZ 144; S. 369 = HRR 34 Nr. 1615; Anspruch auf Ersatz nicht nur der Nachteile des Verfahrens, sondern auch einer bereits vollzogenen Teilenteignung JW 34 S. 2043.

§ 43

(1) Die Kosten des administrativen Verfahrens trägt der Unternehmer. Bei demselben kommen nur Auslagen[1]), nicht aber Stempel und Sporteln zur Anwendung und können die Entschädigungsberechtigten Ersatz für Wege und Versäumnisse[2]) nicht fordern.

(2) Im prozessualischen Verfahren werden die Kosten und Stempel taxmäßig berechnet[3]).

(3) Die Kosten des in § 35 erwähnten Verfahrens sind vom Antragsteller vorzuschießen. Über die Verbindlichkeit zur endlichen Übernahme dieser Kosten ist im nachfolgenden Rechtsstreit zu entscheiden[4]). *Im Bezirke des Appellationsgerichtshofes zu Köln werden die Gebühren für die betreffenden Verrichtungen des Friedensgerichts nach der Taxe für die Friedensgerichte vom 23. Mai 1859 (Gesetzsamml. S. 309) berechnet*[5]).

(4) Sämtliche übrigen Verhandlungen vor den Gerichten, Grundbuch- und Auseinandersetzungsbehörden, einschließlich der nach § 17 eintretenden freiwilligen Veräußerungsgeschäfte über Grundeigentum innerhalb des vorgelegten Planes, sowie einschließlich der Quittungen und Konsense der Hypothekengläubiger und sonstigten Beteiligten, sind gebühren- und stempelfrei. *Auch werden keine Depositalgebühren angesetzt*[6]).
Soweit diese Verhandlungen von den Notaren vorgenommen werden, sind sie stempelfrei[7]).

1. Die Vorschrift, daß nur Auslagen erhoben werden, gilt nicht mehr. Seit Erlaß des G über staatliche Verwaltungsgebühren v. 29. 9. 1923 PrGS S. 455 – werden auch für die im E-sachen vorkommenden Amtshandlungen Gebühren erhoben. Sie sind später näher geregelt worden in der Verwaltungsgebührenordnung v. 19. 5. 1934 (PrGS S. 261) und der VO v. 12. 6. 1935 (PrGS S. 83) sowie VO v. 24. 3. 1936 (PrGS S. 84). Jetzt maßgebend die in den jeweiligen Ländern geltende einschlägige Regelung.

2. Auch nicht die Kosten eines Vertreters im Verwaltungsverfahren RGZ 58 S. 422.

3. Es gilt das Gerichtskostengesetz i. d. F. v. 26. 7. 1957 (BGBl. I S. 861, 941).

4. Folgt kein Rechtsstreit, dann fallen die Kosten nach Abs. 3 Satz 1 dem Antragsteller zur Last.

5. Abs. 3 Satz 3 gilt nicht mehr.

6. Der letzte Satz ist gegenstandslos.

7. Ein Rechtsanwalt, der einen Beteiligten im Verwaltungsverfahren vertritt, hat Anspruch auf Gebühren nach der Bundesgebührenordnung für Rechtsanwälte v. 26. 7. 1957 (BGBl. I S. 861, 907).

Titel IV. Wirkungen der Enteignung

§ 44

(1) Mit Zustellung des Enteignungsbeschlusses (§ 32) an Eigentümer und Unternehmer geht das Eigentum des enteigneten Grundstücks auf den Unternehmer über[1][2][3][4].

(2) Erfolgt die Zustellung an den Eigentümer und Unternehmer nicht an demselben Tage, so bestimmt die zuletzt erfolgte Zustellung den Zeitpunkt des Überganges des Eigentums.

(3) *Diese Vorschrift gilt auch in den Landesteilen, in denen nach den allgemeinen Gesetzen der Übergang des Eigentums von der Einschreibung in die Grundbücher oder von der Einreichung des Vertrages bei dem Realrichter abhängig gemacht ist[5]).*

1. § 44, der die dinglichen Wirkungen der E zwischen Unternehmer und bisherigem Eigentümer regelt (Eger 245; Neufang 225), gilt gem. Art. 109 EGBGB fort. Die Änderung der Rechte am Grundstücke vollzieht sich ohne Eintragung im Grundbuch, vgl. aber § 33. Die E nach dem PrAllgBergG bewirkt keinen Übergang des Eigentums. Auflassung muß zu der durch den E-beschluß ersetzten dinglichen Einigung hinzukommen JW 1900 S. 107.

2. Wird im Dringlichkeits- oder im vereinfachten E-verfahren die im Verwaltungsverfahren abgelehnte Übernahme (§ 9) im Rechtswege durchgesetzt, so muß der Unternehmer, wenn er nicht nach Zahlung oder Hinterlegung der Entschädigung für den zu übernehmenden Rest den Eigentümer zur Auflassung bewegen kann, einen weiteren Beschluß gemäß § 32 erwirken. Wird der im Verwaltungsverfahren anerkannte Übernahmeanspruch im Rechtswege abgewiesen, so hat der Eigentümer einen Auflassungsanspruch gegenüber dem Unternehmer nach Zurückerstattung der Entschädigung – vgl. § 34 Anm. 4 a. E. Der gegenteiligen Auffassung von Neufang 226 kann nicht ganz beigetreten werden. Zuzugeben ist, daß im ersteren Fall der weitere E-beschluß in der Sache ein Ergänzungsbeschluß ist. Im Fall der rechtskräftigen Abweisung des Übernahmeanspruchs dürfte die hier vertretene Auffassung und nicht die Neufangs, der einen Widerruf der E für richtig hält, zutreffen, da die Übernahmepflicht des Unternehmers und das Recht des Eigentümers, Übernahme zu verlangen, zur Entschädigung gehört und Streitfragen hierüber vor dem ordentlichen Gericht auszutragen sind (s. § 9 Anm. 5).

3. § 44 gilt analog auch für die Auferlegung einer Beschränkung im E-verfahren (§ 6). Das Recht der Beschränkung wird durch Zustellung des E-beschlusses nach § 44 Abs. 1 und 2 für den Unternehmer erworben, ohne daß es noch der Eintragung im Grundbuch bedarf KGJ 28 A S. 105.

4. Der Wortlaut bedeutet – das liegt im Begriff der E: Das Eigentum des betroffenen Eigentümers geht unter, für den Unternehmer wird gleichzeitig originäres Eigentum begründet (h. M., BGHZ 12 S. 357 [368]). Bezüglich der Entschädigungssumme gilt der in § 45 Abs. 2 ausgesprochene Grundsatz, daß diese an die Stelle des enteigneten Grundstücks tritt, als selbstverständlich auch hier im Verhältnis zwischen betroffenem Eigentümer und Unternehmer. Denn „die Entschädigung repräsentiert sowohl das bisherige Eigentum wie zugleich das den dinglich Berechtigten haftende Objekt ihrer Nutzung bzw. Befriedigung" (Eger 301). Im vereinfachten E-verfahren beachte § 5 VereinfEG. Vollziehung der E führt auch zur Aufhebung eines eingeleiteten Zwangsversteigerungsverfahrens, im Fall der Teilenteignung zum Ausschluß dieses Teils vom Verfahren ZBlFG 5 S. 325 (Dresden).

5. Abs. 3 ist gegenstandslos.

§ 45

(1) Das enteignete Grundstück[1]) wird mit dem in § 44 bestimmten Zeitpunkt[2]) von allen darauf haftenden privatrechtlichen[3])[4]) Verpflichtuneng frei, soweit der Unternehmer dieselben nicht vertragsmäßig[5]) übernommen hat.

(3) Die Entschädigung[6]) tritt rücksichtlich aller Eigentums-, Nutzungs- und sonstigen Realansprüche[7]), insbesondere der Reallasten, Hypotheken, Grundschulden und Rentenschulden an die Stelle des enteigneten Gegenstandes[8])[9]).

1. Vgl. § 44 Anm. 1. Der Grundsatz der Lastenfreiheit folgt zwangsläufig aus dem Untergang des Eigentums des Enteigneten; Sinn der Vorschrift ist, daß der Unternehmer nicht durch privatrechtliche Verfügungen oder Ansprüche beschränkt, behindert oder gestört werden soll (Eger 299). Ist nur eine Beschränkung auferlegt, so treten die bestehenden Belastungen des Grundstücks im Range hinter das der Beschränkung entsprechende Recht des Unternehmers. Vgl. § 44 Anm. 3.

2. Wird im Rechtsweg die Übernahme (§ 9) erstritten, so tritt dadurch eine Erweiterung des Gegenstandes der E ein, für den das gleiche gilt, wie wenn er von vornherein in den Plan gezogen wäre. Auch auf den erweiterten Gegenstand findet § 45 Anwendung JW 95 S. 401. Bei teilweiser E wird nur der enteignete Teil von den auf dem ganzen Grundstück haftenden privatrechtlichen Verpflichtungen frei.

3. Privatrechtliche Verpflichtungen waren auch die den Rentenbanken überwiesenen Renten und die Domänen-Amortisationsrenten AGJ Bd. 8 S. 181. Bergbaurechte gehören nicht hierher (Eger 300).

4. Die auf dem Grundstück ruhenden öffentlich-rechtlichen Lasten bleiben unberührt JW 96 S. 455 (Deichlast). Doch kann die Verwendung des Grundstücks zu dem Unternehmen die Geltendmachung ausschließen, z. B. die Geltendmachung des Rechts auf Entnahme von Deicherde. Vgl. Deichordnung für Ostfriesland v. 12. 6. 1853. §§ 10ff. HannGS 53 III S. 49.

5. Als vertragsmäßige Übernahme im Sinne des § 45 Abs. 1 kommt nur eine Übernahme nach § 26 unter Mitwirkung der EB in Betracht KG 41 A S. 194, weil hierbei die EB belehren und auf besondere Umstände und Folgen hinweisen kann.

6. Entschädigung im Sinne des Abs. 2 ist auch die vom Gericht zuerkannte Mehrentschädigung RGZ 79 S. 275; JW 12 S. 761; Recht 12 Nr. 357. Ergänzt ist Abs. 2 durch die Art. 35ff. AGZVG – vgl. § 37 Anm. 8.

7. Auch des Vorkaufsrechts RGZ 86 S. 184; Recht 15 Nr. 201; auch der Rechte des Unternehmers selbst JW 01 S. 431; 10 S. 248; 17 S. 856; RGZ 72 S. 354; Gruch. 45 S. 961; 61 S. 960; Recht 17 Nr. 386.

8. Auch des Rangverlustes – vgl. Anm. 1 –, da die Entschädigung „an die Stelle" des enteigneten Gegenstandes tritt – RGZ 121 S. 73 = HRR 28 Nr. 1503 = JW 28 S. 1807.

9. § 45 findet keine Anwendung bei E zu Deichzwecken, die durch Anordnung des Deichhauptmanns nach § 20 des G v. 28. 1. 48 erfolgen KG 39, 186; Recht 11 Nr. 74. Aus § 45 ist nicht abzuleiten, daß die Rechtsregel des dinglichen Ersatzes allgemein gültig ist RGZ 94 S. 20. Wird die Entschädigung irrtümlich nicht an den wirklichen Eigentümer oder nicht an den wirklich dinglich Berechtigten, sondern an einen Nichtberechtigten (Nichteigentümer usw.) geleistet, so ist der wirklich Berechtigte befugt, denjenigen, der zu Unrecht erhielt, auf Herausgabe zu verklagen (so Eger 301).

§ 46

Ist die Abtretung des Grundstücks durch Vereinbarung zwischen Unternehmer und Eigentümer erfolgt, und zwar in Gemäßheit des § 16 unter Durchführung des Enteignungsverfahrens[1]) oder in Gemäßheit des § 26, so treten die rechtlichen Wirkungen des § 45 auch[2]) in diesem Falle ein[3])[4]). Hypotheken-, Grundschuld- und Rentenschuldgläubiger, sowie Realberechtigte können jedoch, soweit ihre Forderungen durch die zwischen Unternehmer und Eigentümer vereinbarte Entschädigungssumme nicht gedeckt werden, deren Festsetzung im Rechtswege gegen den Unternehmer fordern[5]), wobei die Beweisvorschriften der §§ 30 und 40 zur Anwendung kommen.

1. D. h. nicht unter vollständiger Durchführung des E-verfahrens (vgl. §§ 32, 44, 45). Die Durchführung muß bis zur kommissarischen Verhandlung (§ 25) gediehen sein, damit die Nebenberechtigten gehört werden konnten.

2. Befreiung von den privatrechtlichen Lasten (§ 45 Abs. 1) und Eintreten der vereinbarten Entschädigung an die Stelle des abgetretenen Gegenstandes – § 45 Abs. 2; s. auch § 45 Anm. 1.

3. Das Eigentum muß nach den §§ 873, 925 BGB durch Auflassung übertragen werden. Erst mit dem Übergang des Eigentums, nicht mit dem Abschluß des obligatorischen Vertrages (§§ 16, 26) treten die Wirkungen des § 45 ein, vorausgesetzt, daß rechtsgültig gezahlt oder hinterlegt (§ 32) ist. Wer daher durch Zuschlag in der Zwangsversteigerung ein zum Bahnbau verwendetes Grundstück erwirbt, kann vom Unternehmer Entschädigung fordern, obwohl der frühere Eigentümer auf Grund einer Einigung (§ 26) ohne Auflassung entschädigt ist RGZ 72 S. 354 = JW 10 S. 248. Vgl. auch Erl. d. PrFM v. 8. 12. 1893 MBliV 94 S. 205, ferner § 45 u. § 37 Anm. 1 a.E.

4. Nach § 22 GBO könnte der Unternehmer die Freistellung von nicht übernommenen privatrechtlichen Lasten durch Berichtigung des Grundbuchs betreiben, wenn er die Voraussetzungen des § 46 durch öffentliche oder öffentlich beglaubigte Urkunden dartun könnte (§ 29 GBO). Die Vorlage der Vertragsurkunde würde nicht genügen, weil sie nicht beweisen kann, daß das Verfahren nach Vorschrift der §§ 46, 16, 26 durchgeführt ist. Ob letzteres der Fall, kann nur aus den Akten der Verwaltungsbehörde entnommen werden. Danach scheint ausgeschlossen, daß die Freistellung des Grundstücks außerhalb des direkten Geltungsbereichs des § 45 nach § 22 GBO erreicht werden kann. Rechtlich ist zwar die Freistellung des Grund-

stücks unabhängig von der Berichtigung des Grundbuchs (vgl. Anm. 2). Praktisch wird indes damit die Vorschrift des § 46 im wesentlichen bedeutungslos – dazu Erl. d. MindöA v. 6. 11. 1894 MBliV S. 205.

5. Diese Forderung ist an die Frist des § 30 Abs. 1 nicht gebunden und kann sofort im Rechtsweg geltend gemacht werden Gruch. 46 S. 1163 = JW 01 S. 357, auch RGZ 74 S. 242. Der Anspruch unterliegt der allgemeinen Verjährungsfrist, die 30 Jahre beträgt (s. Vorbem. vor §§ 7 I 1), er steht jedem persönlich und unabhängig von den anderen Ansprüchen zu, derart, daß eine Entscheidung das Schicksal anderer Forderungen nach Grund und Höhe nicht präjudiziert. Der Kläger muß dartun erstens die Unangemessenheit der zwischen Unternehmer und Eigentümer vereinbarten Entschädigung bzw. den im Vergleich damit höheren Wert des Grundstücks, zweitens den Ausfall, den er erleidet; zu fordern ist der verhältnismäßige Mehrbetrag (so Eger 304). Verwendet der Unternehmer ohne E nach Vereinbarung mit dem Eigentümer dessen Grundstück zu seinem dem öffentlichen Interesse dienenden Unternehmen, so haftet er ohne weiteres den Nebenberechtigten auf Ersatz Gruch. 43 S. 1102; auch RGZ 4 S. 279. Vgl. §§ 2 Anm. 6 a. E., 14 Anm. 1 u. 7.

§ 47

War das enteignete Grundstück Fideikommiß- oder Stammgut, oder stand dasselbe im Lehn- oder Leiheverbande, so ist — mit Ausnahme des § 38 vorgesehenen Falles — der Besitzer über die Entschädigungssumme nur nach den Vorschriften zu verfügen berechtigt, welche in den verschiedenen Landesteilen für die Verfügungen über derartige Güter und die an deren Stelle tretenden Kapitalien maßgebend sind[1].

1. Gegenstandslos spätestens seit den Reichsgesetzen über das Erlöschen der Fideikommisse v. 26. 6. 1935 und 6. 7. 1938 mit Wirkung v. 1. 1. 1939.

§ 48

War das enteignete Grundstück mit Reallasten, Hypotheken, Grundschulden oder Rentenschulden behaftet, so kann — mit Ausnahme des § 38 vorgesehenen Falles — der Eigentümer über die Entschädigungssumme nur verfügen, wenn die Realberechtigten einwilligen[1].

1. Vgl. § 37 Abs. 1 Nr. 3. Bis zur Einwilligung aller dinglich Berechtigten kann der Eigentümer über die volle Entschädigungssumme nicht verfügen; mangels gütlicher Einigung muß er die Einwilligung Widerstrebender vor dem ordentlichen Gericht erstreiten oder gem. dem praktisch bedeutungslos gewordenen § 49 die Auseinandersetzungsbehörden – das waren die Vorsteher der Kulturämter – anrufen.

§ 49

(1) *Der Eigentümer des Grundstücks ist jedoch in den Fällen der §§ 47 und 48 befugt, wegen Auszahlung oder Verwendung der hinterlegten Entschädigungssumme die Vermittlung der Auseinandersetzungsbehörden für Regulierung gutsherrlicher und bäuerlicher Verhältnisse, Ablösungen und Gemeinheitsteilungen in Anspruch zu nehmen.*

(2) *Die Auseinandersetzungsbehörde hat die bei ihr eingehenden Anträge nach den Bestimmungen zu beurteilen und zu erledigen, welche wegen Wahrnehmung der Rechte dritter Personen bei der Verwendung der Ablösungskapitalien in den §§ 110—112 des Gesetzes vom 2. März 1850, betreffend die Ablösung der Reallasten und Regulierung der gutsherrlichen und bäuerlichen Verhältnisse, erteilt worden sind.*

(3) *Diese Vorschrift kommt in den Landesteilen des linken Rheinufers, in der Provinz Hannover und den Teilen des Regierungsbezirks Wiesbaden, in welchen die Verordnungen vom 13. Mai 1867 (Gesetzsamml. S.716) und 2. September 1876 (Gesetzessamml. S. 1463) nicht eingeführt sind, nicht zur Anwendung, vielmehr bleibt es hier bei den bisher bestehenden Vorschriften*[1]).

1. S. Anm. zu § 48.

Titel V

Besondere Bestimmungen über Entnahme von Wegbaumaterialien

Vorbemerkung vor §§ 50ff.

Das Recht zur Entnahme von Wegebaumaterialien galt seit jeher provinzialrechtlich als öffentlich-rechtliche Beschränkung des Grundeigentums; sie ist im PrEG durch Begründung eines Rechts an dem Grundstück zugunsten des Wegebaupflichtigen einheitlich geregelt worden. Nach § 50 ist der Wegebaupflichtige als solcher berechtigt, die zum Bau oder zur Unterhaltung öffentlicher Wege erforderlichen Feld- oder Bruchsteine, Rasen, Sand, Lehm und andere Erde von landwirtschaftlichen oder von Forstgrundstücken, von Unland oder aus Gewässern anderer Eigentümer — nicht von fremden städtischen Grundstücken, Gehöften, Bauplätzen, industriellen Anlagen, Bergwerken, gewerblich betriebenen Steinbrüchen u. a. — zu entnehmen und auch durch Schürfen, Bohren usw. aufzusuchen, soweit diese Materialien nicht in brauchbarer Beschaffenheit und in angemessener Nähe auf eigenen Grundstücken gefördert werden können und der Eigentümer sie nicht alsbald oder doch in nächster Zeit selbst, d. h. für seinen eigenen Bedarf braucht.

Die zuständige Behörde hat mangels gütlicher Einigung über die Voraussetzungen, Art und Grenzen der Entnahme und die zu bestellenden Sicherungen vorbehaltlich des Rechtsweges zu beschließen. Der Wegebaupflichtige darf seine Rechte erst ausüben, wenn er in diese eingewiesen ist. Die Entschädigung ist entweder nach dem Wert der gewonnenen Materialien oder den durch die Entnahme zugefügten Schaden festzustellen, wobei die bereits aufgewendeten Bereitungs-, Werbungs-, Sammlungs- und Wiedereinrichtungskosten zu berücksichtigen sind. Endlich kann der Eigentümer gegen Abtretung des Grundstücks Wertersatz verlangen, wenn das Grundstück zur Gewinnung von Wegebaumaterialien hauptsächlich bestimmt ist und diese für den Wegebau in einem solchen Ausmaße in Anspruch genommen werden, daß das Grundstück deshalb seiner Bestimmung gemäß nicht ergiebig benutzt werden kann oder wenn die Eigentumsbeschränkung länger als drei Tage dauert.

Die Vorschriften des Titel V § 50—53, die außerhalb der Titel I—IV gelten, sind anwendbares Recht; sie werden in der Praxis nicht mehr häufig gehandhabt, nachdem auch die Hand- und Spanndienste an Bedeutung verloren haben. Besonders in kleineren Gemeinden haben sie jedoch nach wie vor Bedeutung und sollten gerade hier mehr als bisher Beachtung finden.

§ 50

Die zum Bau und zur Unterhaltung öffentlicher Wege (mit Ausschluß der Eisenbahnen) erforderlichen Feld- und Bruchsteine, Kies, Rasen, Sand, Lehm und andere Erde ist, soweit der Wegebaupflichtige nicht diese Materialien in brauchbarer Beschaffenheit und angemessener Nähe auf eigenen Grundstücken fördern kann und der Eigentümer sie nicht selbst gebraucht, ein jeder verpflichtet, nach Anordnung der Behörde von seinen landwirtschaftlichen und Forstgrundstücken seinem Unlande oder aus seinen Gewässern entnehmen und das Aufsuchen derselben durch Schürfen, Bohren usw. daselbst unter Kontrolle des Eigentümers sich gefallen zu lassen[1]).

1. Es handelt sich entsprechend der historischen Entwicklung nicht um eine Enteignung im Rechtssinne, sondern um eine Beschränkung des Grundeigentums, deren Ausübung aber nicht ohne angemessenes Entgelt zulässig ist (vgl. §§ 51—53). S. ferner Eger 317; Neufang 241; Seydel 263; wegen des Verfahrens § 53.

§ 51

(1) Der Wegebaupflichtige[1]) hat dem Eigentümer[2]) den Wert[3]) der entnommenen Materialien ohne Berücksichtigung des Mehrwerts, welchen sie durch den Wegebau erhalten, zu ersetzen.

(2) Wo durch den Wert der Materialien der dem Grundstück durch die Entnahme zugefügte Schaden, einschließlich der entzogenen Nutzungen, sowie die etwa bereits wirtschaftlich aufgewendeten Werbungs-, Sammlungs- und Bereitungskosten nicht gedeckt werden, hat der Wegebaupflichtige, statt Ersatz jenes Wertes, hierfür Ersatz zu leisten[1]).

1. Die Frage, wer „Wegebaupflichtiger" ist, richtet sich nach den Grundsätzen des Wegerechts; vgl. § 55ff. Ziff. 8 Brauchitsch Bd. 1 S. 426ff.

2. Nur diesem, nicht dem Nebenberechtigten.

3. Der objektive Wert z. Z. der Entnahme bzw. der Feststellung.

4. Entsprechend §§ 8, 10 Abs. 2, 12; vgl. Eger 322—324 (558).

§ 52

Wenn ein Grundstück zur Gewinnung der Materialien hauptsächlich bestimmt ist[1]) und letztere für den Wegebau in solchem Maße in Anspruch genommen werden, daß das Grundstück deshalb dieser Bestimmung gemäß nicht ergiebig benutzt werden kann[2]), oder wenn die Eigentumsbeschränkung länger als drei Jahre dauert, so kann der Eigentümer gegen Abtretung des Grundstücks selbst an den Wegebaupflichtigen den Ersatz des Wertes desselben verlangen[3]).

1. Die bisherige, nicht zukünftige Benutzung ist maßgebend.

2. Nicht ergiebig benutzbar ist ein Grundstück, dessen weitere Nutzbarmachung in der bisherigen Weise mit unverhältnismäßigen Kosten und Aufwendungen verbunden ist und den bisherigen Zweck nicht mehr erfüllen kann (Eger 567).

3. Vgl. § 53 Anm. 4. Die §§ 44, 45 finden, auch wenn die Übernahme des Grundstücks durch den Wegebaupflichtigen erfolgt, keine Anwendung.

§ 53

(1) In Ermangelung gütlicher Einigung hat der *Landrat (in Hannover die betreffende Obrigkeit)*[1]) **auf Grund vollständiger Erörterung zwischen den Beteiligten**[2]) **eine Entscheidung zu treffen, in welcher**

1. die dem Wegebaupflichtigen gegen den Grundbesitzer einzuräumenden Rechte nach Gegenstand und Umfang speziell zu bezeichnen sind, und

2. die dafür zu gewährende Entschädigung auf Grund sachverständiger Abschätzung oder geeignetenfalls (§ 12) die dafür zu bestellende Sicherheit vorläufig festzusetzen ist.

(2) Gegen die Entscheidung unter 1. steht beiden Teilen binnen einer Präklusivfrist von *zehn Tagen*[1]) **nach deren Zustellung** *der Rekurs an die Regierung*[1]) **mit aufschiebender Wirkung zu.**

(3) Gegen die Feststellung der Entschädigung unter 2. ist innerhalb neunzig Tagen der Rechtsweg[3])**, jedoch ohne aufschiebende Wirkung zulässig. Ist gegen** *die landrätliche Entscheidung Rekurs* **erfolgt, so läuft diese Frist erst vom Tage der Zustellung** *der Entscheidung der Regierung* **an. Eines vorgängigen Sühneversuchs bedarf es nicht.**

(4) Die dem Wegebaupflichtigen zuständigen Rechte dürfen erst ausgeübt werden, wenn derselbe in das Grundstück, beziehungsweise die daran auszuübenden Rechte eingewiesen ist. Dieser Einweisung muß die Zahlung oder Sicherstellung der Entschädigung auf Grund mindestens vorläufiger Festsetzung vorausgehen. Wegen Auszahlung der Entschädigungssumme findet die in § 36 gegebene Bestimmung Anwendung[4])**.**

1. Über Zuständigkeit und Rechtsmittel s. Vorbem. vor §§ 15ff. II, III.

2. Aller nach §§ 50—52 in Frage kommender Verhältnisse unter Zuziehung der Beteiligten, d. i. der Eigentümer und der Wegebaupflichtige. Die Realgläubiger gehören nicht dazu. Gegen die Feststellung der Entschädigung ist unmittelbar der Rechtsweg gegeben. Anders als in § 32, nach dem die E-erklärung die Einweisung in den Besitz einschließt, ist in den Fällen des § 53 eine besondere Einweisung des Unternehmers erforderlich.

3. Der Rechtsweg steht auch zu, wenn die Übernahme (§ 52) abgelehnt ist.

4. Nicht § 37.

Titel VI

Schluß- und Übergangsbestimmungen

§ 54

Dieses Gesetz findet keine Anwendung:

1. *auf die in besonderen Gesetzen oder in Gewohnheitsrechte begründete Entziehung oder Beschränkung des Grundeigentums im Interesse der Landeskultur,* *als: bei Regulierung gutsherrlicher und bäuerlicher Verhältnisse, bei Ablösung von Reallasten, Gemeinheitsteilungen, Vorflutsangelegenheiten, Entwässerungs- und Bewässerungsangelegenheiten, Benutzung von Privatflüssen, Deichangelegenheiten, Wiesen- und Waldgenossenschaftsangelegenheiteu;*

2. **auf die Entziehung und Beschränkung des Grundeigentums im Interesse des Bergbaus und der Landestriangulation[1]).**

1. Über die entsprechende Anwendung einzelner Vorschriften des PrEG bzw. die Unanwendbarkeit einzelner Vorschriften vgl. KGJ 46 S. 210; Recht 20 Nr. 574; RGZ 102 S. 267; JW 22 S. 391.

§ 55

Bereits eingeleitete Enteignungsverfahren werden nach den bisherigen Vorschriften zu Ende geführt. Wird in einem solchen Verfahren der Rechtsweg beschritten, so findet der § 40 auch hier Anwendung[1]).

1. Gegenstandslos.

§ 56

Im Geltungsbereich der Kreisordnung vom 13. 12. 1872 und in den Hohenzollernschen Landen werden die durch dieses Gesetz der Bezirksregierung bzw. dem Landrat beigelegten Befugnisse und Obliegenheiten

a) soweit dieselben in den §§ 5, 15, 18 bis 20, 24 und 27 enthalten sind, von den Präsidenten der Bezirksregierungen,

b) soweit dieselben in den §§ 3, 4, 14, 21, 29, 32 bis 35 und 53 Absatz 2 enthalten sind, von den Verwaltungsgerichten,

c) soweit dieselben in § 53 Absatz 1 enthalten sind, von den Kreisausschüssen, beziehungsweise in den Stadtkreisen von den Magisträten, und in den Hohenzollernschen Landen von den Amtsausschüssen wahrgenommen.

Die in Gemäßheit des § 3 von dem Verwaltungsgericht zu treffende Entscheidung erfolgt auf das Gutachten des Kreisausschusses, beziehungsweise des Magistrats in den Stadtkreisen, und des Amtsausschusses in den Hohenzollernschen Landen[1]).

1. § 56 ist aufgehoben durch § 151 Abs. 2 ZustG. Für NRW beachte § 34 Ziff. 2 des Ersten G z. Neuordnung und Vereinfachung der Verwaltung v. 23. 7. 57 (GVBl NW S.189) das am 1. Jan. 1958 in Kraft getreten ist: „. . . zum gleichen Zeitpunkt treten außer Kraft: Das Gesetz über die Zuständigkeit der Verwaltungs- und Verwaltungsgerichtsbehörden vom 1. Aug. 1883 (PrGS S. 237), soweit es nicht bereits aufgehoben ist, mit Ausnahme der §§ 47 Abs. 1, 48 Abs. 1, 49 Abs. 3, 55, 56 Abs. 1, 57 Abs. 1 und 79, . . .“

§ 57

(1) Alle den Vorschriften dieses Gesetzes entgegenstehenden Bestimmungen, sowie die Bestimmungen über das Wiederkaufsrecht bezüglich des enteigneten Grundstücks werden aufgehoben[1]).

(2) Ein[2]) gesetzliches Vorkaufsrecht findet wegen aller Teile[3]) von Grundstücken statt, welche infolge des verliehenen Enteignungsrechts zwangsweise[4]) oder durch freien Vertrag[5]) an den Unternehmer abgetreten sind[6]), wenn in der Folge das abgetretene Grundstück ganz oder teilweise zu dem bestimmten Zweck nicht weiter notwendig ist und veräußert[7]) werden soll[8]).

(3) Das Vorkaufsrecht steht dem zeitigen Eigentümer des durch den ursprünglichen Erwerb verkleinerten[9]) Grundstücks zu[10]). Wer das Enteignungsrecht ausgeübt hat, muß die Absicht der Veräußerung und den angebotenen Kaufpreis dem berechtigten Eigentümer anzeigen, welcher sein Vorkaufsrecht verliert, wenn er sich nicht binnen zwei Monaten[11]) darüber erklärt. Wird die Anzeige unterlassen, so kann der Berechtigte seinen Anspruch gegen jeden Besitzer geltend machen[12]).

1. Das Wiederkaufsrecht nach §§ 16 bis 18 des PrEisenbahnG v. 3. 11. 1838 ist ausgeschlossen, wenn seine Voraussetzungen erst unter der Herrschaft des PrEG eingetreten sind RGZ 34 S. 290; JW 95 S. 78. Im übrigen s. Eger zu § 56. Über Ankaufsrecht des Staates hinsichtlich privater Bahnunternehmungen s. JW 29 S. 2812 = HRR 30 Nr. 428.

2. Abs. 2 u. 3 gelten noch. Art. 109 EGBGB. §§ 504 bis 514, 1094 bis 1104 BGB sind auf das Vorkaufsrecht (Abs. 2 u. 3) nur anwendbar, soweit Abs. 2 u. 3 es nicht anders ordnen. Das Vorkaufsrecht bedarf nicht der Eintragung im Grundbuch (Art. 22 Nr. 1 AGBGB); die Eintragung ist aber zulässig (Art. 11 AGBGB). Das Vorkaufsrecht ist eine Ausprägung des dem Enteignungsrecht innewohnenden Prinzips, eine aus dem Enteignungsrecht fließende Forderung der Gerechtigkeit und Billigkeit, daß dem Enteigneten das Recht gewährt bleibe, wieder zu seinem Rechte zu gelangen, wenn das im vermutlich allgemeinen Interesse enteignete Privatrecht, gleichgültig aus was immer für einem Grunde, seiner Bestimmung nicht zugeführt werde (so Grünhut S. 162 — BGHZ 9 S. 295 (298f. mit weit. Nachw.). Der Anspruch auf Rückgabe eines enteigneten Grundstücks, das nicht bestimmungsgemäß verwendet wird, richtet sich nach dem jeweils für die E in Betracht kommenden Gesetze BGH LM Nr. 3 zu PrEG und Nr. 4 zu VerwR-Allg. Gerade die Existenz des Vorkausfrechts stützt die Auffassung, daß dem Begriff der E die Rechtsentziehung unter Zweckänderung wesentlich ist (vgl. Einl. A V 4). Zur Auslegung dieser Vorschrift und dazu, daß sie auch eine Ausprägung des allgemeinen Gedankens ist, wonach hoheitliche Eingriffe in die Privatrechtssphäre nur in unbedingt notwendigem Maß zulässig und auch wieder rückgängig zu machen sind, wenn der Grund entfällt, vgl. Seufert zu Art. XII Abs. 4 ZAG Anm. V Rdn. 25.

3. Nur Teilenteignungen stehen in Frage (s. auch Eger 349). Gemeint sind nicht nur örtlich zusammenhängende Flächen; es genügt rechtlicher oder wirtschaftlicher Zusammenhang RGZ 73 S. 316; JW 10 S. 661.

4. Auch durch Übernahme nach § 9.

5. §§ 16, 26.

6. Erst der Eigentumsübergang begründet das Vorkaufsrecht KGJ 25 A S. 144.

7. Nur die freiwillige Veräußerung durch Verkauf ist gemeint. Wird der Teil für ein anderes mit dem Recht der E ausgestattetes Unternehmen durch freien

Vertrag erworben, so ist für das Vorkaufsrecht kein Raum RGZ 60 S. 374; JW 05 S. 346.

8. Verzicht hat vor dem Übergang des Eigentums nur obligatorische Wirkung – der Anspruch auf Aufhebung des Vorkaufsrechts kann daher auf dem Grundbuchblatt des abzutretenden Teils vorgemerkt werden. § 883 BGB –, bedarf nachher zur dinglichen Wirksamkeit der Aufgabe und Löschung gemäß § 875 BGB, wozu die vorgängige Eintragung des Vorkaufsrechts nötig, und kann nicht als Belastung auf dem Grundbuchblatt des Restes eingetragen werden. Nach § 8 GBO kann das Vorkaufsrecht auf dem Grundbuchblatt des Restes erst vermerkt werden, nachdem es auf dem Blatt des Teils als Belastung eingetragen ist, wozu die Abschreibung des Teils vorhergegangen sein muß – vgl. KGJ 25 A S. 142. Falkmann-Mugdan, Rechtspr. der OLG 5 S. 423 Buchst. e verneint die Zulässigkeit einer Vormerkung des Verzichts vor Abschreibung des Teils auf den Unternehmer.

9. Der im § 8 Abs. 2 vorausgesetzte Zusammenhang muß bei der E vorhanden gewesen sein.

10. Das Vorkaufsrecht ist weder teilbar noch übertragbar. Wird der Rest geteilt – einerlei wodurch –, können die Eigentümer aller Teile es nur gemeinschaftlich ausüben, auch nur auf Leistung an alle Berechtigten oder gemeinsam klagen. Vorbehalte bei der Teilung oder ein Verzicht des Erwerbers ändern daran nichts RGZ 35 S. 306; 73 S. 316 = JW 10 S. 661.

11. Berechnung nach §§ 187, 188 BGB, vgl. auch §§ 130–132 BGB.

12. Ein nicht eingetragenes Vorkaufsrecht erlischt, wenn der Anspruch des Vorkaufsberechtigten gegen den Eigentümer verjährt ist, also 30 Jahre, nachdem der Unternehmer das Eigentum des verkauften Grundstücks auf den Käufer übertragen hat. §§ 901 Satz 2, 194, 195 BGB. Bei der Erweiterung des Kaiser-Wilhelm-Kanals wurde das Vorkaufsrecht an den nach § 16 des für anwendbar erklärten PrWasserstraßengesetzes v. 1. 4. 1905 (PrGS S. 179) erworbenen Grundstücken ausgeschlossen (G v. 17. 11. 1907 PrGS S. 323).

§ 58

Insoweit in anderen Gesetzen auf die Vorschriften der aufgehobenen Gesetze Bezug genommen ist, treten an die Stelle der letzteren die entsprechenden Vorschriften dieses Gesetzes.

Anhang

Bundesbahngesetz

vom 13. Dezember 1951 (BGBl. I S. 955)

Auszug

§ 36

(1) Neue Anlagen der Deutschen Bundesbahn dürfen nur dann gebaut, bestehende Anlagen nur dann geändert werden, wenn der Plan zuvor festgestellt worden ist. Die Planfeststellung umfaßt die Entscheidung über alle von der Planfeststellung berührten Interessen.

(2) Die Deutsche Bundesbahn hat die Pläne für den Bau neuer oder die Änderung bestehender Betriebsanlagen der höheren Verwaltungsbehörde des Landes, in dem die Anlagen liegen, zur Stellungnahme zuzuleiten, wenn die Pläne nicht nur den Geschäftsbereich der Deutschen Bundesbahn berühren. Die höhere Verwaltungsbehörde hat die Stellungnahme aller beteiligten Behörden des Bundes, der Länder, der Gemeinden und sonstiger beteiligter Stellen herbeizuführen.

(3) Wenn sich aus der Stellungnahme der höheren Verwaltungsbehörde ergibt, daß zwischen ihr oder einer anderen beteiligten Behörde und der Deutschen Bundesbahn Meinungsverschiedenheiten bestehen, werden die Pläne vom Bundesminister für Verkehr festgestellt; im übrigen werden sie durch den Vorstand oder durch eine von ihm ermächtigte Dienststelle der Deutschen Bundesbahn festgestellt.

§ 37

Die Deutsche Bundesbahn hat zur Erfüllung ihrer Aufgaben das Enteignungsrecht. Die Zulässigkeit der Enteignung im Einzelfalle wird auf Antrag der Deutschen Bundesbahn durch die Bundesregierung festgestellt. Die Entscheidung über die Zulässigkeit der Inanspruchnahme fremder Grundstücke zur Ausführung von Vorarbeiten sowie über die Art der Durchführung und den Umfang der Enteignung trifft der Bundesminister für Verkehr nach Anhörung der höheren Verwaltungsbehörde. Im übrigen gelten die Enteignungsgesetze.

§ 39 Abs. 1

Die zwangsweise Entziehung oder Beschränkung des Rechts an Teilen des Sondervermögens „Deutsche Bundesbahn" ist nur mit Zustimmung der Bundesregierung zulässig.

§ 52

(1) Meinungsverschiedenheit, die sich bei der Durchführung der Bestimmungen dieses Abschnittes zwischen den Ländern und der Deutschen Bundesbahn ergeben, insbesondere auch darüber, ob Anträge der Länder von der Deutschen Bundesbahn eingehend gewürdigt und bei der Entscheidung angemessen berücksichtigt wurden, sind dem Verwaltungsrat der Deutschen Bundesbahn zur Beschlußfassung vorzulegen. Der Beschluß des Verwaltungsrates kann durch Anrufung der Bundesregierung schriftlich angefochten werden. Die Anfechtungsschrift ist über den Bundesminister für Verkehr zu leiten.

(2) Meinungsverschiedenheiten zwischen der Bundesregierung und einem Land über die Auslegung dieses Abschnittes entscheidet das Bundesverfassungsgericht.

Anh. 2

Bundesfernstraßengesetz

vom 6. August 1953 (BGBl. I S. 903)

Auszug

§ 8 Abs. 9 Sondernutzungen

Unwiderrufliche Nutzungsrechte, die von früher her bestehen, können zur Sicherheit oder Leichtigkeit des Verkehrs durch Enteignung aufgehoben werden. § 19 gilt entsprechend.

§ 16 Planungen

(1) Der Bundesminister für Verkehr bestimmt im Einvernehmen mit den an der Raumordnung beteiligten Bundesministern und im Benehmen mit den Landesplanungsbehörden der beteiligten Länder die Planung und Linienführung der Bundesfernstraßen.

(2) Wenn Ortsplanungen oder Landesplanungen die Änderung bestehender oder die Schaffung neuer Bundesfernstraßen zur Folge haben können, ist die Straßenbaubehörde zu beteiligen. Sie hat die Belange der Bundesfernstraßen in dem Verfahren zu vertreten. Grundsätzlich hat die Bundesplanung den Vorrang vor der Orts- oder Landesplanung.

§ 17. Planfeststellung

(1) Neue Bundesfernstraßen dürfen nur gebaut, bestehende nur geändert werden, wenn der Plan vorher festgestellt ist. Die Planfeststellung ersetzt alle nach anderen Rechtsvorschriften notwendigen öffentlich-rechtlichen Genehmigungen, Verleihungen, Erlaubnisse und Zustimmungen. Durch sie werden alle öffentlich-rechtlichen Beziehungen zwischen dem Träger der Straßenbaulast und den durch den Plan Betroffenen rechtsgestaltend geregelt.

(2) Bei Änderungen oder Erweiterungen von unwesentlicher Bedeutung kann eine Planfeststellung unterbleiben. Fälle von unwesentlicher Bedeutung liegen besonders vor, wenn Rechte anderer nicht beeinflußt werden oder wenn mit den Beteiligten entsprechende Vereinbarungen getroffen werden. Die Entscheidung hierüber trifft die oberste Landesstraßenbaubehörde.

(3) Die unter Mitwirkung der Träger der Straßenbaulast aufgestellten oder von diesen nachträglich anerkannten Fluchtlinienpläne, Bebauungspläne oder andere förmlich festgestellten städtebaulichen Pläne ersetzen die Planfeststellung nach Absatz 1. Ist eine Ergänzung notwendig, so ist die Planfeststellung insoweit zusätzlich durchzuführen.

(4) Im Planfeststellungsbeschluß sind dem Träger der Straßenbaulast die Errichtung und die Unterhaltung der Anlagen aufzuerlegen, die für das öffentliche Wohl oder zur Sicherung der Benutzung der benachbarten Grundstücke gegen Gefahren oder Nachteile notwendig sind.

(5) Werden Anlagen zur Sicherung des Verkehrs infolge Änderungen der benachbarten Grundstücke, von denen Gefährdungen des Verkehrs ausgehen, nachträglich notwendig, so kann der Träger der Straßenbaulast durch Beschluß der Planfeststellungsbehörde zu ihrer Errichtung und Unterhaltung verpflichtet werden; die hierdurch entstehenden Kosten haben jedoch die Eigentümer der benachbarten Grundstücke zu tragen, es sei denn, daß die Änderungen durch natürliche Ereignisse oder höhere Gewalt verursacht worden sind.

(6) Ist der Plan rechtskräftig festgestellt, so sind Beseitigungs- und Änderungsansprüche gegenüber festgestellten Anlagen ausgeschlossen.

(7) Wird der Plan nicht innerhalb von fünf Jahren nach Rechtskraft durchgeführt, so tritt er außer Kraft, wenn er nicht von der Planfeststellungsbehörde im Benehmen mit der höheren Verwaltungsbehörde auf weitere fünf Jahre verlängert wird. Bei Verlängerung können die vom Plan betroffenen Grundstückseigentümer verlangen, daß der Träger der Straßenbaulast ihre Grundstücke erwirbt. Kommt keine Einigung zustande, so können sie die Durchführung des Enteignungsverfahrens bei der Enteignungsbehörde beantragen. Im übrigen gilt § 19 (Enteignung).

§ 18. Planfeststellungsverfahren

(1) Die Pläne sind der höheren Verwaltungsbehörde des Landes zur Stellungnahme zuzuleiten. Diese führt die Stellungnahmen aller beteiligten Behörden des Bundes, der Länder, der Gemeinden und der übrigen Beteiligten herbei und leitet sie nach Abschluß des Anhörungsverfahrens (Absätze 2 bis 4) der Planfeststellungsbehörde zu.

(2) Die Pläne mit Beilagen sind in den Gemeinden, in deren Bereich die Bundesfernstraße liegt, vier Wochen zur Einsicht auszulegen. Zeit und Ort der Auslegung sind ortsüblich bekanntzumachen, um jedermann, dessen Belange durch den Plan berührt werden, Gelegenheit zur Äußerung zu geben.

(3) Einwendungen gegen den Plan sind bei der höheren Verwaltungsbehörde des Landes spätestens innerhalb von zwei Wochen nach Beendigung der Auslegung schriftlich zu erheben.

(4) Nach Ablauf der Frist des Absatzes 3 sind die Einwendungen gegen den Plan von der höheren Verwaltungsbehörde mit allen Beteiligten zu erörtern. Soweit keine Einigung zustande kommt, wird über die Einwendungen in der Planfeststellung entschieden.

(5) Die oberste Landesstraßenbaubehörde stellt den Plan fest. Bestehen zwischen ihr und der höheren Verwaltungsbehörde des Landes oder einer anderen beteiligten Behörde Meinungsverschiedenheiten, so ist vorher die Weisung des Bundesministers für Verkehr einzuholen. Er soll sich vor Erteilung der Weisung mit den beteiligten Landesministern ins Benehmen setzen.

(6) Die Feststellung des Planes und die Entscheidungen über die Einwendungen sind zu begründen und den am Verfahren Beteiligten mit Rechtsmittelbelehrung zuzustellen.

19. Enteignung

(1) Die Träger der Straßenbaulast der Bundesfernstraßen haben zur Erfüllung ihrer Aufgaben das Enteignungsrecht. Die Enteignung ist zulässig, soweit sie zur Ausführung eines nach § 17 festgestellten Bauvorhabens notwendig ist. Einer weiteren Feststellung der Zulässigkeit der Enteignung bedarf es nicht.

(2) Der nach § 17 festgestellte Plan ist dem Enteignungsverfahren zugrunde zu legen und für die Enteignungsbehörde bindend.

(3) Ist der sofortige Beginn von Arbeiten für den Bau oder die Änderung von Bundesfernstraßen geboten und der Besitz von Grundstücken für die beabsichtigte Ausführung der Maßnahmen notwendig, so hat die Enteignungsbehörde auf Antrag der Straßenbaubehörde diese, wenn der Plan nach § 17 festgestellt ist, vorläufig in den Besitz der benötigten Grundstücke einzuweisen.

(4) Auf Antrag der Straßenbaubehörde hat die Enteignungsbehörde anzuordnen, daß die Eigentümer und Besitzer die zur Planung nötigen Vermessungen, Bodenuntersuchungen und die sonstigen Vorarbeiten auf ihren Grundstücken dulden.

(5) Im übrigen gelten die Enteignungsgesetze der Länder.

Anh. 3

Verordnung des Reichspräsidenten über Maßnahmen auf dem Gebiete der Finanzen, Wirtschaft und der Rechtspflege

vom 18. März 1933 (RGBl. I S. 92)

Auszug

Kapitel XVIII

Enteignung auf dem Gebiete des Städtebaues und des Baues von Wasserstraßen

Artikel

Für Zwecke der *Reichs*wasserstraßen stellt der *Reichspräsident* die Zulässigkeit der Enteignung fest. Die endgültige Entscheidung über die Art der Durchführung und den Umfang der Enteignung, soweit sie nicht in einem Verwaltungsstreitverfahren ergeht, sowie über die

Zulässigkeit der Inanspruchnahme von fremden Grundstücken zur Ausführung von Vorarbeiten trifft der *Reichs*verkehrsminister nach Anhörung der zuständigen Landesbehörden. Im übrigen gelten die Landesenteignungsgesetze.

Anh. 4

Wasserverbandgesetz

vom 10. Februar 1937 (RGBl. I S. 188)

Auszug

§ 2

Wasser- und Bodenverbände sind die auf *Reichs-* oder Landesrecht oder Herkommen beruhenden Körperschaften, die folgende Augaben haben:

1. Gewässer und ihre Ufer herzustellen, zu ändern, in ordnungsmäßigem Zustande zu halten, den Wasserabfluß zu regeln und Gewässer zu beseitigen;
2. Schiffahrt- und Flößereianlagen, Stauanlagen, Schleusen, Siele und dergleichen, Wasserkraftanlagen und Wassersammelbecken herzustellen, zu ändern, in ordnungsmäßigem Zustande zu halten, zu betreiben, auszunutzen und zu beseitigen;
3. Grundstücke zu entwässern, zu bewässern und vor Hochwasser und Sturmflut zu schützen;
4. Abwasser abzuführen, zu verwerten, zu reinigen und unschädlich zu machen;
5. Trink- und Brauchwasser zu beschaffen;
6. den Boden im landwirtschaftlichen Kulturstande zu verbessern und zu erhalten und die Kulturflächen zu bewirtschaften und zu nutzen;
7. das Grundwasser zu bewirtschaften;
8. Land aus Wasserflächen zu gewinnen;
9. Beiträge zu wasserwirtschaftlichen, wasserbaulichen und bodenkulturlichen und zu Abwassermaßnahmen aufzubringen;
10. die vorstehenden Aufgaben zu fördern und zu überwachen;
11. andere Aufgaben, wenn der *Reichs*minister für Ernährung und Landwirtschaft sie im Einvernehmen mit den beteiligten *Reichs*ministern zuläßt.

Anh. 5

Erste Wasserverbandverordnung

vom 3. September 1937 (RGBl. I S. 933, mehrfach geändert)

Auszug

§ 29. Grunderwerb für das Unternehmen

Die Aufsichtsbehörde kann dem Wasser- und Bodenverbande den Erwerb des Eigentums und anderer dinglichen und persönlichen Rechte an Grundstücken und die Befreiung eines Grundstücks von solchen Rechten aufgeben, wenn das Verbandunternehmen sonst nicht zweckmäßig durchgeführt werden kann oder die billige Rücksicht auf den Grundeigentümer oder den Berechtigten es erfordert.

§ 30. Enteignung für das Unternehmen

(1) Der Wasser- und Bodenverband kann das Grundeigentum, soweit es für das Verbandunternehmen (§ 17) erforderlich ist, gegen angemessene Entschädigung entziehen und beschränken (Enteignung). Als Grundeigentum gelten auch die anderen dinglichen Rechte an Grundstücken und andere Rechte, die zum Besitze oder zur Nutzung von Grundstücken berechtigen.

(2) Das Enteignungsrecht erstreckt sich nur auf die nach § 3 Nr. 1 zum Verbande oder zu seinem Unterverbande (§ 113) gehörenden Grundstücke. Für den Verband, der für Schutz durch Deiche zu sorgen hat, erstreckt es sich auch auf die nicht zu ihm gehörenden Grundstücke im Deichvorlande.

§ 31. Enteignung von Restgrundstücken

Der Wasser- und Bodenverband hat das Enteignungsrecht auch für das Reststück eines örtlich oder wirtschaftlich zusammenhängenden Grundbesitzes, wenn ein anderes Stück für das Verbandunternehmen in Anspruch genommen wird und infolgedessen das Reststück nicht mehr zweckmäßig benutzt werden kann.

§ 32. Zulassung der Enteignung

Der Wasser- und Bodenverband bedarf zu der Enteignung der Zustimmung der oberen Aufsichtsbehörde (bei zweistufiger Ansicht der Aufsichtsbehörde, § 114).

§ 33. Verfahren der Enteignung

(1) Der Vorstand des Wasser- und Bodenverbandes stellt durch schriftlichen Bescheid an die Beteiligten fest, in welchem Umfange das Grundeigentum entzogen oder beschränkt wird, welche Sicherungen gegen die von dem Verbandunternehmen drohenden Gefahren und Nachteile getroffen werden und welche Entschädigung gegeben wird.

(2) Gegen den Bescheid ist in zwei Wochen nach der Mitteilung die Beschwerde an die obere Aufsichtsbehörde (bei zweistufiger Aufsicht an die Aufsichtsbehörde, § 114) zulässig. *Deren Bescheid ist hinsichtlich der Entziehung und der Beschränkung des Grundeigentums und hinsichtlich der Sicherung gegen Gefahren und Nachteile endgültig.*

(3) Wenn ein Beteiligter glaubt, daß die von der Aufsichtsbehörde festgestellte Entschädigung nicht angemessen ist, kann er in einem Monat nach der Mitteilung seinen Anspruch durch Klage nach dem allgemeinen Rechte der Enteignung geltend machen.

§ 34. Vollziehung der Enteignung

Sobald der Bescheid des Vorstandes oder der auf die Beschwerde ergehende Bescheid unanfechtbar wird, treten die darin angeordneten Rechtswirkungen ein. Der endgültige Teil des Beschwerdebescheides wird wirksam, sobald er dem Eigentümer (oder dem Berechtigten, § 30 Abs. 1) zugeht.

§ 35. Anwendung der Enteignungsgesetze

(1) Die Vorschriften des allgemeinen Enteignungsrechtes, die mit den Vorschriften dieser Verordnung nicht im Widerspruche stehen, gelten entsprechend, insbesondere die Vorschriften über die Entschädigung, die Sicherung gegen die von dem Enteignungsunternehmen drohenden Gefahren und Nachteile, die Rechte anderer Personen am Gegenstande der Enteignung, die Anhörung der Beteiligten, die Eintragungen im Grundbuche, die Vollziehung der Enteignung, die Hinterlegung, das Verteilungsverfahren und die Rechtsnachfolge im Enteignungsverfahren. An die Stelle der Enteignungsbehörde tritt der Vorstand des Wasser- und Bodenverbandes.

(2) Nicht anzuwenden sind insbesondere die Vorschriften über die Bekanntmachung und die Feststellung des Planes, über den Entschädigungsbeschluß, den Enteignungsbeschluß und über die Gebühren.

Anh. 6

Gesetz zur Ordnung des Wasserhaushalts (Wasserhaushaltsgesetz)

vom 27. Juli 1957 (BGBl. I S. 1110)

[Auszug

§ 19. Wasserschutzgebiete

(1) Soweit es das Wohl der Allgemeinheit erfordert.

1. Gewässer im Interesse der öffentlichen Wasserversorgung vor nachteiligen Einwirkungen zu schützen oder
2. das Grundwasser anzureichern oder
3. das schädliche Abfließen von Niederschlagwasser zu verhüten,

können Wasserschutzgebiete festgesetzt werden.

(2) In den Wasserschutzgebieten können

1. bestimmte Handlungen verboten oder für nur beschränkt zulässig erklärt werden und
2. die Eigentümer und Nutzungsberechtigten von Grundstücken zur Duldung bestimmter Maßnahmen verpflichtet werden. Dazu gehören auch Maßnahmen zur Beobachtung des Gewässers und des Bodens.

(3) Stellt eine Anordnung nach Absatz 2 eine Enteignung dar, so ist dafür Entschädigung zu leisten; für die Beschränkung einer Bewilligung gilt § 12, für die Beschränkung eines alten Rechts gilt § 15 Abs. 4.

(4) Die Festsetzung eines Wasserschutzgebietes bedarf eines förmlichen Verfahrens.

§ 20. Entschädigung

(1) Eine nach diesem Gesetz zu leistende Entschädigung hat den eintretenden Vermögensschaden angemessen auszugleichen. Soweit zur Zeit der die Entschädigungspflicht auslösenden behördlichen Verfügung Nutzungen gezogen werden, ist von dem Maß ihrer Beeinträchtigung auszugehen; hat der Entschädigungsberechtigte Maßnahmen getroffen, um die Nutzungen zu steigern, und ist nachgewiesen, daß die Maßnahmen die Nutzungen nachhaltig gesteigert hätten, so ist dies zu berücksichtigen. Außerdem ist eine infolge der behördlichen Verfügung eingetretene Minderung des gemeinen Werts von Grundstücken zu berücksichtigen, soweit sie nicht nach Satz 2 bereits berücksichtigt ist.

(2) Soweit nicht gesetzlich wasserwirtschaftliche oder andere Maßnahmen als Entschädigung zugelassen werden, ist die Entschädigung in Geld festzusetzen.

§ 21. Überwachung der Benutzung

(1) Wer ein Gewässer über den Gemeingebrauch hinaus benutzt, ist verpflichtet, eine behördliche Überwachung zu dulden. Er hat zur Prüfung, ob sich die Benutzung in dem zulässigen Rahmen hält, ein Betreten von Grundstücken zu gestatten; das Grundrecht des Artikels 13 des Grundgesetzes auf Unverletztlichkeit der Wohnung wird insoweit eingeschränkt. Er hat ferner zu dem gleichen Zweck die der Ausübung der Benutzung dienenden Anlagen und Einrichtungen zugänglich zu machen, die erforderlichen Arbeitskräfte, Unterlagen und Werkzeuge zur Verfügung zu stellen und technische Ermittlungen und Prüfungen zu dulden.

Dritter Abschnitt. Unterhaltung und Ausbau

§ 28. Umfang der Unterhaltung

(1) Die Unterhaltung eines Gewässers umfaßt die Erhaltung eines ordnungsmäßigen Zustandes für den Wasserabfluß und an schiffbaren Gewässern auch die Erhaltung der Schiffbarkeit. Die Länder können bestimmen, daß es zur Unterhaltung gehört, das Gewässer und seine Ufer auch in anderer wasserwirtschaftlicher Hinsicht in ordnungsmäßigem Zustand zu erhalten.

(2) Für die Unterhaltung ausgebauter Gewässer gelten die Vorschriften über den Umfang der Unterhaltung insoweit, als nicht in einem Verfahren nach § 34 etwas anderes bestimmt wird oder Bundes- oder Landesrecht etwas anderes bestimmt.

§ 29. Unterhaltungslast

(1) Die Unterhaltung von Gewässern obliegt, soweit sie nicht Aufgaben von Gebietskörperschaften, von Wasser- und Bodenverbänden oder gemeindlichen Zweckverbänden ist, den Eigentümern der Gewässer, den Anliegern und denjenigen Eigentümern von Grundstücken und Anlagen, die aus der Unterhaltung Vorteile haben oder die die Unterhaltung erschweren. Die Länder können bestimmen, daß die Unterhaltung auch anderen Eigentümern von Grundstücken im Einzugsgebiet obliegt. Bestehende Verpflichtungen anderer zur Unterhaltung von Gewässerstrecken oder von Bauwerken im oder am Gewässer werden durch Satz 1 und durch eine nach Satz 2 ergehende Regelung nicht berührt. Die Länder bestimmen, in welcher Weise die Unterhaltungspflicht zu erfüllen ist; sie können für die Zeit bis zum 1. Januar 1965 die Unterhaltungslast abweichend regeln.

(2) Wird die Unterhaltungspflicht nach Absatz 1 nicht oder nicht genügend erfüllt, so ist sicherzustellen, daß die jeweils erforderlichen Unterhaltungsarbeiten durch eine Gebietskörperschaft oder einen Wasser- und Bodenverband oder einen gemeindlichen Zweckverband ausgeführt werden.

§ 30. Besondere Pflichten im Interesse der Unterhaltung

(1) Soweit es zur ordnungsmäßigen Unterhaltung eines Gewässers erforderlich ist, haben die Anlieger und die Hinterlieger nach vorheriger Ankündigung zu dulden, daß die Unterhaltungspflichtigen oder deren Beauftragte die Grundstücke betreten, vorübergehend benutzen und aus ihnen Bestandteile für die Unterhaltung entnehmen, wenn diese anderweitig nur mit unverhältnismäßig hohen Kosten beschafft werden können.

(2) Die Anlieger haben zu dulden, daß der zur Unterhaltung Verpflichtete die Ufer bepflanzt, soweit es für die Unterhaltung erforderlich ist. Sie können verpflichtet werden, die Ufergrundstücke in erforderlicher Breite so zu bewirtschaften, daß die Unterhaltung nicht beeinträchtigt wird; sie haben bei der Nutzung die Erfordernisse des Uferschutzes zu beachten.

(3) Entstehen durch Handlungen nach Absatz 1 oder 2 Schäden, so hat der Geschädigte Anspruch auf Schadensersatz.

§ 31. Ausbau

(1) Die über die Unterhaltung hinausgehenden Maßnahmen zur Herstellung, Beseitigung oder wesentlichen Umgestaltung eines Gewässers oder seiner Ufer (Ausbau) bedürfen der vorherigen Durchführung eines Planfeststellungsverfahrens. Deich- und Dammbauten, die den Hochwasserabfluß beeinflussen, stehen dem Ausbau gleich. Ein Ausbau kann ohne vorherige Durchführung eines Planfeststellungsverfahrens genehmigt werden, wenn mit Einwendungen nicht zu rechnen ist.

(2) In dem Verfahren sind Art und Ausmaß der Ausbaumaßnahmen und die Einrichtungen, die im öffentlichen Interesse oder zur Vermeidung nachteiliger Wirkungen auf Rechte anderer erforderlich sind, festzustellen sowie der Ausgleich von Schäden anzuordnen.

(3) Erstreckt sich ein beabsichtigter Ausbau auf ein Gewässer, das der Verwaltung mehrerer Länder untersteht, und ist ein Einvernehmen über den Ausbauplan nicht zu erreichen, so soll der Bund auf Antrag eines beteiligten Landes zwischen den Ländern vermitteln.

Anh. 7

Postverwaltungsgesetz

vom 24. Juli 1953 (BGBl. I S. 676)

Auszug

§ 32

Die deutsche Bundespost hat zur Erfüllung ihrer Aufgaben das Enteignungsrecht. Die Zulässigkeit der Enteignung im Einzelfall wird durch die Bundesregierung festgestellt. Im übrigen gelten die Enteignungsgesetze.

Telegraphenwegegesetz

vom 18. Dezember 1899, ergänzt durch Gesetz vom 24. September 1935

(RGBl. 1899 I S. 705; 1935 I S. 1177)

Auszug

§ 12

Die Telegraphenverwaltung ist befugt, Telegraphenlinien durch den Luftraum über Grundstücke, die nicht Verkehrswege im Sinne des Gesetzes sind, zu führen, soweit nicht dadurch die Benutzung des Grundstücks nach den zur Zeit der Herstellung der Anlage bestehenden

Verhältnissen wesentlich beeinträchtigt wird. Tritt später eine solche Beeinträchtigung ein, so hat die Telegraphenverwaltung auf ihre Kosten die Leitungen zu beseitigen.
Beeinträchtigungen in der Benutzung eines Grundstücks, welche ihrer Natur nach lediglich vorübergehend sind, stehen der Führung der Telegraphenlinien durch den Luftraum nicht entgegen, doch ist der entstehende Schaden zu ersetzen. Ebenso ist für Beschädigungen des Grundstücks und seines Zubehörs, die infolge der Führung der Telegraphenlinien durch den Luftraum eintreten, Ersatz zu leisten.
Die Beamten und Beauftragten der Telegraphenverwaltung, welche sich als solche ausweisen, sind befugt, zur Vornahme notwendiger Arbeiten an Telegraphenlinien, insbesondere zur Verhütung und Beseitigung von Störungen, die Grundstücke nebst den darauf befindlichen Baulichkeiten und deren Dächern mit Ausnahme der abgeschlossenen Wohnräume während der Tagesstunden nach vorheriger schriftlicher Ankündigung zu betreten. Der dadurch entstehende Schaden ist zu ersetzen.

Anh. 8

Energiewirtschaftsgesetz

vom 13. Dezember 1935 (RGBl. I S. 1451)

Auszug

§ 11

(1) Soweit für Zwecke der öffentlichen Energieversorgung die Entziehung oder die Beschränkung von Grundeigentum oder Rechten am Grundeigentum im Wege der Enteignung erforderlich wird, stellt der *Reichs*wirtschaftsminister die Zulässigkeit der Enteignung fest.

(2) Für das Verfahren gelten die Landesgesetze mit der Maßgabe, daß die *endgültige* Entscheidung über die Zulässigkeit der Inanspruchnahme der Grundstücke zur Ausführung von Vorarbeiten und über die Art der Durchführung und den Umfang der Enteignung, soweit es nicht in einem Verwaltungsstreitverfahren ergeht, der *Reichs*wirtschaftsminister trifft.

3) ...

Anh. 9

Luftverkehrsgesetz

in der Fassung der Bekanntmachung vom 21. August 1936 (RGBl. I S. 653) und der Gesetze vom 27. September 1938 (RGBl I S. 1246) und vom 26. Januar 1943 (RGBl. I S. 69) und Gesetz vom 16. Juli 1957 (BGBl. I S. 710)

Auszug

Erster Abschnitt: Luftverkehr

B. Flughäfen

§ 10

Die Vorschriften des § 26 der Gewerbeordnung gelten für Flughäfen entsprechend. Dies gilt, auch dann, wenn der Flughafen nicht gewerblichen, sondern öffentlichen Zwecken dient.

§ 10a

(1) Im Umkreis von 1,5 Kilometer Halbmesser um den Rollfeldmittelpunkt eines Flughafens, dessen Anlegung durch den *Reichsminister der Luftfahrt* genehmigt worden ist, dürfen vom Zeitpunkt dieser Genehmigung an Bauwerke über der Erdoberfläche von der hierzu zuständigen Behörde nur mit Zustimmung des *Luftamts* genehmigt werden.

(2) In der weiteren Umgebung eines Flughafens ist die Zustimmung des *Luftamts* erforderlich, wenn die Bauwerke folgende Grenzlinien überschreiten sollen, und zwar

außerhalb der festgelegten Schlechtwetteranflugsektoren:

a) im Umkreis von 1,5 Kilometer bis 2,5 Kilometer Halbmesser um den Rollfeldmittelpunkt die Verbindungslinie, die von der Höhe 10 Meter bis zur Höhe 50 Meter (Höhen bezogen auf den Rollfeldmittelpunkt) ansteigt;
b) im Umkreis von 2,5 Kilometer bis 5 Kilometer Halbmesser um den Rollfeldmittelpunkt die Höhe von 50 Meter (bezogen auf den Rollfeldmittelpunkt);

innerhalb der festgelegten Schlechtwetteranflugsektoren:

c) im Umkreis von 1,5 Kilometer bis 5 Kilometer Halbmesser um den Rollfeldmittelpunkt die Verbindungslinie, die von der Höhe 0 Meter bis zur Höhe 50 Meter (Höhen bezogen auf den Rollfeldmittelpunkt) ansteigt;
d) im Umkreis von 5 Kilometer bis 10 Kilometer Halbmesser die Höhe von 50 Meter (bezogen auf den Rollfeldmittelpunkt).

(3) Das *Luftamt* kann die Zustimmung von der Erfüllung von Auflagen abhängig machen, deren Anordnung zur Wahrung der Verkehrssicherheit geboten ist.

§ 10b

Sofern die Baubeschränkungen nach § 10a infolge der örtlichen Verhältnisse in bestimmten Geländeteilen für die Sicherung der Luftfahrt nicht notwendig sind, kann das *Luftamt* für diese Geländeteile Höhen über der Erdoberfläche festlegen, bis zu welchen Bauwerke ohne seine Zustimmung genehmigt werden dürfen; die Bauhöhen über der Erdoberfläche sollen folgende Ausmaße nicht überschreiten:

außerhalb der festgelegten Schlechtwetteranflugsektoren:

a) im Umkreis bis zu 2,5 Kilometer Halbmesser um den Rollfeldmittelpunkt 10 Meter;
b) im Umkreis von 2,5 Kilometer bis 5 Kilometer Halbmesser um den Rollfeldmittelpunkt 25 Meter;

innerhalb der festgelegten Schlechtwetteranflugsektoren:

c) im Umkreis bis zu 5 Kilometer Halbmesser um den Rollfeldmittelpunkt 10 Meter;
d) im Umkreis von 5 Kilometer bis 10 Kilometer Halbmesser um den Rollfeldmittelpunkt 25 Meter.

§ 10c

(1) Außerhalb der im § 10a Abs. 1 und 2 bezeichneten Bereiche bedarf die Genehmigung von Bauwerken, die eine Höhe von 100 Meter über der Erdoberfläche überschreiten, allgemein der Zustimmung des *Luftamts*; § 10a Abs. 3 gilt entsprechend.

(2) Das gleiche gilt für niedrigere Anlagen von mehr als 10 Meter Höhe, die natürliche oder künstliche Bodenerhebungen über der umgebenden Landschaft überragen sollen, sofern die Bodenerhebung sich höher als 100 Meter über die umgebende Landschaft erhebt.

§ 10d

(1) Die §§ 10a bis 10c gelten sinngemäß für Masten, im Luftraum verlaufende Drähte und andere Anlagen; im Umkreis von 1,5 Kilometer Halbmesser um den Rollfeldmittelpunkt gilt § 10a Abs. 1 auch für Gruben, Kanäle und ähnliche Bodenvertiefungen.

(2) Sofern Anlagen dieser Art nicht bereits nach sonstigen Bestimmungen einer Genehmigung bedürfen, ist die Genehmigung des *Luftamts* erforderlich.

§ 10e

(1) Die Versagung der Baugenehmigung auf Grund der Vorschriften dieses Gesetzes oder ihre Erteilung mit Auflagen kann angefochten werden; für die Anfechtung gilt das bestehende *Reichs-* und Landesrecht. Die danach für das Rechtsmittel zuständige Behörde entscheidet hierüber im Benehmen mit dem *Reichsminister der Luftfahrt*.

(2) Die Anordnungen des *Luftamts* nach § 10d Abs. 2 können von demjenigen, dessen Rechte unmittelbar betroffen werden, mit der Beschwerde an den *Reichsminister der Luftfahrt* angefochten werden. Die Beschwerde ist binnen zwei Wochen nach Zustellung der Entscheidung schriftlich oder zu Protokoll bei dem *Luftamt* einzulegen, das die Anordnung getroffen hat.

§ 10f

(1) Bauwerke und andere Anlagen, die ohne Genehmigung der zuständigen Behörde nach Inkrafttreten dieses Gesetzes errichtet worden sind, sind auf Verlangen dieser Behörde bis auf die nach §§ 10a bis 10d zulässige Höhe abzutragen. Auf Verlangen des *Luftamts* gilt das gleiche für Anlagen, die ohne seine nach § 10 d Abs. 2 vorgeschriebene Genehmigung errichtet worden sind, und für Bäume, die über die im Gesetz genannten Höhen hinauswachsen.

(2) Für die Anfechtung der Verfügungen nach Abs. 1 gilt § 10e entsprechend.

§ 10g

(1) Für die Beschränkung des Eigentums, sonstiger Rechte an Grundstücken und grundstücksgleicher Rechte einschließlich des Bergwerkseigentums nach den §§ 10a, 10c und 10d setzt der *Reichsminister der Luftfahrt* auf Antrag des Betroffenen eine Entschädigung fest, sofern durch die Beschränkung ein Wirtschaftsbetrieb unwirtschaftlich wird; das gleiche gilt, wenn die entschädigungslose Beschränkung eine unbillige Härte sein würde, insbesondere wenn bei Eintritt der Beschränkung eine nach sonstigen Vorschriften zulässige Anlage bereits geplant war und alsbald ausgeführt werden sollte oder wenn die Weiterbenutzung von Anlagen zu dem bisherigen Zweck unmöglich gemacht oder wesentlich erschwert wird.

(2) Im Falle des § 10a hat die Entschädigung der Flughafenunternehmer zu leisten, im Falle des § 10c wird die Entschädigung vom *Reich* gewährt; Entsprechendes gilt für die Beschränkungen der im Abs. 1 genannten Rechte auf Grund des § 10d.

(3) Der *Reichsminister der Luftfahrt* setzt die Entschädigung unter Berücksichtigung aller Verhältnisse nach Anhören der Beteiligten fest.

(4) *Der Rechtsweg ist ausgeschlossen.*

§ 10h

Für die völlige oder teilweise Entfernung von Anlagen, die bei Inkrafttreten dieses Gesetzes oder vor der Genehmigung eines Flughafens schon bestanden haben, gelten die allgemeinen Enteignungsvorschriften.

§ 15

(1) Bei öffentlichem Bedürfnis können Eigentum und sonstige Rechte an Grundstücken für Zwecke der Luftfahrt durch Enteignung gegen angemessene Entschädigung entzogen oder beschränkt werden, wenn keine Einigung zwischen dem Unternehmer und dem Berechtigten zustandekommt. Die Beschränkung kann auch in der Kennzeichnung von Orten für die Luftfahrt bstehen.

(2) Für Zwecke der Luftfahrt stellt der *Führer und Reichskanzler* die Zulässigkeit der Enteignung fest. Die endgültige Entscheidung über die Art der Durchführung und den Umfang der Enteignung, soweit sie nicht in einem Verwaltungsstreitverfahren ergeht, sowie über die Zulässigkeit der Inanspruchnahme von fremden Grundstücken zur Ausführung von Vorarbeiten trifft der *Reichsminister der Luftfahrt* nach Anhörung der zuständigen Landesbehörden. Im übrigen gelten die Landesenteignungsgesetze.

Anh. 10

Bundesleistungsgesetz

vom 19. Oktober 1956 (BGBl. I S. 815)

Auszug

Erster Teil. Die Leistungen

Erster Abschnitt: Allgemeine Vorschriften

§ 2

(1) Als Leistungen können angeforoert werden

2. die Überlassung von Gebäuden oder Gebäudeteilen, unbebauten Grundstücken oder

freien Flächen von bebauten Grundstücken zum Gebrauch, zum Mitgebrauch oder zu anderer Nutzung für die vorübergehende Unterbringung von Personen oder Lagerung von Gegenständen, die den im § 1 genannten Zwecken unmittelbar zu dienen bestimmt oder hierzu geeignet sind;

5. die Unterlassung des Gebrauchs, des Mitgebrauchs oder der sonstigen Nutzung von beweglichen und unbeweglichen Sachen;
7. die Duldung von Einwirkungen auf unbewegliche Sachen. Die wirtschaftliche Zweckbestimmung der unbeweglichen Sachen darf nicht gefährdet werden;

(3) Bei Anforderungen nach Absatz 1 Nr. 1, 2 und 7 sind nur solche Veränderungen an der Sache zulässig, die ohne unverhältnismäßige Aufwendungen wieder beseitigt werden können; dies gilt nicht in den Fällen des Absatzes 1 Nr. 1, wenn die Anforderungen für Zwecke des § 1 Nr. 1 erfolgen.

(4) Leistungen nach Absatz 1 Nr. 1 bis 5, 7 und 9 können nur auf bestimmte Zeit, und zwar Leistungen nach Nummern 1 bis 5 und 7 längstens für die Dauer von zwei Jahren und Leistungen nach Nummer 9 längstens für die Dauer von sechs Monaten verlangt werden. Die erneute Anforderung dieser Leistungen im Anschluß an die bisherige Anforderung ist einmal zulässig.

§ 5

(1) Leistungen können nur Behörden der zivilen Verwaltung anfordern, die durch Rechtsverordnung der Bundesregierung bestimmt werden (Anforderungsbehörden). Zu Anforderungsbehörden können auch Bundesbehörden bestimmt werden, soweit die Anforderung Seeschiffe, Binnenschiffe oder Luftfahrzeuge oder Einrichtungen des Funk-, Fernschreib- und Fernsprechverkehrs mit Ausnahme solcher der öffentlichen Rundfunkanstalten betrifft. Durch Rechtsverordnung kann bestimmt werden, für welches Gebiet die Anforderungsbehörde zuständig ist, für welche Zwecke (§ 1) sie Leistungen anfordern darf, welche Arten der Leistungen (§ 2 Abs. 1) und, soweit sie für die Anforderung von Leistungen nach § 2 Abs. 1 bis 7 zuständig ist, welche Gegenstände sie anfordern darf. Die Ermächtigung zum Erlaß einer Rechtsverordnung kann auf die Landesregierung übertragen werden. Die in den Sätzen 1, 3 und 4 vorgesehenen Rechtsverordnungen bedürfen der Zustimmung des Bundesrates.

(2) Obliegt die Ausführung dieses Gesetzes Anforderungsbehörden der Länder, so handeln sie im Auftrage des Bundes, soweit der Vollzug des Gesetzes der Verteidigung einschließlich des Schutzes der Zivilbevölkerung dient; im übrigen kann die Bundesregierung Einzelanweisungen erteilen, wenn und soweit die Anforderung der Leistung oder die Festsetzung der Entschädigung oder der Ersatzleistung eine einheitliche oder planmäßige Handhabung des Gesetzesvollzuges erfordert.

(3) Anforderungsbehörden, die keine staatlichen Behörden sind, handeln kraft staatlichen Auftrags unter Haftung des Auftraggebers. Die Verwaltungskosten der Gemeinden und der Gemeindeverbände werden vom Land erstattet.

§ 7

(1) Leistungsempfänger ist der Bedarfsträger, in den Fällen des § 1 Nr. 3 der auswärtige Staat, für dessen Streitkräfte die Leistung angefordert wird.
(2) Wird Wohnraum oder Hausrat für die in § 1 Nr. 1, 2 und 4 bezeichneten Zwecke auf Grund des § 2 Abs. 1 Nr. 1 und 2 angefordert, so kann die Anforderungsbehörde denjenigen als Leistungsempfänger bestimmen, dem der Wohnraum oder der Hausrat zum Gebrauch überlassen werden soll.

§ 8

(1) Leistungspflichtiger ist
1. bei Anforderungen nach § 2 Abs. 1 Nr. 1 bis 4, wer die tatsächliche Gewalt über die Sache ausübt;

2. bei Anforderungen nach § 2 Abs. 1 Nr. 5 derjenige, dem ein dingliches oder ein persönliches Recht zusteht, das zum Gebrauch, zum Mitgebrauch oder zur sonstigen Nutzung der Sache berechtigt;
3. bei Anforderungen nach § 2 Abs. 1 Nr. 6 und 7 der Eigentümer der Sache.

(2) Im Einzelfall wird der Leistungspflichtige nach Maßgabe des Absatzes 1 von der Anforderungsbehörde bestimmt. Die Anforderungsbehörde überläßt die Bestimmung der einzelnen Leistungspflichtigen einer Gemeinde oder einem Gemeindeverband, wenn in deren Bezirk eine Mehrzahl von gleichartigen Leistungen erbracht werden soll und die Übertragung zur Beschleunigung der Anforderung erforderlich ist.

§ 10

(1) ....

(2) Der Eigentümer eines Gebäudes oder Grundstücks kann die Entziehung des Eigentums nach den hierfür geltenden besonderen gesetzlichen Vorschriften verlangen, wenn eine Anforderung nach § 2 Abs. 1 Nr. 2 mehr als einmal erfolgt und wenn ihm die Überlassung zum Gebrauch, zum Mitgebrauch oder zur anderen Nutzung über die Dauer der ersten Anforderung hinaus nicht zugemutet werden kann.

(3) Wer zur Nutzung einer Sache berechtigt ist, kann der Anforderung eines Teils dieser Sache zum Gebrauch, zum Mitgebrauch oder zur anderen Nutzung widersprechen und die Anforderung der ganzen Sache verlangen, wenn sein wirtschaftliches Interesse an der Ausübung seines Rechtes durch die Anforderung des Teils entfallen oder unverhältnismäßig vermindert werden würde.

(4) Der Eigentümer kann der Anforderung eines Teils der Sache zu Eigentum widersprechen und die Anforderung der ganzen Sache zu Eigentum verlangen, wenn der andere Teil für ihn keinen oder nur einen unverhältnismäßig geringen Wert hätte.

Dritter Abschnitt. Rechtliche Wirkungen der Leistungsanforderung

§ 14

Eine Anforderung nach § 2 Abs. 1 Nr. 1 bis 5 bewirkt nicht, daß Rechtsverhältnisse erlöschen, die den Leistungspflichtigen gegenüber Dritten zur Nutzung der Sache berechtigen. Der Leistungspflichtige ist jedoch von der Verpflichtung zu wiederkehrenden Leistungen aus einem Miet- oder Pachtverhältnis befreit, solange ihm durch die Anforderung die Nutzung der Sache in vollem Umfang entzogen wird.

§ 15

Im Falle einer Anforderung nach § 2 Abs. 1 Nr. 1 bis 4 und 7 dürfen auch diejenigen, die nicht Leistungspflichtige sind, Rechte zur Nutzung der Sache nicht ausüben, soweit diese den Rechten des Leistungsempfängers entgegenstehen würden. § 14 gilt sinngemäß.

Vierter Abschnitt. Leistungsvorbereitungen

§ 18

(1) Der Leistungspflichtige ist zu Duldungen und Unterlassungen verpflichtet, die zur ordnungsmäßigen Vorbereitung der Leistung notwendig sind. Die Anforderungsbehörde kann von dem Leistungspflichtigen auch Auskünfte, die Vorlage von vorhandenen Unterlagen und die Vorführung von Pferden und Landfahrzeugen verlangen.

(2) Die Anforderung der Leistungsvorbereitung wird unwirksam, wenn nicht binnen drei Monaten eine Anforderung nach § 2 ausgesprochen wird.

(3) Anforderungsbehörde für die Leistungsvorbereitung nach Absatz 1 ist die für die Anforderung der Leistung zuständige Behörde.

Sechster Abschnitt. Die Abgeltung

§ 22

(1) Im Falle der Anforderung nach § 2 Abs. 1 Nr. 1 bis 5 und 7 hat der Leistungsempfänger eine Entschädigung zu zahlen, die sich nach dem für vergleichbare Leistungen im Wirtschafts-

verkehr üblichen Entgelt bemißt. Fehlt es an vergleichbaren Leistungen oder ist ein übliches Entgelt nicht zu ermitteln, so ist die Entschädigung unter gerechter Abwägung der Interessen der Allgemeinheit und der Beteiligten zu bestimmen. Die Entschädigung ist für die Zeit bis zur Rückgabe der angeforderten Sache oder, wenn die Rückgabe der angeforderten Sache unmöglich wird, bis zum Eintritt des Umstandes zu gewähren, der die Unmöglichkeit der Rückgabe zur Folge hat; bei Anforderungen nach § 2 Abs. 1 Nr. 5 und 7 ist an Stelle des Zeitpunktes der Rückgabe der Zeitpunkt maßgeblich, in dem die Verpflichtung zur Unterlassung oder zur Duldung wegfällt. Die Entschädigung ist in der Regel in monatlichen Teilbeträgen nachträglich zu zahlen.

(2) ....

(3) Bei der Bemessung der Entschädigung werden Mängel der Sache nur berücksichtigt, wenn der Leistungsempfänger dem Leistungspflichtigen die Mängel rechtzeitig angezeigt hat. Eine Anzeige ist rechtzeitig, wenn sie bei Mängeln, die bei der Überlassung erkennbar waren, innerhalb von zwei Wochen seit der Überlassung, bei anderen Mängeln innerhalb von zwei Wochen seit der Entdeckung, spätestens jedoch innerhalb von sechs Monaten seit der Überlassung erfolgt. Zur Wahrung der Frist genügt die rechtzeitige Absendung der Anzeige.

§ 23

Für Vermögensnachteile, die nicht schon durch die Entschädigung nach § 22 abgegolten sind, hat der Leistungsempfänger eine angemessene Entschädigung zu zahlen, die nicht über den Betrag hinausgehen darf, der erforderlich ist, um die infolge der Anforderung eintretenden Vermögensnachteile abwenden zu können. Für Vermögensnachteile, die nicht in unmittelbarem Zusammenhang mit den wirtschaftlichen Folgen auf Grund des Entzugs der Nutzung stehen, ist eine Entschädigung zu zahlen, wenn und soweit dies zur Abwendung unbilliger Härten geboten erscheint. Die üblichen Umzugskosten sind in jedem Falle zu ersetzen.

§ 25

(1) Die Entschädigung nach § 22 kann verlangen

1. für Leistungen nach § 2 Abs. 1 Nr. 1, 2, 5 und 7 der Eigentümer; die Entschädigung steht dem Mieter oder Pächter zu, wenn er nicht nach § 14 Satz 2 von der Verpflichtung zu wiederkehrenden Leistungen befreit ist;
2. ....
3. ....

(2) Eine Entschädigung nach § 23 können verlangen der Eigentümer, sonstige an der Sache zur Nutzung Berechtigte, Dienstbarkeitsberechtigte und diejenigen, die auf Grund eines persönlichen Rechtes die Sache besitzen.

(3) ....

(4) Dinglich an der Sache Berechtigte, die durch die Anforderung in ihren Rechten betroffen werden, sind nach Maßgabe der Artikel 52, 53 und 53a des Einführungsgesetzes zum Bürgerlichen Gesetzbuch auf die Entschädigung des Eigentümers nach § 22 angewiesen.

§ 26

Für Leistungsvorbereitungen (§ 18) sowie für Schäden, die infolge einer Beschlagnahme (§ 45) entstehen, ist dem Leistungspflichtigen eine angemessene Entschädigung zu zahlen

§ 27

(1) Kann der Leistungsempfänger eine angeforderte Sache, zu deren Rückgabe er verpflichtet ist, nicht zurückgeben oder gibt er sie in verschlechtertem oder beschädigtem Zustand zurück, so hat er dem Eigentümer Ersatz zu leisten.

(2) Kann die Sache nicht zurückgegeben werden, so bemißt sich die Höhe der Ersatzleistung nach dem gemeinen Wert der Sache im Zeitpunkt der Fälligkeit des Rückgabeanspruchs (§ 20

Abs. 2 Satz 1). Eine vor diesem Zeitpunkt eingetretene Wertminderung, die über die gewöhnliche Abnutzung hinausgeht, bleibt bei der Bemessung unberücksichtigt.

(3) Wird die Sache in verschlechtertem oder beschädigtem Zustand zurückgegeben, so bemißt sich die Höhe der Ersatzleistung nach den für eine sachgemäße Instandsetzung erforderlichen Kosten. Bei der Bemessung ist eine durch die Instandsetzung nicht zu behebende Wertminderung zu berücksichtigen. Die Höhe der Ersatzleistung darf den gemeinen Wert nicht übersteigen, den die Sache ohne die Verschlechterung oder Beschädigung im Zeitpunkte der Rückgabe gehabt hätte.

(4) Für die gewöhnliche Abnutzung der Sache während der Zeit, für die Entschädigung nach § 22 Abs. 1 gewährt wird, ist kein Ersatz zu leisten.

(5) Eine Ersatzleistung durch Herstellung in Natur kann nicht verlangt werden.

(6) § 25 Abs. 4 gilt sinngemäß für die Ersatzleistung.

(7) Kann eine angeforderte Sache nach Rückgabe ganz oder zum Teil nicht alsbald wieder genutzt werden, weil Schäden an ihr behoben werden müssen, so hat der Leistungsempfänger für die hierdurch entstehenden Vermögensnachteile nach Maßgabe des § 23 Entschädigung zu leisten.

Hat die Anforderungsbehörde einen anderen als einen Bedarfsträger zum Leistungsempfänger bestimmt (§ 7 Abs. 2), so hat der Leistungsempfänger Ersatz nach § 27 Abs. 1 nur zu leisten, wenn sich eine Ersatzpflicht bei sinngemäßer Anwendung der Vorschriften des bürgerlichen Rechts ergibt.

Zweiter Teil. Verfahren

Erster Abschnitt. Durchführung der Anforderung

§ 36

Leistungen werden von der Anforderungsbehörde durch Leistungsbescheid angefordert.

§ 37

Der Leistungsbescheid bedarf der Schriftform. In ihm müssen der Grund der Anforderung, die Anforderungsbehörde, der Gegenstand und Zeitpunkt der Leistung, der Bedarfsträger, der Leistungspflichtige und der Leistungsempfänger bezeichnet werden. Bei einer Anforderung nach § 2 Abs. 1 Nr. 1 bis 5 und 9 ist die Dauer der Leistung anzugeben. Die Anforderungsbehörde ist verpflichtet, in dem Leistungsbescheid die gesetzliche Grundlage der Anforderung zu bezeichen. Sie muß eine Rechtsmittelbelehrung erteilen.

§ 38

(1) Der Leistungsbescheid ist dem Leistungspflichtigen (§ 8) zuzustellen.

(2) Kann ein Leistungsbescheid, der sich auf eine Anforderung nach § 2 Abs. 1 Nr. 6 und 7 bezieht, dem Leistungspflichtigen nicht oder nicht ohne eine ihren Zweck gefährdende Verzögerung zugestellt werden, so kann er demjenigen zugestellt werden, der die tatsächliche Gewalt über die Sache ausübt. Erfolgt die Zustellung nicht an den Leistungspflichtigen selbst, so ist dieser durch Übersendung einer Abschrift unverzüglich zu benachrichtigen.

(3) ....

(4) In den Fällen der Absätze 2 und 3 treten dieselben rechtlichen Wirkungen ein, wie wenn der Leistungsbescheid dem Leistungspflichtigen zugestellt wäre.

(5) Der Leistungsbescheid soll auch allen der Anforderungsbehörde bekannten Personen zugestellt werden, die durch die Anforderung in ihren Rechten betroffen werden.

§ 40

Leistungsvorbereitungen nach § 18 können mündlich oder mittels Fernmeldeeinrichtung angefordert werden.

§ 41

Zur Sicherung des Beweises soll, soweit es sachdienlich und unter den gegebenen Umständen möglich ist, der Zustand einer angeforderten Sache auf Antrag des Beteiligten durch Sachverständige festgestellt und ihr Wert geschätzt werden. Hierüber ist eine Niederschrift aufzunehmen, die den Beteiligten zuzustellen ist.

§ 42

Bietet der Leistungspflichtige dem Leistungsempfänger zu angemessenen Bedingungen den Abschluß eines Rechtsgeschäfts an, auf Grund dessen die angeforderte Leistung fortan zu erbringen ist, und erscheint die Erfüllung des Rechtsgeschäfts hinreichend gesichert, so ist der Leistungsbescheid aufzuheben, wenn der Leistungsempfänger den Abschluß des Rechtsgeschäfts ohne berechtigten Grund ablehnt.

§ 43

(1) Fallen die Voraussetzungen der Anforderung weg, so hat die Anforderungsbehörde

1. bei Anforderung von Leistungen nach § 2 Abs. 1 Nr. 1 bis 5 und 7 auf Antrag des Leistungsempfängers oder des Entschädigungsberechtigten die Beendigung der Anforderung anzuordnen;
2. ....
3. ....
4. ....

Bei Anforderung von Wohnraum ist in Abständen von längstens sechs Monaten, beginnend mit dem Zeitpunkt der Zustellung des Leistungsbescheides, von Amts wegen zu prüfen, ob die Voraussetzungen der Anforderung noch vorliegen.

(2) Anordnungen nach Absatz 1 sind dem Leistungsempfänger und dem Leistungspflichtigen, im Falle des Absatzes 1 Nr. 1 an Stelle des Leistungspflichtigen dem Entschädigungsberechtigten zuzustellen. Sie werden wirksam, sobald sie für diese unanfechtbar geworden sind.

(3) ....

§ 44

(1) Auf die Erzwingung von Handlungen, Duldungen oder Unterlassungen, die nach diesem Gesetz angefordert werden, sind die Vorschriften des Verwaltungs-Vollstreckungsgesetzes v. 27. April 1953 (Bundesgesetzbl. I S. 157) entsprechend anzuwenden. Gegen Leistungsempfänger die Bedarfsträger sind, darf der Verwaltungszwang nicht angewandt werden.

(2) Vollzugsbehörde ist die Anforderungsbehörde oder die Behörde, die von der Landesregierung bestimmt wird. Die Vollzugsbehörde kann die Verwaltungshilfe anderer Behörden in Anspruch nehmen.

§ 45

(1) Die Anforderungsbehörde kann zur Sicherstellung einer anzufordernden Leistung die Beschlagnahme der Sache anordnen, auf die sich ein zu erlassender Leistungsbescheid beziehen soll. Die Beschlagnahme wird mit der Zustellung der Anordnung an denjenigen wirksam, der bei einer Anforderung Leistungspflichtiger sein würde.

(2) Die Beschlagnahme bewirkt, daß Rechtsgeschäfte über die beschlagnahmte Sache insoweit unwirksam sind, als sie dem mit den ergehenden Anforderungen verfolgten Zweck zuwiderlaufen; auch dürfen wesentliche Veränderungen an der Sache ohne Genehmigung der Anforderungsbehörde nicht vorgenommen werden. Den Rechtsgeschäften in diesem Sinne stehen auch Verfügungen im Wege der Zwangsvollstreckung oder Arrestvollziehung gleich.

(3) Beschlagnahmen werden unwirksam, wenn die Leistung nicht innerhalb zweier Monate angefordert wird.

§ 46

Für die Anfechtung der nach diesem Abschnitt erlassenen Verwaltungsakte gilt die Verwaltungsgerichtsordnung.

§ 47

Zustellungen durch die Verwaltungsbehörden werden nach den Vorschriften des Verwaltungszustellungsgesetzes v. 3. Juli 1952 (Bundesgesetzbl. I S. 379) bewirkt.

Zweiter Abschnitt. Festsetzung von Entschädigung und Ersatzleistung

§ 49

Entschädigung und Ersatzleistung werden durch die Anforderungsbehörden festgesetzt.

§ 50

Wer Anspruch auf Entschädigung oder Ersatzleistung erhebt, hat der Anforderungsbehörde schriftlich oder zur Niederschrift zu erklären, ob und welche anderen Personen nach seiner Kenntnis ein Recht auf die Entschädigung oder Ersatzleistung geltend machen oder geltend machen können. Die Erklärung ist dem Zahlungspflichtigen und den als Berechtigte benannten Personen zuzustellen.

§ 51

(1) Vor der Festsetzung der Entschädigung oder der Ersatzleistung hat die Anforderungsbehörde durch einen Vorschlag auf eine gütliche Einigung der Beteiligten hinzuwirken. Beteiligte sind der Zahlungspflichtige und die der Anforderungsbehörde bekannten Berechtigten.

(2) Kommt eine Einigung zustande, so hat die Anforderungsbehörde diese zu beurkunden und den Beteiligten eine beglaubigte Abschrift der Urkunde zuzustellen.

(3) Kommt eine Einigung nicht zustande, so setzt die Anforderungsbehörde die Höhe der Entschädigung oder der Ersatzleistung fest, nachdem sie den Beteiligten Gelegenheit zur Stellungnahme gegeben hat.

(4) Die Festsetzung erfolgt durch schriftlichen Bescheid, in dem die Anforderungsbehörde, der Zahlungspflichtige, der Zahlungsempfänger, die Gründe der Entscheidung und die zulässigen Rechtsmittel anzugeben sind. Er ist den Beteiligten zuzustellen.

(5) Besteht bei der Anforderungsbehörde Ungewißheit über die Person des Zahlungsempfängers, so hat sie anzuordnen, daß der als Entschädigung oder Ersatzleistung zu zahlende Geldbetrag unter Verzicht auf das Recht der Rücknahme zu hinterlegen ist.

§ 52

(1) Die Niederschrift über die Einigung nach § 51 Abs. 2 ist nach Zustellung an die Beteiligten vollstreckbar. Der Festsetzungsbescheid nach § 51 Abs. 3 ist den Beteiligten gegenüber vollstreckbar, wenn er für diese unanfechtbar geworden ist oder das Gericht ihn für vorläufig vollstreckbar erklärt hat.

(2) Die Zwangsvollstreckung richtet sich nach den Vorschriften der Zivilprozeßordnung über die Vollstreckung von Urteilen in bürgerlichen Rechtsstreitigkeiten. Die vollstreckbare Ausfertigung wird von dem Urkundsbeamten der Geschäftsstelle des Amtsgerichts erteilt, in dessen Bezirk die mit dem Festsetzungsverfahren befaßte Behörde ihren Sitz hat, und, wenn das Verfahren bei einem Gericht anhängig ist, von dem Urkundsbeamten der Geschäftsstelle dieses Gerichts. In den Fällen der §§ 731, 767—770, 785, 786, 791 der Zivilprozeßordnung tritt das Amtsgericht, in dessen Bezirk die mit dem Festsetzungsverfahren befaßte Behörde ihren Sitz hat, an die Stelle des Prozeßgerichts.

§ 53

(1) Hat der Entschädigungsberechtigte im Falle einer Anforderung nach § 2 Abs. 1 Nr. 6 gegenüber der Anforderungsbehörde gemäß § 50 erklärt, daß er infolge der Anforderung eine

Verpflichtung zur Übereignung der Sache nicht erfüllen könne oder daß ihm die Sache zur Sicherung übereignet sei, so hat die Behörde anzuordnen, daß der Entschädigungsbetrag unter Verzicht auf das Recht der Rücknahme zu hinterlegen ist. Das gleiche gilt, wenn ein Dritter gegenüber der Behörde Rechte aus einem Rechtsverhältnis der in Satz 1 bezeichneten Art angemeldet hat.

(2) Im Verhältnis zwischen den Beteiligten tritt der hinterlegte Betrag an die Stelle der Sache. Im übrigen bestimmen sich die Rechte auf den hinterlegten Betrag nach dem zwischen den Beteiligten bestehenden Rechtsverhältnis.

§ 54

(1) Durch Hinterlegung in den Fällen des § 51 Abs. 5 und des § 53 wird der Zahlungspflichtige von seiner Zahlungspflicht befreit.

(2) Die Pflicht zur Hinterlegung nach § 51 Abs. 5 und § 53 entfällt, soweit eine Einigung der Beteiligten über die Auszahlung nachgewiesen ist.

(3) Andere Vorschriften, nach denen die Hinterlegung geboten oder statthaft ist, bleiben unberührt.

§ 55

Wird der als Entschädigung oder Ersatzleistung zu zahlende Betrag nach Maßgabe der Vorschriften dieses Gesetzes hinterlegt, so kann jeder Beteiligte sein Recht an dem hinterlegten Betrag gegen einen Mitbeteiligten, der dieses Recht bestreitet, vor den ordentlichen Gerichten geltend machen, oder die Einleitung des gerichtlichen Verteilungsverfahrens beantragen. Für das Verteilungsverfahren ist das Amtsgericht zuständig, bei dem der Betrag hinterlegt worden ist. Die Vorschriften der Zivilprozeßordnung über das Verteilungsverfahren sind sinngemäß anzuwenden; ist die Hinterlegung die durch Anforderung eines Grundstücks oder eines eingetragenen Schiffes oder Schiffsbauwerks oder durch die Anforderung einer Sache veranlaßt, auf die sich ein Grundpfandrecht oder eine Schiffshypothek eines Beteiligten erstreckt, so sind auf das Verteilungsverfahren die Vorschriften über die Verteilung des Erlöses im Falle der Zwangsversteigerung sinngemäß anzuwenden.

§ 57

(1) Ist ein Festsetzungsbescheid von der unteren Verwaltungsbehörde erlassen worden, so können die am Festsetzungsverfahren Beteiligten innerhalb zweier Wochen seit Zustellung des Festsetzungsbescheides Beschwerde einlegen. Über die Beschwerde entscheidet die Aufsichtsbehörde.

(2) Die Entscheidung über die Beschwerde ist den am Festsetzungsverfahren Beteiligten zuzustellen.

§ 58

(1) Wegen der Festsetzung der Entschädigung oder der Ersatzleistung kann ein Beteiligter binnen einer Frist von zwei Monaten nach Zustellung der Beschwerdeentscheidungen Klage erheben. Ist eine Beschwerde gegen den Festsetzungsbescheid nicht zulässig, so beginnt der Lauf der Frist mit der Zustellung des Festsetzungsbescheides. Die Klage kann auch erhoben werden, wenn die Anforderungsbehörde über einen Festsetzungsantrag oder die Aufsichtsbehörde über eine Beschwerde innerhalb einer Frist von drei Monaten eine Entscheidung nicht getroffen hat.

(2) Für die Klage ist das Landgericht ohne Rücksicht auf den Wert des Streitgegenstandes ausschließlich zuständig; eine erweiterte Zulässigkeit von Rechtsmitteln nach den Vorschriften des § 511a Abs. 4 und des § 547 Abs. 1 Nr. 2 der Zivilprozeßordnung wird hierdurch nicht begründet. Örtlich ist das Landgericht ausschließlich zuständig, in dessen Bezirk die Anforderungsbehörde ihren Sitz hat.

(3) Die Klage gegen den zur Entschädigung oder Ersatzleistung Verpflichteten ist auf Zahlung des verlangten Betrages bzw. Mehrbetrages zu richten. Die Klage gegen den zur Entschädigung

oder Ersatzleistung Berechtigten ist darauf zu richten, daß die Entschädigung oder die Ersatzleistung unter Aufhebung oder Abänderung des Festsetzungsbescheides anderweit festgesetzt wird.

(4) Das Gericht kann im Falle des Absatzes 3 Satz 2 auf Antrag des Berechtigten den Festsetzungsbescheid für vorläufig vollstreckbar erklären. Über den Antrag kann durch Beschluß vorab entschieden werden. Der Beschluß ist nicht anfechtbar. Die §§ 713—720 der Zivilprozeßordnung sind entsprechend anzuwenden.

§ 59

Hat eine oberste Bundes- oder Landesbehörde die Entschädigung oder Ersatzleistung festgesetzt, so ist die Klage vor dem ordentlichen Gericht binnen zwei Monaten nach Zustellung des Festsetzungsbescheides zu erheben.

Dritter Teil. Manöver und andere Übungen

§ 66

(1) Wenn uniformierte Verbände oder Einheiten (Truppen), die berechtigt sind, im Bundesgebiet Manöver oder andere Übungen abzuhalten, solche Manöver oder andere Übungen durchführen, gelten unbeschadet einschränkender Bedingungen, die für den Einzelfall von den zuständigen zivilen Verwaltungsbehörden festgelegt werden, die Vorschriften dieses Teils. Das gleiche gilt für Verbände und Einheiten des zivilen Bevölkerungsschutzes und die von der Truppe zugezogenen Hilfskräfte, soweit diese an Manövern oder anderen Übungen von Truppen teilnehmen.

(2) Manöver oder andere Übungen dürfen in der Regel die Dauer von dreißig Tagen nicht überschreiten. Dasselbe Gelände soll für mehrtägige Übungen nur in Ausnahmefällen innerhalb dreier Monate wiederholt benutzt werden.

§ 67

Die Vorschriften des Ersten und Zweiten Teils finden nur insoweit Anwendung, als in diesem Teil auf sie Bezug genommen ist.

§ 68

(1) Die Truppen dürfen Grundstücke überqueren, vorübergehend besetzen oder zeitweilig sperren.

(2) Ohne eine besondere Einwilligung des Berechtigten dürfen die Truppen die ihnen nach Abs. 1 zustehenden Rechte nicht ausüben auf

bebauten Grundstücken und Verkehrsflughäfen,

Grundstücken, die wegen der land- oder forstwirtschaftlichen Nutzung oder als Wasserschutzgebiet durch die zuständigen Behörden als besonders schutzbedürftig erklärt worden sind,

Tier-, Naturschutzgebieten oder Naturdenkmalen,

Stätten von religiöser, kultureller oder geschichtlicher Bedeutung,

Friedhöfen,

Anlagen, welche bestimmt sind, die Sicherheit des Straßen-, Eisenbahn-, Wasserstraßen-, See- oder Luftverkehrs zu gewährleisten,

Anlagen, welche bestimmt sind, die Nachrichtenübermittlung zu gewährleisten,

Anlagen zur Ent- oder Bewässerung sowie zur Abwässerbeseitigung,

Anlagen zum Schutz gegen Naturgewalten,

Anlagen zur Versorgung mit Wasser oder Energie wie Elektrizität und Gas.

(3) Grundstücke dürfen in geringerer als der sonst zulässigen Höhe überflogen werden, soweit die Bedingungen für die Durchführung der Manöver dies ausdrücklich gestatten.

§ 76

(1) Für Schäden, die an Grundstücken, baulichen Anlagen, Straßen, Brücken, Wasserläufen, Höfen und sonstigen Verkehrsanlagen oder Verkehrseinrichtungen einschließlich ihres Zubehörs durch Manöver oder andere Übungen verursacht werden, ist Ersatz zu leisten. Die Ersatzleistung bemißt sich im Falle der Zerstörung nach dem gemeinen Wert, im Falle der Beschädigung nach der Höhe der notwendigen Kosten der Wiederherstellung oder der Instandsetzung.

(2) Im Falle der Beschädigung eines land- oder forstwirtschaftlichen Grundstücks durch die Benutzung zu Manövern oder anderen Übungen ist außerdem für eine infolge der Beschädigung eingetretene Ertragsminderung angemessener Ersatz zu leisten.

(3) Wird eine nach § 71 zum Gebrauch überlassene Sache verschlechtert oder beschädigt, so gilt § 27 Abs. 3 sinngemäß.

§ 84

(1) Werden Grundstücke im Eigentum von Gebietskörperschaften nach diesem Gesetz angefordert, so bemißt sich die Entschädigung, wenn und soweit diese Grundstücke nicht Erwerbszwecken dienen, nach dem Ersatz der fortlaufenden Aufwendungen, insbesondere Schuldzinsen für Fremdkapital, Betriebskosten und Versicherungsbeiträge sowie einem angemessenen Betrag für Abnutzung. Darüber hinaus sind die durch die Anforderung verursachten Aufwendungen, soweit sie den Umständen nach notwendig waren und der Höhe nach angemessen sind, zu erstatten. Die Miete für Ersatzräume ist insoweit zu erstatten, als sie die fortlaufenden Aufwendungen für das angeforderte Grundstück übersteigt.

(2) Für Sachen im Eigentum der Bundesrepublik, die für Zwecke der Streitkräfte angefordert oder nach § 85 Abs. 1 weiter in Anspruch genommen werden, werden Entschädigung und Ersatzleistung insoweit nicht gewährt, als sich die Bundesrepublik in zwischenstaatlichen Verträgen mit der unentgeltlichen Nutzung dieser Sachen durch die Streitkräfte und ihre Mitglieder einverstanden erklärt und auf Ersatz von Schäden an diesen Sachen verzichtet hat.

(3) Absatz 2 findet auf Sachen, die im Eigentum des früheren Deutschen Reichs standen und auf Grund des Bundesgesetzes zur vorläufigen Regelung der Rechtsverhältnisse des Reichsvermögens und der preußischen Beteiligungen v. 21. Juli 1951 (Bundesgesetzbl. I S. 647) und der Verordnung zur Durchführung des § 6 dieses Gesetzes v. 26. Juli 1951 (Bundesgesetzbl. I S. 471) der Verwaltung des Bundes unterliegen, sinngemäß Anwendung.

Anh. 11

Gesetz über die Beschränkung von Grundeigentum für die militärische Verteidigung (Schutzbereichgesetz)

vom 7. Dezember 1956 (BGBl. I S. 899)

Auszug

Erster Abschnitt. Schutzbereiche

§ 1

(1) Ein Schutzbereich ist ein Gebiet, in dem die Benutzung von Grundstücken auf Grund besonderer Anordnung der zuständigen Bundesbehörde für Zwecke der Verteidigung, insbesondere auch, um die Verpflichtungen des Bundes aus zwischenstaatlichen Verträgen über die Stationierung und Rechtsstellung von Streitkräften auswärtiger Staaten im Bundesgebiet zu erfüllen, nach Maßgabe dieses Gesetzes beschränkt ist.

(2) Der Schutzbereich dient zum Schutz und zur Erhaltung der Wirksamkeit von Verteidigungsanlagen.

(3) Soll ein Gebiet zum Schutzbereich erklärt werden, so ist die Landesregierung zu hören, die nach Anhörung der betroffenen Gemeinde (Gemeindeverband) unter angemessener Berücksichtigung der Erfordernisse der Raumordnung, insbesondere der Interessen des Städtebaues

und des Naturschutzes sowie der landwirtschaftlichen und wirtschaftlichen Interessen zu dem Vorhaben Stellung nimmt. Will der Bundesverteidigungsminister von dieser Stellungnahme abweichen, so unterrichtet er die betreffende Landesregierung vor seiner Entscheidung.

(4) Ein Gebiet darf zum Schutzbereich nur erklärt werden, wenn der mit dem Schutzbereich erstrebte Erfolg auf andere Weise nicht oder nicht rechzeitig oder nur mit unverhältnismäßigen Mitteln erreicht werden kann.

§ 2

(1) Ein Gebiet wird zum Schutzbereich durch Anordnung erklärt. Sie muß einen Plan über den Umfang des Schutzbereichs enthalten. Sie ist den Eigentümern von Grundstücken im Schutzbereich und den anderen zum Gebrauch oder zur Nutzung dieser Grundstücke Berechtigten (andere Berechtigte) sowie den dinglich Berechtigten, soweit sie der zuständigen Behörde bekannt oder aus dem Grundbuch ersichtlich sind, bekanntzugeben oder in ortsüblicher Weise öffentlich bekanntzumachen. Der Plan über den Umfang des Schutzbereichs ist den Beteiligten nur, soweit sie davon betroffen sind, bekanntzugeben.

(2) Die Anordnung ist auf das unerläßliche Maß zu beschränken. Sie ist so zu gestalten und durchzuführen, daß keinem der Beteiligten vermeidbare Nachteile entstehen. Der Lebensbedarf der Beteiligten muß gewährleistet bleiben. Kulturgut darf nicht gefährdet werden.

(3) Die Eigentümer oder Besitzer sind auf Verlangen der zuständigen Behörde verpflichtet, Namen und Anschrift aller anderen ihnen bekannten Berechtigten und jeden Wechsel im Eigentum oder im Besitz mitzuteilen.

(4) Die zuständige Behörde hat mindestens alle fünf Jahre unter Beachtung der Vorschriften des § 1 Abs. 3 von Amts wegen zu prüfen, ob die Voraussetzungen der Anordnung noch vorliegen. Wird die Anordnung nicht aufgehoben, so ist die Entscheidung darüber zu begründen und den Beteiligten bekanntzugeben.

(5) Die Anordnung ist aufzuheben, wenn der Schutzbereich für die Zwecke des § 1 nicht mehr benötigt wird. Die Aufhebung ist den Beteiligten bekanntzugeben.

§ 3

(1) Wer innerhalb der Schutzbereiche

1. bauliche oder andere Anlagen oder Vorrichtungen über oder unter der Erdoberfläche errichten, ändern oder beseitigen,
2. Inseln, Küsten und Gewässer verändern,
3. in anderer Weise die Bodengestaltung und Bodenbenutzung außer der landwirtschaftlichen Nutzung verändern

will, bedarf hierzu der Genehmigung. Die Genehmigung darf nur versagt werden, soweit es zur Erreichung der Zwecke des Schutzbereichs erforderlich ist.

(2) Befreiungen von der Genehmigungspflicht können zugelassen werden.

§ 4

(1) Soweit es zur Erreichung der Zwecke des Schutzbereichs erforderlich ist, kann auch die landwirtschaftliche Nutzung der innerhalb des Schutzbereichs gelegenen Grundstücke beschränkt werden.

(2) Wird die landwirtschaftliche Nutzung beschränkt, soll auf die landwirtschaftliche Erzeugung Rücksicht genommen werden.

§ 5

(1) Für die Grundstücke und Gewässer eines Schutzbereichs kann, soweit es zur Erreichung der Zwecke des Schutzbereichs dringend erforderlich ist, die Benutzung oder der Gemeingebrauch ausgeschlossen oder eingeschränkt werden.

(2) . . . .

§ 6

(1) Soweit es zur Erreichung der Zwecke des Schutzbereichs erforderlich ist, haben die Eigentümer von Grundstücken innerhalb des Schutzbereichs und die anderen Berechtigten auf Verlangen der zuständigen Behörden zu dulden, daß

1. bauliche oder andere Anlagen errichtet, unterhalten oder beseitigt werden,
2. Wald oder anderer Aufwuchs angepflanzt oder beseitigt wird.

(2) Bei Beseitigung oder Räumung von Wohnungen ist den Bewohnern eine angemessene Räumungsfrist zu gewähren. Die ausreichende anderweitige Unterbringung muß gesichert sein.

§ 7

Bei den Maßnahmen, die nach diesem Gesetz zulässig sind, muß die Unterhaltung und der Betrieb der Verkehrs-, Nachrichten- und Versorgungsanlagen, sowie der Anlagen der Abwasserwirtschaft, der Wasser- und Bodenwirtschaft und des Bergbaus gesichert bleiben. Auf Einrichtungen und Anstalten, die mildtätigen, gemeinnützigen oder kirchlichen Zwecken dienen, ist bei der Anwendung dieses Gesetzes Rücksicht zu nehmen.

§ 8

Wer ohne die Genehmigung nach § 3 handelt, muß auf Verlangen der zuständigen Behörde den ursprünglichen Zustand wiederherstellen.

Dritter Abschnitt. Entschädigung

§ 12

(1) Entstehen durch die Einwirkungen nach diesem Gesetz dem Eigentümer oder einem anderen Berechtigten Vermögensnachteile, so ist dafür eine angemessene Entschädigung in Geld zu leisten. Hierbei ist die entzogene Nutzung, die Beschädigung oder Zerstörung einer Sache unter gerechter Abwägung der Interessen der Allgemeinheit und der Beteiligten zu berücksichtigen. Für entgangenen Gewinn und für sonstige Vermögensnachteile, die nicht in unmittelbarem Zusammenhang mit dem Entzug der Nutzung an einem im Schutzbereich gelegenen Gegenstand stehen, ist den im Satz 1 bezeichneten Personen eine Entschädigung zu zahlen, wenn und soweit dies zur Abwendung oder zum Ausgleich unbilliger Härten geboten erscheint.

(2) Dinglich Berechtigte, die durch die Einwirkung in ihren Rechten betroffen werden, sind, soweit sie nicht als andere Berechtigte bereits nach Absatz 1 entschädigt werden, nach Maßgabe der Artikel 52 und 53 des Einführungsgesetzes zum Bürgerlichen Gesetzbuch auf die Entschädigung des Eigentümers angewiesen.

§ 13

(1) Eine Entschädigung nach § 12 wird nicht gezahlt, soweit einem Entschädigungsberechtigten infolge der Einwirkungen Vermögensvorteile erwachsen oder er diese bei gehöriger Sorgfalt in zumutbarer Weise hätte ziehen können.

(2) Hat bei der Entstehung des Vermögensnachteils ein Verschulden des Entschädigungsberechtigten mitgewirkt, so gilt § 254 des Bürgerlichen Gesetzbuchs sinngemäß.

§ 14

(1) Wenn die Entschädigung für den Entzug oder die Beschränkung der Nutzung in einer wiederkehrenden Leistung besteht, ist sie in der Regel vierteljährlich nachträglich zu zahlen.

(2) Vereinbarungen über eine einmalige Abfindung sind zulässig.

§ 15

(1) Wird dem Eigentümer durch eine Einwirkung nach diesem Gesetz die wirtschaftliche Nutzung des Grundstücks nicht nur vorübergehend unzumutbar erschwert, so kann er die Entziehung des Eigentums am Grundstück verlangen. Treffen diese Voraussetzungen nur auf

einen Teil des Grundstücks zu, so beschränkt sich das Recht, die Entziehung des Eigentums zu verlangen, auf diesen Teil, es sei denn, daß der übrige Teil für ihn keinen oder nur einen verhältnismäßig geringen Wert hätte.

(2) Andere Berechtigte, denen die Ausübung ihres Rechtes nicht nur vorübergehend unzumutbar erschwert wird, können die Entziehung des Rechts beantragen.

Vierter Abschnitt. Festsetzung der Entschädigung

§ 18

(1) Vor der Festsetzung der Entschädigung hat die Festsetzungsbehörde eine gütliche Einigung zu versuchen.

(2) Beteiligte sind der Zahlungspflichtige und die in ihren Rechten Betroffenen (Entschädigungsberechtigte). Der Bundesminister der Finanzen kann für die Festsetzungsverfahren einen Vertreter des Finanzinteresses bestellen. Dieser ist Beteiligter, sofern er nicht auf die Beteiligung verzichtet.

(3) Eine Einigung ist nur rechtswirksam, wenn sie gerichtlich oder notariell beurkundet ist.

§ 19

(1) Kommt eine Einigung nicht zustande, so setzt die Festsetzungsbehörde die Höhe der Entschädigung fest, nachdem sie den Beteiligten Gelegenheit zur Äußerung gegeben hat.

(2) Festgesetzt wird durch schriftlichen Bescheid, in dem die Festsetzungsbehörde, der Zahlungspflichtige und der Zahlungsempfänger anzugeben sind und der eine Rechtsmittelbelehrung zu enthalten hat. Er ist den Beteiligten zuzustellen.

§ 20

(1) Die Urkunde über die Einigung nach § 18 Abs. 3 ist nach Zustellung an die Beteiligten vollstreckbar. Der Festsetzungsbescheid nach § 19 Abs. 2 ist den Beteiligten gegenüber vollstreckbar, wenn er für sie unanfechtbar geworden ist oder das Gericht ihn für vorläufig vollstreckbar erklärt hat.

(2) Die Zwangsvollstreckung richtet sich nach den Vorschriften der Zivilprozeßordnung über die Vollstreckung von Urteilen in bürgerlichen Rechtsstreitigkeiten. Die vollstreckbare Ausfertigung des Festsetzungsbescheides wird vom Urkundsbeamten der Geschäftsstelle des Amtsgerichts erteilt, in dessen Bezirk das zum Schutzbereich erklärte Grundstück liegt, und, wenn das Verfahren bei einem Gericht abhängig ist, vom Urkundsbeamten der Geschäftsstelle dieses Gerichts. In den Fällen der §§ 731, 767—770, 785, 786, 791 der Zivilprozeßordnung tritt das Amtsgericht, in dessen Bezirk das zum Schutzbereich erklärte Grundstück liegt, an die Stelle des Prozeßgerichts.

§ 21

(1) Wird die Entschädigung auf Grund dieses Gesetzes nicht innerhalb eines Monats nach Einigung (§ 18) oder Festsetzung (§ 19), bei wiederkehrenden Leistungen nicht innerhalb eines Monats nach der sich aus der Einigung oder Festsetzung ergebenden Fälligkeit gezahlt, so ist sie von diesem Zeitpunkt an mit zwei vom Hundert über den jeweiligen Diskontsatz der Bank deutscher Länder zu verzinsen. Das gilt nicht, soweit den Entschädigungsberechtigten ein Verschulden an der Verzögerung der Zahlung trifft. Soweit der Entschädigungsberechtigte auf die Entschädigung Vorauszahlungen erhalten hat, entfällt die Verpflichtung zur Verzinsung.

(2) Erfolgt die Einigung oder Festsetzung nicht innerhalb dreier Monate nach Bekanntgabe der Anordnung (§ 2) oder der nach diesem Gesetz zulässigen Maßnahmen (§ 9 Abs. 2), so sind die in Abs. 1 genannten Zinsen von diesem Zeitpunkt an zu zahlen.

Anh. 12

Gesetz über die Landbeschaffung für Aufgaben der Verteidigung (Landbeschaffungsgesetz)

vom 23. Februar 1957 (BGBl. I S. 134)

Auszug

Erster Teil: Allgemeine Vorschriften und Grundsätze über den freihändigen Erwerb

§ 1

(1) Der Bund kann nach Maßgabe der Vorschriften dieses Gesetzes Grundstücke beschaffen

1. für Zwecke der Verteidigung;
2. insbesondere auch zur Erfüllung der Verpflichtungen des Bundes aus zwischenstaatlichen Verträgen über die Stationierung und Rechtsstellung von Streitkräften auswärtiger Staaten im Bundesgebiet;
3. zur Gewährung einer Entschädigung in Land im unmittelbaren Zusammenhang mit Maßnahmen nach Nr. 1 oder 2;
4. zur Verlegung oder Errichtung öffentlicher Einrichtungen und Anlagen im unmittelbaren Zusammenhang mit Maßnahmen nach Nr. 1, 2 oder 3;
5. zur Unterbringung von Personen, Betrieben und öffentlichen Einrichtungen, die wegen der Verwendung bundes- oder reichseigener Grundstücke für Zwecke der Nr. 1 und 2 notwendig ist.

(2) Sollen Grundstücke für die in Abs. 1 genannten Zwecke beschafft werden, so ist die Landesregierung zu hören, die nach Anhörung der betroffenen Gemeinde (Gemeindeverband) unter angemessener Berücksichtigung der Erfordernisse der Raumordnung, insbesondere der landwirtschaftlichen Interessen sowie der Belange des Städtebaues und des Naturschutzes, zu dem Vorhaben Stellung nimmt. Die Stellungnahme hat sich auch darauf zu erstrecken, ob das Vorhaben aus Grundbesitz der öffentlichen Hand, der in angemessener Entfernung gelegen und für das Vorhaben geeignet ist, unter Berücksichtigung der Grundsätze in Satz 1 befriedigt werden kann. Zu dem Grundbesitz der öffentlichen Hand gehört auch der Grundbesitz juristischer Personen des privaten Rechts, an deren Kapital die öffentliche Hand überwiegend beteiligt ist.

(3) Alsdann bezeichnet der zuständige Bundesminister im Einvernehmen mit den beteiligten Bundesministern die Vorhaben, für die Grundstücke nach den Vorschriften dieses Gesetzes zu beschaffen sind, und sorgt in geeigneten Fällen für öffentliche Bekanntmachung. Will der zuständige Bundesminister von der Stellungnahme der Landesregierung abweichen, so unterrichtet er die betreffende Landesregierung vor seiner Entscheidung.

§ 2

Die für Zwecke des § 1 Abs. 1 benötigten Grundstücke sollen nach Möglichkeit freihändig erworben werden. Kann der beabsichtigte Zweck auch durch Begründung eines Nutzungsverhältnisses erreicht werden, so ist einem hierauf gerichteten Verlangen des Eigentümers zu entsprechen. Das Entgelt kann abweichend von den bisherigen Preisvorschriften bemessen werden.

§ 3

Bei den Verhandlungen über den freihändigen Erwerb ist jeder Eigentümer darauf hinzuweisen, daß

a) ihm für das abgegebene Grundstück statt einer Barvergütung ganz oder teilweise eine Abfindung in Land (Ersatzland) oder eine sonstige Gegenleistung zu gewähren ist;
b) ihm Ersatzland insbesondere dann gewährt wird, wenn er zur Aufrechterhaltung seines persönlich bewirtschafteten Betriebes oder zur Erfüllung der ihm wesensgemäß obliegenden Aufgaben auf Ersatzland angewiesen ist und das Land zu angemessenen Bedingungen beschafft und erforderlichenfalls hergerichtet werden kann;

c) ihm eine sonstige, seine Existenz sichernde Gegenleistung zu gewähren ist, wenn er infolge Alters oder sonstiger Umstände zur Sicherung seiner Existenz oder zur Erfüllung der ihm wesensgemäß obliegenden Aufgaben auf den Ertrag aus dem Grundstück angewiesen ist.

§ 4

1) Sind durch die Verwendung des beschafften Grundstückes zur Sicherung gegen Gefahren und Nachteile für die Nachbargrundstücke Vorkehrungen auf dem beschafften Grundstück erforderlich, so hat sie derjenige durchzuführen, der das Grundstück erwirbt (Erwerber). Sind Vorkehrungen der in Satz 1 bezeichneten Art außerhalb des beschafften Grundstücks erforderlich, so hat sie der durch die Vorkehrung Begünstigte durchzuführen, sofern nicht gesetzlich anderes bestimmt ist. Die Kosten, die aufgewandt werden müssen, um die für die Vorkehrungen notwendigen Einrichtungen durchzuführen und zu unterhalten, trägt der Erwerber unter Berücksichtigung der Vorteile, die dem Begünstigten infolge der Vorkehrung erwachsen, die Kosten der Unterhaltung jedoch nur, soweit sie über den Umfang der bestehenden Verpflichtungen zur Unterhaltung der bisherigen Anlage hinausgehen.

(2) Vorkehrungen im Sinne des Absatzes 1 sind die Anlage, Veränderung oder Verlegung von Wirtschaftswegen, Gräben, Vorflutanlagen, Einfriedigungen und ähnlichen Anlagen sowie die Errichtung von Sicherheitsvorrichtungen.

(3) Die zuständige Behörde (§ 8) bestimmt von Amts wegen oder auf Antrag des Erwerbers, des durch die Vorkehrung Begünstigten, einer Gemeinde oder eines Landkreises, welche Vorkehrungen zu treffen sind, und regelt die Unterhaltung der notwendigen Einrichtungen. Sie bestimmt weiter, in welchem Umfange der Erwerber die Kosten der Vorkehrung außerhalb des beschafften Grundstückes und der Unterhaltung der Einrichtungen zu tragen hat. Die zuständige Behörde überwacht, sofern nicht gesetzlich anderes bestimmt ist, die Durchführung der Vorkehrungen und die Unterhaltung der Einrichtungen.

§ 5

(1) Stehen Verkehrs-, Fernmelde- oder Versorgungseinrichtungen und -anlagen sowie Einrichtungen und Anlagen der Abwasserwirtschaft infolge der Landbeschaffung nicht mehr zur Verfügung und ist ihr Ersatz oder ihre Verlegung erforderlich, so hat der Erwerber dem Träger der Aufgabe die Kosten des Ersatzes oder der Verlegung zu erstatten. Vorteile und Nachteile, die dem Träger der Aufgabe im Zusammenhang mit dem Ersatz oder der Verlegung entstehen, sind angemessen auszugleichen. Die zuständige Behörde (§ 8) setzt die Höhe der Kosten fest.

(2) Unbeschadet der Verpflichtungen des Erwerbers nach Landesrecht oder kommunalen Satzungen kann sich der Bund an sonstigen Aufwendungen, die durch Vorkehrungen im öffentlichen Interesse entstehen, beteiligen.

§ 6

(1) Werden infolge von Landbeschaffungen Änderungen oder Neuordnungen von Gemeinde-, Schul- oder Kirchenverhältnissen oder von Anlagen im öffentlichen Interesse erforderlich, so trägt der Erwerber insoweit die Kosten, als die den öffentlich-rechtlichen Körperschaften, Anstalten und Stiftungen entstehenden Lasten und Nachteile nicht durch Vorteile ausgeglichen werden. § 4 Abs. 3 gilt sinngemäß.

(2) Werden infolge von Landbeschaffungen zur Beseitigung eines dringenden Wohnraumbedarfs Neubauten erforderlich, so hat der Bund die Erstellung des angemessenen Wohnraums zu gewährleisten.

§ 7

Kommt eine Abfindung in Land in Betracht, können die in den Ländern tätigen gemeinnützigen Siedlungsunternehmen im Sinne des Reichssiedlungsgesetzes mit der Beschaffung des Ersatzlandes und der Durchführung der Umsiedlung beauftragt werden.

§ 8

Die nach §§ 4—6 zuständige Behörde wird im Benehmen mit dem zuständigen Bundesminister von den Landesregierungen bestimmt.

§ 9

Werden Grundstücke beschafft, um dem Eigentümer Ersatzland zu gewähren (§ 3), so gilt § 56 entsprechend.

Zweiter Teil: Enteignung

Erster Abschnitt. Allgemeine Bestimmungen

§ 10

Für die in § 1 bezeichneten Zwecke ist die Enteignung zulässig.

§ 11

(1) Den Antrag auf Einleitung des Enteignungsverfahrens stellt namens des Bundes der zuständige Bundesminister oder die von ihm bestimmte Bundesbehörde bei der zuständigen Enteignungsbehörde der Länder (§ 28), die die Enteignungsverfahren nach den Vorschriften dieses Gesetzes durchführen.

(2) Der Antrag soll erst gestellt werden, wenn

a) andere geeignete Grundstücke im Wege des freihändigen Erwerbs nicht beschafft werden konnten,

b) Grundstücke, die für das beabsichtigte Vorhaben geeignet sind, im Eigentum von Bund, Ländern und sonstigen Körperschaften des öffentlichen Rechts und ihnen gleichzustellenden juristischen Personen nicht vorhanden sind,

c) die Verhandlung mit dem Betroffenen über den freihändigen Erwerb des in Anspruch genommenen Grundstückes auch unter Beachtung der Vorschriften des § 3 nicht zum Ziele geführt hat.

Zweiter Abschnitt. Gegenstand der Enteignung

§ 12

(1) Durch Enteignung

a) kann Eigentum an Grundstücken oder Grundstücksteilen einschließlich des dem Eigentümer gehörigen Zubehörs entzogen oder belastet werden,

b) können andere Rechte an Grundstücken sowie Rechte, die zum Erwerb, zum Besitz oder zur Nutzung von Grundstücken berechtigen oder die Benutzung von Grundstücken beschränken, entzogen werden.

Grundstücksgleiche Rechte stehen dem Eigentum an Grundstücken gleich. Teile des Zubehörs sind auf Antrag des Eigentümers von der Enteignung auszunehmen, wenn ihre Enteignung zu einer unbilligen Härte für den Eigentümer führen würde und sie für die in § 1 angeführten Zwecke nicht dringend benötigt werden oder sie anderweitig beschafft werden können.

(2) Die Entziehung des Eigentums an Grundstücken ist nur zulässig, wenn der erstrebte Zweck nicht schon durch Eingriffe nach Absatz 1 Buchstabe b oder durch eine Belastung des Grundstücks oder durch Begründung eines Nutzungsverhältnisses erreicht werden kann.

§ 13

(1) Wenn ein Recht an einem Grundstück begründet werden soll und die Begründung dieses Rechts für den Eigentümer unbillig ist, so ist er berechtigt, statt dessen die Entziehung des Eigentums an dem Grundstück zu verlangen.

(2) Wenn ein räumlich oder wirtschaftlich zusammenhängender Grundbesitz nur zu einem Teil enteignet werden soll, und der Restbesitz nicht mehr entsprechend seiner bisherigen Bestimmung verwendet oder genutzt werden kann, so ist der Eigentümer berechtigt, die Ausdehnung der Enteignung auch auf den Restbesitz zu verlangen.

§ 14

Zubehör, das nicht dem Grundstückseigentümer gehört, kann enteignet werden, wenn ein Grundstück zur Entschädigung in Land oder zur Verlegung von Betrieben enteignet wird und der Eigentümer das Zubehör entbehren kann. § 12 Abs. 1 Satz 3 gilt entsprechend.

§ 15

Zur Entschädigung in Land (§ 1 Abs. 1 Nr. 3) oder zur Unterbringung von Personen, Betrieben und öffentlichen Einrichtungen (§ 1 Abs. 1 Nr. 5) soll, unbeschadet der Vorschriften in § 16, in erster Linie zurückgegriffen werden auf den Grundbesitz der Körperschaften des öffentlichen Rechts (Bund, Länder, Gemeinden, Gemeindeverbände usw.) sowie der Stiftungen und sonstigen zweckgebundenen Vermögen mit und ohne Rechtspersönlichkeit, die der Aufsicht des Bundes oder der Länder unterliegen oder ihrer Verwaltung unterstehen.

§ 16

Zur Entschädigung in Land (§ 1 Abs. 1 Nr. 3) oder zur Unterbringung von Personen, Betrieben und öffentlichen Einrichtungen (§ 1 Abs. 1 Nr. 5) dürfen nicht enteignet werden

1. a) Grundstücke, die unmittelbar öffentlichen Zwecken oder der Wohlfahrtspflege, dem Unterricht, der Forschung, der Kranken- und Gesundheitspflege, der Erziehung und der Körperertüchtigung dienen oder zu dienen bestimmt oder unter Denkmals- oder Naturschutz gestellt sind;
   b) Grundstücke der Gemeinden, die zur Sicherung der Durchführung der Bauleitplanung erforderlich sind;
   c) Grundstücke, deren Ertrag ausschließlich der Erfüllung der Aufgaben der Kirchen und anderen Religionsgesellschaften des öffentlichen Rechts sowie deren Einrichtungen dient oder zu dienen bestimmt ist;
   d) Grundstücke von Betrieben des öffentlichen Verkehrs und der öffentlichen Versorgung mit Elektrizität, Gas und Wasser, Grundstücke mit Wassergewinnungsanlagen für die öffentliche Versorgung mit Wasser, Grundstücke mit Anlagen der Abwasserwirtschaft und Grundstücke im Bereich von Wasserschutzgebieten; dies gilt auch bei Enteignungen zu Zwecken des § 1 Abs. 1 Nr. 4;
2. Grundstücke eines landwirtschaftlichen Kleinbetriebes oder eines bäuerlichen Betriebes, soweit der Betrieb zu seiner wirtschaftlichen Fortführung auf die Grundstücke angewiesen ist;
3. Grundstücke, die im Wege der Pacht oder eines ähnlichen Nutzungsverhältnisses an Vertriebene oder Sowjetzonenflüchtlinge oder an Familienbetriebe zur Sicherung ihrer wirtschaftlichen Existenz übergeben worden sind;
4. Grundstücke, auf die der Eigentümer mit seiner Berufs- oder Erwerbstätigkeit angewiesen ist.

Dritter Abschnitt: Enteignungsentschädigung

1. Entschädigung für die Enteignung

§ 17

(1) Die Entschädigung wird gewährt für

1. den durch die Enteignung eintretenden Rechtsverlust (§ 18),
2. andere durch die Enteignung eintretende Vermögensnachteile (§ 19).

(2) Entschädigung kann verlangen, wer in seinem Recht durch die Enteignung beeinträchtigt wird (Entschädigungsberechtigter). Vermögensvorteile, die dem Entschädigungsberechtigten infolge der Enteignung entstehen, sind bei der Festsetzung der Entschädigung zu berücksichtigen.

(3) Für die Bemessung der Entschädigung ist der Zustand des Grundstückes in dem Zeitpunkt maßgebend, in dem der Enteignungsbeschluß (§ 47 Abs. 1) erlassen wird. In den Fällen der vorzeitigen Besitzeinweisung ist der Zustand in dem Zeitpunkt maßgebend, in dem sie wirksam wird (§ 39 Abs. 1 Nr. 5).

(4) Geldentschädigungen außer wiederkehrenden Leistungen sind von dem in Absatz 3 bezeichneten Zeitpunkt an mit dem für zuletzt ausgegebene Hypothekenpfandbriefe auf dem Kapitalmarkt üblichen Nominalzinsfuß zu verzinsen.

§ 18

(1) Die Entschädigung für den durch die Enteignung eintretenden Rechtsverlust bemißt sich nach dem gemeinen Wert des enteigneten Grundstückes oder sonstigen Gegenstandes der Enteignung.

(2) Eine Entschädigung für Bauwerke, deren entschädigungsloser Abbruch nach dem jeweils geltenden Recht gefordert werden kann, ist nur zu gewähren, wenn es aus Gründen der Billigkeit geboten ist. Ist bei befristet zugelassenen Bauwerken, deren Abbruch nach Ablauf der Frist verlangt werden kann, die Frist noch nicht abgelaufen, so ist die Entschädigung für das Bauwerk nach dem Verhältnis der restlichen Frist zu der gesamten Frist zu bemessen.

(3) Wird der Wert des Eigentums an dem Grundstück durch Rechte Dritter gemindert, die aufrechterhalten oder die gesondert entschädigt werden, so ist dies bei der Festsetzung der Entschädigung für das Eigentum an dem Grundstück zu berücksichtigen.

(4) Die bisherigen Preisvorschriften finden für dieses Gesetz keine Anwendung.

§ 19

Wegen anderer durch die Enteignung eintretender Vermögensnachteile sind die Entschädigungen unter gerechter Abwägung der Interessen der Allgemeinheit und der Beteiligten festzusetzen, insbesondere für

1. den vorübergehenden oder dauernden Verlust, den der von der Enteignung Betroffene in seinem Erwerb erleidet, jedoch nur bis zu dem Betrag des Aufwands, der erforderlich ist, um ein anderes Grundstück in der gleichen Weise wie das zu enteignende Grundstück zu nutzen oder zu gebrauchen,
2. die Wertminderung, die durch Enteignung eines Grundstücksteiles oder eines Teiles eines räumlich oder wirtschaftlich zusammenhängenden Grundbesitzes bei dem anderen Teil oder durch Enteignung eines Rechts an einem Grundstück bei einem anderen Grundstück entsteht, soweit die Wertminderung nicht schon bei der Festsetzung der Entschädigung nach Nr. 1 berücksichtigt ist.

§ 20

(1) Ist das Eigentum an einem Grundstück Gegenstand der Enteignung, so entscheidet die Enteignungsbehörde darüber, ob an dem Grundstück bestehende dingliche Rechte und Rechte, die zum Besitz oder zur Nutzung des Grundstücks berechtigen oder die Benutzung des Grundstückes beschränken, aufrechterhalten werden. Rechte, die zum Erwerb des Grundstückes berechtigen, werden nicht aufrechterhalten.

(2) Soweit Rechte der in Absatz 1 genannten Art erlöschen, sind gesondert zu entschädigen

1. Altenteilsberechtigte sowie die Inhaber von Dienstbarkeiten,
2. Inhaber von persönlichen Rechten, die zum Besitz oder zur Nutzung des Grundstückes berechtigen, wenn der Berechtigte im Besitz des Grundstückes ist.

(3) Bei der Enteignung eines Grundstückes haben Entschädigungsberechtigte, die nicht gesondert entschädigt werden, Anspruch auf Ersatz des Wertes ihres Rechtes aus der Geldentschädigung für das Eigentum an dem Grundstück, soweit sich ihr Recht auf dieses erstreckt. Das gilt entsprechend für die Geldentschädigungen, die für den durch die Enteignung eintretenden Rechtsverlust in anderen Fällen oder für Wertminderungen des Restbesitzes nach § 19 Nr. 2 festgesetzt werden.

§ 21

Die Entschädigung wird in Geld festgesetzt, soweit nicht nach den § 22 und 23 eine Entschädigung in Land oder nach § 25 als Naturalwertrente gewährt wird.

§ 22

(1) Wird ein Grundstück enteignet, so kann der Eigentümer verlangen, daß die Entschädigung ganz oder teilweise in Land festgesetzt wird, wenn der Eigentümer zur Aufrechterhaltung seines persönlich bewirtschafteten Betriebes oder zur Erfüllung der ihm wesensgemäß obliegenden Aufgaben auf Ersatzland angewiesen ist und das Land zu angemessenen Bedingungen beschafft und erforderlichenfalls hergerichtet werden kann.

(2) Wird durch die Enteignung einem ganz oder teilweise vorübergehend verpachteten, landwirtschaftlich oder gärtnerisch genutzten Betriebe die Existenzgrundlage entzogen, so muß auf Antrag des Eigentümers Entschädigung in Land gewährt werden, wenn das Ersatzland zu angemessenen Bedingungen beschafft oder erforderlichenfalls hergerichtet werden kann und der Eigentümer das Pachtverhältnis an dem Ersatzland fortsetzt oder dem Pächter die Fortsetzung zu angemessenen Bedingungen angeboten hat.

(3) Die Bedingungen für die Beschaffung von Ersatzland sind angemessen, wenn die Kosten der Beschaffung und einer etwa erforderlichen Herrichtung des Ersatzlandes volkswirtschaftlich vertretbar sind. Die Herrichtung des Ersatzlandes ist erforderlich, wenn und soweit ohne die Herrichtung der Zweck der Entschädigung in Land nicht erreicht werden würde.

§ 23

(1) Wird die Entschädigung in Land festgesetzt, so sollen die Inhaber der dinglichen Rechte ganz oder teilweise durch Begründung gleicher Rechte an dem Ersatzland entschädigt werden. Soweit dieser Erfolg nicht erreicht werden kann, ist eine gesonderte Entschädigung in Geld festzusetzen; das gilt für die in § 20 Abs. 3 bezeichneten Berechtigten nur, soweit ihre Rechte nicht durch eine dem Eigentümer gemäß § 24 zu gewährende zusätzliche Geldentschädigung gedeckt werden.

(2) Altenteilsrechte sind in dem bisherigen Umfang an dem Ersatzland zu begründen. Soweit die Begründung nicht möglich oder dem Berechtigten oder Verpflichteten nicht zumutbar ist, ist eine gesonderte Entschädigung in Geld oder eine Naturalwertrente festzusetzen.

(3) Absatz 1 gilt entsprechend für persönliche, zum Besitz oder zur Nutzung berechtigende Rechte von Kriegsopfern, Vertriebenen, Sowjetzonenflüchtlingen, Kriegssachgeschädigten, Evakuierten oder Heimkehrern, sofern die Rechtsinhaber im Besitz des Grundstückes sind.

§ 24

Hat das Ersatzland einen geringeren Wert als das zu enteignende Grundstück, so ist zusätzlich eine dem Wertunterschied entsprechende Geldentschädigung festzusetzen. Hat das Ersatzland einen höheren Wert als das zu enteignende Grundstück, so ist zu bestimmen, daß der Entschädigungsberechtigte eine dem Wertunterschied entsprechende Ausgleichszahlung zu leisten hat. Auch die zusätzlich festzusetzende Geldentschädigung und die Ausgleichszahlung sind unter sinngemäßer Anwendung der §§ 17—19 zu bemessen.

§ 25

(1) An Stelle des nach § 22 zu gewährenden Ersatzlandes kann der Entschädigungsberechtigte, soweit dadurch Rechte Dritter nicht beeinträchtigt werden, eine ablösbare Naturalwertrente verlangen, wenn er wegen Alters oder Erwerbsunfähigkeit auf die Gewährung von Ersatzland verzichtet. Bei der Bemessung der Rentenbeträge ist unter sinngemäßer Anwendung des § 16 des Bewertungsgesetzes in der Fassung des Gesetzes zur Bewertung des Vermögens für die Kalenderjahre 1949—1951 v. 16. 1. 1952 (Bundesgesetzbl. I S. 22) von dem Betrag auszugehen, der sich ergeben würde, wenn die Entschädigung in einer Kapitalsumme zu leisten wäre.

(2) Die Festsetzung der Naturalwertrente bedarf der Genehmigung nach § 3 Satz 2 des Währungsgesetzes.

2. Entschädigung und Kosten für Folgen der Enteignung

§ 26

Für die Entschädigung und die Kosten für Folgen der Enteignung gelten die §§ 4—6 sinngemäß. An Stelle der nach § 8 zu bestimmenden Behörde ist die Enteignungsbehörde zuständig, soweit die Landesregierung nichts anderes bestimmt.

§ 27

Wird die Entschädigung in Land gewährt, so kann der Bund verpflichtet werden, die Grundstücke, die als Ersatzland vorgesehen sind, in bestimmter Weise herzurichten. Die Verpflichtung kann durch besonderen Beschluß der Enteignungsbehörde oder im Teil A des Enteignungsbeschlusses (§ 47 Abs. 3 Nr. 4) ausgesprochen werden.

Vierter Abschnitt. Enteignungs- und Entschädigungsverfahren

1. Enteignungsbehörde und Beteiligte

§ 28

(1) Die Enteignungsbehörde wird von der Landesregierung bestimmt.

(2) Örtlich zuständig ist die Enteignungsbehörde, in deren Bezirk das von der Enteignung betroffene Grundstück liegt oder das zu enteignende Recht ausgeübt wird. Wenn das Grundstück in dem Bezirk mehrerer Enteignungsbehörden liegt, bestimmt die gemeinsam übergeordnete Landesbehörde die örtlich zuständige Enteignungsbehörde.

(3) Die Bundesregierung kann in dringenden Fällen Einzelweisungen erteilen, wenn und soweit diese notwendig sind, um die reibungslose Durchführung einzelner wichtiger Landbeschaffungen sicherzustellen.

§ 29

(1) Am Enteignungsverfahren sind beteiligt
1. der Bund;
2. der Eigentümer und diejenigen, für welche ein Recht an dem von der Enteignung betroffenen Grundstück oder an einem das Grundstück belastenden Recht im Grundbuch eingetragen oder durch Eintragung gesichert ist, oder deren Rechtsnachfolger;
3. Inhaber eines nicht im Grundbuch eingetragenen Rechts an dem von der Enteignung betroffenen Grundstück oder an einem das Grundstück belastenden Recht, eines Anspruchs mit dem Recht auf Befriedigung aus diesem Grundstück oder eines persönlichen Rechts, das zum Besitz oder zur Nutzung dieses Grundstückes berechtigt oder die Benutzung dieses Grundstückes beschränkt.

(2) Die in Absatz 1 Nr. 3 bezeichneten Personen werden in dem Zeitpunkt Beteiligte, in dem die Anmeldung ihres Rechts der Enteignungsbehörde zugeht (§ 31 Abs. 3 Satz 3). Die Anmeldung kann spätestens in der letzten mündlichen Verhandlung mit den Beteiligten erfolgen.

(3) Bestehen Zweifel an einem angemeldeten Recht, so ist dem Anmeldenden unverzüglich eine Frist zur Glaubhaftmachung seines Rechts zu setzen. Nach fruchtlosem Ablauf der Frist ist er nicht mehr zu beteiligen.

(4) Der im Grundbuch eingetragene Gläubiger einer Hypothek, Grundschuld oder Rentenschuld, für die ein Brief erteilt ist, hat auf Verlangen der Enteignungsbehörde eine Erklärung darüber abzugeben, ob diese Hypothek, Grundschuld oder Rentenschuld auf einen anderen übertragen worden ist.

§ 30

(1) Die Beauftragten der für die Planung, den Landerwerb und die Enteignung zuständigen Behörden sind befugt, Grundstücke, mit Ausnahme von auf diesen Grundstücken belegenen Wohnungen, die für die Enteignung nach diesem Gesetz in Betracht kommen, zu betreten und zu vermessen, sowie auf den Grundstücken sonstige Vorarbeiten vorzunehmen, die für die Ent-

scheidung über die Eignung des Geländes notwendig sind. Der Eigentümer und der Nutzungsberechtigte sind vorher zu benachrichtigen; dies gilt nicht, wenn bei ihnen die Voraussetzungen für die öffentliche Zustellung vorliegen (§ 15 Abs. 1 des Verwaltungszustellungsgesetzes v. 3. Juli 1952 — Bundesgesetzbl. I S. 379). Soweit durch die Tätigkeit im Rahmen des Satzes 1 Schäden entstehen, ist der Betroffene vom Bund unverzüglich zu entschädigen. Kommt eine Einigung über Art und Höhe der Entschädigung nicht zustande, so setzt die Enteignungsbehörde diese Entschädigung fest.

(2) Wegen der Entschädigung ist der Rechtsweg vor den ordentlichen Gerichten gegeben. Die Klage ist binnen zweier Monate seit Zustellung der Entscheidung der Enteignungsbehörde an den Kläger zu erheben. § 48 Abs. 1 Satz 3, § 59 Abs. 3, § 60, § 61 Abs. 3, §§ 62 und 63 Satz 3 sind sinngemäß anzuwenden.

2. Planprüfung

§ 31

(1) Die Enteignungsbehörde stellt einen Plan auf, aus dem die Grundstücke ersichtlich sind, die von der Enteignung betroffen werden.

(2) Ein Auszug des Plans nebst einem Verzeichnis, in dem die von der Enteignung betroffenen Grundstücke nach ihrer grundbuchmäßigen, katastermäßigen oder sonst üblichen Bezeichnung unter Angabe des Namens und des Wohnorts des Eigentümers, soweit diese aus dem Grundbuch ersichtlich oder der Enteignungsbehörde bekannt sind, aufgeführt sind, ist in der betreffenden Gemeinde einen Monat öffentlich auszulegen. Die Enteignungsbehörde kann die Auslegungsfrist verlängern.

(3) Zeit, Dauer und Ort der öffentlichen Auslegung sind den Beteiligten mitzuteilen, es sei denn, daß bei ihnen die Voraussetzungen für die öffentliche Zustellung vorliegen (§ 15 Abs. 1 des Verwaltungszustellungsgesetzes v. 3. Juli 1952 — Bundesgesetzbl. I S. 379). Die Tatsachen sind außerdem vorher, soweit sie nicht durch die Gemeinde ortsüblich bekanntgegeben werden, durch die Enteignungsbehörde in den Zeitungen bekanntzumachen, die in den für die Grundstücke zuständigen Orten verbreitet sind. In der Bekanntmachung sind die Beteiligten, die nicht aus dem Grundbuch ersichtlich sind (§ 29 Abs. 1 Nr. 3), aufzufordern, ihre Rechte bei der Enteignungsbehörde anzumelden.

(4) Während der Auslegungsfrist kann jeder Beteiligte Einwendungen gegen den Plan und Anträge nach § 26 in Verbindung mit § 4 Abs. 3 bei der Gemeinde schriftlich einreichen oder zur Niederschrift geben.

(5) Die Enteignungsbehörde teilt dem Grundbuchamt, in dessen Bezirk die von dem Plan betroffenen Grundstücke liegen, zu deren Grundakten den Zeitpunkt des Beginns der öffentlichen Auslegung des Plans mit. Das Grundbuchamt hat die Enteignungsbehörde von allen Eintragungen zu benachrichtigen, die nach diesem Zeitpunkt in den Grundbüchern der betroffenen Grundstücke vorgenommen worden sind oder vorgenommen werden.

§ 32

(1) Soweit der Kreis der Beteiligten bekannt ist und offensichtlich eine Anordnung von Vorkehrungen im Sinne des § 26 in Verbindung mit § 4 Abs. 1 und 2 nicht in Betracht kommt, kann diesen Beteiligten gegenüber von der Aufstellung eines Plans abgesehen werden. In diesem Falle sind die Beteiligten sowie die Gemeinde und der Landkreis, in deren Bezirk die betroffenen Grundstücke liegen, besonders zu benachrichtigen. Der Benachrichtigung ist das Verzeichnis der von der Enteignung betroffenen Grundstücke mit den in § 31 Abs. 2 geforderten Angaben beizufügen.

(2) In der Benachrichtigung ist eine angemessene Frist zu bestimmen, innerhalb der die Beteiligten Einwendungen gegen das Vorhaben erheben können.

§ 33

(1) Nach Ablauf der Frist (§ 31 Abs. 2, § 32 Abs. 2) ist der Plan in einem nötigenfalls an Ort und Stelle abzuhaltenden Termin (Planprüfungstermin) mit den Beteiligten zu erörtern. Im Falle des § 32 tritt an die Stelle des Plans das Verzeichnis gemäß § 31 Abs. 2.

(2) Zu dem Termin sind zu laden

1. der Bund,
2. von den sonstigen Beteiligten außer dem Eigentümer diejenigen, die Einwendungen erhoben haben,
3. die Gemeinde und der Landkreis.

Die Ladungsfrist beträgt zwei Wochen. Die übrigen Beteiligten sollen von dem Termin benachrichtigt werden.

(3) Der Ladung des Eigentümers ist ein Auszug aus dem Plan, der die ihn berührenden Teile des Plans enthält, beizufügen.

(4) Das Verfahren wird auch bei Nichterscheinen der zum Termin Geladenen fortgesetzt.

(5) In der Ladung ist auf die Vorschriften des Absatzes 4 und des § 34 hinzuweisen.

(6) Tag und Ort des Termins sind, soweit sie nicht durch die Gemeinde ortsüblich bekanntgemacht werden, durch die Enteignungsbehörde in den Zeitungen bekanntzumachen, die in den für die Grundstücke zuständigen Orten verbreitet sind. Hierbei sind diejenigen, deren Rechte durch das Enteignungsverfahren beeinträchtigt werden, aufzufordern, ihre Rechte im Termin wahrzunehmen.

§ 34

(1) Einwendungen, die nicht während der Fristen des § 31 Abs. 4 und des § 32 Abs. 2 vorgebracht worden sind, sind gegenüber der Enteignungsbehörde spätestens im Termin zu erheben: sie sollen nebst ihrer Begründung schriftlich im Termin vorgelegt werden. Nach diesem Zeitpunkt vorgebrachte Einwendungen und Anträge werden nicht mehr berücksichtigt; dies gilt auch für das Verfahren vor den Verwaltungsgerichten.

(2) Mündliche Einwendungen sind in die Niederschrift aufzunehmen.

§ 35

(1) Im Planprüfungstermin soll auch die Art der Entschädigung sowie darüber verhandelt werden, welche Rechte aufrechterhalten bleiben und welche Rechte erlöschen (§ 20 Abs. 1).

(2) Dem Eigentümer kann eine angemessene Frist gestellt werden, innerhalb der er einen Antrag auf Entschädigung in Land (§ 22) stellen kann.

§ 36

(1) Ist ein dingliches oder persönliches Recht, das zum Besitz oder zur Nutzung eines Grundstückes berechtigt, allein Gegenstand der Enteignung, so kann die Enteignungsbehörde von der Aufstellung eines Plans absehen. In diesem Falle hat sie dem Berechtigten die Absicht der Enteignung seines Rechtes schriftlich mitzuteilen. § 32 Abs. 2 gilt sinngemäß.

(2) Die Vorschriften über die Planprüfung gelten sinngemäß.

§ 37

(1) Einigen sich die Beteiligten nur über den Übergang oder die Belastung des Eigentums an dem zu enteignenden Grundstück oder anderer in § 12 Abs. 1 Buchstabe b genannter Rechte, jedoch nicht über die Höhe der Entschädigung, so hat die Enteignungsbehörde eine Niederschrift über die Einigung aufzunehmen. Die Niederschrift muß den Erfordernissen des § 47 Abs. 3 Nr. 1, 2, 5, 7 und 8 entsprechen. Die Niederschrift ist von den Beteiligten zu unterschreiben. Ein Bevollmächtigter bedarf einer öffentlich beglaubigten Vollmacht.

(2) Die beurkundete Einigung steht einem unanfechtbaren Enteignungsbeschluß Teil A gleich. § 48 Abs. 2 ist entsprechend anzuwenden.

(3) Im übrigen nimmt das Enteignungsverfahren seinen Fortgang.

3. Vorzeitige Besitzeinweisung

§ 38

(1) Ist die sofortige Ausführung eines Vorhabens und die Besitzeinweisung für die Durchführung der beabsichtigten Maßnahmen dringend geboten, so kann die Enteignungsbehörde den Begünstigten durch Beschluß in den Besitz des Grundstückes einweisen, auf das sich die vorgesehene Enteignung bezieht.

(2) Der Besitzeinweisung hat eine Verhandlung mit dem Eigentümer und, wenn ein anderer durch die Besitzeinweisung betroffen wird, auch mit diesem vorauszugehen. § 33 Abs. 4 ist anzuwenden; auf diese Vorschrift ist in der Ladung hinzuweisen. Die Verhandlung kann im Planprüfungstermin stattfinden, wenn in der Ladung zum Termin ein entsprechender Hinweis enthalten war.

(3) Auf Antrag des unmittelbaren Besitzers ist der Zeitpunkt, zu dem der Besitzeinweisungsbeschluß wirksam wird, auf mindestens zwei Wochen nach Zustellung des Beschlusses an ihn festzusetzen. Soweit auf dem Grundstück Wohngebäude vorhanden sind, ist der Zeitpunkt so festzusetzen, daß die angemessene anderweitige Unterbringung der durch die Besitzeinweisung Betroffenen gesichert ist. Entsprechendes gilt für die auf dem Grundstück ansässigen gewerblichen und landwirtschaftlichen Betriebe und die auf dem Grundstück vorhandenen Verkehrs-, Fernmelde- oder Versorgungseinrichtungen und -anlagen sowie Einrichtungen und Anlagen der Abwasserwirtschaft.

(4) Der Bund hat für die durch die Besitzeinweisung entstehenden Vermögensnachteile eine einmalige oder wiederkehrende Entschädigung zu leisten (Besitzeinweisungsentschädigung).

§ 39

(1) Der Besitzeinweisungsbeschluß muß enthalten

1. die Bezeichnung der durch die Besitzeinweisung Betroffenen, des Bundes als Antragsteller und des Eingewiesenen sowie des Zweckes, für den die Enteignung vorgesehen ist;
2. die Bezeichnung des Gegenstandes der Besitzeinweisung; hierüber soll
   a) das von der Enteignung betroffene Grundstück nach Größe, grundbuchmäßiger, katastermäßiger oder sonst üblicher Bezeichnung angegeben werden; im Falle der Enteignung eines Grundstücksteiles ist bei der Besitzeinweisung die Begrenzung dieses Teiles zu beschreiben;
   b) soweit ein Recht an einem Grundstück (§ 12 Abs. 1) Gegenstand einer selbständigen Enteignung sein soll, dieses nach Inhalt und grundbuchmäßiger Bezeichnung angegeben werden;
   c) soweit ein sonstiges Recht im Sinne des § 12 Abs. 1 Buchstabe b Gegenstand einer selbständigen Enteignung sein soll, dieses nach seinem Inhalt und dem Grund seines Bestehens angegeben werden;
3. die Entscheidung über die gegen den Besitzeinweisungsbeschluß erhobenen Einwendungen der durch die Besitzeinweisung Betroffenen;
4. die Festsetzung einer Besitzeinweisungsentschädigung;
5. den Zeitpunkt, in dem die Besitzeinweisung wirksam wird.

(2) Der Besitzeinweisungsbeschluß ist dem Betroffenen, dem Bund als Antragsteller und dem Eingewiesenen zuzustellen. Er ist mit einer Rechtsmittelbelehrung und einer Belehrung über das Antragsrecht nach § 41 zu versehen.

§ 40

(1) Durch die Besitzeinweisung wird zu dem im Besitzeinweisungsbeschluß bezeichneten Zeitpunkt dem Eigentümer und, wenn ein anderer unmittelbarer Besitzer ist, auch diesem der Besitz entzogen und der Eingewiesene Besitzer. Durch die Besitzeinweisung wird ein Recht zur Nutzung des Grundstückes insoweit ausgeschlossen, als die Ausübung der Nutzung mit dem Zweck der Besitzeinweisung nicht vereinbar ist.

(2) Die Besitzeinweisungsentschädigung wird ohne Rücksicht darauf, ob Klage nach § 59 Abs. 1 erhoben wird, mit dem Zeitpunkt, in dem die Besitzeinweisung wirksam wird (§ 39 Abs. 1 Nr. 5), fällig. Bei einer wiederkehrenden Entschädigung wird die erste Rate zu dem in Satz 1 bezeichneten Zeitpunkt fällig.

§ 41

Auf Antrag des Eigentümers oder Besitzers ist der Zustand des Grundstückes, soweit er für die Festsetzung der Besitzeinweisungs- oder Enteignungsentschädigung von Bedeutung ist, nötigenfalls unter Zuziehung von Sachverständigen zu ermitteln. Der Zustand des Grundstückes kann auch von Amts wegen ermittelt werden.

§ 42

(1) Der Besitzeinweisungsbeschluß ist aufzuheben, wenn nicht binnen eines Jahres, nachdem die Besitzeinweisung wirksam geworden ist (§ 39 Abs. 1 Nr. 5), der Enteignungsbeschluß erlassen wird. Kann der Enteignungsbeschluß aus besonderen, durch das Verfahren bedingten Umständen nicht binnen der in Satz 1 bestimmten Frist ergehen, so ist die Enteignungsbehörde befugt, diese Frist bei weiterem Vorliegen der Voraussetzungen des § 38 Abs. 1 bis zu einem weiteren Jahr zu verlängern. Der Besitzeinweisungsbeschluß ist ferner aufzuheben oder zu ändern, wenn die Enteignungsbehörde feststellt, daß die für den Erlaß eines Besitzeinweisungsbeschlusses gemäß § 38 Abs. 1 erforderlichen Voraussetzungen nicht mehr gegeben sind.

(2) Wird der Besitzeinweisungsbeschluß aufgehoben oder geändert, so hat der Bund für alle durch die vorzeitige Besitzeinweisung entstandenen besonderen Vermögensnachteile Entschädigung zu leisten oder auf Verlangen den früheren Zustand wiederherzustellen. § 30 Abs. 1 Satz 4 und Abs. 2 gilt sinngemäß.

4. Festsetzung der Entschädigung

§ 43

Zur Zahlung der Entschädigung ist der Bund verpflichtet.

§ 44

(1) Kommt eine Einigung über die Entschädigung nicht zustande, so findet zur Festsetzung einer Geldentschädigung, einer Naturalwertrente (§ 25), einer zusätzlichen Geldentschädigung (§ 24 Satz 1) oder einer Ausgleichszahlung (§ 24 Satz 2) das Entschädigungsverfahren statt.

(2) Die Enteignungsbehörde hat die Entschädigung in einem nötigenfalls an Ort und Stelle abzuhaltenden Termin (Entschädigungstermin) mit den Beteiligten zu erörtern. Das Entschädigungsverfahren ist möglichst mit dem Planprüfungsverfahren zu verbinden.

(3) Zum Termin sind die Beteiligten zu laden. Die Ladungsfrist beträgt zwei Wochen. § 33 Abs. 4 ist anzuwenden; auf den Inhalt dieser Vorschrift ist in der Ladung hinzuweisen.

(4) § 33 Abs. 6 ist sinngemäß anzuwenden.

§ 45

(1) In der Niederschrift über die Verhandlung ist festzustellen,
1. welche Geldentschädigung der Entschädigungsberechtigte fordert,
2. ob und in welcher Höhe der Entschädigungsberechtigte eine zusätzliche Geldentschädigung fordert,
3. ob und in welcher Höhe der Bund eine Ausgleichszahlung fordert,
4. ob der Entschädigungsberechtigte eine Naturalwertrente fordert.

(2) In der Niederschrift ist ferner festzustellen, welche Geldentschädigung, welche Naturalwertrente oder welche zusätzliche Geldentschädigung der Bund und welche Ausgleichszahlung der Entschädigungsberechtigte zu leisten bereit ist. Die Niederschrift ist von demjenigen zu unterschreiben, der eine solche Erklärung abgibt.

§ 46

Wird der Plan vor Erlaß des Enteignungsbeschlusses geändert, so ist, wenn eine erneute Erörterung der Entschädigung erforderlich ist, ein weiterer Entschädigungstermin anzuberaumen. Zu dem Termin sind die Beteiligten zu laden, die durch die Änderung betroffen werden. § 41 gilt sinngemäß.

5. Enteignungsbeschluß

§ 47

(1) Auf Grund der Ergebnisse der Planprüfung und der Verhandlung über die Entschädigung erläßt die Einteignungsbehörde den Enteignungsbeschluß, soweit eine Einigung nach § 37 nicht zustande gekommen ist.

(2) Im Enteignungsbeschluß wird entschieden über Gegenstand und Umfang der Enteignung und über die Art der Entschädigung (Teil A), ferner über die Höhe der Entschädigung in Geld, der Naturalwertrente und der Ausgleichszahlung (Teil B).

(3) Der Teil A des Enteignungsbeschlusses muß enthalten

1. die Bezeichnung des von der Einteignung Betroffenen, des Bundes als Antragsteller und des durch die Enteignung Begünstigten sowie des Zwecks, für den die Enteignung vorgenommen wird;
2. die Bezeichnung des Gegenstandes der Enteignung; hierbei ist
   a) der Gegenstand der Enteignung nach Größe, grundbuchmäßiger, katastermäßiger oder sonst üblicher Bezeichnung anzugeben; falls die Enteignung eines Grundstücksteiles vorgesehen ist, ist zu seiner Bezeichnung auf Vermessungsschriften (Karten und Zahlenrisse) Bezug zu nehmen, die von einer zu Fortführungsvermessungen befugten Stelle oder von einem öffentlich bestellten Vermessungsingenieur gefertigt sind;
   b) soweit ein Recht an einem Grundstück (§ 12 Abs. 1) Gegenstand einer selbständigen Enteignung ist, dieses nach Inhalt und grundbuchmäßiger Bezeichnung anzugeben;
   c) soweit ein anderes Recht im Sinne des § 12 Abs. 1 Buchstabe b Gegenstand einer selbständigen Enteignung ist, dieses nach seinem Inhalt und dem Grund seines Bestehens anzugeben;
3. die Ergebnisse der Planprüfung und die Entscheidung über die gegen den Plan erhobenen Einwendungen sowie über Anträge der Beteiligten nach § 26;
4. die Entscheidung über die Art der Entschädigung und bei Entschädigung in Land die Bezeichnung des Ersatzlandes in der in Nummer 2 Buchstabe a bezeichneten Weise;
5. die Entscheidung darüber, welche Rechte aufrechterhalten bleiben und welche Rechte erlöschen (§ 20 Abs. 1);
6. die Entscheidung über die Begründung neuer Rechte an dem Ersatzland (§ 23);
7. die Angabe der Eigentumsverhältnisse und sonstigen Rechtsverhältnisse vor und nach der Enteignung;
8. die Entscheidung darüber, welches Zubehör in die Enteignung einbezogen wird.

(4) Der Teil B des Enteignungsbeschlusses muß enthalten

1. die Beträge der Geldentschädigung, der zusätzlichen Geldentschädigung oder der Ausgleichszahlung, bei der Naturalwertrente die zugrunde liegende Kapitalsumme und die Rentenbeträge, mit der Angabe, von wem, an wen und aus welchem Grunde sie zu leisten sind;
2. die Angabe der Anerkenntnisbeträge (§ 45 Abs. 2 Satz 1).

§ 48

(1) Der Beschluß ist den Beteiligten zuzustellen. Die Zustellung eines den jeweiligen Beteiligten betreffenden Auszuges genügt. Der Teil des Beschlusses über die Entschädigung ist jedem, der einen Anspruch hat oder geltend macht, zuzustellen. Der Beschluß ist mit einer Rechtsmittelbelehrung zu versehen.

(2) Ist im Grundbuch die Anordnung der Zwangsversteigerung oder der Zwangsverwaltung eingetragen, so gibt die Enteignungsbehörde dem Vollstreckungsgericht von dem Beschluß Kenntnis.

§ 49

Der Eintritt der Unanfechtbarkeit des Teils A des Enteignungsbeschlusses ist den Beteiligten schriftlich bekanntzugeben. Die Mitteilung ist zuzustellen.

§ 50

Bietet der Eigentümer schon vor der Unanfechtbarkeit des Teils B des Enteignungsbeschlusses oder vor Übertragung des Besitzes an dem Ersatzland die Übergabe an, so werden die Anerkenntnisbeträge (§ 45 Abs. 2 Satz 1) sofort fällig.

6. Ausführung der Enteignung

§ 51

(1) Die Enteignungsbehörde bestimmt den Tag, mit dessen Beginn die im Enteignungsbeschluß vorgesehenen Rechtsänderungen eintreten, sobald der Enteignungsbeschluß unanfechtbar geworden ist und die Geldentschädigung gezahlt oder unter Verzicht auf das Recht der Rücknahme zulässigerweise hinterlegt ist und die nach § 3 Satz 2 des Währungsgesetzes für die Naturalwertrente erforderliche Genehmigung erteilt ist. Ist Entschädigung in Land festgesetzt, so kann die Bestimmung erst getroffen werden, nachdem der Entschädigungsberechtigte in den Besitz des Ersatzlandes gelangt ist und hinsichtlich einer festgesetzten zusätzlichen Geldentschädigung die Voraussetzungen des Satzes 1 erfüllt sind. Soweit Wohnraum betroffen wird, ist den Bewohnern durch besonderen Beschluß eine angemessene Räumungsfrist zu gewähren. Die angemessene anderweitige Unterbringung muß gesichert sein.

(2) Ist der Begünstigte vorzeitig in den Besitz eingewiesen (§ 38) und ist die sofortige Ausführung des Enteignungsbeschlusses aus besonderen Gründen erforderlich, so kann die Enteignungsbehörde diese Bestimmung bereits treffen, wenn Teil A des Enteignungsbeschlusses unanfechtbar geworden ist, der Anerkennungsbetrag (§ 45 Abs. 2) gezahlt oder unter Verzicht auf das Recht der Rücknahme zulässigerweise hinterlegt sowie der Unterschiedsbetrag zwischen diesem und der festgesetzten Entschädigung hinterlegt oder die nach § 3 Satz 2 des Währungsgesetzes für die Naturalwertrente erforderliche Genehmigung erteilt ist. Absatz 1 Satz 2 gilt sinngemäß.

(3) Die Mitteilung über die Bestimmung ist den Beteiligten zuzustellen.

(4) Die Enteignungsbehörde ersucht unter Übersendung einer beglaubigten Abschrift des Enteignungsbeschlusses und der in den Absätzen 1 und 2 erwähnten Bestimmung das Grundbuchamt um Eintragung der eingetretenen Rechtsänderungen in das Grundbuch; dabei hat sie dem Grundbuchamt den Zeitpunkt der Zustellung des Enteignungsbeschlusses an den Enteigneten mitzuteilen. Im Falle der Enteignung eines Grundstückteiles sind dem Ersuchen ein Auszug aus dem Veränderungsnachweis und eine Abzeichnung der Flurkarte beizufügen.

§ 52

In den Fällen des § 51 Abs. 1 gilt der Enteignungsbeschluß als Besitzeinweisung in das enteignete Grundstück und in das Ersatzland zu dem nach § 51 bestimmten Tag, sofern der Begünstigte nicht schon nach § 38 in den Besitz eingewiesen ist.

§ 53

(1) Geldentschädigungen, aus denen andere Entschädigungsberechtigte nach § 20 Abs. 3 zu befriedigen sind, sind unter Verzicht auf das Recht der Rücknahme bei dem nach § 54 Abs. 2 für das Verteilungsverfahren zuständigen Amtsgericht zu hinterlegen, soweit mehrere Personen auf sie Anspruch haben und eine Einigung dieser Personen über die Auszahlung nicht nachgewiesen ist.

(2) Andere Vorschriften, nach denen die Hinterlegung geboten oder statthaft ist, werden hierdurch nicht berührt.

§ 54

(1) Nach dem Eintritt der im Enteignungsbeschluß vorgesehenen Rechtsänderungen kann jeder Beteiligte sein Recht an der hinterlegten Summe gegen einen Mitbeteiligten, der dieses Recht bestreitet, vor den ordentlichen Gerichten geltend machen oder die Einleitung eines gerichtlichen Verteilungsverfahrens beantragen.

(2) Für das Verteilungsverfahren ist das Amtsgericht zuständig, in dessen Bezirk das von der Enteignung betroffene Grundstück liegt; in Zweifelsfällen gilt § 2 des Zwangsversteigerungsgesetzes sinngemäß.

(3) Auf das Verteilungsverfahren sind die Vorschriften über die Verteilung des Erlöses im Falle der Zwangsversteigerung mit folgenden Abweichungen sinngemäß anzuwenden:

1. Das Verteilungsverfahren ist durch Beschluß zu eröffnen;
2. die Zustellung des Eröffnungsbeschlusses an den Antragsteller gilt als Beschlagnahme im Sinne des § 13 des Zwangsversteigerungsgesetzes; ist das Grundstück schon in einem Zwangsversteigerungs- oder Zwangsverwaltungsverfahren beschlagnahmt, so hat es hierbei sein Bewenden;
3. das Verteilungsgericht hat bei der Eröffnung des Verfahrens von Amts wegen das Grundbuchamt um die im § 19 Abs. 2 und 3 des Zwangsversteigerungsgesetzes bezeichneten Mitteilungen zu ersuchen; in die beglaubigte Abschrift des Grundbuchblattes sind die zur Zeit der Zustellung des Enteignungsbeschlusses an den Enteigneten vorhandenen Eintragungen sowie die später eingetragenen Veränderungen und Löschungen aufzunehmen;
4. bei dem Verfahren sind die in § 20 Abs. 3 bezeichneten Entschädigungsberechtigten nach Maßgabe des § 10 des Zwangsversteigerungsgesetzes zu berücksichtigen, wegen der Ansprüche auf wiederkehrende Nebenleistungen jedoch nur für die Zeit bis zur Hinterlegung.

(4) Soweit auf Grund landesrechtlicher Vorschriften die Verteilung des Erlöses im Falle einer Zwangsversteigerung nicht von dem Vollstreckungsgericht, sondern von einer anderen Stelle wahrzunehmen ist, kann durch Landesrecht bestimmt werden, daß diese andere Stelle auch für das Verteilungsverfahren nach den Absätzen 1 bis 3 zuständig ist. Wird die Änderung einer Entscheidung dieser anderen Stelle verlangt, so ist die Entscheidung des Vollstreckungsgerichts nachzusuchen. Die Beschwerde findet gegen die Entscheidung des Vollstreckungsgerichts statt.

§ 55

Entstehen nach Erlaß des Enteignungsbeschlusses Vermögensnachteile der in § 19 bezeichneten Art, für die eine Entschädigung im Enteignungsbeschluß nicht festgesetzt werden konnte, so ist auf Antrag des Entschädigungsberechtigten von der Enteignungsbehörde eine Entschädigung hierfür nachträglich festzusetzen, sofern eine Einigung nicht zustande kommt. Der Antrag kann nur binnen zehn Jahren nach der Unanfechtbarkeit des Enteignungsbeschlusses gestellt werden. Für den Festsetzungsbescheid gilt § 48 Abs. 1 sinngemäß.

§ 56

(1) Werden Grundstücke oder Grundstücksteile zur Entschädigung in Land erworben, so gelten die Vorschriften der §§ 1, 2 und 4 des Gesetzes zur Ergänzung des Reichssiedlungsgesetzes vom 4. Januar 1935 (Reichsgesetzbl. I S. 1) über den Ausschluß des Kündigungsrechts der Gläubiger, die Unterverteilung der Grundpfandrechte (Hypotheken, Grund- und Rentenschulden) und Reallasten und die Eintragung der Rechtsänderungen in das Grundbuch.

(2) Grundpfandrechte können von dem Erwerber innerhalb eines Jahres nach dem Erwerb ohne Einhaltung einer Kündigungsfrist zur sofortigen Rückzahlung gekündigt werden. Dient das gekündigte Recht zur Deckung von Schuldverschreibungen eines Kreditinstituts, das nicht berechtigt ist, die Schuldverschreibungen zurückzukaufen, so wird die Kündigung erst zum nächsten zulässigen Rückzahlungstermin wirksam.

(3) Die Aufgaben der Siedlungsbehörden nach den §§ 1, 2 und 4 des Gesetzes zur Ergänzung des Reichssiedlungsgesetzes nimmt die Enteignungsbehörde wahr.

§ 57

(1) Der enteignete frühere Eigentümer kann verlangen, daß das nach den Vorschriften dieses Gesetzes enteignete Grundstück zu seinen Gunsten wieder enteignet wird (Rückenteignung), wenn das Grundstück nicht mehr für Aufgaben im Sinne des § 1 benötigt wird oder mit der Ausführung des Vorhabens, dessentwegen das Grundstück enteignet wurde, nicht binnen zweier Jahre, nachdem der Enteignungsbechluß unanfechtbar geworden ist, begonnen wurde. Dieses gilt sinngemäß zugunsten des Eigentümers eines Grundstückes, an dem nach § 12 Abs. 1 ein Recht begründet worden ist.

(2) Das Verlangen auf Rückenteignung ist binnen eines Jahres, nachdem die das Grundstück verwaltende Stelle dem früheren Eigentümer von den Tatsachen, die den Anspruch begründen, Kenntnis gegeben hat, spätestens binnen dreißig Jahren, nachdem der Enteignungsbeschluß, Teil A, unanfechtbar geworden ist, bei der Enteignungsbehörde zu stellen. § 203 Abs. 2 des Bürgerlichen Gesetzbuchs gilt sinngemäß.

(3) Die Enteignungsbehörde kann die Rückenteignung ablehnen, wenn das Grundstück erheblich verändert oder ganz oder überwiegend Entschädigung in Land gewährt worden ist.

(4) Für die Rückenteignung sind die Vorschriften der §§ 17 bis 24, 28, 29, 31 bis 37 und 44 bis 55 sinngemäß anzuwenden.

(5) Der frühere Inhaber eines Rechts, das durch Enteignung nach den Vorschriften dieses Gesetzes erloschen oder entzogen worden ist, kann unter den in Absatz 1 bezeichneten Voraussetzungen verlangen, daß ein gleiches Recht an dem früher belasteten Grundstück zu seinen Gunsten durch Enteignung wieder begründet wird. Für Rechte, die durch Enteignung des früher belasteten Grundstückes erloschen sind, gilt dies nur, wenn der frühere Eigentümer oder sein Rechtsnachfolger das Grundstück zurückerhält. Die Vorschriften über die Rückenteignung gelten sinngemäß.

Dritter Teil: Rechtsbehelfe

§ 58

Für die Anfechtung der nach diesem Gesetz erlassenen Verwaltungsakte gilt die Verwaltungsgerichtsordnung.

§ 59

(1) Für Klagen auf Festsetzung einer Geldentschädigung, einer zusätzlichen Geldentschädigung (§ 24 Satz 1), einer Ausgleichszahlung (§ 24 Satz 2), einer Naturalwertrente, einer Besitzeinweisungsentschädigung (§ 38 Abs. 4) oder auf Änderung der festgesetzten Geldentschädigung, der Ausgleichszahlung, der Naturalwertrente oder der Besitzeinweisungsentschädigung ist der Rechtsweg vor den ordentlichen Gerichten gegeben.

(2) Die Klage ist erst zulässig, wenn der Enteignungsbechluß hinsichtlich des Teils A unanfechtbar geworden ist. Das gilt nicht für Klagen auf Festsetzung oder Änderung der Entschädigung für eine Besitzeinweisung.

(3) Für die Klage sind die Landgerichte ohne Rücksicht auf den Wert des Streitgegenstandes ausschließlich zuständig; eine erweiterte Zulässigkeit von Rechtsmitteln nach den Vorschriften des § 511a Abs. 4 und des § 547 Abs. 1 Nr. 2 der Zivilprozeßordnung wird hierdurch nicht begründet. Örtlich ist das Landgericht ausschließlich zuständig, in dessen Bezirk das in Anspruch genommene Grundstück liegt.

§ 60

Der Rechtsstreit ist zwischen dem Entschädigungsberechtigten und dem Bund zu führen. Dies gilt sinngemäß, wenn der Rechtsstreit eine Ausgleichszahlung betrifft.

§ 61

(1) Die Klage ist innerhalb von zwei Monaten zu erheben.

(2) Die Frist beginnt, sofern die Entschädigung für eine Besitzeinweisung den Gegenstand der Klage bildet, erst mit dem Ende des Tages, an dem der Besitzeinweisungsbeschluß mit einer Anfechtungsklage vor dem Verwaltungsgericht nicht mehr angefochten werden kann oder an dem über die erhobene Anfechtungsklage rechtskräftig entschieden ist. In anderen Fällen beginnt die Frist mit dem Tage, an dem die Mitteilung über die Unanfechtbarkeit des Teils A des Enteignungsbeschlusses den Beteiligten zugestellt ist.

(3) Die Frist ist eine Notfrist im Sinne der Zivilprozeßordnung.

§ 62

In der Klage sollen die Bezeichnung des Enteignungsbeschlusses (Teil B) oder des Besitzeinweisungsbeschlusses und die Angabe der Beweismittel für die Tatsachen enthalten sein, welche die Einhaltung der Frist des § 61 Abs. 1 ergeben. Mit der Klagschrift soll eine Ausfertigung oder eine beglaubigte Abschrift des Enteignungsbeschlusses (Teil B) oder des Besitzeinweisungsbeschlusses vorgelegt werden.

§ 63

Für Klagen wegen nachträglicher Festsetzung einer Entschädigung (§ 55) gelten § 59 und § 60 entsprechend. Die Klage ist innerhalb einer Frist von zwei Monaten seit Zustellung des Festsezungsbescheides zu erheben; die Frist ist eine Notfrist im Sinne der Zivilprozeßordnung. Die Klage kann auch erhoben werden, wenn die Enteignungsbehörde über einen Festsetzungsantrag innerhalb von sechs Monaten eine Entscheidung nicht getroffen hat. § 62 gilt sinngemäß.

Vierter Teil: Übergangs- und Schlußbestimmungen

§ 64

(1) Werden Grundstücke, die vor dem 5. Mai 1955 12 Uhr von den Behörden einer beteiligten Macht in Anspruch genommen worden sind und auf denen nach der Inanspruchnahme Gebäude errichtet worden sind, gemäß Artikel 13 des Ersten Teils des Vertrages zur Regelung aus Krieg und Besatzung entstandener Fragen über diesen Zeitpunkt hinaus von den Regierungen des Vereinigten Königreichs von Großbritannien und Nordirland, der Vereinigten Staaten von Nordamerika und der Französischen Republik zur Unterbringung ihrer Botschaften und Konsulate benutzt, so können sie nur nach den Vorschriften dieses Gesetzes weiterhin in Anspruch genommen werden.

(2) Das gleiche gilt für Grundstücke, die durch die Behörden einer beteiligten Macht zur Errichtung von nicht nur vorübergehenden Zwecken dienenden Bauwerken und Anlagen oder für Truppenübungsplätze, Flugplätze und ähnliche Vorhaben in Anspruch genommen worden sind, sofern die Inanspruchnahme der Grundstücke nach Artikel 48 des Vertrages über die Rechte und Pflichten ausländischer Streitkräfte und ihrer Mitglieder in der Bundesrepublik Deutschland (Truppenvertrag) vom 23. Oktober 1954 und dem Gesetz über die vorläufige Fortgeltung der Inanspruchnahme von Gegenständen für Zwecke der ausländischen Streitkräfte und ihrer Mitglieder vom 3. Juli 1956 (Bundesgesetzbl. I S. 639) am 31. Dezember 1956 noch fortbesteht und die Grundstücke für die in § 1 Abs. 1 genannten Zwecke weiterhin benötigt werden. Die Vorschriften des Bundesleistungsgesetzes vom 19. Oktober 1956 (Bundesgesetzbl. I S. 815) und des Schutzbereichgesetzes vom 7. Dezember 1956 (Bundesgesetzbl. I S. 899) bleiben unberührt.

(3) Hinsichtlich der in den Absätzen 1 und 2 genannten Grundstücke gilt die Inanspruchnahme ab 5. Mai 1955 12 Uhr als vorzeitige Besitzeinweisung im Sinne von § 38; der Lauf der in § 42 Abs. 1 Satz 1 bestimmten Frist beginnt mit dem 1. Januar 1957. Kommt eine Einigung über die Besitzeinweisungsentschädigung nicht zustande, so wird diese von der Enteignungsbehörde festgesetzt. § 63 gilt entsprechend.

(4) Für die Bemessung der Entschädigung ist der Zustand des Grundstückes in dem Zeitpunkt der Inanspruchnahme maßgebend. Bereits gezahlte Entschädigungen für Veränderungen am Zustande des Grundstückes nach der Inanspruchnahme sind zu berücksichtigen.

§ 65

(1) Hat der Bund vor Inkrafttreten dieses Gesetzes ein Grundstück der in § 64 bezeichneten Art angekauft und ist der Kaufpreis nach dem Zustand des Grundstückes im Zeitpunkt des Kaufabschlusses bemessen worden, kann der frühere Eigentümer vom Bund Zahlung des Unterschiedsbetrages zwischen dem Kaufpreis und dem Betrag verlangen, der zu zahlen gewesen wäre, wenn der Bemessung des Kaufpreises der Zustand des Grundstückes im Zeitpunkt der Inanspruchnahme zugrunde gelegt worden wäre. Das gilt insoweit nicht, als der frühere Eigentümer bereits auf anderem Wege entschädigt worden ist.

(2) Kommt eine Einigung über den nach Absatz 1 zu zahlenden Betrag nicht zustande, so wird dieser von der von der Landesregierung bestimmten Behörde festgesetzt. § 63 gilt entsprechend.

§ 66

(1) Wird in den Fällen des § 64 der Erlaß eines Enteignungsbeschlusses abgelehnt, so gilt § 42 Abs. 2 sinngemäß, sofern nicht in den folgenden Absätzen etwas anderes bestimmt ist.

(2) Die Entschädigung bemißt sich nach den Kosten, die notwendigerweise aufgewendet werden müssen, um die Veränderungen zu beseitigen und den früheren Zustand wiederherzustellen, soweit das Grundstück infolge der Veränderung seinem ursprünglichen Verwendungszweck nicht mehr zu dienen geeignet oder seine Benutzung wesentlich beeinträchtigt oder seine Bewirtschaftung wesentlich erschwert ist. Stehen die Kosten in keinem angemessenen Verhältnis zu den Nachteilen, die dem Eigentümer infolge der Veränderungen erwachsen, so beschränkt sich die Entschädigung auf einen Ausgleich für diese Nachteile.

(3) Die Auszahlung der Entschädigung nach Absatz 2 kann von der Bedingung abhängig gemacht werden, daß die Veränderungen tatsächlich beseitigt werden.

(4) Hat sich der Wert eines Grundstückes durch bauliche Veränderungen während der Inanspruchnahme erhöht, so bestimmt sich die Verpflichtung des Eigentümers zum Ausgleich der Werterhöhung nach dem in § 6 Abs. 2 des Gesetzes über die Abgeltung von Besatzungsschäden vom 1. Dezember 1955 (Bundesgesetzbl. I S. 734) vorbehaltenen Gesetz.

§ 67

Die den Kirchen oder anderen Religionsgesellschaften und religiösen Vereinen auf Grund des Artikels 140 des Grundgesetzes und auf Grund von Verträgen zustehenden Rechte bleiben unberührt.

§ 68

Gesetzliche Vorschriften, behördliche Anordnungen oder Satzungen, die Kreditinstituten die Anlage ihres Vermögens in Grundpfandrechten oder Reallasten außerhalb eines bestimmten Bezirks untersagen, sind nicht anzuwenden, wenn die Grundpfandrechte oder Reallasten nach § 23 an einem außerhalb des Bezirks liegenden Grundstück neu begründet werden.

§ 69

(1) Das Vorkaufsrecht nach dem Reichssiedlungsgesetz kann auch zum Zwecke des Erwerbs von Grundstücken zur Entschädigung in Land ausgeübt werden, und zwar auch dann, wenn der Eigentümer das Grundstück an eine Körperschaft des öffentlichen Rechts verkauft hat; diese ist vor der Ausübung des Vorkaufsrechts zu hören.

(2) Der Bundesminister des Innern kann im Einvernehmen mit dem Bundesminister für Ernährung, Landwirtschaft und Forsten die Siedlungsunternehmen und Landlieferungsverbände im Sinne des Reichssiedlungsgesetzes durch Rechtsverordnung, die der Zustimmung des Bundesrates bedarf, verpflichten,

1. auf Verlangen der Enteignungsbehörde Fälle mitzuteilen, in denen nach dem Reichssiedlungsgesetz ein Vorkaufsrecht ausgeübt werden kann, und
2. das Vorkaufsrecht für den in Absatz 1 genannten Zweck auszuüben, wenn sie das Recht nicht für Siedlungszwecke ausüben wollen, und über das durch Ausübung des Vorkaufs erlangte Grundstück nach Weisung zu verfügen. Bei Durchführung dieser Weisung dürfen dem Vorkaufsberechtigten weder rechtliche noch wirtschaftliche Nachteile entstehen.

(3) § 20 des Reichssiedlungsgesetzes sowie die landesrechtlichen Vorschriften über Verfügungsbeschränkungen bei Siedlerstellen sind, soweit sie für das beschaffte Grundstück nicht gelten, auf Umsiedlerstellen nicht anzuwenden. Ob eine Stelle als Umsiedlerstelle anzusehen ist, entscheidet in Zweifelsfällen die nach § 8 zuständige Behörde.

§ 70

Verlangt der Eigentümer nach § 10 Abs. 2 des Bundesleistungsgesetzes vom 19. Oktober 1956 (Bundesgesetzbl. I S. 815) oder nach § 15 Abs. 1 des Schutzbereichgesetzes vom 7. Dezember 1956 (Bundesgesetzbl. I S. 899) die Entziehung des Eigentums oder ein anderer Berechtigter nach § 15 Abs. 2 des Schutzbereichgesetzes die Entziehung des Rechts, so gelten die Vorschriften dieses Gesetzes über die Enteignung und Entschädigung mit der Maßgabe entsprechend, daß an Stelle des Antrags nach § 11 dieses Gesetzes das Verlangen des Eigentümers oder des in § 15 Abs. 2 des Schutzbereichgesetzes bezeichneten Berechtigten tritt.

§ 71

(1) Das Verfahren vor der Enteignungsbehörde ist gebührenfrei.

(2) Geschäfte und Verhandlungen, die der Durchführung dieses Gesetzes dienen, einschließlich der Berichtigung der öffentlichen Bücher, sind frei von Gebühren, Steuern, Kosten und Abgaben, mit Ausnahme der in der Kostenordnung bestimmten Beurkundungs- und Beglaubigungskosten; hiervon unberührt bleiben Regelungen hinsichtlich der Steuern mit örtlich bedingtem Wirkungskreis, insbesondere der Grunderwerbsteuer, sowie hinsichtlich der Gebühren, Kosten und Abgaben, die auf landesrechtlichen Vorschriften beruhen.

(3) Die Gebühren-, Steuern-, Kosten- und Abgabenfreiheit ist von der zuständigen Behörde ohne Nachprüfung anzuerkennen, wenn die Enteignungsbehörde bestätigt, daß ein Geschäft oder eine Verhandlung der Durchführung der Landbeschaffung dient.

§ 72

In den Fällen, in denen der Landverlust auf einen großen Kreis von Eigentümern verteilt oder Nachteile für die allgemeine Landeskultur vermieden werden sollen (§ 87 Abs. 1 des Flurbereinigungsgesetzes vom 14. Juli 1953 — Bundesgesetzbl. I S. 591), kann der zuständige Bundesminister oder die von ihm bestimmte Bundesbehörde den Antrag auf Einleitung des Flurbereinigungsverfahrens stellen. An die Stelle der vorläufigen Planfeststellung (§ 87 Abs. 2 des Flurbereinigungsgesetzes) tritt die Anordnung nach § 1 Abs. 3. Der zuständige Bundesminister oder die von ihm bestimmte Bundesbehörde ist zuständige obere Behörde im Sinne des § 88 Nr. 3 des Flurbereinigungsgesetzes. Die nach § 8 zuständige Behörde trifft die Entscheidung nach § 89 Abs. 1 des Flurbereinigungsgesetzes.

§ 73

Zustellungen durch die Verwaltungsbehörden werden nach den Vorschriften des Verwaltungszustellungsgesetzes vom 3. Juli 1952 (Bundesgesetzbl. I S. 379) bewirkt.

§ 74

Bis zum Inkrafttreten der Verwaltungsgerichtsordnung gelten das Gesetz über das Bundesverwaltungsgericht vom 23. September 1952 (Bundesgesetzbl. I S. 625) und die landesrechtlichen Vorschriften über die Verwaltungsgerichtsbarkeit.

§ 75

Dieses Gesetz gilt nicht im Saarland.

§ 76

Dieses Gesetz tritt am 1. Januar 1957 in Kraft.

Anh. 18

Gesetz über Leistungen zur Unterbringung von Deutschen aus der sowjetischen Besatzungszone oder dem sowjetisch besetzten Sektor von Berlin (Flüchtlings-Notleistungsgesetz)

vom 9. März 1953 i. d. Fass. des 2. ÄndG vom 14. Mai 1957 (BGBl. I S. 498)

Auszug

§ 8

Unbebaute Grundstücke und freie Flächen von bebauten Grundstücken sind zum Aufbau und zur Herrichtung von behelfsmäßigen Unterkünften zur Verfügung zu stellen.

§ 9

(1) Die Anforderungsbehörde kann von einem Leistungspflichtigen die Vorbereitung von Leistungen fordern, deren Möglichkeit sich aus der tatsächlichen Gewalt über Sachen oder aus der Inhaberschaft von Rechten ergibt. Sie kann auch Auskünfte und die Vorlage von Unterlagen verlangen.

(2) Der Leistungspflichtige ist zu Duldungen und Unterlassungen verpflichtet, die zur ordnungsmäßigen Leistung notwendig sind.

(3) Anforderungsbehörde für die Leistungsvorbereitungen nach Absatz 1 ist diejenige Behörde die für die Anforderung der Leistung zuständig ist.

§ 10

(1) Bei einer Anforderung zum Gebrauch nach § 7 oder § 8 kann die Anforderungsbehörde verlangen, daß dem Leistungsempfänger der Gebrauch oder Mitgebrauch einer Sache überlassen oder eine Einwirkung auf eine Sache gestattet wird, die keine oder keine wesentliche Veränderung der Sache herbeiführt und ohne unverhältnismäßige Aufwendungen wieder beseitigt werden kann. Die Anforderungsbehörde kann verlangen, daß der Gebrauch oder die Nutzung einer Sache ganz oder teilweise unterbleibt.

(2) Auf Grund einer Anforderung nach Absatz 1 Satz 1 hat der Leistungspflichtige dem Leistungsempfänger den Gebrauch oder Mitgebrauch der angeforderten Sache zu überlassen oder Einwirkungen des Leistungsempfängers auf die angeforderte Sache zu gestatten. Inhaber von Rechten an der angeforderten Sache oder von persönlichen Rechten, die zum Besitz oder zur Nutzung der angeforderten Sache berechtigen oder ihre Benutzung beschränken, sind zur Duldung des Gebrauchs, des Mitgebrauchs oder der Einwirkungen nach Absatz 1 Satz 1 verpflichtet. Auf Grund einer Anforderung nach Absatz 1 Satz 2 haben sich diejenigen, die zum Gebrauch oder zur Nutzung der von der Anforderung betroffenen Sache berechtigt sind, des Gebrauchs oder der Nutzung dieser Sache in dem in der Anforderung bestimmten Umfange zu enthalten.

(3) Eine Leistung nach Absatz 1 kann nur auf bestimmte Zeit, längstens für zwei Jahre verlangt werden. Eine neue Anforderung ist zulässig.

(4) Rechtsverhältnisse, die zur Nutzung einer angeforderten Sache berechtigen, werden von einer Anforderung zum Gebrauch nicht berührt. Mieter und Pächter werden jedoch von einer Verpflichtung zu wiederkehrenden Leistungen aus dem Miet- und Pachtverhältnis frei, wenn ihnen durch die Anforderung die Nutzung der angeforderten Sache in vollem Umfang entzogen wird.

Vierter Abschnitt. Die Abgeltung

(1) Entschädigungsberechtigt sind

§ 14

(1) Entschädigungsberechtigt sind:
1. der Eigentümer;
2. die sonst dinglich an der Sache Berechtigten;
3. diejenigen, die auf Grund eines persönlichen Rechts die Sache besitzen.

(2) Die in Absatz 1 Nummern 2 und 3 bezeichneten Entschädigungsberechtigten sind, soweit sie nicht eine Entschädigung für den Verlust des Gebrauchs oder der Nutzung der Sache oder für die in § 16 bezeichneten Vermögensnachteile verlangen können, auf die Entschädigung des Eigentümers angewiesen.

(3) Bei der Anforderung eines Grundstücks zum Gebrauch sind auch diejenigen entschädigungsberechtigt, die auf Grund eines persönlichen Rechtes eine Beschränkung der Benutzung des Grundstücks verlangen können.

§ 15

(1) Im Falle der Anforderung einer Sache zum Gebrauch ist den Entschädigungsberechtigten, die zum Gebrauch oder zur Nutzung der angeforderten Sache berechtigt sind, eine Entschädigung zu zahlen, deren Höhe und Zahlungsweise sich im Falle der Eigennutzung nach dem üblichen Entgelt für Gebrauchsüberlassungen, insbesondere nach der ortsüblichen Miete oder Pacht, im übrigen nach der Höhe und Zahlungsweise der entgehenden Gegenleistungen aus Miete, Pacht oder ähnlichen Rechtsverhältnissen richtet. Für die Zeit, während deren der Mieter oder Pächter gemäß § 10 Abs. 4 Satz 2 von der Verpflichtung zu wiederkehrenden Leistungen befreit ist, steht die Entschädigung dem Vermieter oder Verpächter zu. Die Entschädigung ist für die Zeit bis zur Rückgabe der angeforderten Sache zu gewähren.

(2) Im Falle der Anforderung einer Sache zu Eigentum ist die Entschädigung für das Eigentum an der Sache nach deren gemeinem Wert in dem Zeitpunkt zu bemessen, in dem der Leistungsempfänger den Besitz der Sache erwirbt. Wird die Entschädigung nicht binnen sechs Wochen nach Eigentumsübergang gezahlt, so ist sie vom Eigentumsübergang ab mit vier vom Hundert zu verzinsen.

(3) Bei der Bemessung der Entschädigung werden Mängel der Sache nur berücksicht, wenn der Leistungsempfänger die Mängel rechtzeitig angezeigt hat. Eine Anzeige ist rechtzeitig, wenn sie bei Mängeln, die bei der Überlassung erkennbar waren, innerhalb von zwei Wochen seit der Überlassung, bei anderen Mängeln innerhalb von zwei Wochen seit der Entdeckung, spätestens jedoch innerhalb von sechs Monaten seit der Überlassung erfolgt. Zur Wahrung der Frist genügt die rechtzeitige Absendung der Anzeige.

(4) Vermögensvorteile, die einem Entschädigungsberechtigten infolge der Anforderung entstehen, sind bei der Festsetzung der Entschädigung zu berücksichtigen.

§ 16

Für die durch die Anforderung einer Sache zum Gebrauch oder zu Eigentum eintretenden Vermögensnachteile, die nicht schon bei der Bemessung der Entschädigung nach § 15 berücksichtigt sind, hat der Leistungsempfänger eine Entschädigung zu gewähren, soweit bei einer gerechten Abwägung der Interessen der Allgemeinheit und der Beteiligten eine solche Entschädigung angemessen erscheint. Für entgangenen Gewinn und für Vermögensnachteile, die nicht im unmittelbaren Zusammenhang mit der Anforderung stehen, ist nur dann eine Entschädigung zu zahlen, wenn und soweit dies zur Abwendung unbilliger Härten dringend geboten erscheint.

§ 17

Für Leistungsvorbereitungen nach § 9 ist dem Leistungspflichtigen eine angemessene Entschädigung zu zahlen.

§ 18

Bei der Bemessung der Entschädigung sind bestehende Preisvorschriften zu beachten.

§ 19

(1) Wird eine zum Gebrauch angeforderte Sache verschlechtert oder beschädigt, so ist der Entschädigungsberechtigte von dem Leistungsempfänger in der Weise zu entschädigen, daß für die Kosten der Instandsetzung der angeforderten Sache und für eine durch Instandsetzung nicht zu behebende Wertminderung dieser Sache bis zur Höhe des gemeinen Wertes Ersatz geleistet wird. § 254 des Bürgerlichen Gesetzbuches gilt sinngemäß.

(2) Der Leistungsempfänger ist zu Schadensersatz durch Herstellung in Natur nicht verpflichtet.

(3) Ersatzansprüche nach Absatz 1 können nur binnen drei Monaten nach Rückgabe der Sache geltend gemacht werden.

§ 20

(1) Nach diesem Gesetz begründete Zahlungsansprüche verjähren in zwei Jahren. Die §§ 202 bis 225 des Bürgerlichen Gesetzbuchs gelten sinngemäß. Die Verjährung beginnt mit dem Schluß des Jahres, in dem der Anspruch entsteht.

(2) Auf die Verjährung anderer nach diesem Gesetz begründeter Ansprüche sind die Vorschriften des Bürgerlichen Gesetzbuchs sinngemäß anzuwenden.

Anh. 14

Gesetz über die Angelegenheiten der Vertriebenen und Flüchtlinge (Bundesvertriebenengesetz)

vom 19. Mai 1953 (BGBl. I S. 201)

Auszug

Zweiter Titel. Landwirtschaft

§ 35 Grundsatz

Vertriebene und Sowjetzonenflüchtlinge, die aus der Landwirtschaft stammen oder nach der Vertreibung überwiegend in der Landwirtschaft tätig waren, sollen nach Maßgabe dieses Titels dadurch in die Landwirtschaft eingegliedert werden, daß sie entweder als Siedler im Sinne der Siedlungs- und Bodenreformgesetzgebung oder sonst als Eigentümer oder Pächter land- und forstwirtschaftlicher Grundstücke oder in einem anderen zweckdienlichen Nutzungsverhältnis angesetzt werden.

§ 39 Auslaufende und wüste Höfe

(1) Für die Ansetzung nach § 35 kommen vor allem auch auslaufende Höfe, deren unwirtschaftliche Zerschlagung verhindert werden soll, sowie wüste Höfe, die sich für eine Wiederinbetriebnahme eignen, in Betracht.

(2) Auslaufende Höfe sind landwirtschaftliche Betriebe, deren Eigentümer diese nicht mehr selbst bewirtschaften oder bewirtschaften können und keine Erben haben, die den Betrieb selbst bewirtschaften können oder wollen. Wüste Höfe sind früher selbständige landwirtschaftliche Betriebe, deren Betriebsgebäude ganz oder teilweise noch vorhanden sind, deren Land aber veräußert oder verpachtet oder anderweitig zur Nutzung abgegeben worden ist.

§ 40 Moor-, Ödland- und Rodungsflächen

(1) Für die Ansetzung nach § 35 kommen ferner Moor-, Ödland und Rodungsflächen in Betracht.

(2) Für die Anwendung des § 3 des Reichssiedlungsgesetzes vom 11. August 1919 (Reichsgesetzbl. I S. 1429) stehen dem Moor- und Ödland gleich

1. landwirtschaftlich nutzbare Ländereien, die nicht planmäßig bewirtschaftet werden,

2. nicht sachgemäß bewirtschaftete Holzbodenflächen (Rodungsflächen), soweit sie zur Besiedlung geeignet sind. Die Enteignung von Rodungsflächen ist nur nach Anhören der obersten Landesforstbehörde zulässig.

§ 58 Aufhebung eines Pacht- oder sonstigen Nutzungsverhältnisses bei freiwilliger Landabgabe

(1) Ein Pacht- oder sonstiges Nutzungsverhältnis über Grundstücke, die der Eigentümer einem Vertriebenen oder Sowjetzonenflüchtling zu Eigentum überträgt oder zur Ausstattung eines wüsten Hofes pachtweise zur Verfügung stellt, kann die Siedlungsbehörde durch schriftliche Verfügung an den Nutzungsberechtigten unter Einhaltung einer angemessenen Frist ganz oder teilweise aufheben.

(2) Die Aufhebung des Nutzungsverhältnisses ist nur zulässig, wenn dadurch die Wirtschaftlichkeit des Betriebes, dem die Grundstücke bisher dienten, nicht nachhaltig beeinträchtigt wird oder die Aufhebung aus einem anderen Grunde nicht eine unbillige Härte bedeutet.

§ 59 Rechtsbehelfe und Rechtsmittel

Gegen die nach § 58 erlassene Verfügung der Siedlungsbehörde können die Beteiligten zwei Wochen nach Zustellung an den bisherigen Nutzungsberechtigten gerichtliche Entscheidung beantragen. In der gerichtlichen Entscheidung kann die Verfügung der Siedlungsbehörde bestätigt, geändert oder aufgehoben werden. Zuständig für die Entscheidung sind bis zum Erlaß einer bundesgesetzlichen Regelung des gerichtlichen Verfahrens in Landwirtschaftssachen die in den Ländern für Pachtschutzsachen zuständigen Gerichte nach den für sie geltenden Verfahrensvorschriften.

§ 60 Besitzeinweisung

Die Verfügung oder die gerichtliche Entscheidung schließt die Besitzeinweisung ein. Die Besitzeinweisung gilt als erfolgt zwei Wochen nach Eintritt der Rechtskraft der Verfügung oder der gerichtlichen Entscheidung oder, wenn in der Verfügung oder der gerichtlichen Entscheidung ein späterer Zeitpunkt festgesetzt ist, mit diesem Zeitpunkt frühestens jedoch mit der rechtskräftigen Aufhebung des Nutzungsverhältnisses.

§ 61 Entschädigung des bisherigen Nutzungsberechtigten

(1) Wer infolge einer nach §§ 58 und 59 ergangenen Verfügung oder gerichtlichen Entscheidung die Nutzung verliert, kann Geldentschädigung für Verwendungen in sinngemäßer Anwendung der Vorschriften der §§ 994 bis 996, 998 und 999 des Bürgerlichen Gesetzbuchs verlangen.

(2) Für andere Vermögensnachteile, die durch eine nach §§ 58 und 59 ergangene Verfügung oder gerichtliche Entscheidung entstehen, kann der Betroffene eine Entschädigung verlangen, soweit eine solche unter gerechter Abwägung der Interessen der Allgemeinheit und des Betroffenen geboten erscheint.

(3) Zur Leistung der Entschädigung ist ausschließlich das Land verpflichtet. Der Bund erstattet dem Land die geleistete Entschädigung, wenn entweder unter Mitwirkung der Siedlungsbehörde eine Einigung über die Entschädigung erzielt oder eine Entschädigung rechtskräftig festgesetzt ist.

§ 62 Inanspruchnahme von Gebäuden und Land

(1) Für den in § 35 bezeichneten Zweck können für den Betrieb der Land- oder Forstwirtschaft eingerichtete Gebäude, die ganz oder überwiegend anderweitig genutzt werden, nach Maßgabe des § 63 bis zu achtzehn Jahren zur Nutzung in Anspruch genommen werden, falls entsprechendes Land bis zur Größe einer selbständigen Ackernahrung zur Verfügung gestellt werden kann.

(2) Land, das sich im Eigentum des Bundes oder der Länder befindet, soll nach Maßgabe des § 63 bis zur gleichen Dauer zu dem in § 35 bezeichneten Zweck für die Ausstattung eines wüsten Hofes, einer sonstigen Hofstelle oder eines landwirtschaftlichen Kleinbetriebes bis zur Größe einer selbständigen Ackernahrung zur Nutzung in Anspruch genommen werden,

anderes Land, sofern es anhaltend so schlecht bewirtschaftet wird, daß die gesetzlich vorgeschriebenen Maßnahmen zur Sicherung der Landbewirtschaftung angeordnet werden können.

(3) Die Inanspruchnahme ist nur zulässig, wenn die Wirtschaftlichkeit des Betriebes, dem die Gebäude oder das Land dienen, nicht nachhaltig beeinträchtigt wird oder wenn die Inanspruchnahme aus einem anderen Grund für den Eigentümer oder sonstigen Nutzungsberechtigten nicht eine unbillige Härte bedeutet.

§ 63 Verfahren

(1) Die Siedlungsbehörde kann nach Anhörung der Beteiligten verlangen, daß der Verfügungsberechtigte mit einer der in § 35 bezeichneten Personen nach Maßgabe des § 42 ein Rechtsverhältnis vereinbart, das diese zur Nutzung einer der nach § 62 der Inanspruchnahme unterliegenden Sache berechtigt. Die Siedlungsbehörde hat dem Verfügungsberechtigten eine angemessene Frist für eine Vereinbarung des Nutzungsverhältnisses zu setzen. Die Frist beginnt mit der Zustellung an den Verfügungsberechtigten.

(2) Kommt die Vereinbarung innerhalb der Frist nicht zustande, so kann die Siedlungsbehörde die Person, mit der das Nutzungsverhältnis zu begründen ist, mit deren Einverständnis bestimmen und die im Rahmen des ortsüblichen angemessenen Vertragsbedingungen festsetzen. Die festgesetzten Bedingungen gelten als zwischen den Beteiligten vereinbart; § 60 ist anzuwenden.

(3) Gegen eine nach Absatz 1 oder Absatz 2 erlassene Verfügung der Siedlungsbehörde können die Beteiligten binnen zwei Wochen nach Zustellung gerichtliche Entscheidung beantragen.

§ 59 Satz 2 und Satz 3, §§ 60 und 61 sind anzuwenden.

(4) Besteht über dieselbe Sache bereits ein Miet- oder Nutzungsverhältnis, so gelten die §§ 57 bis 61 entsprechend, § 57 jedoch mit der Maßgabe, daß an die Stelle des Vermieters die Siedlungsbehörde tritt.

§ 64 Entsprechende Anwendung von Vorschriften des Reichssiedlungsgesetzes

Für Geschäfte und Verhandlungen, die der Durchführung der Vorschriften dieses Titels dienen, gilt § 29 des Reichssiedlungsgesetzes entsprechend.

§ 66 Änderung des Reichssiedlungsgesetzes

(1) § 3 Abs. 1 Satz 2 des Reichssiedlungsgesetzes wird aufgehoben.

(2) Bei einer Enteignung nach § 3 Abs. 1 des Reichssiedlungsgesetzes ist das Siedlungsunternehmen verpflichtet, das enteignete Land innerhalb einer von der Siedlungsbehörde zu bestimmenden Frist zu kultivieren. Wird das enteignete Land nicht innerhalb dieser Frist kultiviert, so hat der Enteignete oder sein Rechtsnachfolger nach Ablauf eines Lahres nach Beendigung der Frist (Satz 1) binnen eines weiteren Jahres einen Anspruch auf Rückübereignung gegen Erstattung der Entschädigung.

(3) Betriebe, die Land zur Kultivierung abgeben, erhalten auf Antrag nach Durchführung der Kultivierung im Wege der Anliegersiedlung (§ 1 Reichssiedlungsgesetz) Land in der ihrer Abgabe entsprechende Größe, höchstens jedoch eine Fläche, die zur Hebung des Betriebes bis zur Größe einer selbständigen Ackernahrung erforderlich ist.

Anh. 15

Verordnung zur Behebung der dringensten Wohnungsnot (Behebungs VO)

vom 9. Dezember 1919 (RGBl. I S. 1968)

Auszug

§ 1

Die Landeszentralbehörden sind verpflichtet, für diejenigen Bezirke, in denen sich ein dringendes Bedürfnis nach Klein- und Mittelwohnungen in der Übergangszeit nach dem Kriege

herausstellt, zur schnellen Durchführung der Unterbringung obdachloser Familien Bezirkswohnungskommissare zu bestellen.

§ 2

Dem Bezirkswohnungskommissar liegt die Förderung der Herstellung geeigneter Klein- und Mittelwohnungen innerhalb seines Verwaltungsbezirkes ob.

§ 6

Zur Bereitstellung des für Behelfsbauten (Holzhäuser, Leichtbauten, Baracken) nötigen Geländes kann der Bezirkswohnungskommissar an Stelle der Enteignung eine Zwangspachtung für die Dauer bis zu 30 Jahren gegen Zahlung eines angemessenen jährlichen Pachtzinses aussprechen. Er setzt in diesem Falle mangels Einigung der Beteiligten einen Pachtvertrag fest. . . . . . ; an die Stelle der Entschädigung tritt der Pachtzins. Der Pachtvertrag gilt mit der Zustellung an den Eigentümer als abgeschlossen.

Zweite Preußische Verordnung zur Ausführung der Verordnung der Reichsregierung über die Behebung der dringensten Wohnungsnot vom 9. Dezember 1919

Vom 14. Februar 1921 (PrGS S. 315)

Das Preußische Staatsministerium verordnet gemäß § 15 der Verordnung der Reichsregierung zur Behebung der dringendsten Wohnungsnot vom 9. Dezember 1919 (RGBl. S. 1968), was folgt:

§ 1

Der Bezirkswohnungskommissar hat in dem Enteignungsbescheide das zu enteignende Grundstück übereinstimmend mit dem Grundbuche zu bezeichnen.

Wird ein Teil des Grundstücks enteignet, so hat er einen beglaubigten Auszug aus dem Steuerbuch sowie eine von dem Fortschreibungsbeamten beglaubigte Karte zu beschaffen, aus denen die Größe und Lage des Teiles ersichtlich ist; der Teil muß im Steuerbuch unter einer besonderen Nummer bezeichnet sein, es sei denn, daß nach dem Ermessen der Grundsteuerbehörde die deutliche Darstellung der Nummer in der Karte unausführbar ist. Der Beschaffung einer Karte bedarf es nicht, wenn bei der Abschreibung eine Änderung der Karte nicht eintritt. In dem Enteignungsbescheid ist der zu enteignende Teil übereinstimmend mit dem Auszuge zu bezeichnen.

§ 2

Der Bezirkswohnungskommissar hat das Grundbuchamt nach Zustellung des Enteignungsbescheids an den Eigentümer um die Eintragung des Erwerbers zu ersuchen. Dem Ersuchen ist eine Abschrift des Bescheids und der Zustellungsurkunde sowie im Falle des § 1 Abs. 2 der Auszug aus dem Steuerbuch und die Karte beizufügen.

Das Ersuchen ist erst zu stellen, nachdem die im Enteignungsbescheid festgesetzte Entschädigungssumme gezahlt oder hinterlegt ist. Ist das Grundstück mit einem Rechte belastet und ist nicht im Enteignungsbescheid ausgesprochen, daß diese Belastung vom Erwerber zu übernehmen ist, so ist die Hinterlegung erforderlich.

Durch die Anfechtung des Festsetzung der Entschädigung wird die Eintragung des Erwerbers nicht aufgehalten.

§ 3

Soweit Belastungen des Grundstücks nicht vom Erwerber übernommen werden, hat der Bezirkswohnungskommissar das Grundbuchamt zugleich mit dem Ersuchen um Eintragung des Erwerbers als Eigentümer um die Löschung dieser Belastung zu ersuchen.

§ 4

Auf die Verteilung der gemäß § 2 Abs. 2 Satz 2 hinterlegten Summe finden die Vorschriften entsprechende Anwendung, die bei einer auf Grund des Gesetzes über die Enteignung von Grundeigentum v. 11. Juni 1874 erfolgenden Enteignung im Falle einer Hinterlegung der Entschädigungssumme für deren Verteilung gelten.

§ 5

Der Bezirkswohnungskommissar kann den Unternehmer auf seinen Antrag vorläufig in den Besitz von Grundstücken oder Grundstücksteilen einweisen, deren Enteignung beabsichtigt ist. Dem Besitzer des Grundstücks ist der hierdurch entstandene Schaden zu vergüten. Ist der Eigentümer im Besitze des Grundstücks, so ist die ihm für die Enteignung zu gewährende Entschädigung vom Tage der Besitzeinweisung an zu verzinsen; erleidet er einen weiteren Schaden, so ist ihm auch dieser zu ersetzen.

Der Besitzeinweisung hat grundsätzlich eine örtliche Verhandlung mit den Beteiligten vorauszugehen. Zu dem Termin sind der Unternehmer und die sonstigen Beteiligten zu laden, ihrer Anwesenheit im Termin bedarf es nicht.

Durch die Einweisung in den Besitz erlangt der Unternehmer auch das Recht, über die Substanz des Grundstücks insoweit zu verfügen, als es zu den Zwecken des Unternehmens erforderlich ist.

§ 6

Dem Beschlusse, durch den der Unternehmer in den Besitz eingewiesen wird, ist entweder ein Lageplan, aus dem die in Betracht kommende Fläche wenigstens annähernd ersichtlich ist, beizufügen, oder es ist anzugeben, daß die beanspruchte Fläche im Gelände kenntlich gemacht und in einem Termin an Ort und Stelle angezeigt werde.

In dem Beschluß ist die Entschädigung (§ 5 Abs. 1) festzustellen. Sie ist dem Besitzer alsbald zu zahlen; wird die Zahlung schuldhaft verzögert, so ist auf Antrag des Besitzers der Beschluß aufzuheben.

Der Beschluß ist dem Unternehmer, dem Eigentümer und dem Besitzer zuzustellen oder zu Protokoll zu verkünden. Gegen die Festsetzung der Entschädigung kann jeder Beteiligte innerhalb von vierzehn Tagen nach Zustellung oder Verkündung des Beschlusses die Entscheidung der von der Landeszentralbehörde bestimmten Berufungsbehörde, welche *endgültig* entscheidet, anrufen; im übrigen ist der Beschluß des Bezirkswohnungskommissars *unanfechtbar*.

§ 7

Spricht der Bezirkswohnungskommissar auf Antrag des Eigentümers an Stelle der Entziehung des Eigentums die Belastung des Grundstücks mit einem Erbbaurecht aus, so gelten die Vorschriften der §§ 1—6 entsprechend.

Zweite preußische Verordnung zur Ausführung der Verordnung der Reichsregierung über die Behebung der dringensten Wohnungsnot vom 9. Dezember 1919

Vom 2. Mai 1925 (PrGS S. 55)

Das Preußische Staatsministerium verordnet gemäß § 15 der Verordnung der Reichsregierung zur Behebung der dringendsten Wohnungsnot v. 9. Dezember 1919 (RGBl. S. 1968), was folgt:

§ 1

Weist der Bezirkswohnungskommissar gemäß § 5 der Ausführungsverordnung v. 14. Februar 1921 (Gesetzsamml. S. 315) zur Verordnung über die Behebung der dringendsten Wohnungsnot v. 9. 12. 1919 (RGBl. S. 1968) vorläufig in den Besitz von Bau- und Gartenland ein, so hat er gleichzeitig dem Unternehmer eine Frist zu setzen, innerhalb welcher das Grundstück seinem Zwecke zugeführt sein muß. Die Frist kann auf Antrag verlängert werden, wenn triftige Gründe die Verzögerung rechtfertigen.

§ 2

Ist das Grundstück innerhalb der gesetzten Frist nicht bedingungsgemäß verwendet worden, so hat der Bezirkswohnungskommissar durch erneuten Beschluß den Eigentümer wieder in den Besitz einzuweisen.

§ 3

In dem Wiedereinweisungsbeschluß oder in einem besonders zu erlassenden Beschluß ist die Entscheidung gemäß § 5 Abs. 1 der Verordnung v. 14. Februar 1921 festzustellen, soweit sie nicht schon gemäß § 6 Abs. 2, 3 festgestellt ist. § 6 Abs. 3 findet entsprechende Anwendung.

Anh. 16

Reichssiedlungsgesetz

vom 11. August 1919 (RGBl. I S. 1429) abgeänd. u. erg. durch G v. 7. Juni 1923 (RGBl. I S. 364) i. d. Fass. d. G v. 18. August 1923 (RGBl. I S. 805 — u. G v. 8. Juli 1927) (RGBl. I S. 398)

Auszug

§ 3

Das gemeinnützige Siedlungsunternehmen ist berechtigt, unbewirtschaftetes oder im Wege der dauernden Brennkultur oder zur Torfnutzung verwendetes Moorland oder anderes Ödland für Besiedlungszwecke im Enteignungsweg in Anspruch zu nehmen. Wenn der Eigentümer sich verpflichtet, innerhalb einer ihm gesetzten angemessenen Frist eine seinen wirtschaftlichen Verhältnissen entsprechende Fläche in Kulturland umzuwandeln, kann die Enteignung dieser Fläche erst stattfinden, wenn die Frist nicht gewahrt wird.

Als Entschädigung ist der kapitalisierte Reinertrag zu gewähren, den das Land im unverbesserten Zustand hat. Die Enteignungsbehörde kann dann eine höhere Entschädigung festsetzen, wenn besondere Verhältnisse dies als angemessen erscheinen lassen. *Der Rechtsweg gegen die Festsetzung der Entschädigung ist ausgeschlossen.* Im übrigen bleibt die Regelung der Enteignung einschließlich der Rechtsbehelfe gegen die Festsetzung der Entschädigung den *Bundesstaaten* vorbehalten.

§ 15

Wo ein dringendes, auf andere Weise, insbesondere nach den Vorschriften der §§ 2, 3, 4, 13, 14 nicht zweckmäßig zu befriedigendes Bedürfnis nach besiedlungsfähigem Lande besteht, hat der Landlieferungsverband das Recht, geeignetes Siedlungsland aus dem Besitzstand der großen Güter (§ 12) gegen angemessene Entschädigung im Wege der Enteignung in Anspruch zu nehmen. Wertsteigerungen, die auf außerordentliche Verhältnisse des Krieges zurückzuführen sind, dürfen bei Festsetzung der Entschädigung nicht berücksichtigt werden.

Als angemessene Entschädigung gilt auch eine als Reallast einzutragende tilgbare Naturalwertrente oder mit Zustimmung des Enteigneten die Hingabe von Schuldverschreibungen, die durch entsprechende Reallasten gesichert sind.

Über die Enteignung, ihre wirtschaftliche Zweckmäßigkeit und die Höhe der Entschädigung entscheidet ein ständiger Ausschuß, der aus einem von der Landeszentralbehörde zu bestimmenden Vorsitzenden und je zwei Vertretern des Landlieferungsverbandes und des Siedlungsunternehmens besteht. Vor der Beschlußfassung über die Enteignung ist der Eigentümer und der Betriebsrat des Gutes zu hören.

Im übrigen bleibt die Regelung der Enteignung einschließlich der Rechtsbehelfe gegen die Festsetzung der Entschädigung den *Bundesstaaten* vorbehalten.

§ 22

Landgemeinden oder Gutsbezirke können durch Anordnung der von der Landeszentralbehörde zu bezeichnenden Stelle verpflichtet werden, denjenigen Arbeitern, welche im landwirtschaftlichen Betrieb ihres Bezirks ständig beschäftigt sind, auf ihren Wunsch Gelegenheit zur Pacht oder sonstigen Nutzung von Land für den Bedarf des Haushalts zu geben. Die Verpflichtung gilt als erfüllt, wenn Pacht- oder Nutzland im Umfang bis zu 5 vom Hundert der landwirtschaftlich genutzten Gemeinde- oder Gutsfeldmark zur Verfügung gestellt ist.

§ 24

Ist das nötige Pacht- oder Nutzland auf andere Weise nicht zu beschaffen, so kann die Landgemeinde es im Wege der Zwangspachtung oder Enteignung in Anspruch nehmen. Zur Hergabe des Landes ist in erster Linie der Arbeitgeber verpflichtet, bei dem die Arbeiter beschäftigt werden. Die Zulässigkeit der Zwangspachtung oder Enteignung wird durch die von der Landeszentralbehörde zu bezeichnende Stelle ausgesprochen.
Abtretung oder Aufteilung ganzer Wirtschaftseinheiten ist ausgeschlossen.
Für die Entschädigung gelten die Vorschriften des § 15 Abs. 1 entsprechend.
Im übrigen bleibt die Regelung der Zwangspachtung und Enteignung den *Bundesstaaten* vorbehalten.

Anh. 17

Zweite Verordnung des Reichspräsidenten zur Sicherung von Wirtschaft und Finanzen

vom 5. Juni 1931 (RGBl. I S. 279) i. d. Fass. d. G z. Änd. d. Notverordnung über Enteignungen auf dem Gebiete des Städtebaues v. 31. März 1939 (RGBl. I S. 649)

Sechster Teil. Wohnungswirtschaft

Kapitel III: Enteignungen auf dem Gebiete des Städtebaues

§ 1

Für Enteignungen, die nach dem 13. August 1919 auf dem Gebiete des Städtebaues, insbesondere der Planung, Fluchtlinien-(Baulinien-)festsetzung und Grundstücksumlegung sowie zur Erhaltung des Baumbestandes und zur Freigabe von Uferwegen, gemäß landesrechtlichen, vor Inkrafttreten dieses Kapitels erlassenen Vorschriften vollzogen worden sind oder noch vollzogen werden, wird nach den Vorschriften der §§ 2—5 Entschädigung gewährt. § 3 gilt auch für Enteignungen, die innerhalb dieses Zeitraumes gemäß künftigen landesrechtlichen Vorschriften auf dem genannten Rechtsgebiete vollzogen werden.

§ 2

Für die Enteignung ist eine Entschädigung vorbehaltlich des § 3 zu leisten, wenn und soweit dies in den in § 1 Satz 1 genannten landesrechtlichen Vorschriften vorgesehen ist.

§ 3

(1) Wird ein Grundstück (Grundstücksteil) in dem landesrechtlich vorgeschriebenen Verfahren (durch Fluchtlinien, Baulinien, Freiflächengrenzen oder auf sonstige Weise) als Freifläche zum Zwecke des öffentlichen Gebrauchs vorwiegend aus Gründen der Volksgesundheit oder Volkserholung mit der Wirkung ausgewiesen, daß eine Bebauung auf die Dauer ausgeschlossen ist, so kann der Eigentümer für eine durch die Beschränkung seines Eigentums entstehende Wertminderung des Grundstücks (Grundstücksteiles) eine angemessene Entschädigung verlangen. Eine Wertminderung ist nicht gegeben, wenn und soweit durch die Ausweisung eine bei Eintritt der Beschränkung tatsächlich ausgeübte oder nach Lage der Verhältnisse mögliche Benutzungsart nicht eingeschränkt wird. Für die Bemessung der Wertminderung ist der Zeitpunkt der Beschränkung des Eigentums maßgebend.

(2) Der Anspruch auf Entschädigung entsteht mit dem Zeitpunkt, in dem die Freiflächenausweisung nach den landesgesetzlichen Vorschriften zum ersten Male öffentlich bekanntgemacht oder nach diesen Vorschriften dem Grundstückseigentümer mitgeteilt worden ist. Die Entschädigung wird fällig mit Ablauf von 5 Jahren nach der Entstehung des Anspruchs.

(3) Beträgt die Wertminderung mehr als die Hälfte des Grundstückswertes, so kann der Eigentümer bis zum Ablauf von 4½ Jahren nach Entstehung des Anspruchs von der Gemeinde (Ge-

meindeverband) statt der Entschädigung die Übernahme des Grundstücks (Grundstücksteiles) im Wege des Ankaufs oder der Enteignung verlangen. Die Gemeinde (Gemeindeverband) hat sich bis zum Ablauf von 5 Jahren nach Entstehung des Anspruchs über das Verlangen zu erklären; lehnt sie das Verlangen ab, so ist die Freiflächenausweisung aufzuheben.

(4) Wird die Freiflächenausweisung aufgehoben, so ist eine Entschädigung nur insoweit zu leisten, als der Eigentümer während der Dauer der Freiflächenausweisung in der zur Zeit des Eintritts der Beschränkung tatsächlich ausgeübten oder nach Lage der Verhältnisse möglichen Benutzungsart beschränkt worden ist. Diese Entschädigung ist mit der Aufhebung der Freiflächenausweisung fällig. Soweit eine höhere Entschädigung bereits geleistet ist, kann sie nicht zurückgefordert werden.

(5) Erstreckt sich die Wertminderung im Sinne des Abs. 1 bei nur teilweiser Beanspruchung des Grundstücks auch auf das Restgrundstück, so gelten die Vorschriften der Abs. 1—4 auch für das Restgrundstück.

(6) Für die Verpflichtung zur Entschädigung bei Beanspruchung von Grundstücken (Grundstücksteilen) für Gartenanlagen, Schmuck- und Kinderspielplätze, soweit sie nach Lage und Größe gemäß anerkannten städtebaulichen Grundsätzen unter Berücksichtigung der örtlichen Verhältnisse als Bestandteile öffentlicher Straßen und Plätze anzusehen sind, gilt § 2; die Abs. 1—5 finden keine Anwendung.

§ 4

Ist für Beschränkungen des Eigentums, die bei Inkrafttreten dieses Kapitels bereits vollzogen waren, nach § 3 eine Entschädigung zu leisten und ist die Leistung der Entschädigung noch nicht in dem Enteignungsverfahren oder vertraglich bestimmt, so gelten die Vorschriften des § 3 mit folgender Maßgabe:

1. der Anspruch auf Entschädigung wird frühestens 2 Jahre nach Inkrafttreten dieses Kapitels fällig;
2. für die Bemessung der Wertminderung ist der Zeitpunkt des Inkrafttretens dieses Kapitels maßgebend;
3. der Eigentümer kann die Übernahme des Grundstücks in den Fällen, in denen die in § 3 Abs. 2 Satz 1 vorgesehene Frist bereits abgelaufen ist oder früher als 1½ Jahre nach Inkrafttreten dieses Kapitels ablaufen würde, bis zum Ablauf dieser 1½ Jahre verlangen;die Gemeinde (Gemeindeverband) hat sich in diesen Fällen bis zum Ablauf von 2 Jahren nach Inkrafttreten dieses Kapitels über das Verlangen zu erklären.

§ 5

Entschädigungen, die bis zum Inkrafttreten dieses Kapitels geleistet wurden, ohne daß hierzu bei Anwendung dieses Kapitels eine Rechtspflicht begründet gewesen wäre, können nicht zurückgefordert werden. Ist die Verpflichtung zur Leistung einer Entschädigung nach Grund und Betrag rechtskräftig festgestellt, so behält es hierbei sein Bewenden; ebenso bleiben Vergleiche und sonstige Vereinbarungen über die Entschädigungspflicht unberührt.

§ 6

Ist in den Fällen des § 1 vor Inkrafttreten dieses Kapitels in den landesrechtlichen Vorschriften vorgesehen, daß über die Höhe der Entschädigung im Streitfalle andere Stellen als die ordentlichen Gerichte zu entscheiden haben, *so ist der Rechtsweg bei den ordentlichen Gerichten insoweit ausgeschlossen.*

§ 7

(1) Die *Reichsregierung* kann mit Zustimmung des *Reichsrats* die zur Durchführung dieses Kapitels erforderlichen Maßnahmen treffen.

(2) Die obersten Landesbehörden werden ermächtigt, das zur Durchführung der §§ 3 und 4 erforderliche Entschädigungsverfahren zu regeln. Wegen der Höhe der Entschädigung ist im Streitfalle der Rechtsweg bei den ordentlichen Gerichten offenzuhalten.

§ 8

Der *Reichsarbeitsminister* bestimmt im Einvernehmen mit den beteiligten *Reichsministern* den Zeitpunkt des Außerkrafttretens dieser Vorschriften.

Dazu:

PrVO zur Durchführung der Zweiten VO des Reichspräsidenten zur Sicherung von Wirtschaft und Finanzen vom 5. Juni 1931, Sechster Teil, Kapitel III, betreffend Enteignungen auf dem Gebiete des Städtebaues v. 17. Februar 1932 (PrGS S. 12)

Für die Feststellung der nach §§ 3 und 4 zu gewährenden Entschädigungen und die Vollziehung der Enteignung kommen die §§ 24ff. des Gesetzes über die Enteignung von Grundeigentum vom 11. 6. 1874 (GS S. 221) zur Anwendung. Streitigkeiten über Fälligkeit des Anspruchs auf Entschädigung unterliegen der gerichtlichen Entscheidung. Die Entschädigungen sind, soweit es an einem aus besonderen Rechtstiteln Verpflichteten fehlt, von den Gemeinden zu tragen, in deren Bezirk das Grundstück belegen ist. Der Antrag auf Entschädigung kann auch vom Grundstückseigentümer gestellt werden.

Anh. 18

Dritte Verordnung des Reichspräsidenten zur Sicherung von Wirtschaft und Finanzen und zur Bekämpfung politischer Ausschreitungen — 3. NotVO

vom 6. Oktober 1931 (RGBl. I S. 537, 551) i. d. Fass. der Verordnung vom 26. Februar 1938 (RGBl. I S. 233) und des Zweiten Wohnungsbaugesetzes vom 27. Juni 1956 (BGBl. I S. 523)

Auszug

Vierter Teil. Wohnungs- und Siedlungswesen

Kapitel II: Landwirtschaftliche Siedlung, Kleinsiedlung, Bereitstellung von Kleingärten

§ 1

Um die Seßhaftmachung der Bevölkerung auf dem Lande zu fördern, um die Erwerbslosigkeit zu vermindern und Erwerbslosen den Lebensunterhalt zu erleichtern, werden die landwirtschaftliche Siedlung und die Bereitstellung von Kleingärten nach Maßgabe der folgenden Vorschriften gefördert.

III. Vorstädtische Kleinsiedlung und Bereitstellung von Kleingärten

§ 11

(1) Steht geeignetes Land in passender Lage zu angemessenem Preise nicht zur Verfügung, so kann der *Reichs*kommissar geeignete Grundstücke gegen angemessene Entschädigung enteignen. Durch Enteignung ist zunächst Land der öffentlichen Körperschaften in Anspruch zu nehmen, soweit es nicht für dringenden öffentlichen Bedarf benötigt wird. Die Enteignung landwirtschaftlicher und gärtnerischer Familienbetriebe ist ausgeschlossen; ebenso soll von der Enteignung solcher Betriebe abgesehen werden, deren Erhaltung aus allgemeinen wirtschaftlichen Gründen geboten erscheint. Gefährdet die Enteignung von Teilen selbständiger landwirtschaftlicher und gärtnerischer Betriebe den Bestand des Betriebes, so ist entweder eine entsprechend höhere Entschädigung festzusetzen oder der Gesamtbetrieb zu enteignen. Das Nähere wird durch die Ausführungsbestimmungen geregelt.

(2) Auf die Enteignung finden die Vorschriften der §§ 4 und 5 der Verordnung zur Behebung der dringendsten Wohnungsnot v. 9. Dezember 1919 (RGBl. S. 1968) mit der Maßgabe sinngemäß Anwendung, daß

a) der Enteignungsbescheid, sofern nicht anders bestimmt wird, die Besitzeinweisung in sich schließt,

b) die Entschädigung vom *Reichs*kommissar nach Anhörung von Sachverständigen *endgültig* festgesetzt wird.

(3) Die Ausführungsvorschriften zu der Verordnung v. 9. Dezember 1919 finden sinngemäß Anwendung, soweit der *Reichs*kommissar nicht etwas anderes bestimmt.

(4) Die Entschädigung kann in wiederkehrenden Leistungen gewährt werden, wenn hierdurch die Durchführung des Unternehmens erleichtert und die Lage des Entschädigungsberechtigten nicht unbillig erschwert wird.

(5) Auch Grundstücke, die bereits kleingärtnerisch genutzt werden, können enteignet werden, um ihre dauernde kleingärtnerische Nutzung zu sichern.

(6) Die nach Abs. 1—5 enteigneten Grundstücke dürfen für die Dauer nur zu den im Enteignungsbescheid vorgesehenen Zwecken verwendet werden. Ausnahmen bedürfen der Zustimmung des *Reichs*kommissars. Der Anspruch auf Rückübereignung nach § 12 bleibt unberührt.

§ 12

Wird das enteignete Grundstück nicht innerhalb eines Jahres seit der Zustellung des Enteignungsbescheides oder binnen einer vom *Reichs*kommissar bestimmten Frist für die Zwecke dieser Verordnung verwendet, so hat der Enteignete oder sein Rechtsnachfolger binnen eines weiteren Jahres einen Anspruch auf Rückübereignung des Grundstücks gegen Erstattung der Entschädigung.

§ 14

Der *Reichs*kommissar kann Pacht- und Nutzungsrechte gegen angemessene Entschädigung aufheben.

§ 20

Auf die Durchführung der vorstädtischen Kleinsiedlung finden die Bestimmungen des § 29 des Reichssiedlungsgesetzes entsprechende Anwendung.

IV. Schlußbestimmungen

§ 21

Die *Reichsregierung* kann zur Durchführung und *Ergänzung* dieses Kapitels Rechtsverordnungen und allgemeine Verwaltungsbestimmungen erlassen. *Sie kann dabei von bestehenden reichs- und landesrechtlichen Vorschriften abweichen.*

§ 22

Wenn das Amt des *Reichs*kommissars (§ 9) erlischt, gehen seine Befugnisse aus den §§ 9ff. auf den *Reichsarbeitsminister* über.

§ 23

Die Vorschriften dieses Kapitels treten mit ihrer Verkündigung in Kraft.

dazu: Zweites Wohnungsbaugesetz (Wohnungsbau- und Familienheimgesetz)

vom 27. Juli 1956 (BGBl. I S. 523) i. d. Fass. des G zur Änderung des Ersten und Zweiten Wohnungsbaugesetzes vom 26. September 1957 (BGBl. I S. 1393)

Auszug

§ 123 Änderung des Kleinsiedlungsrechts

(1) Die Vorschriften der §§ 9 bis 19 des Kapitels II des Vierten Teils der Dritten Verordnung des Reichspräsidenten vom 6. Oktober 1931 (Reichsgesetzbl. I S. 537, 551) in der Fassung der Verordnung zur Änderung von Vorschriften über Kleinsiedlungen und Kleingärten vom 26. Februar 1938 (Reichsgetzbl. I S. 233) werden aufgehoben, soweit sich aus dem Nachstehenden nichts anderes ergibt:

a) Die §§ 11 und 12 gelten in Verbindung mit § 55 Abs. 1 des Baulandbeschaffungsgesetzes vom 3. August 1953 (Bundesgetzbl. I S. 720) weiterhin für die Enteignung von Gelände für Kleingärten;

b) § 14 Satz 1 gilt weiterhin für die Aufhebung von Pacht- und sonstigen Nutzungsrechten anläßlich der Enteignung von Grundstücken für Kleingärten.

(2) In § 1 des Kapitels II des Vierten Teils der in Absatz 1 bezeichneten Verordnung werden die Worte „sowie die Kleinsiedlung in der Umgebung von Städten und größeren Industriegemeinden (Vorstädtische Kleinsiedlung)“ und in § 2 dieser Verordnung die Worte „die vorstädtische Kleinsiedlung“ gestrichen.

(3) Die Verordnung zur Kleinsiedlung und Bereitstellung von Kleingärten vom 23. Dezember 1931/15. Januar 1937 (Reichsgesetzbl. 1937 I S. 17) bleibt unberührt, soweit sich aus § 111 des vorliegenden Gesetzes nichts anderes ergibt.

(4) Die Verordnung über die Landbeschaffung für Kleinsiedlungen vom 17. Oktober 1936 (Reichsgestzbl. I S. 896) wird aufgehoben.

(5) Die Bestimmungen über die Forderung der Kleinsiedlung vom 14. September 1937 (Reichsanzeiger Nr. 214 vom 16. September 1937) in der Fassung vom 23. Dezember 1938 (Reichsanzeiger Nr. 303 vom 29. Dezember 1938), der Runderlaß des Reichsarbeitsministers vom 31. März 1940 (Reichsarbeitsblatt I S. 174) und die zur Änderung und Ergänzung dieser Bestimmungen ergangenen Bestimmungen der Länder treten, soweit sie noch gelten, am 1. Juli 1957 außer Kraft.

(6) Soweit in Rechts- oder Verwaltungsvorschriften auf die in den vorstehenden Absätzen aufgehobenen Vorschriften ausdrücklich oder stillschweigend verwiesen wird, bezieht sich die Verweisung auf die entsprechenden Vorschriften des vorliegenden Gesetzes.

VO zur Änderung von Vorschriften über Kleinsiedlungen und Kleingärten

vom 26. Februar 1938 (RGBl. I S. 233)

Auf Grund des Gesetzes über einstweilige Maßnahmen zur Ordnung des deutschen Siedlungswesens vom 3. Juli 1934 (Reichsgestzbl. I S. 568) und der Notverordnung vom 6. Oktober 1931, Vierter Teil, Kapitel II, § 21 (Reichsgetzbl. I S. 537, 553) wird zur Änderung und Ergänzung dieser Verordnung verordnet:

§ 1

In den Überschriften und in den §§ 1, 2 und 9 fallen die Worte „für Erwerbslose“ weg.

§ 2

§ 11 erhält folgende weitere Absätze:
„(4) Die Entschädigung kann in wiederkehrenden Leistungen gewährt werden, wenn hierdurch die Durchführung des Unternehmens erleichtert und die Lage der Entschädigungsberechtigten nicht unbillig erschwert wird.

(5) Auch Grundstücke, die bereits kleingärtnerisch genutzt werden, können enteignet werden, um ihre dauernde kleingärtnerische Nutzung zu sichern.

(6) Die nach Abs. 1 bis 5 enteigneten Grundstücke dürfen für die Dauer nur zu den im Enteignungsbescheid vorgesehenen Zwecken verwendet werden. Ausnahmen bedürfen der Zustimmung des *Reichsarbeitsministers*. Der Anspruch auf Rückübereignung nach § 12 bleibt unberührt.

Anh. 19

Gesetz über die Aufschließung von Wohnsiedlungsgebieten

vom 22. September 1933, (RGBl. I S. 659) i. d. Fass. des G vom 27. September 1938 (RGBl. I S. 1246)

§ 1

(1) Die oberste Landesbehörde kann Gebiete, in denen eine starke Wohnsiedlungstätigkeit besteht oder zu erwarten ist, zu Wohnsiedlungsgebieten erklären, wenn anzunehmen ist, daß ohne besondere Ordnung der Besiedlung das allgemeine Interesse oder das Wohl der Siedler beeinträchtigt würde. *Die gleiche Befugnis steht dem Reichsarbeitsminister zu, insbesondere für Wohnsiedlungsgebiete, die sich auf verschiedene Länder erstrecken sollen; die obersten Landesbehörden sind dabei zu hören.* Gebiete, in denen eine überwiegend landwirtschaftliche Besiedlung im Sinne des Reichssiedlungsgesetzes vom 11. August 1919 (Reichsgesetzbl. S. 1429) und *des Gesetzes über die Neubildung deutschen Bauerntums vom 14. Jnli 1933 (Reichsgesetzbl. I S. 517)* besteht oder zu erwarten ist, dürfen nicht zu Wohnsiedlungsgebieten erklärt werden.

(2) Für die Wohnsiedlungsgebiete gelten die nachstehenden Vorschriften.

§ 2

Wird ein Gebiet zum Wohnsiedlungsgebiet erklärt, so muß ein Plan aufgestellt werden, der die geordnete Nutzung des Bodens, insbesondere im Hinblick auf die Erfordernisse der Land- und Forstwirtschaft und der Industrie, des Verkehrs, der Bebauung, des Luftschutzes, der Erholung und des Schutzes des Heimatbildes, in den Grundzügen regelt (Wirtschaftsplan). Der Wirtschaftsplan muß mit den entsprechenden Plänen der angrenzenden Gebiete in Einklang stehen. Die oberste Landesbehörde oder die von ihr bestimmte obere Verwaltungsbehörde kann die Änderung des Planes verlangen, wenn das Gemeinwohl es erfordert. Das gleiche Recht steht dem *Reichsarbeitsminister* zu, bei Fragen des Verkehrs dem *Reichsverkehrsminister*, bei Fragen der Landwirtschaft dem *Reichsminister für Ernährung und Landwirtschaft*; die oberste Landesbehörde ist zu hören.

§ 3

(1) In dem Wirtschaftsplan müssen für die Besiedlung geeignete Flächen in ausreichendem Umfang als Wohn- und Siedlungsflächen vorgesehen sein. Dabei ist es unzulässig, ausschließlich oder überwiegend gemeindeeigene Grundstücke als Wohn- und Siedlungsflächen vorzusehen, wenn anderes geeignetes Gelände vorhanden ist, das für die Erschließung nicht ungünstiger liegt und im baureifen Zustande niedrigere Grundstückspreise ergeben würde.

(2) Als Wohn- und Siedlungsflächen sollen nicht vorgesehen werden Grundstücke, deren Erschließung unwirtschaftliche Aufwendungen für Straßen und andere Verkehrseinrichtungen, Versorgungsleitungen, Entwässerungsanlagen, Schulversorgung, Polizei- und Feuerschutz oder sonstige öffentliche Aufgaben erforderlich machen würde oder deren Benutzung besondere wirtschaftliche Schwierigkeiten für die Bewohner zur Folge haben würde.

§ 4

(1) Die Teilung eines Grundstücks, die Auflassung eines Grundstücks oder Grundstücksteiles sowie jede Vereinbarung, durch die einem anderen ein Recht zur Nutzung oder Bebauung eines Grundstücks oder Grundstücksteiles eingeräumt wird, bedarf zu ihrer Wirksamkeit der Genehmigung der zuständigen Behörde.

(2) *Bedarf das Rechtsgeschäft auch der Genehmigung nach der Grundstücksverkehrsbekanntmachung vom 26. 1. 1937 (RGBl. I S. 35), so müssen die Voraussetzungen für die Genehmigung auch nach dieser Bekanntmachung, die dann nicht gesondert erteilt zu werden braucht, erfüllt sein.*

(3) Zuständige Behörde ist, soweit landesrechtlich nicht anders bestimmt wird, die untere Verwaltungsbehörde, in deren Bezirk das Grundstück gelegen ist. Liegt es in mehreren Be-

zirken, so ist die Behörde zuständig, in deren Bezirk der größte Teil des Grundstücks gelegen ist. In Zweifelsfällen bestimmt die oberste Landesbehörde oder die von ihr bestimmte Stelle die zuständige Behörde.

(4) Das *Reich* und die Länder bedürfen der Genehmigung nicht. Bezieht sich jedoch der im Abs. 1 bezeichnete Rechtsvorgang auf ein Grundstück, das im Eigentum oder in der Verwaltung des *Reichs* oder eines Landes steht, so ist der im Abs. 1 genannten Behörde Gelegenheit zur Äußerung zu geben. Hat die Behörde Bedenken und kommt eine Einigung nicht zustande, so entscheidet, *soweit das Reich beteiligt ist, der Reichsarbeitsminister, im übrigen* die für die Landesplanung zuständige oberste Landesbehörde. Gleich dem Reiche sind zu behandeln *die Nationalsozialistische Deutsche Arbeiterpartei, die Reichsbank*, die Deutsche *Reichs*bahn und das Unternehmen „*Reichs*autobahnen".

§ 5

Die Genehmigung nach § 4 ist nicht erforderlich,

1. wenn das Grundstück oder der Grundstücksteil dem Inhaber eines landwirtschaftlichen, forstwirtschaftlichen oder gärtnerischen Betriebes oder einer vorstädtischen Kleinsiedlung zu Zwecken des Betriebes oder der Kleinsiedlung, nicht aber zum Zwecke der Bebauung überlassen werden soll;
2. wenn für das Grundstück oder den Grundstücksteil bereits früher eine Teilungsgenehmigung nach § 4 erteilt war;
3. bei Rechtsgeschäften, die im Rahmen eines Siedlungsverfahrens im Sinne des Reichssiedlungsgesetzes vom 11. August 1919 (Reichsgesetzbl. S. 1429) und *des Gesetzes über die Neubildnng deutschen Bauerntums vom 4. Julı 1933* (*Reichsgesetzbl. I S. 517*) vorgenommen werden.

§ 6

Die Genehmigung ist zu versagen,

1. wenn anzunehmen ist, daß Grundstücke oder Grundstücksteile bebaut werden sollen und wenn die Bebauung dem Wirtschaftsplan widersprechen würde;
2. wenn der Wirtschaftsplan noch nicht aufgestellt ist und anzunehmen ist, daß Grundstücke oder Grundstücksteile, die für die Besiedlung ungeeignet sind (§ 3 Abs. 2), bebaut werden sollen;
3. wenn sonst ein erhebliches öffentliches Interesse entgegensteht.

§ 7

(1) Die Genehmigung kann unter Auflagen erteilt werden. Sie kann insbesondere davon abhängig gemacht werden, daß der Grundstückseigentümer, dessen Grundstück zum Zwecke künftiger Bebauung geteilt wird, sich verpflichtet, für öffentliche Straßen, Plätze, Freiflächen oder den sonstigen öffentlichen Bedarf Flächen in angemessenem Umfange, jedoch höchstens bis zu 25 vom Hundert der Gesamtfläche des Grundstücks bei offener, bis zu 35 vom Hundert bei geschlossener Bauweise, schulden-, lasten- und kostenfrei an die Gemeinde zu übereignen oder an Stelle der Übereignung einen entsprechenden Geldbetrag zu zahlen. Die Gemeinde darf das übereignete Land oder den Geldbetrag lediglich zu den bezeichneten Zwecken verwenden; ein Austausch der Flächen oder ihre Einbeziehung in eine Umlegung ist zulässig.

(2) Die Genehmigung kann auch unter der Auflage erteilt werden, daß bei der Veräußerung oder Überlassung des Grundstücks oder Grundstücksteiles ein bestimmter Preis nicht überschritten werden darf.

(3) Widerspricht die Bebauung dem Wirtschaftsplan, so kann die Genehmigung unter der Auflage erteilt werden, daß der Antragsteller sich verpflichtet, Vorkehrungen zu treffen, wodurch die im § 3 Abs. 2 bezeichneten Hinderungsgründe beseitigt werden.

§ 8

(1) Soll die Genehmigung versagt oder unter einer Auflage erteilt werden, so sind die Beteiligten, soweit tunlich, zu hören.

(2) Wird die Genehmigung nicht oder unter einer Auflage erteilt, so steht jedem Beteiligten binnen zwei Wochen seit der Bekanntgabe der Entscheidung an ihn die Beschwerde zu. Die Entscheidung über die Beschwerde ist endgültig.

§ 9

Das Verfahren ist kostenfrei. Für die Beschwerdeinstanz können Kosten in Ansatz gebracht werden.

§ 10

Die Erfüllung der Auflagen des Genehmigungsbescheides kann im Verwaltungswege erzwungen werden.

§ 11

(1) Das Grundbuchamt darf auf Grund eines nach § 4 Abs. 1 genehmigungspflichtigen Rechtsvorgangs eine Eintragung im Grundbuch erst vornehmen, wenn der Genehmigungsbescheid vorgelegt oder durch eine Bescheinigung der Genehmigungsbehörde nachgewiesen ist, daß es einer Genehmigung nicht bedarf.

(2) Ist auf Grund eines nicht genehmigten Rechtsvorganges eine Eintragung im Grundbuch erfolgt, so kann die zuständige Behörde, falls nach ihrem Ermessen die Genehmigung erforderlich war, das Grundbuchamt um die Eintragung eines Widerspruchs ersuchen. § 54 Abs. 1 der Grundbuchordnung bleibt unberührt.

(3) Ein nach Abs. 2 eingetragener Widerspruch ist zu löschen, wenn die Genehmigungsbehörde darum ersucht oder wenn die Genehmigung erteilt ist.

§ 12

Aus Maßnahmen, die auf Grund dieses Gesetzes getroffen werden, können *Ansprüche auf Entschädigung* wegen Beschränkung des Eigentums oder wegen der Aufgabe von Rechten *nicht* hergeleitet werden.

§ 13

Weitergehende landesrechtliche Bestimmungen bleiben unberührt.

§ 14

Der *Reichsarbeitsminister* kann zur Ausführung dieses Gesetzes Rechtsverordnungen oder allgemeine Verwaltungsvorschriften erlassen. Soweit er von dieser Befugnis keinen Gebrauch macht, können die obersten Landesbehörden solche Bestimmungen erlassen.

Verordnung zur Ausführung des Gesetzes über die Aufschließung von Wohnsiedlungsgebieten

vom 25. Februar 1935 (RGBl. I S. 292)

Auf Grund des § 14 des Gesetzes über die Aufschließung von Wohnsiedlungsgebieten vom 22. September 1933 (RGBl. I S. 659) wird hiermit verordnet:

§ 1

(1) Bei der Erklärung eines Gebietes zum Wohnsiedlungsgebiet ist der Zeitpunkt, von dem ab das Gebiet Wohnsiedlungsgebiet wird, ausdrücklich anzugeben.

(2) Die Erklärung ist in den Gemeinden des Wohnsiedlungsgebietes ortsüblich bekanntzumachen.

§ 2

(1) Teilung im Sinne des § 4 Abs. 1 des Gesetzes ist die dem Grundbuchamt gegenüber abgegebene oder sonstwie erkennbar gemachte Erklärung des Eigentümers, daß ein Grundstücks-

teil grundbuchmäßig abgeschrieben und als selbständiges Grundstück oder als ein Grundstück zusammen mit anderen Grundstücken oder mit Teilen anderer Grundstücke eingetragen werden soll.

(2) Die Teilung bedarf keiner Genehmigung, wenn sie zum Vollzug der Auflassung eines Grundstücksteiles oder eines anderen genehmigungspflichtigen Rechtsgeschäfts über einen Grundstücksteil notwendig und hierfür eine Genehmigung nach § 4 Abs. 1 des Gesetzes bereits erteilt ist.

§ 3

Rechtsvorgänge, die nach § 4 Abs. 1 des Gesetzes genehmigungspflichtig wären, bedürfen der Genehmigung nicht, wenn sie im Rahmen eines Umlegungsverfahrens (Zusammenlegung, Feld- und Flurbereinigung, Baulandumlegung) erfolgen.

§ 4

Die Genehmigung nach § 4 Abs. 1 des Gesetzes ist nicht erforderlich für Rechtsgeschäfte, welche die Umwandlung von Bruchteilseigentum in Gesamthandseigentum oder das Umgekehrte zum Gegenstand haben; das gleiche gilt für Rechtsgeschäfte, die die Einräumung des Rechts zur Nutzung von Gebäuden oder baulichen Anlagen zum Gegenstand haben.

§ 5

(1) Soweit das einer Auflassung oder der Einräumung eines Rechtes zur Nutzung oder Bebauung eines Grundstücks oder Grundstücksteiles zugrunde liegende Verpflichtungsgeschäft nach § 4 Abs. 1 des Gesetzes genehmigt ist, gilt damit auch das Erfüllungsgeschäft als genehmigt.

(2) Ist bei Inkrafttreten dieser Verordnung für ein genehmigungspflichtiges Verpflichtungsgeschäft die Genehmigung nicht eingeholt, dagegen das Erfüllungsgeschäft genehmigt worden, so gilt mit der Genehmigung des Erfüllungsgeschäftes auch das Verpflichtungsgeschäft als genehmigt.

§ 6

Ist im Falle einer Auflassung oder eines der im § 4 Abs. 1 des Gesetzes genannten Rechtsgeschäfte bei der Erklärung eines Gebietes zum Wohnsiedlungsgebiet zu dem im § 1 Abs. 1 genannten Zeitpunkt nur das Verpflichtungsgeschäft, nicht aber das Erfüllungsgeschäft abgeschlossen, so bedarf letzteres der Genehmigung nach § 4 Abs. 1 des Gesetzes.

§ 7

Der Erwerb eines Grundstücks im Wege der Zwangsversteigerung bedarf keiner Genehmigung nach § 4 Abs. 1 des Gesetzes; dies gilt auch dann, wenn der Zuschlag nicht dem Meistbietenden erteilt wird, sondern demjenigen, dem die Rechte aus dem Meistgebot abgetreten sind.

§ 8

Ist eine Entscheidung nach der Grundstücksverkehrsbekanntmachung vom 26. Januar 1937 (RGBl. I S. 35) nach landesrechtlichen Vorschriften gebührenpflichtig, so wird im Falle des § 4 Abs. 2 des Gesetzes diese Gebührenpflicht durch § 9 des Gesetzes nicht berührt.

§ 9

(1) Wird eine Genehmigung unter Auflagen erteilt (§ 7 des Gesetzes), so darf die Wirksamkeit der Genehmigung nicht von der Erfüllung der Auflagen abhängig gemacht werden.

(2) Eine Auflage gemäß § 7 Abs. 1 Satz 2 des Gesetzes ist nur im Falle der Teilung eines Grundstücks zum Zwecke künftiger Bebauung und in angemessenem Umfang nur insoweit zulässig, als der Bedarf an Flächen für öffentliche Straßen, Plätze, Freiflächen oder dergleichen aus dem zu teilenden Grundstück entnommen werden muß.

§ 10

(1) Ist ein Rechtsgeschäft, das der Genehmigung bedarf, von einem Notar beurkundet oder beglaubigt, so gilt der Notar als ermächtigt, im Namen des Antragsberechtigten die Erteilung der Genehmigung zu beantragen und die zulässigen Rechtsmittel zu ergreifen. .

(2) Dies gilt entsprechend, wenn ein vom Notar gefertigter Entwurf der späteren rechtsgeschäftlichen Erklärungen dem Antrag zugrunde gelegt werden soll.

Anh. 20

Baulandbeschaffungsgesetz

vom 3. August 1953 (BGBl. I S. 720)

Auszug

Erster Abschnitt. Zulässigkeit der Enteignung

§ 1

(1) Zur Förderung des Wohnungsbaues und zur Verbindung breiter Volksschichten mit dem Grund und Boden im Rahmen einer geordneten Bebauung kann das erforderliche Gelände nach den Vorschriften dieses Gesetzes beschafft werden, soweit es nicht freihändig oder nach § 12 des Ersten Wohnungsbaugesetzes vom 24. April 1950 (Bundesgesetzbl .S .83) zu erwerben ist.

(2) Zu diesem Zwecke ist es nach Maßgabe der folgenden Vorschriften zulässig, durch Enteignung

a) Eigentum an Grundstücken oder Grundstücksteilen zu entziehen oder zu belasten,
b) andere Rechte an Grundstücken sowie Rechte, die zum Erwerb, zum Besitz oder zur Nutzung von Grundstücken berechtigen oder die Benutzung von Grundstücken beschränken zu entziehen.,

Die Enteignung muß dem Wohle der Allgemeinheit dienen.

(3) Die für das Eigentum an Grundstücken geltenden Vorschriften dieses Gesetzes gelten sinngemäß für die anderen in Absatz 2 Buchstabe b bezeichneten Rechte.

§ 2

Die Enteignung ist nur zulässig zur Beschaffung

a) von Gelände, für Gebäude, deren Nutzfläche ausschließlich oder überwiegend Wohnzwecken dient; dabei darf die einzelne Wohnung keine größere Wohnfläche als 120 qm haben, wenn nicht im Einzelfall die wirtschaftliche Grundrißgestaltung eine größere Wohnfläche rechtfertigt.
b) des für diese Gebäude üblichen Garten- und Wirtschaftslandes sowie der Flächen für die zu ihnen gehörigen Nebenanlagen,
c) von Gelände für öffentliche Gebäude, andere öffentliche bauliche Anlagen oder örtliche öffentliche Verkehrs- und Grünflächen: das Gelände für diese Zwecke kann auch auf Grund landesrechtlicher Vorschriften beschafft werden,
d) von Ersatzland nach Maßgabe des § 8.

§ 3

(1) Der Enteignung für die in § 2 Buchstaben a und b genannten Zwecke unterliegen nur

a) unbebaute Grundstücke,
b) Grundstücke, auf denen die früher vorhandenen Gebäude zerstört oder beschädigt sind,
c) Grundstücke mit geringfügiger Bebauung; als geringfügig ist namentlich eine Bebauung anzusehen, die erheblich unter dem Maß der zulässigen oder üblichen Bebauung liegt oder nach ihrem Umfang die Verpflichtung zur Leistung von Anliegerbeiträgen nicht auslöst oder in behelfsmäßiger Bauart errichtet oder nur auf Widerruf genehmigt ist.

(2) Die Enteignung ist in diesen Fällen nur zulässig, wenn

a) die beabsichtigte Verwendung in Fluchtlinienplänen, Bebauungsplänen oder ähnlichen förmlich festgestellten städtebaulichen Plänen vorgesehen oder zugelassen ist oder

b) die beabsichtigte Verwendung nach pflichtmäßigem Ermessen der für die Ortsplanung zuständigen Aufsichtsbehörde mit einer geordneten baulichen Entwicklung des Gemeindegebiets vereinbar ist. Bei der planerischen Prüfung sollen die beabsichtigte Entwicklung des städtebaulichen Aufbaues der Gemeinde als Ganzes, die sozialen und kulturellen Bedürfnisse der Bevölkerung sowie die Erfordernisse der Land- und Forstwirtschaft, des Bergbaues, der Energie- und Wasserwirtschaft, des Gewerbes, des Verkehrs und der Landschaftsgestaltung berücksichtigt werden.

§ 4

(1) Soll das Eigentum an einem Grundstück entzogen werden, so kann der Eigentümer an Stelle der Entziehung die Belastung des Grundstücks mit einem dinglichen Recht verlangen, wenn diese Belastung zur Verwirklichung des Enteignungszwecks ausreicht.

(2) Soll ein Grundstück mit einem dinglichen Recht belastet werden, so kann der Eigentümer an Stelle der Belastung die Entziehung des Eigentums an dem Grundstück verlangen, wenn die Belastung mit dem dinglichen Recht für ihn unbillig ist.

(3) Soll ein räumlich oder wirtschaftlich zusammenhängender Grundbesitz nur zu einem Teil enteignet werden, so kann der Eigentümer die Ausdehnung der Enteignung auf den Restbesitz insoweit verlangen, als dieser nicht mehr baulich verwertet oder wirtschaftlich genutzt werden kann.

§ 5

(1) Die Enteignung ist nur zulässig, wenn nach pflichtmäßigen Ermessen der Enteignungsbehörde der Nachweis erbracht ist, daß der Antragsteller sich ernsthaft um den freihändigen Erwerb von geeignetem Gelände für das Bauvorhaben zu einem den Grundsätzen des § 10 entsprechenden Preise vergeblich bemüht hat.

(2) Wird die Enteigung von Gelände beantragt, dessen Bebauung oder Wiederbebauung ohne Kosten für die erste Erschließung möglich ist, so genügt es, wenn sich der Nachweis nach Absatz 1 darauf bezieht, daß solches geeignetes Gelände nicht auf andere Weise erworben werden kann.

§ 6

(1) Die Enteignung ist nur zugunsten eines Bauwilligen zulässig, der in der Lage ist, das Grundstück binnen eines Jahres für einen im § 2 bezeichneten Zweck zu verwenden. Dienen die Bauvorhaben mehrerer Bauwilliger in gleicher Weise den durch dieses Gesetz geförderten Zwecken, so soll nach Möglichkeit derjenige Bauwillige berücksichtigt werden, der kein Grundeigentum besitzt.

(2) Ist binnen der Frist mit dem Bau nicht ernsthaft begonnen oder liegt der begonnene Bau länger als ein Jahr still, so kann der durch die Enteignung Begünstigte oder sein Rechtsnachfolger der Enteignung zugunsten eines anderen nicht widersprechen (§ 7).

(3) Die Enteignung zugunsten einer Gemeinde ist auch zulässig, wenn die Gemeinde nachweist, daß sie Gelände der Wiederbebauung zuführen oder baureif machen wird. Sie hat in diesem Falle das enteignete Gelände, soweit es nicht für die in § 2 Buchstabe c genannten Zwecke benötigt wird, binnen zwei Jahren nach der Besitzeinweisung als Bauland an Bauwillige im Sinne des Absatzes 1 oder als Ersatzland ohne Gewinn zu veräußern. An Stelle der Veräußerung genügt die Bestellung eines Erbbaurechtes, wenn der Bauwillige sie beantragt und seine wirtschaftlichen Verhältnisse dies erfordern. Die Frist kann von der Enteignungsbehörde aus besonderen Gründen bis zur Gesamtdauer von vier Jahren verlängert werden; der Enteignete ist vor der Entscheidung über die Verlängerung zu hören.

(4) Ein Rechtsanspruch auf Enteignung besteht nicht.

§ 7

(1) Der Eigentümer kann die Enteignung dadurch abwenden, daß er vor Beginn der mündlichen Verhandlung (§ 23) schriftlich oder zur Niederschrift der Enteignungsbehörde der Ent-

eignung widerspricht und glaubhaft macht, daß er das Grundstück in dem nach den baurechtlichen Festsetzungen zulässigen Ausmaß binnen angemessener Frist bebauen und mit den Bauarbeiten binnen eines Jahres beginnen wird. Dabei ist zu unterstellen, daß der Eigentümer bei Wohnbauten die öffentlichen Förderungsmittel in der zulässigen Höhe erhalten kann, wenn keine Gründe ersichtlich sind, die nach den für den öffentlich geförderten sozialen Wohnungsbau geltenden Vorschriften einer Bewilligung öffentlicher Mittel entgegenstehen. Die Enteignungsbehörde kann nach ihrem pflichtmäßigen Ermessen die Abwendung auch dann zulassen, wenn Tatsachen die sichere Annahme rechtfertigen, daß der Eigentümer mit den Bauarbeiten binnen dreier Jahre beginnen wird.

(2) Hat der Eigentümer binnen der nach Absatz 1 maßgebenden Frist mit dem Bau nicht ernsthaft begonnen oder liegt der begonnene Bau länger als ein Jahr still, so kann die Enteignung in einem neuen Verfahren nicht wieder abgewendet werden, es sei denn, daß der Eigentümer die Frist aus von ihm nicht zu vertretenden Gründen nur unerheblich überschritten hat oder über einen rechtzeitig und ordnungsmäßig gestellten Antrag auf Bewilligung öffentlicher Mittel noch nicht entschieden ist.

(3) Die Vorschrift des Absatzes 1 ist nicht anzuwenden, wenn die Enteignung zu den in § 2 Buchstabe c genannten Zwecken erfolgen soll.

(4) Die Enteignungsbehörde kann den Widerspruch des Eigentümers zurückweisen, wenn
- a) die öffentlichen Interessen an einer alsbaldigen Bebauung des Grundstücks überwiegen oder
- b) ein größeres zusammenhängendes Bauvorhaben ohne dieses Grundstück nicht ausführbar ist; der Widerspruch kann nicht zurückgewiesen werden, wenn der Eigentümer sich mit seinem Grundstück an diesem Bauvorhaben beteiligt und die Bebauung des Grundstücks dem Antragsteller überträgt.

§ 8

(1) Soll die Entschädigung eines Eigentümers, der mit seiner Berufs- oder Erwerbstätigkeit ganz oder zum Teil auf das zu enteignende Grundstück angewiesen ist, in Land festgesetzt werden, so können unbebaute Grundstücke als Ersatzland enteignet werden, wenn hierzu geeignetes Gelände weder zu einem den Grundsätzen des § 10 entsprechenden Preise ohne Enteignung erworben werden kann, noch dem durch die Enteignung Begünstigten zur Verfügung steht. Hierbei gelten die Vorschriften dises Gesetzes mit Ausnahme der §§ 3 und 6 sinngemäß. Zur Entschädigung des Eigentümers des Ersatzlandes ist derjenige verpflichtet, zu dessen Gunsten das Bauland enteignet wird.

(2) Grundbesitz, auf den der Eigentümer mit seiner Berufs- oder Erwerbstätigkeit angewiesen ist oder dessen Enteignung für ihn aus anderen Gründen eine unbillige Härte bedeutet, darf nicht als Ersatzland enteignet werden.

(3) Grundbesitz von Körperschaften des öffentlichen Rechts unterliegt nicht der Enteignung als Ersatzland, wenn er zur Erfüllung der ihnen obliegenden Aufgaben benötigt wird.

Zweiter Abschnitt. Entschädigung

§ 9

(1) Der durch die Enteignung Begünstigte hat Entschädigung zu leisten. Die Entschädigung ist unter gerechter Abwägung der Interessen der Allgemeinheit und der Beteiligten festzusetzen. Sie umfaßt nach Maßgabe der §§ 10 und 11 die Entschädigung für
- a) den durch die Enteignung eintretenden Rechtsverlust,
- b) andere durch die Enteignung eintretende Vermögensnachteile.

(2) Entschädigung kann verlangen, wer in seinem Recht durch die Enteignung beeinträchtigt wird. Vermögensvorteile, die dem Entschädigungsberechtigten infolge der Enteignung entstehen, sind bei der Festsetzung der Entschädigung zu berücksichtigen.

(3) Für die Bemessung der Entschädigung ist der Zustand des Grundstücks in dem Zeitpunkt maßgebend, in dem die Enteignungsbehörde über den Enteignungsantrag entscheidet (§ 29). In den Fällen der vorzeitigen Besitzeinweisung ist der Zustand in dem Zeitpunkt maßgebend, in dem sie wirksam wird (§ 31 Abs. 1 Satz 3).

(4) Der durch die Enteignung Begünstigte hat Geldentschädigungen außer wiederkehrenden Leistungen von dem in Absatz 3 bezeichneten Zeitpunkt an mit dem für zuletzt ausgegebene Hypothekenpfandbriefe auf dem Kapitalmarkt üblichen Nominalzinsfuß zu verzinsen.

§ 10

(1) Bei der Ermittlung des Wertes eines von der Enteignung betroffenen Grundstücks ist von den Wertverhältnissen am 17. Oktober 1936 auszugehen. Die seitdem eingetretenen Änderungen in den Wertverhältnissen sind zu berücksichtigen, jedoch bleiben Werterhöhungen des Grundstücks unberücksichtigt, die durch die Möglichkeit einer Änderung der Nutzung oder die Aussicht hierauf entstanden sind oder entstehen, es sei denn, daß der Eigentümer für diese Werterhöhung Kapital oder Arbeit aufgewendet hat. Nicht zu berücksichtigen sind ferner werterhöhende Veränderungen, die nach der Einleitung des Enteignungsverfahrens vorgenommen werden, wenn die Enteignungsbehörde der Veränderung nicht zugestimmt hat.

(2) Die Entschädigung darf den im Zeitpunkt der Enteignung im gewöhnlichen Geschäftsverkehr zu erzielenden Preis (gemeiner Wert) nicht übersteigen.

(3) Eine Entschädigung für Bauwerke, deren entschädigungsloser Abbruch nach dem jeweils geltenden Recht gefordert werden kann, ist nur zu gewähren, wenn es aus Gründen der Billigkeit geboten ist. Ist bei befristet zugelassenen Bauwerken, deren Abbruch nach Ablauf der Frist verlangt werden kann, die Frist noch nicht abgelaufen, so ist die Entschädigung für das Bauwerk nach dem Verhältnis der restlichen Frist zu der gesamten Frist zu bemessen.

4) Wird der Wert des Eigentums an dem Grundstück durch Rechte Dritter gemindert, die aufrechterhalten oder die gesondert entschädigt werden, so ist dies bei der Festsetzung der Entschädigung für das Eigentum an dem Grundstück zu berücksichtigen.

(5) Bei der Festsetzung der Entschädigung für andere Rechte ist der gemeine Wert zugrunde zu legen.

§ 11

Wegen anderer durch die Enteignung eintretender Vermögensnachteile (§ 9 Abs. 1 Buchstabe b) sind Entschädigungen insbesondere festzusetzen für

a) den vorübergehenden oder dauernden Verlust, den der von der Enteignung Betroffene in seinem Erwerb erleidet, jedoch nur bis zu dem Betrag des Aufwands, der erforderlich ist, um ein anderes Grundstück in der gleichen Weise wie das zu enteignende Grundstück zu nutzen oder zu gebrauchen,
b) die Wertminderung, die durch Enteignung eines Grundstückteiles oder eines Teiles eines räumlich oder wirtschaftlich zusammenhängenden Grundbesitzes bei dem anderen Teil oder durch Enteignung eines Rechtes an einem Grundstück bei einem anderen Grundstück entsteht, soweit die Wertminderung nicht schon bei der Festsetzung der Entschädigung nach Buchstabe a berücksichtigt ist.

§ 12

Bei der Enteignung eines Grundstücks sind gesondert zu entschädigen

a) Altenteilsberechtigte sowie die Inhaber von Dienstbarkeiten, wenn ihre Rechte nicht gemäß § 29 aufrechterhalten werden,
b) Inhaber von persönlichen Rechten, die zum Besitz oder zur Nutzung des Grundstück berechtigen, wenn der Berechtigte im Besitz des Grundstücks ist.

§ 13

Bei der Enteignung eines Grundstücks haben Entschädigungsberechtigte, die nicht gesondert entschädigt werden, Anspruch auf Ersatz des Wertes ihres Rechtes aus der Geldentschädigung ür das Eigentum an dem Grundstück, soweit sich ihr Recht auf dieses erstreckt. Das gilt entsprechend für die Geldentschädigungen, die für den durch die Enteignung eintretenden Rechtsverlust in anderen Fällen oder für Wertminderungen des Restbesitzes nach § 11 Buchstabe b festgesetzt werden.

§ 14

(1) Soweit dieses Gesetz nichts anderes bestimmt, ist die Entschädigung in einer Kapitalsumme zu leisten.

(2) Für Erbbaurechte ist die Entschädigung in einem Erbbauzins zu leisten.

§ 15

(1) Dem Eigentümer eines zu enteignenden Grundstücks kann nach Maßgabe der Absätze 2 und 3 für den Rechtsverlust Ersatz durch Bestellung oder Übertragung von Wohnungseigentum, Teileigentum, Dauerwohnrecht oder Dauernutzungsrecht an diesem oder einem anderen Grundstück, das dem durch die Enteignung Begünstigten gehört, oder von Eigentum an einem mit Eigenheimen oder Kleinsiedlungen bebauten oder zu bebauenden Teil eines solchen Grundstücks gewährt werden.

(2) Die Enteignungsbehörde kann zu diesem Zweck, wenn der Eigentümer es unter Bezeichnung eines in Absatz 1 genannten Rechtes beantragt, im Enteignungsbeschluß neben der Festsetzung der Entschädigung dem Begünstigten aufgeben, dem Antragsteller binnen einer bestimmten Frist ein Recht der bezeichneten Art zum Erwerb anzubieten.

(3) Einigt der Begünstigte sich mit dem Antragsteller nicht binnen der bestimmten Frist über die Übertragung eines Rechtes der bezeichneten Art, so wird ihm auf Antrag des Antragstellers zu dessen Gunsten ein solches Recht durch Enteignung entzogen. Soweit der Inhalt des Rechtes durch Vereinbarung bestimmt werden kann, setzt die Enteignungsbehörde den Inhalt fest. Die Vorschriften dieses Gesetzes über das Verfahren und die Entschädigung sind sinngemäß anzuwenden.

(4) Der Antrag nach Absatz 3 kann nur innerhalb von sechs Monaten nach Ablauf der bestimmten Frist gestellt werden. § 203 Abs. 2 des Bürgerlichen Gesetzbuches gilt entsprechend.

§ 16

(1) Die Entschädigung kann auf Antrag ganz oder teilweise in Land festgesetzt werden, wenn diese Art der Entschädigung unter gerechter Abwägung der Interessen der Allgemeinheit und der Beteiligten nach pflichtmäßigem Ermessen der Enteignungsbehörde billig ist.

(2) Wird durch die Enteignung der Bestand eines landwirtschaftlich oder gärtnerisch genutzten Familienbetriebes gefährdet, so muß auf Antrag Ersatzland zugewiesen werden. Wird ein Familienbetrieb auf Pachtland geführt, so kann der Eigentümer den Anspruch auf Ersatzland nur zu dem Zwecke geltend machen, das Ersatzland dem Pächter als Pachtland zu überlassen.

(3) Auf Antrag muß ferner Ersatzland an geeigneter Stelle zugewiesen werden, wenn ein im Eigentum einer Religionsgesellschaft des öffentlichen Rechtes stehendes Trümmergrundstück (§ 3 Abs. 1 Buchstabe b) enteignet wird und das dafür vorhanden gewesene Gebäude bis zur Zerstörung unmittelbar kirchlichen Zwecken gedient hatte. Sind in einem Bebauungsplan oder in einem ähnlichen förmlich festgestellten städtebaulichen Plan Flächen für die gleichen Zwecke, denen das zerstörte Gebäude gedient hatte, an anderer geeigneter Stelle vorgesehen, so kann die Zuweisung dieser Flächen als Ersatzland verlangt werden.

(4) Wird im Wege der Enteignung ein Pachtverhältnis über kleingärtnerisch dauernd genutztes Land aufgehoben, so finden hinsichtlich der Bereitstellung von Ersatzland die Bestimmungen des § 3 der Verordnung über Kündigungsschutz and andere kleingartenrechtliche Vorschriften in der Fassung der Verordnung vom 15. Dezember 1944 (Reichsgesetzbl. I S. 347) sinngemäß mit der Maßgabe Anwendung, daß die in dieser Bestimmung vorgesehenen behördlichen Entscheidungen durch die Enteignungsbehörde getroffen werden.

(5) Anträge nach den Absätzen 1 bis 4 müssen vor Beginn der mündlichen Verhandlung schriftlich oder zur Niederschrift der Enteignungsbehörde gestellt werden.

(6) Hat das Ersatzland einen geringeren Wert als das zu enteignende Grundstück, so ist eine dem Wertunterschied entsprechende zusätzliche Geldentschädigung festzusetzen. Hat das Ersatzland einen höheren Wert als das zu enteignende Grundstück, so ist festzusetzen, daß der Entschädigungsberechtigte an den durch die Enteignung Begünstigten eine dem Wertunterschied entsprechende Ausgleichszahlung zu leisten hat. Die zusätzliche Geldentschädigung und die Ausgleichszahlung sind nach Maßgabe der §§ 9 bis 11 zu bemessen.

§ 17

Wird die Entschädigung in Land festgesetzt, so sollen die Inhaber dinglicher Rechte ganz oder teilweise durch Begründung gleicher Rechte an dem Ersatzland entschädigt werden. Soweit dies nicht möglich ist oder nicht ausreicht, ist eine gesonderte Entschädigung in Geld festzusetzen; das gilt für die in § 13 bezeichneten Berechtigten nur, soweit ihre Rechte nicht durch eine dem Eigentümer gemäß § 16 Abs. 6 zu gewährende zusätzliche Geldentschädigung gedeckt werden.

§ 31

(1) Ist die sofortige Ausführung der beabsichtigten Maßnahme aus Gründen des allgemeinen Wohls geboten, so kann die Enteignungsbehörde den Antragsteller auf Antrag durch Beschluß in den Besitz des von dem Enteignungsverfahren betroffenen Grundstücks einweisen. Die Besitzeinweisung ist nur zulässig, wenn über sie in einer mündlichen Verhandlung verhandelt worden ist. Die Besitzeinweisung wird in dem von der Enteignungsbehörde bezeichneten Zeitpunkt wirksam. Auf Antrag des unmittelbaren Besitzers ist dieser Zeitpunkt auf mindestens zwei Wochen nach Zustellung der Anordnung über die vorzeitige Besitzeinweisung an ihn festzusetzen.

(2) Die Enteignungsbehörde kann die vorzeitige Besitzeinweisung von der Leistung einer Sicherheit in Höhe der voraussichtlichen Entschädigung und von der vorherigen Erfüllung anderer Bedingungen abhängig machen. Auf Antrag des Inhabers eines Rechtes, das zum Besitze oder zur Nutzung des Grundstücks berechtigt, ist die Einweisung von der Leistung einer Sicherheit in Höhe der ihm voraussichtlich zu gewährenden Entschädigung abhängig zu machen. Die Anordnung ist dem Antragsteller, dem Besitzer und dem Eigentümer zuzustellen.

(3) Durch die Besitzeinweisung wird dem Besitzer der Besitz entzogen und der Eingewiesene Besitzer. Der Eingewiesene darf auf dem Grundstück das von ihm im Enteignungsantrag bezeichnete Bauvorhaben ausführen und die dafür erforderlichen Maßnahmen treffen.

(4) Der Eingewiesene hat für die durch die vorzeitige Besitzeinweisung entstehenden Vermögensnachteile Entschädigung zu leisten, soweit die Nachteile nicht durch die Verzinsung der Geldentschädigung (§ 9 Abs. 4) ausgeglichen werden. Art und Höhe der Entschädigung werden durch die Enteignungsbehörde spätestens in dem in § 30 bezeichneten Beschluß festgesetzt. Wird der Beschluß über Art und Höhe der Entschädigung vorher erlassen, so ist er den in Absatz 2 Satz 3 bezeichneten Personen zuzustellen. Die Besitzeinweisungsentschädigung ist ohne Rücksicht darauf, ob ein Antrag auf gerichtliche Entscheidung gestellt wird, zu dem in Absatz 1 Satz 3 bezeichneten Zeitpunkt fällig.

(5) Auf Antrag einer der in Absatz 2 Satz 3 bezeichneten Personen hat die Enteignungsbehörde den Zustand des Grundstücks vor der Besitzeinweisung in einer Niederschrift feststellen zu lassen, soweit er für die Besitzeinweisungs- oder die Enteignungsentschädigung von Bedeutung ist. Den Beteiligten ist eine Abschrift der Niederschrift zu übersenden.

(6) Wird der Enteignungsantrag abgewiesen, so ist die vorzeitige Besitzeinweisung aufzuheben und der vorherige unmittelbare Besitzer wieder in den Besitz einzuweisen. Der Eingewiesene hat für alle durch die vorzeitige Besitzeinweisung entstandenen besonderen Nachteile Entschädigung zu leisten. Absatz 4 Satz 2 gilt entsprechend.

§ 51

(1) Der enteignete frühere Eigentümer kann verlangen, daß das nach den Vorschriften dieses Gesetzes enteignete Grundstück zu seinen Gunsten wieder enteignet wird (Rückenteignung), wenn

a) im Falle des § 6 Abs. 3 die Gemeinde nicht binnen der nach dieser Vorschrift maßgebenden Frist das enteignete Gelände, soweit es nicht den in § 2 Buchstabe c bezeichneten Zwecken zugeführt worden ist, als Bauland oder Ersatzland veräußert hat;
b) der durch die Enteignung Begünstigte oder sein Rechtsnachfolger mit dem Bau nicht binnen eines Jahres begonnen hat oder innerhalb eines weiteren Jahres nicht wenigstens das Sockelgeschoß mit Decke fertiggestellt worden ist. Die Frist beginnt mit dem Tage, an dem der durch die Enteignung Begünstigte den Besitz erworben hat.

(2) Die Rückenteignung kann nicht verlangt werden,

a) wenn der Enteignete selbst das Grundstück im Wege der Enteignung nach diesem Gesetz erworben hatte,
b) wenn zugunsten eines anderen Bauwilligen ein Enteignungsverfahren nach diesem Gesetz eingeleitet worden ist und bei dem enteigneten früheren Eigentümer die in § 7 bestimmten Voraussetzungen für die Abwendung dieser Enteignung nicht vorliegen.

(3) Der Antrag auf Rückenteignung ist binnen vier Jahren, im Falle des § 6 Abs. 3 Satz 4 binnen fünf Jahren, nachdem der Enteignungsbeschluß unanfechtbar geworden ist, bei der zuständigen Enteignungsbehörde einzureichen. § 203 Abs. 2 des Bürgerlichen Gesetzbuchs gilt entsprechend.

(4) Die Enteignungsbehörde kann die Rückenteignung ablehnen, wenn die Grenzen des Grundstücks erheblich verändert worden sind oder ganz oder überwiegend Entschädigung in Land gewährt worden ist.

(5) Der frühere Inhaber eines Rechtes, das durch Enteignung nach den Vorschriften dieses Gesetzes aufgehoben ist, kann unter den in Absatz 1 bezeichneten Voraussetzungen verlangen, daß ein gleiches Recht an dem früher belasteten Grundstück zu seinen Gunsten durch Enteignung wieder begründet wird. Die Vorschriften über die Rückenteignung gelten sinngemäß.

(6) Die Vorschriften des Zweiten bis Fünften Abschnittes sind sinngemäß anzuwenden.

Sechster Abschnitt. Zusatz-, Übergangs- und Schlußbestimmungen

§ 52

Werden in einem Lande einheitliche Vorschriften über den Verfahrensgang bei Enteignungen von Grund und Boden für alle der Landesgesetzgebung unterliegenden Enteignungszwecke erlassen, so kann die Landesgesetzgebung die Vorschriften auf Enteignungen nach diesem Gesetz erstrecken. Den Vorschriften entgegenstehende verfahrensrechtliche Vorschriften dieses Gesetzes sind insoweit nicht anzuwenden.

§ 53

Fluchtlinienpläne, Bebauungspläne oder andere förmlich festzusetzende städtebauliche Pläne können auch für Flächen festgesetzt werden, die Anordnungen zum Schutze von Landschaftsteilen nach § 19 des Reichsnaturschutzgesetzes v. 26. Juni 1935 (Reichsgesetzbl. I S. 821) und den zur Ergänzung und Änderung des Reichsnaturschutzgesetzes erlassenen landesrechtlichen Vorschriften unterliegen, wenn die für die Ortsplanung zuständige Aufsichtsbehörde nach Anhörung der Naturschutzbehörde dies für erforderlich hält. Mit der endgültigen Festsetzung dieser Pläne treten in ihrem Geltungsbereich die vorbezeichneten Anordnungen insoweit außer Kraft. Dasselbe gilt, wenn die Aufsichtsbehörde (§ 3 Abs. 2 Buchstabe b) die Vereinbarkeit der beabsichtigten Verwendung mit einer geordneten baulichen Entwicklung des Gemeindegebietes feststellt; sie hat sich vorher mit der zuständigen Naturschutzbehörde ins Benehmen zu setzen.

§ 55

(1) Die Vorschriften dieses Gesetzes über die Entschädigung und das Verfahren gelten auch für die Enteignung von Gelände für Kleingärten nach § 11 Vierter Teil Kapitel II der Dritten Verordnung des Reichspräsidenten zur Sicherung von Wirtschaft und Finanzen und zur Bekämpfung politischer Ausschreitungen v. 6. Oktober 1931 (Reichsgesetzbl. I S. 537) in der Fassung der Verordnung zur Änderung von Vorschriften über Kleinsiedlungen und Kleingärten v. 26. Februar 1938 (Reichsgesetzbl. I S. 233).

(2) Auf die Enteignung zur Bereitstellung von Gelände für Zwecke der Kleinsiedlung sind die Vorschriften dieses Gesetzes anzuwenden.

§ 56

(1) Hat ein Bauherr im Hinblick auf ein bereits eingeleitetes Enteignungsverfahren oder auf eine für zulässig erklärte oder durch besonderes Gesetz zugelassene Enteignung auf einem ihm nicht gehörenden Grundstück vor dem 21. Juni 1948 Maßnahmen im Sinne des § 2 Buchstaben a bis c durchgeführt, so ist die Enteignung des hierfür in Anspruch genommenen Teiles dieses Grundstücks zugunsten des Bauherrn oder seines Rechtsnachfolgers nach den Vorschriften dieses Gesetzes unter den Voraussetzungen des § 3 Abs. 2 zulässig.

(2) Hat ein Bauherr in anderen als den in Absatz 1 genannten Fällen auf Grund einer behördlichen Anordnung auf einem ihm nicht gehörenden Grundstück vor dem 21. Juni 1948 ein Wohngebäude errichtet, so ist die Enteignung des mit dem Gebäude bebauten Teiles dieses Grundstücks einschließlich des erforderlichen Garten- und Wirtschaftslandes zugunsten des Bauherrn oder seines Rechtsnachfolgers nach den Vorschriften dieses Gesetzes zulässig, wenn das Wohngebäude nach Größe, Ausführung, Stellung und Lage sowie nach Art und Maß der baulichen Nutzung als Dauerbau anzusehen ist und den Erfordernissen einer geordneten Bebauung des Grundstücks sowie den Bauordnungsvorschriften entspricht.

(3) Bei der Festsetzung der Entschädigung bleiben der Wert des auf dem Grundstück errichteten Gebäudes sowie die Werterhöhung des Grundstücks im Zusammenhang mit der Bebauung außer Betracht.

§ 57

Vor Inkrafttreten dieses Gesetzes eingeleitete Enteignungsverfahren sind unbeschadet der Vorschrift des § 56 nach den bisher geltenden Vorschriften zu Ende zu führen. Für das Verfahren bei Anfechtung der Entscheidung der Enteignungsbehörde gelten jedoch die Vorschriften des Vierten Abschnitts, wenn nicht ein Rechtsstreit beim Inkrafttreten dieses Gesetzes bereits anhängig ist oder das Enteignungsverfahren einem nach § 2 Buchstabe c bezeichneten Zweck dient.

§ 58

(1) Die §§ 3, 4, 5 und 11 der Verordnung zur Behebung der dringendsten Wohnungsnot v. 9. Dezember 1919 (Reichsgesetzbl. S. 1968) werden aufgehoben.
(2) § 28 des Reichsheimstättengesetzes in der Fassung der Bekanntmachung v. 25. November 1937 (Reichsgesetzbl. I S. 1291) erhält folgende Fassung:

> „Grundstücke, die zur Begründung oder Vergrößerung von Heimstätten erforderlich sind, können nach den Vorschriften des Baulandbeschaffungsgesetzes v. 3. August 1953 (Bundesgesetzbl. I S. 720) enteignet werden.“

§ 45 der Verordnung des Reichsministers der Justiz und des Reichsarbeitsministers zur Ausführung des Reichsheimstättengesetzes v. 19. Juli 1940 (Reichsgesetzbl. I S. 1027) wird aufgehoben.

Rdschr. des Bundesministers für Wohnungsbau betr. Auslegung des § 10 Abs. 1 Baulandbeschaffungsgesetz

vom 14. Juni 1954 (BBBl. 54 S. 346)

Die Auslegung des § 10 Abs. 1 Baulandbeschaffungsgesetz (BauLBG) hat, wie mir verschiedentlich mitgeteilt wurde, zu Zweifeln Anlaß gegeben.
Vorbehaltlich der weiteren Entwicklung der Rechtsprechung zu diesen Fragen teile ich Ihnen nachstehend meine Auffassung zu der Auslegung des § 10 Abs. 1 BauLBG mit. Diese Auffassung wird von den Herren Bundesministern für Wirtschaft und für Ernährung, Landwirtschaft und Forsten geteilt.

1. Die Enteignungsentschädigung nach dem BauLBG besteht entsprechend § 9 Abs. 1 aus der Entschädigung für den Rechtsverlust (§ 10) und aus der Entschädigung für andere durch die Enteignung eintretende Vermögensnachteile (§ 11).
Zweifel sind bisher lediglich bei der Bemessung der Entschädigung für den Rechtsverlust aufgetreten. Dies liegt daran, daß die Vorschrift des § 10 Abs. 1 in ihrer Fassung nicht leicht verständlich ist.

2. Um die Entschädigung für den Rechtsverlust zu bestimmen, ist nach § 10 Abs. 1 Satz 1 ein Wert, nicht ein Preis zu ermitteln. Es kommt also nicht ausschließlich darauf an, welcher Preis zu einem bestimmten Stichtag erzielt werden konnte, sondern welchen Wert das Grundstück damals tatsächlich hatte. Die gelegentlich vertretene Ansicht, daß die Entschädigung nach § 10 dem Stoppreis v. 17. Oktober 1936 — modifiziert durch einen Zuschlag — entsprechen müsse, trifft also in dieser Form nicht zu.

3. Um den Wert des Grundstücks zu ermitteln, ist nach der gesetzlichen Formulierung von den Wertverhältnissen am 17. Oktober 1936 auszugehen.
Zur Ermittlung von Wertverhältnissen ist es erforderlich, daß allgemeine Werte bekannt sind. Erst ein Vergleich von Werten verschiedener Güter kann einen Einblick in die „Wertverhältnisse" geben.

a) Um die Werte für Grundstücke am 17. Oktober 1936 zu ermitteln, gibt es verschiedene Möglichkeiten. Einen wesentlichen Anhalt gewähren die Stoppreise des 17. Oktober 1936. Da die Stoppreise jedoch bekanntlich nicht immer den tatsächlichen Werten entsprochen haben, werden sie auf mögliche Fehlerquellen überprüft werden müssen. Soweit in der Praxis nicht mehr von Stoppreisen ausgegangen wird, sondern von Richtpreisplänen, die auf Weisung des früheren Reichskommissars für die Preisbildung seit 1941 aufzustellen waren, wird es zweckmäßig sein, auf diese zurückzugehen. Es kommt hierbei nicht darauf an, ob diese Richtpreispläne verkündet oder ob sie lediglich im internen Behördengebrauch verwandt wurden.
Zur Zeit werden von den Dienststellen der Preis- und Finanzbehörden neue Richtpreispläne aufgestellt, in denen

aa) die Preise von 1936,
bb) die Preise, die sich 1936 ergeben hätten, wenn damals die heutige Nutzung und Widmung bestanden hätte und
cc) ein durch Kaufkraftzuschläge modifizierter Preis

verzeichnet sind. Auch diese neuen Richtpreispläne können zum mindesten in ihren Angaben zu a) bei der Ermittlung der Grundstückswerte im Jahre 1936 und bei der Überprüfung der Stoppreise herangezogen werden.

Die Stoppreise und die in den Richtpreisplänen veranschlagten Preise sind vielfach aus Vergleichspreisen gebildet, die für Grundstücke in gleicher oder ähnlicher Lage vor dem Stichtag gezahlt worden sind. Nicht immer sind bei der Festsetzung der Stoppreise diese Vergleichspreise vor ihrer Anwendung bereinigt worden. Man hat also nicht immer berücksichtigt, daß die für die Grundstücke bezahlten Preise häufig nicht dem tatsächlichen Wert der Grundstücke entsprachen, weil es sich z. B. um Verkäufe unter Verwandten, um Notverkäufe oder um Verkäufe zu Liebhaberpreisen gehandelt hat, oder weil das Vergleichsgrundstück besondere Eigenschaften besaß, die seinen Wert beeinflußten (Baulücke, Vorder- und Hinterland usw.).

b) Für die im Gesetz vorgeschriebene Ermittlung der „Wertverhältnisse" am 17. Oktober 1936 kommt es nicht allein auf die Werte von Grundstücken an. Auch die Verhältnisse der Grundstückswerte zu den Werten anderer Güter müssen berücksichtigt werden. Daher setzt die Ermittlung der Wertverhältnisse am 17. Oktober 1936 auf eine gewisse Relation zwischen Grundstückswerten und den Preisen von z. B. Baumaterialien, Lebensmitteln, Maschinen usw. voraus.

4. Diese Relation hat besondere Bedeutung für die in § 10 Abs. 1 Satz 2 erwähnte Änderung in den Wertverhältnissen, die nach dem ausdrücklichen Wortlaut der Vorschrift bei der Bemessung der Entschädigung zu berücksichtigen ist.

a) Die Berücksichtigung der Änderung in den Wertverhältnissen ist in § 10 Abs. 1 vorgeschrieben worden, um insbesondere der mit dem 17. Oktober 1936 eingetretenen Verringerung der Kaufkraft der Mark Rechnung tragen zu können. Es ist gelegentlich vorgeschlagen worden, zur Ermittlung dieser Kaufkraftänderung die Wechselkurse des 17. Oktober 1936 mit den heutigen Wechselkursen zu vergleichen. Dieser Weg ist jedoch nicht gangbar, da das Verhältnis der Wechselkurse nicht allein die Veränderung der Kaufkraft der DM, sondern zugleich auch die Veränderung der Kaufkraft der zum Vergleich herangezogenen ausländischen Währung einschließt.
Die Änderung der inneren Kaufkraft der Mark kommt am besten in den freigebildeten Warenpreisen zum Ausdruck. Es läge daher an sich nahe, den Zuschlag für die Änderung der Kaufkraft aus einem aus verschiedenen bekannten Indizes gemittelten deutschen Preisniveau zu entnehmen. Dem steht jedoch entgegen, daß keine einheitliche Preisentwicklung auf dem Markt zu beobachten ist, sondern durchaus Teilmärkte mit verschiedenen Preiserhöhungen vorhanden sind. Die Vergangenheit lehrt zudem, daß der Grundstücksmarkt oft eigenen Gesetzen folgt und gelegentlich die Grundstückspreise nicht oder nur zögernd den Preissteigerungen auf anderen Gebieten gefolgt sind.
Unter Berücksichtigung dieser Umstände und in Übereinstimmung mit der Praxis des Bundes bei Ankauf von Grundstücken im Rahmen seiner Landbeschaffungsaufgaben wird man Zuschläge bis 50 v. H. zu den nominellen, gegebenenfalls zu den bereinigten Stoppreisen von 1936 im Einzelfall nicht als unangemessen hoch bezeichnen können. Die Vorschrift des § 10 Abs. 2 ist jedoch in jedem Falle zu beachten.
b) Einer besonderen Berücksichtigung der Kaufkraftänderung bedarf es dann nicht, wenn der Verkehrswert in erster Linie durch den Ertrag bestimmt wird. Dies gilt vor allem für land- und forstwirtschafltich genutzte Grundstücke, bei denen schon gemäß Runderlaß des früheren Preiskommissars für die Preisbildung 64/41 Nr. 10 „die Wertmittlung auf Grund des auf die Dauer erzielten Reinertrages zu erfolgen" hatte. Die heutigen land- und forstwirtschaftlichen Ertragswerte enthalten sowohl die Änderung der Kaufkraft — infolge der gestiegenen Preise der Erzeugnisse — als auch die Steigerung der Ernteerträge, die im allgemeinen gegenüber dem Jahre 1936 erreicht werden konnte. Zur Errechnung des Verkehrswertes von Einzelgrundstücken auf der Grundlage des Ertragswertes wird auf die Richtlinien des Herrn Bundesministers für Ernährung, Landwirtschaft und Forsten für die Ermittlung und Prüfung des Wertes von land- und forstwirtschaftlichen Einzelgrundstücken verwiesen (MinBl. des Bundesministers für Ernährung, Landwirtschaft und Forsten 1953 S. 357ff.).

5. Die Vorschriften über die Wertermittlung gemäß § 10 Abs. 1 sind auch dann anzuwenden, wenn im freien Verkehr eine Preisbindung für die zu enteignenden Grundstücke (Trümmergrundstücke und bebaute Grundstücke) nicht mehr besteht, der Verkehrswert also höher als der nach § 10 Abs. 1 ermittelte Wert sein sollte.

6. Aus § 10 Abs. 1 Satz 2 ergibt sich zwingend, daß Grundstücke nur dann als Bauland bewertet werden dürfen, wenn sie bereits am 17. Oktober 1936 Baulandeigenschaft besaßen (vgl. jedoch unten 7). Ob diese Voraussetzung vorliegt, wird auf Grund objektiver Merkmale, z. B. städtebaulicher Pläne, zu prüfen sein. Es muß jedoch hinzukommen, daß auch in naher Zeit mit Sicherheit mit einer Bebauung gerechnet werden konnte. Im Zweifelsfalle waren am 17. Oktober 1936 solche Grundstücke als Bauland anzusehen, bei denen bei normaler Entwicklung der Verhältnisse — also unter gedanklichem Ausschluß des Krieges — innerhalb der nächsten 6 Jahre mit Sicherheit erwartet werden konnte, daß sie bebaut werden würden.

Auch soweit durch Änderung der städtebaulichen Planung als Bauland zu bewertende Grundstücke heute stärker ausgenutzt werden können (Heraufzonung), als dies am 17. Oktober 1936 zulässig war, ist die dadurch eingetretene Werterhöhung der Grundstücke bei der Ermittlung der Enteignungsentschädigung nicht zu berücksichtigen. Es handelt sich auch in diesem Falle um die bloße Möglichkeit einer Änderung der Nutzung des Grundstücks im Sinne von § 10 Abs. 1 Satz 2 BauLBG.

7. Werterhöhungen durch Widmungsänderungen nach dem 17. Oktober 1936 sind dagegen dann zu berücksichtigen, wenn der bisherige Eigentümer für sie Kapital oder Arbeit aufgewandt hat (§ 10 Abs. 1 Satz 2, 2. Halbsatz).

Ein Aufwand von Kapital ist auch dann anzunehmen, wenn ein Eigentümer Gelände, das 1936 nicht als Bauland angesehen werden konnte (vgl. Ziff. 6 Abs. 1) zwischenzeitlich mit Genehmigung der Preisbehörde nicht zum Preis für landwirtschaftliche Grundstücke, sondern zum Baulandpreise erworben hat. Dasselbe gilt, wenn der Eigentümer mit Genehmigung der Preisbehörde ein Grundstück nach einem Ausnutzungsgrad bezahlt hat, der 1936 noch nicht zugelassen war, inzwischen aber festgesetzt wurde.

Wenn Gelände, das 1936 als landwirtschaftliches Gelände angesehen werden mußte, später als Bauland versteuert worden ist, dürften die steuerlichen Mehraufwendungen je nach den besonderen Umständen des Einzelfalles bei der Bemessung der Entschädigung berücksichtigt werden können. Die Vorschrift des § 10 Abs. 2 ist jedoch auch hier zu beachten.

8. Die Höhe eines Erbbauzinses wird im Enteignungsfall nach den Vorschriften des § 10 Abs. 1 und 2 BauLBG, nicht nach der Vorschrift des § 10 Abs. 5 BauLBG zu ermitteln sein (vgl. § 1 Abs. 3 BauLBG).

Anh. 21

Reichsheimstättengesetz

vom 10. Mai 1920 i. d. Fass. d. Bek. v. 25. November 1937 (RGBl. I S. 1291) § 28 i. d. Fass. d. § 58 BaulandbeschaffG v. 3. August 1953 (BGBl. I S. 720)

§ 28

Grundstücke, die zur Begründung oder Vergrößerung von Heimstätten erforderlich sind, können nach den Vorschriften des Baulandbeschaffungsgesetzes v. 3. August 1953 (Bundesgesetzbl. I S. 720) enteignet werden.

Anh. 22

Reichsnaturschutzgesetz

vom 26. Juni 1935 (RGBl. I S. 821) geänd. d. G v. 29. September 1935 (RGBl. I S. 1191) u. G. v. 1. Dezember 1936 (RGBl. I S. 986, 1001) u. G v. 20. Januar 1938 (RGBl. I S. 36)

Auszug

Vierter Abschnitt. Naturdenkmale und Naturschutzgebiete

§ 12 Listenführung

(1) Bei der unteren Naturschutzbehörde wird eine amtliche Liste der Naturdenkmale (Naturdenkmalbuch) geführt. Durch Eintragung in die Liste erhalten die darin bezeichneten Gegenstände und Bodenteile den Schutz dieses Gesetzes.

(2) Bei der obersten Naturschutzbehörde wird, vorbehaltlich der Bestimmung des § 18, eine amtliche Liste der Naturschutzgebiete (*Reichs*naturschutzbuch) geführt. Durch Eintragung in die Lister erhalten die darin bezeichneten, auf beigefügten Karten umgrenzten Flächen den Schutz dieses Gesetzes.

§ 13 Eintragung

(1) Die Eintragung eines Naturdenkmals, gegebenenfalls samt der zu seiner Sicherung notwendigen Umgebung, in das Naturdenkmalbuch verfügt die untere Naturschutzbehörde auf

Vorschlag oder nach Anhörung der zuständigen Naturschutzstelle. Die Verfügung bedarf der Zustimmung der höheren Naturschutzbehörde.

(2) Die Eintragung eines Naturschutzgebietes in das *Reichs*naturschutzbuch verfügt die oberste Naturschutzbehörde auf Vorschlag oder nach Anhörung der *Reichs*stelle für Naturschutz.

§ 14 Löschung

(1) Die Löschung der Eintragung eines Naturdenkmals kann auf Antrag oder von Amts wegen durch die für die Eintragung zuständige Behörde nach Anhörung der Naturschutzstelle erfolgen. Sofern diese gegen die Löschung Einspruch erhebt, entscheidet die höhere Naturschutzbehörde nach Anhörung ihrer Naturschutzstelle.

(2) Die Eintragung eines Naturschutzgebietes kann auf Antrag oder von Amts wegen von der obersten Naturschutzbehörde nach Anhörung der *Reichs*stelle für Naturschutz gelöscht werden.

§ 15 Schutz- und Erhaltungsmaßnahmen

(1) Besondere Schutz- und Erhaltungsmaßnahmen für eingetragene Naturdenkmale werden durch Anordnung der unteren Naturschutzbehörde geregelt. Für Naturschutzgebiete gelten in jedem Einzelfalle besondere Bestimmungen, die von der obersten Naturschutzbehörde oder mit deren Zustimmung von der höheren Naturschutzbehörde erlassen werden.

(2) Die notwendigen Schutz- und Erhaltungsmaßnahmen für eingetragene Naturdenkmale und Naturschutzgebiete muß der Eigentümer, Besitzer, Erbbau- oder Nutzungsberechtigte des Grundstücks und jeder. dem ein Recht an dem Grundstück zusteht, nach den Anordnungen der zuständigen Naturschutzbehörde dulden. Die Durchführung der Maßnahmen erfolgt nötigenfalls durch polizeilichen Zwang. Dem Eigentümer oder sonst Betroffenen bleibt es unbenommen, die erforderlichen Schutz- und Erhaltungsmaßnahmen auf eigene Kosten selbst auszuführen.

(3) Bestehen oder entstehen gegen Dritte Ansprüche aus dem Eigentum, dem Besitz oder der Nutzung des Naturdenkmals, so können diese Ansprüche von der zuständigen Naturschutzbehörde verfolgt werden, wenn der Berechtigte hierzu nicht bereit ist oder die Geltendmachung ungebührlich verzögert. Der Berechtigte ist nicht befugt, über diese Ansprüche ohne Genehmigung der Naturschutzbehörde zu verfügen.

§ 16 Verbot von Veränderungen

(1) Es ist verboten, ein eingetragenes Naturdenkmal ohne Genehmigung der zuständigen Naturschutzbehörde zu entfernen, zu zerstören oder zu verändern. Entsprechendes gilt für seine geschützte Umgebung.

(2) Es ist verboten, in einem eingetragenen Naturschutzgebiet unbeschadet der dafür im Einzelfall nach § 15 Abs. 1 getroffenen besonderen Bestimmungen und der bisherigen Benutzungsart ohne Genehmigung der obersten Naturschutzbehörde Veränderungen vorzunehmen.

§ 17 Untersuchung und einstweilige Sicherstellung

(1) Den Naturschutzbehörden und den Naturschutzstellen sowie ihren Beauftragten ist der Zutritt zu einem Grundstück zum Zwecke solcher Erhebungen zu gestatten, die der Ermittlung, Erforschung oder der Erhaltung der im § 1 genannten Gegenstände dienen.

(2) Die Duldung des Zutritts ist nötigenfalls durch polizeilichen Zwang herbeizuführen.

(3) Zur einstweiligen Sicherstellung von Naturdenkmalen, Naturschutzgebieten oder sonstigen Landschaftsteilen sind die Naturschutzbehörden berechtigt, den Beginn oder die Weiterführung von Veränderungen oder Beseitigungen zu untersagen und nötigenfalls zu verhindern.

§ 18 Reichsnaturschutzgebiete

(1) Der *Reichsforstmeister* kann im Einvernehmen mit den beteiligten Fachministern im *Reichs*- oder Staatseigentum stehende Flächen, die den Voraussetzungen des § 4 entsprechen, im Verordnungswege zu *Reichs*naturschutzgebieten erklären.

(2) Grundflächen, die von einem *Reichs*naturschutzgebiet umschlossen werden oder daran angrenzen, können enteignet werden, wenn dies für Zwecke des Naturschutzes erforderlich ist. Die oberste Naturschutzbehörde kann für solche Grundflächen — auch für geschlossene Ortschaften und sonstige bebaute Flächen — an Stelle der Enteignung die für Naturschutzgebiete vorgesehenen Sondermaßnahmen treffen. Sofern die Maßnahmen eine Beschränkung des Bauens enthalten, ist das Einverständnis des *Reichsarbeitsministers* erforderlich. § 24 findet Anwendung.

(3) Um die Beschaffung des nach Abs. 2 erforderlichen Landes zu sichern und die im Zusammenhang damit notwendige Landbeschaffung für die Umsiedlung durchzuführen, wird im *Reichsforstamt* eine *Reichsstelle* für Landbeschaffung gebildet. Der Leiter der *Reichsstelle* wird durch den *Reichsforstmeister* im Einvernehmen mit dem *Reichsminister für Ernährung und Landwirtschaft* bestellt und abberufen.

Fünfter Abschnitt. Pflege des Landschaftsbildes

§ 19 Schutz von Landschaftsteilen

(1) Die oberste und mit ihrer Ermächtigung die höhere oder untere Naturschutzbehörde kann im Benehmen mit den beteiligten Behörden Anordnungen im Sinne des § 5 treffen.

(2) Die Anordnungen können sich auf die Landschaft selbst beziehen, soweit es sich darum handelt, verunstaltende, die Natur schädigende oder den Naturgenuß beeinträchtigende Änderungen von ihr fernzuhalten. Sie können sich auch auf die Beseitigung von Verunstaltungen erstrecken, wenn dies den Betroffenen zuzumuten und ohne größere Aufwendungen möglich ist; behördlich genehmigte Anlagen werden hierdurch nicht berührt.

§ 20 Beteiligung der Naturschutzbehörden

Alle *Reichs-*, Staats- und Kommunalbehörden sind verpflichtet, vor Genehmigung von Maßnahmen oder Planungen, die zu wesentlichen Veränderungen der freien Landschaft führen können, die zuständigen Naturschutzbehörden rechtzeitig zu beteiligen.

§ 24. Entschädigungslose Rechtsbeschränkung

Rechtmäßige Maßnahmen, die auf Grund dieses Gesetzes und der dazu erlassenen Überleitungs- Durchführungs- und Ergänzungsvorschriften getroffen werden, begründen *keinen Anspruch auf Entschädigung.*

Anh. 23

Flurbereinigungsgesetz

vom 14. Juli 1953 (BGBl. I S. 591)

Auszug

Erster Teil. Grundlagen der Flurbereinigung

§ 1

Zur Förderung der landwirtschaftlichen und forstwirtschaftlichen Erzeugung und der allgemeinen Landeskultur kann zersplitterter oder unwirtschaftlich geformter ländlicher Grundbesitz nach neuzeitlichen betriebswirtschaftlichen Gesichtspunkten zusammengelegt, wirtschaftlich gestaltet und durch andere landeskulturelle Maßnahmen verbessert werden (Flurbereinigung).

Erster Abschnitt. Gemeinschaftliche und öffentliche Anlagen

§ 39

(1) Im Flurbereinigungsgebiet sind Wege, Gewässer und andere zur gemeinschaftlichen Benutzung oder einem gemeinschaftlichen Interesse dienende Anlagen zu schaffen, soweit das Interesse der allgemeinen Landeskultur und das wirtschaftliche Bedürfnis der Teilnehmer es erfordern. Sie sind gemeinschaftliche Anlagen.

(2) Vorhandene Anlagen können geändert, verlegt oder eingezogen werden.

§ 40

Für Anlagen, die dem öffentlichen Verkehr oder einem anderen öffentlichen Interesse dienen, wie öffentliche Wege, Einrichtungen von Eisenbahnen, Straßenbahnen und sonstigen Unternehmen des öffentlichen Verkehrs, Wasserversorgungs-, Energieversorgungs-, Abwasserverwertungs-, Abwasserbeseitigungs-, Windschutz-, Klimaschutz- und Feuerschutzanlagen kann Land in verhältnismäßig geringem Umfange im Flurbereinigungsverfahren bereitgestellt werden. Durch den Flurbereinigungsplan wird bestimmt, wem das Land zu Eigentum zugeteilt wird. Soweit eine Anlage nicht zugleich dem wirtschaftlichen Interesse der Teilnehmer dient, hat der Eigentümer der Anlage für das Land und entstehende Schäden einen angemessenen Kapitalbetrag an die Teilnehmergemeinschaft zu leisten.

§ 41

(1) Die Flurbereinigungsbehörde stellt einen Plan auf über die gemeinschaftlichen und die öffentlichen Anlagen, insbesondere über die Einbeziehung, Änderung oder Neuausweisung öffentlicher Wege und über die wasserwirtschaftlichen, bodenverbessernden und landschaftsgestaltenden Anlagen (Wege- und Gewässerplan).

(2) Der Plan ist im Benehmen mit dem Vorstand der Teilnehmergemeinschaft aufzustellen und mit der landwirtschaftlichen Berufsvertretung sowie den beteiligten Behörden und Organisationen zu erörtern.

(3) Der Plan ist durch die obere Flurbereinigungsbehörde vorläufig festzustellen. Die endgültige Feststellung erfolgt durch den Flurbereinigungsplan. Die Feststellung bezieht sich nicht auf Anlagen, für welche die Planfeststellung in anderen Gesetzen geregelt ist.

§ 42

(1) Die Teilnehmergemeinschaft hat die gemeinschaftlichen Anlagen, soweit nicht ein anderer den Ausbau übernimmt, herzustellen und bis zur Übergabe an die Unterhaltungspflichtigen zu unterhalten. Die Anlagen können schon vor der Ausführung des Flurbereinigungsplanes gebaut werden, soweit der Wege- und Gewässerplan für sie vorläufig festgestellt ist.

(2) Die gemeinschaftlichen Anlagen werden durch den Flurbereinigungsplan der Teilnehmergemeinschaft zu Eigentum zugeteilt und sind von ihr zu unterhalten, soweit nicht der Flurbereinigungsplan oder gesetzliche Vorschriften anders bestimmen. Sie können der Gemeinde zugeteilt werden, wenn diese zustimmt. Die Länder können eine abweichende Regelung treffen.

(3) Eigentümern von Grundstücken, die nicht zum Flurbereinigungsgebiet gehören, aber durch Anlagen wesentliche Vorteile haben, kann durch den Flurbereinigungsplan ein den Vorteilen entsprechender Anteil an den Kosten der Unterhaltung solcher Anlagen auferlegt werden. Der Kostenanteil ist an den Unterhaltungspflichtigen zu zahlen. Er haftet als öffentliche Last auf den Grundstücken, für die er festgesetzt ist.

§ 43

Sollen Anlagen im Sinne des Gesetzes über Wasser- und Bodenverbände (Wasserverbandgesetz) v. 10. Februar 1937 (Reichsgesetzbl. I S. 188) im Flurbereinigungsverfahren ausgeführt werden, so kann die Flurbereinigungsbehörde zur Ausführung und Unterhaltung dieser Anlagen einen Wasser- und Bodenverband nach den Vorschriften über Wasser- und Bodenverbände gründen. Während des Flurbereinigungsverfahrens ist die Flurbereinigungsbehörde die obere Aufsichtsbehörde des Verbandes.

Zweiter Abschnitt. Vereinfachtes Flurbereinigungsverfahren

§ 86

(1) Ein Flurbereinigungsverfahren kann in Teilen einer oder mehrerer Gemeinden durchgeführt werden, um die durch Anlegung, Änderung oder Beseitigung von Eisenbahnen, Straßenbahnen, Autobahnen, Wegen, Wasserläufen oder durch ähnliche Maßnahmen für die allgemeine Landeskultur entstehenden oder entstandenen Nachteile zu beseitigen oder um die

Durchführung eines Bodenreform- oder Siedlungsverfahrens oder anderer Aufbaumaßnahmen zu erleichtern. Dabei gelten an Stelle der Vorschriften des § 4, des § 6 Abs. 2, 3, des § 62 Abs. 2, 4 folgende Sonderbestimmungen:

1. Die Flurbereinigungsbehörde ordnet die Flurbereinigung durch Beschluß an und stellt das Flurbereinigungsgebiet fest. Der Beschluß ist zu begründen. Der entscheidende Teil des Beschlusses kann den Beteiligten in Abschrift übersandt oder öffentlich bekanntgemacht werden.
2. Der Träger des Unternehmens oder der Maßnahme ist Nebenbeteiligter (§ 10 Nr. 2).
3. Die Bekanntgabe der Schätzungsergebnisse kann mit der Bekanntgabe des Flurbereinigungsplanes verbunden werden.
4. Von der Aufstellung des Wege- und Gewässerplanes (§ 41) kann abgesehen werden.
5. Die Ausführungsanordnung und die Überleitungsbestimmungen können den Beteiligten in Abschrift übersandt oder öffentlich bekanntgemacht werden.

(2) Dem Träger des Unternehmens können die Ausführungskosten (§ 105) entsprechend den durch die Herstellung, Änderung oder Beseitigung der Anlage entstandenen Nachteilen auferlegt werden, soweit die Nachteile in einem Planfeststellungsverfahren nach anderen gesetzlichen Vorschriften nicht berücksichtigt und erst nach der Planfeststellung erkennbar geworden sind. Nach Ablauf von fünf Jahren seit der Herstellung, Änderung oder Beseitigung der Anlage können dem Träger des Unternehmens Kosten nach Satz 1 nicht mehr auferlegt werden.

(3) Das vereinfachte Flurbereinigungsverfahren ist auch zulässig für Weiler, für Gemeinden kleineren Umfanges, in Gebieten mit Einzelhöfen (Einödhöfen) sowie in bereits flurbereinigten Gemeinden, in denen eine stärkere Zusammenlegung der Grundstücke erforderlich geworden ist. Die Voraussetzungen des Absatzes 1 brauchen nicht vorzuliegen.

Dritter Abschnitt

Bereitstellung von Land in großem Umfang für Unternehmen

§ 87

(1) Wird aus besonderem Anlaß eine Enteignung durchgeführt, durch die ländliche Grundstücke in großem Umfange in Anspruch genommen werden, so kann auf Antrag der Enteignungsbehörde ein Flurbereinigungsverfahren eingeleitet werden, wenn der den Betroffenen entstehende Landverlust auf einen größeren Kreis von Eigentümern verteilt oder Nachteile für die allgemeine Landeskultur, die durch das Unternehmen entstehen, vermieden werden sollen. Das Ausmaß der Verteilung des Landesverlustes ist im Einvernehmen mit der landwirtschaftlichen Berufsvertretung zu regeln.

(2) Das Flurbereinigungsverfahren kann bereits angeordnet werden, wenn der Plan im Enteignungsverfahren vorläufig festgestellt ist.

§ 88

Für das Flurbereinigungsverfahren im Falle des § 87 gelten folgende Sonderbestimmungen:

1. In dem Flurbereinigungsbeschluß (§ 4) und bei der Aufklärung der Grundstückseigentümer (§ 5 Abs. 1) ist auf den besonderen Zweck des Verfahrens hinzuweisen. Die Voraussetzungen des § 1 brauchen nicht vorzuliegen.
2. Der Träger des Unternehmens ist Nebenbeteiligter (§ 10 Nr. 2).
3. Eine vorläufige Anordnung gemäß § 36 ist zugunsten des Trägers des Unternehmens zulässig. Die Anordnung kann mit Auflagen verbunden oder von Bedingungen, insbesondere von der Leistung einer Sicherheit abhängig gemacht werden. Die obere Flurbereinigungsbehörde setzt auf Antrag der für das Unternehmen zuständigen oberen Behörde fest, wann der Träger des Unternehmens in den Besitz der benötigten Flächen einzuweisen ist.
4. Die für das Unternehmen benötigten Flächen sind von den Teilnehmern nach dem Verhältnis des Wertes ihrer alten Grundstücke zu dem Wert aller Grundstücke des Flurbereinigungsgebietes aufzubringen. Zu der Aufbringung sind landwirtschaftliche oder

gärtnerische Betriebe nur insoweit heranzuziehen, als ihre wirtschaftliche Fortführung nicht gefährdet wird. Die Flächen werden durch den Flurbereinigungsplan dem Träger des Unternehmens zu Eigentum zugeteilt. Für die von einem Teilnehmer aufgebrachte Fläche hat ihm der Träger des Unternehmens Geldentschädigung zu leisten. Die Höhe der Geldentschädigung und die sonstigen Entschädigungsansprüche des Teilnehmers richten sich nach dem für das Unternehmen geltenden Gesetz. Die Geldentschädigung ist zu Händen der Teilnehmergemeinschaft zu zahlen. Diese kann die Geldentschädigung gegen Beiträge (§ 19) verrechnen.

5. Der Träger des Unternehmens hat Nachteile, die Beteiligten durch das Unternehmen entstehen, zu beheben und, soweit dies möglich ist oder nach dem Ermessen der Flurbereinigungsbehörde nicht zweckmäßig erscheint, für sie Geldentschädigung zu leisten. Die Entschädigungen sind zu Händen der Teilnehmergemeinschaft zu zahlen. Die Teilnehmergemeinschaft hat diese Entschädigungen zur Behebung der Nachteile zu verwenden und, soweit sie nicht behoben werden, den Entschädigungsberechtigten auszuzahlen. Eine Verrechnung gegen Beiträge ist zulässig.
6. Der Träger des Unternehmens hat die Geldentschädigungen in der von der Flurbereinigungsbehörde festgestellten Höhe zu Händen der Teilnehmergemeinschaft vorzuschießen.
7. Wegen der Höhe der Geldentschädigungen steht nur der Rechtsweg vor den ordentlichen Gerichten nach dem für das Unternehmen geltenden Gesetz offen. Der Anspruch auf die Geldentschädigung für die von einem Teilnehmer aufgebrachte Fläche kann gerichtlich erst geltend gemacht werden, wenn die Landabfindungen aller Teilnehmer rechtskräftig feststehen. Die Frist für eine gerichtliche Geltendmachung des in Satz 2 bezeichneten Anspruchs beginnt erst in dem Zeitpunkt, in dem die Flurbereinigungsbehörde dem Entschädigungsberechtigten, dem der Rechtsweg insoweit noch offensteht, mitgeteilt hat, daß die Landabfindungen aller Teilnehmer rechtskräftig feststehen.
8. Die obere Flurbereinigungsbehörde bestimmt nach Anhörung des Trägers des Unternehmens den von diesem zu zahlenden Anteil an den Kosten des Flurbereinigungsverfahrens, der durch Bereitstellung der zugeteilten Flächen, Behebung von Nachteilen und Ausführung der durch das Unternehmen nötig gewordenen gemeinschaftlichen Anlagen verursacht ist. Die diesem Anteil entsprechenden Ausführungskosten (§ 105) sind an die Teilnehmergemeinschaft zu zahlen.
9. Die Steuerfreiheit nach § 108 gilt nicht für die Grunderwerbsteuer und die Wertzuwachssteuer bei dem Übergang von Grundstücken auf den Träger des Unternehmens.
10. Das vereinfachte Flurbereinigungsverfahren (§ 86) und das beschleunigte Zusammenlegungsverfahren (§§ 91—103) sind nicht anzuwenden.

§ 89

(1) Soweit im Falle des § 87 ein Teilnehmer nach dem für das Unternehmen geltenden Gesetz keinen Anspruch auf Entschädigung in Land hat, kann die Enteignungsbehörde entscheiden, daß er im Flurbereinigungsverfahren in Geld zu entschädigen ist. Die Anfechtung richtet sich nach dem für das Unternehmen geltenden Gesetz.

(2) Über die Höhe der Geldentschädigung entscheidet die Flurbereinigungsbehörde, nachdem die Entscheidung nach Absatz 1 rechtskräftig geworden ist. Abweichend von § 88 Nr. 7 kann die Entscheidung über die Höhe der Geldentschädigung bereits angefochten werden, sobald sie ergangen ist. Die Geldentschädigung kann schon vor der Ausführung des Flurbereinigungsplanes ausgezahlt werden; § 53 Abs. 2, 3 gilt sinngemäß.

§ 90

Wenn für ländliche Grundstücke eine Grundabtretung nach berggesetzlichen Vorschriften in großem Umfange durchgeführt oder zulässig ist und die Grundstückseigentümer den begründeten Anspruch erheben, daß der Bergwerksunternehmer das Eigentum an den Grundstücken erwirbt, kann der den Betroffenen entstehende Landverlust im Wege eines Flurbereinigungsverfahrens auf einen größeren Kreis von Eigentümern verteilt werden. In diesem Falle erwirbt der Bergwerksunternehmer das Eigentum durch den Flurbereinigungsplan. Die Bestimmungen des § 88 sind sinngemäß anzuwenden.

Anh. 24

Erlaß des PrMinisters der öffentlichen Arbeiten, betr. Enteignungsverfahren

vom 4. Juni 1894 (EVBl. 94 S. 133)

1. Die geschäftliche Behandlung der Enteignungsangelegenheiten im allgemeinen muß ihrer Eilbedürftigkeit beständig Rechnung tragen. Alle hierauf bezüglichen Geschäfte sind daher, sofern nicht die Notwendigkeit ihrer Beschleunigung durch besondere Gründe ausgeschlossen ist, sowohl von den zur Ausführung des betreffenden Unternehmens berufenen wie auch von den zur Leitung des Enteignungsverfahrens und den zu den Entscheidungen zuständigen Behörden als Eilsachen zu behandeln und insbesondere auch den schleunigen Sachen im Sinne des § 5 des Regulativs zur Ordnung des Geschäftsganges und des Verfahrens bei den Bezirksausschüssen vom 28. Februar 1884 (MBliV S. 37) zuzurechnen, welche durch die Ferien der Bezirksausschüsse keinen Aufschub erleiden dürfen.

Die Hinwirkung auf tunlichste Beschleunigung darf sich aber nicht auf die Tätigkeit innerhalb der einzelnen Behörden beschränken. Ein ersprießliches Zusammenwirken der bei den Enteignungen beteiligten Behörden setzt ein stetes gegenseitiges Benehmen derselben voraus, um die Enteignungsbehörden in fortlaufender Kenntnis über den Stand und die Bedürfnisse des Unternehmens zu erhalten. Namentlich ist für die Vertreter der bauausführenden Behörden ein fortwährendes mündliches Benehmen mit den Kommissaren der Regierungspräsidenten geboten, damit diese in den Stand gesetzt werden, die Verhandlungen mit Rücksicht auf die jeweiligen Bedürfnisse des Unternehmens leiten zu können.

Soweit die für die Anträge der Unternehmer erforderlichen Unterlagen von anderen Behörden zu beschaffen sind, ist auf die tunlichst schleunige Erledigung der betreffenden Ersuchen hinzuwirken. Sollte in dieser Beziehung häufiger Grund zu Beschwerden gegeben sein, so ist mir darüber Anzeige zu erstatten.

2. Der Rücksicht auf Beschleunigung muß zunächst von den bauausführenden Behörden in jeder Hinsicht Rechnung getragen werden. Hieraus erwächst denselben die Pflicht, bei Anfertigung der Vorarbeiten und bei Stellung ihrer Anträge nicht nur eine jede Verzögerung zu vermeiden, sondern auch stets auf eine derartige Förderung derselben Bedacht zu nehmen, daß die übrigen beteiligten Behörden in der raschen Erledigung ihrer Aufgaben nicht behindert werden. Insbesondere müssen sie bestrebt sein, die Anträge auf die Durchführung der einzelnen Teile des Verfahrens so zeitig zu stellen, daß die Jahreszeit der Abhaltung der erforderlichen Lokaltermine keine Hindernisse in den Weg legt, anderseits aber die Anträge nach dem Grade ihrer Dringlichkeit zu ordnen und einzubringen, um tunlichst ihre gleichzeitige Einbringung in einer so großen Anzahl zu vermeiden, daß eine Überlastung der Enteignungsbehörden daraus erwächst.

Bei Beschaffung der den Enteignungsplänen zur Unterlage dienenden Katastermaterialien werden sich die bauausführenden Behörden in Berücksichtigung der den Katasterämtern meist obliegenden großen Geschäftslast, soweit dies zulässig und nach der Anzahl der ihnen hierfür zur Verfügung stehenden Beamten möglich ist, ihrer eigenen Beamten bedienen (vgl. meinen Zirkularerlaß v. 16. Mai d. J. — IV. (I) 2595, III. 10325 —, in welchem wegen der Vorbereitung der Arbeiten zur Fortschreibung des Grundsteuerkatasters durch die beteiligten Behörden Anordnung getroffen ist). Soweit die Katasterämter selbst um Mitteilung von Karten oder um Auskunft über einzelne Umstände in Anspruch genommen werden müssen, ist unter Beachtung der Vorschriften in Nr. 1 Abs. 3 dieser Anweisung die schleunige Erledigung der betreffenden Anträge zu überwachen.

Um erheblichere Änderungen der Baupläne bei der landespolizeilichen Prüfung oder bei der Planfeststellung und den dadurch notwendig entstehenden Weiterungen nach Möglichkeit vorzubeugen, sind schon bei ihrer Aufstellung die von dem Unternehmen berührten öffentlichen und Privatinteressen gebührend zu berücksichtigen. Ein mündliches Benehmen mit den zur Wahrnehmung der betreffenden öffentlichen Interessen zuständigen Behörden und mit den benachbarten Grundeigentümern behufs Entgegennahme ihrer Wünsche erscheint daher bereits vor Aufstellung der Baupläne geboten.

3. Über den Zweck und die Bedeutung der landespolizeilichen Prüfung der Baupläne für Eisenbahnen bestehen ausweislich der erstatteten Berichte verschiedene Auffassungen, welche eine Ungleichmäßigkeit des Verfahrens zur Folge haben. Während in einem Teil der Landespolizeibezirke die von dem Unternehmen berührten öffentlichen und Privatinteressen in eingehender Weise unter Zuziehung der Interessenten zur Erörterung gelangen, wird in den übrigen die Prüfung vorzugsweise auf die öffentlichen Interessen erstreckt, von einer Zuziehung der Privatinteressenten aber abgesehen. Ich finde keinen Anlaß, die Beobachtung eines gleichmäßigen Verfahrens in dieser Beziehung anzuordnen. Einer Mitberücksichtigung der Privatinteressen bei der landespolizeilichen Prüfung ist in denjenigen Fällen, in welchen noch eine Planfeststellung nach Maßgabe der §§ 18ff. des Enteignungsgesetzes stattfindet, nicht unbedingt geboten. Sie wird sich aber überall da empfehlen, wo die Hoffnung auf freihändigen Erwerb der erforderlichen Grundflächen begründet ist. Wo dagegen diese Aussicht nach den bestehenden Erfahrungen als ausgeschlossen gelten muß, wird das letztgedachte Verfahren vorzuziehen sein, sofern nicht etwa nach den Verhältnissen des Einzelfalles erwartet werden darf, daß die gleichzeitige eingehende Erörterung der Privatinteressen eine Abkürzung des Planfeststellungsverfahrens zur Folge haben werde.

4. Die Feststellung des Planes erleidet nicht selten dadurch eine Verzögerung, daß die Verhandlungen über einzelne, von Interessenten beantragte Anlagen noch nicht zum Abschlusse gebracht werden konnten. Sofern derartige Anlagen auf den Enteignungsplan im übrigen, insbesondere auf die Linienführung, ohne Einfluß sind, stehen weder die Bestimmungen des Enteignungsgesetzes noch sonstige sachliche Bedenken entgegen, unter Vorbehalt der Entscheidung über die noch streitigen Anlagen die Feststellung zunächst auf diejenigen Grundstücke (§ 3 des Enteignungsgesetzes) des Planes zu beschränken, für welche die noch streitigen Anlagen ohne Belang sind. Die Erledigung des Vorbehalts, welche in Form eines Nachtragsbeschlusses zu erfolgen hat und eines weiteren Antrages des Unternehmers nicht bedarf, ist selbstredend nach Möglichkeit zu beschleunigen.

5. Die Verzögerungen der Entschädigungsfeststellung sind auf verschiedene Gründe zurückzuführen.
Erfahrungsmäßig begegnet die nach § 24 des Enteignungsgesetzes erforderliche Begründung des Antrages auf Feststellung der Entschädigung um deswillen öfters Schwierigkeiten, weil die Beschaffung der Auszüge aus dem Grundbuche, soweit dieselben nicht bereits vor Einleitung des Planfeststellungsverfahrens zum Zwecke der Feststellung der Eigentümer der zu enteignenden Grundflächen erteilt worden sind, einen sehr langen Zeitraum in Anspruch nimmt. Um hier Abhilfe zu schaffen, erübrigt nur, bereits bei der Vorbereitung der Anträge auf Feststellung des Planes die Anträge auf Erteilung der betreffenden Grundbuchauszüge in dem nach § 24 des Enteignungsgesetzes erforderlichen Umfange zu stellen. Wenn auch der § 24 des bezeichneten Gesetzes den Grundbuchämtern nicht die Verpflichtung auferlegt, derartigen Anträgen vor der Feststellung des Planes stattzugeben, so wird doch erwartet werden dürfen, daß sie sich bezüglichen Ersuchen anderer Staatsbehörden gegenüber nicht ablehnend verhalten werden.

Selbstredend bedarf es nach der Planfeststellung einer nochmaligen Prüfung der Grundbuchauszüge seitens der Grundbuchämter, weil die Möglichkeit nicht ausgeschlossen ist, daß in der Zwischenzeit der Inhalt des Grundbuches eine Änderung erfahren hat. Der Unternehmer hat daher durch entsprechende Anträge diese Prüfung herbeizuführen und gleichzeitig die Eintragung der im § 24 Abs. 4 des Enteignungsgesetzes bezeichneten Vormerkung im Grundbuche anzuregen.
Sofern es nicht schon früher geschehen sein sollte, ist während des Planfeststellungsverfahrens dafür Sorge zu tragen, daß für unbekannte Erben eines im Grundbuche eingetragenen Eigentümers ein Pfleger bestellt wird.

Unter allen Umständen muß allseitig darauf Bedacht genommen werden, daß aus der Ernennung der Sachverständigen keine Verzögerung erwächst. Da der Umfang der erforderlichen Enteignungen von den Unternehmern in der Regel bereits zur Zeit des Planfeststellungsverfahrens wird übersehen werden können, so werden dieselben schon während dieses Verfahrens geeignetenfalls eine Vereinbarung über die Wahl der Sachverständigen mit den beteiligten Eigentümern anstreben und, wenn solche nicht angezeigt erscheint oder nicht zustande kommt, die Wahl derselben durch den Regierungspräsidenten beantragen, damit bis zum Eingange des Antrags auf Feststellung der Entschädigungen wegen ihrer Auswahl das Erforderliche gewahrt sein kann. Die Regierungspräsidenten werden, wenn irgend tunlich, dafür Sorge tragen müssen, fortwährend eine genügende Zahl geeigneter ortskundiger Sachverständiger zu ihrer Verfügung zu haben.

Das Schätzungsverfahren kann in der Regel dann in kurzer Zeit erledigt werden, wenn die Sachverständigen über den Wert der Grundstücke in der betreffenden Lage wenigstens im allgemeinen unterrichtet sind. Es empfiehlt sich deshalb, die Sachverständigen, sofern sie nicht ohnehin ortskundig sind, mit ihrer Bestellung unter Zufertigung einer Abschrift des Planfeststellungsbeschlusses aufzufordern, sich über die Lage und Beschaffenheit der in Betracht kommenden Grundstücke, welche ohnedies von dem Unternehmer durch Abpfählung kenntlich zu machen sind, nötigenfalls mit Hilfe der betreffenden Gemeindevorstände zu informieren.

Das Schätzungsverfahren selbst muß, sofern es sich nicht um schwierige und zeitraubende Schätzungen handelt, so geleitet werden, daß, wenn irgend tunlich, die Schätzungen an dem Tage ihres Beginns auch zu Ende geführt werden. Es dürfen deshalb von dem für die Verhandlung bestellten Kommissar für jeden Tag nur so viel Schätzungen in Aussicht genommen werden, als ohne Hintansetzung der erforderlichen Sorgfalt und Gründlichkeit erledigt werden können. Voraussetzung einer derartigen Erledigung ist die sofortige Abgabe des Gutachtens, welche durch Bereithaltung geeigneter und gehörig vorbereiteter Formulare zur Eintragung der Schätzungen zu erleichtern ist. Den Beteiligten ist noch an demselben Tage Gelegenheit zu geben, sich über die Gutachten auszusprechen. Sofern die Schwierigkeit der Schätzung die Erklärung des Gutachtens zu Protokoll nicht gestatten sollte, darf der Fortgang des Verfahrens keinesfalls auf unbestimmte Zeit ausgesetzt werden. Es wird deshalb in diesen Fällen dem Sachverständigen eine ausreichende Frist zur Einreichung des schriftlichen Gutachtens zu setzen und gleichzeitig ein Termin zur Erklärung der Beteiligten über die ihnen mitzuteilende Schätzung zu bestimmen sein.

6. Die Anordnung, daß wegen Dringlichkeit der Sache die Enteignung noch vor Erledigung des Rechtsweges erfolgen solle, ist von dem Unternehmer mit dem Antrage auf Feststellung der Entschädigung, jedenfalls aber so zeitig zu beantragen, daß dieselbe gleichzeitg mit dem die Entschädigung feststellenden Beschlusse getroffen werden kann.

7. Sorgfältig ist darauf zu achten, daß die zum Zwecke der Hinterlegung der Entschädigungen den Hinterlegungsbehörden einzureichenden Erklärungen der Hinterlegungsordnung entsprechen, um Vervollständigungen zu erübrigen, welche nach den erstatteten Berichten häufige Verzögerungen zur Folge haben. Die bauausführenden Behörden müssen sich hierbei stets gegenwärtig halten, daß den zur Vollziehung der Enteignung zuständigen Behörden deren Prüfung in der doppelten Richtung obliegt, ob der Pflicht zur Leistung der Entschädigung durch ihre Hinterlegung genügt werde, und ob aus der Hinterlegungserklärung alle der Zahlung entgegenstehenden Hindernisse mit Sicherheit zu entnehmen seien. Um die Prüfung in der ersteren Richtung zu ermöglichen, bedarf es, insbesondere in den von dem Enteignungsgesetze nicht hervorgehobenen Fällen, in welchen der Unternehmer wegen Verweigerung der Annahme der Zahlung oder wegen anderweiter, in der Person des Gläubigers liegender Hinderungsgründe zur Hinterlegung der Entschädigung berechtigt ist, der genauen und vollständigen Darlegung derjenigen Tatsachen, welche nach den allgemeinen Rechtsgrundsätzen das Recht zur Hinterlegung mit der Wirkung der Zahlung begründen. In letzterer Beziehung ist die Vollständigkeit der Angaben über die Rechte Dritter, welche der Zahlung entgegenstehen, absolutes Erfordernis. Dazu gehört nicht allein die erschöpfende Bezeichnung dieser Rechte nach ihrem Inhalt und Umfang, sondern auch die genaue Bezeichnung der Person des Berechtigten,

bei pfandrechtlich gesicherten Forderungen insbesondere der Angabe des Betrages der Hauptforderung und der Nebenforderungen an Zinsen usw. dergestalt, daß die Hinterlegungsbehörde demnächst zu prüfen imstande ist, ob die ihr nachgewiesenen Zahlungen oder sonstigen der Zahlung gleichstehenden Rechtsakte die völlige Tilgung der Forderungen zur Folge haben, wegen deren die Hinterlegung erfolgen mußte.

8. Vielfach sind Klagen darüber laut geworden, daß die Entschädigungen für Grundflächen, welche die Unternehmer auf Grund des ihnen verliehenen Enteignungsrechts mittels Durchführung des Enteignungsverfahrens oder durch Vereinbarung erworben haben, häufig erst nach unverhältnismäßig langer Zeit in die Hand der Entschädigungsberechtigten gelangen. Insoweit die Verzögerungen ihren Grund darin haben, daß die Entschädigungen wegen dinglicher Belastung der betreffenden Grundstücke hinterlegt werden mußten, ist es Sache der Eigentümer, durch Beseitigung der Belastung die der Auszahlung der Entschädigungen entgegenstehenden Hindernisse aus dem Wege zu räumen. Zur Vermeidung derartiger Verzögerungen kann es aber dienen, wenn die Eigentümer zeitig auf die Notwendigkeit der Befreiung der abzutretenden Flächen von den darauf haftenden Pfandrechten und sonstigen Lasten hingewiesen werden. Die bauausführenden Behörden müssen es sich daher angelegen sein lassen, im Falle des Abschlusses freihändiger Verträge schon bei den demselben vorausgehenden Verhandlungen, und die Enteignungsbehörden, spätestens bei den die Feststellung der Entschädigungen betreffenden Verhandlungen die Eigentümer über die rechtlichen Folgen der Belastung zu belehren und zur schleunigen Entpfändung und sonstigen Entlastung der bezeichneten Flächen aufzufordern.

In denjenigen Fällen, in welchen den Unternehmern der Besitz der benötigten Flächen zum Zwecke der Inangriffnahme der Bauarbeiten unter Vorbehalt der Festsetzung der Entschädigung im Wege der Enteignung oder der Vereinbarung abgetreten oder ihnen diese Flächen mittels freihändigen Vertrages übertragen worden sind, ist den Eigentümern nicht selten die Zahlung der ihnen gebührenden Entschädigungen ganz oder zum Teil deshalb lange Zeit vorenthalten geblieben, weil in den ersten Fällen das Enteignungsverfahren zu spät eingeleitet oder die Vereinbarung zu spät getroffen, und in den letzteren Fällen die zur Feststellung der Größe der betreffenden Flächen erforderliche Schlußvermessung erst sehr spät zu Ende geführt worden ist. In ersterer Beziehung ist es Pflicht der bauausführenden Behörden, den Vorbehalt der Entschädigungsfeststellung mit tunlichster Beschleunigung zu erledigen. Für diejenigen Fälle, in welchen eine gütliche Einigung hierüber nicht zu erzielen ist, verweise ich die Eisenbahnbehörden auf den Zirkularerlaß vom 24. April 1890 — IIa (IV) 3271 —, durch welchen wegen schleuniger Einleitung des Enteignungsverfahrens und, sofern das Planfeststellungsverfahren bereits stattgefunden haben sollte, des Entschädigungsfeststellungsverfahrens Weisung gegeben ist. Die schleunige Durchführung der Schlußvermessungen und Beschaffung der für die Auflassung der betreffenden Grundflächen erforderlichen Materialien darf erwartet werden, wenn sich die bauausführenden Behörden da, wo nicht mit Sicherheit auf eine rasche Erledigung dieser Arbeiten durch die Katasterämter gerechnet werden kann, auch hierzu, soweit dies nach Maßgabe des unter 2 bezeichneten Zirkularerlasses angängig ist, ihrer eigenen Landmesser bedienen. Die bauausführenden Behörden werden übrigens darauf Bedacht nehmen müssen, bei derartigen Vereinbarungen durch entsprechende Bestimmungen die Eigentümer bereits mit oder alsbald nach der Besitzübertragung in den Genuß der Entschädigung zu bringen, soweit dies im einzelnen Falle ohne Gefahr für den Unternehmer angängig ist.

Anh. 25

Allgemeine Verfügung der PrMinister der öffentlichen Arbeiten und des Innern, betreffend das Verfahren bei Enteignungen

vom 20. Mai 1899 (MBliV S. 89)

1. Es empfiehlt sich eine Anordnung des Regierungspräsidenten, daß demjenigen Dezernenten, welcher mit der Bearbeitung der Landespolizeisachen bei den mit dem Enteignungsrecht ausgestatteten Unternehmungen betraut ist, regelmäßig auch die Bearbeitung der Enteignungs-

angelegenheiten übertragen wird, so daß die landespolizeilichen und die enteignungsrechtlichen Angelegenheiten desselben Unternehmers von demselben Dezernenten bearbeitet werden.

2. Ferner empfiehlt es sich, daß der mit der Bearbeitung der Enteignungssachen beauftragte Dezernent zu den Sitzungen des Bezirksausschusses zugezogen wird, indem er entweder zugleich Stellvertreter eines ernannten Mitglieds des Bezirksausschusses ist oder indem er die Enteignungsangelegenheiten in den Sitzungen des Bezirksausschusses vorträgt und erläutert.

3. Die Verpflichtung des Unternehmers, im Antrage auf Planfeststellung den Eigentümer nach Namen und Wohnort zu bezeichnen (§ 18 des Enteignungsgesetzes) und dem Antrage auf Feststellung der Entscheidung einen beglaubigten Auszug aus dem Grundbuch und, wenn dieser nicht zu beschaffen ist oder zum Nachweis der Rechte am Grundstück nicht ausreicht, eine dahingehende Bescheinigung des Ortsvorstandes oder der sonst zur Ausstellung solcher Bescheinigungen berufenen Behörde beizufügen (§ 24), hat oftmals zu Verzögerungen geführt, z. B. wenn das zu enteignende Grundstück im Grundbuch nicht eingetragen war, wenn das Grundbuch einen offenbar unzutreffenden Rechtszustand bekundete, wenn die erlangten Bescheinigungen nicht genügten, oder wenn der Eigentümer kurz vor dem Beginn oder im Laufe des Verfahrens gestorben war. Auch hat das Verfahren nicht selten Verzögerungen erlitten, wenn die Ladung des Eigentümers (§§ 20, 25 des Enteignungsgesetzes) nicht erfolgen konnte, weil sein Aufenthalt unbekannt oder weil er an der Rückkehr und der Besorgung seiner Vermögensangelegenheiten verhindert war. Es empfiehlt sich, sobald derartige Anstände bekannt werden, ohne Verzug die Bestellung eines Pflegers bzw. Vormundes bei Gericht zu beantragen und der Enteignungsbehörde anzuzeigen.

4. Auf das Zustandekommen gütlicher Einigungen gemäß §§ 16, 26 des Enteignungsgesetzes, welche herbeizuführen in erster Linie Aufgabe der Unternehmer ist, werden auch die Enteignungsbehörden nach Möglichkeit hinzuwirken haben. Hierbei wird auf die nicht immer genügend beachtete, eine wesentliche Abkürzung des Enteignungsverfahrens ermöglichende Bestimmung des § 16 des Enteignungsgesetzes verwiesen, nach welcher an Stelle des Verfahrens zur Feststellung des Plans (§§ 18—22 des Enteignungsgesetzes) eine Einigung zwischen den Beteiligten über den Gegenstand der Abtretung nach Maßgabe des vorläufig festgestellten Planes (§ 15 des Enteignungsgesetzes) nicht nur zum Zweck der Abtretung des Eigentums, sondern auch schon zum Zweck der Überlassung des Besitzes zulässig ist. Dem alsdann ohne weiteres zu stellenden Antrage auf Feststellung der Entschädigung ist der von der zuständigen Behörde geprüfte und vorläufig festgestellte Plan (§ 15), welcher durch die Einigung der Beteiligten (§ 16) endgültig geworden ist, nach Maßgabe der §§ 24 Abs. 2, 18 Abs. 2 zugrunde zu legen. Soll jedoch die Einigung zwischen den Beteiligten diese Wirkung haben, so muß sie den Gegenstand der Abtretung endgültig bestimmen. Sie muß deshalb zum mindestens das ausdrückliche Einverständnis des Eigentümers enthalten, daß diejenigen Teile seines Eigentums, welche nach Maßgabe des ihm bekannten landespolizeilich geprüften und von der zuständigen Behörde vorläufig festgestellten Plans zu dem Unternehmen erforderlich sind, den Gegenstand der Abtretung oder Enteignung derart bilden sollen, daß es der Durchführung des Planfeststellungsverfahrens gemäß §§ 18—22 des Enteignungsgesetzes nicht mehr bedarf.

Es wird sich um so mehr empfehlen, durch zweckmäßige Belehrung der Beteiligten das Zustandekommen solcher Einigungen zu fördern, weil die ordnungsmäßig vorangegangene landespolizeiliche Prüfung des Plans unter Zuziehung und nach Anhörung aller Beteiligten, sowie die vorläufige Feststellung desselben durch die zur Planfeststellung berufene Staatsbehörde eine ausreichende Grundlage und die Gewähr dafür bietet, daß sowohl die benachbarten Grundstücke, als die öffentlichen Interessen bei der Ausführung des Unternehmens gegen Gefahren und Nachteile gesichert sind, so daß die übrigen Ansprüche der Eigentümer in der Regel nur noch die Höhe der Entschädigung betreffen und deshalb in dem Verfahren zur Feststellung der Entschädigung berücksichtigt werden können.

Wenn eine Einigung gemäß § 16 des Gesetzes nicht zu erzielen ist, hat der Unternehmer auf die Erlangung der bloßen Bauerlaubnis, d. h. der Bauerlaubnis ohne Verzicht auf die Planfeststellung gemäß §§ 18ff. des Enteignungsgesetzes Bedacht zu nehmen, bei welcher der Eigentümer sich zwar alle seine Rechte — einschließlich derjenigen, welche ihm nach dem Enteignungsgesetze zustehen — ausdrücklich vorbehält, aber noch vor der Durchführung des Enteignungsverfahrens den Beginn der Bauausführung auf dem fraglichen Grundstück ausdrücklich gestattet (vgl. Erlaß vom 8. März 1897, EVBl. S. 45, MBliV 1897 S. 47).

5. Da die landespolizeiliche Prüfung und vorläufige Planfeststellung von Eisenbahnen nicht nur die im öffentlichen Interesse notwendigen Anlagen, sondern auch diejenigen Anlagen an Wegen, Überfahrten, Triften, Einfriedigungen, Bewässerungs- und Vorflutsanstalten usw. mit umfassen muß, welche für die benachbarten Grundstücke zur Sicherheit gegen Gefahren und Nachteile notwendig werden (vgl. Erlaß vom 20. Oktober 1896 — EVBl. S. 307 — MBliV 1896 S. 201) kommen regelmäßig schon bei der landespolizeilichen Prüfung alle diejenigen Wünsche und Forderungen zur Verhandlung, welche den Gegenstand des Planfeststellungsverfahrens gemäß §§ 18—22 des Enteignungsgesetzes bilden können. Das gleiche gilt von der Planfeststellung für Kanäle und ähnliche Bauten der Wasserbauverwaltung, sofern dieser, wie hiermit allgemein vorgeschrieben wird, die Anhörung aller Beteiligten wie bei der landespolizeilichen Prüfung von Eisenbahnen vorangeht. Die Gründlichkeit, mit welcher diese Anträge auf Änderung der zur Prüfung gebrachten Pläne bei der landespolizeilichen Prüfung unter Anhörung aller Beteiligten von den zuständigen Behörden erörtert werden müssen, verleiht der vorläufigen Planfeststellung, welche das Schlußergebnis dieser örtlichen Verhandlungen und behördlichen Begutachtungen darstellt, den Charakter einer im wesentlichen bereits endgültigen Entscheidung, durch die die Bedürfnisse des Unternehmens mit den berührten öffentlichen und privaten Interessen nach Möglichkeit in Übereinstimmung gebracht sind. In der Tat bestätigt die Erfahrung, daß die im Enteignungsverfahren gegen den Plan erhobenen Einwendungen meist einfache Wiederholungen derjenigen Anträge sind, welche bereits bei der landespolizeilichen Prüfung geltend gemacht, untersucht, aber als sachlich unbegründet abgelehnt waren, und daß ihnen daher auch bei der endgültigen Planfeststellung nur ausnahmsweise stattgegeben werden kann.

Es braucht nicht erst hervorgehoben zu werden, daß in dem gemäß § 18 des Gesetzes eingeleiteten Verfahren über die erhobenen Einwendungen nach den gesetzlichen Vorschriften zu verhandeln und zu entscheiden ist, und daß den Beteiligten die Gelegenheit, ihre Anträge zu begründen, durch Beibringung neuer Tatsachen zu ergänzen oder Mißverständnisse zu beseitigen, nicht beschränkt werden darf. Anderseits ist es nicht nur Aufgabe des Unternehmers, darauf hinzuwirken, sondern auch Pflicht der Enteignungsbehörden, dafür zu sorgen, daß das gesetzliche Planfeststellungsverfahren nicht durch rein formale Wiederholungen bereits erschöpfend erörterter Fragen in die Länge gezogen werde. Zu diesem Behufe ist der Inhalt der landespolizeilichen Prüfungsverhandlungen, in welche die Anträge, denen nicht stattgegeben worden ist, sowie die Gründe der Ablehnung kurz aufzunehmen sind, und der sonstigen Unterlagen für die vorläufige Planfeststellung, wie es verschiedentlich auch jetzt schon mit Erfolg geschehen ist, in ausgiebigem Maße bei der Beurteilung der nach § 19 des Enteignungsgesetzes gegen den Plan erhobenen Einwendungen zu verwerten. Wenn jene Unterlagen bereits genügende Auskunft geben, wird auch von einer kommissarischen Verhandlung an Ort und Stelle (§ 20 des Gesetzes) abgesehen werden können. Im übrigen ist darauf zu halten, daß der Unternehmer sich an den Erörterungen und Verhandlungen durch einen geeigneten sachkundigen Vertreter beteiligt, der in der Lage sein muß, zur Klarstellung der Sachlage und zur Vermeidung zeitraubender Rückfragen und Ermittlungen jede erforderliche Auskunft zu geben. Bei Privateisenbahnen ist die rechtliche Abordnung eines Vertreters des Eisenbahnkommissars herbeizuführen (Erlaß vom 7. November 1877, MBliV 1878 S. 10, EVBl. 1878 S. 11). Auch ist, wenn der festzustellende Plan fiskalische Grundstücke berührt, den zuständigen Behörden von dem Termin rechtzeitig Nachricht zu geben.

Den beteiligten Grundeigentümern und sonstigen Berechtigten ist bei der Ladung zu eröffnen, daß bei ihrem Nichterscheinen gleichwohl über ihre Einwendungen verhandelt werden wird, weil dies oftmals schon ihren Wünschen entsprechen wird, sie andernfalls aber zur Vermeidung etwaiger Rechtsnachteile sich für verpflichtet erachten könnten, unter Aufwendung von Kosten im Termine zu erscheinen.

6. Nach § 18 des Enteignungsgesetzes sind mit dem Antrage auf Feststellung des Plans
A. der vorläufig festgestellte Plan (beglaubigter Auszug oder Abdruck),
B. Beilagen, welche
a) die zu enteignenden Grundstücke nach ihrer grundbuchmäßigen oder katastermäßigen oder sonst üblichen Bezeichnung,
b) die Größe und Grenzen derselben,
c) den Eigentümer nach Namen und Wohnort,
d) die nach § 14 des Gesetzes herzustellenden Anlagen,
e) gegebenenfalls die Art und den Umfang der Belastung des Grundstücks enthalten müssen,

vorzulegen.

Es ist nicht zulässig, über das Gesetz hinausgehende Anforderungen zu stellen. Insbesondere darf die Beibringung eines beglaubigten Auszuges aus dem Steuerbuche und einer von dem Fortschreibungsbeamten beglaubigten Karte (§ 58 der Grundbuchordnung) nicht zur Bedingung für die Einleitung des Planfeststellungsverfahrens gemacht werden. Soweit zum Zweck der Eintragung des Eigentumsüberganges gemäß § 33 des Enteignungsgesetzes diese Unterlagen überhaupt erforderlich sind, genügt ihre Vorlage bei Stellung des Antrages auf Vollziehung der Enteignung. Zur Vermeidung von Verzögerungen empfiehlt es sich jedoch, ihre Beschaffung nicht bis dahin aufzuschieben, sondern ohne Verzug nach der Planfeststellung herbeizuführen.
Der Vorlage der Auszüge aus dem Grundbuch oder der Bescheinigungen gemäß § 24 Abs. 3 des Enteignungsgesetzes bedarf es erst bei Stellung des Antrages auf Feststellung der Entschädigung. Gleichwohl ist ihre Beschaffung, wie betreffs der Grundbuchauszüge im Erlasse vom 4. Juni 1894 unter Nr. 5 angeordnet, schon bei der Vorbereitung der Anträge auf Feststellung des Plans in die Wege zu leiten.
Die Beifügung eines besonderen Lageplans in vergrößertem Maßstabe (sog. Parzellarkarte) darf nur aus besonderen Gründen gefordert werden. In der Regel genügt für die Planfeststellung der auf Grund der Katasterhandkarten vorläufig festgestellte Plan in Verbindung mit dem Inhalt der Beilagen, welche die unter B, a—e vermerkten Angaben und namentlich die genaue Größe und die Grenzen des enteigneten Grundstücks enthalten müssen. Aufgabe des Unternehmers ist es, diese Unterlagen, erforderlichenfalls durch rechtzeitige örtliche Vermessung der zu enteignenden Flächen, zu beschaffen.

7. Es wird sich dringend empfehlen, von den Bestimmungen des § 117 des Gesetzes über die allgemeine Landesverwaltung in den Fällen, in denen seine Anwendung gesetzlich zulässig ist, den weitestgehenden Gebrauch zu machen. Voraussichtlich werden diese Fälle die überwiegende Mehrzahl bilden, weil die Voraussetzungen des § 117 im Enteignungsverfahren in der Regel erfüllt sind. Die meisten Enteignungssachen bedürfen nämlich im öffentlichen Interesse der Beschleunigung und sind daher für dringlich zu erachten.
Vermöge der nach landespolizeilicher Prüfung bewirkten vorläufigen Planfeststellung und der kommissarischen Erörterung der Einwendungen liegt zugleich das Sach- und Rechtsverhältnis bei den Planfeststellungen gewöhnlich klar. Auch werden erfahrungsgemäßig die Entschädigungen (§ 29 des Enteignungsgesetzes) von den Bezirksausschüssen oft lediglich nach Maßgabe der vorliegenden Gutachten und kommissarischen Erörterungen, welche die Unterlagen für die Entscheidung meist erschöpfend und zur unmittelbaren Beschlußfassung bereit liefern, festgestellt, so daß auch hier das Sach- und Rechtsverhältnis in der Mehrzahl der Fälle als klarliegend erachtet werden kann. Dasselbe gilt von der Vollziehung der Enteignung, welche nach § 32 des Enteignungsgesetzes regelmäßig von dem Vorsitzenden des Bezirksausschusses ausgesprochen werden darf, weil auch hier die Entscheidung ohne weiteres nach Lage der Akten getroffen werden kann. Da ferner die Zustimmung des Kollegiums zu diesen Entscheidungen im Gesetz nicht ausdrücklich als erforderlich bezeichnet ist, können die Vorsitzenden der Bezirksausschüsse namens derselben stets den Plan und die Entschädigung feststellen, sowie die Enteignung aussprechen, sofern es nicht im Einzelfalle tatsächlich an der Eilbedürftigkeit fehlt und zugleich das Sach- und Rechtsverhältnis nicht genügend geklärt sein sollte.

Um zu verhindern, daß wegen mißverständlicher Auffassung der den Beteiligten nach § 117 Abs. 3 des Gesetzes über die Allgemeine Landesverwaltung zu machenden Eröffnungen auf Beschlußfassung durch das Kollegium angetragen und infolgedessen das Verfahren noch mehr in die Länge gezogen wird, als wenn von dem § 117 kein Gebrauch gemacht worden wäre, empfiehlt es sich, bei Eisenbahnanlagen deren vorläufige und endgültige (§ 22) Feststellung ohnehin durch mich, den Minister der öffentlichen Arbeiten, erfolgt, sowie bei Kanalanlagen oder ähnlichen Bauten der Wasserbauverwaltung jene Eröffnungen durch bestimmte Bezeichnung des Rechtsmittels und den Hinweis, daß durch dessen Einlegung unmittelbar die endgültige Entscheidung herbeigeführt werden könne, zu erläutern. Demnach ist den Beteiligten im Planfeststellungsbescheide gemäß § 117 zu eröffnen, daß sie befugt seien, innerhalb zweier Wochen auf Beschlußfassung durch das Kollegium anzutragen oder zur unmittelbaren Herbeiführung der endgültigen Entscheidung statt dessen die Beschwerde an den Minister der öffentlichen Arbeiten einzulegen, welcher auch gegenüber dem Beschlusse des Kollegiums endgültig in der Sache zu entscheiden haben würde. In dem Bescheide zur Feststellung der Entschädigung ist den Beteiligten zu eröffnen, daß sie befugt seien, innerhalb zweier Wochen auf Beschlußfassung durch das Kollegium anzutragen oder zur unmittelbaren Herbeiführung der endgültigen Entscheidung statt dessen innerhalb sechs Monate nach Zustellung des Bescheides den Rechtsweg zu beschreiten.

Wenn auf die Beschlußfassung durch das Kollegium angetragen wird, obwohl die Eilbedürftigkeit nicht zweifelhaft ist, oder das Sach- und Rechtsverhältnis klarliegt, so ist nach Maßgabe der Nr. 5 und 8 dieses Erlasses zu verfahren.

In allen Fällen sind jedoch, damit nicht die Anwendung des § 117 des Gesetzes über die Allgemeine Landesverwaltung die Verlängerung des Enteignungsverfahrens zur Folge hat, diese Bescheide sobald als irgend tunlich zu erteilen, wozu bei geeigneter Regelung des Geschäftsganges die Sachkenntnis des mit der Bearbeitung der Enteignungsangelegenheiten beauftragten Dezernenten wesentlich beitragen wird.

8. Es wird den Regierungspräsidenten zur Pflicht gemacht, sofern nicht die Bestimmungen unter Nr. 7 dieses Erlasses Anwendung finden können, die Anberaumung der Sitzungen der Bezirksausschüsse zur Beratung von Enteignungsangelegenheiten in so kurzen Zwischenräumen zu veranlassen, als es dem Bedürfnisse tunlichster Beschleunigung der Enteignungsangelegenheiten entspricht.

9. Die vielfach übermäßig lange Dauer des Verfahrens zur Feststellung der Entschädigung ist zum Teil auf die nicht rechtzeitige Einreichnug der schriftlich zu erstattenden Gutachten und auch auf die Säumnis der Beteiligten bei den nach § 28 Abs. 2 des Enteignungsgesetzes abzugebenden Erklärungen zurückzuführen. Nach Maßgabe der unter Nr. 5 des Erlasses vom 4. Juni 1894, Abs. 5—7, getroffenen Bestimmungen ist in erster Linie auf die mündliche Abgabe des Gutachtens im Termine, wozu der Sachverständige sich ausreichend vorzubereiten hat, zu halten, wo aber dies ausnahmsweise nicht angängig sein sollte, eine angemessene Frist zur Einreichung des schriftlichen Gutachtens zu bestimmen, bei welcher die Eilbedürftigkeit der Sache nicht außer acht gelassen werden darf. Für die Einhaltung dieser Frist muß Sorge getragen werden. Wird die Frist, weil ein Sachverständiger an ihrer Einhaltung durch anderweite Inanspruchnahme behindert ist, oder aus sonstigen Gründen überschritten, so ist gegebenenfalls auf die angemessene Erweiterung des Kreises der zu ernennenden Sachverständigen sowie darauf Bedacht zu nehmen, daß säumige Sachverständige nicht wieder zu derartigen Schätzungen herangezogen werden. Hierauf haben auch die mit der Ausführung von staatlichen Unternehmungen beauftragten Behörden bei den von den Beteiligten zu bezeichnenden Sachverständigen zu berücksichtigen.

Sofern den Beteiligten die Gutachten nicht in den Schätzungsterminen zur Erklärung bekanntgegeben werden können, sind ihnen diese unter Anberaumung eines Termins, der nur ausnahmsweise an Ort und Stelle abgehalten sein wird, mit dem Eröffnen mitzuteilen, daß es ihnen überlassen bleibt, bis zum Termine sich schriftlich zu äußern, und daß, wenn sie im Termin nicht erscheinen, demnächst nach Lage der Akten entschieden werden wird.

10. In einfachen Fällen, wo der festzustellende Plan von geringerer Bedeutung und seine Einwirkung auf die Umgebung ohne weiteres zu übersehen ist, kann auch künftig von der Vornahme einer örtlichen landespolizeilichen Prüfung abgesehen werden, so daß die Frage, ob in landespolizeilicher Beziehung Bedenken gegen die vorläufige Planfeststellung (§ 15 des Enteignungsgesetzes) bestehen, von der Landespolizeibehörde geeignetenfalls nach schriftlicher Anhörung ihr nachgeordneter Behörden beantwortet werden kann. Solche Fälle liegen z. B. vor, wenn ein bereits festgestellter Plan eine geringfügige Ergänzung oder Änderung erfährt, welche sich nicht in der Form eines Berichtigungsbeschlusses bewerkstelligen läßt, oder nur Grund und Boden in ganz geringem Maße beansprucht werden soll und zugleich wesentliche Einsprüche von seiten der Beteiligten mit Bezug auf den Flächenbedarf oder auf Wege- oder Entwässerungsanlagen nicht zu erwarten sind. Vor Abstandnahme von der örtlichen Prüfung ist jedoch darauf zu achten, daß die bezeichneten Voraussetzungen zutreffen, damit nicht das eigentliche Enteignungsverfahren durch Erhebung umfangreicher Einwendungen belastet wird, welche bei der landespolizeilichen Prüfung an Ort und Stelle hätten ihre Erledigung finden können.

11. Entscheidungen, welche über die Unterhaltung der von dem Unternehmer nach § 14 des Enteignungsgesetzes herzustellenden Nebenanlagen beantragt werden, empfiehlt es sich, wenn dadurch, ohne die Entschädigungsfeststellung zu beeinträchtigen, eine Beschleunigung der Enteignung erreicht werden kann, bis nach Fertigstellung der Anlagen auszusetzen.

Anh. 26

Ausführungsbestimmungen

des PrMinisters für Handel und Gewerbe vom 28. August 1923, MBliV S. 1091, zum Gesetz über ein vereinfachtes Enteignungsverfahren vom 26. Juli 1922 (PrGS S. 211)

Einl.

Das G über ein vereinfachtes Enteignungsverfahren vom 26. 7. 1922 (GS S. 211) ist an die Stelle der VO vom 11. 9. 1914 i. d. Fass. der Bekanntmachung vom 31. 8. 1921 (GS S. 513) getreten. Der Zweck ist der gleiche geblieben: Dem Unternehmer soll die Möglichkeit gegeben werden, das Eigentum oder eine Beschränkung des Eigentums, die Entziehung eines Rechtes am Eigentum oder wenigstens den Besitz der für sein Unternehmen erforderlichen Grundstücke ohne Zeitverlust zu erlangen. Der Hauptunterschied zwischen dem Gesetz und der Verordnung besteht darin, daß der Unternehmer nicht mehr, wie bisher, schon vor Einleitung des Enteignungsverfahrens, also unmittelbar nach Verleihung des Enteignungsrechtes, in den Besitz des Grundstückes eingewiesen werden kann, das für das Unternehmen voraussichtlich gebraucht wird, sondern frühestens im Augenblick der Feststellung des Planes durch den Regierungspräsidenten. Diese Regelung läßt es geboten erscheinen, das Verfahren mindestens bis zur Besitzeinweisung mit besonderer Beschleunigung durchzuführen und alle nach diesem Gesetz und dem Enteignungsgesetz zu erledigenden Geschäfte als Sofortsachen zu behandeln. Wenn der Unternehmer vor der Planfeststellung vorbereitende Handlungen auf den zu enteignenden oder anderen Grundstücken vornehmen will, so bedarf er hierzu nicht der Besitzeinweisung. Es genügt ein entsprechender Antrag gemäß § 5 des Enteignungsgesetzes, der sowohl vor Verleihung des Enteignungsrechts als auch nach Einleitung des Planfeststellungsverfahrens gestellt werden kann. Er ist, wenn die Anordnung aus § 1 des G getroffen ist, an den Regierungspräsidenten, sonst an den Bezirksausschuß zu richten.

Die Geltungsdauer des Gesetzes ist zeitlich nicht begrenzt. Es stellt gleich der ihm vorangegangenen VO vom 11. 9. 1914 i. d. Fass. d. Bek. vom 31. 8. 1921 keine neuen Fälle der Enteignung auf, sondern schafft lediglich für bestimmte Enteignungsfälle ein besonderes vereinfachtes Verfahren. Das materielle Enteignungsrecht bleibt ausschließlich geregelt durch das G über die Enteignung von Grundeigentum vom 11. 6. 1874 (GS S. 221) und, soweit es sich um bergrechtliche Grundabtretung handelt, durch die §§ 135 ff. des Allgemeinen BergG vom 24. 6. 1865 (GS S. 705), letztere gegebenenfalls in Verbindung mit § 9c des MandatsG vom 22. 2. 1869 (GS S. 401) oder entsprechend den bergrechtlichen Bestimmungen. Hierbei ist zur Auslegung des § 54 Ziffer 2 des G vom 11. 6. 1874 zu beachten, daß dieses Gesetz in allen den Fällen keine

Anwendung findet, die durch die vorgenannten bergrechtlichen Grundabtretungsvorschriften geregelt sind, daß es jedoch überall da angewendet wird, wo bergrechtliche Enteignungsbestimmungen fehlen, z. B. bei Grundabtretungen zwecks Gewinnung von Haldenplätzen oder Erweiterung von Grubenbauten im Mandatsgebiet.
Im einzelnen bestimme ich zur Ausführung des Gesetzes folgendes:

Zu § 1

Die Anordnung des Staatsministeriums, daß die Vorschriften des G vom 26. 7. 1922 Anwendung finden sollen, kann für den Anwendungsbereich des EnteignG vom 11. 6. 1874 erst ergehen, wenn die Grundlage des ganzen Enteignungsverfahrens geschaffen, d. h. die Zulässigkeit der Enteignung gemäß §§ 1ff. des EnteignG ausgesprochen ist. Da hierfür in der Regel ebenfalls das Staatsministerium zuständig ist, steht nichts im Wege, mit dem Antrage auf Verleihung des Enteignungsrechts den Antrag auf Zulassung des vereinfachten Enteignungsverfahrens zur Durchführung dieses Rechts zu verbinden. Entsprechendes gilt für die bergrechtliche Zwangsgrundabtretung, bei der es einer Verleihung des unmittelbar auf dem Gesetz beruhenden Enteignungsrechts nicht bedarf. Die Voraussetzung für die Anwendung des Gesetzes ist die gleiche, wie im § 1 des EnteignG für die Zulässigkeit der Enteignung überhaupt. Das Enteignungsverfahren muß aus „Gründen des öffentlichen Wohls" einer besonderen Beschleunigung bedürfen. Als Beispiel sind genannt: Die Beseitigung oder Abwendung größerer Arbeitslosigkeit oder eines sonstigen Notstandes.
Wie ein Vergleich mit den entsprechenden bisherigen Bestimmungen ergibt, ist das Anwendungsgebiet des vereinfachten Enteignungsverfahrens durch das neue Gesetz eingeschränkt worden, da nach dem bisherigen Recht schon die Beschaffung von Arbeitsgelegenheit oder eine gewisse Bedeutung des betreffenden Unternehmens für die Volksversorgung im Verein mit sonstigen Gründen des öffentlichen Wohls die Zulassung des vereinfachten Enteignungsverfahrens rechtfertigte.

Zu § 2

Der Regierungspräsident ist befugt, sich bei Erlaß der nach dem Gesetz zu treffenden Entscheidungen vertreten zu lassen und insbesondere damit den mit der Führung der Verhandlungen betrauten Kommissar (§§ 20, 25 des EnteignG) zu beauftragen.

Zu § 3

Sobald der Antrag des Unternehmers auf Einleitung des Enteignungsverfahrens (Feststellung des Planes) eingeht (§ 18 des EnteigG), hat der Regierungspräsident den Plan gemäß § 15 des EnteignG mit größtmöglicher Beschleunigung festzustellen, soweit hierzu nicht nach den für die verschiedenen Arten der Unternehmungen bestehenden Gesetzen eine andere Behörde berufen ist (z. B. bei den Bauplänen der Reichsbahn der Reichsverkehrsminister) und die Offenlegung des Planes zu veranlassen (§ 19 des EnteignG).
In der Bekanntmachung über die Offenlegung des Planes ist der Termin zur Erörterung etwaiger Einwendungen (§ 20 des EnteignG) zu bestimmen. Er ist nicht über 14 Tage nach Ablauf der Offenlegungsfrist anzuberaumen.
Der Unternehmer ist während der Offenlegungsfrist berechtigt, die Einwendungen bei der Offenlegungsstelle in den Dienststunden entweder selbst oder durch einen Vertreter einzusehen und Abschriften der Einwendungen fertigen zu lassen. Nach dem Ablauf der Offenlegungsfrist kann er sie in gleicher Weise bei der Regierung einsehen. Macht er hiervon keinen Gebrauch, so kann der Regierungspräsident die Einwendungen in wichtigeren Fällen dem Unternehmer schriftlich mitteilen, wenn dadurch keine Verzögerung des Verfahrens eintritt. Im übrigen erfolgt die Bekanntgabe der Einwendungen an den Unternehmer im Verhandlungstermin.

Zu § 4

In allen Fällen, in denen die Festsetzung der Entschädigung zeitraubende Ermittlungen erfordert, die die Feststellung des Planes verzögern würden, ist von der in Abs. 1 Satz 2 zugelassenen Verbindung der drei Beschlüsse abzusehen und nur der Plan festzustellen, während die Feststellung der Entschädigung und der Ausspruch der Enteignung einem besonderen Beschlusse vorzubehalten sind. Die Entschädigungsfeststellung und der Ausspruch der Enteignung haben alsdann sofort nach Abschluß der unverzüglich durchzuführenden Ermittlungen zu erfolgen. Darüber hinaus empfiehlt es sich, vor Erlaß des Entschädigungsfeststellungs- und Enteignungsbeschlusses die Rechtskraft des Planfeststellungsbeschlusses abzuwarten, wenn der Umfang der Enteignung nicht bereits in dem Staatsministerialbeschluß über die Verleihung des Enteignungsrechts näher bestimmt ist und die Möglichkeit besteht, daß die in erster Instanz getroffene Entscheidung im Beschwerdeweg abgeändert und das Unternehmen auf andere Grundstücke verwiesen wird.

Zu § 5

Ob der Unternehmer die Entschädigung zu zahlen oder zu hinterlegen hat, ergibt sich aus den darüber bestehenden gesetzlichen Bestimmungen.
Das in § 33 des Enteignungsgesetzes vorgeschriebene Ersuchen an das Gericht um Eintragung der Rechtsänderung in das Grundbuch hat der Regierungspräsident erst abgehen zu lassen, wenn der Unternehmer die vollständige Zahlung oder Hinterlegung der festgestellten Entschädigungssumme nachgewiesen hat. Im Gegensatz zu § 32 des Enteignungsgesetzes ist der Ausspruch der Enteignung nicht davon abhängig, daß die Entschädigungssumme endgültig, d. h. rechtskräftig festgestellt ist; es genügt die Feststellung durch die Verwaltungsbehörde.

Zu § 6

Die Besitzeinweisung erfolgt nur auf Antrag des Unternehmers. Sie kann frühestens bei der Feststellung des Planes angeordnet werden. Ob und inwieweit sie erfolgen soll, hat der Regierungspräsident unter Berücksichtigung der Umstände des Einzelfalles zu entscheiden. Die Vorschrift des § 6 geht nicht dahin, daß der Regierungspräsident den Unternehmer in den Besitz einweisen muß, sondern daß er ihn einweisen kann. Er ist daher in der Lage, die Besitzeinweisung auf einzelne Grundstücke (Grundstücksteile) zu beschränken oder seiner Entscheidung Bedingungen hinzuzufügen, deren Erfüllung er im Interesse des Grundstückseigentümers oder anderer Beteiligter für erforderlich erachtet; insbesondere kann er die vorläufige Besitzeinweisung von der Hinterlegung einer ausreichenden, nötigenfalls nach Anhörung von Sachverständigen festzustellenden Sicherheit abhängig machen, die der dem Grundstückseigentümer oder sonstigen Beteiligten voraussichtlich zu gewährenden Entschädigung entspricht. Wenn die für das Unternehmen erforderlichen Grundstücksparzellen nicht bereits in dem Staatsministerialbeschluß über die Verleihung des Enteignungsrechts bezeichnet sind, wird es namentlich in zweifelhaften Fällen angezeigt sein, die Besitzeinweisung erst dann anzuordnen, wenn der Planfeststellungsbeschluß rechtskräftig geworden ist, da erst dann zweifelsfrei feststeht, ob das Unternehmen auf den im Plan angegebenen Grundstücken ausgeführt werden darf. Dadurch wird vermieden, daß der Unternehmer Anlagen herstellt, die im Falle der Aufhebung oder Änderung des Planfeststellungsbeschlusses wieder beseitigt oder geändert werden müssen.

Der Besitzeinweisung hat grundsätzlich eine örtliche Verhandlung mit den Beteiligten vorauszugehen (Besitzeinweisungstermin). Zu dem Termin sind der Unternehmer und die sonstigen Beteiligten zu laden; ihrer Anwesenheit im Termin bedarf es nicht.
Die in Satz 2 geregelte „Feststellung des Zustandes" ist der Vorschrift des § 35 des EnteignG nachgebildet und wird sich hauptsächlich auf „Gebäude und künstliche Anlagen" zu erstrecken haben. Bei bloß ackerwirtschaftlich bestellten Grundstücken ist eine solche Feststellung im allgemeinen entbehrlich, da ihr Zustand auch später leicht nachgewiesen werden kann. Ist die von den Beteiligten gewünschte Beweissicherung nicht sogleich im Besitzeinweisungstermin möglich, so ist die Beschlußfassung auszusetzen, sofern nicht durch geeignete Auflagen an den Unternehmer trotz der Inanspruchnahme des Grundstücks die Feststellung ermöglicht werden kann.

Durch die Einweisung in den Besitz erlangt der Unternehmer — ebenso wie im Falle der nach § 16 des EnteignG erfolgenden Überlassung des Besitzes — das Recht, über die Substanz des Grundstückes insoweit zu verfügen, als es zu den Zwecken des Unternehmens erforderlich ist (Bauerlaubnis).

Zu § 7

Durch die ausdrückliche Zulassung einer Besitzeinweisung durch die Kommissare des Oberbergamtes und des Regierungspräsidenten in § 7 Abs. 2 soll die in der bisherigen Praxis den Kommissaren regelmäßig von Fall zu Fall durch ihre Behörden erteilte Einweisungsbefugnis allgemein ausgesprochen werden. Es unterliegt hierbei jedoch keinem Zweifel, daß die genannten Behörden in Hinblick auf ihr dienstliches Verhältnis zu den Kommissaren und zumal auch ihnen die Befugnis zur Besitzeinweisung nach dem Gesetze zusteht (§ 7 Ziffer 1 in Verbindung mit § 6 Abs. 1) berechtigt sind, ihre Kommissare für das einzelne Enteignungsverfahren mit besonderen Weisungen zu versehen, die von den Kommissaren trotz der ihnen eingeräumten selbständigen Prüfung der Einweisungsvoraussetzungen zu befolgen sind.

Anh. 27

Gesetz betr. die Anlegung und Veränderung von Straßen und Plätzen in Städten und ländlichen Ortschaften

vom 2. Juli 1875 (PrGS S. 561) i. d. Fass. der Gesetze vom 1. August 1883 (PrGS S. 237) 28. März 1918 (PrGS S. 23) und der Verordnungen vom 3. September 1932 (PrGS S. 283) und 30. Januar 1939 (RGBl. I S. 106)

§ 1

(1) Für die Anlegung oder Veränderung von Straßen und Plätzen (auch Gartenanlagen, Spiel- und Erholungsplätzen) in Städten und ländlichen Ortschaften sind die Straßen- und Baufluchtlinien vom Gemeindevorstand im Einverständnisse mit der Gemeinde oder deren Vertretung dem öffentlichen Bedürfnis entsprechend unter Zustimmung der Ortspolizeibehörde festzusetzen.

(2) Die Ortspolizeibehörde kann die Festsetzung von Fluchtlinien verlangen, wenn die von ihr wahrzunehmenden polizeilichen Rücksichten oder ein hervorgetretenes Bedürfnis nach Klein- oder Mittelwohnungen die Festsetzung fordern; im letzteren Falle bedarf sie jedoch der Einverständniserklärung der Kommunalaufsichtsbehörde.

(3) Zu einer Straße im Sinne dieses Gesetzes gehört der Straßendamm und der Bürgersteig.

(4) Die Straßenfluchtlinien bilden regelmäßig zugleich die Baufluchtlinien, das heißt die Grenzen, über welche hinaus die Bebauung ausgeschlossen ist. Aus besonderen Gründen kann aber eine hinter die Straßenfluchtlinie zurückweichende Baufluchtlinie festgesetzt werden.

§ 2

(1) Die Festsetzung von Fluchtlinien (§ 1) kann für einzelne Straßen, Straßenteile und Plätze (auch Gartenanlagen, Spiel- und Erholungsplätze) oder, nach dem voraussichtlichen Bedürfnisse der näheren Zukunft, durch Aufstellung von Bebauungsplänen für größere Grundflächen erfolgen.

(2) Handelt es sich infolge von umfassenden Zerstörungen durch Brand oder andere Ereignisse um die Wiederbebauung ganzer Ortsteile, so ist die Gemeinde verpflichtet, schleunigst darüber zu beschließen, ob und inwiefern für den betreffenden Ortsteil ein neuer Bebauungsplan aufzustellen ist und eintretendenfalls die unverzügliche Feststellung des neuen Bebauungsplanes zu bewirken.

§ 3

(1) Bei Festsetzung der Fluchtlinien ist auf das Wohnbedürfnis sowie die Förderung des Verkehrs, der Feuersicherheit und der öffentlichen Gesundheit Bedacht zu nehmen, und darauf

zu halten, daß eine Verunstaltung der Straßen und Plätze sowie des Orts- und Landschaftsbildes nicht eintritt.

(2) Es ist deshalb für die Herstellung einer genügenden Breite der Straßen und einer guten Verbindung der neuen Bauanlagen mit den bereits bestehenden Sorge zu tragen.

(3) Im Interesse des Wohnungsbedürfnisses ist ferner darauf Bedacht zu nehmen, daß in ausgiebiger Zahl und Größe Plätze (auch Gartenanlagen, Spiel- und Erholungsplätze) vorhanden sind, daß die Möglichkeit gegeben ist, an geeigneter Stelle Kirchen- und Schulbauten zu errichten, daß für Wohnzwecke Baublöcke von angemessener Tiefe und Straßen von geringerer Breite entsprechend den verschiedenartigen Wohnungsbedürfnissen geschaffen werden und daß durch die Festsetzung Baugelände entsprechend dem Wohnungsbedürfnisse der Bebauung erschlossen wird.

§ 4

Jede Festsetzung von Fluchtlinien (§ 1) muß eine genaue Bezeichnung der davon betroffenen Grundstücke und Grundstücksteile und eine Bestimmung der Höhenlage, sowie der beabsichtigten Entwässerung der betreffenden Straßen und Plätze enthalten.

§ 5

(1) Die Zustimmung der Ortspolizeibehörde (§ 1) darf nur versagt werden, wenn die von ihr wahrzunehmenden polizeilichen Rücksichten oder ein hervorgetretenes Bedürfnis nach Klein- oder Mittelwohnungen (§ 3 Abs. 3) die Versagung fordern. Soweit die Zustimmung wegen eines hervorgetretenen Bedürfnisses nach Klein- und Mittelwohnungen versagt wird, bedarf es des Einverständnisses der Kommunalaufsichtsbehörde.

(2) Will sich der Gemeindevorstand bei der Versagung nicht beruhigen, so beschließt auf sein Ansuchen der Landrat.

(3) Derselbe beschließt auf Ansuchen der Ortspolizeibehörde über die Bedürfnisfrage, wenn der Gemeindevorstand die von der Ortspolizeibehörde verlangte Festsetzung (§ 1 Abs. 2) ablehnt. An Stelle des Landrats tritt in Stadtkreisen und den einem Landkreise angehörigen Städten von mehr als 10000 Einwohnern der Regierungspräsident, in Berlin der Polizeipräsident. Soweit ein solches Ansuchen auf ein hervorgetretenes Bedürfnis nach Klein- oder Mittelwohnungen gestützt wird, darf es nur im Einverständnisse mit der Kommunalaufsichtsbehörde ergehen.

§ 6

Betrifft der Plan der beabsichtigten Feststetzungen (§ 4) eine Festung oder fallen in denselben öffentliche Flüsse, Chausseen, Eisenbahnen oder Bahnhöfe, so hat die Ortspolizeibehörde dafür zu sorgen, daß den beteiligten Behörden rechtzeitig zur Wahrung ihrer Interessen Gelegenheit gegeben wird.

§ 7

(1) Nach erfolgter Zustimmung der Ortspolizeibehörde, beziehungsweise des Landrats (§ 5), hat der Gemeindevorstand den Plan zu jedermanns Einsicht offenzulegen. Wie letzteres geschehen soll, wird in der ortsüblichen Art mit dem Bemerken bekanntgemacht, daß Einwendungen gegen den Plan innerhalb einer bestimmt zu bezeichnenden präklusivischen Frist von mindestens vier Wochen bei dem Gemeindevorstande anzubringen sind.

(2) Handelt es sich um Festsetzungen, welche nur einzelne Grundstücke betreffen, so genügt statt der Offenlegung und Bekanntmachung eine Mitteilung an die beteiligten Grundeigentümer.

§ 8

Über die erhobenen Einwendungen (§ 7) hat, soweit dieselben nicht durch Verhandlung zwischen dem Gemeindevorstande und den Beschwerdeführern zur Erledigung kommen, der Landrat zu beschließen. An Stelle des Landrats tritt in Stadtkreisen und den einem Landkreise angehörigen Städten von mehr als 10000 Einwohnern der Regierungspräsident. Sind Einwendungen nicht erhoben oder ist über dieselben endgültig (§ 16) beschlossen, so hat der Gemeindevorstand den Plan förmlich festzustellen, zu jedermanns Einsicht offenzulegen und, wie dies geschehen soll, ortsüblich bekanntzumachen.

§ 9

(1) Sind bei Festsetzung von Fluchtlinien mehrere Ortschaften beteiligt, so hat eine Verhandlung darüber zwischen den betreffenden Gemeindevorständen stattzufinden.

(2) Über die Punkte, hinsichtlich deren eine Einigung nicht zu erzielen ist, beschließt der Landrat. An Stelle des Landrats tritt in Stadtkreisen und den einem Landkreise angehörigen Städten von mehr als 10000 Einwohnern der Regierungspräsident.

§ 10

Jede, sowohl vor als nach Erlaß dieses Gesetzes getroffene Festsetzung von Fluchtlinien kann nur nach Maßgabe der vorstehenden Bestimmungen aufgehoben oder abgeändert werden.

§ 11

Mit dem Tage, an welchem die im § 8 vorgeschriebene Offenlegung beginnt, tritt die Beschränkung des Grundeigentümers, daß Neubauten, Um- und Ausbauten über die Fluchtlinie hinaus versagt werden können, endgültig ein. Gleichzeitig erhält die Gemeinde das Recht, die durch die festgesetzten Straßenfluchtlinien für Straßen und Plätze (auch Gartenanlagen, Spiel- und Erholungsplätze) bestimmte Grundfläche dem Eigentümer zu entziehen.

§ 12

(1) Durch Ortsstatut kann festgestellt werden, daß an Straßen oder Straßenteilen, welche noch nicht gemäß den baupolizeilichen Bestimmungen des Orts für den öffentlichen Verkehr und den Anbau fertig hergestellt sind, Wohngebäude, die nach diesen Straßen einen Ausgang haben, nicht errichtet werden dürfen.

(2) Das Ortsstatut hat die näheren Bestimmungen innerhalb der Grenze vorstehender Vorschrift festzusetzen und bedarf der Bestätigung des Regierungspräsidenten, in Berlin des Ministers des Innern.

(3) Nach erfolgter Bestätigung ist das Statut in ortsüblicher Art bekanntzumachen.

(4) Von dem Verbote kann Dispens erteilt werden, falls ein Bedürfnis für Klein- oder Mittelwohnungen besteht, begründete Aussicht vorhanden ist, daß der Eigentümer diesem Bedürfnisse durch den Bau entsprechender, gesunder und zweckmäßig eingerichteter Wohnungen Rechnung trägt, und falls kein überwiegendes berechtigtes Gemeindeinteresse entgegensteht. Weist die Gemeinde nach, daß geeignete Maßnahmen ergriffen sind, um dem Bedürfnisse für Klein- oder Mittelwohnungen durch Errichtung von Häusern mit höchstens einem Obergeschoß über dem Erdgeschoß ausreichend Rechnung zu tragen, und ist die Gewähr gegeben, daß diese Maßnahmen auch zur Durchführung gelangen werden, so darf der Dispens zur Errichtung von Gebäuden mit mehr Stockwerken nicht erteilt werden.

(5) Ist durch Gemeindebeschluß bestimmt, daß erst nach Zahlung oder Sicherstellung der gemäß § 15 dieses Gesetzes oder gemäß § 9 des Kommunalabgabengesetzes v. 14. Juli 1893 (GS S. 152) von der Gemeinde festgesetzten Beiträge Wohngebäude errichtet werden dürfen, so darf der Dispens vor erfolgter Zahlung oder Sicherstellung nicht erteilt werden.

(6) Über die Erteilung des Dispenses beschließt im Streitfalle der Regierungspräsident.

(7) Unter den gleichen Voraussetzungen kann der Regierungspräsident beschließen, daß die Gemeinde, soweit sie eine öffentliche Wasserleitung, Ableitung der Schmutzwässer oder Beleuchtung als Gemeindeanstalt unterhält, den Eigentümern nach Maßgabe der allgemeinen örtlichen Bestimmungen die Benutzung dieser Anstalt gewährt.

§ 13

(1) Eine Entschädigung kann wegen der nach den Bestimmungen des § 12 eintretenden Beschränkung der Baufreiheit überhaupt nicht, und wegen Entziehung oder Beschränkung des von der Festsetzung neuer Fluchtlinien betroffenen Grundeigentums nur in folgenden Fällen gefordert werden:

1. wenn die zu Straßen und Plätzen (auch Gartenanlagen, Spiel- und Erholungsplätzen) bestimmten Grundflächen auf Verlangen der Gemeinde für die öffentliche Benutzung abgetreten werden;
2. wenn die Straßen- oder Baufluchtlinie vorhandene Gebäude trifft und das Grundstück bis zu der neuen Fluchtlinie von Gebäuden freigelegt wird;
3. wenn die Straßenfluchtlinie einer neu anzulegenden Straße ein unbebautes, aber zur Bebauung geeignetes Grundstück trifft, welches zur Zeit der Feststellung dieser Fluchtlinie an einer bereits bestehenden und für den öffentlichen Verkehr und den Anbau fertig gestellten anderen Straße belegen ist, und die Bebauung in der Fluchtlinie der neuen Straße erfolgt.

(2) Die Entschädigung wird in allen Fällen wegen der zu Straßen und Plätzen (auch Gartenanlagen, Spiel- und Erholungsplätzen) bestimmten Grundfläche für Entziehung des Grundeigentums gewährt. Außerdem wird in denjenigen Fällen der Nr. 2, in welchen es sich um eine Beschränkung des Grundeigentums infolge der Festsetzung einer von der Straßenfluchtlinie verschiedenen Baufluchtlinie handelt, für die Beschränkung des bebaut gewesenen Teiles des Grundeigentums (§ 12 des Gesetzes über Enteignung von Grundeigentum v. 11. Juni 1874) Entschädigung gewährt.

(3) In allen oben gedachten Fällen kann der Eigentümer die Übernahme des ganzen Grundstücks verlangen, wenn dasselbe durch die Fluchtlinie entweder ganz oder soweit in Anspruch genommen wird, daß das Restgrundstück nach den baupolizeilichen Vorschriften des Ortes nicht mehr zur Bebauung geeignet ist.

(4) Bei den Vorschriften dieses Paragraphen ist unter der Bezeichnung Grundstück jeder im Zusammenhang stehende Grundbesitz des nämlichen Eigentümers begriffen.

§ 13a

(1) Mit dem Zeitpunkt, an dem für eine Straße, einen Straßenteil oder Platz die Fluchtlinien förmlich festgestellt sind, erhält die Gemeinde das Recht, ein an die Fluchtlinie der Straße, des Straßenteils oder des Platzes angrenzendes Grundstück, soweit es nach den baupolizeilichen Vorschriften des Ortes nicht zur Bebauung geeignet ist, dem Eigentümer gegen Entschädigung zu entziehen. Bei Straßen, Straßenteilen oder Plätzen, für die Fluchtlinien nicht förmlich festgestellt sind, entsteht das Recht der Gemeinde mit dem Zeitpunkt, an dem die Straße, der Straßenteil oder der Platz gemäß den baupolizeilichen Vorschriften des Ortes für den öffentlichen Verkehr und für den Anbau fertig hergestellt ist. Will die Gemeinde dieses Recht ausüben, so hat sie dies unter genauer Bezeichnung der zu enteignenden Fläche dem Eigentümer mitzuteilen mit dem Hinweise, daß Einwendungen gegen die Entziehung binnen einer Ausschlußfrist von vier Wochen bei dem Gemeindevorstand anzubringen sind. Über Einwendungen beschließen die im § 8 dieses Gesetzes und im § 146 des Gesetzes über die Zuständigkeit der Verwaltungs- und Verwaltungsgerichtsbehörden v. 1. August 1883 (GS S. 237) berufenen Behörden.

(2) Sind die nach Abs. 1 entzogenen Grundflächen weder zusammen noch in Verbindung mit anderen der Gemeinde gehörigen Grundstücken zur Bebauung geeignet, so ist die Gemeinde verpflichtet, die entzogenen Grundflächen den Eigentümern der angrenzenden Grundstücke auf ihr Verlangen gegen Erstattung der Aufwendungen nebst Zinsen zu übereignen. Sie hat, wenn mehrere Grundstücke angrenzen und eine Vereinbarung mit den Eigentümern nicht erzielt wird, einen Plan für die zweckmäßige Zuteilung der entzogenen Grundflächen sowie eine Kostenverteilung aufzustellen. Der Plan und die Kostenverteilung sind zur Einsicht der Beteiligten offenzulegen. Die Offenlegung ist ortsüblich bekanntzumachen mit dem Hinweise,

daß Einwendungen binnen einer Ausschlußfrist von vier Wochen seit dem Tage der Bekanntmachung bei dem Gemeindevorstand anzubringen sind. Den aus dem Grundbuch ersichtlichen Eigentümern ist, soweit tunlich, besondere Mitteilung zu machen. Über die Einwendungen beschließen die im Abs. 1 bezeichneten Behörden.

(3) Die im Abs. 2 Satz 1 der Gemeinde auferlegte Verpflichtung erlischt gegenüber denjenigen Eigentümern, welche sich nicht binnen drei Monaten seit Aufforderung der Gemeinde zur Übernahme der Grundfläche verpflichten.

(4) Der § 13 Abs. 4 findet bei den Vorschriften dieses Paragraphen gleichfalls Anwendung.

(5) Die vorstehenden Bestimmungen finden auch Anwendung, wenn für eine Straße, einen Straßenteil oder Platz vor Inkrafttreten dieser Vorschrift die Fluchtlinien förmlich festgestellt sind.

(6) Das gleiche gilt, wenn bei Straßen, Straßenteilen oder Plätzen, für die Fluchtlinien nicht förmlich festgestellt sind, die Straße, der Straßenteil oder der Platz vor Inkrafttreten dieser Vorschrift gemäß den baupolizeilichen Vorschriften des Ortes für den öffentlichen Verkehr und den Ausbau fertig hergestellt ist.

§ 14

(1) Für die Feststellung der nach § 13 und § 13a Abs. 1 zu gewährenden Entschädigungen und die Vollziehung der Enteignung kommen die §§ 24ff. des Gesetzes über Enteignung von Grundeigentum v. 11. Juni 1874 zur Anwendung.

(2) Streitigkeiten über Fälligkeit des Anspruchs auf Entschädigung gehören zur gerichtlichen Entscheidung.

(3) Die Entschädigungen sind, soweit nicht ein aus besonderen Rechtstiteln Verpflichteter dafür aufzukommen hat, von der Gemeinde aufzubringen, innerhalb deren Bezirk das betreffende Grundstück belegen ist.

§ 14a

Das Gesetz betreffend die Umlegung von Grundstücken in Frankfurt a. M. v. 28. Juli 1902 (GS S. 273) und das Gesetz wegen Abänderung des § 13 des vorbenannten Gesetzes v. 8. Juli 1907 (GS S. 259) können für den Bezirk einer Gemeinde durch Ortsstatut eingeführt werden. Das Ortsstatut bedarf der Bestätigung durch den Regierungspräsidenten.

§ 15

(1) Durch Ortsstatut kann festgesetzt werden, daß bei der Anlegung einer neuen oder bei der Verlängerung einer schon bestehenden Straße, wenn solche zur Bebauung bestimmt ist, sowie bei dem Anbau an schon vorhandenen bisher unbebauten Straßen und Straßenteilen von dem Unternehmer der neuen Anlage oder von den angrenzenden Eigentümern — von letzteren sobald sie Gebäude an der neuen Straße errichten — die Freilegung, erste Einrichtung, Entwässerung und Beleuchtungsvorrichtung der Straße in der dem Bedürfnisse entsprechenden Weise beschafft, sowie deren zeitweise, höchstens jedoch fünfjährige Unterhaltung, bzw. ein verhältnismäßiger Betrag oder der Ersatz der zu allen diesen Maßnahmen erforderlichen Kosten geleistet werde. Zu diesen Verpflichtungen können die angrenzenden Eigentümer nicht mehr als die Hälfte der Straßenbreite, und wenn die Straße breiter als 26 m ist, nicht für mehr als 13 m der Straßenbreite herangezogen werden.

(2) Bei Berechnung der Kosten sind die Kosten der gesamten Straßenanlage und bzw. deren Unterhaltung zusammenzurechnen und den Eigentümern nach Verhältnis der Länge ihrer, die Straße berührenden Grenze zur Last zu legen.

(3) Wird die Straßengrenze eines Grundstücks, dessen Eigentümer zu Straßenkosten herangezogen ist, später dadurch verlängert, daß mit dem Grundstück eine Grundfläche wirtschaftlich vereinigt wird, für welche die Straßenkosten noch nicht bezahlt sind, so sind dem Eigentümer die auf die Verlängerung entfallenden Straßenkosten nachträglich zur Last zu legen.

(4) Das Ortsstatut hat die näheren Bestimmungen innerhalb der Grenze vorstehender Vorschrift festzusetzen. Bezüglich seiner Bestätigung, Anfechtbarkeit und Bekanntmachung gelten die im § 12 gegebenen Vorschriften.

§ 15a

(1) Durch Ortsstatut kann bestimmt werden, daß die im vorstehenden Paragraphen und im § 9 des Kommunalabgabengesetzes v. 14. Juli 1893 (GS S. 152) geregelten Beiträge sowie die im § 6 daselbst bezeichneten Gebühren für Gebäude an Straßen, die ihrer Lage und Ausstattung nach für Wohnungen der Minderbemittelten besonders geeignet erscheinen und für den Ausbau mit Häusern mit höchstens einem Obergeschoß über dem Erdgeschosse bestimmt sind (Kleinwohnungsstraßen), ganz oder teilweise erlassen oder gestundet werden können, sofern die Gebäude hauptsächlich für Wohnungen der bezeichneten Art oder für gemeinnützige Einrichtungen zugunsten der Minderbemittelten (Kinderfürsorge, Fortbildung, Erholung und dergleichen) bestimmt sind. Wird die Zweckbestimmung der Gebäude später geändert, so können von dem jeweiligen Eigentümer des Grundstücks die Beiträge und Gebühren nachträglich verlangt werden, soweit sie erlassen oder noch gestundet sind.

(2) Das Ortsstatut kann hinsichtlich der Straßen, der Gebäude und der Wohnungen die Voraussetzungen näher festsetzen, unter denen die Vergünstigung eintritt.

§§ 16—18 (aufgehoben)

§ 19

(1) Alle den Bestimmungen dieses Gesetzes entgegenstehenden allgemeinen und besonderen gesetzlichen Vorschriften werden hierdurch aufgehoben.

(2) Alle Bestimmungen der im Verwaltungswege erlassenen Bauordnungen, sonstigen polizeilichen Anordnungen und Ortsstatuten, welche mit den Vorschriften dieses Gesetzes in Widerspruch stehen, treten außer Kraft.

§ 20

Der Arbeitsminister wird mit der Ausführung dieses Gesetzes beauftragt.

Anh. 28

Gesetz über die Zuständigkeit der Verwaltungs- und Verwaltungsgerichtsbehörden

vom 1. August 1883 (PrGS S. 237)

Auszug

XXII. Titel. Enteignungssachen

§ 150

(1) Die Befugnisse und Obliegenheiten, welche in dem Gesetze v. 11. 6. 1874 über die Enteignung von Grundeigentum (GS S. 221) den Bezirksregierungen (Landdrosteien) beigelegt worden sind, werden in den Fällen der §§ 15, 18—20, 24 und 27 von dem Regierungspräsidenten, in den Fällen der §§ 3, 4, 5, 14, 21, 29, 32—35 und 53 Abs. 2 von dem Bezirksausschusse im Beschlußverfahren, in dem Stadtkreise Berlin von der ersten Abteilung des Polizeipräsidiums, wahrgenommen.

(2) . . . .

(3) Gegen die in erster Instanz gefaßten Beschlüsse des Bezirksausschusses bzw. der ersten Abteilung des Polizeipräsidiums findet, soweit nicht der ordentliche Rechtsweg zulässig ist, innerhalb zwei Wochen die Beschwerde an den Minister für Handel und Gewerbe statt.

(4) Bei der für die Erhebung der Beschwerde in § 34 des Gesetzes v. 11. Juni 1874 bestimmten Frist von 3 Tagen behält es sein Bewenden.

§ 151

(1) Die nach § 53 Abs. 1 des Gesetzes v. 11. Juni 1874 dem Landrate (in Hannover der betreffenden Obrigkeit) zugewiesene Entscheidung ist durch Beschluß des Kreis- (Stadt-)ausschusses zu treffen.

(2) Der § 56 des gedachten Gesetzes tritt außer Kraft.

§ 152

Soweit nach den für Enteignungen im Interesse der Landeskultur in § 54 Nr. 1 des Gesetzes v. 11. Juni 1874 aufrecht erhaltenen Gesetzen, in Verbindung mit dem Gesetze über die allgemeine Landesverwaltung v. 30. Juli 1883, der Regierungspräsident über die Enteignung Entscheidung zu treffen haben würde, beschließt der Bezirksausschuß, jedoch — unbeschadet der Vorschriften im § 97 des gegenwärtigen Gesetzes — mit Ausnahme der Enteignungen für die Zwecke von Deichen, welche einem Deichverbande angehören, und für die Zwecke der Sielanstalten in den Verbandsbezirken.

NW Anh. 29

Gesetz über Maßnahmen zum Aufbau in den Gemeinden (Aufbaugesetz)

vom 29. April 1950 (GVBl. NW S. 78) i. d. Fass. d. G v. 29. April 1952 (GVBl. NW S. 75)

Auszug

§ 5 Aufstellung des Leitplanes

(1) Für den Aufbau hat die Gemeinde einen Leitplan aufzustellen. Der Leitplan muß mit den Zielen der Landesplanung übereinstimmen und ist insoweit im Einvernehmen mit der Bezirksplanungsstelle aufzustellen.

(2) Sollen nur einzelne Aufbaumaßnahmen durchgeführt werden, die der beabsichtigten städtebaulichen Gesamtentwicklung der Gemeinde nicht entgegenstehen, so ist die vorherige Aufstellung eines Leitplanes nicht erforderlich.

§ 10 Durchführungsplan

(1) Der Aufbau erfolgt auf Grund von Durchführungsplänen nach Maßgabe des Leitplanes, unbeschadet des § 5 Abs. 2. Die Durchführungspläne werden von der Gemeinde jeweils für die Teile des Gebietes aufgestellt, in denen der Aufbau in näherer Zukunft mit Rücksicht auf die zu erwartende Entwicklung des Gebietes durchgeführt werden soll.

(2) Der Durchführungsplan stellt unter Kennzeichnung der Flächen öffentlicher und privater Nutzung dar:

a) die Aufteilung des Plangebietes in Grünflächen, Verkehrsflächen und Bauflächen,
b) die Verkehrseinrichtungen, die Hauptversorgungs- und Entwässerungsleitungen,
c) die Nutzungsart und den Nutzungsgrad der Bauflächen,
d) die Bebauung der einzelnen Baugrundstücke nach Fläche und Höhe und die Aufgliederung der Baumassen.

Der Durchführungsplan kann sich auf einzelne dieser Darstellungen beschränken.
Die Grenzlinien derjenigen Verkehrsflächen und Grünflächen, die dem Gemeinbedarf als öffentliche Anlagen dienen, sind Fluchtlinien im Sinne des Gesetzes betr. die Anlegung und Veränderung von Straßen und Plätzen in Städten und ländlichen Ortschaften v. 2. Juli 1875 (Gesetzessamml. S. 561) in der Fassung des Wohnungsgesetzes v. 28. März 1918 (Gesetzessamml. S. 23). Durchführungspläne, die Fluchtlinien vorsehen, müssen eine genaue Bezeichnung der von den Fluchtlinien betroffenen Grundstücke und Grundstücksteile und eine Bestimmung der Höhenlage sowie der beabsichtigten Entwässerung der betreffenden öffentlichen Anlage enthalten.

(3) Der Durchführungsplan besteht aus zeichnerischen Darstellungen im Maßstab von 1:2000 bis 1:500 und Erläuterungen hierzu. In den Erläuterungen ist insbesondere darzulegen, welche

Maßnahmen zur Durchführung des Planes, namentlich zur Ordnung des Grund und Bodens zu treffen sind, und in welcher zeitlichen Reihenfolge die Maßnahmen der Gemeinde durchgeführt werden sollen.

§ 11. Verfahren bei Aufstellung des Durchführungsplanes

(1) Der Durchführungsplan ist von der Gemeinde vier Wochen lang öffentlich auszulegen. Zeit und Ort der Auslegung sind rechtzeitig ortsüblich bekanntzumachen. Die Gemeinde verständigt die Aufsichtsbehörde vor Beginn der Auslegung vor der Bekanntmachung. Die Aufsichtsbehörde veranlaßt die rechtzeitige Aufnahme eines Hinweises auf diese Bekanntmachung in das Amtsblatt der zuständigen höheren Verwaltungsbehörde. Wenn die Festsetzung des Durchführungsplanes nur einzelne Grundstücke betreffen, so genügt statt der Auslegung und Bekanntmachung eine Mitteilung an die betroffenen Grundeigentümer. Gegen die im Durchführungsplan vorgesehene Festsetzung von Fluchtlinien können die Betroffenen während der Auslegung, wenn keine Auslegung erfolgt ist, binnen eines Monats nach Empfang der Mitteilung schriftlich oder zur Niederschrift Einwendungen erheben. Über die Einwendungen entscheidet die Gemeinde.

(2) Nach endgültiger Entscheidung über die Einwendungen ist von der höheren Verwaltungsbehörde zu bestätigen, ob der Durchführungsplan mit den Zielen des Leitplanes übereinstimmt. Durchführungspläne nach § 5 Abs. 2 bedürfen der Genehmigung der höheren Verwaltungsbehörde. Die Bestätigung oder die Genehmigung gilt als erteilt, wenn sie nicht binnen eines Monats unter Angabe von Gründen abgelehnt wird. Die höhere Verwaltungsbehörde kann diese Frist um einen weiteren Monat verlängern. Sobald die Bestätigung oder die Genehmigung erteilt ist, stellt die Gemeinde den Durchführungsplan förmlich fest. Die Feststellung ist ortsüblich bekanntzumachen.

(3) Die Zuständigkeit aus §§ 5, 6, 7 und 9 des Gesetzes über die einstweilige Neuregelung des Straßenwesens und der Straßenverwaltung v. 26. März 1934 (RGBl. I S. 243) bleibt unberührt.

§ 12 Wirkung des Durchführungsplanes

(1) Die Feststellung des Durchführungsplanes hat folgende Wirkung:
- a) Dem Durchführungsplan engegenstehende Pläne der Gemeinde sind aufgehoben.
- b) Alle Bauvorhaben und Änderungen an vorhandenen baulichen Alnagen müssen dem Durchführungsplan entsprechen. § 3 Abs. 3 Satz 2 findet Anwendung. Ausnahmen sind zu gestatten, soweit es sich um bauliche Maßnahmen handelt, die ausschließlich der notwendigen Erhaltung der baulichen Anlagen dienen. Sie können auch sonst gestattet werden, wenn der Grundeigentümer für den Fall des Widerrufs auf Ersatzansprüche verzichtet und die Gemeinde hierfür sichert.
- c) Vorhandene öffentliche Wege, die im Durchführungsplan nicht mehr als solche ausgewiesen sind, gelten als aufgehoben und eingezogen.

(2) Eine Wertsteigerung, die durch eine dem Durchführungsplan widersprechende oder gemäß Abs. 1 b Satz 4 widerruflich genehmigte Änderung der Nutzungsart des Bodens verursacht ist, wird bei der Bewertung und Berechnung der Entschädigung im Umlegungs-, Zusammenlegungs-, Grundstücksneuordnungs- und Enteignungsverfahren nicht berücksichtigt.

§ 13 Änderungen und Ergänzungen

Die Gemeinde kann den Durchführungsplan ändern oder ergänzen, wenn die Entwicklung dies erfordert. Die Aufsichtsbehörde kann eine Änderung oder Ergänzung verlangen, wenn dies im Interesse überörtlicher Belange geboten ist. § 11 gilt entsprechend.

Teil III. Ordnung des Grund und Bodens

§ 14 Verfahren, Rechtsmittel

Die Gemeinde hat, soweit es zur Verwirklichung des Durchführungsplanes erforderlich ist,
- a) einen Grenzausgleich anzuordnen (§ 15),
- b) Grundflächen des Gemeinbedarfs in ihr Eigentum zu überführen (§ 16),

c) Grundstücke umzulegen (§§ 17—34),
d) Grundstücke zusammenzulegen (§§ 35—42),
e) Grundstücke neu zu ordnen (§ 43),
f) Grundeigentum zu enteignen oder zu beschränken (§§ 44—47).

§ 16 Grundflächen des Gemeinbedarfs

(1) Der Grundeigentümer hat unbebaute Grundstücke oder Grundstückteile oder unbebaute Teile bebauter Grundstücke, die im Durchführungsplan für den Gemeinbedarf als öffentliche Straßen, Plätze und Erholungsflächen ausgewiesen sind, an die Gemeinde oder, soweit dies zweckmäßig ist, an den sonstigen Träger der Wegebaulast abzutreten.

(2) Die Abtretung erfolgt gegen Entschädigung gemäß § 46. Wertsteigerungen, die das Grundstück durch die Aussicht auf die Durchführung des Aufbaues erfährt, sind auf die Entschädigung anzurechnen. Zum Ausgleich für eine solche Wertsteigerung ist der Grundeigentümer auf Anfordern der Gemeinde verpflichtet, in überwiegend bebauten oder bebaut gewesenen Ortsteilen bis zu 10 v. H., in überwiegend unbebauten Ortsteilen bis zu 35 v. H. der gesamten Fläche seines Grundstücks lastenfrei an die Gemeinde oder, soweit dies zweckmäßig ist, an den sonstigen Träger der Wegebaulast abzutreten.

(3) Die Gemeinde darf die abgetretenen Flächen nur für den bezeichneten Gemeinbedarf verwenden. Die Einbeziehung in eine Umlegung ist zulässig. Der Wert der als Ausgleich für die Wertsteigerung nach Abs. 2 abgetretenen Fläche ist dem Eigentümer bei der Heranziehung zu Beiträgen für die Herstellung der öffentlichen Straßen, Plätze und Erholungsflächen anzurechnen. Unentgeltliche Abtretungen, die der Grundeigentümer für den Gemeinbedarf seit dem 1. Januar 1924 aus dem Grundstück geleistet hat, sind zu berücksichtigen.

(4) Mit der Rechtskraft der Anordnung geht das Eigentum an den Grundflächen auf die Berechtigten nach Abs. 1 über. § 15 Abs. 3 und 5 finden Anwendung.

(5) Wird ein Grundstück für den Gemeinbedarf soweit in Anspruch genommen, daß das Restgrundstück nach den Bauvorschriften nicht mehr nutzbringend bebaut werden kann, so kann der Grundeigentümer verlangen, daß die Gemeinde das Restgrundstück gegen Entschädigung nach Maßgabe des § 46 übernimmt.

Abschnitt VI. Enteignung

§ 44 Enteignungsvorschriften

Auf die Entziehung und Beschränkung von Grundeigentum (Enteignung) nach diesem Gesetz finden die geltenden Vorschriften nach Maßgabe der §§ 45 —47 Anwendung, soweit das Gesetz nichts Abweichendes bestimmt. Ist ein förmliches Enteignungsverfahren erforderlich, so sind die Vorschriften des Gesetzes über ein vereinfachtes Enteignungsverfahren v. 26. Juli 1922 (GS S. 211) mit der gleichen Maßgabe anzuwenden. Die Verleihung des Enteignungsrechts erfolgt durch den Minister für Wiederaufbau. Enteignungsbehörde ist die höhere Verwaltungsbehörde. Als vorläufiger Plan gilt der förmlich festgestellte Durchführungsplan.

§ 45 Zulässigkeit der Enteignung

(1) Soweit es zum Wohl der Allgemeinheit erforderlich ist, ist es auf Grund eines festgestellten Durchführungsplanes aus besonderen städtebaulichen Gründen auch zulässig, im Wege der Enteignung

a) das für Wohnungen sowie gewerbliche Räume und Anlagen erforderliche Land zu beschaffen,
b) Eigentum an Grundstücken zu entziehen, die hinter Baumasken oder zwischen für die Bebauung bestimmten Grundstücken liegen, sofern sie lediglich wegen ihrer Größe, Lage oder Gestalt nicht bebaubar sind,
c) anzuordnen, daß Grundstücke ganz oder teilweise von baulichen Anlagen oder von Anpflanzungen freigehalten oder freigelegt werden,
d) anzuordnen, daß bauliche Anlagen zu ändern oder zu beseitigen sind,

e) zu untersagen, daß zerstörte oder beschädigte bauliche Anlagen oder Betriebsanlagen wiederaufgebaut oder wiederhergestellt werden.

(2) Die Enteignung kann zugunsten der Gemeinde oder eines Dritten erfolgen, der die Aufbaumaßnahmen durchführen soll. Kann der Grundeigentümer infolge einer Maßnahme nach Abs. 1 c bis e das Grundstück nicht mehr nutzbringend verwerten, so kann er von dem Enteignungsunternehmer die Übernahme des Grundstücks gegen Entschädigung gemäß § 46 verlangen.

§ 46 Enteignungsverfahren, Entschädigung

(1) Die Enteignung erfolgt gegen Entschädigung

(2) Die Entschädigung ist unter gerechter Abwägung der Interessen der Allgemeinheit und der Beteiligten zu bestimmen. Vorbehaltlich der Vorschriften des Abs. 3 ist der Berechnung der Entschädigung dabei der Einheitswert im Zeitpunkt der Planfeststellung (§ 21 des Gesetzes über Enteignung von Grundeigentum v. 11. Juni 1874 — GS S. 221 —) zugrunde zu legen. Bei Grundstücken, die als land- oder forstwirtschaftliches Vermögen im Sinne des Reichsbewertungsgesetzes v. 16. Oktober 1934 (RGBl. I S. 1035) bewertet sind, ist das Fünfundzwanzigfache des nachhaltigen jährlichen Reinertrages (§ 31 des Reichsbewertungsgesetzes) zugrunde zu legen. Liegt der Einheitswert erheblich unter dem gemeinen Wert, so ist ein angemessener Zuschlag zu gewähren. Der gemeine Wert darf nicht überschritten werden.

(3) In den Fällen des § 45 Abs. 1 a, soweit es sich nicht um Maßnahmen für den sozialen Wohnungsbau handelt, und des § 51 ist der Berechnung der Entschädigung der gemeine Wert zugrunde zu legen.

(4) Verwendet der Enteignungsunternehmer Grundstücke, die er gegen Entschädigung nach Abs. 2 erworben hat, innerhalb von fünf Jahren nach Durchführung der Enteignung für Zwecke, für welche die Enteignung nach Abs. 3 nur gegen Entschädigung auf der Grundlage des gemeinen Wertes zulässig wäre, so hat der Enteignete Anspruch auf Auszahlung des Betrages, der sich aus dem Unterschied zwischen der nach Abs. 2 berechneten und gezahlten Entschädigung und der Entschädigung ergibt, die nach den Grundsätzen des Abs. 3 zu zahlen gewesen wäre.

(5) Eine Entschädigung ist nicht zu gewähren:

a) für Wertsteigerungen, die durch die Planung oder die Durchführung des Aufbaues oder durch die Aussichten hierauf nach dem 8. Mai 1945 entstanden sind,

b) für Bauwerke, die entgegen dem Leitplan oder dem Durchführungsplan nach deren Festsetzung errichtet sind,

c) für Bauwerke, deren entschädigungsloser Abbruch nach dem jeweils geltenden Recht gefordert werden kann.

(6) Die Entschädigung ist in der Regel in einem Geldbetrag zu leisten. Sie kann auch ganz oder teilweise in Land oder wiederkehrenden Leistungen gewährt werden, wenn diese Art der Entschädigung unter gerechter Abwägung der Interessen der Allgemeinheit und der Beteiligten billig ist. Unter der gleichen Voraussetzung muß die Entschädigung in Land gewährt werden, wenn von der Enteignung ein land- oder forstwirtschaftlicher Betrieb betroffen ist und der Eigentümer dies beantragt.

(7) Zur Bereitstellung des erforderlichen Ersatzlandes kann die Enteignungsbehörde nach Maßgabe der vorstehenden Bestimmungen Grundeigentum im Gemeindegebiet enteignen, wenn der Gemeinde selbst kein geeignetes Ersatzgrundstück zur Verfügung steht und sie Ersatzland freihändig zu angemessenem Preise nicht beschaffen kann. Dieses gilt auch für die Beschaffung von Land zwecks Abfindung gemäß § 24, e.

(8) Verwendet der Enteignungsunternehmer das Grundstück nicht innerhalb von drei Jahren zu Zwecken, für welche eine Enteignung zulässig ist, so kann der Enteignete die kostenfreie Rückübertragung des Grundstücks gegen Rückerstattung der Enteignungsentschädigung verlangen. Die Frist kann auf Antrag des Enteignungsunternehmers durch den Minister für Wiederaufbau um zwei Jahre verlängert werden.

(9) Im Falle des § 45 Abs. 1b findet § 13a Abs. 2 und 3 des Gesetzes betr. die Anlegung und Veränderung von Straßen und Plätzen in Städten und ländlichen Ortschaften v. 2. 7. 1875 (GS S. 561) in der Fassung des Wohnungsgesetzes v. 28. 3. 1918 (GS S. 23) entsprechend Anwendung.

§ 47 Entschädigungsausschuß

(1) Die Entschädigung wird durch einen bei der Enteignungsbehörde gebildeten Entschädigungsausschuß ermittelt und durch die Enteignungsbehörde festgestellt.

(2) Der Entschädigungsausschuß setzt sich zusammen aus dem Vorsitzenden, der zum Richteramt oder höheren Verwaltungsdienst befähigt sein muß und zwei Beisitzern, die über Erfahrungen in der Grundstücksbewertung verfügen sollen. Die Mitglieder des Entschädigungsausschusses werden von der Enteignungsbehörde auf die Dauer von drei Jahren bestellt. Einer der Beisitzer ist aus dem Kreis derjenigen Personen zu wählen, die nicht im Bezirk der Enteignungsbehörde tätig sind. Von den Mitgliedern des Entschädigungsausschusses darf nur eins der Enteignungsbehörde angehören.

(3) Der Beschluß ist zu begründen und der Enteignungsbehörde mitzuteilen. Diese ist bei der Festsetzung der Entschädigung an den Beschluß gebunden.

Teil IV. Ordnung der Bebauung

Abschnitt I. Standortbestimmung

§ 48 Standortbestimmung

Eine Baugenehmigung kann versagt werden, wenn der Standort für ein Bauvorhaben den öffentlichen Interessen widerspricht und dem Bauherrn im Gebiet eines festgestellten Durchführungsplanes ein seinen Bedürfnissen angemessenes Grundstück angeboten wird, dessen Übernahme ihm wirtschaftlich zumutbar ist.

Abschnitt II. Baugebote

§ 49 Anordnung von Baumaßnahmen

Die Gemeinde kann entsprechend dem Durchführungsplan anordnen, daß der Grundeigentümer folgende bauliche Maßnahmen durchführt, soweit diese nach denselben Grundsätzen gefördert werden wie gleichwertige andere Bauvorhaben und ihre tragbare Finanzierung gewährleistet ist;

a) Instandsetzung baulicher Anlagen, die durch Kriegsgeschehnisse, Brand oder Naturereignisse beschädigt sind,
b) die Neuschaffung von Wohnräumen durch Um- oder Ausbau von vorhandenen Gebäuden,
c) Wiederaufbau zerstörter oder beschädigter baulicher Anlagen,
d) Schließung von Baulücken,
e) Bebauung unbebauter Grundstücke.

§ 50 Bauausführung durch die Gemeinde

(1) Kommt der Grundeigentümer der Anordnung zur Instandsetzung oder zum Um- oder Ausbau (§ 49, a und b) nicht fristgemäß nach, so kann die Gemeinde die Maßnahmen selbst durchführen oder durch einen Dritten durchführen lassen. Der Grundeigentümer hat der Gemeinde die dadurch entstandenen Kosten zu erstatten. Der Grundeigentümer kann sich von der Baupflicht dadurch befreien, daß er der Gemeinde oder einem von ihr benannten Dritten ein bindendes Angebot zur Übertragung des Eigentums an seinem Grundstück zu angemessenem Preise macht.

(2) Der Erstattungsbetrag ist eine öffentliche Last im Sinne des gemeindlichen Abgaberechts mit dem Range nach den bestehenden öffentlichen Lasten. Er ist auf Antrag des Grundeigentümers in der Art zu stunden, daß er als Rente zu entrichten ist. Die Rente ist der Ertrags-

fähigkeit des Grundstücks anzupassen. Im übrigen finden die Vorschriften des Gesetzes über die Zahlung und Sicherung von Anliegerbeiträgen v. 30. 9. 1936 (RGBl. I S. 854) entsprechende Anwendung.

§ 51 Enteignungsbefugnisse

Kommt der Grundeigentümer der Anordnung zur Errichtung von Gebäuden (§ 49, c bis e) nicht fristgemäß nach und kann das Grundstück entsprechend dem Durchführungsplan durch einen Dritten oder die Gemeinde selbst bebaut werden, so kann der Minister für Wiederaufbau die Gemeinde zur Enteignung des Grundstücks ermächtigen.

§ 56 Überleitungsbestimmungen

(1) Vorbehaltlich der Vorschriften des Abs. 2 und Abs. 3 treten außer Kraft:

a) § 14a des preußischen Gesetzes betr. die Anlegung und Veränderung von Straßen und Plätzen in Städten und ländlichen Ortschaften v. 2. 7. 1875 (GS S. 561) und auf dieser Grundlage erlassene Ortsstatute,

b) die Verordnungen über Neuordnungsmaßnahmen zur Beseitigung von Kriegsfolgen v. 2. 12. 1940 (RGBl. I S. 1575), die Verordnung zur Ergänzung der Verordnung über Neuordnungsmaßnahmen zur Beseitigung von Kriegsfolgen v. 14. 7. 1942 (RGBl. I S. 426), die Verordnung über vorläufige Neuordnungsmaßnahmen v. 29. 5. 1947 (GVBl. NRW S. 110), die Verordnung über Umlegungsbehörden v. 18. 10. 1947 (GVBl. NRW 1948 S. 61) sowie die Verordnung zur Durchführung der Verordnung über Umlegungsbehörden v. 30. 11. 1949 (GVBl. NRW S. 311).

(2) Soweit es sich nicht um die Festsetzung von Fluchtlinien gemäß §§ 16, 17, 21 des Gesetzes betr. Verbandsordnung für den Siedlungsverband Ruhrkohlenbezirk v. 5. Mai 1920 (Gesetzsamml. S. 286) handelt, bleiben für die von einem Leitplan umfaßten Gebiete ferner die §§ 1 bis 10 des Preuß. Gesetzes betr. die Anlegung und Veränderung von Straßen und Plätzen in Städten und ländlichen Ortschaften v. 2. Juli 1875 (Gesetzessamml. S. 561) in der Fassung des Wohnungsgesetzes v. 28. März 1918 (Gesetzsamml. S. 23) außer Anwendung; für die übrigen Gebiete bestimmt dies der Minister für Wiederaufbau.

(3) Soweit in einer Gemeinde im Zeitpunkt des Inkrafttretens dieses Gesetzes auf Grund der in Abs. 1 und Abs. 2 genannten Vorschriften bereits Verfahren eingeleitet sind, bestimmt der Minister für Wiederaufbau den Zeitpunkt des Außerkrafttretens dieser Vorschriften. Eingeleitete Verfahren können vom Minister für Wiederaufbau nach näheren von ihm zu erlassenden Vorschriften auf dieses Gesetz übergeleitet werden.

Nds. Anh. 30

Gesetz zur Durchführung der Ortsplanung und des Aufbaues in den Gemeinden (Aufbaugesetz)

vom 9. März 1949 (GVBl. Nds. S. 107) i. d. Fass. d. G vom 17. Mai 1955 (GVBl. Nds. S. 195)

Auszug

§ 5 Aufstellung des Flächennutzungsplanes

(1) Die Gemeinde hat, auch wenn sie nur einen Teil ihres Gebietes zum Aufbaugebiet erklärt, unverzüglich einen Flächennutzungsplan für das gesamte Gemeindegebiet aufzustellen.

(2) Die höhere Verwaltungsbehörde kann zur Aufstellung des Flächennutzungsplanes eine angemessene Frist bestimmen. Sie kann auch im Einvernehmen mit der verpflichteten Stelle anordnen, daß der Flächennutzungsplan für kreisangehörige Gemeinden, abweichend von der Vorschrift im § 2 Abs. 3, durch eine andere von ihr bestimmte Stelle aufgestellt wird.

(3) Ist für eine Mehrzahl der Gemeinden die Aufstellung eines gemeinschaftlichen Flächennutzungsplanes zweckmäßig, so können diese Gemeinden sich zu einem Planungsverband zusammenschließen oder von der höheren Verwaltungsbehörde zu einem Zweckverband nach den Vorschriften des Zweckverbandgesetzes v. 7. 6. 1939 (Reichsgesetzbl. I S. 979) zusammengeschlossen werden.

§ 10 Aufstellung und Inhalt des Durchführungsplanes

(1) Der Aufbau erfolgt auf Grund eines Durchführungsplanes. Dieser wird von der Gemeinde unter Zugrundelegung des Flächennutzungsplanes durch Satzung jeweils für den Teil des Aufbaugebietes aufgestellt, in dem der Aufbau in den nächsten Jahren durchgeführt werden soll.

(2) Im Durchführungsplan sind darzustellen:
a) die Nutzungsart und der Nutzungsgrad der Baugrundstücke,
b) die Bebauung der einzelnen Grundstücke nach Lage, Fläche und Höhe und die Fluchtlinien,
c) die Einzelheiten für die Anlage der Grünflächen, der Verkehrseinrichtungen, der Versorgungsleitungen und der Anlagen zur Verwertung und Beseitigung der Abwässer.

(3) In den Erläuterungen zum Durchführungsplan ist darzulegen, welche Maßnahmen zu seiner Durchführung gemäß den Abschnitten III und IV zu treffen sind. Diese Erläuterungen müssen insbesondere die betroffenen Grundstücke und Grundstücksteile nach Lage und Bezeichnung ersichtlich machen sowie die beabsichtigten Maßnahmen eindeutig beschreiben. Die Erläuterungen haben auch eine Aufstellung der der Gemeinde voraussichtlich erwachsenden Kosten zu enthalten.

§ 11 Offenlegung und Genehmigung des Durchführungsplanes

(1) Der Durchführungsplan ist in der Gemeinde einen Monat lang offenzulegen. Zeit und Ort der Offenlegung sind in ortsüblicher Weise mit dem Hinweis bekanntzumachen, daß gegen den Plan nur während der Offenlegung Einwendungen erhoben werden können. Die betroffenen Grundeigentümer (§ 10 Abs. 3) oder ihre bestellten Vertreter sollen von der erfolgten Auslegung schriftlich benachrichtigt werden: auf Antrag ist ihnen auf ihre Kosten eine Abschrift des Durchführungsplans nebst Erläuterungen auszuhändigen. Über die Einwendungen beschließt die Gemeinde. Werden Einwendungen von Grundeigentümern erhoben, deren Eigentum nach den §§ 47 und 48 beschränkt oder entzogen werden soll, so hat der Entscheidung eine öffentliche Verhandlung voranzugehen, die auf Antrag eines Beteiligten an Ort und Stelle stattzufinden hat.

(2) Der Durchführungsplan bedarf der Genehmigung der höheren Verwaltungsbehörde. Die Gemeinde legt den Durchführungsplan binnen einem Monat nach Abschluß der Offenlegung mit den erhobenen Einwendungen, denen sie nicht stattgegeben hat, nebst ihrem Beschluß der höheren Verwaltungsbehörde vor. Diese kann die Genehmigung unter Auflagen erteilen oder Teile des Durchführungsplanes vorab genehmigen. Die Genehmigung gilt als erteilt, wenn sie nicht binnen zwei Monaten unter Angabe von Gründen abgelehnt ist. Nach Eingang der Genehmigung stellt die Gemeinde den Plan förmlich fest. Die Feststellung ist in ortsüblicher Weise bekanntzumachen.

§ 12 Wirkung des Durchführungsplanes

(1) Die Feststellung des Durchführungsplanes hat folgende Wirkung:
a) Entgegenstehende Pläne gelten als aufgehoben.
b) Alle Bauvorhaben müssen dem Durchführungsplan entsprechen.
c) An vorhandenen Bauten dürfen bauliche Maßnahmen, die im Widerspruch zum Durchführungsplan stehen, nicht getroffen werden. Aus wichtigen Gründen können sie widerruflich zugelassen werden, wenn der Grundeigentümer für den Fall des Widerrufs auf Entschädigungsansprüche verzichtet und die Gemeinde hierfür sichert.
d) Öffentliche Wege, die im Durchführungsplan nicht mehr als solche ausgewiesen sind, gelten als aufgehoben und eingezogen.
e) Die Vorschriften in den Abschnitten III und IV können angewendet werden.

(2) Die Wirkungen der Erklärung zum Aufbaugebiet (§ 4) treten mit der Durchführung des Durchführungsplanes außer Kraft. Die Gemeinde stellt diesen Zeitpunkt fest und macht ihn öffentlich bekannt.

Abschnitt III. Ordnung des Grund und Bodens

§ 15 Verfahrensarten

Die Gemeinde hat, soweit es zur Verwirklicheung eines Durchführungsplanes erforderlich ist,
a) einen Grenzausgleich anzuordnen (§ 16),
b) Grundflächen des Gemeindebedarfs in ihr Eigentum zu überführen (§ 17),
c) Grundstücke umzulegen (§§ 18—37),
d) Grundstücke zusammenzulegen (§§ 38—46),
e) Grundeigentum zu entziehen oder zu beschränken (§§ 47—49).

5. Entziehung und Beschränkung von Grundeigentum

§ 47 Enteignungsvorschriften

(1) Für die Entziehung und die Beschränkung von Grundeigentum (Enteignung) finden die geltenden Vorschriften nach Maßgabe der §§ 48 und 49 Anwendung.

(2) Über die bestehenden Vorschriften hinaus ist die Enteignung aus besonderen städtebaulichen Gründen auch zur Bereitstellung von Land für den Bau von gewerblichen Räumen und von Wohnräumen zulässig, wenn dies im Durchführungsplan vorgesehen ist.

§ 48 Verfahrensgrundsätze

(1) Die Genehmigung des Durchführungsplanes (§ 11 und § 14) gilt als Feststellung der Zulässigkeit der Enteignung.

(2) Die Enteignung kann zugunsten der Gemeinde oder eines Dritten erfolgen, der die Aufbaumaßnahme durchführen soll.

(3) Soweit die höhere Verwaltungsbehörde Enteignungsbehörde ist, kann sie mit Zustimmung des Ministers des Innern ihre Befugnisse auf den Stadt- oder Landkreis übertragen.

§ 49 Entschädigung

(1) Die Enteignung erfolgt gegen angemessene Entschädigung. Eine Entschädigung ist nicht zu gewähren
a) für Bauwerke, die ohne vorgeschriebene behördliche Genehmigung errichtet sind,
b) für Wertsteigerungen, die durch die Aussicht auf die Durchführung des Aufbaues entstanden sind.

(2) Die Entschädigung kann in geeigneten Fällen ganz oder teilweise auch in Land (bebauten oder unbebauten Grundstücken) oder in wiederkehrenden Leistungen gewährt werden, wenn diese Art der Entschädigung unter Abwägung der Belange des Entschädigungsberechtigten und des Entschädigungspflichtigen billig ist.

(3) Aufgabe der Gemeinde ist es, für Austausch- und Ersatzland Vorsorge zu treffen. Ist kein Land dieser Art zur Verfügung und kann es freihändig zu angemessenem Preise nicht beschafft werden, so kann die Enteignungsbehörde Grundeigentum im Gemeindegebiet entziehen. Das gleiche gilt für die Beschaffung von Ersatzland gemäß § 25 Abs. 2. Die Entziehung ist nicht zulässig, wenn dem öffentlichen Interesse überwiegende persönliche Belange entgegenstehen.

Abschnitt IV. Ordnung der Bebauung

1. Gleichzeitige Bebauung

§ 50 Bebauung durch den Grundeigentümer

(1) Die Gemeinde kann anordnen, daß zusammenhängende Teile des Gebietes eines Durchführungsplanes gleichzeitig bebaut werden,
a) um durch technische oder organisatorische Maßnahmen eine wirtschaftliche Baudurchführung zu erreichen, oder
b) um eine einheitliche Baugestaltung zu erzielen.

(2) Die Anordnung ist nur zulässig, wenn die erforderlichen Straßen und Versorgungsleitungen hergestellt sind oder ihre Herstellung zum Zeitpunkt der Fertigstellung der Bauten sichergestellt ist. Das angeordnete Bauvorhaben ist nach denselben Grundsätzen wie gleichartige andere Bauvorhaben zu fördern.

(3) Die Anordnung ist den beteiligten Grundeigentümern mit der Auflage zuzustellen, der Gemeinde binnen einer angemessenen Frist anzuzeigen, welche Vorkehrungen sie getroffen haben, um die gleichzeitige Bebauung durchzuführen.

§ 52 Anordnung von Baumaßnahmen

(1) Die Gemeinde kann anordnen, daß der Grundeigentümer innerhalb angemessener Frist
a) Gebäude instandsetzt, die verfallen oder durch Kriegsgeschehnisse, Brand oder Naturereignisse beschädigt sind,
b) an Stelle zerstörter Gebäude neue Gebäude errichtet,
c) Baulücken schließt,
d) unbebaute Grundstücke bebaut.

(2) Die Vorschrift im § 50 Abs. 2 findet entsprechende Anwendung.

§ 53 Bauausführung durch die Gemeinde

(1) Kommt der Grundeigentümer der Anordnung zur Instandsetzung (§ 52 Abs. 1 Buchst. a) nicht fristgemäß nach, so kann die Gemeinde die Maßnahme selbst durchführen oder durch einen Dritten durchführen lassen. Der Grundeigentümer hat der Gemeinde die dadurch entstandenen Kosten zu erstatten, soweit sie notwendig waren.

(2) Ist die Errichtung neuer Gebäude angeordnet (§ 52 Abs. 1 Buchst. b bis d), so kann der Grundeigentümer verlangen, daß die Gemeinde die Maßnahme durchführt oder durch einen Dritten durchführen läßt, wenn die Errichtung neuer Gebäude für ihn nach seinen wirtschaftlichen Verhältnissen nicht tragbar ist. Die Vorschrift in Abs. 1 Satz 2 findet entsprechende Anwendung.

(3) Der Erstattungsbetrag ist eine öffentliche Last im Sinne des gemeindlichen Abgabenrechts mit dem Range nach den bestehenden öffentlichen Lasten. Wenn die wirtschaftlichen Verhältnisse des Grundeigentümers es erfordern, so muß der Erstattungsbetrag auf Antrag in der Art gestundet werden, daß er als Rente zu entrichten ist. Die Vorschriften des Gesetzes über die Zahlung und Sicherung von Anliegerbeiträgen v. 30. 9. 1936 (Reichsgesetzbl. I S. 854) finden entsprechende Anwendung. Die Rente ist in Höhe des Betrages festzusetzen, den der Grundeigentümer als Entgelt für die Überlassung der erstellten Räume nach Abzug der anteiligen Kosten für die Bewirtschaftung des Grundstücks erzielt oder erzielen kann. Die Rente ist solange zu erheben, bis die Kosten für die Maßnahme gedeckt sind.

§ 54 Enteignungsbefugnis

(1) Kommt der Grundeigentümer der Anordnung zur Errichtung neuer Gebäude (§ 52 Abs. 1 Buchst. b bis d) nicht fristgemäß nach und verlangt er auch nicht die Bauausführung durch die Gemeinde oder einen Dritten nach § 53 Abs. 2, so kann die Gemeinde die Enteignung des Grundstücks im Verfahren nach den §§ 47—49 beantragen.

(2) Der Enteignete kann von dem Erwerber die kostenfreie Rückübertragung des Grundstücks gegen Rückerstattung der Enteignungsentschädigung durch Klage im ordentlichen Rechtsweg verlangen, wenn der Erwerber mit der Errichtung des Gebäudes nicht innerhalb der gleichen Frist nach dem Eigentumsübergang begonnen hat, die dem Enteigneten nach § 52 Abs. 1 gesetzt war.

3. Bauverbote

§ 55

Die Genehmigung eines Bauvorhabens außerhalb des Gebietes eines Durchführungsplanes kann über die geltenden Bauordnungs- und Baulenkungsvorschriften hinaus versagt werden, wenn es im öffentlichen Interesse geboten ist, mit den verfügbaren Arbeitskräften und Baustoffen zunächst vordringliche Bauvorhaben im Gebiet eines Durchführungsplanes durchzuführen.

4. Sondermaßnahmen

§ 56 Freihaltung und Freilegung von Grundstücken

(1) Die Gemeinde kann anordnen, daß ein Grundstück von Bauwerken oder Teilen eines Bauwerks freigehalten oder freigelegt wird, wenn dies nach dem Durchführungsplan aus überwiegenden Gründen des öffentlichen Wohls, insbesondere aus Gründen des Verkehrs, erforderlich ist, z. B. für die Herstellung von Durchfahrten, Laubengängen, Über- oder Unterführungen, oder für die Verlegung von Versorgungs- und Abwässerleitungen.

(2) Dem Betroffenen ist angemessene Entschädigung zu gewähren. Die Vorschrift im § 17 Abs. 2 Satz 3 findet entsprechende Anwendung.

§ 57 Verlagerung eines Gewerbebetriebes

(1) Die Gemeinde kann anordnen, daß ein gewerblicher Betrieb nicht oder nicht in der Art auf dem bisherigen Grundstück weitergeführt wird, wenn dies nach dem Durchführungsplan erforderlich ist und die Betriebsanlage (Gebäude oder andere wesentliche Bestandteile des Betriebsgrundstücks) so weitgehend beschädigt ist, daß für eine Wiederaufnahme des Betriebes im früheren Umfange erhebliche bauliche Maßnahmen erforderlich wären.

(2) Den Betroffenen ist angemessene Entschädigung zu gewähren. Ein Anspruch auf Entschädigung besteht nicht, wenn der Betrieb im Widerspruch zu den gesetzlichen Bestimmungen errichtet worden ist oder betrieben wird. Die Vorschrift im § 17 Abs. 2 Satz 3 findet entsprechende Anwendung.

(3) Errichtet der Betroffene seinen Betrieb der Planung gemäß auf einem anderen Grundstück wieder, so hat ihm die Gemeinde hierbei behilflich zu sein.

Abschnitt V. Schlußvorschriften

§ 58 Entschädigungsansprüche

(1) Maßnahmen, die auf Grund dieses Gesetzes getroffen werden, begründen einen Anspruch auf Entschädigung nur insoweit, als diese ausdrücklich vorgesehen ist.

(2) Ansprüche auf Gewährung von Entschädigungen für Kriegssachschäden werden durch dieses Gesetz nicht berührt.

Hess. Anh. 31

Gesetz über den Aufbau der Städte und Dörfer des Landes Hessen (Aufbaugesetz)

vom 25. Oktober 1948 (GVBl. Hess. S. 139) geändert d. G vom 15. Januar 1949 (GVBl. Hess. S. 9) und G vom 23. November 1949 (GVBl. Hess. S. 164)

Auszug

§ 2 Arten der Bauleitpläne

(1) Die Grundlagen für die Ordnung der Bebauung bilden die Bauleitpläne.

(2) Bauleitpläne im Sinne dieses Gesetzes sind:
1. der Flächennutzungsplan,
2. der Generalbebauungsplan,
3. der Baugebietsplan,
4. der Fluchtlinienplan,
5. der Bebauungsplan.

§ 8 Aufstellung, Beschlußfassung und Rechtskraft der Bauleitpläne

(1) Der Gemeindevorstand, für kreisangehörige Gemeinden der Kreisausschuß, hat die Bauleitpläne aufzustellen. Bei kreisangehörigen Gemeinden unter 5000 Einwohnern kann der Kreisausschuß von Amts wegen oder auf Antrag von der Aufstellung eines Generalbebauungsplanes und eines Baugebietsplanes absehen. In diesem Falle muß der Flächennutzungsplan

die Bestandteile des Generalbebauungsplanes und des Baugebietsplanes enthalten. Die Fluchtlinienpläne und die Bebauungspläne sind dem öffentlichen Bedürfnis entsprechend auf Grund der Bauleitpläne des § 2 Absatz 2 Ziffern 1 bis 3 unter Zugrundelegung der katasterlichen Unterlagen aufzustellen. Für die Anlegung und Veränderung von öffentlichen Straßen, Plätzen und Erholungsflächen ist die Festsetzung von Straßenfluchtlinien, für die Bebauung von Grundstücken außer den Straßenfluchtlinien die Festsetzung von Baufluchtlinien erforderlich. Bei der Aufstellung von Fluchtlinienplänen ist den Behörden, deren Interessen berührt werden, rechtzeitig Gelegenheit zur Wahrung ihrer Belange zu geben.

(2) Bis zum 30. Juni 1950 können im Bedarfsfalle die Bauleitpläne des § 2 Absatz 2 Ziffern 1 bis 3 in einer vorläufigen Darstellung, die sich auch auf einen Teil des Gemeindegebietes beschränken kann, aufgestellt werden.

(3) Die Gemeindevertretung, für kreisangehörige Gemeinden der Kreistag, beschließt die Bauleitpläne.

(4) Die Bauleitpläne des § 2 Absatz 2 Ziffern 1 bis 3 sind der oberen Aufsichtsbehörde nach Beschlußfassung vorzulegen. Sie werden rechtswirksam, wenn nicht binnen zwei Monaten nach Vorlegung eine Beanstandung erfolgt. Die Aufsichtsbehörden sollen zur Prüfung der Pläne die beteiligten Behörden heranziehen.

(5) Der Fluchtlinienplan ist nach Beschlußfassung gemäß Absatz 3 offenzulegen und die Offenlegung in ortsüblicher Weise öffentlich bekanntzumachen. Die Offenlegung hat die Wirkung, daß Neubauten, Um- und Ausbauten über die Baufluchtlinie hinaus untersagt sind. Mit der Offenlegung ist der Hinweis zu verbinden, daß Einwendungen innerhalb einer zu bezeichnenden Frist von mindestens zwei Wochen schriftlich beim Gemeindevorstand bzw. Kreisausschuß zu erheben sind. Handelt es sich um Festsetzung, die nur einzelne Grundstücke betreffen, so genügt statt der Offenlegung und Bekanntmachung eine Mitteilung an die beteiligten Grundstückseigentümer. Über Einwendungen gegen den Fluchtlinienplan entscheidet die Gemeindevertretung, in kreisangehörigen Gemeinden der Kreistag. Wird einer Einwendung stattgegeben, so ist gleichzeitig zu beschließen, ob unter Berücksichtigung der stattgegebenen Einwendung der vorgelegte Fluchtlinienplan förmlich festzustellen oder ein neues Fluchtlinienverfahren einzuleiten ist. Sind Einwendungen innerhalb der festgesetzten Frist nicht erhoben oder sind die Einwendungen zurückgewiesen, so stellt der Gemeindevorstand bzw. Kreisausschuß den Fluchtlinienplan förmlich fest. Dieser wird hierdurch rechtswirksam. Der Gemeindevorstand bzw. Kreisausschuß hat den rechtswirksamen Fluchtlinienplan offenzulegen und die Offenlegung in ortsüblicher Weise öffentlich bekanntzumachen. Im Einzelfalle kann der Gemeindevorstand bzw. Kreisausschuß die Bebauung über eine förmlich festgestellte, hinter die Straßenfluchtlinie zurückweichende Baufluchtlinie hinaus ausnahmsweise zulassen. Mit der Rechtswirksamkeit erhält die Gemeinde, in kreisangehörigen Gemeinden der Landkreis, das Recht, die durch die festgesetzten Fluchtlinien für öffentliche Straßen, Plätze und Erholungsflächen bestimmte Grundfläche dem Eigentümer zu entziehen. Dieses Verfahren richtet sich nach § 11.

(6) Im Falle der Einziehung oder Verlegung öffentlicher Wege findet ein nach den bisherigen Landesgesetzen vorgeschriebenes besonderes Verfahren nicht statt. Das Vorhaben ist zugleich mit der Offenlegung des Fluchtlinienplanes zu veröffentlichen. Für Einsprüche gegen das Vorhaben gelten die vorstehenden Vorschriften über Einwendungen gegen den Fluchtlinienplan.

(7) Der Bebauungsplan wird nach förmlicher Feststellung der Straßen- und Baufluchtlinien durch Beschluß der Gemeindevertretung bzw. des Kreistages rechtswirksam. Der Gemeindevorstand bzw. Kreisausschuß hat sodann den Bebauungsplan offenzulegen und die Offenlegung in ortsüblicher Weise öffentlich bekanntzumachen.

(8) Für die Änderung von Bauleitplänen ist dasselbe Verfahren wie für die Aufstellung anzuwenden.

2. Eigentumsentziehung im Fluchtlinienverfahren

§ 11

(1) Das Recht auf Entziehung von Grundstücken, die durch die festgesetzten Fluchtlinien für öffentliche Straßen, Plätze und Erholungsflächen bestimmt sind (§ 8 Absatz 5 Satz 12), wird durch Beschluß des Gemeindevorstandes bzw. Kreisausschusses ausgeübt. Der Beschluß hat die Größe und genaue Bezeichnung der Grundfläche, die Angabe über den Anteil der gemäß Absätze 2 und 4 festgesetzten unentgeltlichen Entziehung sowie die Höhe einer Entschädigung oder eines Ausgleichsbetrages zu enthalten und ist dem betroffenen Grundstückseigentümer zuzustellen. Hinsichtlich der Rechtswirkungen des Beschlusses findet § 20 dieses Gesetzes entsprechende Anwendung; der Beschluß wird insoweit mit der Zustellung oder zu dem im Beschluß bestimmten späteren Zeitpunkt rechtswirksam. Gegen die Festsetzung der Entschädigung und des Ausgleichsbetrages steht dem betroffenen Grundstückseigentümer das Recht des Einspruchs zu. § 39 Absatz 1 und 2 und § 40 des Gesetzes über die Verwaltungsgerichtsbarkeit vom 31. Oktober 1946 (GVBl. S. 194) finden Anwendung. Das weitere Verfahren bestimmt sich nach § 43 des Aufbaugesetzes.

(2) Darüber, welcher Teil des Grundstücks dem Eigentümer für öffentliche Straßen und Plätze als Gegenleistung für die Aufschließung unentgeltlich und lastenfrei entzogen wird, beschließt die Gemeindevertretung bzw. der Kreistag. Dabei ist von der durch den Gemeindevorstand bzw. Kreisausschuß bestimmten Fläche des aufzuschließenden Grundstücks auszugehen. Der Höchstsatz der unentgeltlichen Entziehung beträgt 35 v. H. dieser Fläche. Die darüber hinausgehende Entziehung ist angemessen zu entschädigen.

(3) Sind öffentliche Straßen und Plätze zum Anbau nicht bestimmt, so hat die Gemeinde das benötigte Gelände in vollem Umfang angemessen zu entschädigen.

(4) War ein Gebiet der Bebauung bereits erschlossen und wurde Land zur Anlegung von öffentlichen Straßen, Plätzen und Erholungsflächen nach den bisherigen Vorschriften entgeltlich oder unentgeltlich bereits abgetreten oder war beitragsfreier Anbau zulässig, so darf als Gegenleistung für den erlangten Vorteil eine unentgeltliche und lastenfreie Entziehung für öffentliche Straßen und Plätze nur bis auf 10 v. H. der Grundstücksfläche festgesetzt werden, wenn öffentliche Straßen und Plätze neu anzulegen oder zu verlegen oder zu erweitern sind. Die darüber hinausgehende Entziehung hat die Gemeinde angemessen zu entschädigen.

(5) Soweit einem angrenzenden Grundstückseigentümer nach Absatz 2 und 4 unentgeltlich und lastenfrei Grundeigentum für öffentliche Straßen und Plätze nicht entzogen wird, ist von ihm ein entsprechender Ausgleich in Geld zu leisten. Die Verpflichtung zum Geldausgleich ist eine öffentliche Last im Sinne des öffentlichen Abgabenrechts und wird mit der Freilegung der Straße oder des Platzes fällig.

3. Enteignung

§ 12 Zulässigkeit der Enteignung

(1) Soweit es das öffentliche Interesse erfordert, kann Grundeigentum gegen angemessene Entschädigung enteignet werden:

1. zur Beschaffung von Klein- und Mittelwohnungen, Kleinsiedlungen, gewerblichen Anlagen, Kleingärten, die bebaut werden sollen, und Dauerkleingärten, nach Maßgabe der Bauleitpläne,
2. zur Bebauung und Wiederbebauung unbebauter oder bebauter Grundstücke, die nach den ortsbaurechtlichen Vorschriften wegen ihres geringen Flächeninhalts für sich allein nicht bebaubar sind (Kleingrundstücke), soweit sie in einem von förmlich festgestellten Fluchtlinien umschlossenen Baublock liegen,
3. zur Errichtung öffentlicher oder sonstiger dem Gemeinwohl dienender Bauten oder Anlagen,
4. gemäß § 49 in den Fällen, in denen Grundstückseigentümer ihrer Baupflicht nicht nachkommen,
5. zur Beschaffung von Austauschland, das auf Grund einer nach § 42 Absatz 2 zu leistenden Entschädigung benötigt wird.

(2) Die Enteignung umfaßt die Entziehung oder Beschränkung von Grundeigentum — insbesondere durch Bestellung von Erbbaurechten — oder Rechten an Grundeigentum sowie die Aufhebung oder Beschränkung von Miet- oder Pachtverträgen. Miet- und Pachtschutzbestimmungen finden insoweit keine Anwendung.

(3) Der Enteignete kann den Rückerwerb des Grundstücks oder eines gemäß Absatz 2 entzogenen Rechts gegen Erstattung der erhaltenen Entschädigung verlangen, wenn der Enteignungsbegünstigte in den Fällen des Absatz 1 Ziffer 1 und 3 innerhalb von fünf Jahren nach rechtskräftiger Enteignung das Grundstück dem bei der Enteignung angegebenen oder in den Ziffern 1 und 3 genannten Zweck nicht zuführt. Das gleiche Recht steht dem gemäß Absatz 1 Ziffer 5 Enteigneten zu, wenn die Gemeinde das Grundstück nicht innerhalb eines Jahres nach rechtskräftiger Enteignung zu dem in Absatz 1 Ziffer 5 vorgesehenen Zweck verwendet.

§ 13 Enteignungsbegünstigte

Die Enteignung wird zugunsten der Gemeinde ausgesprochen. Sie kann auch zugunsten einer sonstigen Körperschaft des öffentlichen Rechts, eines gemeinnützigen Wohnungsunternehmens oder zugunsten einer juristischen Person, an der die Gemeinde oder eine sonstige Körperschaft des öffentlichen Rechts maßgebend beteiligt ist, ausgesprochen werden. Die Enteignung zugunsten anderer als der im Satz 2 Genannten ist nur im öffentlichen Interesse auf Grund eines Beschlusses der Gemeindevertretung bzw. des Kreistages zulässig.

§ 14 Einleitung des Enteignungsverfahrens

Auf Verlangen der Gemeindevertretung, bei kreisangehörigen Gemeinden des Kreistages, leitet der Gemeindevorstand bzw. Kreisausschuß das Enteignungsverfahren ein.

§ 15 Enteignungsbehörde

(1) Enteignungsbehörde ist der Gemeindevorstand, für kreisangehörige Gemeinden der Kreisausschuß.

(2) Die Enteignungsbehörde soll Sachverständige hinzuziehen.

§ 16 Beteiligte

(1) Beteiligte an dem Enteignungsverfahren sind:
1. der Eigentümer des zu enteignenden Grundstücks,
2. die Inhaber dinglicher Rechte an dem zu enteignenden Grundstück,
3. die Mieter oder Pächter eines Grundstücks, das enteignet oder dessen Nutzungsrecht entzogen oder beschränkt werden soll,
4. im Falle der Zwangsversteigerung oder Zwangsverwaltung der betreibenden Gläubiger,
5. im Falle der Enteignung in einer kreisangehörigen Gemeinde diese Gemeinde,
6. der enteignungsbegünstigte Dritte gemäß § 13 Satz 2 und 3.

(2) Ist wegen eines Rechtes, das zur Teilnahme an dem Enteignungsverfahren berechtigt, ein Rechtsstreit anhängig, so gelten beide Parteien als Beteiligte.

§ 17 Enteignungsverfahren

(1) Die Enteignungsbehörde setzt einen Termin zur mündlichen Verhandlung mit den Beteiligten fest, in dem sie die Einwendungen und Entschädigungsansprüche mit den Beteiligten erörtert.

(2) Die Beteiligten sind zu dem Termin zu laden. Die Ladung hat die Bezeichnung des Grundstücks, den Enteignungsantrag und den Hinweis zu enthalten, daß beim Fernbleiben des Geladenen ohne seine Teilnahme verhandelt und entschieden werden kann. Die Ladung ist zuzustellen. Die Ladungsfrist muß mindestens zwei Wochen betragen.

(3) Wird der Termin zur mündlichen Verhandlung nicht alsbald nach Einleitung des Verfahrens anberaumt, so soll die Enteignungsbehörde die nach § 16 Absatz 1 Ziffern 1 und 3 Beteiligten von der Einleitung des Verfahrens in Kenntnis setzen.

(4) Zur Sicherung des durch die Enteignung zu erwartenden Eigentumsübergangs hat das Grundbuchamt auf Ersuchen der Enteignungsbehörde eine Vormerkung mit der Wirkung der §§ 883 ff. BGB im Grundbuch einzutragen (Enteignungsvormerkung). Einer Bewilligung des Grundstückseigentümers bedarf es nicht.

§ 18 Beschluß der Enteignungsbehörde

(1) Kommt eine Einigung über eine Grundstücksabgabe oder Aufgabe eines Rechts nicht zustande, so entscheidet die Enteignungsbehörde durch Beschluß über die Enteignung. Im Falle der Enteignung setzt die Enteignungsbehörde zugleich im Enteignungsbeschluß die Höhe und Art der Entschädigung fest.

(2) Der Beschluß der Enteignungsbehörde ist den Beteiligten zuzustellen.

§ 19 Rechtsmittel und Rechtskraft des Beschlusses der Enteignungsbehörde

(1) Gegen den Beschluß der Enteignungsbehörde haben die Beteiligten, soweit über die Enteignung entschieden worden ist, die Rechtsmittel nach dem Gesetz über die Verwaltungsgerichtsbarkeit. Die Verwaltungsgerichte können ohne mündliche Verhandlung entscheiden. Die Anfechtungsklage kann außer in den Fällen des § 55 des Gesetzes über die Verwaltungsgerichtsbarkeit durch Vorbescheid auch dann abgewiesen werden, wenn die Klage offensichtlich unbegründet ist.

(2) Gegen die Festsetzung der Entschädigung steht den Beteiligten das Recht des Einspruchs zu. § 39 Absatz 1 und 2 und § 40 des Gesetzes über die Verwaltungsgerichtsbarkeit finden Anwendung. Das weitere Verfahren bestimmt sich nach § 43 des Aufbaugesetzes.

(3) Der Beschluß der Enteignungsbehörde wird rechtskräftig, wenn innerhalb der zulässigen Frist ein Rechtsmittel nicht eingelegt worden ist. Wird ein Rechtsmittel nur gegen die Festsetzung der Entschädigung eingelegt, so wird der Beschluß hinsichtlich der Enteignung nach Ablauf der Rechtsmittelfrist rechtskräftig. Wird ein Rechtsmittel nur gegen den Beschluß über die Enteignung eingelegt, so wird der Beschluß über die Festsetzung der Entschädigung erst rechtskräftig, wenn die Entscheidung über die Enteignung Rechtskraft erlangt hat.

§ 20 Rechtswirkungen des Enteignungsbeschlusses

(1) Der Enteignungsbeschluß hat folgende rechtliche Wirkungen:

1. Das Eigentum an dem Grundstück geht auf den im Beschluß genannten Enteignungsbegünstigten über.
2. Der Enteignungsbeschluß schließt die Einweisung in den Besitz in sich, soweit in ihm nichts anderes bestimmt ist.
3. Alle privaten Rechte sowie die Miet-, Pacht- und ähnliche Nutzungsrechte an dem enteigneten Grundstück oder Grundstücksrecht erlöschen, soweit sie der Enteignungsbegünstigte nicht in öffentlicher oder öffentlich beglaubigter Urkunde, insbesondere zu Protokoll der Enteignungsbehörde übernommen hat oder ihr Bestehenbleiben nicht im Beschluß angeordnet ist.
4. Hinsichtlich aller dinglichen Rechte an dem Grundstück oder einem Grundstücksrecht, die nicht gemäß Ziffer 3 bestehen bleiben, tritt an die Stelle des Grundstücks oder Gundstücksrechts die von der Enteignungsbehörde festgesetzte Entschädigung.

(2) Die im Absatz 1 bestimmten Rechtswirkungen treten mit der Rechtskraft des Enteignungsbeschlusses ein, sofern nicht im Beschluß ein späterer Zeitpunkt bestimmt ist.

§ 21 Ausführung des Enteignungsbeschlusses

(1) Die Enteignungsbehörde führt den rechtskräftigen Enteignungsbeschluß aus. Sie hat insbesondere die Berichtigung des Grundbuches zu beantragen.

(2) Schuldnerin der Entschädigung ist die Gemeinde. Ein anderer Enteignungsbegünstigter haftet neben ihr als Gesamtschuldner. Er hat die Gemeinde von ihrer Verpflichtung freizustellen und ihr eine bereits geleistete Entschädigung zu erstatten.

§ 22 Vorläufige Besitzeinweisung

(1) Die Enteignungsbehörde kann von Amts wegen oder auf Antrag eines nach § 16 Absatz 1 Ziffer 5 und 6 Beteiligten im Enteignungsbeschluß oder durch einen besonderen späteren Beschluß die vorläufige Einweisung in den Besitz des von der Enteignung betroffenen Grundstücks oder eines Rechts an diesem Grundstück anordnen, wenn sie die vorläufige Besitzeinweisung im öffentlichen Interesse für geboten hält. Die Anordnung ist den nach § 16 Absatz 1 Ziffer 1, 3, 5 und 6 Beteiligten zuzustellen.

(2) Die Enteignungsbehörde kann den Zustand des Grundstücks bei oder sofort nach der vorläufigen Besitzeinweisung, soweit er für die Festsetzung des Grundstückswertes und etwaiger Nebenentschädigungen von Bedeutung ist, feststellen und schriftlich niederlegen; sie muß diese Feststellung treffen, wenn ein Beteiligter dies beantragt.

(3) Wird der Antrag auf Enteignung nachträglich rechtskräftig abgelehnt, so ist dem Besitzer des Grundstücks der durch die vorläufige Besitzeinweisung entstandene Schaden zu ersetzen, der von der Enteignungsbehörde festgesetzt wird. § 21 Absatz 2 findet Anwendung.

§ 23 Einstellung des Verfahrens

(1) Auf Verlangen der Gemeindevertretung bzw. des Kreistages hat die Enteignungsbehörde das Enteignungsverfahren vor Beschlußfassung über die Enteignung einzustellen. Die Enteignungsbehörde hat sodann die Löschung einer bereits eingetragenen Enteignungsvormerkung beim Grundbuchamt zu beantragen. Sofern ein Termin zur mündlichen Verhandlung anberaumt war oder eine Mitteilung nach § 17 Absatz 3 erfolgt ist, sind die Beteiligten von der Einstellung zu benachrichtigen.

(2) Aus der Einleitung des Enteignungsverfahrens sowie aus der Eintragung und Löschung der Enteignungsvormerkung können Entschädigungsansprüche nicht hergeleitet werden. Ansprüche aus Amtspflichtverletzung bleiben unberührt.

§ 24 Kosten

Die Kosten des Enteignungs- und Entschädigungsverfahrens trägt der Enteignungsbegünstigte. Für die Kosten des Rechtsmittelverfahrens gelten die allgemeinen Kostenvorschriften für das Verfahren vor den Verwaltungsgerichten bzw. den ordentlichen Gerichten.

6. Entschädigung

§ 41 Bemessung der Entschädigungssumme

(1) In allen Fällen, in denen auf Grund dieses Gesetzes eine Entschädigung zu leisten ist, ist sie in angemessener Höhe zu gewähren.

(2) Für die Bewertung unbebauter Grundstücke ist der gemeine Wert am 1. Januar 1935 maßgebend. Ein unbebautes Grundstück darf nur dann als Bauland bewertet werden, wenn es steuerlich als Bauland veranlagt ist. Der Bewertung des Baulandes ist der gemeine Wert am 1. Januar 1935 zugrunde zu legen. Sind zur Ermittlung des gemeinen Wertes vom 1. Januar 1935 vergleichbare Verkäufe nicht festzustellen, so können zum Vergleich die nach dem 1. Januar 1932 erzielten Kaufpreise von Grundstücken derselben Art und Lage herangezogen werden. Ist der gemeine Wert im Zeitpunkt der Entschädigungsfestsetzung niedriger als der gemeine Wert am 1. Januar 1935, so ist der niedrigere Wert maßgebend. Verbesserungen des Grundstücks, die vom Eigentümer oder Nutzungsberechtigten nachweisbar vorgenommen wurden, oder eingetretene Verschlechterungen sind entsprechend zu berücksichtigen.

(3) Für die Bewertung bebauter Grundstücke ist hinsichtlich des Grund und Bodens der gemeine Wert nach den Richtlinien des Abs. 2, hinsichtlich der baulichen Anlage der gemeine Wert im Zeitpunkt der Entschädigungsfestsetzung maßgebend.

(4) Für die vorzeitige Aufhebung von Miet- und Pachtrechten sowie sonstigen Nutzungsrechten ist den Beteiligten eine angemessene Entschädigung zu leisten, soweit sie nicht in der dem Grundstückseigentümer zu gewährenden Entschädigungssumme einbegriffen ist.

(5) Bei Gebäuden und Gebäudeteilen, die ohne Baugenehmigung oder unter dem Vorbehalt eines Widerrufes der Baugenehmigung errichtet sind, kann von einer Entschädigung abgesehen werden. Dasselbe gilt für Aufwendungen, die für die Herrichtung solcher Gebäude gemacht wurden.

(6) Bei der Aufhebung der Nutzung von behelfsmäßigen Ein- und Ausbauten in Gebäuderuinen kann von einer Entschädigung abgesehen werden.

§ 42 Entschädigungsleistung

(1) Die Entschädigung ist grundsätzlich in Geld zu leisten. Dem Entschädigungsberechtigten kann mit seiner Zustimmung statt der Barleistung eine Rente in Geld gewährt werden.

(2) An Stelle der Bargewährung kann der Grundstückseigentümer mit seiner Zustimmung ganz oder teilweise in Land entschädigt werden.

§ 43 Gerichtliche Nachprüfung

Gegen die Entscheidung über die Festsetzung einer Entschädigung sowie gegen den Einspruchsbescheid in den Fällen der §§ 19 Abs. 2 und 34 Abs. 2 steht dem Berechtigten die Klage bei dem ordentlichen Gericht zu. Die Klage ist gegen die Gemeinde, im Enteignungsverfahren zugleich gegen den sonstigen Enteignungsbegünstigten, zu richten. Zuständig ist das Landgericht, in dessen Bezirk sich das Grundstück befindet, auf das sich die Maßnahme bezieht. Die Klage ist binnen einem Monat nach Zustellung der angefochtenen Entscheidung zu erheben.

§ 44 Hinterlegung der Entschädigungssumme

(1) Die Entschädigungssumme ist unter Verzicht auf das Recht zur Rücknahme beim Amtsgericht zu hinterlegen, wenn die dinglichen Rechte oder Nutzungsrechte des zu entschädigenden Grundstücks streitig oder Beteiligte über die Auszahlung nicht einig sind oder ein Dritter dingliche Rechte an der Geldabfindung geltend macht.

(2) Zuständig ist das Amtsgericht, in dessen Bezirk das mit dem Recht belastete Grundstück liegt. Gehören belastete Grundstücke zum Bezirk mehrerer Amtsgerichte, so ist das Amtsgericht, in dessen Bezirk der größere Teil der belasteten Grundstücke liegt, zuständig; in Zweifelsfällen entscheidet auf Antrag das nächthöhere Gericht.

(3) Für die Durchführung der Verteilung gelten die §§ 872 bis 882 der Zivilprozeßordnung sinngemäß.

Abschnitt IV. Ordnung der Bebauung

1. Bausperre

§ 45

(1) Die Gemeindevertretung bzw. der Kreistag kann für bestimmte Gebiete eine Bausperre verhängen, wenn die Ausführung oder Änderung baulicher Anlagen der geordneten baulichen Entwicklung in diesem Gebiet zuwiderlaufen würde.

(2) Die Anordnung der Bausperre ist in ortsüblicher Weise öffentlich bekanntzumachen. Mit der Bekanntmachung wird die Bausperre rechtswirksam. Die Bausperre ist auf eine Frist bis zu drei Jahren zu beschränken. Die Frist kann um weitere drei Jahre verlängert werden.

(3) Innerhalb eines Bausperrgebietes werden Baugenehmigungen grundsätzlich nicht erteilt. Der Gemeindevorstand bzw. Kreisausschuß kann Ausnahmen zulassen, soweit die Ausführung oder Änderung baulicher Anlagen dem Zweck der Bausperre nicht entgegenstehen. Die Ausnahmen können unter Auflagen erteilt werden.

(4) Aus der Anordnung einer Bausperre können Entschädigungsansprüche nicht hergeleitet werden.

(5) Der Grundstückseigentümer ist verpflichtet, eine bauliche Anlage, die nach Verhängung der Bausperre ohne Genehmigung der Bauaufsichtsbehörde errichtet worden ist, ohne Entschädigung zu beseitigen. Eine Entschädigung wird nur dann gewährt, wenn eine Baugeneh-

migung vorlag, die ohne Vorbehalt eines Widerrufs erteilt wurde. Für ausgeführte nicht genehmigungspflichtige Baumaßnahmen kann von einer Entschädigung abgesehen werden. Der Gemeindevorstand bzw. Kreisausschuß setzt die Entschädigung fest.

(6) Die Bausperre erlischt, sobald der Bebauungsplan rechtswirksam ist.

2. Baupflicht

§ 46 Zulässige Anordnungen

(1) Auf Anordnung des Gemeindevorstandes bzw. Kreisausschusses ist der Grundstückseigentümer verpflichtet, innerhalb angemessener Frist:

1. das Äußere baulicher Anlagen und Vorgärten über den Rahmen gewöhnlicher Unterhaltung hinaus zur Herbeiführung eines einwandfreien Straßenbildes instandzusetzen,
2. Wohn- und gewerbliche Räume, deren Benutzung Gefahren für Leben oder Gesundheit herbeiführen können oder die wegen ihrer Schadhaftigkeit nicht zu benutzen sind, instandzusetzen,
3. bauliche Anlagen zu ändern oder zu beseitigen, wenn dies der Baugestaltungsplan verlangt,
4. in Baulücken oder auf Grundstücken, die ihm im Enteignungs- oder Umlegungsverfahren zugewiesen sind oder die er gemäß § 10 Abs. 1 Satz 5 und 6 erworben hat, ein den baurechtlichen Vorschriften entsprechendes Gebäude zu errichten,
5. zerstörte oder beschädigte bauliche Anlagen nach Maßgabe des Bebauungsplanes wiederaufzubauen,
6. begonnene Bauten fertigzustellen, um sie für Wohn- oder gewerbliche Zwecke der allgemeinen Verkehrsanschauung entsprechend nutzbar zu machen,
7. Bauten, deren Geschoßzahl hinter der im Baugebietsplan ausgewiesenen Geschoßzahl zurückbleibt oder deren Grundfläche nicht die nach den baurechtlichen Vorschriften zulässige bebaubare Grundstücksfläche erreicht, aufzustocken, zu erweitern oder neu zu erstellen.

(2) Der Gemeindevorstand bzw. Kreisausschuß hat die Anordnung dem Grundstückseigentümer zuzustellen.

(3) Die Anordnung hat zu unterbleiben oder ist aufzuheben, wenn die bauwirtschaftlichen Voraussetzungen für die Erfüllung der Baupflicht fehlen.

§ 47 Instandsetzung und Fertigstellung

(1) Kommt der Grundstückseigentümer den Anordnungen gemäß § 46 Abs. 1 Ziff. 1, 2 und 6 nicht fristgemäß nach, so kann der Gemeindevorstand bzw. Kreisausschuß die Maßnahme auf Kosten des Grundstückseigentümers durchführen.

(2) Bringt der Grundstückseigentümer die entstandenen Kosten nicht alsbald nach Ausführung der Instandsetzung oder Fertigstellung auf, so sind sie als öffentliche Last im Sinne des öffentlichen Abgabenrechts in vierteljährlich gleichbleibenden Teilbeträgen innerhalb angemessener Frist entsprechend der Ertragsfähigkeit des Grundstücks einzuziehen. Die noch nicht eingezogenen Teilbeträge sind mit dem gesetzlichen Zinssatz zu verzinsen. Fällige Zinsbeträge können insoweit erlassen werden, als ihre Einziehung zu einer offenbaren Härte führen würde.

§ 48 Änderung oder Beseitigung von baulichen Anlagen

(1) Führt der Grundstückseigentümer eine gemäß § 46 Abs. 1 Ziff. 3 angeordnete Maßnahme durch, so hat ihm die Gemeinde eine angemessene Entschädigung zu gewähren, insoweit ihm ein wirtschaftlicher Nachteil entstanden ist.

(2) Kommt der Grundstückseigentümer der Anordnung gemäß § 46 Abs. 1 Ziff. 3 nicht fristgemäß nach, so kann der Gemeindevorstand bzw. Kreisausschuß die Änderung oder Beseitigung der baulichen Anlage durchführen. In diesem Falle stellt der Gemeindevorstand bzw. Kreisausschuß vor Beginn der Maßnahme fest, ob für den Grundstückseigentümer durch die

Maßnahme ein wirtschaftlicher Vorteil oder Nachteil entsteht. Erlangt der Grundstückseigentümer einen Vorteil, so hat insoweit die Gemeinde gegen ihn einen Anspruch auf Erstattung bis zur Höhe der aufgewandten Kosten. Der Grundstückseigentümer hat in diesem Fall bei Beginn der baulichen Maßnahme die voraussichtlich von ihm zu erstattenden Kosten bei der Gemeinde zu hinterlegen oder eine Sicherungshypothek an bereitester Stelle im Grundbuch für die Gemeinde zu bestellen. Nach Beendigung der baulichen Maßnahme setzt der Gemeindevorstand bzw. Kreisausschuß die Kosten fest. Die Gemeinde kann verlangen, daß ihr im Falle der dinglichen Sicherung zugleich ein Anspruch auf Löschung der Vorlasten gemäß § 1179 BGB vom Grundstückseigentümer eingeräumt wird. Nach Erfüllung der Zahlungsverpflichtung hat die Gemeinde die Löschung der Sicherungshypothek zu bewilligen. Hat der Grundstückseigentümer durch die Maßnahme einen wirtschaftlichen Nachteil erlitten, so hat die Gemeinde die Kosten für die Durchführung der Maßnahme zu tragen und dem Grundstückseigentümer eine angemessene Entschädigung zu gewähren. Der Gemeindevorstand bzw. Kreisausschuß setzt die Entschädigung fest.

§ 49 Neubau und Wiederaufbau

(1) Kommt der Grundstückseigentümer den Anordnungen gemäß § 46 Abs. 1 Ziff. 4 und 5 nicht fristgemäß nach, so kann das Grundstück nach Maßgabe der §§ 12 ff. enteignet werden.

(2) Im Falle des Kriegsschadens kann das Enteignungsrecht nicht ausgeübt werden, wenn die Zerstörung weniger als 75 v. H. des Gebäudewertes vor Schadenseintritt beträgt. In diesem Falle gilt für die Verpflichtung zur Wiederherstellung § 48 Abs. 2 entsprechend.

§ 49a Aufstockung, Erweiterung, Neuerstellung

Kommt der Grundstückseigentümer der Anordnung gemäß § 46 Abs. 1 Ziff. 7 nicht fristgemäß nach, so kann die Maßnahme gemäß § 47 auf Kosten des Grundstückseigentümers durchgeführt oder das Grundstück nach Maßgabe der §§ 12 ff. enteignet werden.

3. Untersagung eines Gewerbebetriebes

§ 50

(1) Der Gemeindevorstand bzw. Kreisausschuß kann anordnen, daß ein Gewerbebetrieb nicht oder nicht in der Art wie bisher weitergeführt wird, wenn dies aus Gründen der baulichen Neuordnung erforderlich und die Betriebsanlage so weitgehend beschädigt ist, daß für eine Wiederaufnahme des Betriebes in früherem Umfange erhebliche bauliche Maßnahmen notwendig sind.

(2) Die Anordnung hat im Einklang mit den Bauleitplänen zu stehen.

(3) Ist dem Betroffenen durch Verlegung oder Untersagung des Gewerbebetriebes ein Schaden entstanden, so hat die Gemeinde den Schaden zu ersetzen. Der Gemeindevorstand bzw. Kreisausschuß setzt die Entschädigung fest.

Abschnitt V. Schlußbestimmungen

§ 51 Vorbereitende Maßnahmen

Soweit es zur Vorbereitung und Durchführung baulicher Maßnahmen notwendig ist, können Beauftragte der Gemeinde jedes Grundstück betreten und die erforderlichen Vorarbeiten vornehmen. Die Gemeinde hat einen etwa entstandenen Schaden alsbald zu ersetzen.

§ 58 Übergangsbestimmungen

(1) Mit Inkrafttreten dieses Gesetzes treten folgende Gesetze außer Kraft:

1. das Preußische Gesetz, betreffend die Umlegung von Grundstücken in Frankfurt a. M. vom 28. Juli 1902 (PrGS S. 273), das Preußische Gesetz wegen Abänderung des § 13 des vorgenannten Gesetzes vom 8. Juli 1907 (PrGS S. 259) und § 14a des Preußischen Gesetzes, betreffend die Anlegung und Veränderung von Straßen und Plätzen in

Städten und ländlichen Ortschaften vom 2. Juli 1875 (PrGS S. 561) in der Fassung des Gesetzes vom 28. März 1918 (PrGS S. 23),

2. das Hessische Gesetz über die Umlegung von Bauland vom 6. November 1920 in der Fassung der Bekanntmachung vom 10. Oktober 1927 (Hess. Reg.-Bl. Nr. 18 S. 199),
3. die Verordnung zur Behebung der dringendsten Wohnungsnot vom 9. Dezember 1919 (RGBl. S. 1968),
4. die Verordnung über die Zulässigkeit befristeter Bausperren vom 29. Oktober 1936 (RGBl. I S. 933).

(2) Die sonstigen bisherigen reichs- und landesrechtlichen Vorschriften bleiben in Kraft, soweit sie den Vorschriften dieses Gesetzes nicht entgegenstehen.

(3) Die beim Inkrafttreten dieses Gesetzes anhängigen Verfahren werden nach den bisherigen Vorschriften zu Ende geführt. Die Gemeindevertretung bzw. der Kreistag kann beschließen, daß ein solches Verfahren nach den Vorschriften dieses Gesetzes weiterzuführen ist. Bereits laufende Rechtsmittelfristen werden hierdurch nicht verkürzt.

SchlH Anh. 32

Gesetz über den Aufbau in den schleswig-holsteinischen Gemeinden (Aufbaugesetz)

vom 21. Mai 1949 (GVOBl. SchlH S. 93)

Auszug

§ 5 Aufstellung des Aufbauplanes

(1) Für das Aufbaugebiet hat die Gemeinde einen Aufbauplan aufzustellen.

(2) Mehrere Gemeinden können ihre Aufbaupläne gemeinsam oder einen gemeinsamen Aufbauplan aufstellen. Sie können zu diesem Zwecke insbesondere einen Zweckverband nach dem Zweckverbandsgesetz vom 7. Juni 1399 (RGBl. I S. 979) bilden oder eine sonstige Vereinbarung treffen. Der Sozialminister kann sie zu einem Zweckverband zusammenschließen oder ihnen den Abschluß einer Vereinbarung nach dem Zweckverbandsgesetz aufgeben.

(3) Der Sozialminister kann anordnen, daß der Aufbauplan für kreisangehörige Gemeinden unbeschadet des § 2 Abs. 3 durch eine andere von ihm bestimmte Stelle aufgestellt wird.

2. Durchführungspläne

§ 10 Aufstellung und Inhalt des Durchführungsplanes

(1) Der Aufbau erfolgt nach den Abschnitten III bis IV auf Grund von Durchführungsplänen. Diese werden von der Gemeinde jeweils für die Teile des Aufbaugebietes aufgestellt, in denen der Aufbau in den nächsten Jahren durchgeführt werden soll (Durchführungsgebiete). § 5 Abs. 2 und 3 findet entsprechende Anwendung.

(2) Der Durchführungsplan besteht aus zeichnerischen Darstellungen und aus Erläuterungen. In dem Durchführungsplan ist anzugeben, welche Maßnahmen im öffentlichen Interesse zur Ordnung des Grund und Bodens und der Bebauung getroffen werden können. Diese Maßnahmen sind nur zulässig, wenn sie im Durchführungsplan vorgesehen sind. Der Angabe im Durchführungsplan bedarf es nicht für das Vorkaufsrecht (§ 60), die Anordnung von vorübergehender Grundstücksnutzung (§ 63), die Bauverbote (§ 65), die Baugebote (§§ 66 bis 69), die gleichzeitige Bebauung (§§ 70 bis 71) und die Einrichtung von Straßenbaukassen (§ 72).

(3) Die zeichnerischen Darstellungen enthalten:

1. die Aufteilung des Gebietes in Flächen öffentlicher und privater Nutzung,
2. die Verkehrseinrichtungen unter genauer Bezeichnung der Grundstücke, die Höhenlage, die Anlagen der Entwässerung und die Versorgung mit Energie, Gas und Wasser,
3. die Nutzungsart und den Nutzungsgrad der Grundstücke,
4. die Bebauung der Grundstücke nach Fläche und Höhe in den Grundzügen oder in den Einzelheiten und gegebenenfalls die Gliederung der Baumassen.

(4) Die Erläuterungen zum Durchführungsplan können insbesondere auch die Angabe, in welcher Zeitfolge der Durchführungsplan durchgeführt werden soll, sowie Richtlinien für die architektonische Gestaltung der Bauwerke und für die Gestaltung und Unterhaltung der Grundstückseinfriedigungen, Freiflächen, Leitungen und Werbeeinrichtungen und Angaben über Landschafts- und Denkmalschutz enthalten.

§ 11 Genehmigung des Durchführungsplanes

(1) Der Durchführungsplan bedarf der Genehmigung des Sozialministers. Er kann den Plan für einen Teil des Durchführungsgebietes oder einen Teil des Durchführungsplanes vorab genehmigen oder die Genehmigung mit Maßgaben erteilen. Die Genehmigung gilt als erteilt, wenn er nicht innerhalb von sechs Wochen seit der Vorlage des Durchführungsplanes unter Angabe seiner Gründe Einspruch erhoben hat. In schwierigen Fällen soll er vor seiner Entscheidung über die Genehmigung den Landesausschuß für Landesplanung (§ 2 Abs. 4) anhören.

(2) Der Durchführungsplan ist nach seiner Genehmigung während eines Monats öffentlich auszulegen. Zeit und Ort der Auslegung sind in ortsüblicher Weise öffentlich mit dem Hinweis bekanntzumachen, daß innerhalb der Auslegungsfrist gegen den Plan Einwendungen bei der Gemeinde schriftlich oder zur Niederschrift erhoben werden können. Soweit Maßnahmen zur Ordnung des Grund und Bodens und der Bebauung im Durchführungsplan vorgesehen sind, können sie nur mit den Einwendungen gegen den Durchführungsplan angefochten werden. Über Einwendungen gegen den Plan, denen die Gemeinde nicht stattgibt, entscheidet der Sozialminister.

(3) Die Gemeinde stellt den Durchführungsplan fest, wenn Einwendungen innerhalb der Auslegungsfrist nicht erhoben sind oder über sie rechtskräftig entschieden ist. Die Feststellung ist in ortsüblicher Weise öffentlich bekanntzumachen. Die zuständige Vermessungsbehörde ist hiervon schriftlich in Kenntnis zu setzen.

(4) Die Gemeinde kann die Rechtskraft für einen Teil des Durchführungsplanes feststellen, wenn eingelegte Rechtsmittel diesen Teil nicht berühren und Verwirrung hiervon nicht zu befürchten ist.

§ 12 Wirkung des Durchführungsplanes

(1) Die Feststellung des Durchführungsplanes bewirkt:

1. Städtebauliche Pläne gelten als aufgehoben, soweit sie dem Durchführungsplan entgegenstehen.
2. Alle Bauvorhaben müssen dem Durchführungsplan entsprechen. Die Baugenehmigungsbehörde kann mit Zustimmung des Sozialministers Abweichungen von dem Durchführungsplan zulassen und diese Abweichungen mit Bedingungen, Auflagen oder Befristungen verbinden oder die Baugenehmigung widerruflich erteilen, wenn der Grundeigentümer für den Fall des Nichteintritts der Bedingung, des Fristablaufs oder des Widerrufs ausdrücklich auf Entschädigungsansprüche verzichtet und die Gemeinde für die Kosten der Beseitigung des bedingt, befristet oder widerruflich zugelassenen Baues sichert. Ist der Kreis Baugenehmigungsbehörde, so bedarf er der Zustimmung der Gemeinde.
3. Bereits erteilte Baugenehmigungen und Baufreigaben können von der Baugenehmigungsbehörde nach vorheriger Zustimmung der Gemeinde widerrufen werden, soweit sie dem Durchführungsplan entgegenstehen und soweit das Bauvorhaben noch nicht ernstlich begonnen ist. Die bis zum Widerruf erwachsenen erforderlichen Aufwendungen sind von der Gemeinde angemessen zu entschädigen; entgangener Gewinn ist nicht zu entschädigen.
4. Öffentliche Verkehrs- und Erholungsflächen, die im Durchführungsplan nicht mehr als solche ausgewiesen sind, gelten als eingezogen und aufgehoben.

(2) Ist im Aufbaugebiet in bebauten oder bebaut gewesenen Ortsteilen die Bebauung eines Grundstücks für einen längeren Zeitraum als fünf Jahre seit der Erklärung zum Aufbaugebiet

ausgeschlossen, weil für das Gebiet, in dem das Grundstück liegt, ein Durchführungsplan noch nicht festgestellt ist, so kann der Grundeigentümer von der Gemeinde die Übernahme dieses Grundstücks gegen angemessene Entschädigung verlangen, wenn er einen Schaden nachweist und ihm billigerweise nicht zugemutet werden kann, diesen Schaden selbst zu tragen. § 50 ist sinngemäß anzuwenden. In besonders kriegszerstörten Gemeinden kann der Sozialminister auf Antrag der Gemeinde die Frist jeweils um weitere fünf Jahre verlängern.

(3) Die Wirkungen der Erklärung zum Aufbaugebiet gemäß § 4 Ziff. 1 und 3 treten mit der Durchführung des Durchführungsplanes außer Kraft. Die Anordnung von Maßnahmen zur Ordnung des Grund und Bodens und der Bebauung, sowie die Ausübung des Verkaufsrechtes ist nur bis zur Durchführung des Durchführungsplanes zulässig. Die Gemeinde stellt diesen Zeitpunkt fest und macht ihn in örtsüblicher Weise öffentlich bekannt.

III. Ordnung des Grund und Bodens

§ 15 Verfahrensarten

(1) Soweit es zur Verwirklichung des Durchführungsplanes erforderlich ist, können

1. ein Grenzausgleich oder eine Grenzverbesserung angeordnet (§ 16),
2. die Abtretung von Grundstücken für den Gemeindebedarf angeordnet (§ 17),
3. Grundstücke umgelegt (§§ 18 bis 39),
4. Grundstücke zusammengelegt (§§ 40 bis 48),
5. Grundeigentum entzogen oder beschränkt (§§ 49 bis 59),
6. ein Vorkaufsrecht an Grundstücken ausgeübt werden (§ 60).

2. Grundflächen des Gemeinbedarfs

§ 17 Grundflächen des Gemeinbedarfs

(1) Sind im Durchführungsplan unbebaute Grundstücke für den Gemeinbedarf (Verkehrs- oder Erholungsflächen oder Flächen für den sonstigen öffentlichen Bedarf) ausgewiesen, so hat der Grundeigentümer auf Anordnung der Gemeinde, in kreisangehörigen Gemeinden auf Anordnung des Landkreises, sein Grundstück an die Gemeinde oder den Träger der öffentlichen Aufgabe abzutreten, soweit es für den Gemeinbedarf benötigt wird. Als unbebaute Grundstücke gelten auch Trümmergrundstücke im Sinne von § 7 des Gesetzes über die Aufräumung von Trümmergrundstücken und die Verwertung von Trümmern vom 2. November 1948 (GVOBl. Schl.-H S. 209).

(2) Die Abtretung erfolgt gegen angemessene Entschädigung durch die Gemeinde oder den Träger der öffentlichen Aufgabe. Eine Entschädigung wird nicht gewährt, wenn und soweit der Wert des Grundstücks sich erhöht. Wird in noch nicht erschlossenen Gebieten eine Abtretung an die Gemeinde angeordnet, so erfolgt sie bis zu 35 v. H. der Gesamtfläche des Grundstücks unentgeltlich. Frühere Abtretungen, die der Grundeigentümer für den Gemeinbedarf an die Gemeinde seit dem 1. Januar 1924 von dem Grundstück ohne Entschädigung geleistet hat, sind auf die nach Maßgabe dieser Vorschriften unentgeltlich abzutretenden Grundstücke anzurechnen. § 50 Abs. 2 ist sinngemäß anzuwenden.

(3) Wird ein Grundstück für den Gemeinbedarf soweit in Anspruch genommen, daß das Restgrundstück nach der bisher tatsächlich ausgeübten oder nach Lage der Verhältnisse möglichen Nutzungsart nicht mehr wirtschaftlich genutzt werden kann, so kann der Grundeigentümer verlangen, daß die Gemeinde oder der Träger der öffentlichen Aufgabe das Restgrundstück gegen angemessene Entschädigung übernimmt. § 50 Abs. 2 ist sinngemäß anzuwenden.

(4) Die Anordnung der Abtretung hat die Festsetzung der Entschädigung zu enthalten. Dies gilt nicht, soweit in noch nicht erschlossenen Gebieten eine Abtretung bis zu 35 v. H. der Gesamtfläche des Grundstücks angeordnet wird. Im Falle des Abs. 3 wird die Entschädigung von der Gemeinde in kreisangehörigen Gemeinden von dem Landkreis, durch besonderen Bescheid festgesetzt. Soweit durch die Abtretung dingliche Rechte auf dem Grundstück beeinträchtigt

werden, soll die Gemeinde (der Landkreis) mit den dinglich Berechtigten über die Verteilung der Entschädigung eine Einigung herbeizuführen versuchen. Kommt eine solche nicht zustande, so ist die Entschädigung zu hinterlegen.

(5) Gegen die Anordnung der Abtretung und die Entscheidung über die Entschädigung steht dem Grundeigentümer, bei kreisangehörigen Gemeinden auch der Gemeinde, innerhalb eines Monats nach Zustellung die Beschwerde an den Sozialminister zu. Die Beschwerde kann sich auf die Entschädigung beschränken. Soweit die Entschädigung angefochten wird, entscheidet der Sozialminister nach Anhörung eines der bei ihm gebildeten Entschädigungsausschüsse.

(6) Mit der Rechtskraft der Anordnung der Abtretung geht das Eigentum an den abzutretenden Grundstücken lastenfrei auf die Gemeinde oder den Träger der öffentlichen Aufgabe über. Der Beibringung eines Unschädlichkeitszeugnisses bedarf es nicht. Auf Ersuchen der Gemeinde, in kreisangehörigen Gemeinden des Landkreises, hat das Grundbuchamt das Grundbuch zu berichtigen. Dem Ersuchen sind eine Rechtskraftbescheinigung sowie Messungsschriften beizufügen, die die Unterschrift eines zum höheren vermessungstechnischen Verwaltungsdienst befähigten Angehörigen einer Vermessungsbehörde enthalten.

5. Entziehung und Beschränkung von Grundstücken

§ 49 Zulässigkeit der Enteignung

(1) Im Durchführungsplan kann die Enteignung (Entziehung und Beschränkung) von Grundstücken vorgesehen werden:

1. zur Errichtung von Klein- und Mittelwohnungen oder zur Errichtung und Veränderung von Kleinsiedlungen,
2. zur Einrichtung und Veränderung gewerblicher Betriebe, soweit es im öffentlichen Interesse liegt,
3. zur Beschaffung von Kleingartenland,
4. zur Herstellung und Veränderung öffentlicher oder sonstiger dem öffentlichen Wohl dienender Bauten oder Anlagen,
5. aus sonstigen Gründen des öffentlichen Wohls.

(2) Mit der Genehmigung des Durchführungsplane gemäß § 11 oder von Einzelmaßnahmen gemäß § 14 wird die Enteignung für das im Durchführungsplan einzeln bezeichnete Grundstück zulässig.

(3) Als Enteignung gilt auch die Entziehung oder Beschränkung von Rechten an Grundstücken oder von Rechten und Ansprüchen, die zum Besitz oder zur Nutzung von Grundstücken berechtigen oder die Nutzung von Grundstücken beschränken. Die in diesem Gesetz für die Enteignung von Grundstücken gegebenen Vorschriften gelten entsprechend für die Enteignung dieser Rechte und Ansprüche. Miet- und Pachtschutzbestimmungen finden insoweit keine Anwendung.

(4) Die Enteignung kann zugunsten der Gemeinde oder eines Dritten erfolgen, der die Aufbaumaßnahmen durchführen soll.

(5) Der Enteignete kann den Rückerwerb des Grundstücks gegen angemessene Erstattung der erhaltenen Entschädigung verlangen, wenn der Enteignungsbegünstigte innerhalb von zwei Jahren nach rechtskräftiger Enteignung das Grundstück dem bei der Enteignung angegebenen oder einem in Abs. 1 Ziff. 1 bis 5 genannten Zweck nicht zugeführt hat. Die Frist kann von der Enteignungsbehörde um ein Jahr verlängert werden. Die Verlängerung ist dem Enteigneten schriftlich mitzuteilen. Der Anspruch auf Rückerwerb erlischt ein Jahr nach seiner Entstehung.

§ 50 Entschädigung

(1) Die Enteignung erfolgt gegen angemessene Entschädigung.

(2) Die Entschädigung kann in geeigneten Fällen ganz oder teilweise auch in Land (bebauten oder unbebauten Grundstücken) oder in wiederkehrenden Leistungen gewährt werden, wenn

diese Art der Entschädigung unter Abwägung der Belange des Entschädigungsberechtigten und des Entschädigungspflichtigen billig ist.

(3) Zur Bereitstellung des erforderlichen Ersatzlandes kann die Enteignungsbehörde Grundeigentum in der Gemeinde, deren Gebiet ganz oder teilweise zum Aufbaugebiet erklärt ist oder in der Einzelmaßnahmen nach § 14 angeordnet sind, enteignen, wenn der Gemeinde selbst kein geeignetes Ersatzgrundstück zur Verfügung steht, sie Ersatzland freihändig zu angemessenen Preisen nicht beschaffen kann und ein überwiegendes öffentliches Interesse an der Bereitstellung von Ersatzland besteht.

(4) Ist die Entschädigung in Land festgesetzt, so kann mit der Klage im ordentlichen Rechtsweg nur die Leistung, die Erhöhung, der Fortfall oder die Minderung einer zusätzlichen Geldentschädigung verlangt werden. Ist die Entschädigung in wiederkehrenden Leistungen festgesetzt, so kann mit der Klage im ordentlichen Rechtsweg nicht die Leistung der Entschädigung in einer Summe, sondern nur die Erhöhung oder Minderung der wiederkehrenden Leistungen verlangt werden.

(5) Wird nur ein Teil eines Grundstücks enteignet, kann der Grundeigentümer auch Entschädigung für die Wertminderung des Restgrundstücks verlangen. In diesem Falle ist auch die ganze oder teilweise Enteignung des Restgrundstücks zulässig.

(6) Eine Wertsteigerung des Restgrundstücks ist auf die Entschädigung anzurechnen.

(7) Soll nur ein Teil eines Grundstücks enteignet werden, so kann der Grundeigentümer die Enteignung des ganzen Grundstücks verlangen, soweit das Restgrundstück nach seiner bisher tatsächlich ausgeübten oder nach Lage der Verhältnisse möglichen Nutzungsart nicht mehr wirtschaftlich genutzt werden kann.

§ 51 Enteignungsbehörde und Beteiligte

(1) Enteignungsbehörde ist der Sozialminister; er kann seine Befugnisse auf die untere Verwaltungsbehörde übertragen.

(2) Beteiligte an dem Enteignungsverfahren sind:

1. der Eigentümer des zu enteignenden Grundstücks,
2. die Inhaber dinglicher Rechte an dem zu enteignenden Grundstück,
3. Im Falle der Zwangsversteigerung oder Zwangsverwaltung der betreibende Gläubiger,
4. die Mieter und Pächter des zu enteignenden Grundstücks, denen das Grundstück oder ein Gebäude auf Grund eines Miet- oder Pachtvertrages ganz oder teilweise überlassen ist,
5. die Gemeinde und der Dritte, zu dessen Gunsten die Enteignung erfolgen soll (Enteignungsbegünstigter).

(3) Ist wegen eines Rechtes, das zur Teilnahme an dem Enteignungsverfahren berechtigt, ein Rechtsstreit anhängig, so gelten beide Parteien als Beteiligte.

§ 52 Enteignungsverfahren

(1) Die Enteignungsbehörde setzt von Amts wegen oder auf Antrag eines Beteiligten einen Termin zur mündlichen Verhandlung mit den Beteiligten fest, in dem sie die Einwendungen und Entschädigungsansprüche mit den Beteiligten erörtert.

(2) Die Beteiligten sind zu dem Termin zu laden. Die Ladung hat die Bezeichnung des Grundstücks, den Enteignungsantrag und den Hinweis zu enthalten, daß bei Fernbleiben des Geladenen ohne seine Teilnahme verhandelt und entschieden werden kann. Die Ladung ist zuzustellen; die Ladungsfrist muß mindestens zwei Wochen betragen.

(3) Auf Ersuchen der Enteignungsbehörde hat das Grundbuchamt in das Grundbuch des von der Enteignung betroffenen Grundstücks einzutragen, daß das Enteignungsverfahren angeordnet ist (Enteignungsvermerk).

(4) Das Grundbuchamt hat der Enteignungsbehörde bei Eingang des Ersuchens beglaubigte Abschriften der Grundbuchblätter zu erteilen und alle im Laufe des Enteignungsverfahrens erfolgenden Eintragungen mitzuteilen.

(5) Bis zur Löschung des Enteignungsvermerks kann der Grundeigentümer oder derjenige, dessen Recht entzogen oder beschränkt werden soll, nur mit Zustimmung der Enteignungsbehörde über das Grundstück oder das Recht verfügen.

§ 53 Enteignungsbeschluß

(1) Soweit eine Einigung nicht zustande kommt, entscheidet die Enteignungsbehörde durch Beschluß über die Enteignung.

(2) Die Entschädigung wird durch den Sozialminister nach Anhörung eines der bei ihm gebildeten Entschädigungsausschüsse in dem Enteignungsbeschluß festgesetzt.

(3) Die Entschädigung ist von der Gemeinde zu gewähren. Erfolgt die Enteignung zugunsten eines Dritten, so haftet der Dritte neben der Gemeinde als Gesamtschuldner. Gewährt die Gemeinde die Entschädigung, so kann sie von dem Dritten die Erstattung der Entschädigung verlangen. Der Erstattungsbetrag unterliegt der Beitreibung im Verwaltungszwangsverfahren. Es ist eine öffentliche Grundstückslast mit dem Range nach den bestehenden öffentlichen Lasten. Die Enteignungsbehörde kann die Enteignung davon abhängig machen, daß der Dritte den Erstattungsbetrag unter Verzicht auf Rücknahme hinterlegt.

(4) Der Enteignungsbeschluß ist den Beteiligten zuzustellen.

§ 54 Entschädigungsausschuß

(1) Die Mitglieder der Entschädigungsausschüsse werden vom Sozialminister auf die Dauer von drei Jahren bestellt; sie müssen die Befähigung zum Richteramt oder höheren Verwaltungsdienst oder besondere Erfahrungen in der Grundstücksbewertung haben. Die Bestellung kann ohne ihre Zustimmung nicht widerrufen werden.

(2) Der Entschädigungsausschuß besteht aus drei Mitgliedern, von denen der Vorsitzende die Befähigung zum Richteramt oder zum höheren Verwaltungsdienst und mindestens ein Beisitzer besondere Erfahrungen in der Grundstücksbewertung haben muß.

§ 55 Rechtsmittel und Rechtskraft des Enteignungsbeschlusses

(1) Gegen den Enteignungsbeschluß können die Betroffenen die Klage im Verwaltungsstreitverfahren erheben.

(2) Gegen die Festsetzung der Entschädigung steht den Betroffenen die Klage bei dem ordentlichen Gericht zu. Zuständig ist das Landgericht, in dessen Bezirk sich das zu enteignende Grundstück befindet. Die Klage ist innerhalb von zwei Wochen nach Zustellung des Enteignungsbeschlusses zu erheben.

(3) Der Enteignungsbeschluß wird rechtskräftig, wenn innerhalb der zulässigen Frist ein Rechtsmittel nicht eingelegt worden ist. Wird ein Rechtsmittel nur gegen die Festsetzung der Entschädigung eingelegt, so treten die Rechtswirkungen gemäß § 56 Abs. 1 Ziff. 1 und 2 vorbehaltlich des § 56 Abs. 2 schon ein, wenn im übrigen der Enteignungsbeschluß rechtskräftig geworden ist. Wird ein Rechtsmittel nur gegen die Enteignung eingelegt, so wird der Beschluß über die Festsetzung der Entschädigung erst rechtskräftig, wenn die Entscheidung über die Enteignung Rechtskraft erlangt hat.

§ 56 Rechtswirkung des Enteignungsbeschlusses

(1) Die Rechtskraft des Enteignungsbeschlusses bewirkt:

1. Das Eigentum an dem Grundstück geht auf den im Beschluß genannten Enteignungsbegünstigten über.
2. Der Enteignungsbeschluß schließt die Einweisung in den Besitz in sich, soweit in ihm nichts anderes bestimmt ist.
3. Die privatrechtlichen Lasten des Grundstücks sowie die Miet-, Pacht- und ähnlichen Nutzungsrechte an dem enteigneten Grundstück erlöschen, soweit sie der Enteignungs-

begünstigte nicht in öffentlicher oder öffentlich beglaubigter Urkunde, insbesondere zu Protokoll der Enteignungsbehörde übernommen hat oder ihr Bestehenbleiben nicht im Beschluß angeordnet ist.

4. Hinsichtlich der dinglichen Rechte an dem Grundstück, die nicht gemäß Ziff. 3 bestehen bleiben, tritt an die Stelle des Grundstücks die von der Enteignungsbehörde festgesetzte Entschädigung.

(2) Soweit im Enteignungsbeschluß ein späterer Zeitpunkt bestimmt ist, treten die Wirkungen des Abs. 1 zu diesem Zeitpunkt ein.

§ 57 Ausführung des Enteignungsbeschlusses

Die Enteignungsbehörde führt den rechtskräftigen Enteignungsbeschluß aus. Sie hat insbesondere das Grundbuchamt um die Berichtigung des Grundbuches und die Löschung des Enteignungsvermerks zu ersuchen, sobald die Rechtswirkungen nach § 56 eingetreten sind.

§ 58 Vorläufige Besitzeinweisung

(1) Die Enteignungsbehörde kann den Enteignungsbegünstigten auf seinen Antrag vorläufig in den Besitz des zu enteignenden Grundstücks einweisen. Die Anordnung ist den nach § 51 Abs. 2 Beteiligten zuzustellen; eine Anfechtung findet nicht statt. Die Besitzeinweisung berechtigt den Enteignungsbegünstigten, über die Bestandteile des Grundstücks zu verfügen, soweit in der Anordnung nicht anderes bestimmt ist.

(2) Die Enteignungsbehörde kann den Zustand des Grundstücks, soweit er für die Festsetzung des Grundstückswertes und etwaiger Nebenentschädigung von Bedeutung ist, feststellen und schriftlich niederlegen; sie muß diese Feststellung unverzüglich treffen, wenn ein Beteiligter dies beantragt.

(3) Dem Besitzer des Grundstücks ist der durch die vorläufige Besitzeinweisung entstehende Schaden angemessen zu ersetzen. Ist der Eigentümer im Besitze des Grundstücks, so ist ihm mindestens der Wert der Enteignungsentschädigung vom Tage der vorläufigen Besitzeinweisung an zu verzinsen. Die Entschädigung wird von der Enteignungsbehörde festgesetzt.

(4) Wird der Antrag auf Enteignung nachträglich rechtskräftig abgelehnt, so ist dem Besitzer des Grundstücks auch ein durch die vorläufige Besitzeinweisung entstandener weiterer Schaden angemessen zu ersetzen. Die Entschädigung wird von der Enteignungsbehörde festgesetzt. § 55 Abs. 2 findet Anwendung.

§ 59 Einstellung und Kosten

(1) Die Enteignungsbehörde kann das Enteignungsverfahren bis zur Rechtskraft des Enteignungsbeschlusses einstellen und das Grundbuchamt um die Löschung des Enteignungsvermerks ersuchen. Sie hat zuvor den Beteiligten Gelegenheit zur Stellungnahme zu geben.

(2) Die Kosten des Enteignungsverfahrens trägt der Enteignungsbegünstigte. Für die Kosten des Rechtsmittelverfahrens gelten die allgemeinen Kostenvorschriften für das Verfahren vor den Verwaltungsgerichten bzw. den ordentlichen Gerichten.

IV. Ordnung der Bebauung

1. Nutzungsbeschränkungen

§ 61 Freilegung von Grundstücken

(1) Die Gemeinde, in kreisangehörigen Gemeinden der Landkreis, kann anordnen, daß ein im Durchführungsplan bezeichnetes Grundstück von Bauwerken oder Teilen eines Bauwerks freigelegt wird. Dem Betroffenen ist von der Gemeinde eine angemessene Entschädigung zu gewähren. Der § 17 Abs. 4 Sätze 1, 4 und 5 und Abs. 5 findet entsprechende Anwendung.

(2) Wird das Grundstück zugunsten eines Dritten auf dessen Veranlassung oder in seinem Interesse freigelegt, so haftet der Dritte neben der Gemeinde als Gesamtschuldner. Gewährt

die Gemeinde die Entschädigung, so kann sie von dem Dritten die Erstattung der Entschädigung verlangen. Der Erstattungsbetrag unterliegt der Beitreibung im Verwaltungszwangsverfahren. Die Gemeinde (der Landkreis) kann die Anordnung der Freilegung davon abhängig machen, daß der Dritte den Erstattungsbetrag unter Verzicht auf die Rücknahme hinterlegt.

§ 62 Freihaltung von Grundstücken

(1) Die Gemeinde, in kreisangehörigen Gemeinden der Landkreis, kann anordnen, daß ein im Durchführungsplan einzeln bezeichnetes Grundstück über die nach § 10 Abs. 3 Ziff. 3 und 4 vorgesehenen allgemeinen Beschränkungen hinaus nicht nur vorübergehend von Bauwerken oder Teilen eines Bauwerkes freigehalten wird. Gegen die Anordnung steht dem Grundeigentümer innerhalb eines Monats nach Zustellung die Beschwerde an den Sozialminister zu.

(2) Beeinträchtigt die Anordnung die bestehende Nutzung des Grundstücks, so hat die Gemeinde den Grundeigentümer für die Wertminderung angemessen zu entschädigen.

(3) Bei Trümmergrundstücken ist die Nutzungsart vor Beginn der Kriegszerstörungen maßgeblich. Jedoch kann die Wertminderung nicht für einen Kriegssachschaden geltend gemacht werden.

(4) Beträgt die Wertminderung mehr als die Hälfte des Grundstückswertes, so kann der Grundeigentümer bis zum Ablauf von viereinhalb Jahren nach der Entstehung des Anspruchs statt der Entschädigung die Übernahme des Grundstücks im Wege des Ankaufs oder der Enteignung verlangen. Die Gemeinde hat sich bis zum Ablauf von fünf Jahren nach Entstehung des Anspruchs über das Verlangen zu erklären; lehnt sie das Verlangen ab, so hat sie die Anordnung der Freihaltung aufzuheben.

(5) Der Anspruch auf Entschädigung entsteht mit der Feststellung des Durchführungsplanes. Die Entschädigung wird fällig mit Ablauf von fünf Jahren nach der Entstehung des Anspruchs, bei Trümmergrundstücken jedoch nicht vor der endgültigen Entscheidung über die Entschädigung für den Kriegssachschaden. Für die Zeit vor der Fälligkeit ist der Entschädigungsbetramit dem üblichen Zinsfuß, höchstens jedoch mit 4. v. H. zu verzinsen. Die Entschädigung wird von der Gemeinde, in kreisangehörigen Gemeinden von dem Landkreis, durch besonderen Bescheid festgesetzt. Der § 17 Abs. 4 Sätze 4 und 5 und Abs. 5 findet entsprechende Anwendung.

(6) In besonders kriegszerstörten Gemeinden kann der Sozialminister auf Antrag der Gemeinde die Fristen der Abs. 4 und 5 jeweils um weitere fünf Jahre verlängern.

(7) Wird die Anordnung der Freihaltung aufgehoben, so wird die Entschädigung mit der Aufhebung der Anordnung der Freihaltung fällig, bei Trümmergrundstücken jedoch nicht vor dem in Abs. 5 genannten Zeitpunkt.

(8) Erstreckt sich die Wertminderung im Sinne des Abs. 2 bei nur teilweiser Beanspruchung des Grundstücks auch auf das Restgrundstück, so gelten die Vorschriften der Abs. 2 bis 7 auch für das Restgrundstück.

(9) Wird ein Grundstück von Bauwerken oder Teilen eines Bauwerkes zugunsten eines Dritten auf dessen Veranlassung oder in seinem Interesse freigehalten, so kann die Gemeinde, in kreisangehörigen Gemeinden der Landkreis, bei der Anordnung der Freihaltung die Verpflichtungen nach den Abs. 2 bis 8 dem Dritten auferlegen. Die Gemeinde haftet für diese Verpflichtungen wie ein selbstschuldnerischer Bürge; sie kann von dem Dritten für ihren Erstattungsanspruch Sicherheitsleistung verlangen. Die Haftung der Gemeinde als selbstschuldnerischer Bürge entfällt, wenn der Dritte eine Körperschaft des öffentlichen Rechtes ist.

§ 63 Vorübergehende Grundstücksnutzung

Die Gemeinde, in kreisangehörigen Gemeinden der Landkreis, kann im Aufbaugebiet von dem Nutzungsberechtigten vorübergehend eine bestimmte Nutzung von unbebauten Grundstücken, ihre Unterlassung oder Duldung anordnen, wenn dies im öffentlichen Interesse liegt. Dies gilt insbesondere für die Bepflanzung von Trümmergrundstücken. Kommt der Nutzungsberechtigte dem Verlangen nach einer bestimmten Nutzung nicht innerhalb einer angemessenen Frist nach, so kann die Gemeinde das Grundstück selbst nutzen oder durch einen Dritten nutzen lassen. Aufwendungen, die der Nutzungsberechtigte infolge der angeordneten Nutzung machen muß und die ihm keinen Ertrag bringen, sind von der Gemeinde zu erstatten. Darüber hinaus kann von der Gemeinde eine Entschädigung gewährt werden, wenn und soweit der Berechtigte einen Schaden nachweist und ihm billigerweise nicht zugemutet werden kann, den Schaden selbst zu tragen. Als vorübergehend gilt ein Zeitraum von höchstens zehn Jahren. Der Sozialminister kann diese Frist für besonders kriegszerstörte Gemeinden auf deren Antrag verlängern.

§ 64 Untersagung des Gewerbebetriebes

(1) Die Gemeinde, in kreisangehörigen Gemeinden der Landkreis, kann anordnen, daß ein Betrieb in der bisher benutzten Anlage nicht oder nicht in der Art wie bisher weitergeführt wird, wenn dies in dem Durchführungsplan vorgesehen ist und die Betriebsanlage so weitgehend beschädigt ist, daß für eine Wiederaufnahme des Betriebes im früheren Umfange erhebliche bauliche Maßnahmen erforderlich wären.

(2) Die Gemeinde hat dem Betriebsinhaber auf Antrag ein nach Lage, Baulichkeiten und Vertragsbedingungen möglichst gleichwertiges Grundstück für den Wiederaufbau des Betriebes zur Miete oder Pacht zu überlassen oder zu vermitteln. Ist der Betriebsinhaber zugleich Eigentümer des Betriebsgrundstücks, so ist ihm das Ersatzgrundstück zum Kauf zu überlassen oder zu vermitteln. Das Ersatzgrundstück muß die Weiterführung des Betriebse in dem im Zeitpunkt der Anordnung bestehenden Umfange ermöglichen.

(3) Erhält der Betriebsinhaber nach Abs. 2 Satz 2 ein Ersatzgrundstück zu Eigentum, so hat die Gemeinde auf seinen Antrag das Betriebsgrundstück gegen Ersatz des Wertes, den es im Zeitpunkt der Anordnung hatte, zu übernehmen. Die Gemeinde kann die Übereignung des Betriebsgrundstücks verlangen, wenn der Betriebsinhaber ein Ersatzgrundstück erhält.

(4) Die Gemeinde hat dem Betriebsinhaber die notwendigen Aufwendungen für den Transport der Betriebseinrichtungen nach dem Ersatzgrundstück in dem zur Zeit der Anordnung benutzten Umfange zu erstatten.

(5) Ist der Inhaber des zu verlegenden Betriebes nicht Eigentümer des Grundstücks, so hat die Gemeinde dem Eigentümer eine Übergangshilfe für einen durch die Verlegung entstehenden Ertragsausfall eines Jahres zu gewähren.

(6) Die Verpflichtungen der Abs. 2 bis 5 bestehen für die Gemeinde nur, wenn der Betrieb auf Anordnung der Gemeinde in der bisher benutzten Anlage nicht weitergeführt wird.

(7) § 17 Abs. 4 Sätze 4 und 5 und Abs. 5 findet entsprechende Anwendung.

2. Bauverbote

§ 65 Bauverbote

Die Genehmigung eines Bauvorhabens kann von der Baugenehmigungsbehörde über die geltenden Bauordnungs- und Baulenkungsvorschriften hinaus versagt werden, wenn es im öffentlichen Interesse geboten ist, daß mit den verfügbaren Arbeitskräften und Baustoffen zunächst Bauvorhaben im Gebiet eines Durchführungsplanes oder eines Teiles desselben durchgeführt werden.

3. Baugebote

§ 66 Anordnung von Baumaßnahmen

Die Gemeinde, in kreisangehörigen Gemeinden der Landkreis, kann anordnen, daß der Grundeigentümer innerhalb angemessener Frist

1. Bauwerke, Grundstückseinfriedungen und Freiflächen instandsetzt, wenn sie durch Kriegsgeschehnisse, Brand oder Naturereignisse beschädigt sind und die Instandsetzung zur Herbeiführung eines einwandfreien Straßenbildes erforderlich ist;
2. in den vorhandenen Gebäuden durch Um- oder Ausbau Wohnräume oder gewerbliche Räume neu schafft;

3. vorhandene Bauwerke, Grundstückseinfriedigungen und Freiflächen entsprechend dem Durchführungsplan ändert oder vorhandene Bauwerke zum Zwecke der Errichtung eines anderen Bauwerks beseitigt;
4. an Stelle zerstörter Gebäude entsprechend dem Durchführungsplan neue Gebäude errichtet;
5. unbebaute Grundstücke entsprechend dem Durchführungsplan bebaut. Hierunter fällt auch die Errichtung von Gebäuden zur Erschließung oder Vermeidung von Baulücken.

(2) Die Anordnung ist dem Grundeigentümer mit der Auflage zuzustellen der Gemeinde (dem Landkreis) innerhalb von zwei Monaten anzuzeigen, welche Vorkehrungen er getroffen hat und welche Vorkehrungen er weiter zeitlich beabsichtigt, um der Anordnung nachzukommen. Auf die Rechtsfolge des § 67 ist hinzuweisen.

(3) Gegen die Anordnung steht dem Grundeigentümer innerhalb eines Monats nach der Zustellung die Beschwerde an den Sozialminister zu.

§ 67. Instandsetzung, Um- und Ausbau

(1) Die Gemeinde kann die Instandsetzung (§ 66 Abs. 1 Ziff. 1) oder den Um- oder Ausbau (§ 66 Abs. 1 Ziff. 2) selbst durchführen oder durch einen Dritten durchführen lassen, wenn der Grundeigentümer

1. die Anzeige nach § 66 Abs. 2 nicht fristgemäß erstattet oder
2. die erforderlichen Vorkehrungen nicht rechtzeitig trifft.

Einer nochmaligen Androhung bedarf es nicht. Die Bauausführung hat dem Durchführungsplan zu entsprechen. Der Grundeigentümer hat der Gemeinde die entstehenden Kosten zu erstatten. Die Gemeinde kann den Erstattungsbetrag vorläufig festsetzen.

(2) Der Erstattungsbetrag unterliegt der Beitreibung im Verwaltungszwangsverfahren. Er ist eine öffentliche Grundstückslast mit dem Range nach den bestehenden öffentlichen Lasten. Soweit die Aufbringung des Erstattungsbetrages dem Grundstückseigentümer unter Berücksichtigung seiner wirtschaftlichen Verhältnisse nicht zugemutet werden kann, muß er in der Weise gestundet werden, daß er angemessen zu verzinsen und unter Zuwachs der ersparten Zinsen zu tilgen ist. Die Zins- und Tilgungsbeträge dürfen nicht höher sein als der Betrag, den der Grundeigentümer als Entgelt für die Überlassung der erstellten Räume nach Abzug der anteiligen Kosten für die Bewirtschaftung des Grundstücks und der sonstigen, gemäß den Finanzierungsrichtlinien der Landesregierung bei der Gewährung öffentlicher Darlehen zur Förderung des Wohnungsbaues zugestandenen, abzugsfähigen Aufwendungen erzielt oder erzielen kann.

(3) Soweit die Gemeinde zur Durchführung des Bauvorhabens öffentliche Darlehen oder Darlehen des Kapitalmarktes, für die von dem Gläubiger eine dingliche Sicherung verlangt wird, aufnimmt, kann sie das Grundbuchamt um Eintragung von Sicherungshypotheken für diese Darlehen zugunsten des Gläubigers ersuchen, wenn die Darlehen den Finanzierungsrichtlinien der Landesregierung für die Gewährung öffentlicher Darlehen zur Förderung des Wohnungsbaues entsprechen. Die Gemeinde kann das Grundbuchamt um die Eintragung dieser Grundpfandrechte im Range vor anderen Belastungen des Grundstücks ersuchen, wenn die Gläubiger der anderen Rechte dem zustimmen. Der Erstattungsbetrag verliert mit der Eintragung einer Sicherungshypothek in deren Höhe seine Eigenschaft als öffentliche Last des Grundstücks.

(4) Gegen die Ausführung der Instandsetzung oder des Um- oder Ausbaues, gegen die Festsetzung des Erstattungsbetrages und gegen die Ablehnung des Antrags auf Stundung des Erstattungsbetrages kann der Grundeigentümer innerhalb eines Monats Beschwerde an den Sozialminister einlegen.

§ 68 Änderung und Beseitigung

(1) Führt der Grundeigentümer die Änderung oder Beseitigung (§ 66 Abs. 1 Ziff. 3) durch, so hat die Gemeinde ihn auf Antrag angemessen zu entschädigen, wenn ihm durch die Änderung oder Beseitigung ein Vermögensschaden entsteht. § 17 Abs. 4 Sätze 4 und 5 und Abs. 5 findet entsprechende Anwendung.

(2) Auf die Durchführung der Maßnahme durch die Gemeinde oder einen Dritten findet § 67 sinngemäße Anwendung. Der Grundeigentümer hat der Gemeinde die entstehenden Kosten insoweit zu erstatten, als die Gemeinde ihm nach Abs. 1 eine Entschädigung zu gewähren hat.

§ 69 Neubau

(1) Auf die Errichtung von Neubauten nach § 66 Abs. 1 Ziff. 4 und 5 durch die Gemeinde oder einen Dritten findet § 67 sinngemäße Anwendung.

(2) Mit dem im § 67 Abs. 1 genannten Zeitpunkt wird auch die Enteignung des Grundstücks zulässig, wenn die Durchführung des Bauvorhabens durch die Gemeinde oder durch einen von ihr bezeichneten Dritten zur Schließung oder Vermeidung von Baulücken oder zum Abschluß einer Gebäudegruppe dient.

4. Gleichzeitige Bebauung

§ 70 Bebauung durch die Grundeigentümer

(1) Die Gemeinde, in kreisangehörigen Gemeinden der Landkreis, kann anordnen, daß zusammenhängende Teile des Durchführungsgebietes gleichzeitig bebaut werden,

1. um durch technische oder organisatorische Maßnahmen eine wirtschaftlich bessere Bauausführung oder
2. um eine einheitliche Baugestaltung zu erzielen.

(2) Die Anordnung ist nur zulässig, wenn die Finanzierung des Bauvorhabens möglich ist.

(3) Die Anordnung ist den beteiligten Grundeigentümern mit der Auflage zuzustellen, der Gemeinde (dem Landkreis) innerhalb einer Frist von zwei Monaten anzuzeigen, welche Vorkehrungen sie getroffen haben und welche Vorkehrungen sie weiter zeitlich beabsichtigen, um die gleichzeitige Bebauung durchzuführen. Auf die Rechtsfolgen des § 71 ist hinzuweisen. Gegen die Anordnung steht den Grundeigentümern innerhalb eines Monats nach der Zustellung die Beschwerde an den Sozialminister zu.

(4) Die Grundeigentümer können sich zur Durchführung der gleichzeitigen Bebauung auch zu einem Bauverband zusammenschließen. §§ 43, 44 finden mit der Maßgabe entsprechende Anwendung, daß die Gemeinde (der Landkreis) den Zusammenschluß vornehmen kann, wenn die beteiligten Grundeigentümer die Anzeige nach § 70 Abs. 3 nicht fristgemäß erstatten oder die erforderlichen Vorkehrungen nicht rechtzeitig treffen.

§ 71 Bebauung durch die Gemeinde oder einen Dritten

Sofern die Grundeigentümer die Anzeige nach § 70 Abs. 3 nicht fristgemäß erstatten oder die erforderlichen Vorkehrungen nicht rechtzeitig treffen, so ist die Enteignung der Grundstücke zugunsten der Gemeinde oder eines Dritten zum Zwecke der gleichzeitigen Bebauung durch die Gemeinde oder den Dritten zulässig. Das gleiche gilt, wenn die Grundeigentümer angezeigt haben, daß sie beabsichtigen, sich zu einem Bauverband zusammenzuschließen, der Zusammenschluß zu einem Bauverband aber nicht zweckdienlich erscheint.

VI. Schlußvorschriften

§ 76 Entschädigungsansprüche

(1) Für die Entziehung und die Beschränkung von Rechten und sonstige Nachteile durch ordnungsgemäß vorgenommene Maßnahmen auf Grund dieses Gesetzes sind Entschädigungen nur zu gewähren, soweit dies in den Vorschriften dieses Gesetzes ausdrücklich bestimmt ist.

(2) Entschädigungen, die die Gemeinde auf Grund dieses Gesetzes zu leisten hat, können durch vom Lande verbürgte, verzinsliche Schuldscheine oder Schuldverschreibungen der Gemeinde gewährt werden.

(3) Eine Entschädigung findet nicht statt:
1. für Wertsteigerungen, die nach der Erklärung zum Aufbaugebiet oder der Anordnung von Maßnahmen nach § 14 entstanden sind oder bereits vorher durch die Aussicht auf die Durchführung des Aufbaues entstanden sind;
2. für Nachteile von dinglich Berechtigten, wenn und soweit ihr Recht erst nach der Erklärung zum Aufbaugebiet oder der Anordnung von Maßnahmen nach § 14 begründet worden ist;
3. bei baulichen Maßnahmen, die ohne vorgeschriebene behördliche Genehmigung durchgeführt oder nur widerruflich oder auf Zeit zugelassen sind; ist die in der Genehmigung bestimmte Frist noch nicht abgelaufen, so ist die Entschädigung nach Maßgabe der bereits abgelaufenen Zeit zu mindern;
4. soweit die Abtretung von Grundstücken für den Gemeinbedarf nach § 17 ohne Entschädigung verlangt werden kann.

(4) Gegen Entscheidung über Entschädigungen ist die Klage im Verwaltungsstreitverfahren zulässig, soweit in diesem Gesetz nichts anderes bestimmt ist.

(5) Ansprüche auf Gewährung von Entschädigungen für Kriegssachschäden werden durch dieses Gesetz nicht berührt.

§ 78 Sonstige Rechtsvorschriften

(1) Reichs- und landesrechtliche Vorschriften, die diesem Gesetz oder seinen Durchführungsvorschriften entgegenstehen oder dadurch inhaltlich überholt sind, sind nicht mehr anzuwenden.

(2) Die Vorschriften des Gesetzes Nr. 52 der MilReg. — Sperre und Kontrolle von Vermögen — und des Gesetzes Nr. 53 der MilReg. — Devisenbewirtschaftung — bleiben unberührt.

(3) Die bei dem Inkrafttreten dieses Gesetzes anhängigen Verfahren werden nach den bisherigen Vorschriften zu Ende geführt. Die Gemeinde, in kreisangehörigen Gemeinden der Landkreis, kann mit Zustimmung des Sozialministers bestimmen, daß ein solches Verfahren nach den Vorschriften dieses Gesetzes weiterzuführen ist. Bereits laufende Rechtsmittelfristen werden hierdurch nicht verkürzt.

Rh-Pf. Anh. 33

Landesgesetz über den Aufbau in den Gemeinden (Aufbaugesetz)

vom 1. August 1949 (GVBl. Rh-Pf. S. 317)

Auszug

3. Aufbauplan

§ 5 Zuständigkeit

(1) Für das vorgesehene Baugebiet hat die Gemeinde im Benehmen mit der Unteren Baubehörde und den beteiligten Fachbehörden einen Aufbauplan aufzustellen. Kommt ein Einvernehmen nicht zustande, so entscheidet die Aufsichtsbehörde.

(2) Die planende Stelle hat bei der Planung die Beteiligten zu hören.

5. Durchführungspläne

§ 18 Arten der Durchführungspläne

(1) Der Aufbau erfolgt nach den Vorschriften der Abschnitte III und IV und auf Grund von Durchführungsplänen. Diese werden von der Gemeinde im Benehmen mit den zuständigen Fachbehörden oder erforderlichenfalls von diesen selbst jeweils für die Teile des Baugebietes aufgestellt, in denen der Aufbau in absehbarer Zeit durchgeführt werden soll.

(2) Durchführungspläne sind insbesondere aufzustellen für:
a) die Bebauung in Form des Bebauungsplanes,
b) die Verkehrsanlagen,

c) die Energieversorgungsanlagen,
d) die Wasserversorgungsanlagen,
e) die Abwasserbeseitigungsanlagen.

(3) In dem Bebauungsplan sind insbesondere die Nutzungsart und der Nutzungsgrad der Grundstücke sowie die Bebauung der einzelnen Grundstücke nach Fläche und Höhe und die Gliederung der Baumassen darzustellen. Der Abriß benutzbarer Gebäude oder Gebäudeteile darf nur in besonders begründeten Einzelfällen vorgesehen werden. Vor Aufstellen des Bebauungsplanes sollen die Beteiligten über ihre Wünsche nach Möglichkeit gehört werden. Soweit die Umlegung von Grundstücken erforderlich erscheint, ist die Umlegungsbehörde tunlichst zu beteiligen. Für die Aufstellung und Sachbehandlung von Durchführungsplänen, welche die Anlagen der in Abs. 2 Buchst. b bis e genannten Art betreffen, gelten die hierfür bestehenden Gesetze.

(4) In Erläuterungen zu den Durchführungsplänen ist darzulegen, welche Maßnahmen zu ihrer Durchführung (Abschnitt III und IV) insbesondere zur Ordnung des Grund und Bodens zu treffen sind und in welcher Zeit sie durchgeführt werden sollen.

III. Ordnung des Grund und Bodens

§ 23 Verfahrensarten

Soweit es zur Verwirklichung der Durchführungspläne erforderlich ist, können die Eigentumsverhältnisse an Grund und Boden neu geordnet werden durch:

1. Überführung von Grundflächen des Gemeinbedarfs in das Eigentum der Gemeinde (§ 24),
2. Grenzausgleich (§ 25),
3. Umlegung von Grundstücken (§§ 26—48),
4. Entziehung oder Beschränkung von Grundeigentum (§§ 49—58).

1. Grundflächen des Gemeinbedarfs

§ 24 Grundflächen des Gemeinbedarfs

(1) Die Untere Baubehörde kann im Einvernehmen mit der Gemeinde anordnen, daß in neu zu erschließendem Baugelände für den Verkehrs- und Erholungsanlagen dienenden Gemeinbedarf bis zu 35 v. H. in bereits erschlossenen Gebieten bis zu 10 v. H. der Gesamtfläche eines Grundstücks als Gegenleistung für die Aufschließung unentgeltlich und lastenfrei an die Gemeinde abzutreten sind. Die Gegenleistung für die Aufschließung muß mindestens dem Wert der abgetretenen Fläche entsprechen. Im Falle der Abtretung von Gelände in erschlossenen Gebieten gilt § 69 Satz 2 entsprechend. Die Gemeinde darf die abgetretene Fläche nur für den vorgesehenen Gemeinbedarf verwenden. Abtretungen, die der Grundeigentümer für den Gemeinbedarf seit dem 1. Januar 1924 von dem Grundstück geleistet hat, sind anzurechnen.

(2) Die Anordnung ist von der Unteren Baubehörde dem Grundbuchamt zu übermitteln. In der Anordnung ist der Zeitpunkt des Eigentumsüberganges festzusetzen.

(3) Wird ein Grundstück für den Gemeinbedarf soweit in Anspruch genommen, daß das Restgrundstück nach den Bauvorschriften nicht mehr nutzbringend bebaut werden kann, so kann der Grundeigentümer verlangen, daß die Gemeinde das Restgrundstück gegen angemessene Entschädigung übernimmt. Falls keine Einigung zwischen Grundeigentümer und Gemeinde erfolgt, wird die Entschädigung durch die Untere Baubehörde festgesetzt. Die Vorschriften des § 52 finden entsprechende Anwendung.

(4) Gegen die Feststellung der Entschädigung oder ihre Verweigerung steht dem Betroffenen innerhalb eines Monats nach Zustellung des Bescheides der ordentliche Rechtsweg offen.

4. Entziehung und Beschränkung von Grundeigentum

§ 49 Voraussetzungen der Enteignung

(1) Die zur Verwirklichung eines festgestellten Bebauungsplanes oder eines sonstigen Durchführungsplanes erforderlichen Grundstücke können enteignet werden, wenn das Gemeinwol es erfordert.

(2) Die Enteignung kann auch in der Beschränkung des Grundeigentums, in der Entziehung von Rechten am Grundstück sowie in der Bestellung eines Erbbaurechtes bestehen.

(3) Die Enteignung kann zugunsten der Gemeinde oder eines Dritten erfolgen, der die Aufbaumaßnahme durchführen soll.

§ 50 Enteignungsbehörde

(1) Enteignungsbehörde ist die Mittlere Baubehörde.

(2) Antragsberechtigt ist die Gemeinde sowie derjenige, der die Aufbaumaßnahme durchführen soll.

§ 51 Verfahrensgrundsätze

(1) Das Verfahren wird durch Beschluß der Enteignungsbehörde eröffnet. Der Beschluß ist dem Betroffenen, der Gemeinde sowie, falls nicht die Gemeinde den Antrag gestellt hat, auch dem Antragsteller unter gleichzeitiger Ladung zu einem Termin zuzustellen. Als Betroffener im Sinne dieser Vorschrift gilt derjenige, dem das Eigentum oder ein auf Benutzung gehendes Recht am Grundstück zusteht.

(2) Die Enteignungsbehörde teilt den Beschluß dem Grundbuchamt mit, das daraufhin von Amts wegen eine Vormerkung über das eingeleitete Enteignungsverfahren im Grundbuch einzutragen hat. Das Grundbuchamt hat während des Bestehens der Vormerkung der Enteignungsbehörde von jeder Rechtsveränderung am Grundstück Kenntnis zu geben. Die Vormerkung wird mit der Vollziehung der Enteignung oder auf Ersuchen der Enteignungsbehörde gelöscht.

(3) Die Enteignungsbehörde hat die beteiligten Fachbehörden zu dem Verhandlungstermin zu laden.

(4) Der Verhandlungstermin dient insbesondere der Klarstellung, in welcher Weise dem Betroffenen unter Berücksichtigung seiner persönlichen Verhältnisse und der bestehenden Möglichkeiten Entschädigung gewährt wird. Einwendungen des Betroffenen gegen den festgestellten Bebauungsplan werden in ihm nicht gehört.

(5) Die Enteignung wird durch Bescheid der Enteignungsbehörde ausgesprochen. In dem Enteignungsbescheid ist anzugeben:

a) das enteignete Grundstück, übereinstimmend mit dem Grundbuch; wird ein Teil des Grundstücks enteignet, so ist eine vom Vermessungsamt beglaubigte Karte beizufügen, aus der die Größe und die Lage des Teiles ersichtlich ist; in diesem Falle ist der enteignete Teil übereinstimmend mit der Karte zu bezeichnen,
b) zu wessen Gunsten die Enteignung erfolgt,
c) der Zeitpunkt des Eigentumsüberganges,
d) die Art bzw. bei Entschädigungen in Geld die Höhe der Entschädigung,
e) das Schicksal der auf dem enteigneten Grundstück ruhenden Lasten,
f) die Rechtsmittelbelehrung.

(6) Die Enteignungsbehörde hat das Grundbuchamt nach Zustellung des Enteignungsbescheides um die Eintragung des Erwerbers zu ersuchen. Dem Ersuchen ist eine Abschrift des Bescheides und der Zustellungsurkunde beizufügen. Das Ersuchen ist erst zu stellen, nachdem die Entschädigung geleistet oder hierfür eine Sicherheit gegeben worden ist. Durch ein gegen die Festsetzung der Entschädigung eingeleitetes Rechtsmittelverfahren wird die Eintragung des Erwerbers nicht aufgehalten.

(7) Soweit Belastungen des Grundstücks nicht vom Erwerber übernommen werden, hat die Enteignungsbehörde zugleich mit dem Ersuchen um Eintragung des Erwerbers um die Löschung dieser Belastungen zu ersuchen. Dem Ersuchen ist erst stattzugeben, wenn der Erwerber den zur Ablösung erforderlichen Betrag hinterlegt hat.

§ 52 Entschädigung

(1) Die Enteignung erfolgt gegen angemessene Entschädigung. Eine Entschädigung ist nicht zu gewähren:

a) für Grundstücksabtretungen im Rahmen des § 24,
b) für Bauwerke, die unter dem Vorbehalt des Widerrufs und unter Verzicht auf Entschädigung im Falle des Widerrufs errichtet sind,
c) für Wertsteigerungen, die durch die Aussicht auf die Durchführung des Aufbaues entstanden sind.

(2) Für Bauwerke, die ohne die vorgeschriebene behördliche Genehmigung errichtet sind, wird Entschädigung nur bis zur Höhe des Materialwertes gewährt, es sei denn, daß die behördliche Genehmigung nach den z. Z. der Enteignung geltenden Vorschriften erteilt werden könnte.

(3) Die Ansprüche für die Zerstörung oder Beschädigung von Gebäuden infolge der Kriegsereignisse und die sonstigen sich hieraus ergebenden Ansprüche können in dem Enteignungsverfahren nicht geltend gemacht werden. Der Enteignungsberechtigte ist nur insoweit verpflichtet, eine angemessene Entschädigung zu zahlen, als Gebäude, Gebäudeteile, sonstige Bestandteile oder Zubehörstücke der enteigneten Grundstücke nach den im Zeitpunkt der Enteignung geltenden baupolizeilichen Vorschriften nutzbar gemacht werden könnten, dies aber infolge der Enteignung verhindert wird. Für die Aufgabe der Nutzung von widerruflich zugelassenen, behelfsmäßigen Ein- und Ausbauten in Gebäuderuinen besteht eine Entschädigungspflicht nur in besonderen Härtefällen.

(4) Die Entschädigung kann in geeigneten Fällen ganz oder teilweise auch in Land (bebauten oder unbebauten Grundstücken) oder in wiederkehrenden Leistungen gewährt werden, wenn diese Art der Entschädigung unter Abwägung der Belange des Entschädigungsberechtigten und Entschädigungspflichtigen billig ist.

(5) Zur Bereitstellung des erforderlichen Ersatzlandes kann die Enteignungsbehörde Grundeigentum im Gemeindegebiet entziehen, wenn der Gemeinde selbst ein Ersatzgrundstück nicht zur Verfügung steht und sie Ersatzland freihändig zu angemessenem Preise nicht beschaffen kann. Die Enteignung ist nicht zulässig, wenn ihr berechtigte wesentliche Interessen des Grundeigentümers entgegenstehen.

§ 53 Lastenübernahme bei Gestellung von Ersatzgrundstücken

Soweit für ein enteignetes Grundstück Entschädigung in Land gewährt wird, tritt das zugewiesene Grundstück in Ansehung des Eigentums und der auf dem Grundstück ruhenden privatrechtlichen Belastungen und Beschränkungen an die Stelle des enteigneten Grundstückes. Von dem Übergang auf das zugewiesene Grundstück sind jedoch Erbbaurechte, Dienstbarkeiten und nicht lediglich in Geld-, Natural- oder persönlichen Leistungen bestehende Reallasten ausgeschlossen. Die Enteignungsbehörde kann eine abweichende Bestimmung treffen.

§ 54 Entschädigungsausschuß

(1) Die Entschädigung wird durch einen bei der Enteignungsbehörde gebildeten Entschädigungsausschuß ermittelt.

(2) Die Mitglieder des Entschädigungsausschusses werden auf Vorschlag der Mittleren Baubehörde von dem Minister für Wiederaufbau auf die Dauer von drei Jahren bestellt. Sie müssen die Befähigung zum Richteramt oder höheren Verwaltungsdienst oder besondere Erfahrungen in der Grundstücksbewertung haben. Die Bestellung kann ohne ihre Zustimmung nicht widerrufen werden.

(3) Die Mitglieder des Entschädigungsausschusses dürfen an der Enteignung wirtschaftlich weder unmittelbar noch mittelbar beteiligt sein. Sie sind zur Amtsverschwiegenheit verpflichtet. Sie haben Anspruch auf Ersatz ihrer baren Auslagen und auf Entschädigung nach der für Sachverständige in gerichtlichen Angelegenheiten geltenden Vorschriften.

(4) Der Entschädigungsausschuß beschließt in der Besetzung mit drei Mitgliedern, von denen der Vorsitzende die Befähigung zum Richteramt haben muß. Der Beschluß ist zu begründen und der Enteignungsbehörde zuzustellen. Diese ist bei der Feststellung der Entschädigung an den Beschluß gebunden.

§ 55 Rechtsbehelfe

(1) Gegen die Festsetzung der Entschädigung steht dem Betroffenen innerhalb eines Monats nach Zustellung des Bescheides der ordentliche Rechtsweg offen.

(2) Ist die Entschädigung in Land festgesetzt, so kann im Rechtsmittelverfahren nur die Leistung, die Erhöhung, der Fortfall oder die Minderung einer zusätzlichen Geldentschädigung verlangt werden. Ist die Entschädigung in wiederkehrenden Leistungen festgesetzt, so kann nicht die Leistung der Entschädigung in einer Summe, sondern nur die Erhöhung oder Minderung der wiederkehrenden Leistungen verlangt werden.

§ 56 Besitzeinweisung

(1) Die Enteignungsbehörde kann denjenigen, zu dessen Gunsten die Enteignung erfolgen soll, nach Eröffnung des Verfahrens auf seinen Antrag in den Besitz des Grundstücks oder eines Teiles desselben einweisen, wenn dies zur zeitgerechten Durchführung der Aufbaumaßnahme erforderlich erscheint.

(2) Dem Besitzer des Grundstücks ist der hierdurch entstandene Schaden angemessen zu vergüten. Ist der Eigentümer zugleich der Besitzer des Grundstückes, so ist, falls die für die Enteignung zu leistende Entschädigung in Geld besteht, die Entschädigung vom Tage der Besitzeinweisung ab zu verzinsen. Entsteht dem Eigentümer durch Besitzeinweisung ein weiterer Schaden, so ist ihm auch dieser zu ersetzen.

(3) Die Besitzeinweisung soll nur soviel Land umfassen, wie alsbald gebraucht wird.

(4) Der Besitzeinweisung hat bei genutzten Grundstücken ein Ortstermin vorauszugehen. Zu dem Termin sind die Beteiligten zu laden; ihrer Anwesenheit im Termin bedarf es nicht.

(5) Die Einweisung in den Besitz erfolgt durch Beschluß der Enteignungsbehörde. In dem Beschluß ist anzugeben:

a) das in Betracht kommende Grundstück; handelt es sich um ein Teilgrundstück, so ist ein Lageplan beizufügen, aus dem die in Betracht kommende Teilfläche wenigstens annähernd ersichtlich ist,
b) die Entschädigung nach Abs. 2,
c) der Zeitpunkt des Besitzüberganges,
d) die Rechtsmittelbelehrung.

(6) Gegen die Höhe der Entschädigung steht den Beteiligten innerhalb eines Monats nach Zustellung des Beschlusses der ordentliche Rechtsweg offen.

(7) Den durch die Besitzeinweisung Betroffenen ist eine angemessene Frist zur Räumung des Grundstückes zu gewähren. Ist das Grundstück bewohnt, so hat der Antragsteller im Benehmen mit der Gemeinde für anderweitige entsprechende Unterbringung zu sorgen; in diesem Falle muß die Räumungsfrist mindestens einen Monat betragen.

(8) Durch die Einweisung in den Besitz erlangt der Antragsteller auch das Recht, über die Substanz des Grundstücks insoweit zu verfügen, als es zur Durchführung der Aufbaumaßnahmen erforderlich ist.

(9) Wenn die vorzeitige Einweisung in den Besitz nicht stattfindet, so wird der Besitz des Grundstücks mit dem Wirksamwerden des Enteignungsbescheides erworben.

§ 57 Rückerwerb enteigneter Grundstücke

Der Eneignete kann den Rückerwerb des Grundstückes oder eines gemäß § 49 Abs. 2 entzogenen Rechtes gegen Rückerstattung der erhaltenen Entschädigung verlangen, wenn der Enteignungsberechtigte innerhalb von fünf Jahren nach rechtskräftiger Enteignung das Grundstück dem bei der Enteignung angegebenen Zweck nicht zuführt. Die Frist kann auf Antrag des Enteignungsberechtigten um weitere drei Jahre verlängert werden, wenn die Verwendung des Grundstückes zu dem beabsichtigten Zweck innerhalb dieses Zeitraumes zu erwarten ist.

§ 58 Aufhebung von Rechten

Die Enteignungsbehörde kann Pacht- und Nutzungsrechte gegen angemessene Entschädigung aufheben. Auf das Verfahren finden die Vorschriften des § 51 Abs. 1, 3 und 4 entsprechende Anwendung.

IV. Ordnung der Bebauung

1. Vorbereitende Maßnahmen

§ 61 Freihaltung und Freilegung von Grundstücken

(1) Die Gemeinde kann anordnen, daß ein Grundstück von Bauwerken oder Teilen eines Bauwerkes freigehalten oder freigelegt wird, wenn dieses nach einem Durchführungsplan aus überwiegenden Gründen des öffentlichen Wohles, insbesondere aus Gründen des Verkehrs erforderlich ist. Auf Verlangen der Mittleren Baubehörde ist die Gemeinde zum Erlaß der Anordnung verpflichtet.

(2) Dem Betroffenen ist angemessene Entschädigung zu gewähren. Die Vorschriften im § 24 Abs. 3 Satz 2, 3 und 4 finden entsprechende Anwendung.

§ 62 Untersagung des Gewerbebetriebes

(1) Die Gemeinde kann anordnen, daß ein Gewerbebetrieb nicht oder nicht in der Art wie bisher weitergeführt wird, wenn dies nach dem Durchführungsplan erforderlich ist und die Betriebsanlage (Gebäude oder andere wesentliche Bestandteile des Betriebsgrundstückes) so weitgegend beschädigt ist, daß für eine Wiederaufnahme des Betriebes im früheren Umfange erhebliche bauliche Maßnahmen erforderlich wären. § 61 Abs. 1 Satz 2 gilt entsprechend.

(2) Dem Betroffenen ist angemessene Entschädigung zu gewähren. Die Vorschriften im § 24 Abs. 3, Satz 2, 3 und 4 finden entsprechende Anwendung. Weitergehende Ansprüche auf Grund des Kriegssachschadensrechtes bleiben unberührt, können jedoch im Rahmen dieses Gesetzes geltend gemacht werden.

3. Baupflicht

§ 64 Anordnung von Baumaßnahmen

(1) Die Gemeinde kann anordnen, daß der Grundstückseigentümer innerhalb angemessener Frist:

a) beschädigte Gebäude instand setzt,
b) in vorhandenen Gebäuden durch Um- oder Ausbau Wohn- oder sonstigen Nutzraum schafft,
c) an Stelle zerstörter Gebäude neue Gebäude errichtet,
d) Baulücken schließt,
e) unbebaute Grundstücke bebaut.

§ 61 Abs. 1 Satz 2 findet entsprechende Anwendung.

(2) Das angeordnete Bauvorhaben ist nach denselben Grundsätzen wie gleichartige andere Bauvorhaben zu fördern.

§ 65 Bauausführung durch die Gemeinde

(1) Kommt der Grundeigentümer der Anordnung zur Instandsetzung oder zum Um- oder Ausbau (§ 64 Abs. 1, Buchst. a und b) nicht fristgemäß nach, so kann die Gemeinde die Maßnahme selbst durchführen oder durch einen Dritten durchführen lassen. Der Grundeigentümer hat der Gemeinde die dadurch entstandenen Kosten zu erstatten.

(2) Der Erstattungsbetrag ist eine öffentliche Last im Sinne des gemeindlichen Abgaberechtes mit dem Range nach den bestehenden öffentlichen Lasten. Er kann auf Antrag des Grund-

eigentümers durch besondere Verfügung in der Art gestundet werden, daß er als Rente zu entrichten ist. In der Verfügung ist Höhe und Zeitpunkt der Fälligkeit der Rentenleistungen genau zu bestimmen. Wiederkehrende Leistungen stehen Rentenleistungen gleich. In der Zwangsvollstreckung genießen nur die laufenden Teilbeträge sowie Rückstände aus den letzten zwei Jahren vor der Beschlagnahme das Vorrecht der Rangklasse 3 des § 10 Abs. 1 des Zwangsversteigerungsgesetzes. Die Rente ist in Höhe des Betrages festzusetzen, den der Grundeigentümer als Entgelt für die Überlassung der erstellten Räume nach Abzug der anteiligen Kosten für die Bewirtschaftung des Grundstückes erzielt oder erzielen kann; Verzinsung des Eigenkapitals und Abschreibung sind als Bewirtschaftungsaufwendungen nicht zu berücksichtigen. Die Rente ist solange zu erheben, bis die Aufwendungen der Gemeinde für die Maßnahme gedeckt sind.

§ 66 Enteignungsbefugnis

(1) Kommt der Grundeigentümer der Anordnung zur Errichtung neuer Gebäude (§ 64 Abs. 1 Buchst. c bis e) schuldhaft nicht fristgemäß nach, so kann die Gemeinde die Enteignung des Grundstücks im Verfahren nach den §§ 49 bis 52 beantragen.

(2) Der Enteignete kann die kostenfreie Rückübertragung des Grundstückes verlangen, wenn der Erwerber die angeordneten Maßnahmen nicht innerhalb von zwei Jahren nach dem Eigentumsübergang ausführt.

VI. Schlußvorschriften

§ 71 Entschädigungsansprüche

(1) Für die Entziehung und Beschränkung privater Rechte auf Grund der Vorschriften dieses Gesetzes sind Entschädigungen nur zu gewähren, soweit dies in den Vorschriften dieses Gesetzes ausdrücklich bestimmt ist.

(2) Ansprüche auf Gewährung von Entschädigung für Kriegsschäden werden durch dieses Gesetz nicht berührt.

§ 73 Überleitungsbestimmungen

(1) Die Verordnung über die Zulassung befristeter Bausperren vom 9. Oktober 1936 (RGBl. I S. 933), das Gesetz über die Gestaltung deutscher Städte vom 4. Oktober 1937 (RGBl. I S. 1054), die Verordnung über die Neuordnungsmaßnahmen zur Beseitigung von Kriegsschäden vom 2. Dezember 1940 (RGBl. I S. 1575), *das Gesetz über die Aufschließung von Wohnsiedlungsgebieten vom 22. September 1933 (RGBl. I S. 659), in der Fassung des Gesetzes vom 27. September 1938 (RGBl. I S. 1246)*, die Verordnung über die Regelung der Bebauung vom 15. Februar 1936 (RGBl. I S. 104), die Verordnung zur Behebung der dringendsten Wohnungsnot vom 9. Dezember 1919 (RGBl. I S. 1068), die Rechtsanordnung des Oberregierungspräsidenten der Pfalz vom 20. November 1946 (Amtl. Mitt. des Oberregierungspräsidenten der Pfalz S. 630) und der Präsidialerlaß des Oberpräsidenten von Rheinland-Hessen-Nassau vom 18. Juli 1946 zur Sicherung und Vereinheitlichung des Wiederaufbaues (Amtsblatt des Oberpräsidenten von Rheinland-Hessen-Nassau S. 194) sind nicht mehr anzuwenden. Auf Grund dieser Bestimmungen bereits eingeleitete Maßnahmen werden nach den Vorschriften dieses Gesetzes weiter behandelt.

(2) Alle sonstigen diesem Gesetz entgegenstehenden Vorschriften anderer Gesetze treten außer Kraft.

Sachverzeichnis

Z